B

기출분석표

수학, 미술, 즐생, 총창안, 과학, 슬생, 체육

2015 개정 교육과정 적용

합격생 4인이 풀어쓴

2024 교원임용 시험대비

… 백문이 불여일견 설명이 친절한 기출 …

초등임용 기출문제집

… 김지은 · 김희진 · 나혜진 · 남누리 …
편저

초등임용 기출문제집 B 수학, 미술, 즐생, 총창안, 과학, 슬생, 체육

백문이 불여일견 설명이 친절한 기출

초판 1쇄 발행 2021년 07월 05일
2쇄 발행 2022년 07월 08일
3쇄 발행 2023년 07월 10일

편 저 김지은 · 김희진 · 나혜진 · 남누리
발행인 이향준
발행처 (주)법률저널
등록일자 2008년 9월 26일
등록번호 제 15-605호
주소 151-862 서울 관악구 복은4길 50 (서림동 120-32)
대표전화 02)874-1144 팩스 02) 876-4312
홈페이지 www.lec.co.kr
ISBN 978-89-6336-822-1

정가 25,000원

이 책의 구성

3) 정답

글을 요약할 때에는 중심 내용을 찾아 중요하지 않은 부분은 삭제하고, 중요한 문장을 중심으로 요약해야 한다.

| 해설

(나)의 [B]는 도식에 '갯벌의 이로움'을 정리해보는 학생의 활동입니다. 〈활동 결과〉에서 알 수 있듯 위 학생은 각 문단의 중심 내용을 파악하고 있지 않습니다. 결국, 이 도식화를 하는 이유는 글을 요약하기 위해서이기 때문인데, 도식에서 사용된 문장만으로 글의 내용이 이해되어야 하는데 그렇지 않기 때문입니다. 그러므로 이 학생에게는 중심 내용을 파악하는 법, 그리고 그를 바탕으로 중요하지 않은 내용은 삭제하고 중요한 부분을 중점으로 요약하도록 지도해야 합니다.

한줄 조언

이 문제를 문제집에서 보면 '어렵지 않네!'라고 생각할 수 있지만, 이 문제가 시험장에서 여러분이 처음으로 맞닥뜨리는 문제라는 것을 잊으면 안 됩니다. 긴장감이 최고조일 때 푸는 문제가 될 테니 답의 근거를 반드시 찾아가며 침착하게 풀 수 있는 연습을 하면 도움이 될 거예요. 이 문제는 각론 내용과 수능형 문제가 균형을 잘 이룬 문제입니다. 또 어휘 학습 방법, 글의 구조, 글을 요약하는 방법을 하나의 문제로 엮은 방식이 매끄러워서 개인적으로 예상 문제를 만드실 때 이런 방식으로 엮으시는 연습을 하시는 걸 추천해드려요! 특히 순서 구조에서 자주 쓰이는 접속사를 이용하면서 나열 구조가 답이 되는 문제를 만든 것처럼, 헷갈릴 수 있는 요소들을 찾으면서 공부하시면 출제 의도가 보이기 시작할 거예요.

2018-01 초등 유사

다음은 말하기 수업에서 활용할 수업 자료이다. 물음에 답하시오. [4점]

학습 목표: 상대방을 배려하며 조언할 수 있다.

정인이의 고민
동욱: ㉠정인아, 무슨 걱정이 있니?
정인: (다소 힘없는 듯한 목소리로) 아니, 아무 일도 없는데.
동욱: (㉡빈정거리는 말투로) 에이, 얼굴 표정을 보니 고민거리가 있는 것 같은데?
정인: (약간 성가신 듯이) 고민은 무슨 고민? 아무 일 없다니까.

Point 01 친절한 해설

기출 분석의 목표는 답을 도출하는 사고 과정을 이해하는 것입니다. 그러므로 기출 문제집에서 가장 중요한 것은 정답을 찾아가는 과정을 친절히 알려주는 해설입니다. 백설기 기출의 해설에는 최근 임용합격자들의 생생한 문제풀이 과정이 담겨 있어 문제를 해결하는 과정을 이해하는 데 도움이 될 것입니다.

point 02 한 줄 조언

임용고시 준비 과정에서 겪는 가장 큰 어려움은 무엇일까요? 대부분의 수험생에게 그 원인은 교육과정 암기도, 매일 같이 해내야하는 공부도 아닌, 수험생 본인의 마음속 불안이 가장 큰 이유일 것입니다. 이 불안감을 조금이나마 달랠 수 있도록 백설기 기출의 해설에는 선배들의 따뜻한 조언이 담긴 한 줄 조언이 있습니다. 공부의 방향을 알려줄 뿐 아니라 수험생 여러분이 불안감에 매몰되지 않도록 도와줄 것입니다.

point 03 유사문제

시중의 기출문제집을 풀다보면 교육과정이 개정되었음에도 불구하고 수록된 문제들이 이전 교육과정 기반으로 만들어진 문제여서 풀기 어려울 때가 있습니다. 문제 유형은 유사하나 교육과정이 다르기 때문에 풀지 않고 넘기기엔 찝찝하고 풀고 넘어가기에는 용어나 내용이 달라지는 경우가 있기 때문입니다. 하지만 수험생 본인이 현재 교육과정에 맞추어 문제를 바꾸어 풀기는 번거로운 부분이 많습니다. 그래서 백설기 기출에서는 2015 개정 교육과정을 기반으로 제작한 유사문제를 제공하고 있습니다. 최근 문제 출제 경향과 현재의 교육과정을 반영하여 새롭게 탈바꿈한 문제를 통해 수험생 여러분이 좀 더 꼼꼼히 시험을 대비할 수 있습니다.

서문

“지피지기면 백전백승이다.”라는 말이 있지요? 시험이 적군은 아니지만, 시험에서 원하는 결과를 얻기 위해서는 그 시험에 대해 누구보다도 잘 아는 것이 중요합니다. 하지만 4인의 저자 모두 점점 더 출제 경향을 알기 어려워지는 임용 문제와 해마다 줄어드는 임용 선발 인원을 보면서 같은 길을 조금 먼저 간 선배로서 늘 안타까운 마음이 들었습니다. 지금 한창 공부를 하고 계실 여러분은 더욱 답답한 마음이시리라 생각합니다. 왜 외워야만 하는지 도무지 이해가 가지 않는 교육과정과 지도서들을 매일 붙들고 있는 하루하루에 지치기도 하실 테고요. 저자들도 불과 얼마 전까지 여러분과 같은 모습으로 임용을 준비했었기에 지금 느끼실 여러분의 마음이 너무나 이해가 됩니다. 이 책은 그때의 저희 모습으로 공부하고 있을 수험생분들께 작은 도움이 되고 싶다는 네 명의 마음이 모여 시작되었습니다.

이 책을 준비하며 저희 저자 4인이 가장 많이 생각한 것은 ‘친절한 기출문제집을 만들자!’였습니다. 시중의 기출문제집의 경우 해설이 부족하고 있더라도 단순 지식만 나열된 경우가 많아 정답의 이유를 이해하기 위해 이 책, 저 책을 찾아보거나 계속해서 검색을 해야 할 때가 많았습니다. 또한 오래전 기출 문제까지 실려 있어 지나치게 두껍고 문제는 풀기 어려웠던 문제집도 있었지요. 그래서 이를 해결한 기출문제집을 출간하는 것이 저희의 목표였습니다. 저희 백설기 책은 임용 준비를 지금 막 시작하는 수험생이 보아도 충분히 이해할 수 있게 설명하려고 노력했습니다. 그리고 최근의 기출문제와 함께 교육과정을 달리하는 부분은 최근의 교육과정이나 교과서 내용을 반영한 유사문제를 출제하여 달라진 교육과정을 대비하여 공부할 수 있도록 만들어졌습니다. 정답과 해설 아래에 달린 ‘한 줄 조언’에는 저자들이 각 과목을 공부하며 얻게 된 작은 팁을 담았으니 공부하시면서 참고해주세요. 이번 2023년 개정판에서는 수험생 여러분께서 더욱 편리하게 공부하실 수 있도록 과목별 ‘빠른 정답표’를 첨부하였습니다.

이 책에 실린 기출 문제를 푸시면서는 ‘풀었다’는 것에 의의를 두는 것이 아니라, 늘 답안 작성하는 연습을 하시길 당부 드립니다. 여러분께서 열심히 공부하셔서 아주 많은 내용을 알고 계신다고 하더라도 이를 답안으로 풀어내는 것은 또 다른 문제입니다. “구슬이 서 말이라도 꿰어야 보배라.”는 말 아시죠? 여러분이 공부하신 내용을 정확한 키워드로 간결하게 답안을 쓰는 연습을 해보시기 바랍니다. 키워드가 명확히 보이지 않는 장황한 답변은 좋지 못한 인상을 줄 수 뿐더러 제대로 채점되지 않을 수 있습니다. 물론 답을 확실히 모르는 상황에 놓인다면 ‘하나만 걸려라!’라는 마음으로 긴 답안을 적게 되기도 하죠. 하지만 이를 계속해서 반복하다보면 정확한 답을 적는 것과는 거리가 멀어지게 됩니다. 따라서 기출 문제집을 풀기 시작하셨을 때부터 키워드가 무엇일지 생각해보고 명확한 답안을 적는 연습을 하시길 추천합니다.

전공 특성상 주변에 많은 사람들이 같은 목표 지점을 향해 달리고 있다 보니 수험 생활을 하면서 자신을 지나치게 원망하기도 하고, 나만 뒤쳐져 있지는 않나 불안해하기도 하고, 때로는 외로워지기도 합니다. 끝이 안 보이는 것 같은 공부에 지치시겠지만 돌이켜 생각해보니 임용 공부에 있어 꾸준히 자리를 지키는 것만큼 중요한 건 없는 것 같습니다. 권태로운 공부이겠지만 그 시간을 올해로 꼭 끝낸다는 마음으로 버텨내시길 응원합니다. 그리고 저희가 준비한 이 기출 문제집이 여러분들께서 원하는 목적지로 갈 수 있도록 돕는 좋은 안내서가 될 수 있다면 참 좋겠습니다. 여러분은 이미 충분히 훌륭한 선생님들입니다.

이 책과 함께 공부하시는 모든 분들이 올해 스스로 만족할 수 있는 좋은 결과 얻어내시길 기원하고 응원합니다!

저자 4인 일동 (김지은, 김희진, 나혜진, 남누리) 드림

CONTENTS 차례

+ tip! 빠른 채점을 원하시는 분은 각 과목 정답과 해설 첫 부분에 있는 '빠른 정답표'를 이용하세요

수 학

수학과 기출의 특성

수학은 크게 각론, 교육과정, 교과교육론과 수능형 문제로 구성됩니다. 다른 교과에 비해 수학은 각론 내용을 기반으로 하여 수능형 문제의 비중이 많습니다. 특히 규칙성 영역의 경우는 소문항이 전부 수능형으로 구성되어있죠. 수능형 문제의 경우, 긴장하지 말고 제시문에서 힌트를 얻으면 대부분 해결할 수 있습니다. 어마무시한 양을 자랑하는 각론은, 양은 많지만 문제에서는 핵심을 주로 물어보기 때문에 내용을 관통하는 핵심 개념을 중심으로 공부하시면 됩니다. 수와 연산은 내용의 계열성과 지도 방법, 도형은 도형의 성질과 개념, 측정은 측정 단위의 지도 방법 및 계열성, 자료와 가능성은 자료의 특성을 위주로 출제가 됩니다. 교육과정은 매해 0~1점씩, 주로 성취기준과 교수 · 학습 방법 위주로 출제됩니다. 교과교육론은 비중이 큰 편입니다. 지도서 총론의 경우 수학 교과의 특성과 교수 모형 등이 출제되고 교육론의 경우 수학 교육학자들의 이론을 중심으로 출제가 됩니다. 특히 수학은 교육학자들의 여러 이론이 각론에 그대로 구현되어 있는 경우가 많습니다. 따라서 교육론을 공부하실 때, 단순 암기가 아닌 깊이 있는 이해를 통해 각론에 해당 이론이 어떻게 구현되어 있는지를 꼭 살펴보셔야 합니다.

수학 기출분석표

*색 표시는 초특 출제입니다.

영역	년도	2013	2014	2015	2016	2017	2018	2019	2020	2021	2022	2023
교육과정	핵심 역량						의사소통	문제 해결				창의 · 융합
	성취기준			'측정' 영역 성취기준	'수와 연산' 영역 성취기준	'수와 연산' 영역 성취기준 '도형' 영역 성취기준	'자료와 가능성' 영역 성취기준 '수와 연산' 영역 성취기준		'수와 연산' 영역 성취기준			
	교학방유						'측정' 영역 교수 · 학습 방법 및 유의사항	'측정' 영역 평가 방법 및 유의사항				
	교학평방		창의력 신장을 위한 교수 · 학습 방법 유의사항(2007)									
기본이론	교과교육론		베르트하이머 (유의미 학습)	스켐프 (도구적 이해)					브루너(E.I.S) 반힐레 (기하학습수준이론)	스켐프 (개념학습원리)		
	지도서 총론	귀납추론 학습모형		추상화 이상화 확산적 사고	수학의 가치			계통성 원리탐구학습모형	가역적 사고 귀납적 사고 개념학습모형			문제해결 학습모형
각론	수와 연산	곱셈과 나눗셈의 관계 나눗셈의 특징 다양한 곱셈 기법		분수 지도 모델 분수의 의미	소수 지도 모델 소수 계산 원리 지도	곱셈 분배법칙	약분과 통분 지도 방법	받아 올림의 원리 위치적 기수법	다양한 연산 방법 덧셈과 뺄셈의 관계	나눗셈 검산식 덧셈의 결합법칙	소수 나눗셈 계산 원리 지도	분수의 곱셈 및 나눗셈의 원리 지도 방법
	도형					다각형 정의		삼각형 분류 정사각형 정의 마름모 정의	각기둥 정의 삼각형 분류	도형 정의 방법 직각 정의	사각형의 성질 사각형의 넓이와 둘레 지도	
	측정		직접비교의 특징 간접비교의 특징	삼각형의 각의 크기	넓이 지도 계열		등적 변형 단명수와 복명수	측정 지도 계열 단위의 특징				
	규칙성											
	자료와 가능성				그래프의 특징		표의 특징 그래프의 특징	통계의 과정 꺾은선 그래프의 특징		그림그래프		분류 기준 지도 주의점

수학

2023-01 초등

다음은 분수의 나눗셈에서 학생들이 겪는 어려움과 그 지도에 관해 교사와 예비 교사들이 나눈 대화이다. 물음에 답하시오. [4점]

지도 교사 : 오늘은 분수의 나눗셈 학습에 어려움을 겪는 학생들을 지원할 수 있는 방안을 살펴보도록 하겠습니다. 분수의 나눗셈에서 학생들이 겪는 어려움에 대해 이야기해 볼까요?

예비 교사A : ㉠ <u>(분수)÷(자연수)의 몫을 구하는 수업</u>을 참관한 적이 있었는데, 학생들이 $\frac{3}{5}\div 2$의 몫을 구할 때 ㉡ <u>나누어지는 수를 동치분수로 나타내는 것</u>을 어려워했습니다. 이는 어떤 모델을 이용해서 지도할 수 있을까요?

지도 교사 : 영역 모델을 이용해서 (분수)÷(자연수)의 몫을 구하는 과정을 알아보면 학생들에게 도움이 됩니다. 학생들이 $\frac{3}{5}\div 2$의 몫을 구하는 과정과 몫을 [그림 1]에 나타내고 (ⓐ   )(으)로 표현하여 그 의미를 살펴보게 해야 합니다.

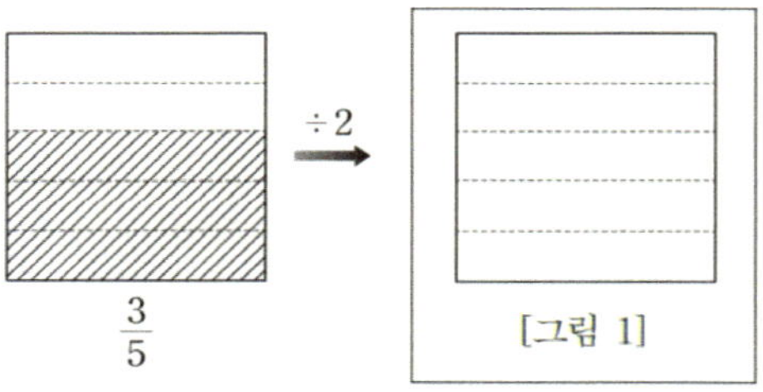

[그림 1]

예비 교사B : 제가 참관한 수업에서는 (분수)÷(자연수)를 분수의 곱셈으로 나타낼 수 있는 이유를 어려워하는 학생이 있었습니다. 이를 어떻게 설명할 수 있을까요?

지도 교사 : 이 경우에도 [그림 1]의 영역 모델을 이용해서 ㉢ <u>(분수)÷(자연수)를 곱셈으로 나타낼 수 있는 이유에 대해 학생들에게 제시할 설명</u>을 준비할 수 있습니다. 다만, 학생들이 (분수)÷(자연수)의 몫을 나타내는 영역을 다른 방식으로 표현하는 데 어려움을 겪을 수 있음에 주의해야 합니다. 구체적으로, 학생들은 ㉣ <u>$\frac{3}{5}$을 2등분한 것 중의 하나를 $\frac{3}{5}$의 (ⓑ   )(으)로 표현하는 것</u>을 어려워할 수 있으므로 이를 주의하여 지도할 필요가 있습니다.

1) ㉠과 ㉡을 모두 고려하여, ① ⓐ에 알맞은 식을 쓰고, ② [그림 1]에 알맞은 그림을 그리시오. [2점]

① ____________________

② ____________________

2) ① ⓑ에 알맞은 수를 쓰고, ② ㉣을 이용하여 $\frac{3}{5}\div 2$를 예로 들어 ㉢을 쓰시오. [2점]

① ____________________

② ____________________

2023-02 초등

(가)는 문제 해결에 대해서 지도 교사와 예비 교사들이 나눈 대화의 일부이고, (나)는 문제 해결 학습에서 제기될 수 있는 수업 교사와 학생들의 질문과 답변에 대해서 지도 교사와 예비 교사들이 나눈 대화의 일부이다. 물음에 답하시오. [3점]

(가)

지도 교사 : 초등 수학의 전체 영역과 학년에서 학생들의 문제 해결 능력을 기르게 해야 합니다. 다음 문제를 해결해 볼까요?

> **문제 A** 크기와 모양이 같은 구슬이 7개 있습니다. 이 구슬들 중에서 6개의 무게는 서로 같고, 나머지 구슬 1개는 다른 구슬보다 무겁습니다. 양팔저울을 최소한으로 사용해서 무거운 구슬 1개를 반드시 찾고자 할 때, 양팔 저울을 몇 번 사용해야 할까요?

예비 교사A : 어렵네요. 어떻게 해결해야 할까요?

지도 교사 : 먼저 무거운 구슬 1개를 포함한 구슬이 2개 또는 3개일 때, 양팔저울을 몇 번 사용해야 무거운 구슬을 찾을 수 있는지부터 알아보면 어떨까요?

예비 교사A : 구슬이 2개일 때, 양팔저울을 1번만 사용해 무거운 구슬을 찾을 수 있어요.

지도 교사 : 맞습니다.

예비 교사C : 구슬이 3개일 때는, 양팔저울을 2번 사용해야 할 것 같아요.

예비 교사B : 구슬이 3개일 때도 양팔저울을 1번만 사용해서 무거운 구슬을 찾을 수 있습니다. 구슬 2개를 선택해서 양팔저울에 1개씩 올려놓을 대, 양팔저울이 수평을 이루면 선택되지 않은 구슬이 무거운 구슬입니다. 양팔저울이 기울어지면, 기울어진 쪽에 있는 구슬이 무거운 구슬이므로 양팔저울을 1번만 사용해서 무거운 구슬을 찾을 수 있습니다.

지도 교사 : 맞습니다.

…(중략)…

지도 교사 : 그렇다면, 구슬이 7개일 때 양팔저울을 1번만 사용해 무거운 구슬을 반드시 찾을 수는 없습니다. 이제 원래의 〈문제 A〉의 풀이를 알아볼까요?

예비 교사C : 구슬이 7개일 때, 양팔저울을 2번만 사용해서 무거운 구슬을 찾을 수 있습니다. 구슬 7개를 2, 2, 3개로 나누어 양팔저울에 2개씩 올려놓아, 양팔저울이 수평을 이루면 남은 구슬 3개 중에 무거운 구슬이 있습니다. 확인해야 할 구슬이 3개라면 양팔저울을 1번 사용해서 무거운 구슬을 찾을 수 있습니다. 양팔저울이 기울어지면, 기울어진 쪽에 있는 구슬 2개 중에 무거운 구슬이 있으므로, 어떤 경우라도 양팔저울을 2번만 사용해서 무거운 구슬을 찾을 수 있습니다.

지도 교사 : 맞습니다. 〈문제 A〉를 잘 해결했네요.

(나)

지도 교사 : 〈문제 A〉를 소재로 문제 해결 학습 모형을 적용한 수업에서 교사나 학생들 사이에 이루어질 수 있는 질문과 답변에 대해서 말해 볼까요?

예비 교사A : 문제 해결 학습 모형에 따른 교수 • 학습 활동에서 수업 교사는 학생들에게 "전에 풀어 본 경험이 있는 문제인지 생각해 볼까요?", "계획에 따라 문제를 해결해 볼까요?", "문제 해결 과정을 검토해 볼까요?"와 같은 여러 가지 질문을 할 수 있습니다.

예비 교사B : 어떤 학생은 "㉠ <u>구슬 7개를 2, 2, 3개로 나누어 해결했는데, 구슬 7개를 3, 3, 1로 나누어도 양팔저울을 2번만 사용해서 무거운 구슬을 반드시 찾을 수 있어요!</u>"와 같이 답할 수 있습니다.

예비 교사C : 어떤 학생은 조건을 변경해 새로운 문제를 만들어서 "크기와 모양이 같은 구슬이 여러 개 있습니다. 이 구슬들 중에서 어느 구슬 1개는 다른 구슬들보다 무겁지만, 나머지 구슬들은 무게가 서로 같습니다. ㉡ <u>양팔저울을 2번 사용해서 무거운 구슬을 반드시 찾을 수 있는 경우</u>, 구슬은 몇 개일까요?"와 같이 답할 수 있습니다.

…(하략)…

1) 문제 해결 학습 모형에서 ① ㉠과 같은 활동이 이루어지는 단계명을 쓰고, ② ㉠과 관련된 교수 • 학습 활동을 설명하시오.

①

②

2) ㉡의 구슬의 개수를 N이라고 할 때, N의 최댓값을 쓰시오.

•

2023-03 초등

(가)는 2학년 1학기 '분류하기' 단원과 관련된 2015 개정 수학과 교육과정 내용의 일부이고, (나)는 이 단원 지도에 대해 예비 교사와 지도 교사가 나눈 대화의 일부이다. 물음에 답하시오. [4점]

(가)

〈성취기준〉

[2수05-01] 교실 및 생활 주변에 있는 사물들을 정해진 기준 또는 자신이 정한 기준으로 분류하여 개수를 세어보고, 기준에 따른 결과를 말할 수 있다.

〈교수·학습 방법 및 유의 사항〉

- 기준을 정하여 분류할 때 ㉠학생들이 정한 다양한 기준을 존중하되, 분명하지 않은 기준일 경우에는 분류하는 것이 어려움을 인식하게 한다.

(나)

예비 교사 : 분류 기준은 항상 제시해 주어야 하나요?

지도 교사 : 그렇게 할 수도 있지만, 주어진 대상들을 분류할 수 있는 기준을 학생들이 정해 보게 할 수도 있어요. 예전에 내가 ㉡미처 생각하지 못한 올바른 분류 기준을 생각한 학생도 있었습니다. 발산적 사고에 능한 학생을 보고 깜짝 놀란 적이 있어요.

예비 교사 : 학생들이 분류 기준을 정하면 분류 결과가 다양하게 나오거나 분류하기가 어렵지 않나요?

지도 교사 : 오히려 그런 상황을 통해 분명한 분류 기준이 필요함을 지도할 수 있어요. 이어서 ㉢분명한 분류 기준으로 분류한 결과들을 비교하여, (㉣)을/를 지도할 수 있습니다.

…(중략)…

예비 교사 : 단원 평가에서 분류할 대상으로 [자료 1]과 같은 도형판에 만든 여러 삼각형, 사각형, 오각형을 사용하려고 해요. 그리고 분류 기준은 직각의 수를 생각하고 있습니다. [A]

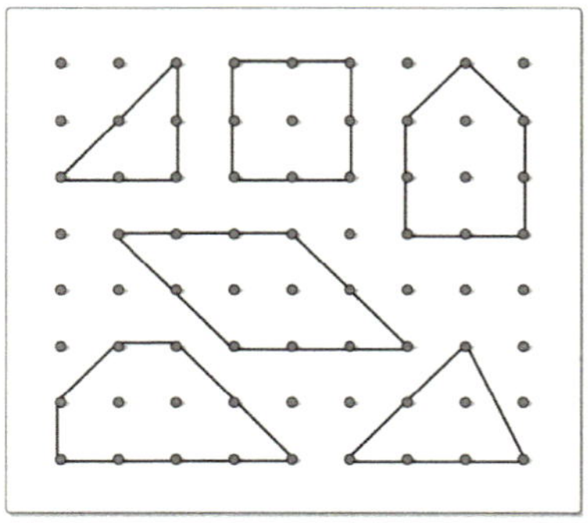

[자료 1]

지도 교사 : ㉤다른 학년군 성취기준 또는 학습 요소는 살펴보았나요?

…(하략)…

1) 2015 개정 수학과 교육과정에 제시된 교과 역량 중 (가)의 ㉠과 (나)의 ㉡에 공통적으로 관련된 교과 역량을 쓰시오. [1점]

-

유사1) 아래 (다)는 2학년 1학기 '분류하기' 단원과 관련된 2022 개정 수학과 교육과정 내용의 일부이다. 개정 수학과 교육과정에 제시된 교과 역량 중 (다)의 ㉥과 (나)의 ㉡에 공통적으로 관련된 교과 역량을 쓰시오. [1점]

(다)

〈성취기준〉

[2수04-01] 여러 가지 사물을 정해진 기준 또는 자신이 정한 기준으로 분류하여 개수를 세어보고, 기준에 따른 결과를 말할 수 있다.

〈성취기준 적용 시 고려 사항〉

- 기준을 정하여 분류할 때 ㉥학생들이 정한 다양한 기준을 존중하되, 분명하지 않은 기준으로는 분류하기가 어렵다는 점을 인식하게 한다.

-

2) ㉢을 통해 학생들에게 지도할 내용으로 ㉣에 들어갈 말을 쓰시오. [1점]

-

3) ㉤에 근거하여 [A]에서 ① 적절하지 않은 것 1가지를 찾아 쓰고, ② 그 이유를 쓰시오. [2점]

①

②

2022-01 초등

(가)는 2015 개정 수학과 교육과정의 5~6학년군 '수와 연산' 영역 성취기준의 일부이고, (나)는 교사협의회에서 소수의 나눗셈과 관련하여 나눈 대화이다. 물음에 답하시오. [4점]

(가)

6 소수의 곱셈과 나눗셈

[6수01-14] '(자연수)÷(자연수)', '(소수)÷(자연수)'에서 나눗셈의 몫을 소수로 나타낼 수 있다.

[6수01-15] 나누는 수가 소수인 나눗셈의 계산 원리를 이해한다.

[6수01-16] 소수의 곱셈과 나눗셈의 계산 결과를 (㉠) 할 수 있다.

(나)

박 교사: 소수의 나눗셈을 지도할 때 형식화에 따른 알고리즘 지도와 계산 기능 숙달에 치중하기 쉬운데, 교육과정의 성취기준에 따라 소수의 나눗셈 계산 원리를 이해하고 (㉠)에 중점을 두어 소수에 대한 수 감각을 키우도록 도와주어야 할 것 같습니다.

최 교사: 그래서 저는 소수의 나눗셈을 지도할 때, 계산 결과를 알아보기 전에 (㉠)해 보도록 지도합니다.

송 교사: 저는 나누는 수가 소수인 나눗셈의 계산 원리를 설명할 때, ㉡ 단위 변환이나 ㉢ 분수의 나눗셈을 이용하여 나누어지는 수와 나누는 수에 똑같이 10배 또는 100배를 해도 몫은 같다는 사실을 확인시켜 줍니다.

최 교사: 저도 소수의 나눗셈 계산 원리를 지도하면서 평가를 통해 [그림 1]과 같이 학생들이 이해하지 못하는 부분을 확인하고 그에 따라 지도했습니다.

평가 방법	평가 도구
관찰, 구술	수학책
학습 정보	**지도 방안 예시**
나누어지는 수와 나누는 수에 같은 수를 곱해도 몫은 같다는 사실을 이해하지 못한다.	(㉣)(이)라는 사실을 설명해주면서 나누어지는 수와 나누는 수에 같은 수를 곱해도 몫은 같다는 사실을 알게 한다.

김 교사: 학생 A는 '(소수)÷(자연수)'에서 나눗셈의 몫을 소수로 나타내었을 때, 그 몫의 의미를 정확히 이해하지 못했습니다. [그림 2]의 문제를 해결하기 위해서는 몫을 자연수 범위까지만 구하여 풀 수도 있습니다. 하지만 학생 A는 135÷3의 몫 45를 정확하게 구한 후, '몫의 자연수 부분인 4가 묶을 수 있는 상자 수이고, 몫의 소수 부분인 0.5가 남는 리본의 길이 0.5m를 의미한다.'라고 말하였습니다.

문제 리본 3m로 상자 하나를 묶을 수 있습니다. 리본 13.5m로 똑같은 크기의 상자를 묶을 때, 묶을 수 있는 상자 수와 남는 리본의 길이를 구해 보세요.

학생 A의 풀이	
$\begin{array}{r} 4.5 \\ 3\overline{)13.5} \\ 12 \\ \hline 1\ 5 \\ 1\ 5 \\ \hline 0 \end{array}$	**답** • 묶을 수 있는 상자 수 : 4상자 • 남는 리본의 길이 : 0.5m

박 교사: ㉤ 몫의 소수 부분인 0.5의 의미를 올바르게 해석하고, 0.5를 이용하여 남는 리본의 길이를 구하는 방법을 지도해야겠습니다.

1) (가)와 (나)의 ㉠에 공통으로 들어갈 알맞은 용어를 쓰시오. [1점]

•

2) (나)의 ㉡과 ㉢을 각각 이용하여 ㉣에 들어갈 적절한 지도 방안 2가지를 11.2÷0.8을 예로 들어 설명하시오. [2점]

•

3) '0.5'와 '남는 리본의 길이'라는 표현을 포함하여 ㉤을 설명하시오. [1점]

•

2022-02 초등 · 초특 공통

(가)는 5~6학년군 '다각형의 둘레와 넓이' 단원 수업의 일부이고, (나)는 이 수업에 관해 교사들이 나눈 대화이다. 물음에 답하시오. [4점]

(가)

박 교사 : 오늘은 여러 가지 문제를 풀어 보면서 이 단원에서 배운 내용을 정리해 보겠습니다. [그림 1] 마름모의 둘레를 구해 보세요.

학생 A : 한 변의 길이만 주어져 있고, 나머지 변의 길이는 몰라서 둘레를 못 구해요.

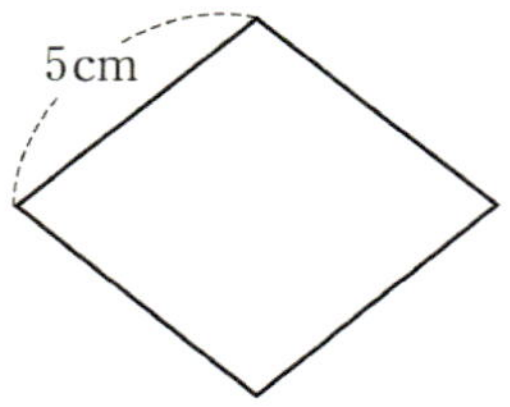

[그림 1]

…(중략)…

박 교사 : 직사각형 가, 나, 다의 넓이와 둘레를 구해 보세요.

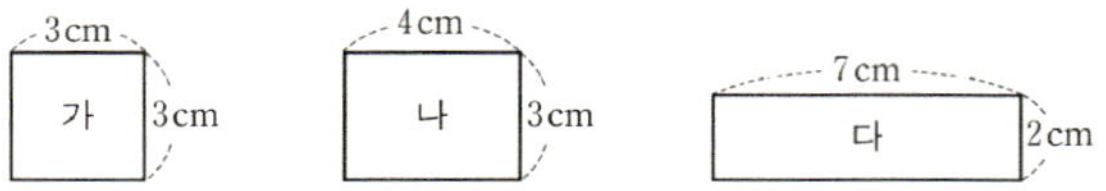

[그림 2]

학생 B : 가, 나, 다의 넓이는 9㎠, 12㎠, 14㎠이고 둘레는 12㎝, 14㎝, 18㎝입니다.

박 교사 : 직사각형의 넓이와 둘레를 잘 구했네요.

학생 B : 선생님! 직사각형의 넓이가 클수록 둘레도 큰 것 같아요.

박 교사 : 정말로 직사각형의 넓이가 클수록 둘레도 클까요? 이 추측이 맞는지 확인해 봅시다.

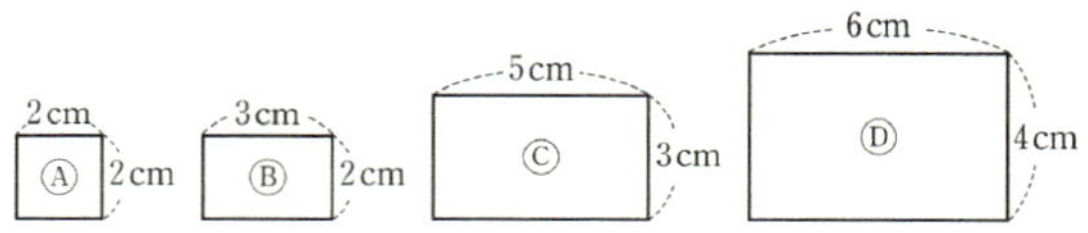

[그림 3]

박 교사 : [그림 3]의 직사각형과 [그림 2]의 직사각형의 넓이와 둘레를 비교해 보세요.

(나)

김 교사 : [그림 1]처럼 한 변의 길이만 주어져 있는 마름모를 제시한 이유는 무엇인가요?

박 교사 : 학생들이 ㉠ 마름모의 둘레 구하는 방법을 이해했는지 알아보기 위해서입니다.

김 교사 : 그렇군요. 학생들이 그 방법을 충분히 이해했다면, 사각형의 성질과 둘레에 대한 지식을 종합적으로 평가할 수 있는 다음과 같은 문제를 제시하는 것도 좋겠네요.

> **문제** '가'는 정사각형, '나'는 평행사변형, '다'는 마름모입니다. '나'의 둘레가 20㎝입니다. '가'의 둘레와 '다'의 둘레의 합을 구해보세요.
>
> 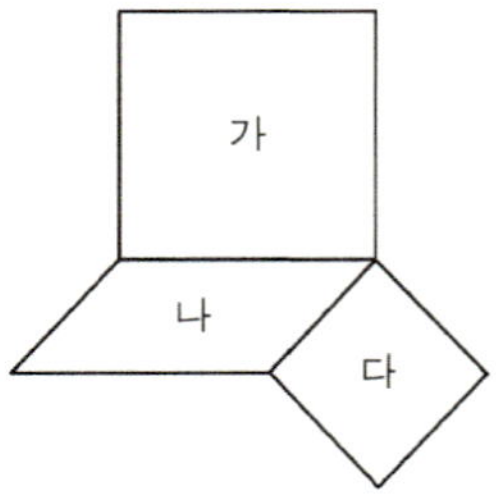
>
>
> **답** '가'의 둘레와 '다'의 둘레의 합은 (㉡)㎝입니다.

김 교사 : 수업 중에 학생 B가 '직사각형의 넓이가 클수록 둘레도 크다.'라는 추측을 했는데, 선생님께서는 이런 상황을 예상했었나요?

박 교사 : 예상 못했어요. 그런데 그 추측이 모든 직사각형에 대해서 성립하지는 않아요. 그래서 [그림 3]의 직사각형 중에 (㉢)와/과 [그림 2]의 직사각형 중에 (㉣)을/를 비교해 보게 했어요. 이를 이용해서 ㉤ '직사각형의 넓이가 클수록 둘레도 크다.'라는 추측이 옳지 않다는 것을 설명했어요.

1) (나)의 ㉠을 마름모의 성질과 관련지어 쓰시오. [1점]

•

2) (나)의 ㉡에 알맞은 수를 쓰시오. [1점]

•

3) ① (나)의 ㉢, ㉣에 알맞은 기호를 쓰고, ② ㉤의 이유를 쓰시오. (단, ② 작성 시 ㉢, ㉣에 쓴 기호를 이용하시오. [2점]

①

②

2022-03 초등

(가)는 3~4학년군 '규칙 찾기' 단원에 대한 수업 자료이고, (나)는 이와 관련된 수업의 일부이다. 물음에 답하시오. [3점]

(가)

우박수는 마치 우박이 구름 속에서 오르내리며 자라다가 땅 위로 떨어지는 것과 비슷하게 수가 커졌다 작아졌다를 반복하다가 어느 순간 계속 작아져서 1이 되면 끝나는 자연수의 배열이다. 다음은 우박수의 몇 가지 예이다.

- 2 → 1
- 3 → 10 → 5 → 16 → 8 → 4 → 2 → 1
- 4 → 2 → 1
- 5 → 16 → 8 → 4 → 2 → 1
- 6 → 3 → 10 → 5 → 16 → 8 → 4 → 2 → 1
- 7 → 22 → 11 → 34 → 17 → 52 → 26 → 13 → 40 → 20 → 10 → 5 → 16 → 8 → 4 → 2 → 1

(나)

박 교사 : 오늘은 우박수에 관한 문제를 탐구하려고 해요. [그림 1]을 보고 우박수가 만들어지는 과정에서 규칙을 찾아보세요.

학생 A : 일단 짝수가 되면 (㉠   )(이)라는 규칙에 따라 다음 수가 만들어져요.

박 교사 : 맞습니다. 그렇다면 홀수가 되면 어떤 규칙에 따라 다음 수가 만들어지는 걸까요?

학생 B : 3 → 10, 5 → 16, 7 → 22, 11 → 34 등이므로 (㉡   )(이)라는 규칙에 따라 다음 수가 만들어집니다.

박 교사 : 맞습니다. 그러면 우박수가 길어지려면 어떤 수로 시작해야 할까요? 예를 들면 [그림 1]에서 4로 시작하는 우박수가 2로 시작하는 우박수보다 더 길어요.

학생 A : 큰 수로 시작하는 것이 좋을 것 같습니다.

학생 B : ㉢큰 수로 시작한다고 해서 우박수가 길어지는 것은 아닙니다. 왜냐하면 (㉣   ) 때문입니다.

박 교사 : 잘 설명하였습니다. 그럼 지금부터는 시작하는 수에 따라 우박수가 몇 개의 수들로 이루어져 있는지 살펴봅시다. 3으로 시작하는 우박수는 [그림 2]와 같이 8개의 수들로 이루어져 있습니다.

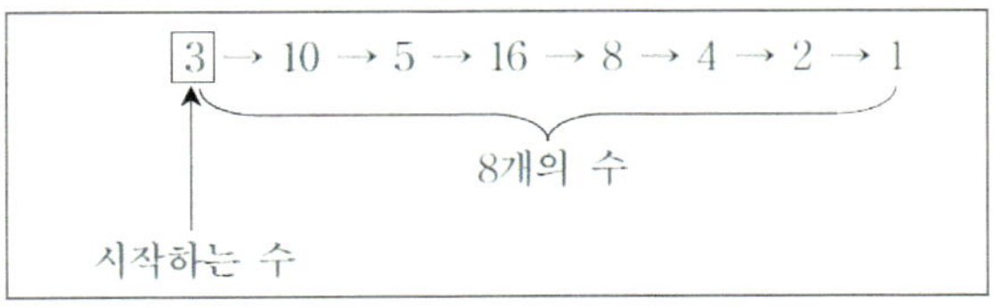

[그림 2]

학생 A : 8개의 수들로 이루어진 우박수가 더 있나요?

박 교사 : 좋은 질문입니다. 그러면 8개의 수들로 이루어진 우박수를 어떻게 찾을 수 있을까요?

학생 B : 작은 수부터 차례대로 우박수를 구해 봐요. 그런데 이 방법은 시간이 많이 걸릴 것 같아요.

박 교사 : 다른 방법이 없을까요?

학생 A : 우박수의 마지막 수인 1에서 시작하여 이전 수가 어떤 수인지 확인하는 방법을 사용해보면 어떨까요?

박 교사 : 좋은 생각입니다. 우박수가 결국 1로 끝난다는 점에서 시작하여 문제를 풀어봅시다.

학생 B : 학생 A의 방법으로 생각해 보면 우박수의 계산 규칙에 따라 1이 될 수 있는 이전 수는 2밖에 없습니다. 이와 같은 방법으로 ㉤8개의 수들로 이루어진 우박수들을 모두 구할 수 있습니다.

1) (나)의 ㉠, ㉡에 들어갈 알맞은 규칙을 각각 쓰시오.[1점]

㉠ ________________

㉡ ________________

2) (나)의 ㉣은 [그림 1]에서 적절한 근거를 찾아 ㉢에 대해 설명한 것이다. ㉣에 들어갈 알맞은 내용을 쓰시오. [1점]

• ________________

3) (나)의 ㉤에서 시작하는 수는 3을 포함하여 모두 4개이다. 3을 제외한 3개의 시작하는 수를 모두 쓰시오. [1점]

• ________________

2022 초특

다음은 특수학교에 근무하는 최 교사의 수학 수업에 대한 성찰 일지이다. 물음에 답하시오. [1점]

성찰 일지

성취기준	[4수학04-03] 반복되는 물체 배열을 보고, 다음에 올 것을 추측하여 배열한다.
단원	㉠9. 규칙 찾기
학습목표	ABAB 규칙에 따라 물건을 놓을 수 있다.

오늘은 모양을 ABAB 규칙에 따라 배열하고 규칙성을 찾는 수업을 하였다.

㉡규칙성이라는 추상적 개념 지도를 위해 구조적으로 동형이면서 다양한 구체물을 활용하는 수업이었다.

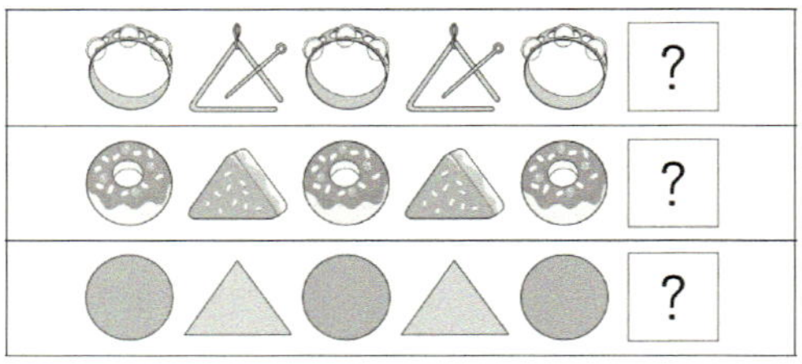

[A]

구체물을 이용한 수업이라서 그런지 학생들이 흥미 있게 참여하였다.

…(하략)…

1) 디에네스(Z. Dienes)의 수학적 개념학습원리에서 [A]의 ㉡에 해당하는 명칭을 쓰시오. [1점]

•

2021-01 초등

2015 개정 수학과 교육과정에 따른 교과서 분석을 주제로 한 교사 협의회에서 교사들이 나눈 대화의 일부이다. 물음에 답하시오. [4점]

교사 A : 오늘 협의를 통해 교수학적 변환 과정에서 '교육과정-교과서-수업'의 일관성이 매우 중요하다는 것을 다시 한 번 깨닫게 됩니다. 이번 시간에는 '수와 연산' 영역의 내용이나 전개 방식에 대해 생각한 점을 이야기해 볼까요?

교사 B : 저는 3학년 '나눗셈' 단원의 검산 활동에 대해 생각해 봤어요. 16을 5로 나누어 몫 3, 나머지 1을 얻었을 때, 이 계산이 맞는지 확인하기 위해 왜 5×3=15, 15+1=16과 같이 곱셈식과 덧셈식의 두 단계로 나타낸 걸까요? 수학적으로 동치이긴 하지만, 5×3+1=16과 같이 하나의 식으로 가르쳤었는데요.

교사 C: 교육과정 중 내용 체계의 변화가 반영된 한 가지 사례에 해당합니다. 구체적으로, 2015 개정 수학과 교육과정에서는 (㉠) 때문이죠. 학년군에 따른 학습 내용의 범위를 준수하기 위해 식 표현의 변화가 불가피한 부분이에요.

교사 B: 그렇군요. 나눗셈 알고리즘은 몫을 정할 때 어림을 잘해야 하고 계산 과정도 복잡하기 때문에 계산을 맞게 했는지 확인해 보는 것이 중요한데, 나머지가 있는 나눗셈의 검산 식을 쓸 때 주의해야겠네요.

교사 A: 저는 1학년 '수와 연산' 영역의 한 차시를 살펴보다가 새로운 내용 요소가 구현되었다는 것을 파악했어요. 10을 만들어 더하기 차시에 도입된 덧셈의 성질입니다. 만약 학생들이 이 덧셈의 성질을 모르는 상태라면, 2+6+4를 계산할 때 10을 만들어 더하기 위해 뒤의 두 수인 6과 4를 먼저 더하도록 하는 것이 학생들에게 비약적이라고 생각했어요. 왜냐하면 ㉡ <u>이미 배운 세 수의 덧셈 방법</u>과 다르기 때문이에요.

교사 C: 그러면 ㉢ <u>그 덧셈의 성질</u>을 어떤 방식으로 지도하게 되는 거지요?

교사 A: 2+6+4의 효과적인 계산을 위해서 10을 만들어 더하는 방법을 도입하기 전에 [그림]을 제시하여 그 덧셈의 성질을 파악하도록 하는거죠.

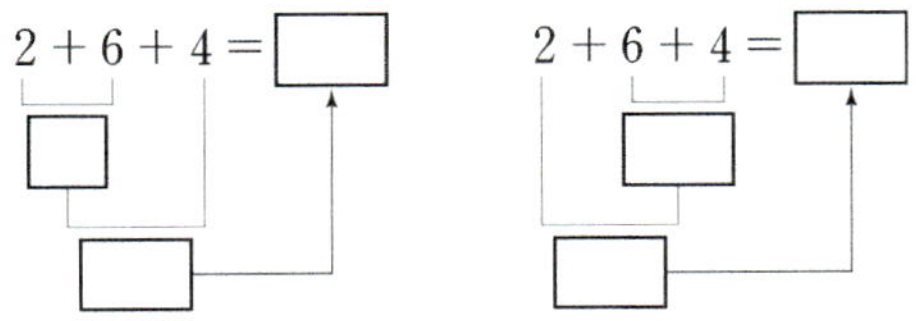

[그림]

교사 C: 아, 그렇게 하면 10을 만들어 더하는 방법을 가르칠 때 주어진 식에 따라 효과적인 방법을 선택하여 계산할 수 있겠네요. 이제 나눗셈의 몫이 무한소수일 때 어림하는 방법에 대해 얘기해 보면 좋겠어요. 반드시 반올림으로 어림해야 할까요?

교사 B: ㉣ <u>수학 내적 맥락에서는 보통 반올림하지만 실생활 맥락에서는 상황에 맞게 올림과 버림도 이용할 수 있다</u>고 생각합니다. 학생들에게 문제 상황과 연관 지어 어떤 어림 방법을 이용하는 게 적절한지 토론해 보는 기회를 제공하는 것이 좋을 것 같아요.

1) ㉠에 들어갈 알맞은 이유를 2015 개정 수학과 교육과정의 내용 체계의 변화에 근거하여 쓰시오. [1점]

•

2) ㉡을 설명하고, [그림]을 참조하여 ㉢을 세 수 a, b, c를 이용하여 식으로 나타내시오. [2점]

㉡

㉢

3) ㉣과 관련하여, 다음 문제에서 구한 몫을 상황에 적절하게 어림하여 소수 셋째 자리까지 나타내시오. [1점]

〈문제〉 백신 실험을 위해 천연 항생 물질 26.3mL가 필요하다. 추출기는 일일 추출량과 기간을 설정하여 매일 똑같은 양을 추출하도록 설계되어 있다. 13일 동안 추출하여 실험에 차질이 없으려면 하루 추출액을 적어도 몇 mL로 설정해야 하는가?

•

2021-02 초등

2015 개정 수학과 교육과정의 '도형' 영역의 교수 · 학습에 대해 지도 교사와 예비 교사가 나눈 대화의 일부이다. 물음에 답하시오. [4점]

지도 교사 : 2학년과 3학년 도형 단원의 교수 · 학습의 차이점을 생각해 볼까요?

예비 교사 : 2학년 도형 단원에서 개념을 도입할 때에는 ㉠ 학생에게 예를 그림으로 제시하여 시각적, 구체적으로 이해 가능하도록 정의하는 방법을 사용해요.

지도 교사 : 개념의 예를 제시할 때에는 ㉡ 디에네스(Z. Dienes)의 수학적 다양성의 원리를 고려할 필요가 있습니다.

예비 교사 : 3학년부터는 도형 단원에서 개념을 어떤 방법으로 도입하나요?

지도 교사 : 개념의 속성을 이용하는 내포적 방법으로 정의합니다. 또한 [그림 1]처럼 도형의 개념들을 좀 더 체계적이고 위계적으로 도입합니다.

직사각형	네 각이 모두 직각인 사각형
↑	
직각	종이를 반듯하게 두 번 접었을 때 생기는 각
↑	
각	한 점에서 그은 두 반직선으로 이루어진 도형
↑	
반직선	한 점에서 시작하여 한쪽으로 끝없이 늘인 곧은 선

[그림 1]

예비 교사 : 그런데 [그림 1]에서 직각은 내포적 방법으로 정의하지 않은 것 같은데, 맞나요? 종이접기 활동을 왜 하는지도 궁금하네요.

지도 교사 : 정확하게 파악했어요. 원래 직각을 내포적 방법으로 정의하면, '두 직선이 만나서 생기는 (㉢), 이 각을 각각 직각'이라고 합니다. 하지만 초등학교 3학년에서 지도하기에 지나치게 형식적이고 복잡합니다. 그래서 학생의 수준에 맞도록 [그림 2]처럼 직접 종이를 접어 직각을 만들어 보는 활동을 하는 것입니다.

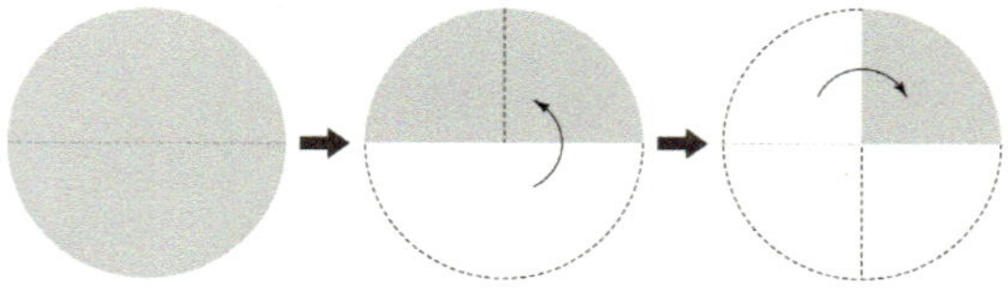

[그림 2]

…(중략)…

예비 교사 : 직각, 직사각형 개념을 지도한 후 어떤 활동을 하는 것이 좋을까요?

지도 교사 : [그림 3]처럼 해결 전략과 답이 다양할 수 있는 탐구 과제를 제공하여 학생에게 창의적 사고의 기회를 주는 것이 좋습니다.

과 제 원판이 3개의 사각형 일부를 덮고 있다. 원판을 제거했을 때 3개의 사각형에 있는 직각은 모두 몇 개입니까? (단, 3개의 사각형은 서로 겹치지 않는다.)

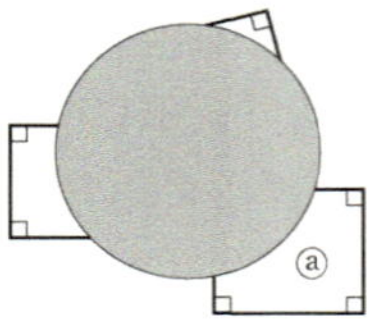

답 직각은 모두 (㉣) 개입니다.

[그림 3]

예비 교사 : 원판으로 가려진 부분이 어떤 모습인가에 따라 답이 다양할 것 같아요.

지도 교사 : 그렇습니다. 하지만 원판을 제거했을 때 사각형 ⓐ에 있는 직각의 개수는 (㉤)개 뿐입니다. 이 내용이 과제 해결에서 중요한 역할을 합니다.

1) ㉡을 고려하여 ㉠의 방법으로 사각형을 정의하시오. [1점]

·

2) ㉢에 들어갈 알맞은 말을 쓰시오. [1점]

·

3) ㉣에 들어갈 알맞은 수 5개를 쓰고, ㉤에 들어갈 수를 쓰시오. [2점]

· ㉣ :

· ㉤ :

2021-03 초등

'자료와 가능성' 영역의 수업 자료 개발에 대해 수석 교사와 두 초임 교사가 나눈 대화의 일부이다. 물음에 답하시오. [3점]

수석 교사 : 3학년의 그림그래프 관련 단원과 6학년의 띠그래프 관련 단원에서 사용할 수업 자료를 개발하셨나요?

초임 교사A : 네, 저는 그림그래프 알아보기 차시에서 사용할 그림그래프를 [그림 1]과 같이 만들었습니다.

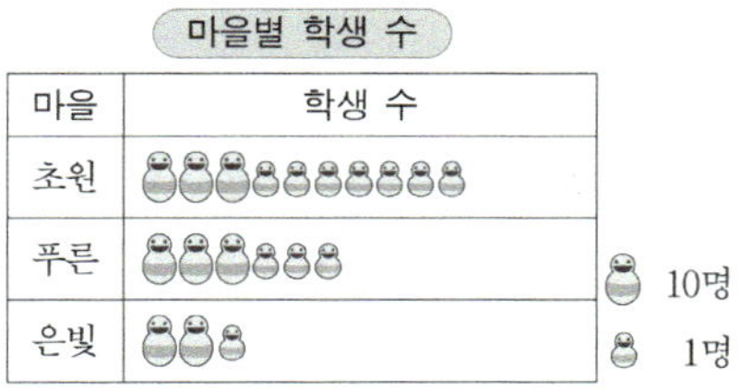

[그림 1]

수석 교사 : 학생들은 그림그래프에 나타난 그림의 길이만 보고 자료의 개수를 비교하는 오류를 보이기도 합니다. 그런데 [그림 1]은 이 오류를 확인하기 어렵습니다.

초임 교사A : 이 오류를 확인해서 지도하려면 [그림 1]을 어떻게 바꾸어야 할까요?

수석 교사 : [그림 1]에서 은빛 마을의 학생 수만을 29명으로 바꾸면 은빛 마을 학생 수를 나타낸 그림의 길이가 가장 길게 됩니다. 따라서 단순히 그림그래프에 나타난 그림의 길이가 길다고 (㉠) (이)라는 내용을 지도할 수 있어요.

초임 교사B : 저는 [그림 2]와 같은 수업 자료를 개발하고 있습니다. 이때, ㉡표에서 백분율의 합이 100%이면서 각 항목의 백분율이 모두 자연수가 되고, 과학과 역사 이외에는 백분율이 서로 같지 않도록 하려고 합니다. 그러면 학생들이 띠그래프를 쉽게 그릴 수 있고, 항목의 비교도 수월하게 할 겁니다.

연수네 반 학생들이 학교 도서관에서 빌린 책의 종류를 조사하여 나타낸 표입니다. 띠그래프로 나타내어 봅시다.

빌린 책의 종류별 권수

종류	과학	문학	수학	역사	언어	기타	합계
권수(권)	90		㉢	90	18	36	360
백분율(%)							100

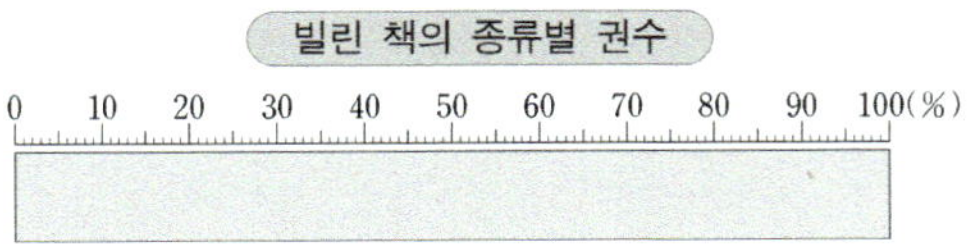

[그림 2]

1) ㉠에 들어갈 알맞은 말을 쓰시오. [1점]

•

2) ㉡을 고려하여 ㉢에 들어갈 알맞은 수 2개를 쓰시오. [2점]

•

2020-01 초등

(가)는 2015 개정 수학과 교육과정의 1~2학년군 '수와 연산' 영역 성취기준의 일부이고, (나)는 덧셈과 뺄셈에 대하여 교사들이 나눈 대화이다. 물음에 답하시오. [4점]

(가)

> ① 네 자리 이하의 수
> [2수01-04] 하나의 수를 두 수로 (㉠)하고 두 수를 하나의 수로 (㉡)하는 활동을 통하여 수 감각을 기른다.

(나)

김 교사 : 초등학교 1, 2학년 수학 학습의 초점은 수 감각의 발달, 수 연산의 이해, 계산 숙달이라고 할 수 있습니다.

박 교사 : 맞습니다. 25+8과 같이 받아올림이 있는 덧셈은 25+(5+3)=(25+5)+3=30+3=33과 같은 과정을, 15−8과 같이 받아내림이 있는 뺄셈은 15−(5+3)=(15−5)−3=10−3=7과 같은 과정을 거쳐 답을 구합니다. 이때, (㉠)와/과 (㉡) 활동이 이러한 덧셈과 뺄셈 과정의 기초가 됩니다.

김 교사 : 받아내림이 있는 뺄셈을 지도할 때, 수배열표를 이용한 시각적 모델을 사용하면 뺄셈을 하는 여러 가지 방법을 이해하는 데 도움이 됩니다. 예를 들어, 63−26의 경우, [그림 1]은 거꾸로 세기를, [그림 2]는 이어 세기를 이용하여 구하는 방법을 보여줍니다.

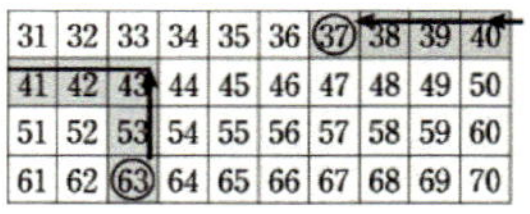

[그림 1]

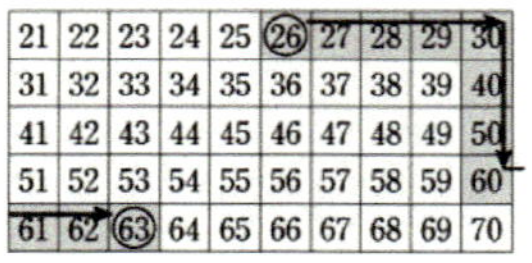

[그림 2]

[그림 1]은 (63−20)−6=43−6=43−3−3=40−3=37과 같은 과정을 통해 63−26=37을 계산한 것이고, [그림 2]는 (㉢)입니다.

박 교사 : 저는 ㉣<u>[그림 3]과 같은 수직선을 이용한 시각적 모델</u>을 사용합니다. 수직선 모델은 수배열표 모델이 보여주는 계산 방법을 사용하지만, 직선 모델을 이용하므로 그 방법을 도식화하여 보여주기에 효과적입니다. [그림 3]은 [그림 1]을 수직선으로 간단하게 나타낸 것입니다.

[그림 3]

김 교사 : 수배열표와 수직선을 이용한 방법은 ㉤<u>가역적 사고</u>를 설명하기에도 좋은 것 같습니다.

1) (가)와 (나)의 ㉠과 ㉡에 공통으로 들어갈 단어를 각각 쓰시오. [1점]

• ㉠ : ______________________

• ㉡ : ______________________

2) ① (나)의 ㉢에 들어갈 [그림 2]의 계산 방법을 덧셈식과 뺄셈식을 모두 포함하도록 쓰고, ② ㉤을 15−8을 사용하여 설명하시오. [2점]

• ① : ______________________

• ② : ______________________

3) (나)의 ㉣은 브루너(J. Bruner)의 EIS 이론의 표현 양식 중 무엇에 해당하는지 쓰시오. [1점]

• ______________________

2020-02 초등

(가)는 2015 개정 수학과 교육과정의 '도형' 영역 교수 · 학습에 대한 지도 교사와 예비 교사들의 대화이고, (나)는 3~4학년군 '삼각형의 분류'에 대한 교수 · 학습 과정안의 일부이다. 물음에 답하시오. [4점]

(가)

지도 교사 : 도형 영역에서는 학생들이 개념을 명확히 익히고 개념의 성질을 탐구하여 문제해결에 적용하도록 지도하는 것이 중요합니다.

예비 교사 A : '도형의 합동'에 대한 수업을 참관한 적이 있었는데, 학생들이 합동인 도형의 성질을 어려워했습니다. 어떻게 지도하는 것이 좋을까요?

지도 교사 : ㉠ <u>합동인 도형의 성질을 알도록 여러 가지 활동을 해보는 것이 좋습니다.</u>

예비 교사 B : '각기둥'에 대한 수업을 참관한 적이 있었는데, [그림 1]의 육각기둥에 밑면이 4쌍 있다고 답하는 학생들이 있었습니다.

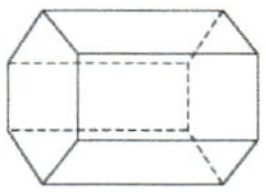

[그림 1]

예비 교사 A : 밑면이 되기 위한 조건에는 두 면이 서로 평행하고 합동이라는 것만 생각하고 (㉡)을/를 고려하지 않아 그런 것 같습니다.

지도 교사 : 그렇습니다. 개념을 익히는데 있어 일부 조건만 고려할 경우 이런 개념적 오류가 나타나기도 합니다.

예비 교사 C : '평면도형의 이동'에 대한 수업을 참관한 적이 있습니다. 학생들이 [그림 2]와 같은 조각을 이용한 평면도형의 이동을 어려워했습니다. 어떻게 지도하면 좋을까요?

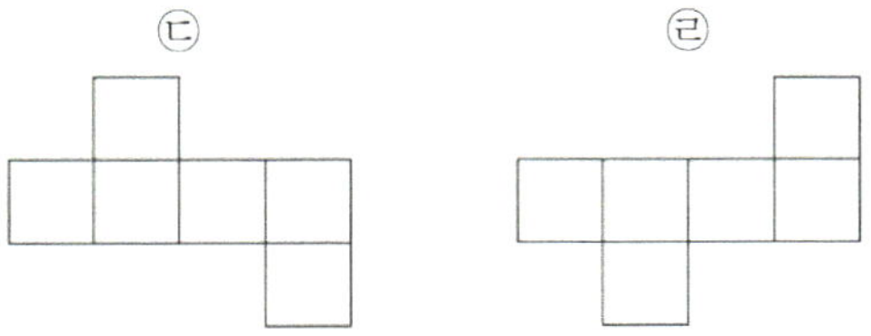

[그림 2]

지도 교사 : 공간 추론이 어려운 학생들은 투명 종이나 도형판을 활용하여 확인하도록 지도하면 도움이 됩니다.

(나)

단계	교수 · 학습 활동
도입	• 그림에서 삼각형 파악하기
전개	• 삼각형을 다른 기준을 파악하기 • 삼각형 분류하기 〈활동 1〉(㉤) 〈활동 2〉(㉥) 〈활동 3〉 주어진 삼각형을 분류하여 표 완성하기
정리	• 알게 된 점 말하기

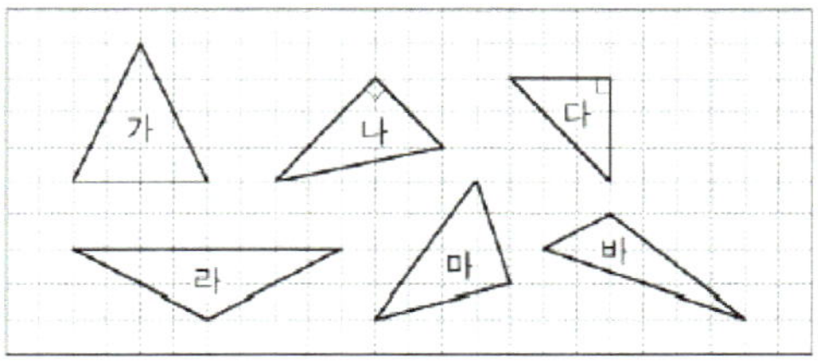

	예각삼각형	직각삼각형	둔각삼각형
이등변삼각형	가	다	라
세 변의 길이가 모두 다른 삼각형	마	나	바

1) 도형을 직접 포개어 보는 것 외에, 반 힐레(van Hieles)의 기하학습 수준 이론 중 분석적 사고 수준에 해당하는 (가)의 ㉠을 1가지만 쓰시오. [1점]

• ______________________

2) (가)의 ㉡에 들어갈 말을 쓰시오. [1점]

• ______________________

3) (가)의 [그림 2]의 조각 ㉢을 오른쪽으로 5번 뒤집고 시계 방향으로 (ⓐ)°만큼 3번 돌리면 조각 ㉣과 같이 된다. ⓐ에 들어갈 수를 2가지 쓰시오. (단, 0≤ⓐ≤180) [1점]

• ______________________

4) (나)의 ㉤과 ㉥에 들어갈 활동 내용을 각각 쓰시오. [1점]

• ㉤ : ______________________

• ㉥ : ______________________

2020-03 초등

다음은 2015 개정 수학과 교육과정의 '규칙성' 영역 문제 해결에 대한 수업의 일부이다. 물음에 답하시오. [3점]

교사 : [그림 1]은 한 변의 길이가 1인 정사각형을 이용하여 만든 5층의 계단 모양입니다. [그림 1]에서 찾을 수 있는 정사각형은 모두 몇 개일까요?

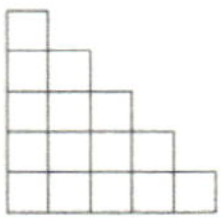

[그림 1]

선우 : 15개인 줄 알았는데 한 변의 길이가 1보다 큰 정사각형도 있어요.

교사 : 어떻게 하면 크기가 다른 여러 가지 정사각형을 모두 셀 수 있을까요?

민서 : 한 변의 길이가 1, 2, 3으로 된 정사각형으로 분류하여 개수를 세면 좋을 것 같아요.

교사 : 좋은 생각이에요. 분류하여 셀 때에는 중복하거나 빠뜨린 것이 없는지 확인해야 해요. 이런 것을 피하고 셀 수 있는 좋은 방법이 있을까요?

민서 : 아래처럼 세고자 하는 정사각형의 왼쪽 위의 꼭짓점에 점을 찍는 방법을 이용하면 좋을 것 같아요.

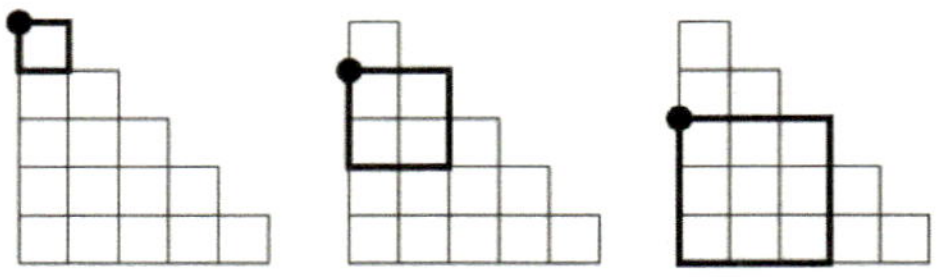

[A]

민서 : [그림 1]에서 찾을 수 있는 정사각형의 개수를 표로 나타내어 보았어요.

한 변의 길이	정사각형의 개수
1	1+2+3+4+5
2	1+2+3
3	1

선우 : ㉠1층, 2층, 3층, 4층의 계단 모양에서 정사각형의 개수를 찾아보면 규칙이 나타나요. 1층부터 5층까지의 계단 모양에서 찾은 규칙이 모든 층의 계단 모양에서도 적용될 것 같아요.

교사 : 좋은 추측이에요. 선우의 추측이 맞는지 다른 층의 계단 모양으로 확인해 볼까요? 먼저 ㉡6층의 계단 모양에서 모두 몇 개의 정사각형을 찾을 수 있는지 구해 봅시다.

…(중략)…

교사 : [그림 1]에서 정사각형의 개수를 찾을 때 이용했던 점을 찍는 방법으로 새로운 문제를 해결해 봅시다.

1) ㉠과 같이 몇 가지 사례에서 찾은 규칙으로부터 일반적인 원리나 법칙을 발견하는 수학적 추론 유형을 쓰시오. [1점]

•

2) ㉡의 풀이 과정과 답을 쓰시오. [1점]

•

3) [A]를 이용하여 [그림 2]에서 찾을 수 있는 정사각형의 개수를 표로 나타내었다. ⓐ + ⓑ + ⓒ의 값을 구하시오. [1점]

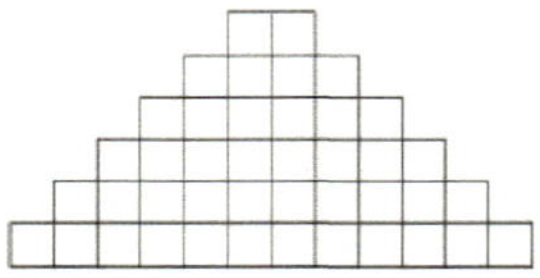

[그림 2]

한 변의 길이	1	2	3	4
정사각형의 개수	42	ⓐ	ⓑ	ⓒ

•

2020 초특

(가)는 특수학급의 교육실습생이 작성한 성찰일지의 일부이고, (나)는 지도 교사의 피드백을 받아 작성한 2015 개정 수학과 교육과정 1~2학년군 '짝수와 홀수' 수업 계획의 일부이다. 물음에 답하시오. [2점]

(가) 성찰일지

…(중략)…

[A] 다음 주에는 수학과 '짝수와 홀수' 차시의 공개수업이 있다. 지도 선생님께서 주신 피드백을 반영하여 지수의 특성을 고려한 수업 계획을 세워봐야겠다. 지수의 담임 선생님께서 관찰하신 바에 따르면, 학급의 모든 학생을 대상으로 하는 첫 번째 단계에서 지수는 ⓜ그림이나 표시, 숫자를 활용하는 사고가 어려워 반응이 도달 기준점에 미치지 못했다고 한다. 다음 단계에서는 지수의 특성을 고려한 소집단 활동을 통해 전략적인 방법을 적용하면서 진전도를 지속적으로 살펴봐야 할 것 같다.

(나) 수업 계획

도입	동기유발 및 학습목표 확인
⬇	
전개	○ ⓗ짝수와 홀수 범례 제시 및 범례 분류하기
	○ 짝수와 홀수 각각의 공통 성질 추상화하기
	○ 짝수와 홀수 정의하기
	○ 짝수와 홀수 익히고 적용하기
⬇	
정리	오늘 학습한 내용 검토 및 차시 예고

1) ① (나)에서 사용한 수업 모형을 쓰시오. [2점]

• ① :

2019-01 초등

다음은 '수와 연산' 영역의 지도에 대한 예비 교사와 지도 교사의 대화이다. 물음에 답하시오. [4점]

> 예비 교사 : 받아올림이 있는 두 자리 수 덧셈에서 어떤 점을 강조하여 지도해야 하나요?
> 지도 교사 : 학생들이 계산 원리를 이해할 수 있도록 지도해야 해요.
> 예비 교사 : 구체적으로 어떻게 지도하면 될까요?
> 지도 교사 : 학생들이 수 모형을 조작하면서 ㉠ <u>받아올림이 있는 두 자리 수 덧셈의 계산 원리</u>를 탐구할 수 있도록 지도해야 해요.
> 예비 교사 : 구체물의 조작을 통해 받아올림에 대해 이해할 수 있도록 하는 것이 중요하군요.
> 지도 교사 : 수학적 원리를 강조해야 할 주제가 또 있을까요?
> 예비 교사 : 곱셈구구요.
> 지도 교사 : 그렇지요. 학생 스스로 곱셈구구를 만드는 과정을 통해 구성 원리를 이해하도록 해야 해요. 3×4의 경우, 학생들은 다음 [A]의 구성 원리를 이용하여 곱셈구구를 만들 수 있어요.
>
> 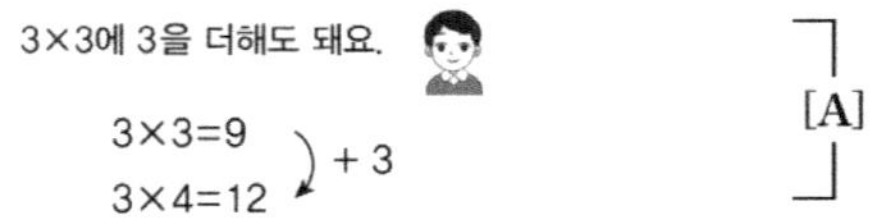
>
>
> 예비 교사 : 덧셈을 이용하여 곱셈을 할 수 있군요.
> 지도 교사 : 맞아요. ㉡ <u>덧셈을 하지 못할 경우, 곱셈을 하는 데 어려움을 겪기도 하거든요.</u>

1) ㉠을 지도하기 위해 ⓐ에 들어갈 조작 활동을 수 모형 사이의 관계를 이용하여 설명하시오. [1점]

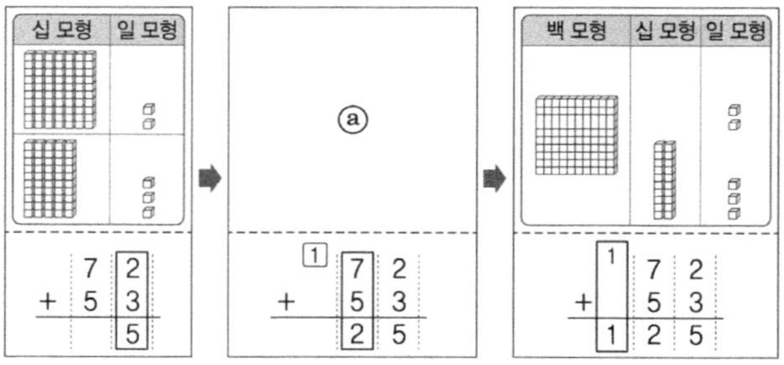

• ________________________________

2) ㉡을 고려하여 다음에 해당하는 수학적 지식의 특성을 쓰시오. [1점]

> ▹ 수학적 지식이 보존, 정리되는 과정에서 순서에 따라 누적적으로 구성되는 특성
> ▹ 어떤 수학적 내용의 토대에 새로운 내용을 첨가하여 구성되는 특성

• ________________________________

3) ① 학생이 곱셈표에서 ⓑ를 쓰지 못하고 있을 때 교사가 학생에게 할 수 있는 발문을 [A]를 활용하여 1가지 쓰고, ② 곱셈표의 굵은 선 안에서 가로 2칸, 세로 2칸의 사각형을 선택하여 그 안에 있는 4개의 수를 더한 합을 작은 것부터 크기 순서대로 배열할 때, 일곱째 수를 구하시오. 예를 들어, 빗금 친 부분의 합은 1+2+2+4=9 로 가장 작다. (단, 합이 같은 경우 하나로 본다.) [2점]

×	1	2	3	4	5	6	7	8	9
1	1	2	3	4	5	6	7	8	9
2	2	4	6	8	10	12	14	16	18
3	3	6	9	12	15	18	21	24	27
4	4	8	12	16	20	24	28	32	36
5	5	10	15	20	25	30	35	40	45
6	6	12	18	24	30	36	42	48	54
7	7	14	21	28	35	42	49	56	63
8	8	16	24	32	40	ⓑ			
9									

• ① : ________________________________

• ② : ________________________________

2019-02 초등

(가)는 예비 교사 A가 3학년 2학기 '들이와 무게' 단원에서 무게를 지도하기 위하여 작성한 교수 · 학습 과정안의 일부이고, (나)는 무게의 지도에 대한 예비 교사들의 대화이다. 물음에 답하시오. [4점]

(가)

단계	교수 · 학습 활동
도입	귤과 바나나의 무게를 비교하는 상황 제시하기
전개	〈활동 1〉 • 양손을 사용하여 귤과 바나나의 무게를 비교하기 • 윗접시저울을 사용하여 귤과 바나나의 무게를 비교하기 〈활동 2〉 • 윗접시저울을 사용하여 귤과 바나나의 무게를 바둑돌과 공깃돌로 재어 비교하기 – 윗접시저울을 사용하여 귤과 바나나의 무게를 바둑돌과 공깃돌로 재고 다음 표를 채우시오. [단위 / 귤 / 바나나] [바둑돌 / (　　)개 / (　　)개] [공깃돌 / (　　)개 / (　　)개] – 귤과 바나나 중 어느 것이 더 무거운지 말해 봅시다. …(하략)…
정리	무게 비교 방법 정리하기

(나)

예비 교사 A : 측정의 지도 계열을 반영하여 교수 · 학습 과정안을 (가)와 같이 재구성하여 작성해 보았습니다. 이에 대해 이야기해 봅시다.

예비 교사 B : (가)의 〈활동 1〉은 '비교하기'에, 〈활동 2〉는 '측정을 통한 비교하기'에 초점을 두고 있는 것 같아요.

예비 교사 C : 양의 비교에는 직관적인 비교, 직접 비교, 간접 비교가 있죠.

예비 교사 D : 〈활동 2〉에서 측정은 양을 수치화한다는 점이 특징이네요.

예비 교사 B : 학생들은 ㉠ 직접 측정을 통한 간접 비교를 하는군요. 이때, ㉡ '단위'와 '단위의 수'의 관계를 알도록 지도해야 할 것 같아요.

예비 교사 C : 이후 차시에서 ㉢ 무게 단위 사이의 관계를 지도할 때 지나친 단위 환산은 다루지 않는 것이 좋아요.

예비 교사 A : 저는 보편 단위를 지도한 후 무게의 덧셈과 뺄셈을 이용하여 해결할 수 있는 ㉣ 문제를 만들었습니다. 이에 대해서도 의견을 주십시오.

…(하략)…

1) ① (나)의 ㉠에 해당하는 내용을 (가)에서 찾아 쓰고, ② (나)의 ㉡을 두 용어 '단위'와 '단위의 수'를 모두 사용하여 쓰시오. [2점]

• ① : ______________________

• ② : ______________________

2) 2015 개정 수학과 교육과정에 제시된 '평가 방법 및 유의 사항'에 근거하여 (나)의 ㉢에 해당하는 것을 쓰시오. [1점]

• ______________________

3) (나)에서 예비 교사 A가 말한 ㉣은 다음 문제와 같다. 문제를 해결하시오. [1점]

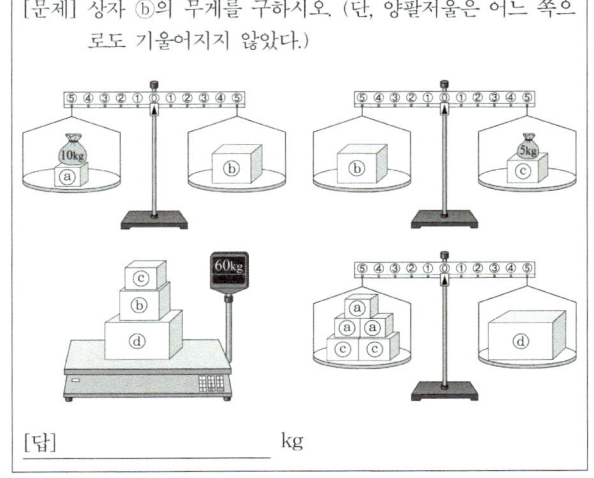

[문제] 상자 ⓑ의 무게를 구하시오. (단, 양팔저울은 어느 쪽으로도 기울어지지 않았다.)

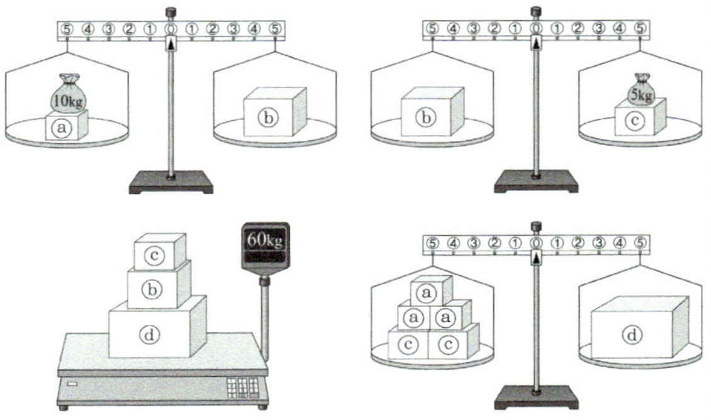

[답] ____________ kg

• ______________________

2019-03 초등

(가)는 2015 개정 수학과 교육과정 3~4학년군 성취기준의 일부이고, (나)는 교사와 학생의 면담 내용이다. 물음에 답하시오. [3점]

(가)

자료의 수집, 분류, ㉠ 정리, 해석은 통계의 주요 과정이다. 다양한 자료를 수집, 분류, 정리, 해석함으로써 미래를 예측하고 합리적인 의사 결정을 하는 민주 시민으로서의 기본 소양을 기를 수 있다.

(나)

(지혜와 슬기는 선순 A와 선수 B의 스피드 스케이팅 500m 기록을 각각 조사하여 표를 만들었다.)

〈선수 A의 기록〉

월	1월	3월	5월	7월
기록(초)	37.4	37.2	36.5	36.4

〈선수 B의 기록〉

월	1월	3월	5월	7월
기록(초)	37.2	37.1	36.5	36.4

… (중략) …

([그림 1]은 지혜가 그린 꺾은선그래프이고, [그림 2]는 슬기가 그린 꺾은선그래프이다.)

〈선수 A의 기록〉

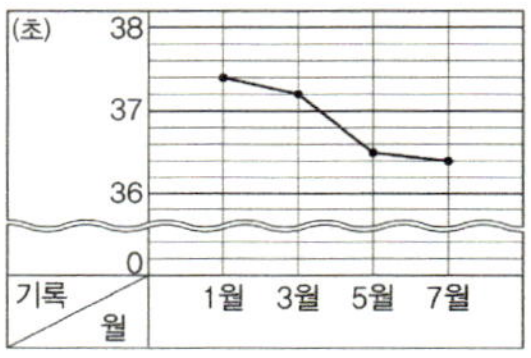

[그림 1]

〈선수 B의 기록〉

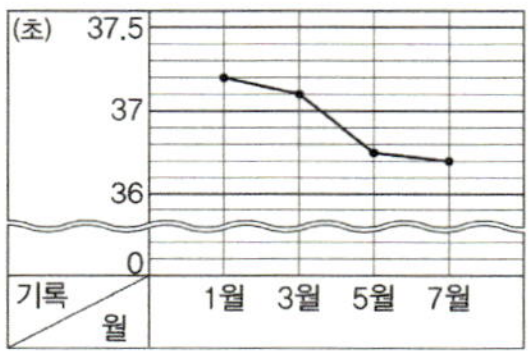

[그림 2]

교사 : (학생들이 꺾은선그래프를 완성한 수) 꺾은선그래프를 보고 알 수 있는 내용은 무엇인가요?

지혜 : ㉡ 선수 A의 기록은 3월에서 5월 사이에 가장 많이 변했어요.

… (하략) …

1) (가)의 ㉠에 해당하는 학생의 활동 1가지를 (나)에서 찾아 쓰시오. [1점]

•

2) (나)의 ㉡에 대한 근거를 [그림 1]에서 찾아 쓰시오. [1점]

•

3) 표로 나타낸 두 선수의 기록을 참고하여 [그림 1]과 [그림 2]에서 그려진 꺾은선그래프의 형태가 같아진 이유를 설명하시오. [1점]

•

2019-01 초특

(나)는 특수교사가 작성한 2015 개정 기본 교육과정 수학과 5~6학년 수와 연산 영역 교수 · 학습 과정안의 일부이다. 물음에 답하시오. [3점]

(나) 교수 · 학습 과정안

단계	교수 · 학습 활동	자료㉶ 및 유의점(유)
도입	필요한 의자의 수를 구하는 상황 제시	
새로운 문제 상황 제시	교실에 22명의 학생이 있고, 학생 12명이 더 오면 의자는 모두 몇 개가 필요할까요? – 필요한 의자의 개수 어림해 보기 – 학생들의 인지적 갈등 유도하기	㉶그래픽 조직자
수학적 원리의 필요성 인식	22+12를 계산하는 방법 생각하기 – 모든 의자의 수 세기, 22 다음부터 12를 이어 세기 등 좀 더 효율적인 방법의 필요성 인식하기	㉶구체물
수학적 원리가 내재된 조작 활동	수모형으로 22+12 나타내기 – 십모형과 일모형으로 나타내기 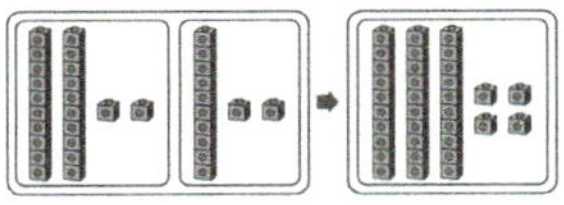 22 + 12 = 34	㉶수모형 (유) 학생들이 ㉠ 숫자를 쓸 때, 자리에 따라 숫자가 나타내는 값이 달라지므로 정확한 자리에 쓰게 한다.
수학적 원리의 형식화	22+12의 계산 방법을 식으로 제시하기 22+12를 세로식으로 계산하기 $\begin{array}{r} 22 \\ +\,12 \\ \hline \end{array}$ ➡ $\begin{array}{r} 22 \\ +\,12 \\ \hline 4 \end{array}$ ➡ $\begin{array}{r} 22 \\ +\,12 \\ \hline 34 \end{array}$	(유)순서에 따라 더하는 숫자를 진하게 다른 색으로 표시한다.
익히기와 적용하기	덧셈 계산 원리를 다양한 문제에 적용하여 풀기 – 같은 계산식 유형의 문제 풀기 – 문장제 문제 풀기 – 문제 조건을 바꾸어 새로운 문제 만들어 보기 – 실생활 문제 상황에 적용해 보기 [A]	
정리 및 평가	학습 내용 정리 및 차시 예고하기	

1) ① (나)에 적용된 수업 모형을 쓰고, ② ㉠이 의미하는 용어를 쓰시오. [2점]

- ① :
- ② :

2) (나)의 [A]에 중점이 되는 교과 역량을 2015 개정 수학과 교육과정에 근거하여 쓰시오. [1점]

-

2019-02 초특

(가)는 2015 개정 수학과 교육과정 3~4학년군의 '삼각형' 단원 관련 성취기준이고, (나)는 '다각형' 단원 수업을 한 후 교사들이 나눈 대화이다. 물음에 답하시오. [4점]

(가)

[4수02-08] 여러 가지 모양의 삼각형에 대한 분류 활동을 통하여 이등변삼각형, 정삼각형을 이해한다.
[4수02-09] 여러 가지 모양의 삼각형에 대한 분류 활동을 통하여 직각삼각형, 예각삼각형, 둔각삼각형을 이해한다.

(나)

김 교사: 다각형 단원 지도는 여러 가지 도형, 사각형 등 평면도형에서 다루었던 다양한 내용을 바탕으로 합니다. 다각형 지도에 대해 말해 봅시다.
이 교사: 다각형을 지도할 때 학생들이 다각형을 여러 개의 각으로 이루어진 도형으로만 이해하는 경우 다각형에 대한 오개념을 가질 수 있다는 점에 유의해야 해요.
최 교사: 도형 학습에서는 기준에 따라 도형을 분류하고 명명하는 것이 중요해요. 초등수학에서 삼각형은 (㉠)와/과 (㉡)을/를 기준으로 분류하고 있는데, 정다각형의 지도 역시 여러 가지 모양의 다각형에서 (㉠)와/과 (㉡)을/를 기준으로 분류하는 활동을 통해 이루어지고 있어요.
윤 교사: 그렇죠. 이러한 분류활동을 통해 ㉢마름모가 정사각형이 아님을 학생들 스스로 설명할 수 있도록 해야겠죠.
송 교사: 저는 정다각형을 이용하여 분류 활동을 하고 평면을 채우는 활동을 했어요. 정삼각형, 정사각형, ㉣정육각형을 겹치지 않게 놓아 평면을 빈틈없이 채울 수 있음을 조작과 탐구를 통해 가르칠 수 있었어요.

1) ㉠은 (가)의 성취기준 [4수02-08]과 관련된 삼각형의 분류 기준이고, ㉡은 (가)의 성취기준 [4수02-09]와 관련된 삼각형의 분류 기준이다. ㉠에 공통으로 들어갈 내용과 ㉡에 공통으로 들어갈 내용을 각각 쓰시오. [2점]

- ㉠ : ______
- ㉡ : ______

2) ㉢의 이유를 쓰시오. [1점]

- ______

3) 다음 [그림]을 참고하여 ㉣의 이유를 쓰시오. [1점]

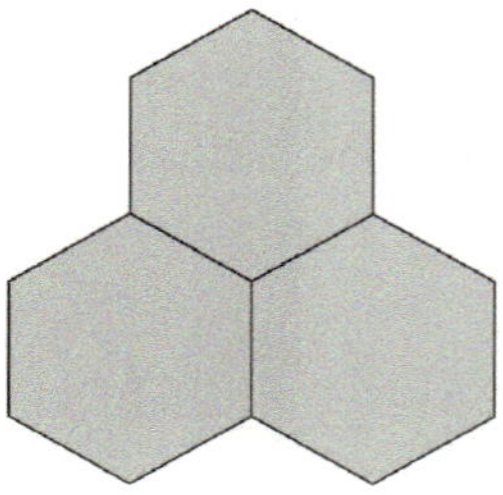

[그림]

- ______

2018-01 초등

(가)는 2학년 2학기 '표와 그래프' 단원의 학습 계열이고, (나)는 본 학습 중 '그래프로 나타내기' 수업에 대한 박 교사의 교수 · 학습 과정안이며, (다)는 정리 단계의 교수 · 학습 활동이다. 물음에 답하시오. [3점]

(가)

선수 학습		본 학습		후속 학습
(㉠)	➡	○ 자료를 조사하여 표와 그래프로 나타내기 ○ 표와 그래프의 편리한 점 알기 ○ 표와 그래프로 알게 된 내용 정리하기	➡	○ 그림그래프로 나타내기 ○ 막대그래프로 나타내기 ○ 꺾은선그래프로 나타내기

(나)

단계	교수 · 학습 활동
도입	학생들이 좋아하는 간식 알아보기
전개	학생들이 좋아하는 간식 카드를 종류별로 칠판에 붙이기 그래프로 나타내는 방법 말하기 ☞ 교수 · 학습 과정에서 다음 사항을 강조 – ㉡ <u>다양한 관점을 존중하면서 다른 사람의 생각을 이해하고 수학적 아이디어를 표현하며 토론하게 한다.</u> ○와 같은 기호를 이용하여 그래프로 나타내기
정리	그래프로 나타내면 편리한 점 말하기 수업 내용 정리 및 차시 예고

(다)

박 교사 : 다음은 준기네 모둠에서 완성한 그래프입니다. 이 그래프와 관련지어 오늘 공부한 내용을 말해 봅시다.

우리 반 학생들이 좋아하는 간식별 학생 수

치킨	○	○	○	○	○		
피자	○	○	○	○	○	○	○
과자	○	○	○	○	○	○	
떡볶이	○	○	○	○			
간식 / 학생 수(명)	1	2	3	4	5	6	7

효주 : ㉢ <u>그래프로 나타낼 때 ○ 대신에 ×나 /로 표시할 수도 있어요.</u>

영기 : ㉣ <u>그래프로 나타내면 우리 반 아이들이 어떤 간식을 가장 좋아하는지 한눈에 알 수 있어요.</u>

지수 : ㉤ <u>그래프를 보면 내 친구 효주가 어떤 간식을 좋아하는지 알 수 있어요.</u>

수일 : ㉥ <u>그래프로 나타낼 때 가로를 간식 종류, 세로를 학생 수로 할 수도 있어요.</u>

1) 다음은 2015 개정 수학과 교육과정의 1~2학년군 '자료와 가능성' 영역의 성취기준의 일부이다. ⓐ, ⓑ에 들어갈 용어를 사용하여 (가)의 ㉠에 들어갈 내용을 쓰시오. [1점]

> [2수05-01] 교실 및 생활 주변에 있는 사물들을 정해진 (ⓐ) 또는 자신이 정한 (ⓐ)(으)로 (ⓑ)하여 개수를 세어 보고, (ⓐ)에 따른 결과를 말할 수 있다.

•

2) (나)의 밑줄 친 ㉡을 통해 중점적으로 함양하고자 하는 수학 교과 역량을 1가지 쓰시오. [1점]

•

3) (다)의 ㉢~㉥ 중에서 적절하지 <u>않은</u> 것 1가지를 찾아 기호를 쓰고, 그 이유를 쓰시오. [1점]

•

2018-01 초등 유사

(가)는 2학년 2학기 '표와 그래프' 단원의 학습 계열이고, (나)는 본 학습 중 '그래프로 나타내기' 수업에 대한 박 교사의 교수·학습 과정안이며, (다)는 정리 단계의 교수·학습 활동이다. 물음에 답하시오. [3점]

(가)

선수 학습		본 학습		후속 학습
(㉠)	➡	◦자료를 조사하여 표와 그래프로 나타내기 ◦표와 그래프의 편리한 점 알기 ◦표와 그래프로 알게 된 내용 정리하기	➡	◦그림그래프로 나타내기 ◦막대그래프로 나타내기 ◦꺾은선그래프로 나타내기

(나)

단계	교수 · 학습 활동
도입	학생들이 좋아하는 간식 알아보기
전개	학생들이 좋아하는 간식 카드를 종류별로 칠판에 붙이기 그래프로 나타내는 방법 말하기 ☞ 교수 · 학습 과정에서 다음 사항을 강조 – ㉡ 다양한 관점을 존중하면서 다른 사람의 생각을 이해하고 수학적 아이디어를 표현하며 토론하게 한다. ○와 같은 기호를 이용하여 그래프로 나타내기
정리	그래프로 나타내면 편리한 점 말하기 수업 내용 정리 및 차시 예고

(다)

박 교사 : 다음은 준기네 모둠에서 완성한 그래프입니다. 이 그래프와 관련지어 오늘 공부한 내용을 말해 봅시다.

우리 반 학생들이 좋아하는 간식별 학생 수

치킨	○	○	○	○	○		
피자	○	○	○	○	○	○	○
과자	○	○	○	○	○	○	
떡볶이	○	○	○	○			
간식 / 학생 수(명)	1	2	3	4	5	6	7

효주 : ㉢ 그래프로 나타낼 때 ○ 대신에 ×나 /로 표시할 수도 있어요.

영기 : ㉣ 그래프로 나타내면 우리 반 아이들이 어떤 간식을 가장 좋아하는지 한눈에 알 수 있어요.

지수 : ㉤ 그래프를 보면 내 친구 효주가 어떤 간식을 좋아하는지 알 수 있어요.

수일 : ㉥ 그래프로 나타낼 때 가로를 간식 종류, 세로를 학생 수로 할 수도 있어요.

1) 다음은 2022 개정 수학과 교육과정의 1~2학년군 '자료와 가능성' 영역의 성취기준의 일부이다. ⓐ, ⓑ에 들어갈 용어를 사용하여 (가)의 ㉠에 들어갈 내용을 쓰시오. [1점]

> [2수04-01] 여러 가지 사물을 정해진 (ⓐ)(으)로 (ⓑ) 하여 개수를 세어 보고, (ⓐ)에 따른 결과를 말할 수 있다.

•

2) 2022 개정 수학과 교육과정에 근거하여, (나)의 밑줄 친 ㉡을 통해 중점적으로 함양하고자 하는 수학 교과 역량을 1가지 쓰시오. [1점]

•

3) (다)의 ㉢~㉥ 중에서 적절하지 않은 것 1가지를 찾아 기호를 쓰고, 그 이유를 쓰시오. [1점]

•

2018-02 초등

(가)는 '비와 비율' 단원 수업의 일부이고, (나)는 이 수업에 대한 수업 비평문의 일부이다. 물음에 답하시오. [4점]

(가)

> 문제) 자동차 X, Y는 같은 종류의 연료를 사용합니다. 자동차 X는 연료 12L로 150km를 달리고, 자동차 Y는 연료 9L로 120km를 달립니다. 연료비를 절약할 수 있는 경제적인 자동차는 어느 것입니까?

교사 : 자신이 푼 방법을 이야기해 봅시다.
민희 : 자동차 X : 150÷12=12.5,
자동차 Y : 120÷9=13.33…… 이므로,
자동차 Y가 더 경제적이에요.
연우 : 자동차 X : 150×4=600, 12×4=48
자동차 Y : 120×5=600, 9×5=45 이므로,
자동차 Y가 더 경제적이에요.
보라 : 자동차 X:12×3=36, 150×3=450,
자동차 Y:9×4=36, 120×4=480 이므로,
자동차 Y가 더 경제적이에요.
교사 : 세 학생의 풀이 방법을 비교해 봅시다.
진수 : 민희와 (㉠)의 풀이 방법은 연료량을 같게 하여 비교했다는 점에서 서로 비슷한 것 같아요. 그리고 (㉡)의 풀이 방법은 다른 두 학생의 방법과는 다른 것 같은데, 그 차이를 어떻게 설명해야 할지 모르겠어요.

(나)

민희, 연우, 보라의 풀이 방법은 두 가지로 구분할 수 있다. 민희와 (㉠)는 '같은 연료량으로 갈 수 있는 거리를 각각 계산해서 그 값이 큰 쪽이 경제적인 자동차이다.'라고 판단하였다. 반면에, (㉡)는 '같은 거리를 가는 데 필요한 연료량을 각각 계산해서 그 값이 (㉢)'(이)라고 판단하였다.
'연비는 자동차의 단위 연료(1L)당 주행 거리(km)의 비율'이라고 설명하고, 다음 표를 이용하여 자동차 X, Y, Z의 연비를 비교하는 문제를 제시하는 것도 좋다.

구분	자동차 X	자동차 Y	자동차 Z
연료(L)	12	9	6
주행 거리(km)	150	120	㉣

1) ㉠과 ㉡에 들어갈 학생의 이름을 쓰시오. [1점]

- ㉠ :
- ㉡ :

2) (나)의 ㉢에 들어갈 내용을 쓰시오. [1점]

-

3) (나)의 표에서 자동차 Z의 연비가 자동차 X보다 높고, 자동차 Y보다 낮다고 할 때, ① ㉣에 들어갈 알맞은 자연수를 모두 쓰고, ② 그 풀이 과정을 쓰시오. [2점]

- ① :
- ② :

2018-03 초등

(가)는 문제 해결 수업의 일부이고, (나)는 이 수업에 대한 수업일지의 일부이다. 물음에 답하시오. [4점]

(가)

단계	교수 · 학습 활동
문제의 이해	문제 평행사변형 ㄱㄴㄷㄹ의 넓이를 구하시오. 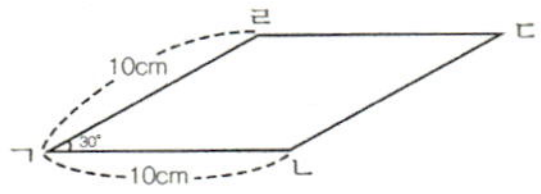 교사 : 구하려고 하는 것과 조건은 무엇입니까? …(중략)…
해결 계획의 수립	학생 : [그림 1]의 선분 ㄴ, ㄹ을 따라 잘라 붙이면, [그림 2]와 같은 도형이 만들어져요. 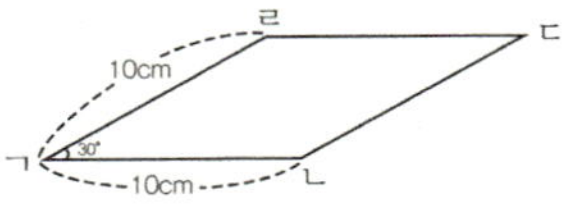 [그림 1] 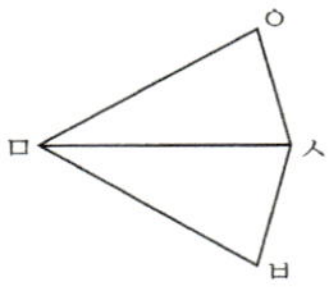 [그림 2] …(중략)…
해결 계획의 실행	교사 : 우선, [그림 1]에서 선분 ㄱㄴ을 밑변이라 할 때 높이를 구해 봅시다. 학생 : [그림 2]를 이용하여 높이를 구해 볼게요. 여기서 점 ㅂ과 점 ㅇ을 이었을 때, ㉠<u>삼각형 ㅁㅂㅇ은 정삼각형이에요.</u> 따라서 평행사변형 ㄱㄴㄷㄹ의 높이는 (㉡)(cm)입니다. 교사 : 맞아요. 이제 넓이를 구해 봅시다. …(중략)…
반성	교사 : 풀이 과정이 옳은지 확인해 봅시다. …(하략)…

(나)

▹ 문제 해결 과정을 보면, 학생은 '합동인 도형의 성질을 사용하여, 잘라 붙여서 변형시킨 도형의 넓이는 같다.'는 (㉢) 변형을 이해하고 있다.

▹ [그림 2]의 사각형의 넓이는 두 대각선의 길이의 곱의 (㉣) 배가 된다는 사실을 활용하여, 평행사변형의 넓이를 구하도록 하는 것도 좋을 것 같다.

1) (가)의 ① 밑줄 친 ㉠의 이유를 쓰고, ② ㉡에 들어갈 수를 쓰시오. [2점]

- ① : ________________
- ② : ________________

2) (나)의 ㉢에 들어갈 말과 ㉣에 들어갈 수를 쓰시오. [2점]

- ㉢ : ________________
- ㉣ : ________________

2018-01 초특

(가)는 2015 개정 수학과 교육과정의 3~4학년군 '수와 연산' 영역의 성취기준의 일부이고, (나)는 5학년 '분수의 덧셈과 뺄셈' 단원 지도를 위해 예비 교사와 지도 교사가 나눈 대화이다. 물음에 답하시오. [4점]

(가)

[4수01-16] (㉠) 분수의 덧셈과 뺄셈의 계산 원리를 이해하고 그 계산을 할 수 있다.

(나)

지도 교사: 분수의 덧셈과 뺄셈은 단위가 분모에 의해 결정되므로, 분모가 다른 경우에는 단위의 통일이 필요합니다. 그러므로 먼저 학생들이 크기가 같은 분수로 다양하게 표현할 수 있는지 확인하는 것이 필요해요.

예비 교사: 통분을 아는 것도 선수 학습으로 필요하겠네요. 그러면 분수의 뺄셈 문제에서, 주어진 두 분수의 분모의 최소공배수를 이용하여

㉡ $\frac{3}{4}-\frac{1}{6}=\frac{3\times3}{4\times3}-\frac{1\times2}{6\times2}=\frac{9}{12}-\frac{2}{12}=\frac{7}{12}$

과 같이 계산하도록 지도하면 될까요?

지도 교사: 지도의 초기 단계에서는 띠, 원 등의 그림을 활용하는 것이 좋습니다.

예비 교사: 그렇군요. $\frac{3}{4}-\frac{1}{6}$의 문제 상황과 해결 과정을 그림으로 다음과 같이 나타낼 수 있겠네요.

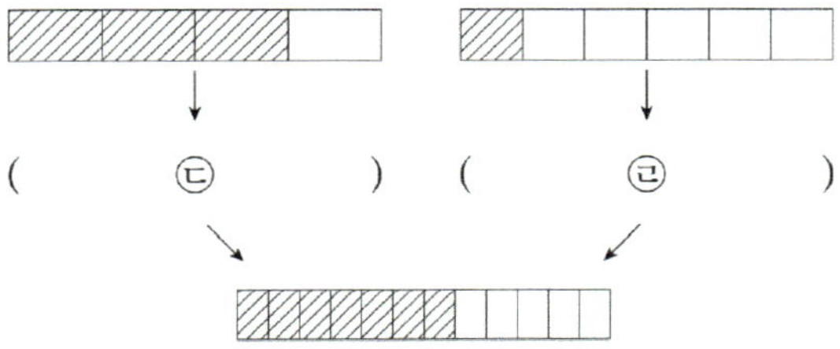

지도 교사: 좋은 생각이에요. 유의할 점은 학생들이 수식으로 계산하는 방법을 배우는 과정에서 ㉤공통분모를 최소공배수로 하지 않더라도 수학적으로 타당하게 설명할 수 있으면 인정해 주는 것이 좋습니다.

1) 다음은 (가)의 성취기준에 도달하기 위한 활동의 일부이다. ㉠에 들어갈 알맞은 내용을 쓰시오. [1점]

○아래 그림을 보고 분수의 합을 구해 봅시다.

$\frac{2}{7}+\frac{3}{7}$은 얼마입니까?

•

2) 밑줄 친 ㉡의 풀이 과정이 나타나도록 ㉢과 ㉣에 들어갈 알맞은 그림을 그리시오. [2점]

㉢ :

㉣ :

3) 밑줄 친 ㉤에 따라, 최소공배수가 아닌 공통분모를 활용하여 $\frac{5}{9}-\frac{1}{6}$을 풀이하는 과정과 답을 쓰시오. [1점]

•

2018-02 초특

(가)는 2015 개정 수학과 교육과정의 3~4학년군 '측정' 영역에 대해 교사가 학습장애 학생 민기를 지도하며 판서한 내용이고, (나)는 민기의 평가 결과 내용의 일부이다. 물음에 답하시오. [2점]

(가)

교수 내용 1

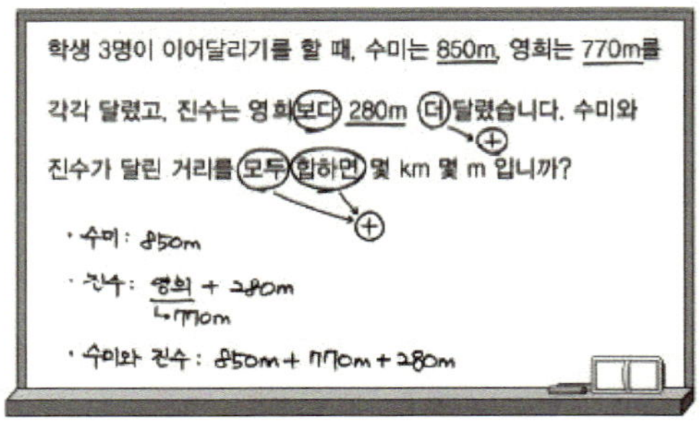

[A]

교수 내용 2

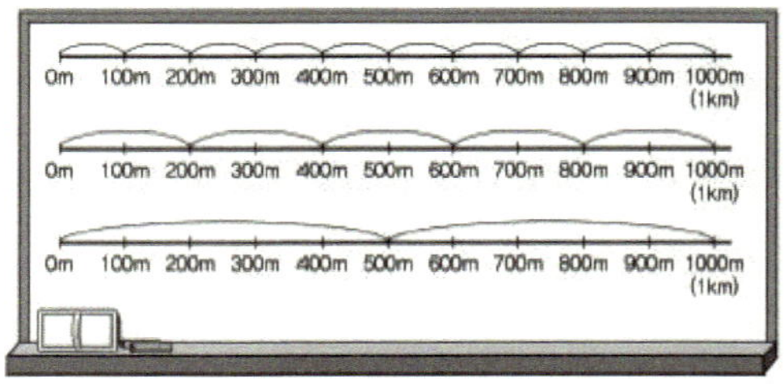

[B]

(나)

형성 평가 문제

학생 3명이 이어달리기를 할 때, 수미는 320m, 영희는 410m를 각각 달렸고, 진수는 영희보다 230m 더 달렸습니다. 수미와 진수가 달린 거리를 모두 합하면 몇 km 몇 m입니까?

<table>
<tr><th>㉠지필 평가 결과</th><th>㉡ 면담 평가 결과</th><th></th></tr>
<tr><td rowspan="4">식:
320+410+230
답 : 1160m</td><td>이 문제는 수미와 진수가 달린 거리를 합하는 거예요. 진수가 달린 거리는 알 수 없으니 먼저 구해야 해요.</td><td rowspan="3">[C]</td></tr>
<tr><td>진수가 영희보다 230m 더 달렸으니까 식은 410m+230m에요. 진수는 740m 달렸어요.</td></tr>
<tr><td>이제 진수와 수미가 달린 거리를 모두 합하여야 하니까 740m+320m이고 답은 1160m예요.</td></tr>
<tr><td>질문에서 몇 km 몇 m냐고 물었으니까 1160m를 나누어 써야 하는데 어려워요.</td><td></td></tr>
</table>

1) 다음 ① ⓐ와 ⓑ에 들어갈 내용을 순서대로 쓰고, ② 단명수와 복명수의 관계를 지도할 때 유의할 점 1가지를 2015 개정 수학과 '교수 · 학습 방법 및 유의사항'에 근거하여 쓰시오. [2점]

○ 단명수는 (ⓐ)을/를 의미한다.
○ 복명수는 (ⓑ)을/를 의미한다.

· ① : ________________

· ② : ________________

2017-01 초등

(가)는 2009 개정 수학과 교육과정 3~4학년군 '수와 연산' 영역의 학습 내용 성취기준의 일부이고, (나)와 (다)는 4학년 1학기 '곱셈과 나눗셈' 단원 지도에 관하여 예비 교사와 지도 교사가 나눈 대화의 일부이다. 물음에 답하시오. [4점]

(가)

> ④ 나눗셈
> ① 나눗셈이 이루어지는 실생활 상황을 통하여 나눗셈의 의미를 이해한다.
> ② 한 가지 상황을 곱셈식과 나눗셈식으로 나타내는 활동을 통하여 (㉠)을/를 이해한다.

(나)

> 예비 교사: (세 자리 수)×(두 자리 수)의 계산을 지도할 때, 무엇을 유의해야 하나요?
> 지도 교사: (세 자리 수)×(몇)과 (세 자리 수)×(몇 십)의 계산을 종합하도록 지도해야 하지요. 이때 덧셈에 대한 곱셈의 (㉡)이/가 중요한 역할을 합니다. 예를 들어, 236×27의 계산 과정을 보세요.
>
> $\begin{array}{r} 236 \\ \times\ \ \ 7 \\ \hline 1652 \end{array}$ $\begin{array}{r} 236 \\ \times\ 20 \\ \hline 4720 \end{array}$ ➡ $\begin{array}{r} 236 \\ \times\ 27 \\ \hline 1652 \\ 4720 \\ \hline 6372 \end{array}$
>
> 예비 교사: 위의 계산을 다음과 같이 다시 써 보니 (㉡)이/가 분명히 드러나네요.
>
> 236×27=[㉢]=1652+4720=6372
>
> 지도 교사: 교사는 이것을 알고 있어야 곱셈을 지도할 때 적절한 발문을 할 수 있습니다.

(다)

> 예비 교사: 나눗셈과 관련된 실생활 문제를 지도할 때에는 무엇을 유의해야 하나요?
> 지도 교사: 계산 원리를 이해하고 나눗셈을 능숙하게 하더라도 다음과 같은 문제에 잘못 답하는 학생이 있으니, 몫과 나머지를 구한 후 문제 상황에 맞는 답을 하도록 지도해야 합니다.
>
> **문제** 농장에서 사과 316상자를 수확하여 모두 트럭에 실으려고 합니다. 트럭 1대에 36상자까지 실을 수 있을 때, 트럭은 적어도 몇 대 필요합니까?
>
> 예비 교사: 이 문제의 조건을 바꾸어 트럭 1대에 실을 수 있는 사과 상자의 수를 36이 아닌 (㉣)(이)라고 해도 답은 9대로 변함없습니다. 학생들에게 이것을 알아보라고 하는 것은 어떨까요?

1) 다음은 (가)의 ㉠을 지도하기 위한 활동이다. ㉠에 들어갈 알맞은 말을 쓰시오. [1점]

> 30÷6=5 → □×□=□, □×□=□ 8×4=32 → □÷□=□, □÷□=□

• ______________________

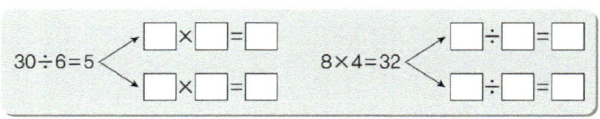

유1) [A]는 2015 개정 수학과 교육과정 3~4학년군 '수와 연산' 영역의 학습 내용 성취기준의 일부이다. 그리고 [B]는 ㉠을 지도하기 위해 김 교사와 박 교사가 나눈 대화이다. ⓐ에 들어갈 단어를 ㉠과 두 교사의 대화에 근거하여 적고, ⓑ 지도 방법을 2015 개정 수학과 교육과정 교수 · 학습 방법 및 유의 사항에 근거하여 답하시오. [1점]

[A]

> ④ 나눗셈
> [4수01-07] 나눗셈이 이루어지는 실생활 상황을 통하여 나눗셈의 의미를 알고, ㉠곱셈과 나눗셈의 관계를 이해한다.
> [4수01-08] 나누는 수가 한 자리 수인 나눗셈의 계산 원리를 이해하고 그 계산을 할 수 있으며, 나눗셈에서 몫과 나머지의 의미를 안다.

[B]

> 김 교사: 곱셈과 나눗셈은 서로 (ⓐ)에 있죠. 학생들에게 곱셈과 나눗셈의 관계를 지도하기 위해서는 어떻게 해야 할까요?
> 박 교사: 1~2학년군에서 덧셈과 뺄셈의 관계를 지도한 것과 동일하게 하면 됩니다. (ⓑ). 이와 같은 방법으로 지도하면 학생들이 보다 쉽게 그 관계를 이해할 수 있을 것입니다.

• ⓐ : ______________________

• ⓑ : ______________________

2) (나)의 ㉡에 들어갈 알맞은 용어와 ㉢에 들어갈 알맞은 등식을 쓰시오. [2점]

· ㉡ : ______________________

· ㉢ : ______________________

3) (다)의 ㉣에 들어갈 알맞은 자연수 3개를 모두 쓰시오. [1점]

· ______________________

2017-02 초등

(가)는 패턴블록(pattern block)을 설명한 것이고, (나)는 수학 교구 활용과 관련하여 교사들이 나눈 대화의 일부이다. 물음에 답하시오. [4점]

(가)

패턴블록은 정삼각형, 정사각형, 평행사변형, 마름모, 사다리꼴, 정육각형 모양의 조각을 모아 놓은 것이다. 사다리꼴의 아랫변을 제외하면 모든 도형의 변의 길이는 동일하고, 사다리꼴의 아랫변의 길이는 다른 변의 길이의 2배이다. 모든 도형의 한 각의 크기는 150°, 120°, 90°, 60°, 30° 중 하나이다.

정삼각형	정사각형	평행사변형	마름모	사다리꼴	정육각형

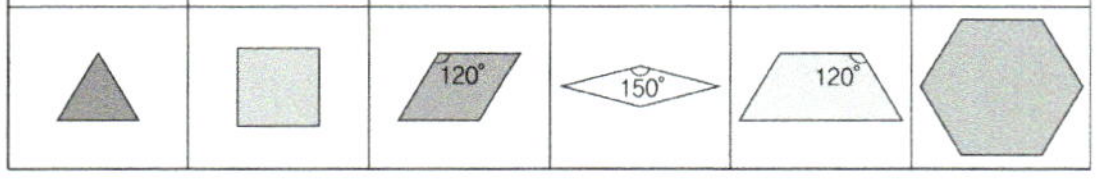

(나)

김 교사: 학교 수학은 학생의 발달 수준을 고려하여 지도해야 합니다. 초등학교에서는 개념을 먼저 (㉠)(으)로 이해하도록 지도하지요. 교구를 활용한 구체적 조작 활동은 대상을 보고 (㉠)(으)로 사고하는 데 도움이 됩니다. 교구를 활용한 수업 사례에 대해 이야기해 봅시다.

최 교사: 저는 패턴블록을 사용하여 합동인 모양을 만드는 활동을 하게 했어요. 그런데 한 학생이 [그림 1], [그림 2]와 같이 서로 합동인 두 모양을 만들고 이를 이용해서 ㉡ 패턴블록의 정사각형 1개의 넓이에 대한 마름모 1개의 넓이의 비를 바로 구하더군요.

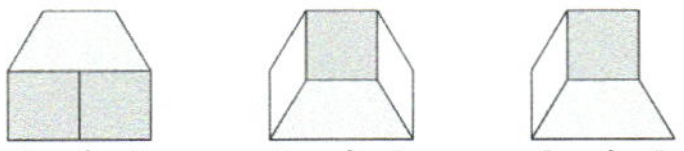

[그림 1] [그림 2] [그림 3]

이 교사: 저는 [그림 2]와 같은 모양을 만들고 이 모양이 육각형임을 설명해 주었는데, 어떤 학생이 ㉢ [그림 2]에서 마름모 1개를 빼낸 [그림 3]과 같은 모양도 육각형인지 묻더군요.

윤 교사: 저는 '(자연수)-(분수)'를 지도하면서 패턴블록을 이용해 보았어요. 평행사변형 1개의 크기를 $\frac{2}{3}$로 하여 [그림 4]의 왼쪽 모양에서 오른쪽 모양을 빼는 것으로 뺄셈식 [㉣] 을/를 설명해 주었더니 학생들이 쉽게 이해하더군요.

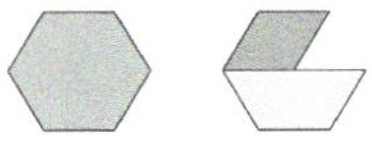

[그림 4]

1) 다음은 2015 개정 수학과 교육과정 1~2학년군 '도형' 영역의 학습 내용 성취기준의 일부이다. (나)의 ㉠과 다음의 ⓐ에 공통으로 들어갈 말을 쓰시오. [1점]

> ② 평면도형과 그 구성 요소
> [2수02-03] 교실 및 생활 주변에서 여러 가지 물건을 관찰하여 삼각형, 사각형, 원의 모양을 찾고, 그것들을 이용하여 여러 가지 모양을 꾸밀 수 있다.
> [2수02-04] 삼각형, 사각형, 원을 (ⓐ)(으)로 이해하고, 그 모양을 그릴 수 있다.

• ______________________

유1) 다음은 2022 개정 수학과 교육과정 1~2학년군 '도형과 측정' 영역의 학습 내용 성취기준의 일부이다. (나)의 ㉠과 다음의 ⓐ에 공통으로 들어갈 말을 쓰시오. [1점]

> ② 평면도형과 그 구성 요소
> [2수03-03] 교실 및 생활 주변에서 여러 가지 물건을 관찰하여 삼각형, 사각형, 원의 모양을 찾고, 그것들을 이용하여 여러 가지 모양을 꾸밀 수 있다.
> [2수03-04] 삼각형, 사각형, 원을 (ⓐ)(으)로 이해하고, 그 모양을 그릴 수 있다.

• ______________________

2) (나)의 ① ㉡을 쓰고, ② ㉢이 육각형인지 아닌지를 그 이유와 함께 쓰시오. [2점]

• ① : ______________________

• ② : ______________________

3) (나)의 ㉣에 들어갈 알맞은 뺄셈식을 쓰시오. [1점]

• ______________________

2017-03 초등

다음은 '규칙성' 영역에서 문제 해결 능력을 신장하기 위한 수업의 일부이다. 물음에 답하시오. [3점]

교사: 다음은 어떤 규칙에 따라 ○를 넣어 1부터 119까지의 수를 차례로 나타낸 것입니다.

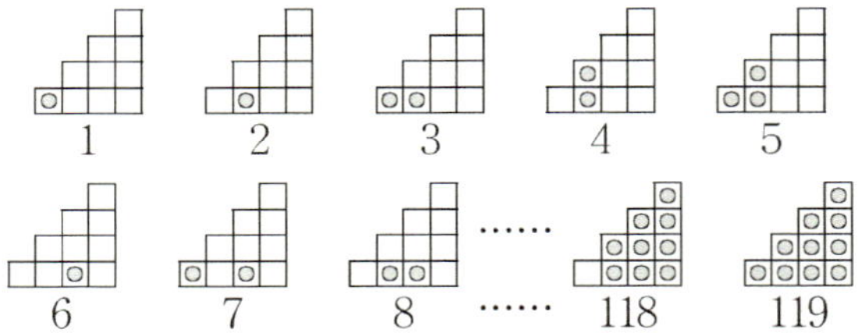

교사: 어떤 규칙인지 모둠끼리 찾아보세요.

지윤: 1, 2, 3을 보면 첫째 세로줄의 ○는 1이고, 둘째 세로줄의 ○는 2이고, 3은 1+2로 나타낸 것을 알 수 있어.

준서: 4는 2를 나타내는 ○가 둘째 세로줄의 아래 칸과 위 칸에 다 있으니까 2+2로 생각한 거야.

민수: 5는 3+2로 생각하면 같은 칸에 ○를 2개 넣어야 하니까 안 되고, 4+1로 생각해야 해.

준서: 6은 첫째 세로줄과 둘째 세로줄이 5에서 다 차니까 셋째 세로줄의 맨 아래 칸에 ○를 넣은거야.

지윤: 그러면 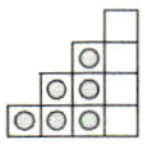 의 다음은 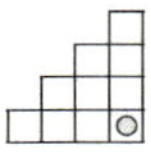 이야.

민수: 그리고 4처럼 생각하면 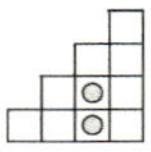 은 12야.

준서: 선생님, 질문 있어요. 12를 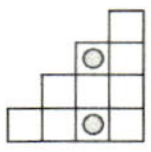 이라고 해도 돼요?

교사: 안 됩니다. 세로줄은 ○를 맨 아래 칸부터 차례로 넣습니다.

준서: 알겠습니다. 그러면 저희가 규칙을 다 찾은 것 같아요.

교사: 서로 협력하며 규칙을 잘 찾았네요. 규칙에 따르면 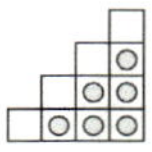 이 나타내는 수는 무엇일까요?

지윤: (㉠)입니다.

교사: 맞았어요. 여러분 모두 참 잘했어요. 이번 시간에 알게 된 것을 수학 일기에 써보세요.

1) ㉠에 들어갈 알맞은 수를 쓰시오. [1점]

• ______________________

2) 다음은 민수의 수학 일기이다. ⓐ~ⓔ 중에서 틀린 것 2가지를 찾고, 그 기호와 이유를 각각 쓰시오. [2점]

오늘 수학 시간에 규칙 찾기를 했다. 처음에는 어려웠지만 친구들과 함께 찾다 보니 재미있었다. 오늘 찾은 규칙에 따라 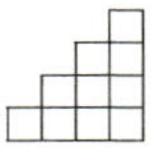 에 ○를 넣어 수를 나타내면서 몇 가지를 더 발견할 수 있었다. 맞는지 내일 친구들과 확인해 봐야겠다.

ⓐ ○가 1개만 있는 수는 모두 10개이다

ⓑ ○가 2개만 있는 수 중에서 가장 큰 수는 48이다.

ⓒ ○가 3개만 있는 수 중에는 18이 있다.

ⓓ ○가 4개만 있는 수 중에서 가장 작은 수는 16이다.

ⓔ ○가 첫째 세로줄에 있는 수는 모두 60개이다.

• ① : ______________________

• ② : ______________________

2016-01 초등

다음은 소수 지도에 관하여 교사들이 나눈 대화의 일부이다. 물음에 답하시오. [4점]

최 교사: 오늘은 소수 지도에 관해 논의해 보겠습니다.
송 교사: 학생들은 분수에 비해 소수를 쉽게 이해하는 것 같습니다. 소수의 표현 원리가 ㉠자연수의 표현 원리와 동일하기 때문이겠지요?
김 교사: 그렇긴 하지만, 예컨대 207이 27보다 크기 때문에 2.07이 2.7보다 크다고 생각하는 학생들이 있습니다.
송 교사: 그런 학생들을 위해 저는 수 모형을 사용합니다. ㉡수 모형은 소수점의 위치를 고려하여 소수의 크기를 비교하도록 지도하는 데에 효과적으로 사용될 수 있습니다. 소수점의 위치는 소수의 곱셈에서도 중요하지요.
김 교사: 소수의 곱셈 알고리즘은 자연수의 곱셈 알고리즘을 적용할 수 있어서 학생들이 관계적 이해보다 도구적 이해를 하는 것 같습니다.
최 교사: 그래서 저는 ㉢소수 곱셈의 계산 원리를 충분한 시간을 두고 지도합니다. 계산 연습을 시킬 때에도 계산상의 실수나 오류를 스스로 파악할 수 있도록 계산 전에 계산 결과를 어림해 보도록 합니다.

1) 다음은 2009 개정 수학과 교육과정의 1~2학년군 '수와 연산' 영역의 학습내용 성취 기준의 일부이다. ㉠과 관련하여 ⓐ와 ⓑ에 들어갈 말을 각각 쓰시오. [2점]

[1] 네 자리 이하의 수
① 0과 100까지의 수 개념을 이해하고, 수를 세고 읽고 쓸 수 있다.
② 일, 십, 백, 천의 (ⓐ)와/과 (ⓑ)을/를 이해하고, 네 자리 이하의 수를 읽고 쓸 수 있다.

• ⓐ : ______

• ⓑ : ______

2) ㉡과 관련하여 다음 수 모형에서 A를 1로 하고, A, B, C를 사용하여 2.07과 2.7의 크기를 비교하시오. [1점]

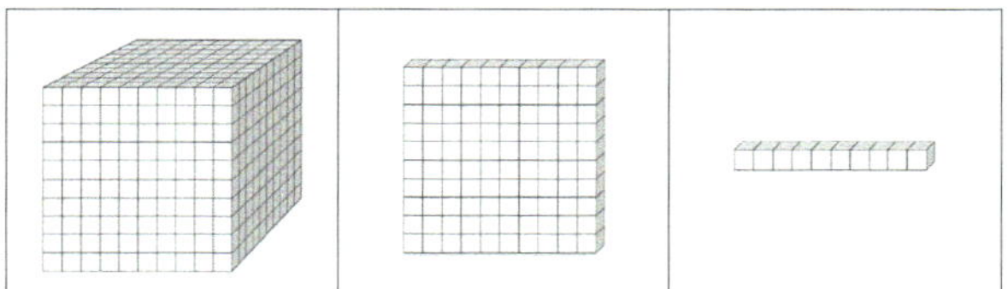

A	B	C

• ______

3) 학생들이 관계적 이해를 할 수 있도록 ㉢을 설명하시오. [1점]

• ______

2016-02 초등 · 초특 공통

(가)는 ○○초등학교에서 발행하는 학교 신문 기사의 일부이고, (나)는 학생 기자들의 기획 회의에서 이루어진 대화의 일부이다. 물음에 답하시오. [4점]

(가)

○○초등학교 신문 제12호

수학이 좋아졌어요!

우리 학교에서는 3월과 9월 두 차례에 걸쳐 6학년 학생을 대상으로 수학 선호도를 조사하였습니다. 3월에는 210명, 9월에는 200명이 응답하였습니다. 조사 결과, 여름에 있었던 '수학체험전' 영향인지 수학을 좋아하는 학생이 많아진 것으로 나타났습니다. 수학을 '매우 좋아한다' 또는 '약간 좋아한다'고 답한 학생 수가 3월에는 응답자의 50%였는데, 9월에 큰 변화가 나타났습니다.

<우리 학교 학생들의 수학 선호도 변화>

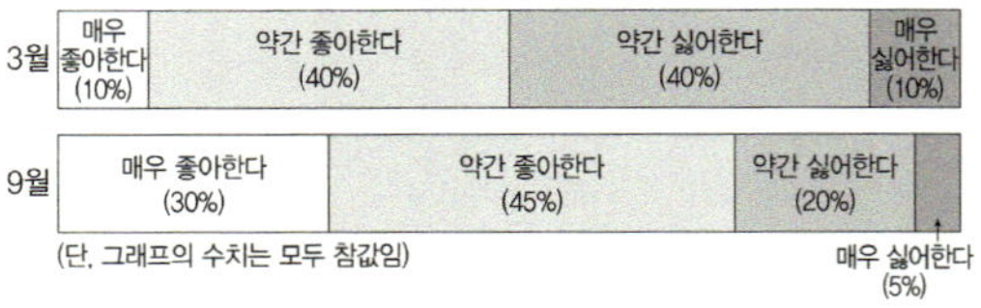

…(중략)…

다음은 이 기사에 대한 퀴즈입니다. 정답을 보내주신 분께는 추첨을 통해 선물을 드리겠습니다.

<퀴즈>
㉠ 3월에 수학을 '매우 좋아한다'고 답한 학생 수에 대한 9월에 '매우 좋아한다'고 답한 학생 수의 비는 얼마입니까?

(나)

학생 A : 지난 호에 실었던 수학 선호도 변화에 대한 기사는 반응이 아주 좋았습니다.

학생 B : 〈퀴즈〉도 호응이 좋았습니다. 응모자의 80%인 60명이나 정답을 맞혔지요.

학생 C : 추첨을 통해 정답자의 $\frac{1}{10}$에게 선물을 증정했으니 ㉡ 응모자에 대한 당첨자의 비율이 $\frac{1}{9}$이네요.

…(중략)…

학생 B : 다음 호는 연말 특집호입니다. 지금까지 그림그래프와 비율그래프를 사용했으니 이번에는 다른 그래프를 사용하여 기사를 작성해 보죠.

학생 D : 우리 학교 학생들이 좋아하는 운동, 연예인, 간식 등을 조사하고, (㉢)을/를 그려 비교해 볼까요?

학생 C : 지난 20년 동안의 미세먼지 농도, 동해의 수온 등을 조사하고, (㉣)을/를 그려 환경의 변화 추이를 살펴보는 것도 재미있을 것 같습니다.

학생 A: 둘 다 좋은 의견입니다. 두 모둠으로 나누어 진행하죠.

1) (가)의 신문 기사에는 비율과 그래프라는 수학적 수단이 실생활 자료의 수집, 분류 · 정리, 해석, 판단에 사용되고 있다. 이와 같이 수학은 경제, 경영, 행정 등 여러 분야에서 쓰이고, 과학과 기술의 발달로 그 가치가 더욱 증대되고 있다. 이를 지칭하는 수학의 가치를 쓰시오. [1점]

• ______

2) ㉠의 올바른 답을 구하고, ㉡이 틀린 이유를 쓰시오. [2점]

• ㉠ : ______

• ㉡ : ______

3) 통계 자료를 그래프로 나타낼 때에는 조사한 자료의 특성 또는 목적에 따라 적절한 그래프를 선택하여야 한다. (나)의 대화를 참고하여 2009 개정 수학과 교육과정 초등학교급에서 다루는 그래프 중 ㉢과 ㉣에 알맞은 그래프의 이름을 각각 쓰시오. [1점]

• ㉢ : ______

• ㉣ : ______

2016-03 초등

(가)는 2009 개정 수학과 교육과정에 제시된 '평면도형의 넓이' 내용의 흐름을 박 교사가 그림으로 나타낸 것의 일부이고, (나)는 박 교사의 '삼각형의 넓이' 수업의 일부이다. 물음에 답하시오. [3점]

(가)

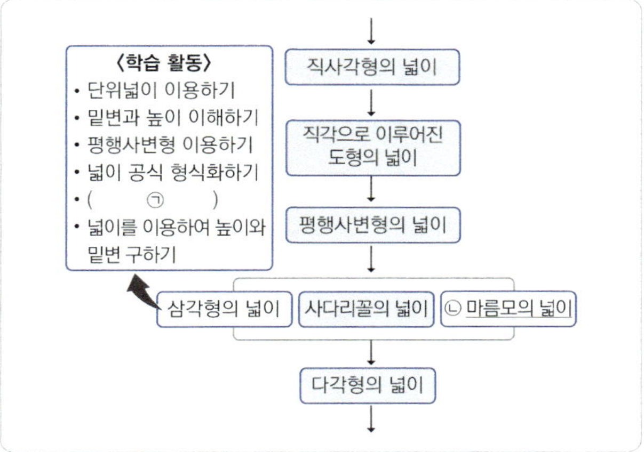

(나)

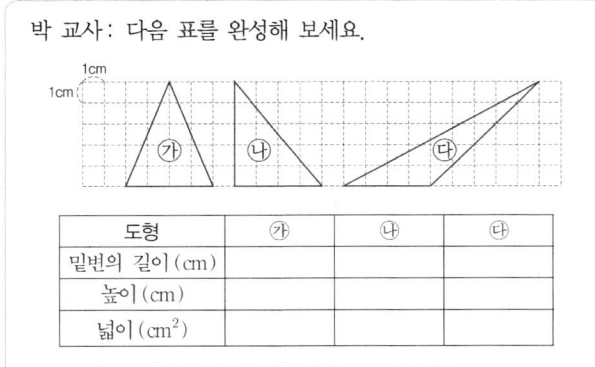

박 교사: 다음 표를 완성해 보세요.

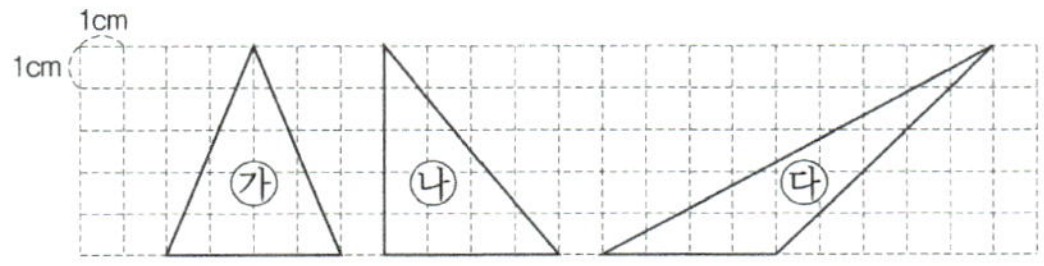

도형	㉮	㉯	㉰
밑변의 길이(cm)			
높이(cm)			
넓이(cm^2)			

학　생: 똑같은 수가 계속 나와요. 신기해요.
박 교사: 무엇을 알 수 있나요?

1) (나)의 활동은 (가)의 ㉠을 위하여 박 교사가 마련한 것이다. ㉠에 알맞은 말을 (나)에 있는 용어를 사용하여 쓰시오. [1점]

• ㉠ : ______________________

2) 박 교사는 (가)의 흐름을 고려하여 ㉡을 다양한 방법으로 지도하려고 한다. 마름모의 대각선의 길이를 각각 x, y라 할 때, 마름모의 넓이를 구하는 과정이 드러날 수 있도록 아래 그림의 ⓐ에 알맞은 식을 쓰시오. [1점]

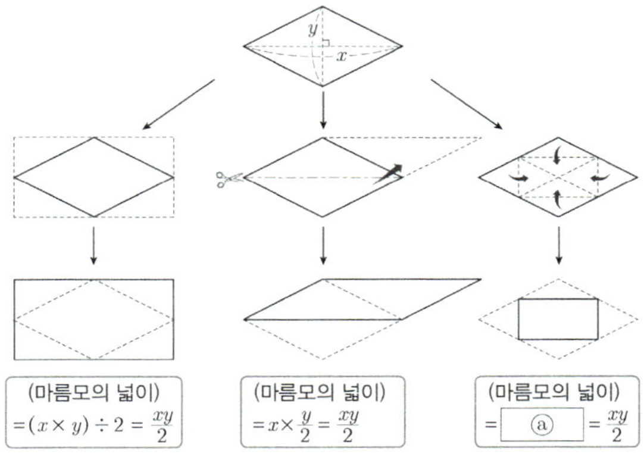

y
x
(마름모의 넓이) $=(x \times y) \div 2 = \frac{xy}{2}$
(마름모의 넓이) $=x \times \frac{y}{2} = \frac{xy}{2}$
(마름모의 넓이) = ⓐ $= \frac{xy}{2}$

• ⓐ : ______________________

3) 다음 그림은 넓이가 $1cm^2$인 정삼각형 13개를 사용하여 만든 것이다. 삼각형 ACE의 넓이를 구하시오. [1점]

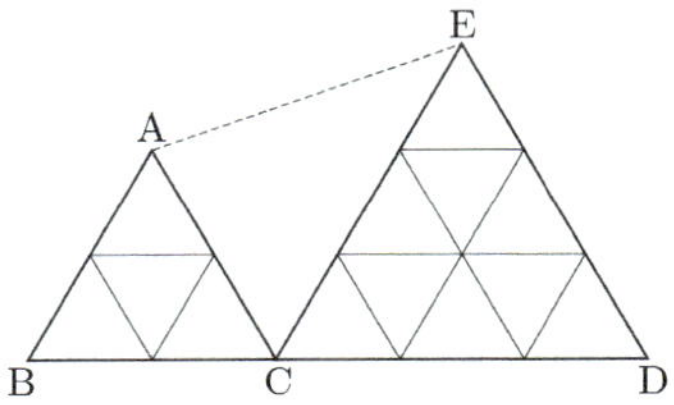

• ______________________ cm^2

2015-01 초등

(가)는 초등학교 3학년 학생 A와 5학년 학생 B의 수학 일기이고, (나)는 학생 A의 담임교사 C와 학생 B의 담임교사 D의 대화이다. 물음에 답하시오. [3점]

(가)

〈학생 A의 수학 일기〉

오늘 수학 시간에 '여우의 하루'라는 이야기를 들었다. 욕심 많은 여우가 다람쥐, 너구리, 토끼랑 떡을 나눠 먹으면서 자신이 절반을 먹고, 친구들에게는 남은 떡을 똑같이 나누어 주었다. 넷이서 모두 한 조각씩 나눠 먹었으니까 여우도 떡의 $\frac{1}{4}$ 을 먹은 게 아닐까?

〈학생 B의 수학 일기〉

나는 오늘 진분수끼리 곱하는 것을 배웠다. 분수끼리 곱할 때에는 분모는 분모끼리, 분자는 분자끼리 곱하면 된다는 것을 알았다.

㉠ 곱하는 방법이 쉬워서 선생님께서 나눠 주신 활동지와 익힘책에 있는 문제를 모두 잘 풀었다. 그런데 진분수의 곱셈에서는 분모는 분모끼리, 분자는 분자끼리 곱하는 이유를 잘 모르겠다. 자연수와 분수를 곱할 때에는 원리까지 잘 알아서 친구에게 설명을 해줬는데….

(나)

교사 D: 저는 '진분수의 곱셈' 수업에서 ㉡ 정사각형을 여러 부분으로 나누고 빗금을 쳐서 진분수끼리의 곱을 표시한 다음, 분모끼리의 곱은 분할된 전체의 개수, 분자끼리의 곱은 빗금이 겹친 부분의 개수라고 설명했어요. 학생 B에게 다시 알려 주어야겠어요.

교사 C: 수학 일기를 보면, 학생 A는 수업 시간에 배운 (㉢)(으)로서의 분수의 의미를 잘못 이해하고 있는 것 같아요. 학생 A가 '모두 한 조각씩'이라고 쓴 걸 보면 학생 A는 자연수에서 다루는 개수 개념을 분수에 적용한 것 같아요. 큰 지우개 한 개와 작은 지우개 한 개가 있을 때, 크기에 관계없이 지우개가 두 개 있다고 하잖아요.

교사 D: 분수에서는 기준이 되는 단위가 중요하지요. [그림1]의 퀴즈네어 막대에서 보듯이 주어진 양의 크기는 단위에 따라 다르게 나타낼 수 있으니까요.

주어진 양 (cm)	단위(기준량) (cm)	값
1	2	$\frac{1}{2}$
1	4	$\frac{1}{4}$

[그림 1]

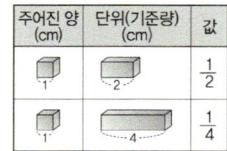

교사 C: ㉣ [그림 1]의 퀴즈네어 막대를 이용하여 학생 A의 생각이 틀린 이유를 설명할 수 있겠어요.

1) ㉠에 나타난 분수의 곱셈에 대한 학생 B의 이해 상태를 스켐프(R. Skemp)의 용어로 쓰시오. [1점]

•

2) 분수끼리의 곱셈을 지도하기 위해 사용한 ㉡의 모델을 쓰고, ㉢에 들어갈 단어를 쓰시오. [1점]

• ㉡ :

• ㉢ :

3) ㉣을 '여우가 먹은 떡의 양'과 관련지어 쓰시오. [1점]

•

2015-02 초등

(가)는 2009 개정 수학과 교육과정 3~4학년군의 각도 관련 학습 내용 성취기준이고, (나)는 ㉠의 성취기준에 도달하기 위한 활동 사례이며, (다)는 (가)의 성취기준 ④와 관련된 수업을 한 후 교사들이 나눈 대화이다. 물음에 답하시오. [4점]

(가)

5 각도
① 각의 크기의 단위인 1도(°)를 알고, 각도기를 이용하여 각의 크기를 측정할 수 있다.
② 주어진 각도와 크기가 같은 각을 그릴 수 있다.
③ (㉠)
④ 여러 가지 방법으로 삼각형과 사각형의 내각의 크기의 합을 추론하고, 자신의 추론 과정을 설명할 수 있다.

(나)

〈활동 1〉	현수: (각을 가리키며) 몇 도쯤 될 것 같아? 정아: 70° 정도? 각도기로 재어 확인해 보자.
〈활동 2〉	현수: 부채 갓대로 50°를 만들어 볼래? 정아: (부채 갓대를 벌리며) 이 정도 될 것 같아. 현수: 각도기로 재어 확인해 보자.

(다)

김 교사: 한 학생이 삼각형의 내각의 크기의 합을 구하기 위해 점종이에 삼각형을 그리고 각도기로 재었는데 180°가 되지 않았다면서 완벽한 삼각형을 그릴 수 있는지 물었습니다.
박 교사: ㉡삼각형은 세모 모양인 모든 사물들의 공통적인 속성을 뽑아 개념화한 것이며, ㉢현실에서는 아무리 정교하게 그린다 해도 내각의 크기의 합이 180°인 완전한 삼각형을 그릴 수 없고, 완전한 삼각형은 눈으로 보거나 만질 수 있는 것이 아니라 관념의 세계에서만 존재한다는 점을 학생들에게 설명하기는 쉽지 않은 것 같습니다.
이 교사: 도형을 잘라 맞추어보거나 각도기로 재어 보는 조작적 활동을 통해 내각의 크기의 합을 확인하는 방법에 만족하지 못하는 학생들이 있는 것 같아요.
송 교사: 저는 삼각형의 내각의 크기의 합이 180°라는 것을 ㉣삼각형의 변을 따라 움직이면서 각각의 내각의 크기만큼 연필을 돌리는 방법으로 설명해주었는데 학생들이 잘 이해하고 만족스러워 하였습니다.

1) (나)의 〈활동 1〉과 〈활동 2〉를 참고하여, (가)의 ㉠에 들어갈 성취기준을 쓰시오. [2점]

•

2) 박 교사가 말한 ㉡과 ㉢이 가장 잘 보여주는 수학의 특성이 무엇인지 각각 한 단어로 쓰시오. [1점]

• ㉡ :

• ㉢ :

3) 송 교사가 말한 ㉣은 아래 그림과 같은 방법으로 이루어진다. 마지막 조작 과정을 추론하고, 그 결과를 바탕으로 삼각형의 내각의 크기의 합이 180°가 되는 이유를 쓰시오. (단, 연필의 조작을 이용하여 설명한다.) [1점]

•

2015-02 초등 유사

(가)는 2015 개정 수학과 교육과정 3~4학년군의 각도 관련 학습 내용 성취기준이고, (나)는 [4수03-12] 성취기준에 도달하기 위한 활동 사례이며, (다)는 물음에 답하시오. [4점]

(가)

5 각도

[4수03-12] 각의 크기의 단위인 1도(°)를 알고, 각도기를 이용하여 각의 크기를 측정하고 어림할 수 있다.

[4수03-13] 주어진 각도와 크기가 같은 각을 그릴 수 있다.

[4수03-14] 여러 가지 방법으로 삼각형과 사각형의 내각의 크기의 합을 추론하고, 자신의 추론 과정을 설명할 수 있다.

(나)

〈활동 1〉	현수: (각을 가리키며) 몇 도쯤 될 것 같아? 정아: 70° 정도? 각도기로 재어 확인해 보자.
〈활동 2〉	현수: 부채 갓대로 50°를 만들어 볼래? 정아: (부채 갓대를 벌리며) 이 정도 될 것 같아. 현수: 각도기로 재어 확인해 보자.

(다)

김 교사: 각도에 대해 처음 학습하는 학생들에게 다양한 활동을 해 본 결과를 한 번 나누어 봅시다.

박 교사: 대략적인 각도를 어림해 보는 활동이 도움이 되었습니다. 측정 영역에서는 해당 속성에 대한 (ⓐ)을 기르는 것이 중요한데, 직접 어림하고 측정하는 활동을 통해서 기를 수 있습니다.

이 교사: 〈활동 2〉에서는 조금 문제가 있었습니다. ⓑ <u>부채 갓대를 벌리며 다양한 각도를 만들어보고, 재어보는 활동을 하면서 학생들이 각도는 재지 않고 갓대에만 관심을 보였습니다.</u> 이 점에서 사전에 충분한 안내가 필요해 보입니다.

김 교사: 그 점에서는 교사의 충분한 지도가 필요해 보이는군요.

박 교사: 사각형의 내각의 크기의 합을 구하는 방법을 지도할 때에는 직접 재지 않고 구하는 방법도 지도할 수 있습니다. 학생들이 삼각형의 세 각의 크기의 합을 배웠기 때문에 이를 이용하는 방법이 있죠.

이 교사: 아, (ⓒ)

1) 2015 개정 수학과 교육과정의 교수 · 학습 방법 및 유의사항에 근거하여 ⓐ에 알맞은 단어를 쓰시오. [1점]

· ⓐ :

2) 이 교사가 말한 ⓑ는 교수학적 현상의 한 종류이다. 브루소가 말한 학생의 학습 과정을 용이하게 하기 위해 도입된 보조 수단에 학생들의 사고가 집중되는 현상을 무엇이라 하는지 쓰시오. [1점]

·

3) 박 교사의 말을 바탕으로 사각형의 조작 활동을 포함하여 ⓒ에 들어갈 말을 완성하시오. [2점]

·

2015-03 초등

다음은 규칙을 찾아 문제를 해결하는 과정이다. 물음에 답하시오. [4점]

교사: 〈표 1〉은 첫째 줄에 2의 배수를 순서대로 적고, 각각의 수의 일의 자리 숫자를 둘째 줄에 적은 것이에요. 일의 자리 숫자에 어떤 규칙이 있는지 찾아보세요.

〈표 1〉

+2 +2 +2 +2 +2 +2 +2 +2 +2 +2

2의 배수	2	4	6	8	10	12	14	16	18	20	⋯
일의 자리 숫자	2	4	6	8	0	2	4	6	8	0	⋯

학생: 일의 자리 숫자는 2, 4, 6, 8, 0이 반복되고 있어요.

교사: 같은 방법으로 첫째 줄에 3의 배수를 적으면 일의 자리 숫자는 어떤 수들이 반복되나요?

학생: 3, 6, 9, 2, 5, 8, 1, 4, 7, 0이 반복해서 나타나요. 같은 방법으로 1, 4, 5, 6, 7, 8, 9 각각의 배수에 대해서도 일의 자리 숫자에 어떤 규칙이 있는지 찾아볼게요.

(중략)

교사: 규칙을 다 찾았으면 이번에는 2의 배수에서 나온 일의 자리 숫자를 순서대로 연결하여 [그림 1]에 나타내 보세요.

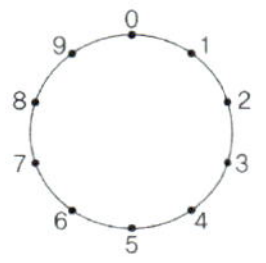

[그림 1]

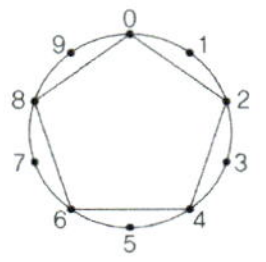

[그림 2]

학생: [그림 2]와 같이 그려지는데요. ㉠1, 2, 3, 4, 5, 6, 7, 8, 9 각각의 배수에서 나온 일의 자리 숫자를 순서대로 연결하여 그림으로 나타내면 여러 가지 모양이 나와요.

교사: 같은 모양끼리 모아보면 그 안에도 규칙이 있어요.

학생: 서로 다른 x, y에 대하여 x의 배수와 y의 배수에 대한 모양이 같을 때, (㉡)이/가 돼요.

교사: ㉢지금까지는 같은 수를 계속 더하는 규칙을 생각해 보았는데, 이번에는 같은 수를 계속 곱하는 규칙을 생각해 볼까요?

학생: 2부터 시작해서 2에 2를 곱하고, 그 값에 다시 2를 곱하는 과정을 반복하면(〈표 2〉를 그린 후) 일의 자리 숫자는 2, 4, 8, 6이 반복돼요.

〈표 2〉

×2 ×2 ×2 ×2 ×2 ×2 ×2 ×2

2의 거듭제곱	2	4	8	16	32	64	128	256	⋯
일의 자리 숫자	2	4	8	6	2	4	8	6	⋯

교사: 1, 3, 4, 5, 6, 7, 8, 9 각각에 대해서도 〈표 2〉와 같이 자기 자신을 반복해서 곱하는 방식으로 표를 만들면 ㉣일의 자리 숫자에는 어떤 규칙이 나타날까요?

(이하 생략)

1) ⓐ ㉠에서 말한 모양의 서로 다른 종류가 몇 가지인지 쓰고, ⓑ ㉡에 들어갈 식을 x와 y의 관계를 나타내는 식으로 쓰시오. [2점]

• ⓐ : ______________________ 가지

• ⓑ : ______________________

2) 2009 개정 수학과 교육과정의 교수 · 학습 방법에서는 다양한 아이디어를 산출할 수 있는 수학적 과제를 통해 ㉢과 같은 수학적 사고를 촉진하도록 하고 있다. 이러한 수학적 사고를 무엇이라고 하는지 쓰시오. [1점]

• ______________________

유2) 2022 개정 수학과 교육과정에 근거하여 학년 내용 간에 관련된 수학의 개념, 원리, 법칙 등을 유기적으로 연계하여 새로운 지식을 생성하며 창의성을 기르게 하고, ㉢과 같은 발문을 통해 기르고자 하는 수학과 역량을 쓰시오. [1점]

• ______________________

3) 1부터 100까지의 자연수 n에 대하여 $1^n+2^n+3^n+4^n$의 일의 자리 숫자가 0이 되게 하는 n은 몇 개인지 ㉣에서 말한 규칙을 활용하여 구하시오. [1점]

• ______________________ 개

2014-01 초등

다음은 길이 비교와 관련된 수업 계획안의 일부이다. 물음에 답하시오. [2점]

생각 열기	〈스토리텔링〉 임금님이 바지재단사가 만들어 온 바지를 입어보고는 "바지가 짧잖아!"라고 하며 몹시 화를 냈어요. 윗옷재단사는 임금님이 벗어 놓은 옷의 소매와 자신이 만들어 온 옷의 소매 길이를 얼른 비교해 보았어요. 어쩌면 좋아요. 윗옷재단사는 만들어 온 옷의 소매가 임금님의 팔보다 너무 길다는 것을 알았어요. 위 스토리텔링에서 옷의 길이를 비교한 방법 알아보기
활동 1	직접 비교 활동을 통해 길이 비교하기 직접 비교의 장점 말하기 ㉠ 직접 비교의 단점 말하기
활동 2	간접 비교 활동을 통해 길이 비교하기 간접 비교의 장점 말하기 간접 비교의 단점 말하기
마무리	차시 예고

1) ㉠을 1가지 쓰시오. [1점]

•

2) 위 스토리텔링에서 간접 비교의 매개물로 사용된 것을 찾아 쓰시오. [1점]

•

2014-02 초등

(가)와 (나)는 문제 해결 수업의 일부이다. 물음에 답하시오. [6점]

(가)

(교사는 [그림]과 같이 한 변의 길이가 1인 쌓기나무를 쌓아 학생들에게 보여준 후)

교사 : 다음 도형의 겉넓이를 구하세요. 바닥면도 겉넓이에 포함됩니다.

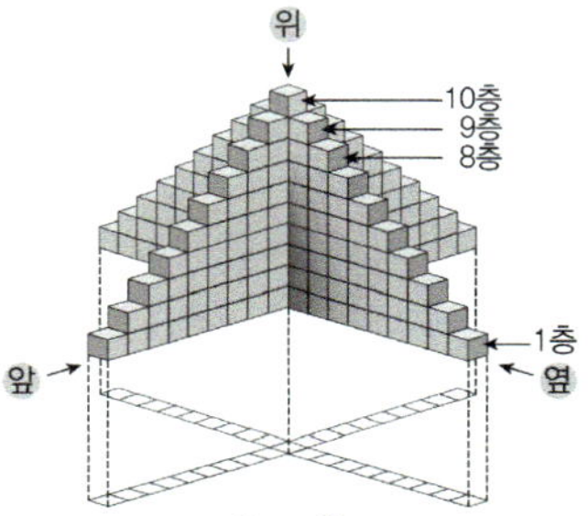

[그림]

학생 : (쌓기나무를 계속 살펴보면서) 10층의 겉넓이는 5이지만, 9층은 12+4, 8층은 20+4, 7층은 28+4, …등으로, 9층부터 1층까지 일정한 규칙이 있어요. 이렇게 나온 수들을 다 더하면 되긴 하지만 복잡해요.

학생 : ㉠ (잠시 뒤) 아하! 지난 시간에 배운 위, 앞, 옆에서 본 모양을 그려보면 좀 더 쉽게 구할 수 있어요.

교사 : 어떻게 구할 수 있는지 말해보세요.

학생 : (　　　　　㉡　　　　　)

교사 : 좋은 생각이에요. 그 아이디어를 이용해서 겉넓이를 구해보세요.

학생 : (앞에서 본 보양을 그림으로 그린 후) 앞에서 본 모양의 넓이는 1부터 19까지의 홀수의 합과 같아요. ㉢ 이 사실을 이용하면 겉넓이를 구하는 식은 ……

(이하 생략)

(나)

교사 : 다음 문제를 풀어보세요.

〈문제〉

슬기네 학교에서 7개 반이 축구 경기를 하기로 하였습니다. 모든 반이 다른 반과 한 번씩 경기를 한다고 할 때, 전체 경기수를 구하시오.

(학생들이 문제를 푼다.)

교사 : 자신이 푼 방법을 얘기해볼까요?

재희 : 저는 그림을 그려보았습니다. 7개 반을 연결한 후 연결선을 세어 21 경기를 해야 한다는 것을 알았습니다.

교사 : 잘 했어요. 여러분은 재희의 방법에 대해 어떻게 생각하나요?

민수 : 저도 처음에는 그렇게 풀려고 했지만, 연결선을 일일이 세다 보면 실수할 수 있다고 생각했습니다. 그래서 표를 그린 후 규칙을 찾아보았습니다. 표를 보면 반의 수가 1씩 증가할 때 경기 수가 1, 2, 3, 4, …씩 증가하는 것을 알 수 있습니다.

교사 : 민수도 잘 했어요. 여러분은 어떻게 생각하나요?

준하 : 좋은 생각이긴 한데 표에서 규칙을 발견하려면 몇 가지 경우를 구해야 합니다.

민수 : 준하의 말도 옳습니다. 그림이나 표를 그리지 않고 풀 수 있는 방법을 알고 싶습니다.

준하 : ㉣ 모든 반이 자기 반을 제외한 다른 반과 경기를 해야 한다는 점을 이용하여 식을 세울 수 있습니다.

교사 : 재희, 민수, 준하 모두 잘했어요. 다음 문제는 앞에서 푼 문제와 비슷한 문제에요. 가장 좋은 문제 해결 방법이라고 생각하는 방법으로 풀어보세요.

〈문제〉

㉤ 어느 모임에 참석한 사람들이 자신을 제외한 모든 참석자와 한 번씩 악수하였더니 악수의 횟수가 총 55(번)이었다. 이 모임에 참석한 사람의 수를 구하시오.

1) ㉠에서 이 학생에게 베르트하이머(Wertheimer, M.)가 말한 '통찰'이 일어났다고 할 수 있다. 이 관점에서 ㉡에 들어갈 내용을 쓰시오. [2점]

· ______

2) ㉢에 해당하는 식을 쓰시오. [1점]

· ______

3) ㉣의 식을 쓰고, 이와 같은 방법으로 ㉤의 답을 구하시오. [1점]

· ㉣의 식 : ______

· ㉤의 답 : ______

4) 2009 개정 교육과정에 따른 수학과 교육과정에서는 '수학적 창의력 신장'을 위한 교수 · 학습 방법으로 4가지 유의점을 제시하고 있다. 위 수업에 구현된 유의점 3가지 중 다음의 〈예〉를 제외한 나머지 2가지를 구현 사례와 함께 쓰시오. [2점]

	유의점	구현 사례
〈예〉	다양한 아이디어를 산출할 수 있는 수학적 과제를 통해 학생들의 확산적 사고를 촉진시킨다.	다양한 방법으로 풀 수 있는 문제를 제공함.
①		
②		

· ① : ______________________

· ② : ______________________

유4) 2022 개정 교육과정에 따른 수학과 교육과정에서는 '연결 역량' 신장을 위한 교수 • 학습 방법으로 3가지 유의점을 제시하고 있다. (가) 수업에서 구현되는 장면과 관련하여 역량 신장을 위한 교수 • 학습 방법을 쓰시오. [2점]

· ______________________

2014-03 초등

(가)는 분수 나눗셈에 대한 학생들의 대화 내용이고, (나)는 (가)의 은정의 질문에 대한 두 예비교사의 대화이다. [3점]

(가)

주원 : 분수 나눗셈의 계산 원리를 모르겠어. $\frac{3}{7}\div\frac{4}{5}$는 $\frac{4}{5}$의 역수인 $\frac{5}{4}$를 $\frac{3}{7}$에 곱해서 $\frac{3}{7}\times\frac{5}{4}=\frac{15}{28}$로 계산하는 거잖아. 그런데 왜 나누는 수의 역수를 곱하는 거지?

은정 : 두 분수의 분모를 같게 해보면 알 수 있어.

성호 : ㉠ 곱셈과 나눗셈의 관계를 생각해도 알 수 있어. $\frac{3}{7}\div\frac{4}{5}=\square$라고 하면 ……

은정 : 그것도 좋은 생각이네. 그런데 난 이 분수 나눗셈의 답이 이해되지 않아. ㉡ 나누었는데, 나누어지는 수인 $\frac{3}{7}$보다 더 큰 $\frac{15}{28}$가 어떻게 답이 될 수 있어?

(나)

예비교사 A : 은정의 질문 (㉡)에 실생활 예를 사용하여 답해주면 좋을 것 같아. 나눗셈을 설명하는 방법에는 '포함제'와 '등분제'가 있으니 그 예를 찾아볼까?

예비교사 B : ㉢ 분수 나눗셈에는 '등분제'가 적절하지 않아. 그리고 ㉣ 이 문제에는 '포함제'도 적절하지 않아. 그 이유는 ……

예비교사 A : 그렇구나. 그럼 '비(ratio)' 개념을 이용해볼까?

1) ㉠에서 성호의 설명을 완성하시오. [1점]

· ______________________

2) ㉢과 ㉣의 이유를 각각 쓰시오. [2점]

· ㉢의 이유 : ______________________

· ㉣의 이유 : ______________________

2013-01 초등

다음은 학생들의 추론 능력을 신장시키기 위한 수업의 일부이다. 물음에 답하시오. [3점]

단계	교수 · 학습 활동
도입	교사: 지난 시간까지 두 자리 수의 곱셈을 배웠습니다. 이번 시간에는 두 자리 수의 곱셈을 하는 다른 방법을 알아보겠습니다.
관찰 및 실험	교사: (가)는 21×31을 계산하는 방법을 나타낸 것입니다. 어떻게 계산한 것인지 생각해 보세요. (가) 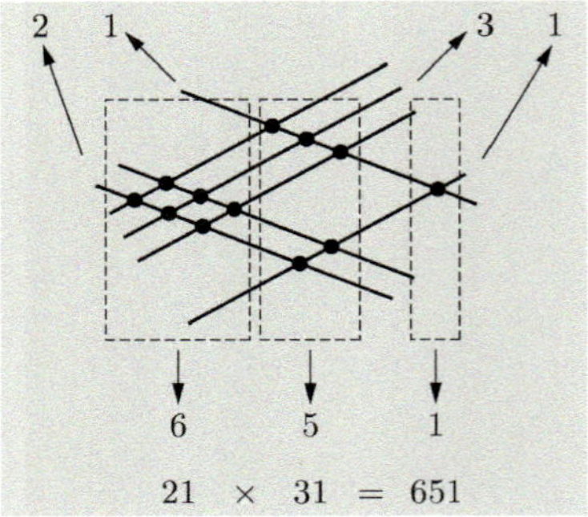 (학생들은 사례를 관찰한다.)
추측하기	(㉠)
추측의 검증	(학생들은 자신의 추측을 ㉡ $\underline{23 \times 32}$에 적용하여 검증한 후, 일반화한다.)
발전	(교사와 학생들은 일반화한 내용에 대해 정당화를 시도한다.)
정리 및 평가	(교사는 학생들의 활동 내용을 요약하여 정리해 준 후 다음 차시를 예고한다.)

1) 2007 개정 수학과 교육과정의 교수 · 학습 방법에 제시된 추론 능력과 관련지어 ㉠에 들어갈 활동을 1가지 쓰시오. [1점]

·

2) ㉡을 (가)와 같은 방법으로 계산한 결과를 그림과 함께 제시하시오. [2점]

2013-02 초등

다음은 문제 해결 방법을 활용한 수업의 일부이다. 물음에 답하시오. [4점]

교사: 한 변의 길이가 1인 정삼각형의 변과 변을 이어 붙여 가면서 여러 가지 평면도형을 만들고, 둘레의 길이를 구해 보세요.

민수: (다음 그림과 같이 도형을 몇 개 만든 후) ㉠ 몇 개의 도형을 만들어 보았더니 정삼각형을 1개 붙일 때마다 둘레의 길이는 1씩 증가해요.

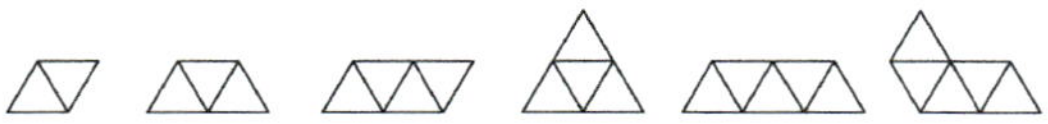

영호: (민수가 만든 도형을 가리키며) 정삼각형 1개를 붙일 때마다 ㉡ 새로운 변이 2개씩 추가되지만, 이어 붙인 부분은 둘레의 길이에서 제외되기 때문에 만들어지는 도형의 둘레는 1씩 증가해요. 그래서 규칙을 만들어보면 둘레의 길이는 (정삼각형의 개수)+2와 같아요.

교사: 그러면 정삼각형 6개를 이어 붙여 만든 도형의 둘레는 어떻게 될까요?

민수: (몇 개의 도형을 만들어 보인 후) 이런 경우에 모두 8이 되잖아요. 그래서 둘레의 길이는 8이라고 생각해요.

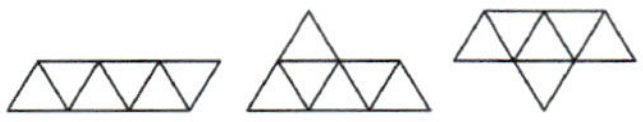

영호: 정삼각형 6개를 이어 붙이면 제가 말한 규칙에서 둘레의 길이는 8이 맞아요. 아! 그런데 둘레의 길이가 8이 아닌 평면도형도 만들어져요.

교사: 맞아요. 어떤 도형인지 그려보세요.

(중략)

교사: 이제 ㉢ 정삼각형 10개를 이어 붙였을 때 둘레의 길이가 최소가 되는 평면도형을 찾아봅시다.

(이하 생략)

1) 기하학습을 인지, 분석, 관계, 연역, 공리의 5개 수준으로 구분할 때, ㉠과 ㉡의 진술에 해당하는 수준과 이유를 각각 쓰시오. [2점]

	수준	이유
㉠		
㉡		

2) ㉢에 알맞은 도형을 그리고, 그 둘레의 길이를 구하시오. [2점]

도형	둘레의 길이

2013-03 초등

다음은 '비례식' 단원을 지도하는 수업의 일부이다. 물음에 답하시오. [4점]

1차시	교사: 빵 2개를 만들려면 달걀이 3개 필요합니다. 빵 4개를 만들려면 달걀이 몇 개 필요할까요? 민지: ㉠ 빵 2개를 만들기 위해 필요한 달걀의 수는 빵의 수보다 하나 더 많아요. 그래서 빵 4개를 만들려면 5개가 필요해요. 영수: 저는 그렇게 생각하지 않아요. ㉡ 빵 2개를 만드는 데 달걀이 3개 필요하니까, 다시 빵 2개를 더 만들려면 달걀이 3개 더 필요해요. 그래서 빵 4개를 만들려면 달걀 6개가 필요해요. (이하 생략)
4차시	교사: 빵을 2개 만드는 데 달걀이 5개 필요합니다. 빵을 10개 만들려면 달걀이 몇 개 필요한지 ㉢ 비의 성질을 이용하여 구해 보세요. (중략) 교사: 비례식으로 만들어 보고 내항의 곱과 외항의 곱을 비교해 보세요. 민지: 비례식은 $2:5=10:25$이고, 내항의 곱은 $5\times10=50$, 외항의 곱도 $2\times25=50$입니다. 교사: ㉣ 비례식에서는 내항의 곱과 외항의 곱이 같아요. 그러면 빵을 10개 만들 때 달걀이 몇 개 필요한지 비의 성질을 이용하지 않고도 구할 수 있겠습니까? (이하 생략)

1) 1차시 수업에서 두 수를 비교하는 민지의 방법(㉠)과 영수의 방법(㉡)의 차이점을 설명하시오. [2점]

· ______________________________

2) 4차시 수업에서의 ㉢을 진술하고, ㉣은 무엇을 진술한 것인지 쓰시오. [2점]

· ㉢: ______________________________

· ㉣: ______________________________

MEMO

초등임용
기출문제집

백문이 불여일견 **설**명이 친절한 **기**출

초등임용 기출문제집

미 술

미술과 기출의 특성

미술과는 최근 기출 동향을 보면 비교적 무난하게 출제되고 있습니다. 명확한 답이 나올 수 있도록 제시문도 구체적으로 제시되는 편입니다. 하지만 미술 개념에 대해 정확하게 이해를 하고 있어야 답을 쓸 수 있는 문제가 출제되고 있기 때문에, 개념을 단편적으로 외우는 것이 아니라 예시를 들어가면서 설명할 수 있을 정도가 되어야 합니다. 2022년도에 기출된 문제에서도 색의 대비를 구체적으로 설명할 수 있어야 답을 쓸 수 있었습니다. 표현 영역의 경우 서양과 동양으로 크게 구분하여 각 표현 방식을 상세하게 공부해야 합니다. 특히 지도 방안이나 지도 상 유의점 등은 꼼꼼하게 봐두시고, 표현 도구를 다루고 관리하는 법도 유의해서 봐주세요. 감상 영역의 경우 미술 사조와 관련된 문제가 많이 나옵니다. 특히 특이한 표현 기법 등도 자주 출제되니, 시대적 흐름에 따라 어떤 표현 기법이 유행했고, 그 특징은 무엇인지를 중심으로 공부해 두세요.

또한 미술은 매년 교육과정, 기본이론, 각론에 대해 고루 묻고 있으며 각 영역이 거의 매년 출제되고 있으므로 놓치거나 소홀히 하는 부분이 없도록 공부하는 것이 중요합니다.

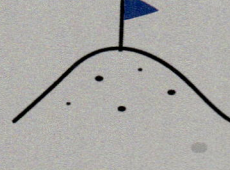

미술 기출분석표

*색 표시는 초특 출제입니다.

영역	년도	2013	2014	2015	2016	2017	2018	2019	2020	2021	2022	2023
교육과정	성격, 목표							교과역량				
	내용 체계	'표현' 영역	'표현' 영역		표현 방법 (2009 개정)			'체험' 영역 내용요소		'감상' 영역 내용요소		
	성취기준			'비평' (2009 개정) 영역		'지각' 영역 성취기준(2009 개정)	'체험' 영역 성취기준(2009 개정)		'표현' 영역 교수・학습 방법 및 유의사항			
	교학평방						평가방법					
기본이론	교과교육론	창의적 문제 해결법, 창의적 사고 기법	로웬펠드, 아이스너		직접 교수법	조형 원리 로웬펠드		창의적 문제 해결법 학습활동				
	지도서 총론			귀납적 사고법					연구 보고서법		귀납적 사고법	
각론	체험							픽토그램				
	표현	천마도	분청사기		볼록판화, 공판화	아크릴 물감	색(채도), 도식적인 색 사용 지도		몰골법, 구륵법	찰흙의 특성, 입체표현방법	색상 대비, 명시성과 주목성	
	감상			데페이즈망 기법					미디어 파사드			

미술

2023 초등

다음은 초등학교 미술과 수업을 참관한 예비 교사들과 지도 교수가 나눈 대화이다. 물음에 답하시오. [5점]

예비 교사A : 지난주 참관한 3학년 미술과 수업에서는 〈대상을 관찰하여 주제 탐색하기〉를 주제로, '관찰하여 그리기' 활동을 했습니다. 그런데 많은 학생들이 대상을 개략적으로 그렸을 뿐, 세부적인 관찰로 나아가지 못하였습니다. 왜 그런 걸까요?

지도 교수 : 시각적 사고를 강조한 아른하임(R. Arnheim)에 따르면, 이 시기의 아동은 지각이 미분화되어 사물의 세부적 특징을 지각하기 어렵기 때문입니다. 시각적 사고는 외부의 시각 정보를 지각하여 처리하는 인지적 과정으로, 이를 함양하기 위해서는 대상이나 현상의 시각적 특징을 탐색해 사고를 확장해 보는 경험이 중요합니다.

예비 교사A : 아, 그렇군요. 그러면 2015 개정 미술과 교육과정에는 시각적 사고가 어떻게 반영되어 있나요?

지도 교수 : 2015 개정 미술과 교육과정의 체험, 표현, 감상 세 영역에 시각적 사고 계발을 위한 학습 내용이 두루 반영되어 있다고 볼 수 있어요. 예를 들자면, 체험 영역에서는 '지각'을 핵심 개념으로 설정하고 있고, 3~4학년군의 성취기준 '자연물과 인공물을 탐색하는 데 (㉠)을/를 활용할 수 있다.'에도 반영되어 있다고 볼 수 있습니다.

예비 교사B : 그럼 학생들의 시각적 사고를 함양하기 위해서 어떻게 지도할 수 있을까요?

지도 교수 : 체험, 표현, 감상 영역을 서로 연계하여 지도할 필요가 있어요. 표현 영역과의 연계를 위해 대상을 세심하게 관찰하는 것이 중요해요. 대상을 관찰하는 방법에는 부분을 확대해서 보기, 절단해서 보기, (㉡), 여러 방향에서 보기, 질감 느껴보기 등이 있어요. [자료 1]은 (㉡) 활동의 예시이고, [자료 2]는 여러 방향에서 보기 활동의 예시입니다.

[자료 1] (㉡)	[자료 2] 여러 방향에서 보기
	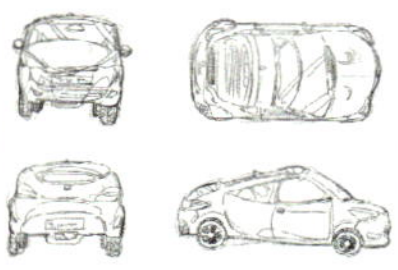
지도 내용 '줄기로부터 잎자루가 어긋나게 반복해서 붙어 있다'는 것을 발견하도록 지도한다.	지도 내용 '자동차를 여러 방향에서 보니 (㉢)'는 것을 발견하도록 지도한다.

…(중략)…

예비 교사B : 저는 6학년 미술과 감상 수업을 참관했습니다. 미술 작품 감상을 통해서도 시각적 사고를 함양하도록 지도하는 방법이 있을까요?

지도 교수 : 작품을 충분히 관찰하도록 하고 대화 중심의 수업을 통해 시각적 사고를 함양할 수 있습니다. [작품 1]을 관찰해 봅시다. 무엇이 보이나요?

[작품 1]

마그리트, 〈개인적 가치〉, 1952년

예비 교사A : 유리잔, 빗, 화장 솔, 성냥개비, 비누 등이 보여요.

지도 교수 : 그 밖에 무엇이 보이나요?

예비 교사B : 음, 침대와 옷장도 보이는데 뭔가 이상해요.

지도 교수 : 이상한 점이 무엇인가요?

예비 교사A : 일상적인 방 안 풍경 같은데, 빗과 유리잔 등은 보통 크기보다 훨씬 크게 그려져 있어요.

지도 교수 : 네, 잘 관찰했어요. 작가가 왜 이렇게 표현했을까요? 작가는 조형 원리를 작품에 적용하며 자신의 의도를 표현합니다. [작품 1]에서는 어떤 조형 원리를 찾을 수 있나요?

예비 교사B : 강조, 대비, 변화, (㉣) 등을 찾을 수 있어요.

지도 교수 : 네, 이 중 가장 두드러지게 사용된 조형 원리는 (㉣)입니다. 마그리트는 이 작품에서 ㉤<u>방 안의 몇몇 사물들은 통상적인 크기로 그리고, 다른 사물들은 그것보다 확연히 크게 그리는 방식</u>으로 ㉥<u>데페이즈망(d paysement) 기법</u>을 적용했어요. 그럼, 작품의 의미를 탐색해 볼까요?

…(하략)…

1) ㉠에 들어갈 내용을 쓰시오. [1점]

·

2) ① ㉡에 해당하는 관찰 방법을 쓰고, ② ㉢에 적절한 내용을 관련된 조형 요소를 포함하여 서술하시오. [2점]

· ① : ___

· ② : ___

3) ① ㉤과 관련된 조형 원리인 ㉣을 쓰고, ② ㉤과 ㉥의 표현 효과가 '시각적 사고'에 미치는 영향을 서술하시오.

· ① : ___

· ② : ___

2022 초등

(가)는 5~6학년군 '색의 대비와 기능'에 관한 수업의 일부이고, (나)는 수업을 마친 후 교사가 작성한 성찰 일지이다. 물음에 답하시오. [5점]

(가)

서 교사 : 이번 시간에는 색의 대비와 기능을 이해하고 표현해봅시다. 먼저 색의 대비를 알아보겠습니다. '검은색 몸에 흰색 눈을 한 부엉이'와 '회색 몸에 흰색 눈을 한 부엉이'가 있어요. 어느 부엉이의 눈이 더 밝아보이나요?

제　연 : '검은색 몸에 흰색 눈을 한 부엉이의 눈'이 더 밝아 보여요.

서 교사 : 맞습니다. 같은 색이라도 주위 색의 명도가 높으면 어둡게 보이고, 주위 색의 명도가 낮으면 밝게 보이는 색의 대비를 명도 대비라고 합니다.

…(중략)…

[A]
서 교사 : [그림]을 보면 '빨간색 배경에 보라색 새'와 '파란색 배경에 보라색 새'가 그려져 있어요. 같은 보라색이지만 배경색에 따라 다르게 보입니다. 두 보라색 새 중 어떤 새가 더 붉게 보이나요?

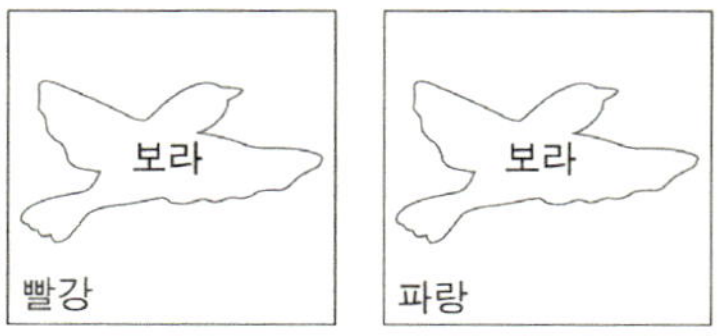

[그림]

유　준 : (　　　　㉠　　　　)

서 교사 : 맞습니다. 다음으로 색의 기능적 특성인 주목성과 명시성을 알아볼까요? 주목성은 멀리서도 색의 자극으로 시선을 끄는 것이고 명시성은 멀리서도 명확하게 잘 보이는 것을 말합니다. 주목성과 명시성이 활용되는 예로는 빨간색 소화전이나 소방차, 노란색과 검은색이 배색된 안전 깃발이 있어요. 이제 활동지를 보면서 우리 주위에서 주목성과 명시성을 활용한 사례를 더 찾아봅시다.

…(중략)…

서 교사 : 오늘 배운 색의 기능적 특성인 주목성과 명시성을 활용해서 표지판을 만들어 보도록 하겠습니다. 표지판을 만들 때는 ㉡주목성이 높은 색을 사용하거나 ㉢명시성이 높도록 색을 배색해야 합니다. 지금부터 색종이를 활용하여 배색의 아이디어를 구상한 후 표지판을 만들어 봅시다.

(나)

오늘 수업에서 학생들에게 주목성과 명시성에 대해 설명하고 표지판을 만들게 했는데, 학생들은 주목성과 명시성을 혼동하며 표지판 배색을 어려워했다. 제연이는 주황과 노랑을 배색한 후 화려하지만 내용이 잘 안 보인다기에 주목성과 명시성의 개념을 다시 설명해 주었다.

학생들에게 ㉣ 주목성과 명시성에 관련된 학습 자료를 제공하여 학습 문제를 인식하게 하고, 자료들의 관계를 탐색하도록 지도했어야 했다. 또한 탐색한 사실에 근거하여 주목성과 명시성의 개념을 스스로 발견하고, 표지판 만들기에 개념을 적용하며 정리하도록 지도했어야 했다.

1) ① (가)의 [A]에 해당하는 색의 대비가 무엇인지 쓰고, ② ㉠에 들어갈 알맞은 답변을 쓰시오. [2점]

· ① : ____________________

· ② : ____________________

2) 색의 3가지 속성을 이용하여 ① ㉡의 특징과 ② ㉢의 방법을 각각 1가지씩 쓰시오. [2점]

· ① : ____________________

· ② : ____________________

3) (나)의 ㉣은 미술과 교수 · 학습 모형의 단계를 설명한 내용이다. 이 교수 · 학습 모형의 명칭을 쓰시오. [1점]

· ____________________

2021 초등

(가)는 박 교사가 3~4학년군 미술과의 '표현'과 '감상' 영역을 연계하여 진행한 수업 장면의 일부이고, (나)는 수업 후 박 교사가 자신의 수업을 성찰하며 쓴 글이다. 물음에 답하시오. [5점]

(가)

박 교사: 오늘은 우리 조상들이 사람이나 동물을 흙으로 빚어 형상화한 토우에 대해 감상해 보겠습니다. [작품 1]은 인물 토우이고 [작품 2]는 토우로 장식한 항아리입니다. 두 작품을 자세히 관찰하고 무엇이 보이는지 이야기해 볼까요?

학생 A: [작품 1]은 사람이 두 손을 앞으로 모으고 입을 동그랗게 벌린 채 무릎을 꿇고 있어요. [작품 2]는 뱀이 개구리의 뒷다리를 물고 있어요.

박 교사: 그럼, 토우는 어떤 내용을 표현하고 있는 것 같나요?

학생 B: [작품 1]은 노래를 부르고 있는 것 같아요. [작품 2]는 당시 주변에서 볼 수 있었던 동물의 모습을 표현한 것 같아요.

박 교사: 잘 이야기해 주었습니다. 토우는 토기를 장식하는 용도로 만들어지기도 했고 풍요와 다산을 기원하거나 무덤에 부장하기 위해서도 사용되었어요.

[작품 1]

[작품 2]

박 교사: 여러분, 찰흙으로 무언가 만들어 본 경험이 있나요?

학생 A: 찰흙을 만지면서 놀아 본 적이 있어요.

학생 B: 찰흙으로 우리 가족도 만들고, 우리 집 고양이도 만들어 봤어요.

박 교사: 찰흙의 특성인 ㉠ 가소성을 잘 이용하면 창의적인 작품을 만들 수 있습니다. 찰흙은 부드럽고 연하여 띠 모양으로 길게 늘일 수도 있고 공 모양, 판 모양 등 ㉡ 다양한 형태를 만들 수도 있어요. 그리고 찰흙으로 작품을 만들어 교실을 장식할 수도 있지요.

학생 A: 우와, 찰흙은 변신의 마법사네요!

박 교사: 오늘은 찰흙으로 나만의 동물 토우를 만들어 보겠습니다. 조상들이 만든 토우처럼 자신의 느낌과 생각을 담아 동물 토우를 환조로 만들어 봅시다. 다음 주에는 박물관에 가서 토우를 직접 감상하겠습니다. ㉢ 박물관에서는 뛰지 않고 조용히 안내선을 따라가며 작품을 감상합니다. 그리고 사진기로 작품을 찍을 때는 플래시를 터뜨리지 않습니다.

(나)

오늘은 토우를 감상하는 수업을 실시하였다. 먼저 학생들이 토우와 토우 장식 항아리를 관찰하도록 하였다. 그리고 토우에 담긴 내용에 대해서 알아보도록 하였다. 그런데 자신의 관점에서 토우에 대한 느낌과 생각을 발표하는 것을 어려워하였다. 그 원인을 생각한 결과, 토우의 형태, 질감, 양감 등 조형 요소의 분석을 지도하지 않았음을 깨달았다. 감상 후, 이와 연계한 표현 활동으로 '나만의 동물 토우 만들기'를 하였다. 동물 토우의 신체를 ㉣ 종합적 방법을 적용하여 만들도록 지도하였으나 몇몇의 학생들이 ㉤ 분석적 방법으로 만드는 것을 보고 이 방법에 대한 지도가 필요함을 알게 되었다.

1) (가)의 ㉡을 고려하여 ㉠의 특성 2가지를 설명하시오. [2점]

·

2) 2015 개정 미술과 교육과정의 내용 체계에 제시된 3~4학년군 '감상' 영역의 내용 요소 중 (가)의 ㉢에 해당하는 용어를 쓰시오. [1점]

·

3) (나)의 ㉣과 ㉤을 적용하여 동물 토우의 신체를 만드는 방법을 각각 쓰시오. [2점]

· ㉣ :

· ㉤ :

2020 초등

(가)는 6학년 담임인 김 교사가 체험 학습 중 학생들과 나눈 대화이고, (나)는 체험 학습 후 '수업 설계 및 평가 방법'에 대해 동료 교사와 나눈 대화 내용이다. 물음에 답하시오. [5점]

(가)

▲신기술로 재현된 〈외규장각 의궤〉 영상

◀위 영상에 활용된 〈외규장각 의궤〉(일부)

학생 A: 우와! 선생님, 저기 좀 보세요. 광화문에서 멋진 영상이 나와요.

김 교사: 저런 영상 표현 기법을 (㉠)이/라고 하지. 사실 선생님도 말로만 들었지 한 번도 직접 본 적이 없었는데 이렇게 보니 정말 멋지구나!

학생 A: 저희들이 미술 시간에 배웠던 미디어 아트와는 다른 건가요?

김 교사: (㉠)은/는 미디어 아트를 표현하는 기법 중 하나인데 건물 외벽에 빛을 쏘거나 조명을 설치하여 영상을 보여주는 것이지.

학생 C: 그런데 선생님, 영상에 나오는 저 그림은 우리나라 옛 그림을 응용한 것이 맞나요?

김 교사: 맞아! 저 영상 속에 활용된 그림은 〈외규장각 의궤〉에 나오는 그림들이야. 〈외규장각 의궤〉는 조선 왕실의 중요한 행사와 건축 등을 그림을 중심으로 상세하게 기록한 것이지. 의궤 속 그림들은 주로 ㉡구륵법으로 표현되어 있어.

…(하략)…

(나)

박 교사: 김 선생님! 지난 주 광화문 체험 학습은 어떠셨어요? 다음 주에 저희 반도 가기로 예정되어 있어요.

김 교사: 정말 좋았어요. 그런데 우리 반은 유교 문화를 중시했던 조선시대의 궁중의례 행사를 그림으로 기록한 〈외규장각 의궤〉를 신기술을 이용하여 재현한 영상을 감상했는데 사전에 수업 설계가 미흡하여 학습 효과가 떨어졌어요.

박 교사: 그럼, 어떠한 수업 설계가 필요할까요?

김 교사: ㉢체험 학습 전에 사회과의 '유교 문화가 발달한 조선', 실과의 '전기 · 전자의 활용' 등과 관련된 내용을 예습한 후, 미술과의 '생활 속 미술 작품 감상하기' 체험 학습을 하면 좋을 것 같아요.

박 교사: 좋은 생각이네요! 그런데 이러한 수업 활동은 어떤 평가 방법을 활용하면 좋을까요?

[A]

김 교사: 사회, 실과, 미술 교과 내용 중에서 학생들이 특정한 주제를 선택하여 자료를 수집하고 분석 · 종합하여 그 내용을 작성하는 평가 방법인 (㉣)이/가 좋을 것 같아요.

박 교사: (㉣)을/를 활용할 때 지도상의 유의점으로는 무엇이 있을까요?

김 교사: 학생들의 능력과 흥미에 적합한 주제 선정, 내용 및 범위 선정, 자료 수집 방법, 작성 방법 등을 자세하게 안내해 주어야 합니다.

박 교사: 네. 그렇게 하는 것이 좋겠네요. 그 평가 방법의 결과물을 이번 학기 우리 반에서 제작하고 있는 포트폴리오에 포함시킬 수도 있겠네요. 정말 많은 도움이 되었습니다. 감사합니다.

1) (가)의 ㉠에 들어갈 알맞은 용어를 쓰시오. [1점]

·

2) (가)의 ㉡의 화법과 몰골법의 화법을 비교하여 쓰시오. [2점]

·

3) 다음은 (나)의 ⓒ과 관련 있는 2015 개정 미술과 교육과정 5~6학년군 '체험' 영역 '교수 · 학습 방법 및 유의 사항' 내용의 일부이다. (　　) 안에 알맞은 말을 쓰시오. [1점]

영역	교수 · 학습 방법 및 유의 사항
체험	미술 수업 내용과 관련된 (　　)의 내용과 방법을 수업 전에 미리 찾아보도록 지도한다.

· ______________________

4) (나)의 [A]를 참고하여 ⓡ에 해당하는 미술과 평가 방법의 명칭을 쓰시오. [1점]

· ______________________

2019 초등

(가)는 예비 교사와 지도 교사가 미술과 수업 방안에 대해 나눈 대화이고, (나)는 예비 교사가 수업을 마친 후 작성한 수업 일지이다. 물음에 답하시오. [5점]

(가)

예비 교사: 생활 속에서 접하는 시각 이미지는 학생들의 가치관이나 사고방식에 큰 영향을 주는 것 같아요.

지도 교사: 맞아요. 주변에서 볼 수 있는 시각 이미지는 느낌과 생각을 전달하고 상호 작용하는 도구라는 것을 학생들이 이해하는 것이 필요해요. 이와 관련하여 2015 개정 미술과 교육과정의 5~6학년군 체험 영역에서는 '내용 요소'로 (㉠)을/를 제시하고 있어요.

예비 교사: 그렇다면 마크, 표지판, (㉡), 포스터, 광고 등의 다양한 시각 이미지 중에서 어떤 유형의 이미지를 활용하여 수업을 구성하면 좋을까요?

지도 교사: 다음 [예시 자료]는 시각 이미지 유형 중에서 (㉡)에 해당하는데, 이를 활용하여 체험 영역과 표현 영역을 연계한 수업을 구성해 보면 어떨까요?

예비 교사: 네, 그렇게 하면 특징도 알아보고, 직접 제작해 볼 수도 있어서 좋을 것 같아요. 그러면 평가는 어떻게 하면 좋을까요?

지도 교사: 과정 중심 평가의 하나로, 학생의 산출물과 최종 결과물을 모아둔 작품집을 이용해서 종합적으로 평가하는 (㉢)을/를 활용하면 좋겠어요.

예비 교사: 네, 학생이 자신의 학습을 점검하고 성찰할 수 있어서 좋을 것 같아요.

[예시 자료]

(나)

- 1~2차시의 체험 영역 수업과 연계하여, 오늘은 창의적 문제 해결법 수업 모형의 단계에 따라 '과학실의 안전 수칙을 알리는 시각 이미지'를 제작하는 수업을 했다.
- 먼저 안전 수칙과 관련된 시각 이미지의 사례를 보여 주며 문제를 인식하게 하고, 문제 해결에 필요한 자료를 수집 및 검토하게 했다.
- 모둠별로 브레인스토밍을 하며, 다양한 아이디어를 탐색하고 구상하게 했다.
- (㉣).
- 아이디어 적용을 위해 작품을 제작하게 했다.
- 완성된 작품에 아이디어가 잘 반영되었는지 감상하고 분석하게 한 후, 수업을 마쳤다.
- 모든 모둠이 수업 시간 내에 작품을 완성했으며, 작품의 메시지가 간결하고 상징적인 이미지로 잘 표현되었다.

1) (가)의 ㉠에 들어갈 내용 요소와 ㉢에 들어갈 평가 방법의 명칭을 각각 쓰시오. [2점]

- ㉠ : ______
- ㉢ : ______

2) 다음은 (가)의 ㉡에 대한 설명이다. ⓐ~ⓔ 중에서 옳지 않은 것 2가지를 찾아 기호를 쓰고, 각각 바르게 고쳐 쓰시오. [2점]

ⓐ 국제 표준으로 채택되어 활용되기도 한다.
ⓑ 문자를 단독으로 사용하여 제작되지 않는다.
ⓒ 색상으로 긴급, 안전, 주의와 같은 안내를 표시할 수 있다.
ⓓ 공공시설이나 공공장소에서 환경을 꾸미는 것을 주된 목적으로 제작된다.
ⓔ 국제적인 행사에서 사용되는 경우, 문화적 특수성을 반영하여 제작되기도 한다.

- ______
- ______

3) 창의적 문제 해결법 수업 모형에 근거하여, (나)의 ㉣에 가장 적절한 학습 활동을 쓰시오. [1점]

- ______

2019 초특

다음은 시각장애 특수학교 김 교사와 미술관 담당자가 주고받은 휴대전화 문자 대화의 일부이다. 물음에 답하시오. [1점]

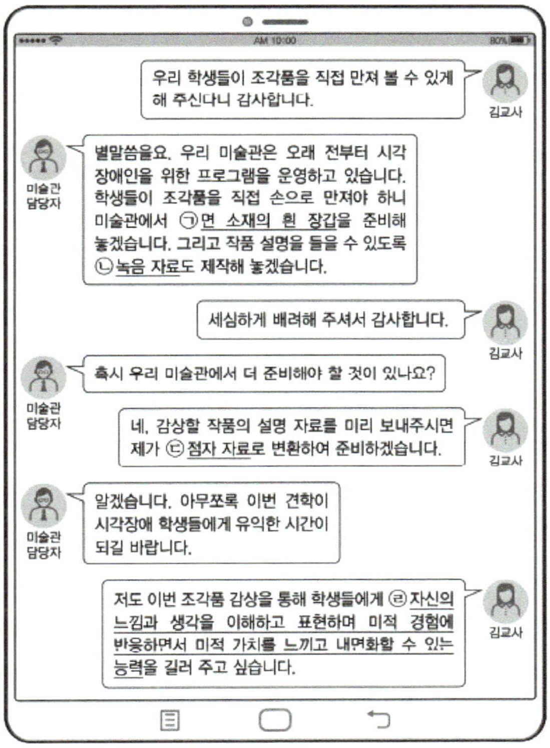

1) ㉣에 해당하는 미술과의 교과 역량을 2015 개정 미술과 교육과정에 근거하여 쓰시오. [1점]

·

2018 초등

(가)는 예비 교사와 교사 A, B의 대화이고, (나)는 (가)의 대화 내용을 반영하여 구상한 주요 학습 활동이다. 물음에 답하시오. [5점]

(가)

예비 교사: 5학년 학생들 중에는 [작품 1]과 같이 그리는 경우가 있는데, 수업을 어떻게 구성해야 할지 고민입니다.

[작품 1]

학생 작품

[작품 2]

학생 작품

교사 A : [작품 1]은 [작품 2]에 비해 형태뿐만 아니라, 색채에서도 나뭇잎은 초록색, 하늘은 파란색 등과 같이 도식적 혹은 개념적으로 단순하게 표현되어 있습니다.

교사 B : 이런 문제를 해결하기 위해서는 체험, 표현, 감상 영역의 활동이 유기적으로 잘 연계되도록 수업을 구성할 필요가 있어 보입니다.

예비 교사: 그러면 체험 활동의 경우, 수업 내용을 어떻게 구성하면 좋을까요?

교사 A : 우선 대상이나 현상에 관심을 가지고 다양한 활동을 통해 (㉠)을/를 발견하도록 수업을 구성해야 합니다. 주의 깊게 관찰하거나 다른 교과의 지식을 활용하여 대상이나 현상의 (㉠)을/를 찾아보는 것이 활동의 예입니다.

예비 교사: 이러한 체험 활동에서는 무엇을 평가하나요?

교사 B : 미술과 평가는 (㉡), 과정 및 결과를 지속적으로 살펴보며 균형 있게 평가해야 합니다. 따라서 체험 활동 평가에서도 이를 고려하는 것이 필요합니다.

(나)

구분	주요 학습 활동
체험	… (생략) …
표현	ㅇ나무의 특징을 살려 나무의 형태 그려 보기 ㅇ다양한 색으로 나무의 특징 표현하기 – 명도와 ㉢ 채도를 이해하고 다양한 색 만들어 보기 – 나무를 다양한 색으로 표현하기
감상	ㅇ서로의 작품 감상하기 ㅇ㉣ [작품 3]의 특징과 작가의 표현 의도 분석하기 [작품 3]  모네, 루앙 성당 연작, 1894년 작

1) 2009 개정 미술과 교육과정에 제시된 5~6학년군의 '영역별 성취기준'과 '평가 방법'에 근거하여 (가)의 ㉠에 공통으로 들어갈 용어와 ㉡에 들어갈 용어를 각각 쓰시오. [2점]

• ㉠ : ______________________

• ㉡ : ______________________

유1) 2015 개정 미술과 교육과정에 제시된 5~6학년군의 '체험' 영역의 성취기준과 '교수 · 학습 및 평가의 방향'에 근거하여 (가)의 ㉠에 공통으로 들어갈 용어와 ㉡에 들어갈 용어를 각각 쓰시오. [2점]

• ㉠ : ______________________

• ㉡ : ______________________

2) 다음은 (나)의 밑줄 친 ㉢에 대한 지도 내용이다. 옳지 않은 것 2가지를 찾아 기호를 쓰고, 채도를 바르게 지도하는 내용으로 각각 고쳐 쓰시오. [2점]

ⓐ 채도는 색의 밝고 어두운 정도를 말한다.
ⓑ 무채색은 채도가 없다.
ⓒ 순색에 가까울수록 채도가 낮다.
ⓓ 채도가 다른 배경 색에 따라 같은 주황색이라도 채도가 달라 보인다.

- ① : ______________________

- ② : ______________________

3) 교사는 학생이 도식적인 색의 사용에서 벗어나도록 지도하기 위해 (나)의 밑줄 친 ㉣을 선정하였다. ㉣이 이에 적절한 이유를 연작으로 제작한 작가의 의도와 관련하여 쓰시오. [1점]

- ______________________

2017 초등

(가)는 ‘인물화 표현’ 단원의 수업 결과물이고, (나)는 예비 교사들이 수석 교사에게 받은 컨설팅 내용이다. 물음에 답하시오. [5점]

(가)

[작품 1]

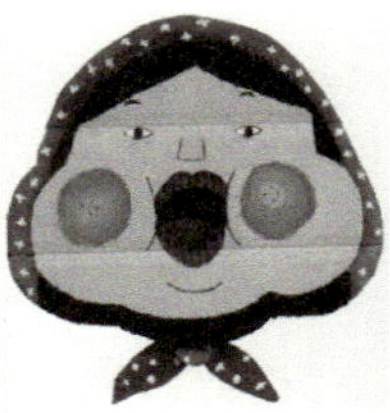

4학년 학생 작품, 「볼이 통통한 나」, 골판지에 아크릴 물감

[작품 2]

6학년 학생 작품, 「친구 얼굴」, 연필

[작품 3]

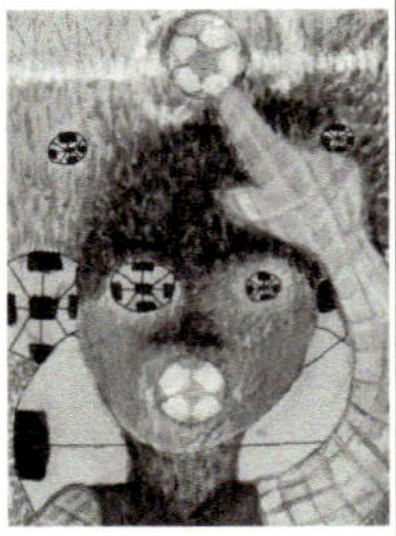

6학년 학생 작품, 「축구 달인」, 사인펜, 수채 물감

(나)

예비 교사A : 저는 4학년 수업에서 그리기 재료로 수채 물감 외에도 아크릴 물감을 써 보도록 했어요. 저도 아크릴 물감에 익숙하지 않아 미리 여러 가지 사용법을 알아야 했어요.

수석 교사 : (　　　　㉠　　　　) 수업 결과물들을 살펴보니 [작품 1]과 [작품 2]의 얼굴 모두에서 전체적인 조화와 균형, 대칭이 나타나 있지만 세부적인 표현 방식에서는 큰 차이가 있어요. [작품 1]은 눈의 위치가 위로 치우치고 볼을 크게 그리고 볼에 붉은 원을 칠해서 마치 (㉡)와/과 비슷하게 표현되었네요. [작품 2]는 얼굴 전체와 눈, 코, 입 부분 간의 길이와 크기를 고려하여 (㉢)에 맞게 표현되었어요.

예비 교사B : 설명 중에 언급하신 (㉡)은/는 무엇을 말하나요?

수석 교사 : 인물이나 동물의 특징을 과장하거나 왜곡하여 그린 것으로 익살이나 유머, 풍자 등이 담겨있는 그림을 말합니다. 만화나 캐릭터, 마스코트와 유사해 보이지요.

예비 교사C : 제가 수업한 6학년 학생의 [작품 2]와 [작품 3]은 서로 다른 결과를 보여주었어요. [작품 2]는 갸름하고 눈이 큰 얼굴의 특징을 비교적 사실적으로 표현했어요. [작품 3]은 눈과 입을 축구공으로 그렸고, 피부색도 축구장과 같은 초록색으로 칠해서 외모보다는 주관적인 생각을 나타내고 있어요. 그렇다면 [작품 3]과 같은 유형으로 그리는 학생을 어떻게 지도해야 할까요?

수석 교사 : 우선 로웬펠드(V. Lowenfeld)의 이론을 상기해 봅시다.

… (하략) …

1) 다음은 (나)의 ㉠에서 수석 교사가 컨설팅한 아크릴 물감의 특성과 사용 방법을 요약한 것이다. ⓐ~ⓓ 중에서 잘못된 항목을 찾아 기호를 쓰고, 내용을 바르게 고쳐 쓰시오. [1점]

ⓐ 유채 물감에 비해 건조가 빨라서 덧칠하기가 용이하다고 지도한다.
ⓑ 팔레트에 물감을 미리 짜서 굳힌 후 물로 녹여 사용하도록 지도한다.
ⓒ 물감에 흰색을 섞으면 밝은 색을 만들 수 있다고 지도한다.
ⓓ 물감에 물을 조금만 섞어 사용하면 유채와 유사한 불투명한 효과를 낼 수 있다고 지도한다.

• ______________________

2) (나)의 ① ㉡에 공통으로 들어갈 용어를 쓰고, ② ㉢에 해당하는 조형 원리 1가지를 (나)에서 언급하지 않은 것으로 쓰시오. [2점]

• ① : ______________________

• ② : ______________________

3) [작품 3]을 그린 학생처럼 주관적 성향이 강한 6학년 일부 학생들을 위해 ‘자신의 특징 표현하기’ 수업을 설계하려고 한다. 이에 적합한 2009 개정 미술과 교육과정의 중영역 ‘지각’의 성취기준을 쓰시오. [1점]

• ______________________

유3) [작품 3]을 그린 학생처럼 주관적 성향이 강한 일부 6학년 학생들을 위해 '자신의 특징 표현하기' 수업을 설계하려고 한다. 이에 적합한 2015 개정 미술과 교육과정 중 '체험'에 해당하는 성취기준을 쓰시오. [1점]

· ______________________________

4) 다음은 수석 교사가 언급한 로웬펠드(V. Lowenfeld)의 이론에 대한 설명이다. ⓐ에 공통으로 들어갈 용어를 쓰시오. [1점]

> 로웬펠드의 이론은 대상의 모방을 위한 기능 중심 미술 교육에서 벗어나 아동을 중심으로 생각하고, 아동의 내적 성장과 조화로운 발달에 관심을 표명한 창의성 중심 미술 교육의 하나이다. 그는 아동의 자발적이고 자유로운 (ⓐ)을/를 통해 창의성이 형성된다고 보았다. 로웬펠드의 이론에 소개된 (ⓐ)(이)라는 주요 개념은 개개인에게 맞는 미술을 통해 개인의 생각과 감정을 자유롭게 표출하는 것을 의미한다.

· ______________________________

2017 초특

다음은 2015 개정 교육과정 중 미술과 5~6학년 '소통하고 이해하기' 단원 교수 · 학습 과정안이다. 다음 물음에 답하시오. [2점]

학년	단원	소단원	제재	차시
6	7. 소통하고 이해하기	7.2 생활 속 여러 알림 메시지	1) 우리 주변의 알림 메시지	9/12

	교수 · 학습 활동	자료(㉶) 및 유의점([유])
활동 1	ㅇ 여러 가지 픽토그램 살펴보기 ㅇ ㉠ <u>픽토그램</u>이 갖추어야 할 조건 알아보기	㉶ 여러 가지 픽토그램 [A] 예 : 
활동 2	ㅇ (㉡)	
활동 3	ㅇ 여러 가지 픽토그램을 보고 느낀 소감 말하기	[유] 수업 중 활용한 픽토그램을 의사소통 지도에 활용한다.

1) ㉠이 의미를 분명하게 전달하기 위해 갖추어야 할 조건 1가지를 쓰시오.[1점]

• ______________________________

2) ㉡에 들어갈 미술과 3개 내용 영역 중 '활동 1'과 '활동 3'에서 제시되지 <u>않은</u> 내용 영역에 해당하는 활동의 예 1가지를 쓰시오. [1점]

• ______________________________

2016 초등

(가)는 미술과 '판화' 수업의 교수 · 학습 과정안이고, (나)는 판화 기법을 활용한 '무늬 꾸미기' 활동을 위한 참고 작품이다. 물음에 답하시오. [5점]

(가)

단계	교수 · 학습 활동
문제 인식	▹판화의 특성을 이야기하며 전시 학습 내용 확인하기 – ㉠ 판을 이용한 간접 표현이다. – ㉡ 한 판으로 여러 장을 찍을 수 있다. – ㉢ 판과 찍힌 그림의 좌우가 바뀐다. – ㉣ 판재와 기법에 따라 다른 느낌이 표현된다. – 의도하지 않은 우연의 효과가 있다. – 구상에서 완성까지 치밀한 계획성이 요구된다. ▹학습 목표 인식하기 – 조각칼의 사용 방법과 조각칼의 종류에 따른 표현 효과를 안다.
설명 및 시범	▹다양한 종류의 판화 작품을 비교하며 고무 판화의 특성 이해하기  (A) 오윤, 「김장」, 고무 판, 1984  (B) 해링, 「무제」, 실크 스크린, 1986 ▹고무 판화의 재료와 용구 및 사용 방법 알기 – 고무 판화의 재료에 대해 살펴보기 – 조각칼을 올바르게 잡는 방법에 대한 설명을 들으며 시범 장면 살펴보기 – 조각칼의 종류와 표현 효과 살펴보기 ▹고무 판화의 제작 방법과 찍는 방법 알기
질의 응답	▹질의응답을 통해 이해한 것을 확인하기 – 참고 작품에서 표현 효과에 따라 어떤 조각칼이 사용되었는지 이야기하기 – 궁금한 점에 대해 질문하기
연습 활동	▹조각칼의 사용 방법 연습하기
작품 제작	▹조각칼의 종류에 따른 표현 효과를 생각하며 제작하기 ▹볼록 판화의 특징을 생각하며 제작하기
정리 및 발전	▹새롭게 알게 된 점이나 느낀 점 이야기하기 ▹주변 정리하기

(나)

재료: OHP 필름, 수채 물감

재료: OHP 필름, 크레파스

1) ① (가)에 적용된 교수 · 학습 모형을 쓰고, 2009 개정 미술과 교육과정의 내용 체계에서 ② (가)의 교수 · 학습 모형이 주로 적용되는 중영역 1가지를 쓰시오. [2점]

· ① :

· ② :

유1) ① (가)에 적용된 교수 · 학습 모형을 쓰고, 2015 개정 미술과 교육과정의 내용 체계에서 ② (가)의 교수 · 학습 모형이 주로 적용되는 핵심개념 1가지를 쓰시오. [2점]

· ① :

· ② :

2) ① (가)의 (A) 작품과 같이 배경을 파내고 윤곽선을 남기는 볼록 판화의 표현 기법을 쓰고, ② (B) 작품에 사용된 판의 형식과 관련이 없는 내용을 ㉠~㉣ 중에서 찾아 ⓐ그 기호와 ⓑ이유를 쓰시오. [2점]

· ① :

· ② : ⓐ

ⓑ

3) (나)의 '무늬 꾸미기' 활동에 적용된 판화 기법의 제작 과정을 쓰시오. [1점]

·

2015 초등

다음은 4학년 '현대 미술 만나기' 감상 수업의 교수 · 학습 과정안의 일부이다. 물음에 답하시오. [5점]

단계	교수 · 학습 활동
문제 인식	▹학습 문제 인식하기 – 탐구할 학습 문제를 안내한다.
2단계	▹작품의 다양한 표현 방법 탐색하기 – (가)와 (나) 작품에 적용된 표현 방법을 탐색한다.  (가) 심금(1960)  (나) 바닷가재 전화기(1936)
3단계	▹규칙성 알아보기 – (가)와 (나) 작품의 ㉠공통적 표현 방법을 발견한다. ▹관련된 미술 용어 이해하기 – 공통적 표현 방법에 해당되는 미술 용어를 이해한다.
4단계	(㉡)
정리 및 발전	▹서로의 작품 감상 및 내용 정리하기 – 친구들이 제작한 작품을 감상하며, 학습한 내용이 잘 드러나 있는지 살펴본다.

1) 2009 개정 미술과 교육과정에 제시된 3~4학년 '미술 비평'의 성취기준 가운데, 위 수업과 관련된 인지적 측면의 성취기준 A를 쓰시오. [1점]

성취 기준	○ (A) ○ 미술 작품에 대한 자신의 느낌과 생각을 설명할 수 있다.

•

유1) 김 교사는 위 수업을 통해 학습한 표현 방법을 활용하여 다음과 같은 수업을 계획하였다. 2015 개정 미술과 3~4학년군 교육과정에 근거하여 어떤 성취기준을 기르고자 하는지 쓰시오. [1점]

〈수업 계획〉

학습한 표현 방법을 어떤 과정으로 표현하는지 자세하게 알아보고, 그 과정을 바탕으로 스스로 작품 제작 계획 세워보기

•

2) (가)와 (나) 작품이 공통으로 속한 ⓐ미술 양식을 쓰고, ⓑ㉠의 특징을 쓰시오. [2점]

• ⓐ :

• ⓑ :

3) 이 수업에 적용된 교수 · 학습 모형의 '3단계'에 해당하는 ⓐ단계명을 쓰고, '정리 및 발전' 단계의 활동을 고려하여 ⓑ㉡에 들어갈 구체적인 교수 · 학습 활동을 쓰시오. [2점]

• ⓐ :

• ⓑ :

2014 초등

다음은 5학년 '다양한 표현' 단원의 미술 수업 장면이다. 물음에 답하시오. [5점]

학습 목표	전통과 현대 미술 작품에 나타난 표현 방법을 활용하여 조형 작품을 창의적으로 만들 수 있다.
도입	(가)  (나) 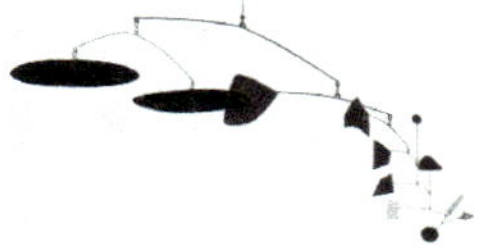 교사: (가)는 우리 민족의 독창성이 발휘된 작품으로 ㉠ 표면에 백토를 바른 다음 유약을 입혀 만든 조선 시대의 자기입니다. (나)는 콜더(Calder, A)의 1970년 작품으로 ㉡ 이전의 조각과 다른 새로운 표현 방법을 도입하였습니다. 오늘 수업에서는 찰흙, 물감, 철사, 색종이를 가지고 위의 두 작품에 나타난 표현 방법을 창의적으로 활용하여 여러분만의 '나비'를 만들어 보겠습니다.
전개	교사: 자, 지금부터 작품을 만들어 보세요. 작품을 만든 후, 여러분이 어떤 창의적 표현 방법을 작품에 적용하여 만들었는지 발표하고, 서로의 작품을 평가할 것입니다. (학생들의 작품 제작 활동과 발표가 끝난 후) (다) 주제와 표현 방법에 알맞은 (㉢)(으)로 표현한다.
정리	교사: 여러분이 완성한 작품을 보니, ㉣ 앞서 보여주었던 두 작품의 표현 방법을 거의 그대로 모방했군요. (이하 생략)

1) ㉠에 해당되는 도자기 종류의 명칭을 쓰시오. [1점]

·

2) ㉡의 특징을 서술하시오. [1점]

·

3) (다)의 평가 기준에서, ㉢에 해당되는 용어를 2007 개정 미술과 교육과정에 제시된 '내용 체계'의 '표현' 영역에 근거하여 쓰시오. [1점]

·

유3) 이 수업의 학습 목표가 기초하고 있는 5-6학년군 미술 성취기준을 2015 개정 교육과정에 근거하여 쓰시오. [1점]

·

4) 이 수업의 학습 목표에 비추어 ㉣의 문제를 해결하고자 할 때, 교사는 어떤 지도 활동을 해야 하는지 로웬펠드(Lowenfeld, V.)와 아이스너(Eisner, E.)의 미술 교육 이론에 근거하여 각각 서술하시오. [2점]

· 로웬펠드 :

· 아이스너 :

2014 초특

(가)는 특수학교에 재학 중인 자폐성 장애 학생 동호의 행동 특성이고, (나)는 초등학교 2학년 '즐거운 미술관 구경' 단원의 교수 · 학습 과정안이다. 물음에 답하시오. [1점]

(가) 동호의 행동 특성

- ○ 사진 찍히기를 싫어하여 사진 찍기 활동의 참여도가 낮음
- ○ 놀이실에 있는 트램펄린에서 뛰는 활동을 매우 좋아함

(나) 교수 · 학습 과정안

단원명	즐거운 미술관 구경	제재	미술 작품 감상하기
학습 목표	작품 속 주인공의 모습을 흉내 내며 화가의 마음을 느껴 볼 수 있다.		
단계	학습 내용	교수 · 학습 활동	
1	시각적 대상이나 현상 탐색을 통한 경험과 사전 지식 자극하기	○ 작은 미술관으로 꾸며진 교실에 전시된 명화 속에 무엇이 있는지 탐색한다. ○ 개인의 경험과 사전 지식을 떠올려 미술 작품의 특징을 찾아본다.	
2	질문, 토의, 반성의 상호작용하기	○ 참고 미술 작품 속 주인공의 모습을 흉내 내어 본다. ○ 미술 작품 속 주인공이 되려면 준비하고 만들어야 하는 것이 무엇인지 질문에 답하고, 친구들과 토의한다.	
3	관련 미술 작품을 탐색하고, 참고 미술 작품을 새로운 시작으로 표현 활동과 연계하기	○ 관련 미술 작품을 탐색하고 참고 미술 작품을 새로운 시각으로 표현할 방법을 구상한다. ○ 여러 가지 재료와 표현 기법을 활용하여 작품 속 주인공의 의상, 소품, 액자 등을 만든다. ○ 참고 작품에 새로운 생각을 추가하거나 독특한 표현으로 유사한 작품을 그린 후, 작품 속 주인공의 모습을 흉내 내거나 작품의 일부가 되어본다.	
4	완성 작품에 의미와 가치 부여하기	○ 자신이 좋아하는 미술 작품 옆에 색종이로 접은 꽃이나 스티커를 붙인다. ○ ㉠ 작품 속 주인공처럼 꾸민 후 액자틀을 들고 친구들과 미술 작품의 배경 앞에서 즉석 사진을 찍는다.	

1) 이 수업에 적용된 교수 · 학습 모형의 명칭을 쓰시오. [1점]

· 모형 명칭 : ______________________

2013 초등 · 초특 공통

다음은 김 교사가 '상상의 세계'를 제재로 실시한 4학년 수업안이다. 물음에 답하시오. [5점]

단계	교수 · 학습 활동
문제 인식	▹〈작품 1〉, 〈작품 2〉를 비교 · 감상한다.   〈작품 1〉 〈작품 2〉 ▹학습 목표와 과제를 인식한다.
(가)	▹'상상의 세계'라는 단어에서 연상되는 아이디어를 생각나는 대로 적는다. ▹〈작품 1〉, 〈작품 2〉에 적용된 창의적 발상 기법을 활용하여 그 아이디어를 나타내 본다.
(나) 아이디어 정교화	▹㉠'상상의 세계'와 관련되는 아이디어를 분석하고, 적절한 표현 재료나 표현 방법을 떠올린다. ▹㉡다양한 자료를 토대로 독창적인 아이디어를 가능한 한 많이 구상한다. ▹㉢떠올린 아이디어를 간단히 스케치한다.
아이디어 적용	▹자신의 아이디어를 나타내는 가장 적절한 표현 방법을 선택하여 작품을 제작한다.
종합 및 재검토	▹학생 작품의 창의적인 표현을 평가하고 개선 방안을 제시한다.

1) 다음은 두 작품의 표현 방법을 비교한 것이다. A에 알맞은 말을 쓰시오. [1점]

	제목	표현 방법
〈작품 1〉	천마도	(A)에 채색
〈작품 2〉	피레네의 성	캔버스에 유채

· A : ______

2) (가) 단계의 명칭을 쓰고, 이 단계의 활동은 2007 개정 미술과 교육과정 '표현' 영역의 어느 필수 학습 요소(중영역)에 해당하는지 쓰시오. [2점]

· (가) 단계의 명칭 : ______

· 필수 학습 요소(중영역)명 : ______

유2) (가)단계의 명칭을 쓰고, 이 단계의 활동은 2015 개정 미술과 교육과정 '표현' 영역의 어느 핵심 개념에 해당하는지 쓰시오. [2점]

· (가) 단계의 명칭 : ______

· 필수 학습 요소(중영역)명 : ______

3) (나) 단계의 활동 ㉠~㉢ 중 옳지 않은 것을 골라 기호를 쓰고, 바르게 수정하시오. [1점]

· 기호와 수정 내용 : ______

4) 다음 그림은 김 교사의 수업에서 창의적 사고 기법을 적용하여 의자를 그려 본 것이다. ㉣, ㉤에 적용된 기법을 〈보기〉에서 찾아 쓰시오. [1점]

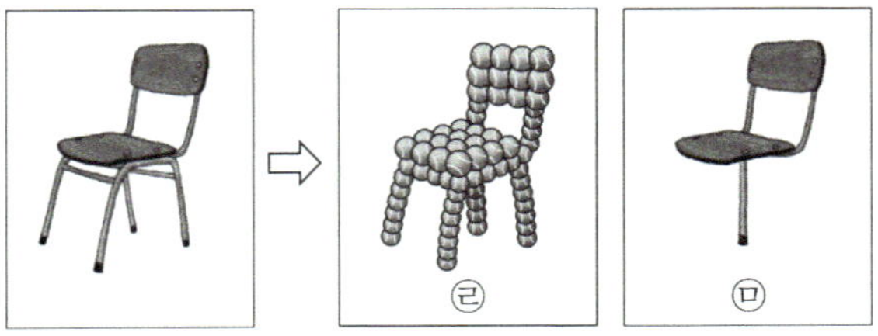

〈보기〉

빼 보기, 순서 바꾸어 보기, 재료 바꾸어 보기, 작게 해보기

· ㉣ : ______

· ㉤ : ______

백문이 불여일견 **설**명이 친절한 **기**출

초등임용 기출문제집

즐거운 생활

즐거운 생활과 기출의 특성

2015 개정 교육과정 적용으로 일부 문제들은 교육과정에 맞게 변형되었습니다.

즐거운 생활과는 통합 교과 중에서는 가장 까다로운 과목입니다. 배점도 비교적 크고 최근 기출 동향으로 보아 각론에서도 문제가 출제되고 있습니다. 다만 즐거운 생활과의 각론 내용 자체가 어렵지는 않아서, 필요한 부분만 정리하는 것도 방법이 될 것 같습니다. 특히 음악과 관련된 학습 요소는 빈출 요소이므로 확실하게 개념정리를 해야 합니다. 하지만 다른 과목을 공부하는 것만으로 시간이 부족하다면, 즐거운 생활과도 다른 통합 교과처럼 교육과정과 총론만 보셔도 충분하다고 생각합니다. 그러나 그 부분만 단편적으로 공부하기보다는 학습 요소 및 각론과 연계해서 공부하는 것이 필요합니다. 즉 총론을 위주로 보되 각론과 연계를 하며 보고, 고득점을 원한다면 각론도 필요한 부분만 정리를 하면 되겠습니다.

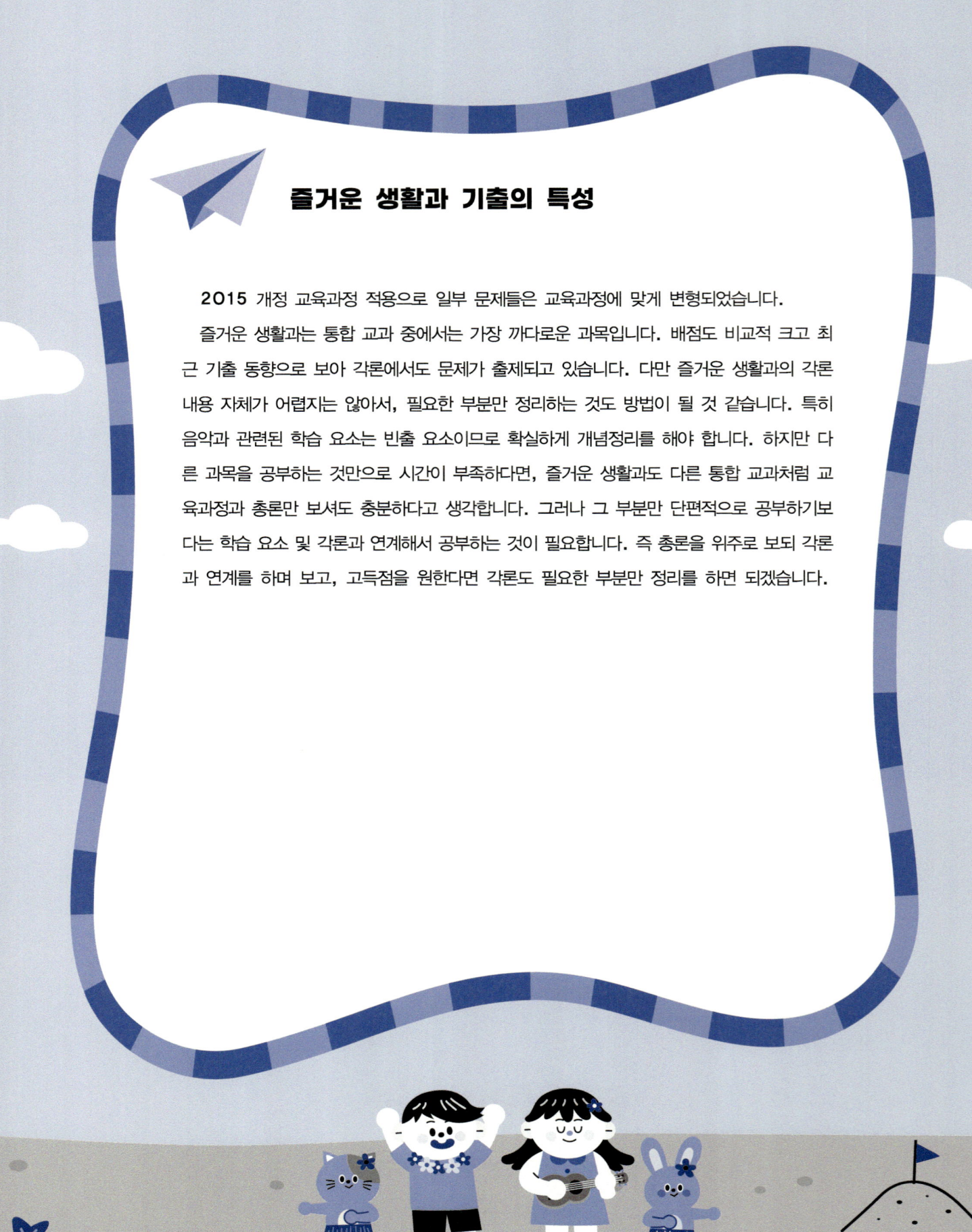

즐거운생활 기출분석표

*색 표시는 초특 출제입니다.

영역	년도	2013	2014	2015	2016	2017	2018	2019	2020	2021	2022	2023
교육 과정	성격 및 목표 (내용, 교과역량, 기능)	**슬생** 탐구기능 **즐생** 표현기능		**슬생** 강조하는 요소 (주변의 변화)	**바생** 실천기능 **즐생** 표현기능	**바생** 실천기능 (내면화하기) **즐생** 교과역량 (심미적 감성)	**슬생** 교과역량 (지식 정보 처리 역량)	**슬생** 탐구기능 (관찰하기, 조사하기)	**바생** 실천기능 (내면화하기) **슬생** 탐구기능 (예상하기) **즐생** 교과역량 (의사소통)	**바생** 실천기능 (습관화하기)	**바생** 교과역량 (자기관리 역량) **슬생** 탐구기능 (무리짓기)	**바생** 실천기능 (스스로하기)
	내용체계 및 성취기준	**즐생** 소주제		**바생** 활동주제			**바생** 내용요소 (공중도덕)	**바생** 내용요소 (나라 사랑)				
	교수 · 학습 방향	**바생** 교수 · 학습 방향	**바생** 교수 · 학습 방향	**즐생** 교수 · 학습 방향		**즐생** 교수 · 학습 방향(영역)			**즐생** 교수 · 학습 방향(통합/연계)			
	평가 방향											
지도서 총론	주제별 교과서										**즐생** 구성 차시 판단 준거	
	교과별 목표 도식화(내용, 교과역량, 기능)				**슬생** 목표 도식화							
	교수 · 학습 지도 (수업 모형, 기능 지도방법, 지도 시 유의 점)		**즐생** 표현 놀이 중심 교수 · 학습 모형		**즐생** 표현 놀이 중심 교수 · 학습 모형 (단계명/활동)	**슬생** 탐구 활동 중심 교수 · 학습 모형 (탐구 활동하기)	**즐생** 표현 놀이 중심 교수 · 학습 지도 시 유의점			**즐생** 표현 놀이 중심 교수 · 학습 모형 (단계명/활동)		**즐생** 표현 놀이 중심 교수 · 학습 지도 시 유의점
각론			**슬생** 겨울잠을 자는 이유 **즐생** 박자 개념 (잠자리 꽁꽁)					**즐생** 교수 · 학습 방향(말리듬/리듬꼴/기본박)		**슬생** 겨울잠을 자는 장소	**즐생** 찰흙으로 화분 만들기	**슬생** 겨울철 생활도구

즐거운 생활

2023 초등

(가)는 『가을 2-2』 '2. 가을아 어디 있니' 단원의 제재곡이고, (나)는 표현 놀이를 위한 교과 역량이다. (다)는 교수·학습 과정을 제시한 것이다. 물음에 답하시오. [2점]

(가)

(나)

[교과 역량]

- 심미적 감성 역량: 일상생활에서 아름다움과 즐거움을 느끼고, 여러 가지 자료와 매체, 도구 등을 사용하여 ㉠소리와 ㉡이미지, 움직임 등에 대해 다양한 감각을 발달시키는 능력

(다)

[교수·학습 과정]

〈준비하기〉
- ㉢가을바람을 맞아 본 경험을 이야기한다.

〈탐색하기〉
- 가을바람의 느낌을 떠올리며 노랫말을 읽어본다.
- '가을바람'의 리듬을 살펴본다.

〈표현 놀이 하기〉
- '가을바람'을 듣고 따라 부른다.
- 리듬 악기를 이용하여 리듬 치기를 한다.
- 노랫말을 생각하며 가을바람을 몸으로 표현한다.

〈느낌 나누기〉
- 활동 후 느낀 점을 이야기한다.

1) (가)에서 ㉠과 ㉡에 대한 심미적 감지가 동시에 발현되는 모든 마디의 노랫말을 쓰시오. [1점]

•

2) ㉢을 〈준비하기〉 단계에서 설정한 이유를 (다)의 교수·학습 모형에 근거하여 쓰시오. [1점]

•

2022 초등

(가)는 『봄 2-1』 '봄이 오면' 단원에 해당하는 성취기준과 수업 자료의 일부이고, (나)는 이에 대한 예비 교사와 지도 교사의 대화이다. 물음에 답하시오. [2점]

(가)

(나)

예비 교사: (가)의 차시명이 비어 있어요. '수업 만들기'는 무엇인가요?

지도 교사: 2015 개정 교육과정부터 주제별 교과서에 '구성 차시'를 도입하여 교사가 학생의 요구를 중심으로 성취기준을 이수하는 수업을 할 수 있도록 하고 있어요.

예비 교사: 아! 그래서 '하고 싶은 활동을 정하고 해 봅시다.'라고 되어 있군요. 구성 차시에는 학생들이 하고 싶어 하는 활동을 하면 되는 건가요?

지도 교사: 구성 차시를 만들 때 다음과 같은 3가지 판단 준거를 고려해야 해요.

[구성 차시 판단 준거]
- 우리 반 학생들이 하고 싶어 하는 것인가?
- (　　　　　㉠　　　　　)
- 이 단원의 성취기준, 기능, 역량과 관련이 있는가?

예비 교사: 그럼 이번 구성 차시에는 어떤 활동을 하나요?

지도 교사: 우리 반은 학생들의 요구를 반영하여 '봄 화분 만들기'를 하려고 해요. 성취기준에 따라 집을 아름답게 꾸밀 수 있는 봄 식물을 찾아보고 이에 어울리는 화분을 찰흙으로 만들어 보도록 할 거예요.

예비 교사: 학생들이 찰흙으로 화분을 만들 때, 어떤 방법을 사용하면 좋을까요?

지도 교사: 화분을 만드는 방법은 여러 가지가 있지만, 구성 차시 판단 준거인 '(㉠)'을/를 고려하여, 1학년 때 학생들이 배운 2가지 방법을 사용하려고 해요. 첫 번째는 ㉡ <u>찰흙을 공같이 만든 다음, 두 엄지 손가락으로 찰흙의 벽을 얇게 늘려서 만드는 방법</u>이에요. 두 번째는 (㉢) 방법이에요.

1) (나)의 ㉠에 공통으로 들어갈 '구성 차시 판단 준거'를 쓰시오. [1점]

•

2) [그림]을 참고하여 ㉢에 해당하는 내용을 ㉡과 같은 형식으로 쓰시오. [1점]

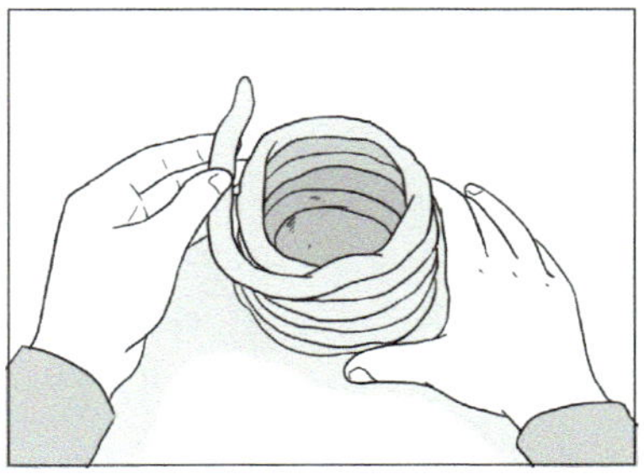

[그림]

•

2021 초등

즐거운 생활과 소주제인 '가을 모습'의 수업 구성에 대해 초임 교사와 수석 교사가 나눈 대화의 일부이다. 물음에 답하시오. [2점]

> 초임 교사: 소주제 '가을 모습'과 관련하여 민속놀이에 대한 수업을 해 보고 싶습니다. 학생들이 우리의 민속놀이를 즐기면서도 협동을 경험할 수 있는 수업 구성을 위한 조언을 부탁드립니다.
>
> 수석 교사: 추석에 우리 마을의 축제에서 민속놀이인 강강술래를 선보인다고 합니다. 강강술래를 배워 보면 어떨까요? 수업의 구성은 표현 놀이 중심 교수·학습 모형을 적용하면 좋을 것 같습니다. 표현 놀이 중심 교수·학습 모형은 '준비하기', '(㉠)', '표현 놀이 하기', '느낌 나누기'의 네 단계로 진행됩니다.
>
> 초임 교사: 예전에 제가 강강술래를 이 모형에 따라 지도해 본 적이 있습니다. ㉡ <u>학생들이 강강술래의 기본인 손잡기와 걷기, 뛰기, 문지기 놀이를 잘 몰라서, '표현 놀이 하기' 단계에서 서로 부딪히거나 우왕좌왕하는 등 강강술래가 원활하게 진행되지 않았습니다.</u> 어떻게 하면 학생들이 혼란스러워하지 않고 강강술래를 즐기면서 참여할 수 있을까요?
>
> 수석 교사: 그럼, 이번에는 ㉡과 같은 문제가 생기지 않도록, '(㉠)'의 단계에서 ㉢ <u>강강술래의 표현 방식을 살피고, 표현 요소를 관찰해 보는 것</u>을 좀 더 적극적으로 지도하면 좋을 것 같습니다.

1) 괄호 안의 ㉠에 해당하는 단계의 명칭을 쓰시오. [1점]

· ____

2) ㉡을 예방하기 위해 ㉢에 추가해야 할 지도 내용 1가지를 쓰시오. [1점]

· ____

2020 초등

다음은 2015 개정 즐거운 생활과에 대한 예비 교사들의 대화 내용이다. ㉠과 ㉡에 들어갈 내용을 쓰시오. [2점]

예비 교사 A : 즐거운 생활과도 국어과나 수학과와 같은 하나의 교과라고 들었어.
예비 교사 B : 맞아. 초등학교 교육과정을 구성하는 하나의 독립적인 교과야.
예비 교사 A : 그런데 즐거운 생활과는 바른 생활과, 슬기로운 생활과와 영역(대주제)별로 (㉠)해서 지도하는 것이지?
예비 교사 B : 물론이지. 또한 즐거운 생활과는 국어과 또는 수학과와도 기능적으로 (㉠)하여 학습의 효율성을 극대화할 수 있어.
예비 교사 A : 그래? 그게 어떻게 가능하지?
예비 교사 B : 그 이유는 국어과, 수학과에서 배운 내용과 기능들을 즐거운 생활과의 주제 학습에서 활용할 수 있기 때문이지.
예비 교사 A : 그런데 즐거운 생활과, 바른 생활과, 슬기로운 생활과의 교과 역량은 각각 어떻게 설정되어 있지?
예비 교사 B : 즐거운 생활과, 바른 생활과, 슬기로운 생활과의 교과 역량들은 교과 특성에 따라 서로 다르게 설정되어 있어. 하지만 공통적으로 들어있는 교과 역량도 있어.
예비 교사 A : 공통적으로? 아, (㉡) 역량을 말하는 거구나!
예비 교사 B : 맞아. 그리고 즐거운 생활과, 바른 생활과, 슬기로운 생활과의 모든 역량들은 서로 유기적으로 지도할 수 있도록 되어 있어.
… (하략) …

• ㉠ : ______________________

• ㉡ : ______________________

2020 초등 유사

다음은 2022 개정 즐거운 생활과에 대한 예비 교사들의 대화 내용이다. ㉠과 ㉡에 들어갈 내용을 쓰시오. [2점]

예비 교사 A : 즐거운 생활과도 국어과나 수학과와 같은 하나의 교과라고 들었어.
예비 교사 B : 맞아. 초등학교 교육과정을 구성하는 하나의 독립적인 교과야.
예비 교사 A : 그런데 즐거운 생활과는 바른 생활과, 슬기로운 생활과와 영역 및 핵심아이디어를 중심으로 (㉠)해서 지도할 수 있지?
예비 교사 B : 물론이지. 또한 학생의 관심사를 반영한 주제를 중심으로 다른 교과, 창의적 체험활동을 (㉠)할 수 있어.
예비 교사 A : 그런데 즐거운 생활는 어떤 역량과 밀접하게 관련되어 있지?
예비 교사 B : 즐거운 생활과, 바른 생활과, 슬기로운 생활과는 각각 교과 특성에 따라 밀접하게 관련된 역량이 서로 달라. 하지만 공통적으로 관련이 있는 역량도 있어.
예비 교사 A : 공통적으로? 아, (㉡) 역량을 말하는 거구나!
예비 교사 B : 맞아. 그리고 즐거운 생활과, 바른 생활과, 슬기로운 생활과의 모든 역량들은 서로 유기적으로 지도할 수 있도록 되어 있어.
… (하략) …

• ㉠ : ________________

• ㉡ : ________________

2019 초등

(가)는 2015 개정 즐거운 생활과 교육과정 1~2학년군의 제재곡이고, (나)는 제재곡을 지도하기 위한 교수 · 학습 과정 및 주요 학습 활동이다. (다)는 제재곡의 지도 방법에 대해 김 교사와 박 교사가 나눈 대화이다. 물음에 답하시오. [2점]

(가)

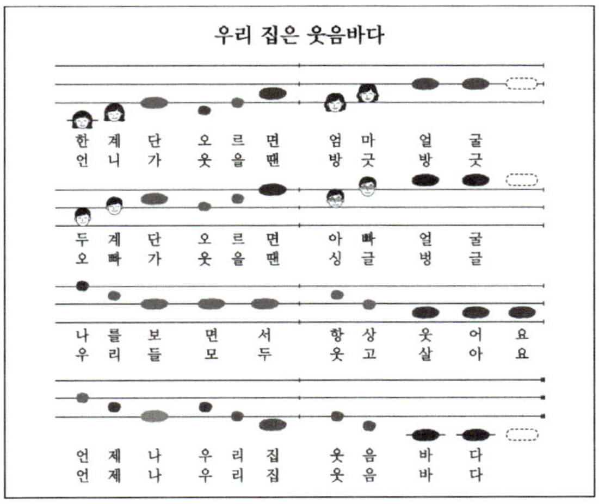

(나)

교수 · 학습 과정	주요 학습 활동
준비하기	• 가족의 모습을 떠올리며 가족과 함께 한 일 생각하기
탐색하기	• ㉠ 노랫말을 읽으며 리듬 익히기
표현 놀이하기	• 노래를 듣고 따라 부르기 • ㉡ 노래의 가락과 리듬의 특징을 알고 표현하기 • 노랫말을 생각하며 가족의 모습 표현하기
느낌 나누기	• 표현 후 느낀 점을 이야기하기

(다)

김 교사: 본 수업은 행복한 가족의 모습과 느낌을 창의적으로 표현하는 것이 중요하니까 표현 놀이가 많이 활용될 것 같군요.

박 교사: 먼저 노래에서 반복적으로 나타나는 주요 리듬을 익히면 다양한 표현 놀이에 도움이 될 수 있어요.

김 교사: 그렇다면 '한 계단 오르면'이나 '엄마 얼굴' 같은 노랫말을 (㉢)(으)로 읽으면 쉽게 주요 리듬을 익힐 수 있겠네요.

박 교사: 네, 그렇죠! ㉣ 음의 길이에 맞추어 노랫말을 읽으면 돼요. 그리고 리듬을 익힌 다음에는 표현 놀이를 하면 되겠어요. 표현 놀이에는 듣고 따라 부르기, 노랫말 표현하기 활동이 적합하겠어요.

김 교사: 표현 놀이를 할 때는 노래의 가락과 리듬의 특징을 알고 표현하도록 지도하는 것이 중요하겠지요?

박 교사: 네, 맞아요! 가락의 특징을 느끼기 위해서는 다양한 표현 방법을 생각해 볼 수 있어요. 음의 높낮이를 손으로 표현해 보는 활동도 할 수 있고요, 또한 그림 악보 '한 계단 오르면', '두 계단 오르면' 부분에서는 노랫말의 의미와 음의 움직임을 활용해서 가락의 (㉤) 진행을 익힐 수 있어요.

김 교사: 그리고 리듬을 익힐 때는 신체 동작과 리듬 악기를 활용할 수 있겠네요. 노래를 부를 때 무릎치기와 손뼉치기를 함께 하는 것이 도움이 되고요, 이 노래에서 리듬 악기를 치며 노래 부를 때는 (㉥)을/를 기본박으로 치도록 하면 될 것 같아요. **[A]**

박 교사: 네, 이렇게 하면 '우리 집은 웃음바다'의 특징을 잘 익힐 수 있겠어요. 노래를 익힌 후에는 다양한 리듬 악기를 활용해서 가족의 모습을 재미있게 표현해 보면 좋겠네요.

1) ㉠과 ㉣을 참고하여, ㉢에 알맞은 말을 쓰시오. [1점]

•

2) ㉡의 세부 활동인 [A]의 ㉤과 ㉥에 알맞은 말을 순서대로 쓰시오. [1점]

•

2018 초등

다음은 2015 개정 즐거운 생활 교과와 관련하여 초임 교사와 수석 교사가 나눈 대화이다. 밑줄 친 ㉠~㉣ 중 옳지 않은 내용 2가지를 찾아 각각의 기호를 쓰고 바르게 고쳐 쓰시오. [2점]

초임 교사 : 선생님, 즐거운 생활 교과를 가르칠 때 무엇에 중점을 두어야 할까요?

수석 교사 : 아무래도 '표현 놀이'가 아닐까요? 일반적으로 즐거운 생활 교과를 '표현 놀이 중심 교과'라고 하잖아요. 그렇기 때문에 즐거운 생활 교과 수업에서는 생활 속 상황을 다양하게 느끼고, 그 느낀 것들을 여러 가지로 표현하는 기회들을 제공합니다.

초임 교사 : 그렇다면, 즐거운 생활 교과의 교수·학습 지도를 위해서 유의할 점들은 어떤 것들이 있을까요?

수석 교사 : 첫째, ㉠ <u>표현 놀이를 해 보는 것 자체는 학습의 목적보다는 주요 수단이 되어야 해요</u>.
둘째, ㉡ <u>표현 놀이를 위해서는 다양하고 풍부한, 그리고 창의적인 방식을 최대한 허용할 수 있어야 합니다</u>. 그렇게 하면 학생들이 표현 놀이 자체를 즐기게 되지요.
셋째, ㉢ <u>표현 놀이의 의미 강화를 위해 활동 후 활동을 준비합니다</u>. 이것을 통해 활동 과정에서 학생들이 의도하지 않았던 여러 가지 잠재적 학습 결과들을 이끌어 낼 수 있어요.
넷째, ㉣ <u>표현 놀이는 설정된 상황에서는 일어나지 않기 때문에 자연적인 상황을 조성해야 한다는 것이지요</u>.

초임 교사 : 아, 그렇군요. 잘 알겠습니다. 좋은 말씀 감사합니다.

• ① : ______________________

• ② : ______________________

2018 초등 유사

다음은 2022 개정 즐거운 생활 교과와 관련하여 초임 교사와 수석 교사가 나눈 대화이다. 밑줄 친 ㉠~㉣ 중 옳지 않은 내용 2가지를 찾아 각각의 기호를 쓰고 바르게 고쳐 쓰시오. [2점]

초임 교사: 선생님, 즐거운 생활 교과를 가르칠 때 무엇에 중점을 두어야 할까요?

수석 교사: 아무래도 '표현 놀이'가 아닐까요? 일반적으로 즐거운 생활 교과를 '표현 놀이 중심 교과'라고 하잖아요. 그렇기 때문에 즐거운 생활 교과 수업에서는 생활 속 상황을 다양하게 느끼고, 그 느낀 것들을 여러 가지로 표현하는 기회들을 제공합니다.

초임 교사: 그렇다면, 즐거운 생활 교과의 교수·학습 지도를 위해서 유의할 점들은 어떤 것들이 있을까요?

수석 교사: 첫째, ㉠ 즐거운 생활과의 놀이는 학생이 일상생활 속에서 경험할 수 있는 구체적인 놀이를 의미합니다.
둘째, ㉡ 즐거운 생활과의 교수•학습은 학생이 놀이 자체를 즐기고 놀이 과정에서 다양한 정서와 감정을 발산할 수 있도록 합니다.
셋째, ㉢ 학생이 일상 생활에서 이미 접한 놀이나 새롭게 고안한 놀이와 함께 학생의 희망에 따라 교사가 적절한 놀이를 제안하거나 안내해 줄 수도 있습니다.
넷째, ㉣ 학생들이 마음껏 움직일 수 있는 실외 공간에서 신체 활동을 충분히 경험할 수 있도록 돕습니다.

초임 교사: 아, 그렇군요. 잘 알겠습니다. 좋은 말씀 감사합니다.

• ①: ______________________

• ②: ______________________

2017 초등

다음은 ○○교육청 홈페이지의 '2015 개정 교육과정' Q&A 게시판의 내용이다. 물음에 답하시오. [2점]

질문 즐거운 생활과 교육과정에서 중요한 역량으로 제시하고 있는 심미적 감성 역량의 개념은 무엇인가요?

답 심미적 감성 역량은 '일상생활에서 아름다움과 즐거움을 느끼고, 여러 가지 자료와 매체, 도구 등을 사용하여 소리와 이미지, 움직임 등에 대해 다양한 (㉠)을/를 발달시키는 능력'입니다. 이 역량은 즐거운 생활과의 목표 중 하나인 '여러 가지 놀이와 표현 활동을 통해 (㉠)을/를 발달시키고 건강한 신체를 기른다.'와도 관련되어 있습니다.

질문 즐거운 생활과는 바른 생활과, 슬기로운 생활과와 통합하여 지도한다고 들었습니다. 어떻게 통합하여 지도해야 하나요?

답 2015 개정 즐거운 생활과 교육과정의 '교수 · 학습 방향'에 즐거운 생활과는 바른 생활과, 슬기로운 생활과와 (㉡)별로 통합하여 지도하며 국어과 또는 수학과와도 연계하여 지도하도록 제시되어 있습니다.

1) ㉠, ㉡에 들어갈 말을 각각 쓰시오. [2점]

· ㉠ : ____________________

· ㉡ : ____________________

2017 초등 유사

다음은 ○○교육청 홈페이지의 '2022 개정 교육과정' Q&A 게시판의 내용이다. 물음에 답하시오. [2점]

> **질문** 2022 개정 교육과정에서 즐거운 생활과는 학생이 놀이를 통해 '지금-여기-우리 삶'의 즐거움을 누리는 '놀이 경험 중심 교과'라고 제시되어 있는데요. 여기에서 놀이가 의미하는 것은 무엇인가요?
>
> **답** 즐거운 생활과의 놀이는 학생이 자발적으로 참여하고 몰입함으로써 자유로움과 즐거움을 느낄 수 있는 모든 활동을 의미합니다. 학생은 즐거운 생활과를 통해 (㉠)와/과 문화 예술 활동을 경험하며 건강하고 안전하게 생활하는 가운데 놀이에 몰입하여 즐깁니다. 이는 즐거운 생활과의 목표 중 하나인 '문화 예술 활동과 (㉠)을/을 통해 지금을 즐긴다.'와도 관련되어 있습니다.
>
> **질문** 즐거운 생활과는 바른 생활과, 슬기로운 생활과와 통합하여 지도한다고 들었습니다. 어떻게 통합하여 지도하나요?
>
> **답** 2022 개정 즐거운 생활과 교육과정의 '교수·학습의 방향'에 즐거운 생활과는 영역 및 (㉡)를 중심으로 바른 생활과와 슬기로운 생활과를 통합하여 지도하도록 제시되어 있습니다.

1) ㉠, ㉡에 들어갈 말을 각각 쓰시오. [2점]

- ㉠ : ______________________
- ㉡ : ______________________

2016 초등

(가)는 즐거운 생활과의 '표현 놀이 모형'을 적용한 교수 · 학습 과정안이고, (나)는 (가)의 교수 · 학습 초점이다. 물음에 답하시오. [2점]

(가)

학습 단계	교수 · 학습 활동
준비하기	○동영상으로 그릇 만드는 과정 보기
(㉠)	○여러 가지 도자기 살펴보기 ○생활 속에서 사용하는 전통 그릇 살펴보기 ○학생 참고 작품을 살펴보며, 찰흙으로 그릇 만드는 방법 이야기하기
표현하기	○만들고 싶은 전통 그릇 스케치하기 ○찰흙으로 전통 그릇 만들기 ○그릇을 꾸미고 완성하기
(㉡)	○서로의 작품 감상하고 이야기하기 ○주변 정리 및 정돈하기

(나)

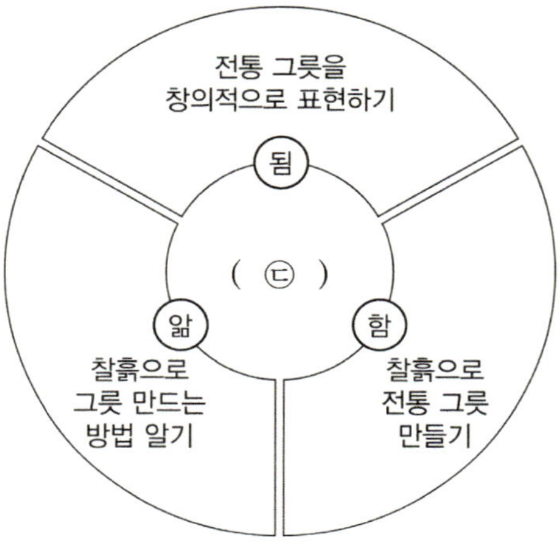

1) (가)의 ㉠과 ㉡에 해당하는 단계명을 쓰시오. [1점]

· ㉠ : ______________________

· ㉡ : ______________________

2) (나)의 ㉢에 2009 개정 즐거운 생활과 교육과정에서 제시한 학생들이 할 수 있어야 하는 '표현 놀이' 활동에 해당하는 것을 1가지 쓰시오. [1점]

· ______________________

2016 초등 유사

(가)는 즐거운 생활과의 '표현 놀이 모형'을 적용한 교수·학습 과정안이고, (나)는 2022개정 교육과정의 교수·학습 방향이다. 다음 물음에 답하시오. [2점]

(가)

학습 단계	교수 · 학습 활동
준비하기	◦ 꿈을 이룬 사람들의 모습 살펴보기
탐색하기	◦ 모둠 친구들에게 자신의 꿈을 소개하기 ◦ 모둠 친구들과 함께 꿈을 표현하는 동작 만들기
표현하기	◦ 한 모둠이 나와서 친구들과 정한 꿈 표현하기 ◦ 나머지 친구들은 동작을 보고 어떤 친구의 어떤 꿈인지 맞히기 ◦ '나의 꿈' 노래 익히기
느낌 나누기	◦ 꿈을 표현한 느낌 나누기 ◦ 꿈에 대한 노래를 해 본 느낌 나누기

(나)

- 즐거운 생활과의 놀이는 학생이 일상생활 속에서 경험할 수 있는 구체적인 놀이뿐만 아니라 학생이 관심과 흥미를 갖고 스스로 몰입하여 즐길 수 있는 모든 경험을 포괄한다. 따라서 즐거운 생활과의 교수·학습은 학생이 (   )를 즐기고 놀이 과정에서 다양한 정서와 감정을 발산할 수 있도록 한다.
- 즐거운 생활과의 교수·학습은 다양한 놀이를 즐기는 경험을 대상으로 한다. 학생이 일상생활에서 이미 접한 놀이나 새롭게 고안한 놀이와 함께 학생의 희망에 따라 교사가 적절한 놀이를 제안하거나 안내해 줄 수도 있다. 특히 이 과정에서 학생들이 마음껏 움직일 수 있는 실내외 공간에서 신체 활동을 충분히 경험할 수 있도록 돕는다.

1) (가)의 수업과 가장 관련 깊은 즐거운 생활과의 과정·기능을 쓰시오.

· ____________________

2) (나)의 빈 칸에 알맞은 답을 쓰시오. [1점]

· ____________________

2015 초등

(가)는 2009 개정 즐거운 생활과 교육과정에 제시된 '교수 · 학습 지도'의 일부이고, (나)는 대주제 '가을'의 소주제 '추석'을 지도하기 위한 교수 · 학습 과정안의 일부이다. (나)를 참고하여 ㉠과 ㉡에 들어갈 용어를 각각 2음절로 쓰시오. [2점]

(가) 교수 · 학습 지도

- '즐거운 생활'과의 교수 · 학습에서는 …… 다양한 감각을 느껴 볼 기회를 제공한다. 나아가 여기에서는 (㉠)와/과 균형의 아름다움과 다양한 놀이 및 표현 활동에 참여하는 과정에서 즐거움을 체험하도록 지도한다.
- '즐거운 생활'의 교수 · 학습에서는 활동을 통해서 놀이하기, 음악 · 몸 · (㉡)(으)로 나타내기, 모방하기, 간단한 공연하기, 느낌이나 소감을 구체적으로 나누는 감상하기와 같은 기초적인 표현 기능을 습득할 수 있도록 지도한다.

(나)

학습 목표	색의 어울림을 생각하며 색 천을 짠다.
학습 단계	교수 · 학습 활동
탐색하기	○두 가지 색이 함께 있을 때의 느낌 이야기하기 ○여러 가지 색지를 맞대어 보고 추석빔에 어울리는 색 찾기
표현하기	○색 천 짜는 방법 알아보기 ○색의 어울림이 나타나도록 아름다운 색 천 짜기

- ㉠ : ______________________

- ㉡ : ______________________

2015 초등 유사

(가)는 2022 개정 즐거운 생활과 교육과정에 제시된 '성격'의 일부이고, (나)는 즐거운 생활과의 '교수·학습 방향'의 일부이다. (가)와 (나)를 참고하여 ㉠과 ㉡에 들어갈 용어를 각각 3음절로 쓰시오. [2점]

(가) 성격

- 초등학교 통합교과로서 즐거운 생활과는 학생이 놀이를 통해 '지금-여기-우리 삶'의 즐거움을 누리는 '놀이 경험 중심 교과'이다. 즐거운 생활과의 놀이는 학생이 자발적으로 참여하고 몰입함으로써 자유로움과 즐거움을 느낄 수 있는 모든 활동을 의미한다. 학생은 즐거운 생활과를 통해 신체 활동과 문화 예술 활동을 경험하며 건강하고 안전하게 생활하는 가운데 놀이에 몰입하여 즐긴다. 이 과정에서 학생은 공동체와 소통하고 감정과 정서를 창의적으로 표현하며 아름다움을 음미하고 삶을 향유한다.

(나) 교수·학습 방법 및 유의사항

(라) 즐거운 생활과 교수·학습 과정에서는 학생이 ㉠____, 소리, ㉡___와 관련한 놀이에 몰입하여 즐기는 가운데 내용 체계에 제시한 준비하기(도구 준비, 자료 준비하기 등), 질문하기(예상하기, 문제 진술하기 등), 계획하기(절차 정하기, 순서 정하기, 방법 정하기 등), 조사하기(자료 찾기, 매체 찾기 등), 관련짓기(그림으로 관련짓기 등), 의논하기(나누기, 공감하기 등), 나타내기(몸, 소리, 색, 물질, 도구, 매체를 사용하여 표현하기 등), 평가하기(감상하기, 체크하기 등) 등을 과정·기능으로 다룰 수 있다.

- ㉠ : ______________________

- ㉡ : ______________________

2014 초등

다음은 대주제 '가을' 수업을 위한 교재의 일부분이다. 물음에 답하시오. [2점]

1) '표현 놀이 중심'의 수업 모형에 따라 각 차시를 전개할 때, ㉠~㉢의 활동이 공통으로 해당하는 단계를 쓰시오. [1점]

단계	수업 차시(총 20차시)	활동
(　　)	◦잠자리 꽁꽁 (14차시)	㉠ 노래를 듣고 난 느낌 이야기하기
	◦잠자리 만들기 (15~16차시)	㉡ 잠자리의 생김새 살펴보기
	◦잠자리 잡기 놀이 (17차시)	㉢ 잠자리의 움직임 떠올리기

· ______________________________

2) '잠자리 꽁꽁'을 부르며 박자 치기 신체 표현을 할 때, 다음 리듬 악보가 적합하지 않은 이유를 쓰시오. [1점]

· 이유 : ______________________________

2013 초등

(가)는 2009 개정 교육과정에 따른 '즐거운 생활'과에 제시된 주제 체계의 일부이고, (나)는 '문화 알리미 놀이하기'를 지도하기 위해 김 교사가 구상한 '즐거운 생활'과 지도 계획이다. 물음에 답하시오. [2점]

(가)

대주제	소주제	교과별 활동 주제		
		바른 생활	슬기로운 생활	즐거운 생활
우리 나라	(㉠)	외국인을 대하는 바른 태도 갖기	이웃나라 조사 · 발표하기	문화 알리미 놀이하기

(나)

활동 주제	교수 · 학습 활동
문화 알리미 놀이하기	○ 우리나라와 이웃나라의 민속놀이하기 ○ 이웃나라의 음악을 감상하고 느낌 표현하기

1) ㉠에 들어갈 소주제를 쓰시오. [1점]

· ㉠ : ______

2) (나)에 제시된 교수 · 학습 활동 이외에, '즐거운 생활'과에서 학생이 할 수 있어야 하는 것 중 A를 지도하기 위한 활동 1가지를 제시하시오. [1점]

> '즐거운 생활'과에서 학생이 할 수 있어야 하는 것은 놀이하기, 나타내기, (A), 간단한 공연하기, 감상하기이다.

· 활동 : ______

2013 초등 유사

(가)는 2022 개정 교육과정에 따른 '즐거운 생활'과에 제시된 내용 체계의 일부이고, (나)는 '다른 나라의 문화 예술 체험하기'를 지도하기 위해 김 교사가 구상한 '즐거운 생활'과 지도 계획이다. 물음에 답하시오. [2점]

(가)

영역	핵심아이디어	범주	내용요소
			즐거운 생활
㉠	· 우리는 여러 공동체 속에서 생활한다. · 우리는 삶의 공간을 넓히며 생활한다.	지식 · 이해	· 우리나라의 문화 예술 · 다른 나라의 문화 예술
		과정 · 기능	· 문화 예술 활동하기 · 표현하기 · 상상하기
		가치 · 태도	· 문화 예술 향유

(나)

성취기준	성취기준 적용 시 고려사항
[2즐02-03] 다른 나라의 문화 예술을 체험한다.	• 여러 나라의 놀이, 노래, 축제 등을 접하는 과정에서 ______과 연계할 수 있다.

1) ㉠에 들어갈 영역명을 쓰시오. [1점]

· ㉠ : ____________________

2) (나)에 제시된 성취기준 적용 시 고려사항의 빈칸에 들어갈 단어를 쓰시오. [1점]

· ____________________

2013 초등 유사

2015 개정 교육과정에 따른 '슬기로운 생활'과에 대한 (가)~(다)의 설명 중 옳지 않은 것을 골라 기호를 쓰고, 바르게 수정하시오. [1점]

(가) '슬기로운 생활'과 교육과정에서는 '학교', '봄', '가족', '여름', '마을', '가을', '나라', '겨울' 8개의 대주제를 선정하였다.
(나) '슬기로운 생활'과는 자신이 생활하고 있는 주변 세계에 관해 지속적인 관심을 가지고 사회와 자연의 다양한 모습과 관계, 그리고 변화 등에 대해 적극적으로 탐구하여 합리적으로 사고하고 행동하는 사람을 기르는 데 초점이 있는 교과이다.
(다) '슬기로운 생활'과에서 학생이 할 수 있어야 하는 것은 살펴보기, 무리짓기, 재어보기, 조사·발표하기, 모형 만들기, 흐름 만들기, 관계망 그리기이다.

•

백문이 불여일견 **설**명이 친절한 **기**출

초등임용 기출문제집

총창안

총창안

2023 초등

(가)는 교육실습 협의회에서 지도 교사와 예비 교사들이 '2022 개정 교육과정의 학교 교육과정 편성·운영'과 관련하여 나눈 대화이고, (나)는 창의적 체험활동 시간 운영 방식의 예시이다. 물음에 답하시오. [3점]

(가)

지도교사 : 2022 개정 교육과정에서는 성취기준에 따른 교수·학습의 중점 사항을 제시하고 있는데요, 이와 관련하여 알고 있는 것들에 대해 말해 봅시다.

예비 교사A: ㉠ 학생들이 개별 사실이나 정보를 습득할 때 핵심 아이디어에 기초하여 교과의 전체 구조 속에서 그 의미를 파악할 수 있도록 해야 합니다.

예비 교사B: ㉡ 학생들이 자신의 선경험과 선개념을 바탕으로 지식을 스스로 구성할 수 있도록 설명식 수업을 적극 활용해야 합니다.

예비 교사C: ㉢ 학생들이 각 교과의 지식과 기능을 활용하여 실생활의 문제를 파악하고 해결할 수 있도록 해야 합니다.

지도교사 : 창의적 체험활동 교육과정의 편성·운영과 관련하여 알고 있는 것들에 대해 말해 봅시다.

예비 교사A: ㉣ 전시회, 학예회와 같은 행사활동은 행사의 목적과 특성에 따라 동아리활동 영역이나 자율·자치활동 영역으로 편성·운영할 수 있습니다.

예비 교사B: ㉤ 교과 진도 시간이 부족하면, 창의적 체험활동 시간에 교과 진도를 나갈 수 있습니다.

예비 교사C: 창의적 체험활동의 시간 운영은 학생의 요구와 발달 단계, 학교의 시설, 지역사회 자원 등을 종합적으로 고려하여 학교에서 자율적으로 결정할 수 있습니다.

(나)

◦창의적 체험활동 시간 운영 방식의 예시
- 1학년 3월 한 달간 '학교생활적응' 프로그램을 자율활동 영역 중심으로 운영
- '우리가 함께 살리는 세상' 프로그램을 2주간에 걸쳐서 봉사활동 영역 중심으로 운영
- '미래 사회의 일과 직업'이라는 주제로 진로활동 영역을 4/4분기(10~12월)에만 운영

1) 2022 개정 교육과정에 근거하여, (가)의 밑줄 친 ㉠~㉤ 중 잘못된 것 2가지를 찾아 기호를 쓰고 그 이유를 각각 쓰시오. [2점]

•

•

2) (나)에 공통적으로 해당하는 창의적 체험활동의 시간 운영 방식을 쓰시오. [1점]

•

2023 초특

다음은 특수학교 교육과정 협의회에서 초임 교사와 부장 교사가 나눈 대화 내용의 일부이다. 물음에 답하시오. [5점]

> 초임 교사 : 학교는 필요에 따라 교과(군)별 30% 범위 내에서 시수를 증감할 수 있는데 모든 교과에 적용이 가능한가요?
> 부장 교사 : 2022 개정 특수교육 교육과정 중 '기본 교육과정 편성·운영의 기준'에 따르면 ㉠ 기준 수업 시수를 감축할 수 없는 교과(군)도 있습니다.
> … (중략) …
> 초임 교사 : 우리 반에 중도·중복장애학생이 포함되어 있어 특정 교과의 시수를 50%로 감축하여 창의적 체험활동으로 운영하려고 합니다. 무엇부터 해야 할까요?
> 부장 교사 : 수업 시수를 감축하기 위해서는 특정 교과와 관련된 ㉡ 여러 사항을 고려하여 교육과정을 재구성하여 운영하는 것이 필요합니다.

1) ㉠에 해당하는 2개 교과(군)을 쓰시오. [1점]

·

2) ① 특수교육 교육과정의 '초·중등학교 교육과정 편성·운영의 기준'에 근거하여 ㉡에 해당하는 것을 1가지 쓰시오. [1점]

·

2022 초등

(가)는 교육실습 협의회에서 학교 교육과정 편성 · 운영과 관련된 지도 교사와 예비 교사들의 대화이고, (나)는 자율 활동 영역의 활동 예시이다. 물음에 답하시오. [3점]

(가)

지도 교사 : 초등학교 교육과정의 성격에 관하여 말해 볼까요?
예비교사A : 초등학교 교육과정은 국가 수준의 공통성과 지역, 학교, 개인 수준의 다양성을 동시에 추구하는 교육과정으로 알고 있습니다.
예비교사B : 지역, 학교, 개인 수준의 다양성을 추구하기 위해서는 학교 교육과정을 자율적이고 탄력적으로 편성 · 운영할 필요가 있겠네요.
지도 교사 : 맞아요. 이러한 필요성 때문에 교과군과 학년군을 설정한 것이에요.
예비교사B : 한 가지 질문이 있습니다. 초등학교 교과를 교과군으로 재분류한 이유는 알겠는데, ㉠ 학년군을 설정하는 이유는 무엇인지 잘 모르겠습니다.
지도교사 : ㉡ 1~2학년군 국어에 배당된 수업 시수(484시수)를 학년별로 편성하는 경우를 생각해 보면 그 이유를 쉽게 알 수 있어요.
예비교사 A : 창의적 체험활동 교육과정도 자율적이고 탄력적으로 편성 · 운영할 수 있는 것으로 알고 있습니다. 선생님 학교에 그런 사례가 있는지 궁금합니다.
지도교사 : 우리 학교에서는 창의적 체험활동 교육과정을 학년의 특색 및 학습자의 발달 단계에 맞는 주제를 선택하여 다양한 방식으로 운영하고 있어요. 특히, 5~6학년군에서는 학생들의 자기주도성과 창의성을 기르기 위해 (㉢)을/를 격주제 및 집중제로 운영하고 있어요.

(나)

〈활동 예시〉
개인 연구, 소집단 공동 연구, 프로젝트 등
개인 프로젝트형 봉사활동, 공동 프로젝트형 봉사활동 등

1) ① 2022 개정 교육과정에 근거하여 ㉠을 쓰고, ② ㉡에 한정하여 학교 교육과정을 탄력적으로 운영할 수 있는 방안을 ㉠과 관련하여 1가지 쓰시오. [2점]

· ① : ____________________

· ② : ____________________

2) (나)를 참고하여 자율·자치 활동 영역의 활동 중 ㉢에 해당하는 것을 쓰시오. [1점]

· ____________________

2021 초등

(가)는 2022 개정 교육과정에 제시된 초등학교 시간 배당 기준표이고, (나)는 예비 교사 멘토링 간담회에서 나눈 대화의 일부이다. 물음에 답하시오. [3점]

(가)

구 분		1~2학년	3~4학년	5~6학년	
교과(군)	국어	국어 448	408	408	[A]
	사회/도덕		272	272	
	수학	수학 256	272	272	
	과학/실과	바른생활 128	204	340	
	체육	슬기로운 생활 192	204	204	
	예술(음악/미술)		272	272	
	영어	즐거운 생활 384	136	204	
	소계	1,408	1,768	1,972	
창의적 체험활동		336 안전한 생활 (64)	204	204	
학년군별 총 수업 시간 수		1,744	1,972	2,176	[B]

(나)

지도 교사 : [A]는 '학년군 및 교과(군)별 배당 시간이고, [B]는 '학년군별 총 수업 시간 수'를 나나탠 것입니다. 이 시수들을 학교 교육과정 편성·운영에 어떻게 적용해야 하는지 알고 있나요?

예비 교사 갑 : [A]가 교과(군)별 수업 시간 증감 운영의 기준이 되는 시수라는 것은 알고 있습니다.

예비 교사 을 : 그런데 저는 궁금한 점이 있습니다. [A]의 교과(군)별 시수를 증감하여 운영할 수 있다면 [B]의 총 수업 시수도 증감이 가능한가요?

지도 교사 : (　　　　　㉠　　　　　)

…(중략)…

지도 교사 : 이번에는 창의적 체험활동의 편성·운영과 관련해서 돌아가며 이야기를 나누어 볼까요?

예비 교사 갑 : 저는 ㉡ <u>창의적 체험활동 시간에 교과 내용과 관련된 소집단 프로젝트를 진행해서 교과의 지식과 기능이 실천과 경험으로 의미 있게 연결되도록 해보고 싶습니다.</u>

예비 교사 을 : 저는 ㉢ <u>교과와 창의적 체험활동을 연계해서 학예회 행사를 운영하고, 시수는 관련 교과 및 창의적 체험활동의 영역별 활동으로 편성하고 싶습니다.</u>

예비 교사 병 : 저는 ㉣ <u>학생들의 흥미보다는 교사들이 잘 지도할 수 있는 분야를 우선적으로 반영한 동아리 부서를 다양하게 개설하여 운영하고 싶습니다.</u>

예비 교사 정 : 저는 ㉤ <u>학생들이 창의적 체험활동의 한 가지 영역에 몰입해서 활동할 수 있게 학년별 중점 영역을 설정해서 집중적으로 운영하고 싶습니다.</u>

1) ㉠에 들어갈 지도 교사의 답변을 쓰고, 답변에 대한 타당한 이유를 2022 개정 교육과정에 근거하여 쓰시오. [2점]

•

2) ㉡~㉤ 중 적절하지 <u>않은</u> 진술 1가지를 찾아 기호를 쓰고, 그 진술이 적절하지 않은 이유를 2022 개정 교육과정에 근거하여 설명하시오. [1점]

•

2020 초등

(가)는 2022 개정 교육과정에 대해 지도 교사와 예비 교사들이 나눈 대화이고, (나)는 진로활동의 활동 목표와 활동 내용에 대한 예시이다. 물음에 답하시오. [3점]

(가)

지도 교사 : 2022 개정 교육과정 구성의 중점 중에서 평가와 관련된 내용을 알고 있나요?

예비 교사A : 네. ㉠학습의 결과를 중시하는 평가를 강화하여 학생이 자신의 학습을 성찰하도록 하고, 평가 결과를 활용하여 교수 학습의 질을 개선한다는 내용을 알고 있습니다.

지도 교사 : 창의적 체험활동의 평가는 어떻게 이루어지나요?

예비 교사B : ㉡창의적 체험활동은 내용과 특성을 고려하여 평가의 주안점을 담임교사 재량으로 결정하여 평가합니다.

지도 교사 : 교수 학습과 관련하여 중점을 두어야 할 사항에는 어떤 것이 있나요?

예비 교사A : ㉢각 교과의 핵심 개념과 일반화된 지식 및 기능이 학생의 발달 단계에 따라 그 폭과 깊이를 심화할 수 있도록 수업을 체계적으로 설계합니다.

예비 교사B : ㉣개별 학습 활동과 함께 소집단 공동 학습 활동을 통하여 협력적으로 문제를 해결하는 협동 학습 경험을 충분히 제공합니다.

지도 교사 : 이러한 교육과정의 합리적 편성과 효율적 운영을 위해 학교에서는 ㉤교원, 교육과정 전문가, 학부모 등이 참여하는 학교 교육과정 위원회를 구성하여 운영합니다.

… (중략) …

지도 교사 : 우리나라는 진로교육법을 제정할 만큼 학생의 진로지도에 관심이 많습니다. 창의적 체험활동에서 학생의 진로를 지도할 수 있는 것을 알고 있나요?

예비 교사A : 네. 진로활동이 창의적 체험활동의 3가지 영역 중 하나인 것을 알고 있습니다. 진로활동은 (㉥), 진로 설계 및 실천 활동 등으로 구성되어 있습니다.

(나)

- 활동 목표 : 긍정적 자아 개념을 형성하고 자신의 진로와 관련된 건강한 직업 가치관을 확립한다.
- 활동 내용 : 자기 이해, 생애 탐색, 가치관 확립, 진로 검사 등

1) 2022 개정 교육과정에 근거하여, (가)의 밑줄 친 ㉠~㉤ 중 잘못된 것 2가지를 찾아 기호를 쓰고, 각각 바르게 고쳐 쓰시오. [2점]

·

·

2) (나)를 참고하여 (가)의 ㉥에 들어갈 말을 쓰시오. [1점]

·

2020 초특

다음은 2022 개정 특수교육 교육과정 중 공통 교육과정을 적용하는 00학교의 김 교사가 작성한 교무수첩 내용의 일부이다. 물음에 답하시오. [2점]

(나) ○○학교 김 교사가 작성한 교무 수첩 내용

1. 전달 사항
   - 학교 교육활동 평가 보고회 : 12월 6일(금) 15시
   - 학교 교육과정 편성·운영 협의회 : 12월 20일(금) 15시
2. 2020학년도 학년군별 교육과정 편성 시 고려 사항

(3-4학년)
- 다문화 가정 학생을 위한 특별 학급 설치·운영 : 주당 10시간 내외 (㉣) 교육과정 운영
- 교과(군)별 20% 범위 내에서 시수 증감 조정(안) 마련

(5-6학년)
- ㉤ 범교과 학습 주제 : 인성 교육, 인권 교육, 민주 시민 교육

1) 2022 개정 교육과정의 '학교 교육과정 편성·운영' 중 '모든 학생을 위한 교육기회의 제공'에 근거하여 (나)의 ㉣에 들어갈 말을 쓰시오. [1점]

·

2) 2022 개정 교육과정의 '초·중등학교 교육과정 편성·운영의 기준' 중 '기본 사항'에 근거하여 (나)의 ㉤을 지도하는 방법을 쓰시오. [1점]

·

2019 초등

(가)는 예비 교사를 위한 멘토링 프로그램에서 나눈 대화이고, (나)는 '창의적 체험활동'의 한 영역의 평가 관점 중 일부이다. 물음에 답하시오. [3점]

(가)

지도 교사: (프로그램을 마치면서) 마지막으로 2022 개정 교육과정에 기초하여 수업 계획을 세울 때 가장 중요하다고 생각하는 점을 말해 봅시다.

예비 교사 A: 2022 개정 교육과정은 ㉠ 고등교육법에 의거하여 고시된 국가 수준의 교육과정이에요. 그러니 여기서 제시된 ㉡ 공통적이고 일반적인 원칙은 꼭 지켜야 할 것 같아요.

지도 교사: 그렇지만 학교별 자율성을 발휘할 여지는 충분히 있어요. 수업 시간을 예로 들면, 학년군별 ㉢ 총 수업 시간 수를 준수한다면 체육, 예술 교과 외에는 ㉣ 교과(군)별 20% 범위 내에서 기준 수업 시수를 자율적으로 증감할 수 있죠.

지도 교사: 우리 학교에서 안전교육을 특히 '창의적 체험활동'의 (㉤) 영역과 연계하여 실시하는 것도 바로 그 이유에요. 이를 통해서 학생들이 준법이나 질서 등 기본적인 생활습관을 형성할 때부터 안전하게 행동하는 습관을 기를 수 있도록 해요.

(나)

- (㉤) 영역의 평가 관점
  - 생활 속 여러 문제를 해결하는 능력 함양
  - 정서적 · 심리적 안정과 입학 초기 및 사춘기 적응
  - 즐거운 학교생활 및 다양한 주제 활동 경험

1) 2022 개정 교육과정에 근거하여 밑줄 친 ㉠~㉣ 중 잘못된 것 1가지를 찾아 기호를 쓰고, 각각 바르게 고쳐 쓰시오. [2점]

·

2) (가)와 (나)의 ㉤에 공통으로 들어갈 말을 쓰시오. [1점]

·

2019 초특

다음은 2022 개정 특수교육 교육과정 관련 질문이다. 물음에 답하시오. [2점]

> [질문 1]
> 창의적 체험활동을 운영하는 것을 보니 동아리 활동을 1학년부터 운영하는 학교도 있고, 3학년부터 운영하는 학교도 있더군요. 또 같은 학교인데도 어떤 학년은 창의적 체험활동 4개 영역 중에서 3개 영역만 운영하고, 어떤 학년은 4개 영역을 모두 운영하기도 하더라고요.
> 이처럼 ㉠초등학교에서 창의적 체험활동 영역별 활동을 학년(군)별로, 다르게 운영할 수 있는 근거는 무엇인가요?
>
> [질문 3]
> 지적장애 특수학교에서 일반 초등학교로 전학한 4학년 학생의 엄마입니다. 전에 다니던 학교의 시간표와 일반 초등학교 통합학급 시간표를 서로 비교해 보니 교과의 이름과 주당 수업 시간이 조금 다른 것 같아요. 초등학교 4학년 ㉢기본 교육과정과 공통 교육과정의 교과 교육과정 편제가 다른가요?

1) ㉠을 2022 개정 특수교육 교육과정 초등학교 '교육과정 편성 · 운영기준'에서는 다음의 의미로 설명하고 있다. ( )안에 들어갈 알맞은 말을 쓰시오. [1점]

> 학교는 창의적 체험활동의 영역을 학년(군)별로 학생들의 발달 수준과 학교의 여건 등을 고려하여 (   ) 편성·운영할 수 있다.

• ____________________

2) ㉢에 근거하여 ⓑ에 들어갈 교과(군)의 이름을 쓰시오. [1점]

〈공통 교육과정 교과 편제〉

구분	3~4학년	5~6학년
국어	408	408
사회/도덕	272	272
수학	272	272
과학/실과	204	340
체육	204	204
예술(음악/미술)	272	272
(ⓑ)	136	204
소계	1,768	1,972

• ⓑ : ____________________

2018 초등

○○초등학교에서는 교사 협의회를 거쳐 2018학년도 교육과정 계획을 수립하였다. (가)는 교사 협의회에서 나눈 대화이고, (나)는 1~2학년군의 창의적 체험활동 운영 계획의 일부이다. 물음에 답하시오. [3점]

(가)

김 교사: 지난번 협의회에서는 2018학년도 교육과정 편성·운영의 방향을 '기초 학습 능력 다지기'와 '민주시민 의식 함양'으로 정했습니다. 오늘은 이를 실현하기 위한 방안에 대해 말해 봅시다.
이 교사: 저학년 학생들의 기초 학습 능력에 관심을 기울여야 할 것 같아요. 2022 개정 교육과정에는 "국어 사용 능력과 (㉠)의 기초가 부족한 학생들을 대상으로 기초 학습 능력 향상을 위한 별도의 프로그램을 편성·운영할 수 있다."라고 되어 있어요. 이번 기회에 우리 학교 실정에 알맞은 프로그램을 만들었으면 좋겠어요.
박 교사: 기초 학습 능력을 보충하는 데 도움이 되는 방향으로 수업 시수를 조정하면 어떨까요?
최 교사: 저도 같은 생각입니다. 그런데 2022 개정 교육과정에서 "체육, (㉡) 교과는 기준 수업 시수를 감축하여 편성·운영할 수 없다."라고 제한하고 있으니, 이 점에 유의해야 할 것 같아요.
김 교사: '민주시민 의식 함양'에 대해서도 말해 볼까요?
이 교사: 1~2학년군에서는 자율·자치 활동의 2개 활동 중에서, 기본생활습관형성을 강조하는 (㉢) 활동을 강조하여 운영하면 어떨까요?

(나)

- 활동 목표 : 성숙한 민주시민으로서 타인과 원활하게 소통하고 공동체의 문제를 상호 연대하여 해결할 수 있는 역량을 함양한다.
- 예시 활동 : 기본생활습관 형성 활동, 관계 형성 및 소통 활동 등

1) (가)의 ㉠과 ㉡에 각각 들어갈 내용을 쓰시오. [2점]

- ㉠ : ________________
- ㉡ : ________________

2) (나)를 참고하여, (가)의 ㉢에 들어갈 '자율·자치 활동'의 활동 명칭을 쓰시오. [1점]

- ________________

2018 초특

다음은 2022 개정 교육과정에 대해 교사들이 나눈 대화이다. 물음에 답하시오. [3점]

김 교사: 2022 개정 교육과정에서는 핵심역량이 새롭게 제시되었다면서요?
정 교사: 네, 그렇습니다. 총론에서는 핵심역량 6가지를 제시하고 있고, 교과에서는 ㉠ 교과의 성격에 맞는 핵심역량을 제시하고 있습니다.
김 교사: 그러면, 교육과정 구성에서 중점을 두고 있는 내용은 무엇인가요?
박 교사: 여러 가지 내용이 있습니다. 그중 하나를 말씀드리면, (㉡)을/를 중심으로 학습 내용을 구조화하고, 학습량을 적정화하여 학습의 질을 개선하도록 한다는 내용이 있습니다.
김 교사: 그렇군요. 평가 내용에는 어떤 것이 있나요?
…(생략)…

1) 밑줄 친 ㉠과 관련하여 2022 개정 교육과정 중 바른 생활, 슬기로운 생활, 즐거운 생활 교과에서 공통되는 핵심역량 1가지를 쓰시오. [1점]

•

2) 다음은 2022 개정 3~4학년군 교육과정 편성·운영 기준에 근거하여 바르지 않게 편성된 교과(군)명을 쓰고, 그 이유를 쓰시오. [1점]

구분		시간 배당 기준	편성·운영 시간
교과(군)	국어	408	374
	사회	272	238
	수학	272	238
	과학	238	238
	체육	204	170
	예술(음악/미술)	272	272
소계		1,666	1,530
창의적 체험활동		306	442
학년군별 총 수업 시간 수		1,972	1,972

•

2017 초등

다음은 ○○초등학교 교육실습 협의회에서 예비 교사들과 지도 교사가 나눈 대화의 일부이다. 물음에 답하시오. [3점]

지도 교사 : 오늘은 2024년 3월부터 시행되는 2022 개정 교육과정에 대해 논의해 봅시다.
예비 교사A : 예. 함께 논의를 해보면 학교 교육과정을 이해하는 데 도움이 될 것 같아요. 우선, 이 교육과정에서는 교과교육을 포함한 학교교육 전 과정을 통해 중점적으로 기르고자 하는 ㉠핵심 역량 6가지를 제시하고 있어요.
지도 교사 : 그중에서, 자아정체성과 자신감을 가지고 자신의 삶과 진로에 필요한 기초 능력과 자질을 갖추어 자기주도적으로 살아가는 능력을 가리키는 핵심역량은 무엇인가요?
예비 교사B : ㉡공동체 역량입니다.
…(중략)…
지도 교사 : 이번에 '학교자율시간'이 새롭게 도입되었죠? 주목할 만한 편성·운영의 지침과 내용 영역은 무엇인가요?
예비 교사A : '학교자율시간'의 경우, 3~6학년군에서는 학교 여건에 따라 ㉢연간 35주를 기준으로 한 ㉣교과별 및 창의적 체험활동 수업 시간의 학기별 1주의 수업 시간을 확보하여 운영하도록 구성되어 있습니다.
…(중략)…
지도 교사 : 창의적 체험활동에 대해서도 이야기를 해 볼까요?
예비 교사B : 초등학교의 창의적 체험활동에서는 학생들의 발달 수준, 학교의 여건 등을 종합적으로 고려하여 자율·자치활동과 (㉤)을/를 중심으로 편성·운영할 수 있도록 하고 있어요. (㉤)에는 학술·문화 및 여가 활동, 봉사활동 등이 포함됩니다.

1) 2022 개정 교육과정에 근거하여, ㉠~㉣ 중 잘못된 것 2가지를 찾아 기호를 쓰고, 각각 바르게 고쳐 쓰시오. [2점]

• ①: ____________________

• ②: ____________________

2) ㉤에 공통으로 들어갈 창의적 체험활동 영역을 쓰시오. [1점]

• ____________________

2017 초특

기본 교육과정을 운영하는 특수학교의 초등학교 과정 교사를 대상으로 실시한 2022 개정 교육과정 연수 중에 나온 질의 내용이다. 물음에 답하시오. [4점]

> Q1. 1학년과 2학년을 복식 학급으로 편성하여 운영하려고 하는데 ㉡ 학년이 서로 다른 학생을 대상으로 수업을 할 경우에 교육 내용이나 교재는 어떻게 구성해야 하나요?
>
> Q3. 교육과정의 편성과 운영을 위해 교원, 교육 전문가, 학부모 등이 참여하는 ㉤ '학교 교육과정 위원회'의 역할은 무엇인가요?

1) 2022 개정 교육과정 '교육과정 편성 · 운영 기준'에 근거하여 ㉡에 알맞은 답을 쓰시오. [1점]

· ㉡ : ______________________

2) 2022 개정 교육과정 '학교 교육과정 편성·운영'에 근거하여 ㉤의 역할을 쓰시오. [1점]

· ______________________

2016 초등

다음은 ○○초등학교에서 학년 말에 개최된 동학년 회의 내용의 일부이다. 물음에 답하시오. [3점]

박 교사: 어느덧 내년 교육과정을 편성할 시점이 되었네요. 다음 학년도 교육과정에 반영되었으면 하는 의견이 있으면 말씀해 주세요.
강 교사: 우리 학년 학생들의 수학 성적이 다른 과목에 비해 낮았습니다. 그래서 다음 학년도 교육과정에서는 수학과의 수업 시수를 늘였으면 좋겠어요.
박 교사: 예, 가능할 것 같아요. 2022 개정 교육과정에서 학년군 및 교과(군)에 배당된 시간은 2년간의 (㉠)을/를 나타낸 것이고, 학년군별 총 수업 시수는 (㉡)을/를 나타낸 것이에요. 그래서 수학과에 배당된 수업 시수를 20% 범위 내에서 늘일 수 있겠죠.
황 교사: 저는 제안하고 싶은 다른 내용이 있습니다. 제가 맡은 학생들은 자신의 특성, 소질과 적성, 능력 등을 이해하는 데 관심이 많았어요. 내년에는 학생들의 그런 관심을 충족시킬 수 있는 프로그램을 마련하는 것이 어떨까 합니다.
강 교사: 저도 같은 생각을 했어요. 학생들이 긍정적 자아개념을 형성하고 자신의 흥미와 적성에 따른 (㉢)을/를 탐색 및 설계하는 창의적 체험활동의 3가지 영역 중에서 (㉢) 활동이 추구하는 목표에요. 이 영역의 활동으로 황 선생님이 제안하신 프로그램을 편성하는 것이 어떨까요?
박 교사: 좋습니다. 선생님들의 제안을 학교 교육과정 위원회에 제출하겠습니다.

1) ㉠, ㉡에 들어갈 말을 쓰시오. [2점]

- ㉠: ____________________
- ㉡: ____________________

2) ㉢에 공통으로 들어갈 말을 쓰시오. [1점]

- ____________________

2016 초특

다음은 2022 개정 교육과정 총론에 제시된 내용이다. 물음에 답하시오. [3점]

1) 다음은 '초등학교 교육과정 편성 · 운영 기준'이다. ①에 공통으로 들어갈 말과 ②에 들어갈 말을 각각 쓰시오. [2점]

> 학교는 각 교과의 기초적, 기본적 요소들이 체계적으로 학습되도록 교육과정을 편성·운영한다. 특히, (①)와/과 (②)의 기초가 부족한 학생들을 대상으로 기초 학습 능력 향상을 위한 별도의 프로그램을 편성·운영할 수 있다.

- ① : ____________________
- ② : ____________________

2) 다음은 '교육청 수준 지원 사항'이다. ( ) 안에 들어갈 말을 쓰시오. [1점]

> 학교가 지역사회의 관계 기관과 적극적으로 연계·협력해서 교과, 창의적 체험활동, 학교스포츠클럽활동, 자유학기 등을 내실 있게 운영할 수 있도록 지원하며, 관내 학교가 활용할 수 있는 (   )을 발굴하여 안내한다.

- ____________________

2015 초등

○○초등학교의 백 교사는 초임교사들을 대상으로 2022 개정 교육과정 운영 계획과 관련된 멘토링 프로그램을 진행하였다. 다음은 그 일환으로 개최된 간담회 내용 중 일부이다. 물음에 답하시오. [3점]

> 홍 초임교사 : 백 선생님, 선생님께서 우리 학교 상황에 맞는 자율적이고 특색 있는 교육과정 운영 계획을 세워 보라고 말씀하셨잖아요? 정말 그렇게 해도 괜찮을까요?
>
> 백 교사 : 그럼요, 2022 개정 교육과정 총론에 의하면, "국가 수준의 공통성을 바탕으로 지역, 학교, 개인 수준의 (㉠)을/를 추구하는 교육과정"이 우리나라 교육과정의 성격 중 하나입니다. 너무 걱정하지 마시고 운영 계획을 세워보시죠.
>
> 홍 초임교사 : 알겠습니다. 최근 제가 우리 학교 학생들을 살펴보니 공부는 잘하지만 약간은 개인적인 성향이 있는 것 같아요. 그래서 말인데요, 2022 개정 창의적 체험활동 교육과정에 "창의적인 삶의 태도와 공동체 의식을 함양하기 위해 나눔과 배려를 (㉡)한다."는 총괄 목표도 있는 만큼 창의적 체험 활동을 강조하여 계획을 세우면 어떨까요?
>
> 정 초임교사 : 좋은 생각이네요. 얼마 전 학생들의 희망 활동을 조사해 본 결과, 외국어 회화나 과학 탐구를 선호하는 학생들이 꽤 많더군요. 이 점을 감안해서 창의적 체험활동의 세 개 영역 중 특히 (㉢)을/를 강조하면 어떨까요?

1) ㉠과 ㉡에 들어갈 말을 쓰시오. [2점]

- ㉠ : ____________________
- ㉡ : ____________________

2) 다음은 2022 개정 창의적 체험활동 교육과정에 제시된 ㉢의 목표 중 하나이다. 이 목표와 간담회 내용을 참고하여 ㉢에 들어갈 영역 명칭을 쓰시오. [1점]

> 다양한 학술 분야와 문화에 대해 관심을 가지고 탐구력과 심미적 감성을 함양한다.

- ____________________

2014 초등

다음은 바다 초등학교의 교감과 교사들이 창의적 체험 활동을 내실화하기 위하여 나눈 대화의 일부이다. ㉠~㉢에 들어갈 알맞은 말을 쓰시오. [3점]

김 교감 : 창의적 체험 활동을 내실화하라는 공문이 교육청에서 왔는데, 좋은 방법이 없을까요?
박 교사 : 창의적 체험활동은 자율·자치활동, (㉠), 진로활동이라는 세 가지 영역으로 이루어져 있지만, 그 중에서도 (㉠)은 정말 내실화가 필요한 듯합니다. 정일제로 운영하다 보니 매번 시간이 모자라 아쉬웠거든요.
김 교감 : 박 선생님, 혹시 좋은 방법이 있습니까?
박 교사 : 정일제 이외에도 격주제, 전일제, 집중제 등 여러 가지 방법이 있을 수 있습니다. 어떤 방법을 선택할 것인가는 학교 교육과정 위원회를 개최하여 결정하는 것이 어떨까요?
노 교사 : (교감이 대답을 하려는 순간에 끼어들어) 우리 학교의 경우에 2022 개정 교육과정에 따라 입학 초기 적응 활동을 창의적 체험 활동의 자율·자치활동 중 (㉡)활동의 일부로 편성하여 지도할 필요가 있습니다. 이 사안도 학교 교육과정 위원회에서 함께 결정하는 것이 어떨까요?
김 교감 : 2022 개정 교육과정 총론에 따르면, 학교 교육과정 위원회는 학교장의 교육과정 운영 및 의사결정에 관한 (㉢)의 역할을 담당하게 되어 있습니다. 여기에 대한 결정은 교장 선생님께 맡기도록 하죠.

- ㉠ : ______________________
- ㉡ : ______________________
- ㉢ : ______________________

2013 초등 · 초특 공통

다음은 2022 개정 교육과정에 대한 내용이다. 물음에 답하시오. [2점]

㉠ 학교는 교과용 도서 이외에 교육청이나 학교에서 개발한 다양한 교수·학습 자료를 교육부의 심의를 거쳐 활용할 수 있다.
㉡ 학교는 학생의 요구, 학교의 실정 및 특색 등을 종합적으로 고려하여 창의적 체험 활동의 영역, 활동, 시간 등을 자율적으로 편성·운영할 수 있다.
㉢ 교육과정의 합리적 편성과 효율적 운영을 위해 교원, 교육 전문가, 학부모 등의 참여하는 학교 교육과정 위원회를 구성하여 운영하며, 이 위원회는 학교장의 교육과정 운영 및 의사결정에 관한 자문의 역할을 담당한다.
㉣ 다문화 가정 학생을 위한 특별 학급을 설치·운영하는 경우, 다문화 가정 학생의 한국어 능력을 고려하여 이 교육과정을 조정하여 운영하거나, 한국어 교육과정 및 교수·학습 자료를 활용할 수 있다. 한국어 교육과정은 학교의 특성, 학생·교사·학부모의 요구 및 필요에 따라 주당 10시간 내외에서 운영할 수 있다.

1) ㉠~㉣ 중 2022 개정 교육과정 내용과 일치하지 않는 것을 1개 찾아 기호를 쓰고, 틀린 부분을 바르게 수정하시오. [1점]

• ______________________________

2013 초특

다음은 2022 개정 교육과정 총론과 관련된 내용이다. 물음에 답하시오. [6점]

1) 교육과정 구성의 방침에서 '학년군'을 설정한 이유를 쓰시오. [1점]

· ______________________

2) 다음 문장의 ㉠과 ㉡에 들어갈 말을 쓰시오.[1점]

> 초등학교의 교육은 학생의 일상생활과 학습에 필요한 (㉠) 배양과 (㉡)을 함양하는 데에 중점을 둔다.

· ㉠ : ______________________

· ㉡ : ______________________

3) 다음은 기본 교육과정 초등학교 시간 배당 기준에 관한 내용이다.㉠~㉣에서 틀린 것 2개를 찾아 기호를 쓰고, 바르게 고쳐쓰시오. [2점]

> ㉠ 1시간 수업은 초등학교 40분을 원칙으로 하되, 기후 및 계절, 학생의 발달 정도, 학습 내용의 성격, 학교 실정 등을 고려하여 탄력적으로 편성·운영할 수 있다.
> ㉡ 학년군 및 교과(군)별 시간 배당은 연간 34주를 기준으로 한 2년간의 최소 수업 시수를 나타낸 것이다.
> ㉢ 학년군별 총 수업 시간 수는 최소 수업 시수를 나타낸 것이다.
> ㉣ 실과의 수업 시간은 3~6학년 과학/실과의 수업시수에만 포함된 것이다.

· 기호와 수정 내용 : ______________________

· 기호와 수정 내용 : ______________________

4) 교육과정 편성·운영 기준에서 '보충 학습 과정'을 실시하는 이유를 쓰시오.[1점]

· ______________________

백문이 불여일견 **설**명이 친절한 **기**출

초등임용 기출문제집

과 학

과학과 기출의 특성

과학과는 각론의 양이 방대해서 그런지 교육과정에서는 출제되지 않는 편입니다. 다만 과학 각론의 양이 방대하고 초등학생이 배우는 교과 내용이나 개념 정도만 익혀서는 풀기 어려운 문제도 출제되기 때문에 많은 수험생이 어려워하는 교과목이기도 하죠. 각론뿐만 아니라 지도서 총론에 실려 있는 내용도 각론과 세트문제로 함께 항상 나오기 때문에 과학은 항상 충분한 시간을 투자하셔서 배경 지식이나 추가 실험처럼 지도서에 있는 참고자료까지 꼼꼼히 살펴두시는 것을 추천 드립니다. 이런 부분에서 출제가 많이 되는 과목이기 때문입니다. 지도서 총론 부분 중에서도 모형과 과학 탐구 과정은 매우 기본적인 내용이면서 빈번하게 출제되는 요소이니 이 부분은 완벽하게 암기해두세요. 다만, 과학 각론에서 모든 것을 기계적으로 외우려고 하는 태도는 지양해주세요. 원리가 무엇인지, 원인과 결과가 무엇인지 생각하면서 공부하시는 것을 추천 드립니다. 암기로만은 풀기 어려운 문제도 나오기 때문입니다. 특히 각론 공부를 처음 할 때는 원리가 무엇인지 '이해'하고 넘어가는 것이 중요하다고 생각해요. 과학과 문제는 각론과 지도서 총론에서 세트로 출제되기 때문에 공부하시면서 해당 각론 내용에는 어떤 모형이 적절한지, 어떤 활동이 중심이 되는지, 유의점, 주의점 등을 생각하면서 공부해보세요. 실험에 활용되는 실험용품의 사용법이나 주의점, 원리 등도 처음에는 너무 방대하게만 느껴지고 잘 들어오지 않더라도 반복하다보면 충분히 잘 하실 수 있을 거예요. 개인적으로 봄~여름 동안 과학 지도서를 반복해서 보고 그 내용을 짝 스터디원과 퀴즈로 묻고 답하는 식으로 공부했던 것이 큰 도움이 되었습니다. 기출 문제를 푸시면서 각론/모형/교수·학습방법 등 여러 영역 중에서 본인이 어느 부분이 부족한지 확인하시고 계속해서 그 부분을 채워나가 보세요.

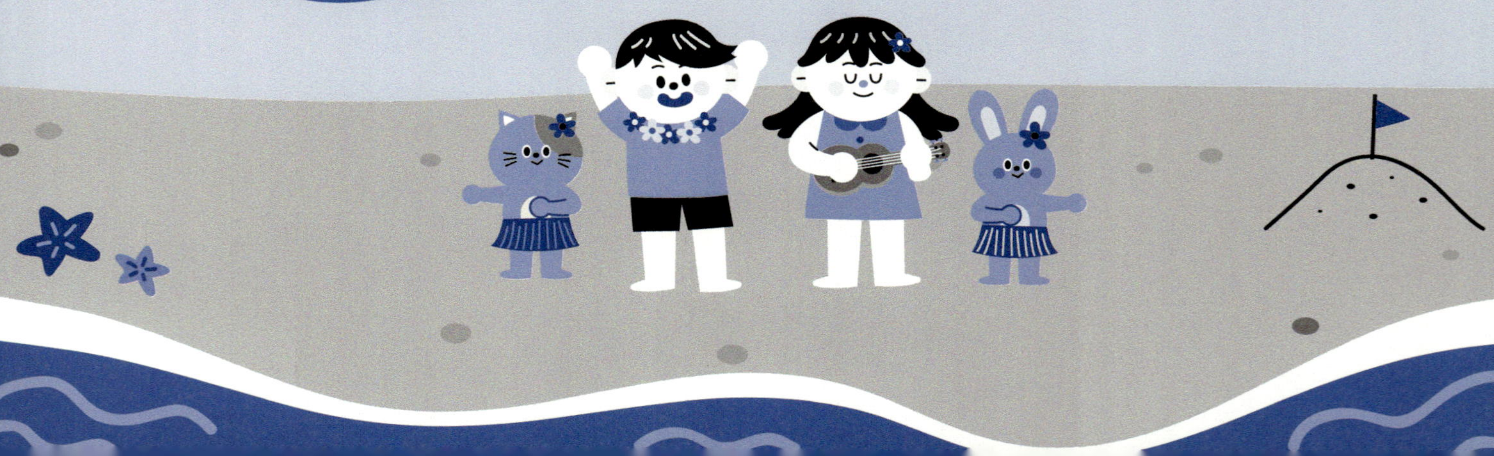

과학 기출분석표

*색 표시는 초특 출제입니다.

영역	년도	2013	2014	2015	2016	2017	2018	2019	2020	2021	2022	2023
교육과정	성격 및 목표											
	내용체계 및 성취기준											
	교학평방											
각론	운동과 에너지		속력 (속력, 상대운동)	무게 재기(용수철, 측정범위 계산)	온도와 열 개념, 실험방법 수정		빛의 굴절, 열의 이동	회로의 구성방법, 퓨즈와 전구 연결, 소리의 성질	물체의 무게와 용수철, 모래와 물의 온도변화		온도와 열 (온도계), 소리의 성질	빛의 성질 볼록 렌즈와 평면 유리의 비교
	물질		산과 염기 (학습내용, 페놀프탈레인 용액, 형성평가문장적합도)	이산화탄소발생 실험(오류 수정)		물로켓 날리기 (물과 공기의 밀도와 압축성 비교, 학생의 이론과 증거 비교)	물질의 용해 (용해도, 백반, 소금)			기체의 용해		
	생명	과학적 오류 찾아 수정 (곤충)			엽록체	효모 발효 실험		콩나물 생육 조건, 생태계 개념도 오류 수정	현미경의 구성과 조작방법, 짚신벌레와 해캄	적응 개념		곤충의 정의 곤충의 특징
	지구와 우주						북반구 바람			태양의 남중고도	화산과 지진	
	통합				물의 상태변화 (과학적 오류 찾기, 구름 형성 과정, 증산작용)					물의 세 가지 상태		
지도서 총론	과학의 본성과 태도	과학의 본성 (관찰의 이론의존성)				쿤의 과학혁명	과학적 태도 (정직성)			과학의 본성		
	과학 탐구 과정	관찰, 추리		예상	추리	변인통제 (독립/종속 변인)	기초 탐구 과정	독립변인 찾기			가설설정, 관찰	기초 탐구 과정
	과학 학습 이론											
	과학 학습 모형	경험학습모형 (적합한 이유), 5E+POE 단계별특성과 대체활동, 발견학습모형	발견학습 수업모형 (적합한 실험활동)	개념변화학습모형 (개념변화가 일어나기 위한 조건)		탐구학습모형			순환학습모형 학습활동	순환학습모형 교수 · 학습활동	학생의 오개념 지도	POE 모형 경험 학습 모형
	과학 교수 · 학습 방법				실험수업 (확인실험/탐색실험)					수업 전략 (연관적 사고)	모형실험	
	과학 학습의 평가			실험실기								
	과학실험 안전지도											

과학

2023-01 초등

(가)는 '빛의 성질'과 관련된 초등학교 과학과 교육과정에 대하여 초임 교사와 멘토 교사가 나눈 대화이고, (나)는 볼록 렌즈와 평면 유리를 통과한 햇빛을 비교하는 탐구 활동이다. 물음에 답하시오. [5점]

(가)

초임 교사: 빛과 관련된 탐구 활동 중 학생들의 흥미가 높은 활동에는 어떤 것이 있을까요?

멘토 교사: 물체의 그림자 만들기 활동, ㉠ 간이 사진기 만들기 활동 등이 있습니다. 그런데 이런 활동들은 학생들의 흥미를 유발하지만, 단순히 만들고 관찰하는 활동에 그칠 수 있어요.

초임 교사: 그렇다면, 어떤 점에 유의하면 좋을까요?

멘토 교사: 학생들이 자기 나름대로 현상이 일어난 이유를 설명해 보도록 기회를 주는 것이 좋아요. 과학에서는 관찰한 것을 자신의 지식과 경험을 바탕으로 논리적으로 해석하고 설명해 보는 (㉡)이/가 기초 탐구 과정 기능으로 중요합니다.

초임 교사: 그림자 만들기 활동과 관련해서 학생들이 가질 수 있는 오개념에는 어떤 것이 있나요?

멘토 교사: ㉢ 학생들이 불투명한 물체만 그림자가 생기고 유리와 같이 투명한 물체는 그림자가 생기지 않는다고 생각하는 경우가 있어요.

초임 교사: 그렇군요. 간이 사진기 만들기 활동과 관련해서 먼저 볼록 렌즈의 특성을 알아보도록 하려면 어떤 활동을 하는 것이 좋을까요?

멘토 교사: 레이저를 볼록 렌즈에 쏘아서 빛이 모이는 것을 직접 관찰하도록 할 수 있고, 햇빛이 볼록 렌즈를 통과하는 경우와 평면 유리를 통과하는 경우를 비교하는 활동도 해 볼 수 있어요.

(나)

〈탐구 활동〉

- 준비물: 지름이 같은 볼록 렌즈와 평면 유리, 도화지, 색안경, 적외선 온도계, 자

(1) 운동장에서 태양, 볼록렌즈, 도화지가 일직선상에 있게 한다.

(2) 볼록 렌즈와 도화지 사이의 거리를 점점 멀리 하면서, 볼록 렌즈를 통과한 햇빛이 만드는 밝은 원의 크기와 밝기를 관찰한다.

(3) ㉣ 햇빛이 볼록 렌즈를 통과하여 생긴 밝은 원(영역 A)의 크기가 달라질 때, 밝은 원의 온도가 어떻게 달라지는지 측정한다.

(4) 볼록 렌즈를 평면 유리로 교체하고, ㉤ 햇빛이 평면 유리를 통과하여 만든 원(영역 B)의 온도와 도화지 다른 부분의 온도를 측정한다.

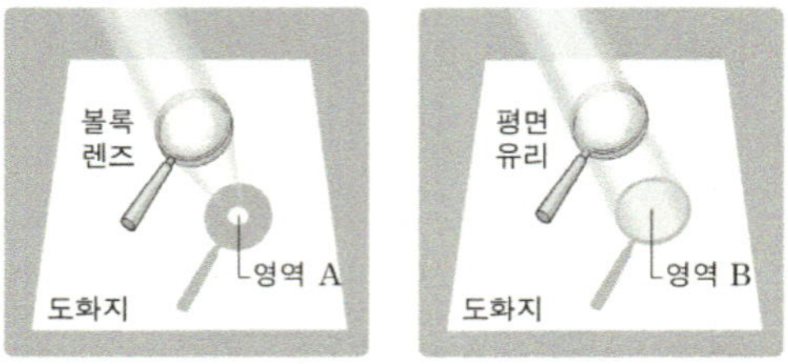

영역 A: 볼록 렌즈를 통과한 햇빛이 만드는 원
영역 B: 평면 유리를 통과한 햇빛이 만드는 원

1) ① (가)의 ㉠과 관련된 빛의 성질을 쓰고, ② ㉡에 들어갈 기초 탐구 과정 기능을 쓰시오. [2점]

- ① :
- ② :

2) (가)의 ㉢에 나타난 오개념과 관련하여 예상–관찰–설명(POE) 활동을 하고자 한다. '예상 단계'에 해당하는 교수·학습 활동을 구체적으로 쓰시오. [1점]

-

3) ① (나)의 ㉣에서 '도화지에 생긴 밝은 원(영역 A)'의 크기에 따라 밝은 원(영역 A)의 온도가 어떻게 변하는지 쓰고, ② ㉤에서 '평면 유리를 통과한 햇빛이 만드는 원(영역 B)'의 온도가 햇빛이 도화지에 직접 도달한 부분의 온도에 비해 낮은 이유를 쓰시오. [2점]

- ① :
- ② :

2023-02 초등

(가)는 예비 교사가 경험 학습 모형을 적용하여 실시한 '배추흰나비 어른 벌레의 특징 알아보기' 수업 내용이고, (나)는 수업 후에 예비 교사와 지도 교사가 나눈 대화의 일부이다. 물음에 답하시오. [4점]

(가)

단계	교수·학습 활동
㉠	• 배추흰나비 어른벌레를 관찰해 봅시다. – 관찰 일지에 글과 그림으로 표현하기
관찰 결과 발표	• 관찰한 결과를 이야기해 봅시다. – 다리가 세 쌍 있고, 더듬이가 한 쌍 있습니다. – 날개가 두 쌍 있습니다. – 입은 도르르 말려 있다가 먹이를 먹을 때 긴 대롱 모양으로 펴집니다. [A]
교사의 안내에 따른 탐색	(㉡)
탐색 결과 정리	• 배추흰나비 어른벌레의 관찰 결과를 바탕으로 곤충의 특징을 정리해 봅시다.

(나)

예비 교사 : ㉠단계에서 교사가 관찰 관점을 구체적으로 제시해 주는 것이 좋았을까요?

지도 교사 : ㉠단계에서는 (㉢)이/가 중요하기 때문에 관찰 관점을 구체적으로 제시하지 않는 것이 좋습니다.

…(중략)…

지도 교사 : 학생들이 곤충과 관련하여 가지고 있는 오개념은 없었나요?

예비 교사 : 몇몇 학생들이 '배추흰나비처럼 모든 곤충은 (㉣)'(이)라고 생각하고 있어요.

지도 교사 : 네, 곤충에 대해 그렇게 생각하는 학생들이 많아요.

예비 교사 : 그래서 곤충에는 개미와 같은 종류도 있다는 것을 알려 주고 수업 후 주변에서 흔히 볼 수 있는 개미를 자세히 관찰해 보도록 했어요. 그랬더니 ㉣과 관련된 문제는 해소되었어요. 하지만 어떤 학생은 [B]와 같이 개미를 그렸어요.

지도 교사 : 그림을 보니 다리의 위치를 다시 확인하도록 해야겠네요.

1) (가)의 ㉠단계에서 교사가 유의해야 할 점을 고려하여, (나)의 ㉢에 들어갈 내용을 쓰시오. [1점]

• ______

2) (가)의 [A]를 고려하여 곤충의 개념을 도입하기 위해 ㉡에서 교사가 안내해야 할 탐색 활동을 쓰시오. [1점]

• ______

3) ① (나)의 ㉣에 들어갈 적합한 내용을 쓰고, ② [B]에 나타난 오개념을 바로 잡기 위해 필요한 과학적 개념을 쓰시오. [2점]

• ① : ______

• ② : ______

2022-01 초등 · 초특 공통

(가)는 '온도계는 어떻게 사용할까요?' 차시를 수업한 후 멘토 교사와 초임 교사들이 나눈 대화이고, (나)는 멘토 교사가 (가)의 ㉥에서 제안한 탐구 활동이다. 물음에 답하시오. [5점]

(가)

멘토 교사: '온도계는 어떻게 사용할까요?' 수업에서 어떤 활동을 하셨나요?

초임 교사 A: 저는 모둠별로 알코올 온도계와 적외선 온도계를 하나씩 나누어 주고 ㉠교실 칠판의 온도를 측정하고, 또 ㉡어항 속 물의 온도를 측정하는 활동을 했어요.

초임 교사 B: 저는 모둠별로 ㉢학교 건물의 1층, 2층, 3층 복도에서 기온을 측정하는 활동과 ㉣뜨거운 물을 붓기 전과 부은 후에 컵의 표면 온도가 어떻게 달라지는지 알아보는 활동을 했어요. 컵의 표면 온도를 측정하는 실험에서는 실험 전에 학생들이 실험 결과를 예상하고, 왜 그렇게 될지 자신의 생각을 쓰도록 하는 (㉤) 활동을 했어요.

멘토 교사: 학생들에게 통합 탐구 과정 기능을 길러주는 데 도움이 되었겠네요.

초임 교사 A: 선생님, 제 수업에서는 학생들이 쓰임새에 맞는 온도계를 선택하기보다 무조건 적외선 온도계를 선택하는 경우가 많았어요. 학생들은 온도가 숫자로 표시되는 적외선 온도계가 더 정확하다고 잘못 생각하기도 했어요.

초임 교사 B: 학생들은 온도계의 원리를 잘 이해하지 못하기 때문에 온도계의 종류에 따른 쓰임새를 잘 구분하지 못하는 것일 수도 있어요.

멘토 교사: 맞아요. 알코올 온도계의 원리를 이해하지 못한 학생들의 경우에는 ㉥투명한 빨대, 작은 음료수 병, 비커, 고무 찰흙 등을 이용한 탐구 활동이 도움이 돼요.

초임 교사 A: 그렇다면 적외선 온도계의 원리는 무엇인가요?

초임 교사 B: 저는 ㉦적외선 온도계에서 레이저가 나오고, 물체에서 반사된 레이저가 적외선 온도계에 감지되어 온도가 측정된다고 생각해요.

멘토 교사: 간혹 선생님들 중에서도 그렇게 오해하는 경우가 있어요.

(나)

〈탐구 활동〉

비커, 작은 음료수 병, 투명한 가는 빨대, 고무 찰흙, 실온의 물, 더운 물, 빨간색 물감, 사인펜을 준비하여 다음 과정에 따라 활동한다.

(1) 작은 음료수 병에 빨간색 물감을 탄 실온의 물을 가득 넣고 투명한 가는 빨대를 꽂는다.
(2) 물이나 공기가 새지 않도록 빨대 주변과 작은 음료수 병 입구를 고무 찰흙으로 감싸고, 빨대 속 물의 높이를 사인펜으로 표시한다.
(3) (2)의 작은 음료수 병 높이만큼 비커에 더운 물을 채운 후, 작은 음료수 병을 넣는다.
(4) ㉧빨대 속 물의 높이를 관찰하면서 높이가 가장 높아질 때까지 잠시 기다린다.
(5) 변화된 빨대 속 물의 높이를 사인펜으로 빨대에 표시하고, 처음 높이와 비교한다.

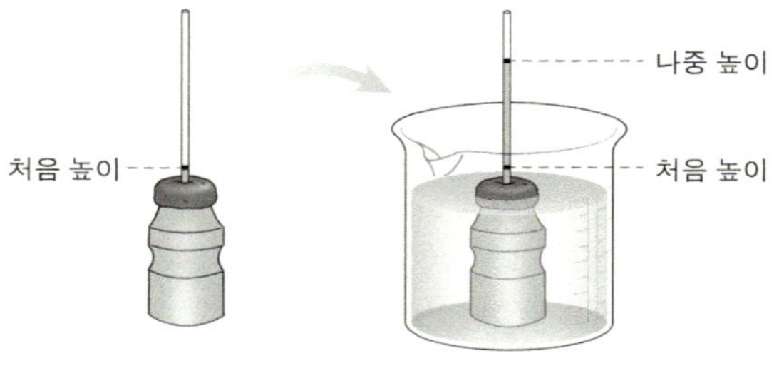

…(하략)…

1) ① (가)의 ㉠, ㉡, ㉢, ㉣ 중 알코올 온도계를 사용하는 경우를 쓰고, ② 2015 개정 과학과 교육과정에 제시된 통합 탐구 과정 기능 중 ㉤에 들어갈 용어를 쓰시오. [2점]

• ① : ______

• ② : ______

2) (가)의 ㉦은 적외선 온도계의 원리에 대한 잘못된 생각이다. 적외선 온도계의 원리를 적외선 방출과 관련하여 쓰시오. [1점]

• ______

3) ① (나)의 탐구 활동으로 알 수 있는 알코올 온도계의 원리를 쓰고, ② ⓞ에서 빨대 속 물의 높이가 가장 높아질 때까지 잠시 기다려야 하는 이유를 쓰시오. [2점]

• ① : ______________________________

• ② : ______________________________

2022-02 초등

(가)는 '지진이 발생하는 까닭은 무엇일까요?' 수업에 대해, (나)는 '현무암과 화강암은 어떤 특징이 있을까요?' 수업에 대해 예비 교사와 지도 교사가 나눈 대화의 일부이다. 물음에 답하시오. [4점]

(가)

예비 교사: 저는 이번에 ㉠'지진이 발생하는 까닭은 무엇일까요?' 수업에서 학생들이 우드록을 양손으로 미는 모형실험을 하려고 합니다. 이 모형실험에서 우드록은 땅에, 양손으로 미는 힘은 (㉡)에, 우드록이 끊어질 때의 떨림은 지진에 대응시켜 설명하고자 합니다.

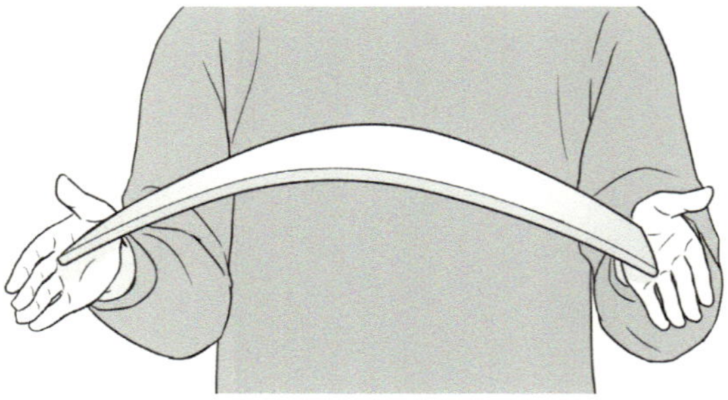

지도 교사: 네, 이 모형실험을 활용하면 지진이 발생하는 원인에 대해서 비유적으로 설명할 수 있습니다. 그리고 우드록을 이용한 모형실험과 실제 지진 현상을 비교해서 설명하는 것도 중요합니다.

(나)

예비 교사: 저는 ㉢'현무암과 화강암은 어떤 특징이 있을까요?' 수업에서 현무암과 화강암을 관찰하는 활동을 하고, 녹인 양초를 찬 물과 따뜻한 물에 붓는 모형실험을 하였습니다.

지도 교사: 네, 학생들이 ㉣찬 물에서 굳은 양초와 따뜻한 물에서 굳은 양초의 알갱이 크기를 비교하여 관찰하면 현무암의 알갱이 크기가 작고, 화강암의 알갱이 크기가 큰 것을 이해할 수 있습니다.

예비 교사: 그런데 이 모형실험을 마친 후, ㉤"현무암과 화강암의 색깔이 다른 것도 마그마나 용암이 식는 속도 때문이에요."라고 말하는 학생들이 있었습니다. 이러한 경우, 모형실험 지도 시 어떤 측면에 유의하면 좋을까요?

지도 교사: 좋은 질문이에요. 녹인 양초를 활용한 모형 실험은 동일한 양초를 사용하였기 때문에 현무암과 화강암이 생성되는 조건과 알갱이 크기만 관련되도록 지도해야 합니다.

1) 지진이 발생하는 원인과 관련하여 (가)의 ㉡에 해당하는 것을 쓰시오. [1점]

• ______________________

2) ① (나)에서 모형실험의 ㉣에 대응되는 암석의 이름을 쓰고, ② (나)의 ㉤에서 드러난 학생의 오개념을 바르게 지도하기 위해 교사가 알아야 할 과학 개념을 쓰시오. [2점]

• ① : ______________________

• ② : ______________________

3) (가)의 ㉠과 (나)의 ㉢ 수업에서 모형실험을 실시하는 이유 1가지를 쓰시오. [1점]

• ______________________

2022 초특

다음은 2015 개정 특수 교육과정 중 기본 교육과정 과학과 5~6학년군에 따른 교수학습 과정안의 일부이다. 물음에 답하시오. [2점]

성취기준	[6과학02-04] 생활 주변의 소리를 듣고 큰 소리와 작은 소리, 높은 소리와 낮은 소리로 구분한다.		
학습목표	북을 치며 큰 소리와 작은 소리를 비교할 수 있다.	차시	5/12
단계	활 동	자료(재) 및 유의점(유)	
전개	○ 활동 1 • 여러 가지 소리 내어 보기 - ㉡수업에 사용할 물건이나 악기의 설명을 듣고, 해당되는 물건이나 악기를 가져와 책상 위에 올려 놓기 - 책상 위의 악기로 소리 내어 보기 - 북과 북채를 가지고 소리 내어 보기  ○ 활동 2 • 북 소리를 크게 또는 작게 내는 방법 알아보기 - 북 소리를 크게 또는 작게 내는 방법 말해 보기 - 북 소리를 크게 또는 작게 소리 내어 보기 • 소리의 크기에 따른 콩의 떨림 살펴보기 - 북 위에 콩 뿌리기 - 북을 세게 또는 여리게 두드리며 콩의 떨림 살펴보기 [A]	재 북, 탬버린 등 ㉢소리가 나는 물건이나 악기 유 미라가 잘 듣지 못하는 음소를 지문자로 전달 유 ㉣'북소리는 북을 세게 칠수록 높은 소리가 난다.'는 오개념 형성에 유의하여 지도하기	

1) ① (나)의 [A]에 적용된 과학과의 기초 탐구 과정 중 가장 적합한 것 1가지를 쓰고, ② (나)의 ㉠의 오개념을 바르게 고쳐 쓰시오. [2점]

• ① : ______________________

• ② : ______________________

2021-01 초등 · 초특 공통

(가)는 '물의 세 가지 상태를 알아볼까요?' 수업에 대해, (나)는 '강이나 연못에 사는 식물' 수업에 대해 예비 교사와 지도 교사가 나눈 대화의 일부이다. 물음에 답하시오. [5점]

(가)

예비 교사: 선생님, ㉠ 물의 세 가지 상태를 학생들이 이해하기 쉽도록 학교 상황에서 학생들의 움직임을 활용하려고 합니다. 고체 상태 분자는 수업 시간에 책상에 앉아 있는 학생들로, 액체 상태 분자는 쉬는 시간에 교실 내에서 자유로이 움직이는 학생들로, 그리고 기체 상태 분자는 점심 시간에 서로 영향을 받지 않고 자유롭게 운동장으로 나가는 학생들로 설명하려고 합니다. 이때 학생과 물 분자 사이의 모양, 크기 등과 같은 특징의 차이를 무시하고 각각의 학생과 물 분자가 일대일로 대응한다고 전제하더라도, 학생과 물 분자는 다르잖아요?

지도 교사: 그렇죠. 학교 상황을 이용할 경우, 각 상태에서의 분자 배열과 운동을 잘 설명할 수 있습니다. 그런데 ㉡ 학교 상황에서 학생들의 움직임으로 물의 세 가지 상태를 설명할 때는 둘 사이의 차이점, 즉 비공유 속성에 유의해야 합니다.

(나)

예비 교사: 지난 시간에 부레옥잠의 특징을 관찰한 후 '적응' 개념을 도입할 때 ㉢ 사람들이 물놀이를 하면서 튜브를 사용하는 모습을 함께 보여주는 수업 전략을 사용했더니 학생들이 개념을 쉽게 이해했습니다.

지도 교사: 간혹 ㉣ 부레옥잠이 물에 잘 떠 있기 위해 공기주머니를 만들었다고 생각하는 학생들이 있어서 지도할 때 유의해야 합니다.

예비 교사: 그런데 줄기를 관찰한 결과를 토의할 때 어떤 학생은 줄기가 공기로 가득차서 볼록한 것이 특징이라고 이야기하고, 어떤 학생은 줄기가 물속에 잠겨서 잘 보이지 않았다고 각자 다른 이야기를 하는 것이 좀 의아했습니다.

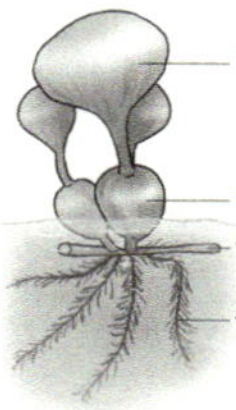

지도 교사: 그것은 ㉤ 관찰이 가지고 있는 인식론적 한계 때문입니다. 다음 시간에는 침수식물을 다룬다고 하셨죠?

예비 교사: 네. 그런데 침수식물은 광합성에 필요한 이산화 탄소를 어떻게 얻나요? 이산화 탄소는 물에 녹지 않는 것으로 알고 있습니다.

지도 교사: 이산화 탄소는 산소와 마찬가지로 (㉥) 분자이므로 물에 잘 녹지 않습니다. 하지만 이산화 탄소의 물에 대한 용해도는 산소의 용해도보다는 높아서 물에 조금은 녹습니다.

1) ① (가)의 ㉠과 (나)의 ㉢에서 공통으로 사용된 과학과 수업 전략을 쓰고, ② (가)의 ㉡에서 둘 사이의 차이점인 비공유 속성을 쓰시오. [2점]

· ① : ______

· ② : ______

2) ① (나)에서 적응 개념을 지도할 때 학생들이 ㉣과 같은 오개념을 가지지 않도록 교사가 유의할 점을 과학적 개념을 포함하여 쓰고, ② ㉤에서 지도 교사가 말하는 관찰이 가지고 있는 인식론적 한계를 쓰시오. [2점]

· ① : ______

· ② : ______

3) (나)의 ㉥에 들어갈 용어를 쓰시오. [1점]

· ______

2021-02 초등

다음은 '계절에 따라 태양의 남중고도가 어떻게 달라질까요?'를 주제로 진행할 수업을 순환학습 모형의 단계별로 나타낸 것이다. 물음에 답하시오. [4점]

1단계 (탐색) 교사는 한국천문연구원 자료를 검색하여 우리나라 A, B, C 3개 지역의 월별 태양의 남중고도 자료를 학생들에게 제공한다. 학생들은 제공된 자료를 그래프로 나타낸 후, 월별 태양의 남중고도 변화 경향성을 파악하여 인과적 의문을 생성한다. 그리고 ㉠ <u>그 의문에 대한 잠정적인 답</u>을 만들고, 잠정적인 답이 우리나라 다른 지역 또는 우리나라와 비슷한 위도에 위치한 다른 나라의 태양의 남중고도 변화 경향성을 설명할 수 있는지 토의한다.
다음 그래프는 A, B, C 3개 지역의 월별 태양의 남중고도 변화를 나타낸 것이다.

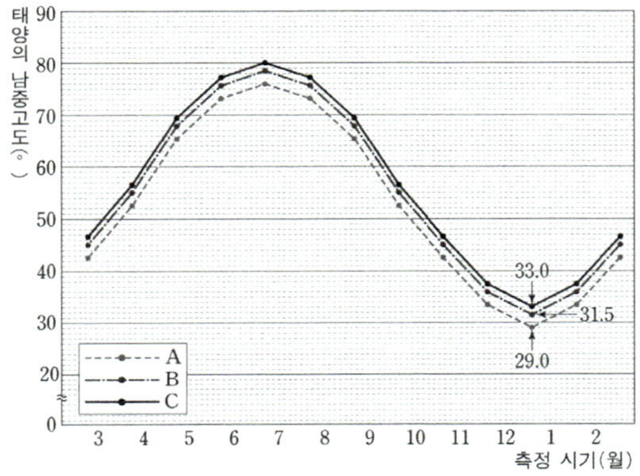

2단계 (개념도입) 학생들은 자신의 언어로 계절별 태양의 남중고도가 어떻게 달라지는지에 대해 발표한다. 교사는 계절별 태양의 남중고도 및 계절에 따른 기온과 낮의 길이 변화 등과 같은 과학적 개념을 도입하고, 그림을 활용하여 관련 개념을 설명한다. [그림]은 A지역의 동짓날 태양의 남중고도를 나타낸 것이다.

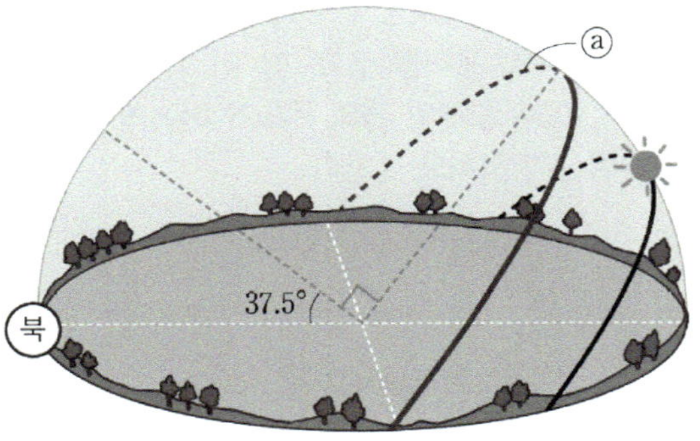

[그림] A지역의 동짓날 태양의 남중고도

3단계 (개념 적용) (　　　　　　㉡　　　　　　)

1) 이 수업에서 교사가 의도한 잠정적인 답(㉠)을 쓰시오. [1점]

•

2) ① [그림]에서 ⓐ에 해당하는 용어를 쓰고, ② 그래프에 제시된 남중고도 값과 [그림]을 활용하여 C 지역의 위도 값을 구하시오. [2점]

• ① :

• ② :

3) 이 수업의 3단계(개념 적용)에 적합한 교수·학습 활동(㉡)을 구체적인 상황을 포함하여 제시하시오. [1점]

•

2020-01 초등

(가)는 '물체의 무게와 용수철의 길이 사이의 관계를 알아보는 활동'이고, (나)는 '모래와 물의 온도 변화를 측정하는 활동'이다. 물음에 답하시오. [4점]

(가)

〈탐구활동〉

○ 서로 다른 용수철 2개(A, B), 같은 무게의 추 여러 개, 스탠드, 종이 자, 셀로판테이프 등을 준비하여 다음 과정에 따라 활동해 봅시다.

1. 용수철을 스탠드에 걸어 고정합니다.
2. 용수철 끝의 고리에 추 1개를 걸어 놓고, 종이 자의 눈금 '0'을 용수철 끝에 맞추어, 셀로판테이프로 스탠드에 고정합니다.
3. 추의 개수를 한 개씩 늘려가면서 늘어난 용수철의 길이를 측정합니다.
4. 나머지 하나의 용수철을 사용하여 1~3의 과정을 반복합니다.

…(중략)…

※ 다음은 실험 결과를 그래프로 나타낸 것입니다. 그래프의 가로축은 늘어난 용수철의 길이를, 세로축은 용수철에 걸어 놓은 추의 무게(=힘의 크기)를 나타냅니다. 그래프를 보고 두 용수철(A,B)의 늘어난 길이와 힘의 크기 사이의 관계와 기울기의 의미를 찾아봅시다.

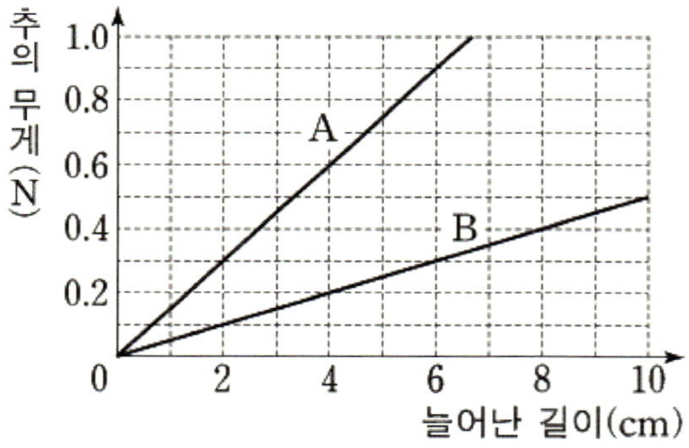

(나)

〈탐구활동〉

○ 투명한 사각 플라스틱 그릇 2개, 마른 모래, 물, 전등(150W 열 전구) 2개, 스탠드 2개, 알코올 온도계 2개 등을 준비하여 다음 과정에 따라 활동해 봅시다.

1. 투명한 사각 플라스틱 그릇 2개에 모래와 물을 각각 $\frac{3}{4}$씩 담고, 두 그릇 뒤에 일정한 거리를 두고 전등을 각각 설치합니다.
2. 스탠드 2개를 두 그릇 옆에 각각 놓고, 각 스탠드에 알코올 온도계를 설치하되, 알코올 온도계의 액체샘이 모래와 물에 1cm 깊이로 꽂히도록 합니다.
3. 전등을 켜고 2분 간격으로 10분 동안 모래와 물의 온도 변화를 측정합니다.
4. ㉠전등을 끄고 2분 간격으로 10분 동안 모래와 물의 온도 변화를 측정합니다.

…(중략)…

※ 다음은 전등을 켜고 10분 동안 모래와 물의 온도 변화를 측정한 실험 결과를 그래프로 나타낸 것입니다. 그래프를 보고 실험을 통해 수집한 자료에 담긴 의미를 찾아봅시다.

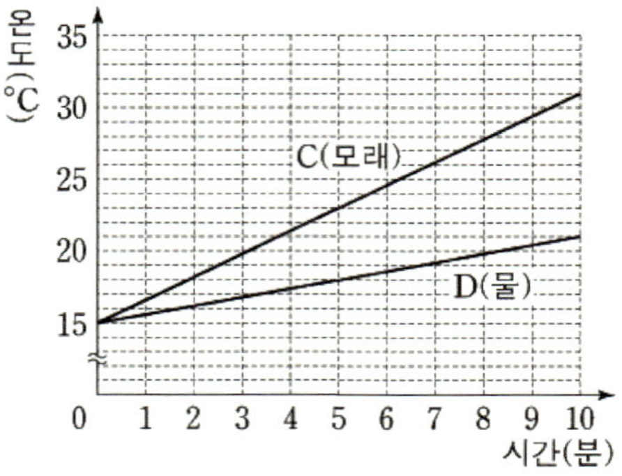

1) ① (가)의 그래프에서 기울기에 해당하는 과학적 용어를 쓰고, ② A와 B의 기울기가 다르게 나타나는 이유를 용수철의 성질과 관련지어 설명하시오. [2점]

· ① : ______________________

· ② : ______________________

2) ① (나)의 그래프에서 C와 D의 기울기 차이를 설명할 수 있는 과학적 용어를 쓰고, ② 이 과학적 용어를 사용하여 ㉠에서 모래와 물의 온도가 어떻게 달라지는지 비교하여 설명하시오. [2점]

· ① : ______________________

· ② : ______________________

2020-02 초등

다음은 현미경을 사용하여 짚신벌레와 해캄의 특징을 관찰하는 수업을 준비하는 예비 교사가 지도 교사와 나눈 대화의 일부이다. 물음에 답하시오. [5점]

예비 교사: 이번 차시의 학습 목표는 '짚신벌레와 해캄 같은 생물의 특징을 설명할 수 있다.'인데, 순환학습 모형을 활용하려고 합니다. 짚신벌레와 해캄을 관찰하기 전에, 먼저 현미경 사용법을 지도하려고 합니다.

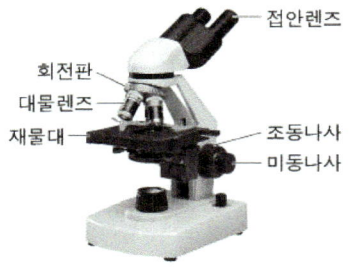

〈광학현미경의 구조와 구성요소〉

지도 교사: 특히 학생들이 저배율로 관찰하다가 더 높은 배율로 관찰하려고 할 때, 현미경을 잘못 조작하는 경우가 많아요. 저배율에서 고배율로 배율을 높여 관찰하려면 가장 먼저 (㉠). 그리고 현미경 표본을 만드는 방법도 유의해야 해요. 짚신벌레의 경우에는 움직임이 활발해서 관찰하기가 쉽지 않아요. 그래서 ㉡현미경 표본을 만들 때 짚신벌레의 움직임을 제한하는 방법이 필요해요.

예비 교사: 해캄을 현미경으로 보면 무엇을 관찰할 수 있나요?

지도 교사: 해캄을 관찰하면 ㉢초록색을 띤 알갱이가 사선 모양으로 연결되어 있는 것을 많이 볼 수 있어요. 그런데 수업은 어떻게 구성하려고 하나요?

예비 교사: 수업 구성은 먼저 탐색 단계에서 현미경으로 짚신벌레와 해캄의 특징을 관찰하고, 개념 도입 단계에서 (㉣), 개념 적용 단계에서 이 생물들과 같은 무리에 속하는 또 다른 생물의 특징을 알아보는 순서로 진행하려고 합니다.

1) ① 그림에 제시된 현미경 구성 요소를 사용하여 가장 먼저 해야 할 조작 방법 ㉠을 쓰고, ② 현미경 표본을 만들 때 ㉡의 구체적인 방법 1가지를 쓰시오. [2점]

- ① :
- ② :

2) ㉢에 해당하는 과학적 용어를 쓰고, ㉢의 역할을 영양 방식과 관련지어 설명하시오. [2점]

-
-

3) ㉣에 들어갈 활동을 수업 내용과 관련지어 제시하시오. [1점]

-

2019-01 초등

(가)는 생물의 생활에 영향을 주는 환경 요인을 알아보기 위해 민수가 수행한 실험 과정이고, (나)는 실험을 마친 후 민수가 김 교사와 나눈 대화의 일부이다. 물음에 답하시오. [5점]

(가)

(1) 페트병 4개를 각각 중간 부분을 잘라 입구를 거꾸로 하여 탈지면을 깔고, 각각에 비슷한 길이의 콩나물을 같은 양으로 담는다. 잘라 낸 페트병의 나머지 부분은 물 받침대로 사용한다.
(2) 페트병 2개는 햇빛이 잘 드는 곳에 두고, 그중 하나에만 물을 자주 준다.
(3) 나머지 페트병 2개는 어둠상자로 덮어 햇빛을 가린 다음에 그중 하나에만 물을 자주 준다.
(4) 콩나물이 자라는 모습을 관찰한다.

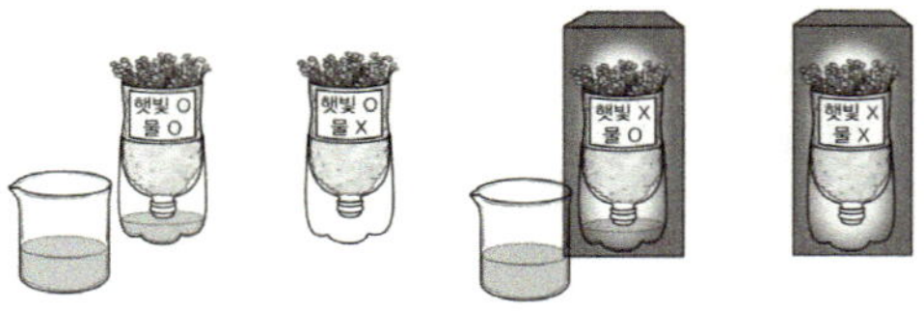

(나)

민 수: 우리가 먹는 콩나물은 떡잎이 노란색이고 떡잎 아래 몸통이 곧고 길쭉한 것으로 보아 (㉠) 조건에서 키운 것이네요.
김 교사: 그렇죠. 이처럼 환경 요인은 생물의 생활에 영향을 줍니다. 그럼 지금까지 배운 생태계에 대한 개념도를 그려볼까요? 4학년 때 배운 식물의 씨앗이 싹 트는 데 필요한 조건을 포함하여 개념도를 그려봅시다.

1) (가)에서 독립 변인 2개를 쓰시오. [1점]

·

2) (나)의 ㉠에 들어갈 조건을 (가)의 실험에 근거하여 쓰시오. [1점]

·

3) 다음은 민수가 그린 개념도이다. 생태계에 대한 과학 지식에 비추어 볼 때, ① 이 개념도에서 ▭의 개념들 중 잘못 들어간 것 2개를 찾아 쓰고, ② 음영으로 표시된 연결선 ⓐ에서 잘못된 부분을 찾아 옳게 수정하는 방법을 쓰시오. [3점]

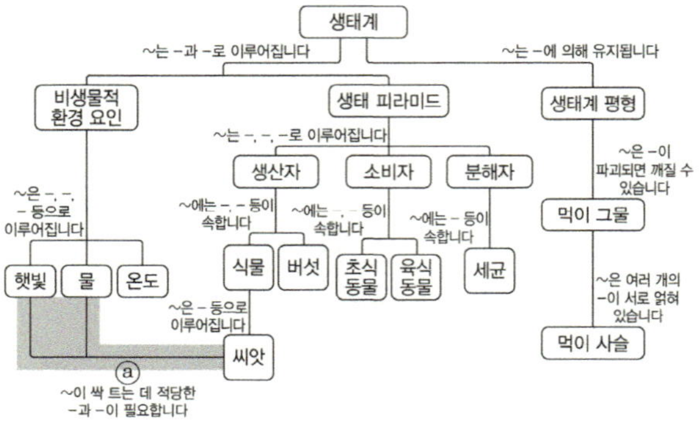

· ① :

· ② :

2019-02 초등

김 교사는 '전구의 연결 및 전기 안전'을 지도하기 위하여 다음과 같이 수업을 실시하였다. 물음에 답하시오. [4점]

(1) 학생들에게 ㉠ 과학실 콘센트에 같은 규격의 가정용 전구 2개(전구 A, 전구 B)와 퓨즈 1개를 연결한 회로를 구성하여 제시하고, 이 회로에서 전구 1개를 빼면 어떻게 될지 예상한 다음, 서로의 생각을 비교하도록 한다.
(2) 이 회로에서 전구 1개를 빼도 나머지 전구의 밝기에는 변화가 없다는 것을 실험을 통해 관찰하도록 한다.
(3) 토론을 통해, 처음 예상한 것과 실험에서 관찰한 결과 사이의 모순을 해결하도록 한다.
(4) 우리 생활 주변에서 ㉡ 여러 개의 전구를 연결한 회로와 그 특징을 알아본다.

1) 다음은 김 교사가 구성한 회로 ㉠을 나타낸 것이다. 위 수업의 (1), (2)에 근거하여 음영 부분에 들어갈 회로의 구성 방법을 쓰시오. (단, 전구 A, 전구 B, 퓨즈를 사용하여 설명하시오.) [2점]

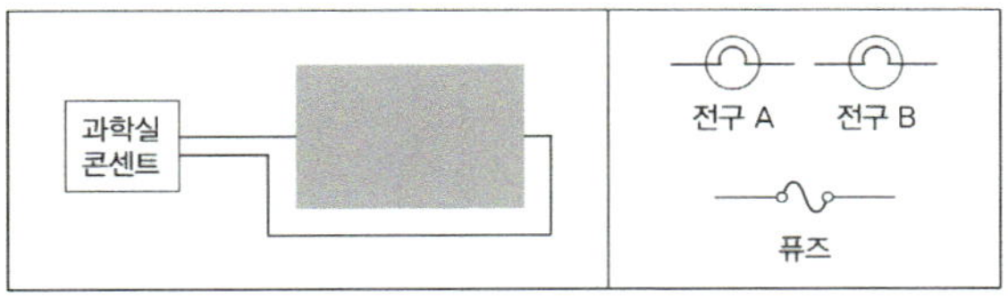

·

2) ㉡과 관련하여, 김 교사는 (1)에서 사용한 것과 같은 규격의 전구와, 같은 규격의 퓨즈를 이용하여 다음과 같이 [회로 1]과 [회로 2]를 구성하였다. [회로 1]과 비교하여, [회로 2]에서 퓨즈와 전구가 어떻게 될지 쓰시오. (단, 전류와 관련지어 쓰시오.) [2점]

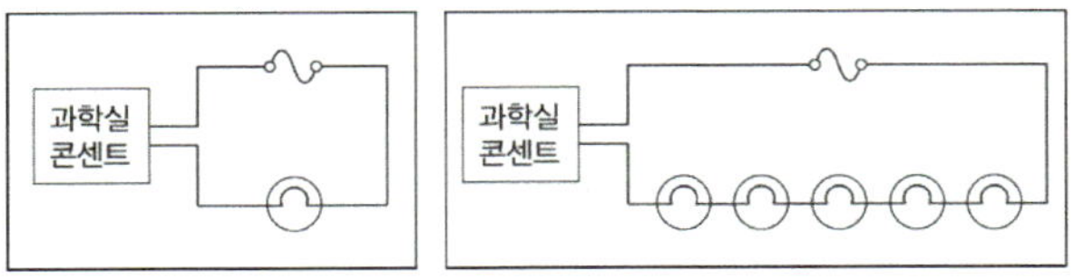

[회로 1] [회로 2]

·

2019 초특

(가)는 3학년 '소리의 성질' 단원에서 실 전화기 탐구 놀이를 지도하기 위한 교수 · 학습 과정안이고, (나)는 실험에 대한 학생들의 대화 중 일부이다. 물음에 답하시오. [4점]

(가)

<table>
<tr><th>단계</th><th>교수·학습 활동</th></tr>
<tr><td>문제탐색</td><td>실 전화기에서 소리를 더 잘 들리게 하는 방법은 무엇일까?</td></tr>
<tr><td>실험설계</td><td>1. 탐구를 계획할 때 실 전화기의 소리 전달과 관련된 변인들을 찾아본다.
2. 관련 변인들을 같게 할 조건과 다르게 할 조건으로 나누어 실험을 설계한다.
<table>
<tr><th>구분</th><th>변인</th></tr>
<tr><td>(㉠)</td><td>소리의 전달</td></tr>
<tr><td>독립 변인</td><td>실의 굵기, (㉡)</td></tr>
<tr><td>통제 변인</td><td>실의 길이</td></tr>
</table></td></tr>
<tr><td>실험과정</td><td>※ 준비물: 플라스틱 컵 4개, 굵기가 다른 실 2개, 송곳, 클립

1. 플라스틱 컵 바닥에 송곳으로 구멍을 뚫고 실을 구멍으로 넣는다.
2. 플라스틱 컵 안쪽 실에 클립을 묶어 고정한다.
3. 실의 굵기(가는 실, 굵은 실)만 다르고 나머지는 동일한 실 전화기 2개를 만든다.
4. 실험과정 3에서 만든 실 전화기를 각각 사용하여, 양쪽에서 실을 당기는 정도를 다르게 하면서 ㉢<u>소리가 잘 전달되는지 측정한다.</u></td></tr>
</table>

(나)

영준: 실 전화기 실험에서 2개의 플라스틱 컵 사이에 연결된 실의 중간부분을 손으로 잡으면 상대방의 소리가 잘 들리지 않아. 왜냐하면 (㉣).

재원: 실 전화기의 실에 물을 적시니까 소리가 더 잘 전달되는 것 같아. 왜 그럴까?

1) (가)의 실험 과정을 고려하여 실험 설계의 ㉠과 ㉡에 들어갈 말을 각각 쓰시오. [2점]

- ㉠:
- ㉡:

2) (가)의 ㉢에서는 '측정 방법을 객관적으로 정의'하여 학생들이 동일한 방식으로 소리 전달 정도를 파악할 수 있도록 해야 한다. 이러한 정의의 명칭을 쓰시오. [1점]

-

3) (나)의 ㉣에 들어갈 과학적인 이유를 쓰시오. [1점]

-

2018-01 초등

(가)는 김 교사의 수업에서 학생들이 모둠별로 작성한 실험 계획의 주요 내용이고, (나)는 이 수업 후 김 교사와 예비 교사가 나눈 대화이다. 물음에 답하시오. [4점]

(가)

탐구 활동 주제 : 물질을 물에 많이 녹이려면 어떻게 해야 할까요?

모둠 이름	다르게 해야 할 조건	측정해야 할 것	예 상
A	물의 양	백반이 녹는 양	물의 양이 많을수록 백반이 더 많이 녹을 것이다.
B	알갱이의 크기	〃	백반 알갱이의 크기가 작을수록 백반이 더 많이 녹을 것이다.
C	물의 온도	〃	물의 온도가 높을수록 백반이 더 많이 녹을 것이다.
D	젓는 빠르기	〃	빨리 저을수록 백반이 더 많이 녹을 것이다.

※ 각 모둠마다 실험할 때, 변인 통제에 유의한다.
※ 더 이상 녹지 않을 때까지 충분히 녹인다.

(나)

예비 교사 : 모둠별로 작성한 실험 계획을 보니, ㉠두 모둠은 '다르게 해야 할 조건'으로 백반이 녹는 양에 영향을 미치지 않는 변인을 설정했네요.

김 교사 : 맞습니다. 실생활 경험에서는 그 두 모둠이 설정한 '다르게 해야 할 조건'도 물질이 녹는 양에 영향을 미친다고 생각할 수 있죠. 실생활에서는 포화 용액이 될 때까지 물질을 녹이지는 않아요.

예비 교사 : 그런데 한 가지 궁금한 것이 있습니다. 이 차시에서는 왜 백반을 사용했는지 그 이유를 모르겠습니다. 앞 차시에서 사용했고, 학생들에게도 친숙한 소금을 사용했어도 될 것 같은데요.

김 교사 : 아주 좋은 질문이라고 생각합니다. 백반은 학생들에게 소금처럼 친숙한 물질이 아닙니다. 그러나 이 차시는 소금보다 백반을 사용하는 것이 더 적절합니다. 왜냐하면 (㉡) 때문입니다.

예비 교사 : 아, 실험 재료를 선택할 때, 교사가 고려해야 할 것들이 많군요. 그런데 학생들의 모둠 활동을 관찰하다 보니, 어떤 모둠에서는 ㉢실험 결과를 나온 대로 쓰지 않고 자신이 원하는 결과로 바꿔 쓰는 경우가 있었어요.

김 교사 : 그렇지요. 과학 수업에서 학생들이 과학 지식을 잘 이해하는 것도 중요하지만, 바람직한 과학적 태도를 갖는 것도 매우 중요합니다. 수업 시간 중 과학적 태도도 평가하여야 합니다. 그래서 다음의 〈평가표〉와 같이 평가했어요.

〈평가표〉

평가 영역		평가 관점
과학적 태도	개방성	의견 차이가 있을 때, 다른 사람의 입장을 이해하고 존중하는가?
	협동성	서로 협동하여 과제를 수행하는가?
	(㉣)	실험 결과가 예상과 다르더라도 나온 대로 쓰는가?

1) 밑줄 친 ㉠에 해당하는 두 모둠을 찾아, 각각 그 이름과 그렇게 판단한 이유를 (가)의 해당 모둠의 예상과 관련지어 쓰시오. [2점]

• ① : ______

• ② : ______

2) (나)의 ㉡에 들어갈 말을 (가)의 '다르게 해야 할 조건' 중 1개와 관련지어 백반과 소금을 비교하여 쓰시오. [1점]

• ______

3) 밑줄 친 ㉢ 상황을 고려하여 ㉣에 들어갈 '과학적 태도' 영역의 하위 요소를 쓰시오. [1점]

• ______

2018-02 초등

다음은 교육 실습 기간 중에 있었던 수업에 대해 예비 교사들이 나눈 대화이다. 물음에 답하시오. [5점]

예비 교사 A: 빛의 굴절 때문에 나타나는 생활 속 현상들을 알아보는 수업을 참관했는데요, 담임 선생님께서 시냇가로 체험 학습 갔을 때의 경험을 이야기하게 하셨어요. ㉠"나무막대기를 물속에 비스듬히 넣었더니 물속에 잠긴 부분이 꺾여 보였다.", "분명 다슬기가 보이는 곳으로 손을 뻗었는데 손이 다른 곳에 닿았다." 등등 여러 이야기가 나왔지요. 그러고는 학생들이 이야기한 실제 경험과 수업의 주제를 연결하여 진행하셨어요.

예비 교사 B: 자신의 경험이 바탕이 되었으니, 학생들이 흥미로워했을 것 같네요.

예비 교사 A: 네, 맞아요. 무엇보다도 담임 선생님께서 제시하신 현상이 인상 깊었어요. 불투명한 빈 컵에 동전을 넣고 눈 위치를 [그림]과 같이 맞추면 컵바닥에 뭐가 있는지 안 보이잖아요? 그런데, 그 상태에서 선생님이 컵에 (㉡) (하)니까, 컵 바닥에 있는 동전이 눈에 보였어요. 정말 신기했어요.

[그림]

예비 교사 C: 신기하네요. 그런데요, 신기한 현상이 흥미롭긴 하지만 왜 그렇게 되는지까지 설명해야 할지 고민될 때가 있어요. 어렵기도 하고요. 예를 들어, 아까 다슬기를 잡으려다 엉뚱한 곳에 손이 닿은 학생의 경우, ㉢물 밖에서 보이는 것보다 조금 더 깊은 곳으로 손을 뻗으면 다슬기에 손이 닿을 수 있을 거에요. 그런데 왜 그런지 이해시키기는 쉽지 않죠.

예비 교사 B: 저도 비슷한 경험이 있어요. 어제 5학년 '온도와 열' 단원에서 쇠막대에 일정한 간격으로 열 변색 붙임 딱지를 붙이고 한쪽을 가열하는 실험을 했어요. 가열한 곳으로부터 차례차례 열 변색 붙임 딱지의 색깔이 변하죠. ㉣열은 열이 많은 곳으로부터 열이 적은 곳으로 항상 이동하니까요. 그런데 열 변색 붙임 딱지의 원리까지 설명해야 하는지 고민되더군요.

예비 교사 C: 저도 비슷한 고민이 있어요. 5학년 '날씨와 우리 생활' 단원의 교과서 삽화를 보면, 고기압과 저기압일 때 바람의 방향이 그려져 있어요. 예를 들어, ㉤북반구에서 바람은 저기압 중심에서는 시계 방향으로 회전하며 불어 들어가지요. 그런데 이 삽화를 처음 접한 학생에게 그 까닭까지 설명해야 할지 고민이에요. 또, 이 단원에서는 ㉥건습구 습도계에서 건구 온도계의 온도가 일정할 때, 습구 온도계의 온도가 낮을수록 습도가 낮다는 것을 이용해 습도를 측정하도록 되어 있는데요, 왜 그런지에 대한 이해 없이 습도 측정만 하는 학생들이 있어요. 이렇게 원리에 대한 이해 없이 현상을 경험하는 것만으로도 의미가 있을지 잘 모르겠어요.

예비 교사 A: 저는 학생들이 여러 가지 자연 현상을 경험하는 그 자체만으로도 의미가 있다고 생각해요. 특히 탐구의 시작 단계에서는요. 그래서 저는 초등학교 고학년 수업에서도 때로는 과학과 교수·학습 모형 중 경험 학습 모형이 필요하다고 생각해요. 경험 학습 모형은 특정한 내용 목표를 가지고 있지 않지요. 그리고 2009 개정 과학과 교육과정에서 크게 둘로 나눈 탐구 과정 중 관찰, 분류와 같은 (㉦)에 주안점을 두거든요.

1) ① 밑줄 친 ㉠에서 공통적으로 나타나는 빛의 성질에 근거하여 ㉡에 들어갈 적절한 방법을 쓰고, ② 보이지 않던 동전이 보이는 까닭을 동전에서 반사된 빛이 관찰자의 눈에 이르기까지의 빛의 진행 경로와 빛이 꺾이는 방향을 포함하여 설명하시오. [2점]

· ① :

· ② :

2) 밑줄 친 ㉢~㉥ 중에서 바르지 않은 것을 2가지 찾아, 각각 기호를 쓰고 바르게 고쳐 쓰시오. [2점]

· ① :

· ② :

3) ㉦에 들어갈 말을 쓰시오. [1점]

·

2017-01 초등

(가)는 '물 로켓 날리기 대회'를 준비하면서 영우네 모둠이 토론한 내용이고, (나)는 토론을 관찰한 교사들의 대화이다. 물음에 답하시오. [5점]

(가)

혜민 : 물 로켓을 멀리 날리려면 물을 얼마나 많이 넣어야 할까?

영우 : 공기를 많이 넣을수록 멀리 가는 에어로켓이나 풍선 자동차처럼 물 로켓도 물을 많이 넣을수록 더 멀리 날아갈 거야.

은정 : 그래? 내가 해보니까, 물 로켓에 물을 비커로 네 컵 반을 넣었을 때 제일 멀리 날아가던데.

영우 : 네 말에 동의하기 어려워. 나는 내 주장이 옳다는 것을 증명할 방법이 있어. 물을 더 넣을 때마다 공기 펌프를 더 많이 누르고, 쏘는 각도도 다르게 하는 거야.

은정 : 그건 말도 안 되는 방법이야. 그리고 네가 옳다면 물을 가득 채울 때 물 로켓이 가장 멀리 날아가야 하는데, 실제로 해 보니까 아예 날지도 못했어. 가장 멀리 날게 하려면 물과 공기가 적절하게 있어야 해.

혜민 : 그러니까 물 로켓을 멀리 날리려면 공기만으로도 안 되고, 물만으로도 안 된다는 말이네. 그러면 물과 공기가 물 로켓 안에서 어떤 작용을 하는 거지?

은정 : 언니는 압축 공기가 물을 밀어낼 때 물 로켓의 무게보다 훨씬 큰 힘이 나오는데, 그 힘으로 물 로켓이 나는 거라고 말했어. 물 로켓 안에 물이 많으면 그만큼 공기가 압축될 수 있는 공간도 적어지니까 압축 공기가 물을 오래 밀어내지 못해. 그뿐 아니라 많은 물 때문에 물 로켓도 무거워져서 멀리 날아갈 수 없어. 그런데 물이 전혀 없으면 압축 공기가 밀어내는 힘만으로는 물 로켓을 멀리 날리지 못해. 결국 물과 공기의 어떤 특성이 물 로켓을 멀리까지 날아가게 만드는 거야.

영우 : 은정이의 말을 듣고 보니 내 생각이 잘못되었다는 것을 알겠어.

(나)

김 교사 : 힘과 운동에 관한 물 로켓의 원리를 초등학생이 제대로 이해하는 것은 어렵습니다. 그러나 초등학교에서 배운 액체, 기체, 무게, 속력에 관련된 단원들을 종합하면 어느 정도 이해할 수 있습니다. 물 로켓은 물과 공기에 작용하던 압력이 작은 구멍을 통해 물을 빠르게 배출시킬 때 얻는 추진력을 이용합니다. 이때 ㉠<u>물과 공기는 밀도와 압축성이라는 측면에서 크게 다른데</u>, 이 점이 물 로켓이 추진력을 얻게 되는 주요 요인입니다.

이 교사 : 이 토론은 학생들의 지식이 변화하는 과정을 잘 보여주는 사례로서, 과학자 사회에서 한 이론이 다른 이론으로 대체되는 과정을 설명한 쿤(T. Kuhn)의 '패러다임 변화'(paradigm shift)와 유사한 측면이 있습니다. 우선, 토론에서는 물의 양과 물 로켓이 날아가는 거리의 관계를 설명하는 두 가지 이론이 경쟁하고 있습니다. 그중 영우의 이론이 실험 증거에 의해 반박되지만, 그럼에도 영우는 ㉡<u>이론의 핵심을 보호하면서 반박의 증거를 수용하기 위해 실험 방법의 일부를 수정</u>합니다. 그러나 영우의 이론은 ㉢<u>이론의 핵심을 결정적으로 반박하는 새로운 실험 증거</u>에 의해 결국 폐기되고, 경쟁에서 성공한 은정이의 이론으로 대체됩니다.

1) (나)의 ㉠에서 언급한 ① 밀도와 ② 압축성의 측면에서 물과 공기의 특성을 비교해 쓰시오. [2점]

- ① : ______
- ② : ______

2) (나)의 ㉡과 같은 역할을 하기 위해 추가로 도입된 변인 2가지를 (가)에서 찾아 쓰시오. [1점]

- ① : ______
- ② : ______

3) (나)의 ㉢에서 말한 ① 이론의 핵심과 이를 ② 결정적으로 반박한 실험 증거에 해당하는 내용을 (가)에서 찾아 쓰시오. [2점]

- ① : ______
- ② : ______

2017-02 초등 · 초특 공통

(가)는 '생물과 우리 생활' 단원에서 예비 교사 A가 설계한 '효모를 이용한 밀가루 반죽 부풀리기' 수업안이고, (나)는 예비 교사들이 이에 대해 나눈 대화이다. 물음에 답하시오. [4점]

(가)

단계	활동 내용
탐색 및 문제 파악	◦ 어떻게 하면 밀가루 반죽을 더 크게 부풀릴 수 있을까?
가설 설정	◦ (㉠)
실험 설계	◦ 다르게 해야 할 조건과 측정해야 할 조건 등을 고려하여 실험 계획을 세운다.
실험	◦ 실험 계획에 따라 실험을 실시한다. 1. 큰 그릇에 밀가루, 설탕, 효모를 넣고 따뜻한 물로 반죽한다. 2. 반죽한 밀가루 덩어리를 같은 무게로 나누어 비커 3개에 각각 눌러 담은 후, 비닐 랩을 덮고 이쑤시개로 구멍을 뚫는다. 3. 비커를 5℃, 20℃, 40℃의 물이 담긴 수조에 각각 넣는다. 4. 30분 후 비커에 있는 반죽한 밀가루 덩어리의 높이를 측정한다.
가설 검증	◦ 실험 결과를 정리하여 가설을 검증한다.
적용 및 새로운 문제 발견	◦ 효모를 넣지 않고 반죽하면 어떻게 될까? ◦ 효모와 같은 작용을 하는 것은 없을까?

(나)

예비 교사 A : 효모를 이용한 밀가루 반죽 부풀리기 수업을 설계해 보았습니다.

예비 교사 B : 밀가루 반죽을 부풀리는데 왜 효모를 이용하는 것인가요?

예비 교사 A : ㉡ <u>효모가 만들어내는 기체</u>가 밀가루 반죽을 부풀리기 때문입니다.

예비 교사 B : 효모와 베이킹파우더는 같은 것인가요?

예비 교사 A : 아니요. 베이킹파우더는 화학 팽창제이지만, ㉢ <u>효모는 생물이며 세균의 한 종류</u>입니다. 햇빛, 물 등 조건이 갖추어져도 ㉣ <u>효모는 광합성을 할 수 없습니다</u>.

예비 교사 C : 제가 알기로 ㉤ <u>효모는 따뜻하고 습도가 높으면 더 활발하게 활동합니다</u>.

예비 교사 A : 그래서 저는 온도에 따른 효모의 활성 정도를 알아보려고 ㉥ <u>'발견 학습 모형'을 적용한 수업을 계획</u>했습니다.

1) (가)의 ㉠에 포함되어야 할 ① 독립 변인과 ② 종속 변인을 쓰시오. [1점]

· ① : ______________________

· ② : ______________________

2) (나)의 ㉡에 해당하는 기체의 명칭을 쓰시오. [1점]

· ______________________

3) (나)의 ㉢~㉥ 중에서 <u>틀린</u> 것을 2가지 찾아 기호를 쓰고, 각각 바르게 고쳐 쓰시오. [2점]

· ① : ______________________

· ② : ______________________

2016-01 초등

(가)는 예비교사 A가 실시한 '열의 이동'에 대한 수업 개요이고, (나)는 예비교사들이 협의한 내용이다. 물음에 답하시오. [4점]

(가) 수업 개요

학습 목표	온도가 다른 두 물질이 접촉하면 온도가 높은 물질에서 온도가 낮은 물질로 열이 이동함을 이해할 수 있다.
도입	▹예상하기 - 찬 물이 담긴 플라스크를 따뜻한 물이 담긴 비커에 넣으면, 두 물의 온도는 어떻게 될까?
전개	▹준비물 찬 물(10℃) 100mL, 따뜻한 물(40℃) 200 mL, 플라스크, 비커, 알코올 온도계 2개, 스탠드, 실, 집게 잡이, 초시계 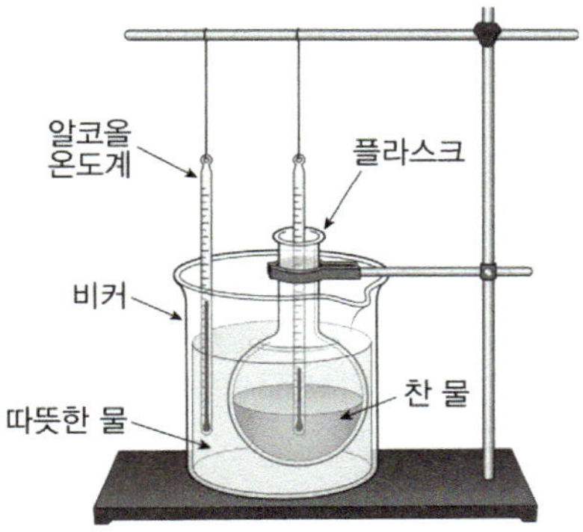 ▹실험 과정 ① 찬 물이 담긴 플라스크를 따뜻한 물이 담긴 비커에 넣는다. ② 온도계 두 개를 플라스크와 비커의 물에 각각 넣는다. ③ 두 물의 처음 온도를 측정하고, 1분 간격으로 10분 동안 측정한 온도를 표에 기록한다. ④ 찬 물과 따뜻한 물의 온도가 어떻게 변하였는지 알아본다.
정리	▹정리하기 - 실험 결과: ㉠찬 물은 온도가 높아지고 따뜻한 물은 온도가 낮아져서 두 물의 온도가 같아진다. - 결론: ㉡열은 온도가 높은 물질에서 낮은 물질로 이동한다.

(나) 협의 내용

예비교사A : 수업에 대한 질문이 있으면 말씀해 주십시오.
예비교사B : 찬 물과 따뜻한 물의 양이 다르기 때문에 학생들에게 두 물을 접촉시켰을 때 온도를 예상하게 하는 활동은 적절하지 않다고 생각합니다.
예비교사A : 저는 생각이 다릅니다. 이전 시간에 따뜻한 물의 양이 많으면 양이 적을 때보다 천천히 식는다는 것을 공부하였기 때문에 ㉢10℃ 물 100mL와 40℃ 물 200mL를 접촉시키면 중간 온도인 25℃보다 온도가 낮다고 예상할 수 있습니다.
예비교사C : 실험 과정의 ①과 달리, 비어 있는 비커에 찬 물이 담긴 플라스크를 먼저 넣은 후 따뜻한 물을 비커에 부으면 어떨까요?
예비교사A : ㉣그렇게 하면 비커에 물을 붓는 동안 따뜻한 물의 온도가 금방 낮아질 수 있으므로 실험 과정에 제시된 방법대로 하는 것이 더 좋습니다.
예비교사B : 10분이 지나도 찬 물과 따뜻한 물의 온도가 같아지지 않았던 모둠이 있었습니다.
예비교사A : 그런 모둠이 있었나요? 두 물의 온도 변화를 통하여 결국 온도가 같아짐을 예상하도록 하거나, ㉤관찰 시간을 좀 더 늘려서 온도 변화를 알아보도록 하면 될 것 같습니다.
예비교사C : 그리고 찬 물질과 따뜻한 물질이 접촉하면 두 물질의 온도가 같아지는 이유를 질문하는 학생이 있었습니다. 이때 ㉥찬 물질의 냉기가 따뜻한 물질로 이동하기 때문이라고 설명해주면 어떨까요?

1) (가)의 정리 단계에서 실험 결과 ㉠으로부터 결론 ㉡을 이끌어내기 위하여 학생들이 사용해야 하는 주요한 ⓐ기초 탐구 기능이 무엇인지 쓰고, ⓑ그렇게 쓴 이유를 '온도'와 '열' 개념과 관련지어 설명하시오. [2점]

• ⓐ : ______

• ⓑ : ______

2) (나)의 ㉢~㉥ 중 타당하지 않은 것 2가지를 찾아 기호를 쓰고, 각각 바르게 고치시오. [2점]

• ______

• ______

2016-02 초등

(가)는 과학 개념을 이용한 글쓰기 수업에서 제시한 〈쓰기 과제〉와 〈학생의 글〉이고, (나)는 〈학생의 글〉에 대하여 지도교사와 예비교사가 협의한 내용이다. 물음에 답하시오. [5점]

(가) 과학 글쓰기

〈쓰기 과제〉
내가 바다의 물이라고 생각하고, 바다에서 출발하여 하늘의 구름이 되고 다시 바다로 돌아오기까지 물이 거치는 과정을 재미있는 글로 써 봅시다.

〈학생의 글〉

나는 바다에 사는 물이에요. 바다에는 바닥을 기어가는 전복 친구도 있고, ㉠ 아가미로 물을 걸러 마시고 있는 고등어 친구도 있어요. 따사로운 햇볕과 살랑살랑 불어오는 바람이 나를 감싸면, 나는 수증기가 되어 하늘로 여행을 떠나요. ㉡ 하늘로 올라가서 다른 물 친구를 만나면 구름이 된답니다. 그 친구는 초록 잎 속에 살았대요. 그 친구는 초록빛 세상 이야기로, 나는 짠 바다 이야기로, 시간 가는 줄 모르고 이야기를 나눠요. 물 친구들이 더 많이 모여요. 우리는 덩치가 점점 커지다가 갑자기 아래로 떨어졌어요. 우와! 내가 다시 바다로 돌아왔어요.

(나) 협의 내용

지도교사 : 학생들이 쓴 글을 통하여 교사는 학생들이 개념을 이해하는 데 어떤 어려움이 있는지 파악할 수 있습니다. 그리고 학생들의 글에 들어 있는 개념과 관련 지어 이후의 수업을 계획할 수도 있습니다.

예비교사 : 학생의 글에서 초록 잎 속에 살던 친구가 하늘로 올라가는 것은 증산 작용을 표현한 것으로 보입니다. ㉢ 증산 작용은 공변세포 두 개 사이의 구멍인 기공을 통하여 물 분자가 빠져 나가는 현상인데, 현미경으로 기공을 직접 관찰할 수 있습니다. 교수·학습 과정안을 작성하기 전에 대략적인 수업 과정을 다음과 같이 정리해 보았습니다. 선생님께서 검토해 주시겠습니까?

[수업 과정]
① 교과서에 있는 공변세포와 기공의 모양을 학생들에게 설명한다. ② 설명이 끝난 후, 실험 순서를 소개한다. ③ 제시한 실험 순서에 따라 닭의장풀 잎의 영구 표본을 현미경으로 관찰하도록 한다. ④ 관찰한 공변세포와 기공의 모양이 교과서와 같은지 확인하도록 한다.

1) (가)의 ㉠에 표현된 내용에서 과학적 오류가 무엇인지 쓰고, ㉡에서 바다 표면의 수증기가 하늘 위로 올라가서 구름이 되는 과정을 과학적으로 설명하시오. [2점]

- ㉠ :
- ㉡ :

2) (나)의 ㉢에서 ⓐ 주위 표피 세포와 달리 공변세포에만 있는 세포 소기관이 무엇인지 쓰고, ⓑ 여름의 숲 속이 증산 작용에 의하여 시원하게 느껴지는 이유를 물의 상태 변화와 관련하여 설명하시오. [2점]

- ⓐ :
- ⓑ :

3) (나)의 [수업 과정]에서 실험이 사용된 방식은 학생의 능동적인 과학 지식 구성에 적합하지 않다. 그 이유를 설명하시오. [1점]

-

2015-01 초등

4학년 1학기 '무게 재기' 단원의 '용수철이 늘어난 길이 측정하기' 수업을 할 때는 실험 전에 용수철의 상태에 맞게 0점 조정용 추를 매달아 용수철이 무게에 따라 일정하게 늘어나도록 해야 한다. (가)는 준비한 용수철에 맞는 0점 조정용 추의 무게를 알기 위한 교사의 사전 실험 결과이고, (나)는 이 결과를 반영하여 학생에게 제공한 활동지의 일부이다. 물음에 답하시오. [5점]

(가) 교사의 사전 실험 결과

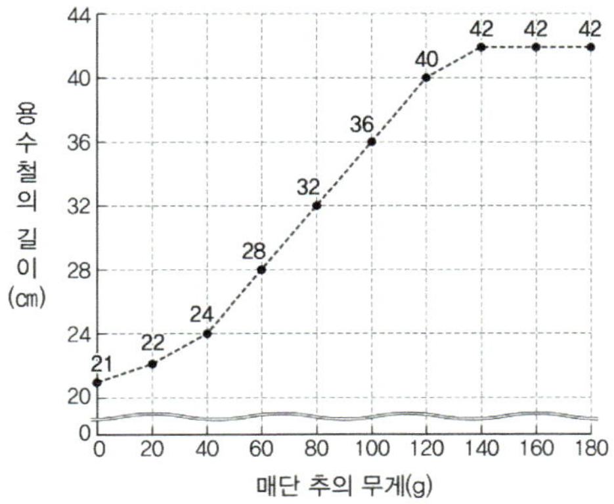

(나) 활동지의 일부

▹1단계: 0점 조정
- 용수철을 스탠드에 걸어 고정합니다.
- 용수철 끝의 고리에 0점 조정용으로 20g 추 (㉠)개를 매달고, 오른쪽 [그림]과 같이 용수철 끝에 종이자의 0cm를 맞춥니다.
- 셀로판테이프로 종이자를 스탠드에 고정합니다.

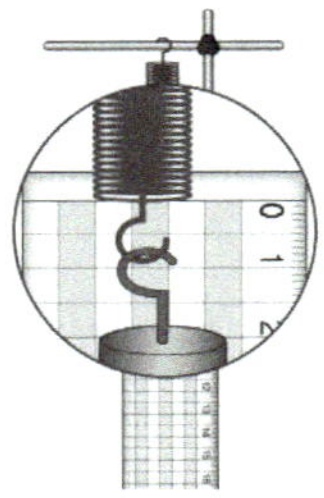

[그림] 0점 조정

▹2단계: 용수철의 늘어난 길이 측정
- 0점 조정용 추가 매달린 상태에서 용수철에 20g 추 1개를 매달고 용수철 끝의 위치를 종이자에 표시한 다음, ㉡종이자의 눈금을 써 봅시다.
- 20g 추를 1개씩 추가하면서 용수철 끝의 위치에 해당하는 종이자의 눈금을 써 봅시다.

20g 추의 개수	1개	2개	…
종이자의 눈금(cm)			

▹3단계: 여러 가지 물체의 무게 측정
- 0점 조정이 된 상태에서 ㉢50g 추 1개를 매달면 용수철 끝의 위치에 해당하는 종이자의 눈금이 얼마가 될지 생각해 봅시다.
- ㉣여러 가지 물체의 무게를 측정해 봅시다.

1) 1단계의 ㉠에 해당하는 0점 조정용 20g 추의 최소 개수를 쓰고, 2단계의 ㉡에 해당하는 값은 몇 cm인지 쓰시오. [2점]

- ㉠ :
- ㉡ :

2) 3단계의 ㉢에서 학생들이 사용할 주된 기초 탐구 기능을 쓰시오. [1점]

-

3) 교사는 3단계를 위해 물체의 무게를 전자저울로 미리 측정하였다. 3단계의 ㉣에서 0점 조정용 추가 매달린 용수철을 이용하여 다음 두 물체의 무게를 알아낼 수 있는지 여부를 각각 쓰고, 무게를 알아낼 수 없다면 그 이유도 함께 쓰시오. [2점]

물체	무게
지우개	25g
가위	110g

- ⓐ 지우개의 경우:
- ⓑ 가위의 경우:

2015-02 초등

2009 개정 과학과 교육과정의 5~6학년군 '여러 가지 기체' 영역에는 '이산화탄소를 발생시켜 이산화탄소의 성질 확인하기' 탐구 활동이 제시되어 있다. (가)는 이 활동을 지도하기 위해 예비교사 A가 계획한 수업의 개요이고, (나)는 동료 예비교사들과 함께 이에 대해 논의한 내용이다. 물음에 답하시오. [4점]

(가) 수업 계획의 개요

단계	활동
도입	▹생활에서 이용하는 이산화탄소의 예 소개
전개	▹기체 발생 장치를 이용한 이산화탄소 발생 실험 – [그림]과 같이 이산화탄소 발생 장치 꾸미기 – 삼각플라스크에 탄산칼슘을 넣고, 깔때기에 묽은 염산 붓기 – 묽은 염산을 흘려내려 이산화탄소 발생시키기 – 집기병에 이산화탄소 모으기 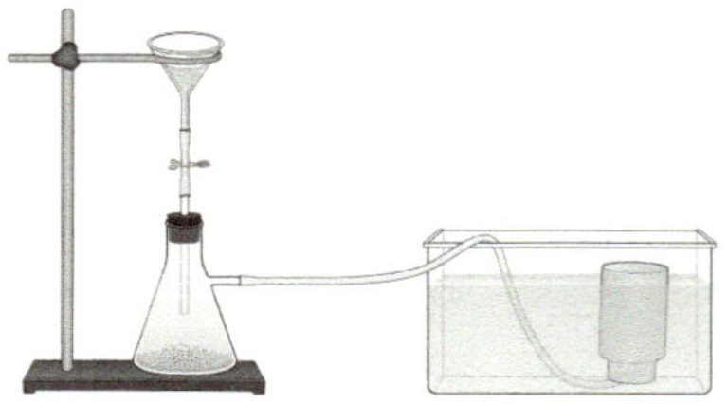 [그림] 이산화탄소 발생 장치 ▹이산화탄소의 성질 확인 실험 – 이산화탄소의 색깔과 냄새 관찰하기 – 이산화탄소가 들어 있는 집기병에 촛불을 넣고 불꽃의 변화 관찰하기 – 이산화탄소가 들어 있는 집기병에 석회수를 넣고 변화 관찰하기
정리	▹이산화탄소의 성질 정리

(나) 논의 내용

예비교사 A: 제가 계획한 수업에서 부족하거나 개선해야 할 점을 말씀해 주십시오.

예비교사 B: 안전을 위해 ㉠ 염산 용액이 손에 묻었을 때는 재빨리 염기성 용액으로 중화해야 한다는 점을 주의사항으로 넣는 것이 좋습니다.

예비교사 A: 네, 지도서를 확인해 보고 주의사항을 추가하겠습니다.

예비교사 C: 저는 실험 장치에 대해 궁금한 점이 있습니다. 이산화탄소는 물에 녹는데, 수업 계획과 같이 물속에서 모으는 장치를 써도 될까요?

예비교사 A: ㉡ 물속에서 모을 때 물에 녹는 이산화탄소의 양이 실험에 방해가 될 만큼 많지 않으므로 문제가 없다고 생각합니다. 그리고 ㉢ 물속에서 모으면 이산화탄소를 충분히 모았는지 쉽게 확인할 수도 있습니다.

예비교사 D: 주제를 조금 바꿔보지요. 이산화탄소가 들어있는 집기병에 촛불을 넣는 실험은 소화의 조건 중 이산화탄소가 필요하다는 것과 연결하여 가르치면 어떨까요?

예비교사 A: 네, 좋은 제안입니다. 입으로 촛불을 불면 불꽃이 꺼지는 현상을 생활 속의 예로 소개하면 어떨까요? 그것도 날숨에 들어 있는 이산화탄소 때문이니까요.

예비교사 B: 제 생각은 조금 다른데요, ㉣ 입으로 촛불을 불면 불꽃이 꺼지는 현상은 산소가 제거되기 때문이 아닐까요?

예비교사 A: 그런가요? 다시 한 번 확인해 보겠습니다.

1) ㉠~㉣ 중 타당하지 않은 것 2가지를 골라 기호를 쓰고, 각각을 바르게 고쳐 쓰시오. [2점]

•

•

2) 예비교사 D가 말한 것처럼 '불을 끄기 위해서는 이산화탄소가 필요하다'고 생각하는 학생들이 있다. 이 학생들에게 '소화의 조건'을 명확히 가르치기 위해 이산화탄소 대신 할론 기체로 불을 끄는 동영상을 보여주면서 수업을 시작한다면, 이 활동은 개념 변화가 일어나기 위한 4가지 조건 중 무엇을 충족시키려는 것인지 쓰시오. [1점]

•

3) (가)의 수업에서 학생들이 실험하는 동안 교사가 수행 평가를 실시하고자 한다. 수행 평가의 방법 중, 학생들의 실험 기구 조작 능력과 주어진 과정에 따른 실험 수행 능력을 평가하는 방법을 1가지 쓰시오. [1점]

•

2014-01 초등

다음은 최 교사가 6학년 '산과 염기' 단원의 7~8차시를 통합하여 발견학습 수업모형에 따라 구성한 수업의 개요이다. 물음에 답하시오. [5점]

단계	활동
탐색 및 문제파악	▹ 산과 염기를 섞을 때 용액의 성질 변화 예상하기
자료 제시 및 탐색	▹ 실험활동 1: 묽은 수산화나트륨 용액이 들어 있는 삼각플라스크에 페놀프탈레인 용액을 몇 방울 넣은 후, 묽은 염산을 한 방울씩 넣으면서 색깔 변화 관찰하기 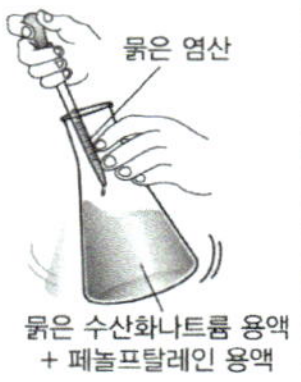
㉠ 추가 자료 제시 및 탐색	▹ 실험활동 2: (㉡)
규칙성 발견 및 개념 정리	▹ 두 실험 결과의 공통점에 대하여 토의하고 발표하기 ▹ 산과 염기를 섞을 때 용액의 성질 변화에 대하여 정리하기 ▹ ㉢ 이 수업에서 학습해야 하는 개념 확인하기
적용 및 응용	▹ 학습한 개념이 일상생활에 이용되는 예를 찾아 발표하기 ▹ 형성평가 문항 풀기 ※ 다음 문장을 읽고, 각각에 대해 옳으면 ○, 옳지 않으면 ×로 표시하시오. (○, ×) - ㉣ 실험활동 1에서 묽은 염산 대신 묽은 황산을 사용할 경우, 묽은 염산보다 더 적은 양의 묽은 황산으로 삼각플라스크 속 용액의 색깔 변화가 나타난다. ( ) - 속 쓰릴 때 제산제를 먹는 이유는 제산제가 염기성이고 위액이 산성이기 때문이다. ( )

1) ㉠ 단계를 설정한 이유를 쓰고, 이와 관련지어 ㉡에 적합한 실험활동을 제시하시오. [2점]

· ㉠ 단계 설정 이유 : ______

· ㉡에 적합한 실험활동 : ______

2) 2007 개정 과학과 교육과정의 6학년 범위와 수준을 고려하여 ㉢에 해당하는 내용을 쓰시오. 또한 그 내용에 비추어, 실험 활동 1에서 페놀프탈레인 용액을 지시약으로 사용하는 것이 효과적이지 않은 이유와, ㉣이 형성평가 문항으로 적합하지 않은 이유를 각각 쓰시오. [3점]

· ㉢에 해당하는 내용: ______

· 페놀프탈레인 용액 사용이 효과적이지 않은 이유: ______

· ㉣이 형성평가 문항으로 적합하지 않은 이유: ______

2014-02 초등

(가)는 '관찰자에 따른 물체의 속력'과 관련된 활동에서 영수가 작성한 답안이고, (나)는 영수의 오개념을 바꾸기 위해 김 교사가 제공한 활동의 일부이다. 물음에 답하시오. [4점]

(가)

▷ 다음은 5초 동안 자동차들의 위치 변화를 나타낸 것입니다. 도로변에 서 있는 경찰(A)과 달리는 경찰차 안의 경찰(B)을 기준으로 하여 승용차와 화물차의 속력을 각각 구해봅시다.

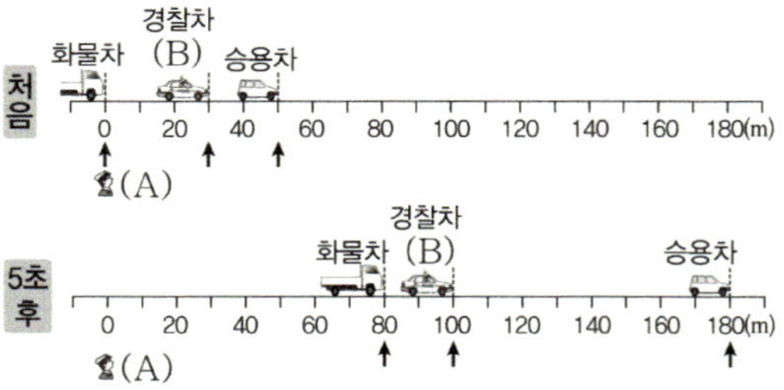

〈영수의 답안〉

구 분	도로변에 서 있는 경찰(A)을 기준으로 한 속력	달리는 경찰차 안의 경찰(B)을 기준으로 한 속력
승용차의 속력	26m/s	26m/s
화물차의 속력	16m/s	16m/s

(나)

▷ 다음은 10m/s로 운동하는 물체와 같은 방향으로 5m/s로 운동하는 관찰자의 위치를, 측정 시작 순간(0초)부터 4초까지 1초 간격으로 나타낸 것입니다.

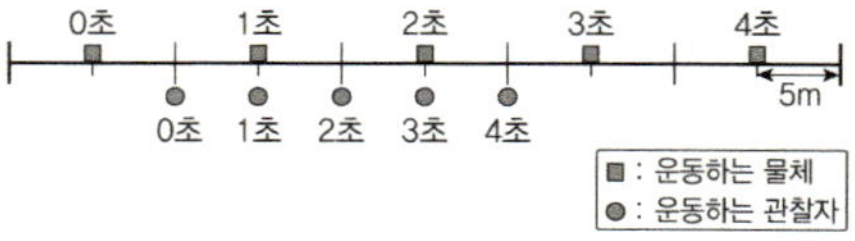

▷ 관찰자를 기준으로 한 물체의 상대적인 속력을 구한 후, 운동하는 물체의 원래 속력(10m/s)과 비교해봅시다.

1) 〈영수의 답안〉에서 틀린 부분을 찾아 바르게 수정하고, 영수가 지닌 오개념을 쓰시오. [2점]

구 분	도로변에 서 있는 경찰(A)을 기준으로 한 속력	달리는 경찰차 안의 경찰(B)을 기준으로 한 속력
승용차의 속력		
화물차의 속력		

· 영수의 오개념 : ____________________

2) (나)에서 0초일 때 관찰자를 기준으로 한 물체의 상대적인 위치를 나타내면 아래 그림과 같다. 이를 참고로 하여 1~4초까지의 물체의 상대적인 위치를 1초 간격으로 아래 그림에 나타내시오. [1점]

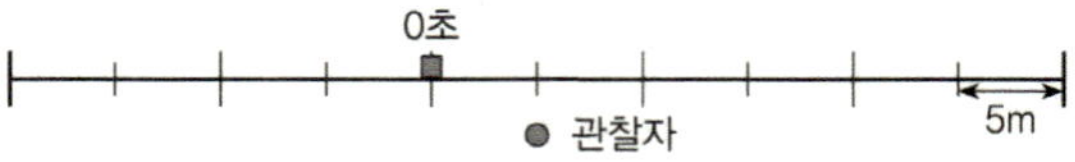

3) 새로 학습한 상대 운동 개념의 유용성을 높이기 위해, 김 교사는 '하루 중 달과 태양의 위치 변화'를 사례로 제시하였다. 이 과정에서 영수가 제기한 다음 질문에 대한 답을 쓰시오. [1점]

> "그런데 매일 같은 시각, 같은 장소에서 관찰하면 달은 태양에 비해 위치가 더 많이 바뀌어요. 왜 그렇죠?"

· ____________________

2013-01 초등

(가)는 김 교사가 계획한 수업의 개요이고, (나)는 수업 시간에 교사와 학생들이 나눈 대화의 일부이다. 물음에 답하시오. [4점]

(가)

학습목표	우리 주변에 사는 작은 생물의 생김새를 관찰하고 특징을 안다.
활동	1. 주변에 사는 작은 생물을 눈으로 관찰하기
	2. 관찰 결과 발표하기
	3. 돋보기나 루페를 사용하여 관찰하기
	4. 관찰 결과 기록하기

(나)

교사 : 개구리밥을 관찰하고 특징을 서로 이야기해 봅시다.
은하 : 개구리밥은 녹색이야. 잎이 물 위에 떠 있고 뿌리는 물속에 있어. 그런데 줄기는 어디에 있지?
민수 : 이 부분 아닐까? 여기가 뿌리, 여기가 줄기, 그리고 여기가 잎.
은하 : 글쎄, 내가 볼 때는 잎과 흰 뿌리만 있는데.
(중략)
민수 : 이제 보고서에 관찰 결과를 기록하자.
은하 : 파리는 ㉠ 날개가 1쌍이고, 다리는 3쌍이다.
민수 : 거미는 ㉡ 몸이 3부분으로 되어 있고, ㉢ 다리가 4쌍이다.
은하 : 개미는?
민수 : 개미는 몸이 3부분으로 되어 있고, ㉣ 다리가 3쌍이다.
은하 : 그런데 날개가 없네. 곤충은 날개가 있어야 되는데?
민수 : 맞아. ㉤ 날개가 없으니까 개미는 곤충이 아닐 거야. '곤충이 아니다.'라고 쓰자.

1) 이 수업에 적합한 과학 교수 · 학습 모형을 제시하고, 그 이유를 쓰시오. [1점]

·

2) (나)에서 개구리밥에 대한 은하와 민수의 관찰 결과가 서로 다른 이유를 현대 과학철학의 인식론적 관점에서 설명하시오. [1점]

·

3) ㉠~㉣ 중 과학적으로 오류가 있는 것을 찾아 기호를 쓰고 틀린 부분을 수정하시오. [1점]

·

4) ㉤을 바탕으로 김 교사는 민수의 탐구능력에 대해 다음과 같이 평가하였다. A와 B에 해당하는 용어를 쓰시오. [1점]

> 민수는 탐구 기능 중 (A)와(과) (B)을(를) 정확히 구별하지 못하고 있다. '(B)은(는) (A)한 것을 해석하고 설명하는 과정'이므로, 명확한 사고를 위해서는 2가지 탐구 기능을 구별할 수 있어야 한다.

· A :

· B :

2013-02 초등

(가)는 박 교사가 5학년 2학기 '용해와 용액' 단원의 7-8차시 '물의 온도에 따라 용질이 물에 녹는 양은 어떻게 달라질까요?'를 지도하기 위하여 5E모형과 POE모형을 결합하여 구성한 수업의 개요이고, (나)는 이 수업을 참관한 동료 교사의 평가 내용이다. 물음에 답하시오. [5점]

(가)

단계	활동
참여	▹일상생활에서 설탕을 물에 많이 녹일 수 있는 방법 발표하기
탐색	▹백반이 따뜻한 물과 찬물 중 어디에 더 많이 녹을지 예상하기 ▹㉠ 예상의 근거 기록하기 ▹㉡ 따뜻한 물과 찬물에 녹는 백반의 양 비교 실험하기
설명	▹㉢ 실험 결과 정리하기
정교화	▹㉣ 붕산을 따뜻한 물과 찬물에 녹일 때 30초 동안 녹는 붕산의 양 비교하기
평가	▹형성 평가 문항 풀기

(나)

A	▹POE 모형의 특성을 고려할 때, 예상 활동에서는 주어진 상황에 대한 학생들의 질문을 충분히 허락하는 것이 좋다.
B	▹POE 모형의 특성을 고려할 때, 학생들이 부담을 느끼지 않도록 탐색 단계에서 예상한 결과와 그 근거에 대한 쓰기를 강제하지 않는 것이 좋다.
C	▹이 수업의 탐색 단계에서 실시한 확인 실험은 학생의 능동적인 의미 구성을 유도하기에 적합하다.
D	▹구성주의적 교수·학습이 이루어질 수 있도록, 설명 단계에서 전체 학급 토론을 바탕으로 실험 결과를 정리하는 것이 좋다.

1) (가)의 ㉠~㉣ 중 5E 모형의 단계별 특성에 부합하지 않는 활동을 찾아 그 이유를 설명하고, 대체 활동을 제시하시오. [2점]

· 기호와 이유 :

· 대체 활동 :

2) ㉡은 POE의 어느 단계에 해당하는지 쓰시오. [1점]

·

3) (나)의 A~D 중 타당하지 않은 것을 2개 고르고, 그 이유를 각각 설명하시오. [2점]

·

·

2013 초특

다음은 학습 제재를 지도하기 위해 작성한 교수 · 학습 계획이다. 물음에 답하시오. [2점]

단계	교수 · 학습 활동
탐색 및 문제 파악	○ 젖은 옷을 창 가까이에 널어 시간 흐름에 따른 변화 관찰하기
자료 제시 및 관찰 탐색	○ 시간이 지나면서 젖은 옷이 어떻게 되었는지 이야기하고, 그 이유에 대하여 토론하기
자료 추가 제시 및 관찰 탐색	○ 가스레인지에 물을 끓이고 난 후, 그릇에 담긴 물의 양 관찰하기
(㉣)	○ '증발'이라는 용어를 도입하고, 증발의 특징 및 증발에 영향을 주는 요인에 대하여 논의하기
적용 및 응용	○ 학생들에게 물수건을 하나씩 나누어 주고, 누가 10분 동안에 잘 말리는지 게임하기

1) 위에 적용된 수업 모형과 ㉣단계의 명칭을 쓰시오. [2점]

· 수업모형 : ______________________

· ㉣ : ______________________

백문이 불여일견 **설**명이 친절한 **기**출

초등임용 기출문제집

슬기로운 생활

슬기로운 생활과 기출의 특성

2015 개정 교육과정 적용으로 일부 문제들은 교육과정에 맞게 변형되었습니다.

슬기로운 생활과는 통합교과의 특성대로 내용체계표와 총론만 잘 외우면 무난하게 풀 수 있는 문제들이 출제되었습니다. 하지만 최근 과학, 사회와 관련된 각론 내용, 외운 것을 그대로 쓰는 문제보다는 적용해서 답을 쓰는 문제들이 출제되는 경향입니다. 슬기로운 생활과는 내용체계표와 총론을 중점으로 외우되, 관련 각론을 함께 정리하는 과정이 필요합니다. 상식선에서 답을 할 수 없는 문제들도 있기 때문에 교육과정의 학습 요소와 각론의 학습 내용을 비교하며 실질적인 이해를 하시기 바랍니다. 모든 각론을 외우려고 하지는 않아도 되지만, 교육과정이나 총론에 연결지을 수 있는 부분이 있다면 그 부분은 유심히 봐주세요.

슬기로운생활 기출분석표

*색 표시는 초특 출제입니다.

영역	년도	2013	2014	2015	2016	2017	2018	2019	2020	2021	2022	2023
교육 과정	성격 및 목표 (내용, 교과역량, 기능)	**슬생** 탐구기능 **즐생** 표현기능		**슬생** 강조하는 요소 (주변의 변화)	**바생** 실천기능 **즐생** 표현기능	**바생** 실천기능 (내면화하기) **즐생** 교과역량 (심미적 감성)	**슬생** 교과역량 (지식 정보 처리 역량)	**슬생** 탐구기능 (관찰하기, 조사하기)	**바생** 실천기능 (내면화하기) **슬생** 탐구기능 (예상하기) **즐생** 교과역량 (의사소통)	**바생** 실천기능 (습관화하기)	**바생** 교과역량 (자기관리역량) **슬생** 탐구기능 (무리짓기)	**바생** 실천기능 (스스로하기)
	내용체계 및 성취기준	**즐생** 소주제		**바생** 활동주제			**바생** 내용요소 (공중도덕)	**바생** 내용요소 (나라 사랑)				
	교수·학습 방향	**바생** 교수·학습 방향	**바생** 교수·학습 방향	**즐생** 교수·학습 방향		**즐생** 교수·학습 방향(영역)			**즐생** 교수·학습 방향(통합/연계)			
	평가 방향											
지도서 총론	주제별 교과서										**즐생** 구성 차시 판단 준거	
	교과별 목표 도식화 (내용, 교과역량, 기능)				**슬생** 목표 도식화							
	교수·학습 지도 (수업 모형, 기능 지도방법, 지도 시 유의점)		**즐생** 표현 놀이 중심 교수·학습 모형		**즐생** 표현 놀이 중심 교수·학습 모형 (단계명/활동)	**슬생** 탐구 활동 중심 교수·학습 모형 (탐구 활동하기)	**즐생** 표현 놀이 중심 교수·학습 지도 시 유의점			**즐생** 표현 놀이 중심 교수·학습 모형 (단계명/활동)		**즐생** 표현 놀이 중심 교수·학습 지도 시 유의점
각론			**슬생** 겨울잠을 자는 이유 **즐생** 박자 개념 (잠자리 꽁꽁)					**즐생** 교수·학습 방향(말리듬/리듬꼴/기본박)		**슬생** 겨울잠을 자는 장소	**즐생** 찰흙으로 화분만들기	**슬생** 겨울철 생활도구

2023 초등

다음은 『겨울 1-2』 '2. 우리의 겨울' 단원 수업에 대해 교사들이 나눈 대화의 일부이다. [A]를 참고하여 '추워요'와 연계하여 창의적 사고 역량을 증진할 수 있는 수업 활동을 1가지 쓰시오. [1점]

최 교사 : 겨울 날씨와 생활 도구 관련해서 어떠한 활동이 있을까요?

이 교사 : 학생들이 '건조해요', '추워요', '땅이 얼어요'와 같은 겨울 날씨의 특징을 먼저 이야기해 보고 붙임 딱지를 붙이면서 겨울 날씨의 특징에 해당하는 생활 도구를 알아보는 활동이 있어요.

최 교사 : '건조해요'는 건조한 환경을 개선할 수 있는 생활 도구인 물수건, 가습기 등과 연결되겠네요. 건조한 날씨의 특징과 관련해서 휴지나 부직포를 이용해서 '나만의 가습기 만들기 활동'을 하면 창의적 사고 역량 증진에 도움이 될 것 같습니다. [A]

• ________________________

2022 초등

다음은 '가을아 어디 있니' 단원 수업을 위해 지도 교사와 예비 교사가 나눈 대화이다. ㉡에 들어갈 구체적인 교수·학습 활동 1가지를 ㉠을 고려하여 쓰시오. [1점]

> 지도 교사: 선생님, '울긋불긋 가을 세상'을 주제로 어떤 수업을 계획하고 있나요?
> 예비 교사: 저는 학생들에게 학교 주변에서 여러 가지 낙엽을 모아 오도록 할 생각입니다. 그리고 학생들이 모둠별로 낙엽을 자세히 관찰하고, 그 특징을 이야기하도록 할 계획입니다.
> 지도 교사: 이 단원에서는 학생들에게 ㉠기준을 정해 구분해 보는 무리 짓기 탐구 기능을 길러주는 것도 필요해요. 낙엽을 활용하여 이 탐구 기능을 길러주기 위해서는 어떤 활동을 할 수 있을까요?
> 예비 교사: (　　　㉡　　　) 활동을 할 수 있을 것 같아요.
> 지도 교사: 좋은 생각이네요. 그런 다음 모둠별 결과를 발표하고 비교해 보도록 하는 것도 좋겠어요.

•

2022 초등 유사

다음은 '가을아 어디 있니' 단원 수업을 위해 지도 교사와 예비 교사가 나눈 대화이다. ㉡에 들어갈 구체적인 교수·학습 활동 1가지를 ㉠을 고려하여 쓰시오. [1점]

> 지도 교사: 선생님, '울긋불긋 가을 세상'을 주제로 어떤 수업을 계획하고 있나요?
> 예비 교사: 저는 학생들에게 학교 주변에서 여러 가지 낙엽을 모아 오도록 할 생각입니다. 그리고 학생들이 모둠별로 낙엽을 자세히 관찰하고, 그 특징을 이야기하도록 할 계획입니다.
> 지도 교사: 이 단원에서는 학생들이 계절과 생활의 관계를 탐구하도록 합니다. 2022 개정 교육과정의 성취기준 적용 시 고려 사항을 참고하여 ㉠'봄-여름-가을-겨울'로 반복하는 자연의 시간을 다루면서 동시에 사람들이 사는 사회적 시간과 연결하는 활동도 필요해요. 이를 위해서는 어떤 활동을 할 수 있을까요?
> 예비 교사: (　　　㉡　　　) 활동을 할 수 있을 것 같아요.
> 지도 교사: 좋은 생각이네요. 그런 다음 모둠별 결과를 발표하고 비교해 보도록 하는 것도 좋겠어요.

•

2021 초등

다음은 슬기로운 생활과 '잠만 자도 괜찮을까' 수업에 대해 예비 교사와 지도 교사가 나눈 대화의 일부이다. ㉠에 들어갈 발문을 뱀의 겨울잠 장소를 포함하여 1가지 쓰시오. [1점]

> 예비 교사: '잠만 자도 괜찮을까' 수업을 탐구 활동 중심 교수·학습 모형으로 구성하려고 합니다. 이 수업을 통해 길러주어야 할 중점 역량인 창의적 사고 역량을 기를 수 있도록 겨울잠을 자는 동물들에 대해 궁금한 점을 서로 이야기하려고 합니다. 예를 들면 '자다가 얼어 죽진 않을까?', '똥이나 오줌이 마려우면 어떻게 할까?' 등과 같은 질문을 중심으로 학생들의 호기심과 창의적 사고를 유발하려고 합니다.
>
> 지도 교사: 좋습니다. 그리고 학생들로부터 궁금한 점이 안 나오면 교사가 질문을 할 수도 있습니다. 예를 들면 뱀의 겨울잠에 대해 (㉠) 등과 같은 창의적 사고를 유발할 수 있는 질문을 던질 수 있습니다.

•

2020 초등

다음은 2015 개정 슬기로운 생활과 교육과정 '가을맞이' 단원의 수업을 준비하면서 초임 교사와 수석 교사가 나눈 대화의 일부이다. ㉠에 해당하는 슬기로운 생활과의 기초적인 탐구 기능 1가지를 쓰시오. [1점]

초임 교사: 단원 도입인 1차시 '가을아 어디 있니' 수업을 어떻게 지도하면 좋을까요?
수석 교사: 탐구 기능 중 (㉠)에 초점을 두면 좋아요. 상상하기와는 달리 (㉠)은/는 자료나 근거를 기초로 생각해 보는 탐구 기능입니다. 그림, 현상 등의 단서 찾기, 단서와 관련된 질문해보기, 생각한 것 말하기 등을 통해 지도할 수 있습니다.
초임 교사: 그러면 사진, 그림 등의 자료에 주어진 단서를 기초로 '가을이 오면 앞으로 날씨가 어떻게 달라질지', '가을이 오면 사람들은 무엇을 하게 될지' 등을 생각해보도록 지도하면 되겠네요.

•

2020 초등 유사

다음은 2022 개정 슬기로운 생활과 교육과정 '가을맞이' 단원의 수업을 준비하면서 초임 교사와 수석 교사가 나눈 대화의 일부이다. ㉠에 해당하는 슬기로운 생활과의 과정·기능 1가지를 쓰시오. [1점]

초임 교사: 단원 도입인 1차시 '가을아 어디 있니' 수업을 어떻게 지도하면 좋을까요?
수석 교사: 과정·기능 중 (㉠)에 초점을 두면 좋아요. 탐색하기와는 달리 (㉠)은/는 자료나 근거를 기초로 생각해 보는 과정·기능입니다. 그림, 현상 등의 단서 찾기, 단서와 관련된 질문해보기, 생각한 것 말하기 등을 통해 지도할 수 있습니다.
초임 교사: 그러면 사진, 그림 등의 자료에 주어진 단서를 기초로 '가을이 오면 앞으로 날씨가 어떻게 달라질지', '가을이 오면 사람들은 무엇을 하게 될지' 등을 생각해보도록 지도하면 되겠네요.

•

2019 초등

김 교사는 2015 개정 교육과정 '슬기로운 생활'과의 '봄 날씨의 특징과 주변의 생활 모습 관련짓기' 수업에서 다양한 기초 탐구 기능을 지도하려고 한다. 다음은 김 교사가 구상한 교수 · 학습 활동 및 유의점의 일부를 제시한 것이다. ㉠과 ㉡에 들어갈 주된 기초 탐구 기능 1가지를 각각 쓰시오. [1점]

교수·학습 활동	유의점	기초 탐구 기능
학교 정원에서 봄이 와서 달라진 점을 살펴본다.	다양한 감각을 활용하여, 겨울과 비교하여 정원의 달라진 점을 찾아본다.	㉠
(방과후 과제로 제시) 봄 날씨의 특징에 대해 알아본다.	주변 어른께 여쭈어보거나, 날씨 관련 책 등을 통해 관련 자료를 찾아본다.	㉡

- ㉠ :
- ㉡ :

2019 초등 유사

김 교사는 2022 개정 교육과정 '슬기로운 생활'과의 '봄 날씨의 특징과 주변의 생활 모습 관련짓기' 수업을 지도하려고 한다. 다음은 김 교사가 구상한 교수 · 학습 활동과 관련 성취기준을 제시한 것이다. ㉠과 ㉡에 들어갈 내용 요소를 각각 쓰시오. [1점]

교수·학습 활동	성취기준	내용 요소	
		지식·이해	가치·태도
∘ 학교 정원에서 봄이 와서 달라진 점을 살펴본다. ∘ 20년 후 학교 정원의 모습을 상상해본다.	계절과 생활의 관계를 탐구한다.	㉠	㉡

- ㉠ :
- ㉡ :

2018 초등

다음은 봄에 볼 수 있는 다양한 동식물을 찾아보는 수업을 준비하기 위해 두 교사가 나눈 대화이다. 2015 개정 슬기로운 생활 교육과정의 교과 역량 중 밑줄 친 부분에 해당하는 역량을 [A]를 참고하여 쓰시오. [1점]

김 교사: 이 수업은 봄에 볼 수 있는 여러 동식물을 찾아보는 수업이지요.
이 교사: 네. 그래서 '탐색하기'에서는 우선 봄이 온 것을 알려주는 여러 동물과 식물을 이야기해 보는 것으로 하려고 해요.
김 교사: '탐구 활동'에서는 봄에 볼 수 있는 동물과 식물을 관찰하고, 비슷한 것끼리 무리지어 보는 활동을 하면 되겠군요.
이 교사: 그럼, '탐구 활동'을 하면서, <u>주변에 관심을 갖고 여러 가지 자료를 수집, 분류, 이해할 수 있는 능력</u>을 길러 줄 수 있겠네요.
김 교사: 네, 그렇지요. 2015 개정 슬기로운 생활 교육과정에는 3가지의 교과 역량이 제시되어 있잖아요? 하나는 주변에 관심을 갖고 다양한 현상과 관련지어 창의적으로 생각할 수 있는 능력을 말하고요. 또 하나는 주변을 탐구하는 과정에서 다른 사람들과 의견을 나누고 그 결과를 공유할 수 있는 능력이지요. 그런데 앞서 이야기한 이 수업의 '탐구 활동'은 슬기로운 생활 교과 역량 중 나머지 한 역량을 길러 주기에 적절한 것 같아요. [A]
이 교사: 그렇군요. 수업 준비에 도움을 주셔서 감사합니다.

•

2018 초등 유사

다음은 봄에 볼 수 있는 다양한 동식물을 찾아보는 수업을 준비하기 위해 두 교사가 나눈 대화이다. 2022 개정 슬기로운 생활 교육과정의 교과 역량 중 밑줄 친 부분에 해당하는 역량을 [A]를 참고하여 쓰시오. [1점]

김 교사: 이 수업은 봄에 볼 수 있는 여러 동식물을 찾아보는 수업이지요.
이 교사: 네. 그래서 '탐색하기'에서는 우선 봄이 온 것을 알려주는 여러 동물과 식물을 이야기해 보는 것으로 하려고 해요.
김 교사: '탐구 활동'에서는 봄에 볼 수 있는 동물과 식물을 관찰하고, 비슷한 것끼리 무리지어 보는 활동을 하면 되겠군요.
이 교사: 그럼, '탐구 활동'을 하면서, <u>주변에 관심을 갖고 여러 가지 자료를 수집, 분류, 이해할 수 있는 능력</u>을 길러 줄 수 있겠네요.
김 교사: 네, 그렇지요. 2022 개정 슬기로운 생활과는 3가지의 교과 역량과 밀접한 관련이 있잖아요? 하나는 주변에 관심을 갖고 다양한 현상과 관련지어 창의적으로 생각할 수 있는 능력을 말하고요. 또 하나는 주변을 탐구하는 과정에서 다른 사람들과 의견을 나누고 그 결과를 공유할 수 있는 능력이지요. 그런데 앞서 이야기한 이 수업의 '탐구 활동'은 슬기로운 생활 교과 역량 중 나머지 한 역량을 길러 주기에 적절한 것 같아요. [A]
이 교사: 그렇군요. 수업 준비에 도움을 주셔서 감사합니다.

•

2017 초등

다음은 2015 개정 슬기로운 생활과 교육과정의 소주제 '겨울나기'의 수업 계획이다. 슬기로운 생활과의 탐구 기능 중 '무리 짓기'가 잘 드러나도록 ㉠에서 해야 할 활동을 쓰시오. [1점]

단계	활동 내용
탐구 상황 확인	○ 여름과 겨울에 주변에서 보았던 새들에 대하여 자유롭게 이야기한다.
탐색하기	○ 다양한 종류의 새 그림을 살펴본다.
탐구 활동하기	○ (　　　㉠　　　)
탐구 결과 정리하기	○ 여름과 겨울에 만날 수 있는 새에는 각각 어떤 것들이 있는지 이야기한다.

• ______

2017 초등 유사

다음은 2022 개정 슬기로운 생활과의 수업 계획이다. 슬기로운 생활과의 과정·기능 중 '관련 짓기'가 잘 드러나도록 ㉠에서 해야 할 활동을 쓰시오. [1점]

활동 내용
○ 여름과 겨울에 주변에서 보았던 새들에 대하여 자유롭게 이야기한다.
○ 다양한 종류의 새 그림을 살펴본다.
○ (　　　㉠　　　)
○ 여름과 겨울에 만날 수 있는 새에는 각각 어떤 것들이 있는지 이야기한다.

• ______

2016 초등

(가)는 2009 개정 슬기로운 생활과 교육과정의 목표를 도식화한 것이다. (나)를 참고하여 (가)의 ㉠, ㉡의 빈칸에 공통으로 들어갈 말을 쓰시오. [1점]

(가)

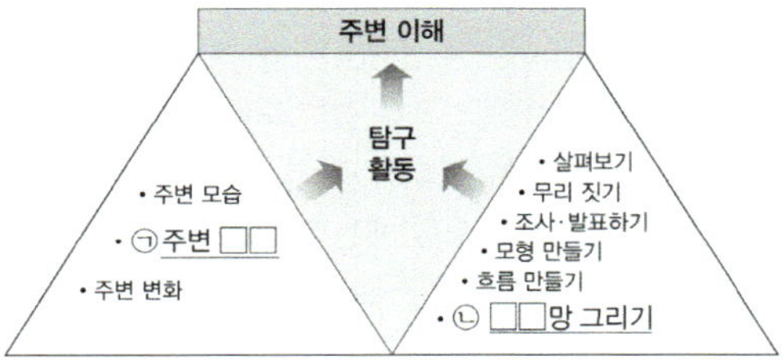

(나)

• ㉠은 일상생활에서 접하는 구체적인 실물이나 현상들이 서로 영향을 주고받는 모습을 중심으로 지도한다.
• ㉡을 활용하기에 적절한 활동 주제로는 '가족과 친척 알아보기'나 각 계절별 '날씨와 생활 알아보기' 등이 있다.

• ______

2016 초등 유사

(가)는 2022 개정 슬기로운 생활과 교육과정의 목표이다. (나)를 참고하여 빈칸에 공통으로 들어갈 말을 쓰시오. [1점]

(가)

목표
'지금-여기-우리 삶'에 지속적으로 관심을 갖고 탐구한다.

첫째, 자신과 ____에 관심을 가지고 질문을 제기하며 지속적으로 탐구한다.
둘째, 탐구 과정에서 필요한 지식이나 기능을 다루면서 주변을 탐구하는 태도를 기른다.
셋째, 탐구 과정에서 형성한 이해를 공동체와 공유하며 확장한다.

(나)

• 슬기로운 생활과는 학생에게 친숙한 '____'이 탐구 주제이기 때문에 학생의 일상적 경험을 벗어나지 않도록 유의한다. 단 학생에게 물리적으로 친숙한 '____' 이외에도 심리적으로 친숙한 '____'도 다루도록 한다. 학생의 발달 단계에 부합하지 않더라도 교사는 학생이 관심을 갖는 대상에 주의를 기울여 이를 수업에 반영하도록 한다.

• ______

2015 초등

2009 개정 슬기로운 생활과 교육과정에는 학생이 알아야 하는 사항 3가지가 제시되어 있다. '변덕쟁이 여름 날씨' 소단원의 수업을 준비하는 예비교사와 지도교사의 다음 대화를 읽고, ㉠에 해당하는 것을 쓰시오. [1점]

예비교사: 선생님, 이번 수업에서는 여름 날씨의 특징을 잘 지도하고 싶습니다. 어떻게 해야 좋을까요?
지도교사: 이 소단원을 지도할 때는 '슬기로운 생활'과의 목표인 '주변에 대한 관심과 이해'가 충실히 반영될 수 있어야 합니다. 즉 학생이 주변에 대해 알아야 할 것을 탐구 활동으로 학습할 수 있도록 수업을 구성해야 합니다.
예비교사: 선생님, 좀 더 구체적으로 설명해 주세요.
지도교사: 이 수업에서는 여름이 되면 봄과 비교하여 달라진 생활의 모습이 무엇인지 학생들이 알 수 있는 활동을 먼저 제시해야 합니다. 그리고 여름철 날씨와 이에 따른 사람들의 생활을 살펴보아야 합니다.
예비교사: 네. 이 수업을 통해 '슬기로운 생활'과에서 강조하는 주변의 모습, 주변의 관계, (㉠)을/를 학생들이 알 수 있게 하려는 것이군요.

•

2015 초등 유사

2022 개정 슬기로운 생활과 교육과정에는 탐구 주제를 학생이 생활하며 만나는 주변에서 찾도록 한다. '초록이의 여름 여행' 단원의 수업을 준비하는 예비교사와 지도교사의 다음 대화를 읽고, ㉠에 해당하는 것을 쓰시오. [1점]

예비교사: 선생님, 이번 수업에서는 여름에 볼 수 있는 동물을 찾아 관찰하도록 잘 지도하고 싶습니다. 어떻게 해야 좋을까요?
지도교사: 이 단원을 지도할 때는 '슬기로운 생활'과의 목표인 '주변에 대한 관심과 이해'가 충실히 반영될 수 있어야 합니다. 즉 학생이 주변에 대해 알아야 할 것을 탐구 활동으로 학습할 수 있도록 수업을 구성해야 합니다.
예비교사: 선생님, 좀 더 구체적으로 설명해 주세요.
지도교사: 이 수업에서는 여름이 되면 볼 수 있는 동물들을 직접 관찰할 수 있는 활동을 먼저 제시해야 합니다. 그리고 관찰한 동물의 특징을 이야기하고, 관찰한 동물을 그리게도 할 수 있죠.
예비교사: 네. 이 수업을 통해 '슬기로운 생활'과에서 강조하는 (㉠), 주변의 상호 관계, 주변의 변화에서 학생들이 탐구 주제를 찾도록 할 수 있게 하려는 것이군요.

•

2014 초등

다음은 동물들이 겨울을 나는 방법에 대하여 학생들이 나눈 대화의 일부이다. 대화 내용을 참고하여, 추위를 피하는 것 이외에 동물들이 겨울잠을 자는 이유를 겨울철의 특징과 관련지어 1가지 쓰시오. [1점]

> 서영 : 토끼는 털갈이를 해.
> 수빈 : 청설모는 미리 먹이를 모아 둔대.
> 현석 : 개구리, 뱀, 곰 등은 겨울잠을 잔대.
> 영희 : 그런데 북극곰 중에는 겨울잠을 안 자는 곰도 있다는데?
> 서영 : 동물원에 있는 곰도 겨울잠을 자지 않잖아.

• ____________________

2014 초등 유사

다음은 우리 조상들이 살던 집에 대하여 학생들이 나눈 대화의 일부이다. 대화 내용을 참고하여, 우리 조상들이 살던 집의 좋은 점을 1가지 쓰시오. [1점]

> 가영 : 우리 조상님들은 초가집과 기와집에서 살았어.
> 지환 : 초가집은 짚이랑 종이, 흙으로 만들었대.
> 다혜 : 기와집도 나무로 만들었어.
> 경수 : 우리나라에는 나무랑 흙, 짚이 많지?
> 가영 : 그래서 우리나라만의 집이 생긴 거구나!

• ____________________

2013 초등

2009 개정 교육과정에 따른 '슬기로운 생활'과에 대한 (가)~(다)의 설명 중 옳지 않은 것을 골라 기호를 쓰고, 바르게 수정하시오. [1점]

(가) '슬기로운 생활'과 교육과정에서는 '학교와 나', '봄', '가족', '여름', '이웃', '가을', '우리나라', '겨울' 8개의 대주제를 선정하였다.
(나) '슬기로운 생활'과가 지향하는 '주변에 대한 관심을 가지고 이해하는 사람'은 학생이 생활 주변을 대상으로 기초적인 탐구 활동을 하는 중에 자연스럽게 성취된다.
(다) '슬기로운 생활'과에서 학생이 할 수 있어야 하는 것은 살펴보기, 무리짓기, 재어보기, 조사·발표하기, 모형 만들기, 흐름 만들기, 관계망 그리기이다.

• ______________________

2013 초등 유사

2022 개정 교육과정에 따른 '슬기로운 생활'과에 대한 (가)~(다)의 설명 중 옳지 않은 것을 골라 기호를 쓰고, 바르게 수정하시오. [1점]

(가) '슬기로운 생활'과 교육과정에서는 '지금-여기-우리 삶'을 위한 배움을 추구한다.
(나) '슬기로운 생활'과는 학생이 자신이 살고 있는 세상을 경험하는 '탐구 경험 중심 교과'이다.
(다) 슬기로운 생활과의 교수·학습은 학생 외부에서 시작하는 흥미와 관심에 집중한다. 또한 학생이 배움의 즐거움을 잃지 않고 생생한 학습이 이루어질 수 있도록 학습 환경을 구성한다.

• ______________________

백문이 불여일견 **설**명이 친절한 **기**출

초등임용 기출문제집

체 육

체육과 기출의 특성

기출 분석표를 보면 알 수 있지만, 체육과는 교육과정이 정말 자주 출제되는 과목 중 하나입니다. 특히 교수·학습 방향 파트에서는 해마다 한 문제씩 꾸준히 출제되고 있는데요, '몇 년 전에 나왔으니 중복해서 안 나오겠지?'라는 예상을 뒤엎고 나온 부분에서 반복해서 출제가 됩니다. 따라서 기출 분석표를 꼼꼼하게 보시고 나왔던 부분은 완벽하게 마스터하세요. 교과 교육론에서 '경구', '시범 보이기' 이 파트도 출제자들이 좋아하는 내용이기 때문에, 한번이라도 더 보시는 걸 추천합니다. 실제로 체육 수업 현장에서 선생님들이 가장 공을 들이는 부분이 자주 출제가 되는 것 같습니다. 또한, 기출 분석을 하다 보면 전혀 배우지 않은 부분에서 출제가 된 문제들을 자주 볼 수 있습니다. 이때 '안 배웠는데 어떻게 풀지?'하고 망연자실하기 보다는 문제에서 활용할 수 있는 단서를 충분히 활용하는 것이 도움이 됩니다. 활용방법은 기출 해설과 한 줄 조언에 더 자세히 적어놓았기 때문에 '백설기' 문제집을 열심히 공부하다보면 슬슬 감이 잡히실 거예요!

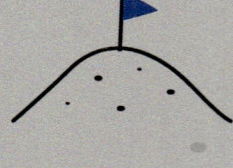

체육 기출분석표

*색 표시는 초특 출제입니다.

영역	년도	2013	2014	2015	2016	2017	2018	2019	2020	2021	2022	2023
교육과정	내용 체계	'도전' 활동 내용 체계		'여가'(2009 교육과정) 내용 요소	'경쟁'영역 내용 요소		'건강' 영역 신체활동 예시	'안전' 영역의 목적/'안전' 영역 신체활동 예시		'도전' 활동 내용 체계 기능	교과 역량 중 '경기 수행 능력'	
	성취기준					'표현' 영역 성취기준	'경쟁의 기초' 교수・학습 방법 및 유의 사항					
	교학방	교수・학습 활동 계획	교수・학습 활동 계획	교수・학습의 방향					교수・학습의 방향	교수・학습 활동 계획	교수・학습의 방향	
	평가				성취기준 및 성취수준의 선정	교수・학습의 방향	교수・학습의 방향/교수・학습 운영 계획		교육과정과의 연계성			
기본이론	교과교육론		언어적 교수 단서(경구)	언어적 교수 단서(경구)	일반적 피드백, 구체적 피드백					언어적 교수 단서(경구)	상규적 활동	
	지도서 총론			TGT/수행 평가의 종류	포괄형 스타일/시범보이기	과제의 유형	동료 교수 모형		TGT,TAI/선택권을 주며 가르치기, 과제 내 변형	시범보이기/직접 교수 모형	과제의 유형/책임감 수업 모형	과제 내 변형/동료 교수 모형/이해 점검
각론	1.건강		운동 체력	자전거 타기 규칙/건강 체력				건강 체력, PAPS/체력 운동의 원칙/BMI/건강 체력	주운동, 준비운동		플라잉 디스크 던지기 방법	운동 체력/건강 체력
	2.도전	씨름 발 동작/태권도 품새	앞구르기					평균대 위에서 걷기		앞구르기	플라잉 디스크	제자리멀리뛰기 구분동작
	3.경쟁	배드민턴 서비스 규칙	농구형 게임의 기본 기능	축구형 게임의 기본 동작		티볼형 게임 안전 규칙	발야구형 게임 공 주고 받기			디딤발		배구형 게임의 수비 전략
	4.표현					표현 요소/외국 민속 무용						
	5.안전	래프팅 수칙			CPR			RICE 요법				

체육

2023-01 초등

(가)는 예비 교사가 작성한 '배구형 게임'의 교수·학습 과정안의 일부이고, (나)는 수업 후 예비 교사와 멘토 교사의 대화 내용이다. 물음에 답하시오. [4점]

(가)

학습 목표	배구형 게임의 기본 기능을 익히고 전략을 사용하여 변형 게임을 할 수 있다.
단계	교수·학습 활동
전개	• 〈활동 1〉 게임하기 – 배구형 게임의 특성 이해하기 – 공을 넘기고 받으며 게임하기
	• 〈활동 2〉 기능 연습 및 전략 탐색하기 – ㉠ 공 넘기기 연습하기 – 공 받기 연습하기 – 공격과 수비 전략 수립하기
	• 〈활동 3〉 변형 게임하기 – 변형 게임 만들기 – 기본 기능과 전략을 사용하여 변형 게임하기

(나)

예비 교사 : 학생들의 운동 기능을 향상시키기 위해서는 어떻게 지도해야 할까요?

멘토 교사 : 〈활동 2〉에서 학생들의 운동 기능을 향상시키기 위해서 ㉡ 과제 내 발달(변형)과 과제 간 발달(변형)을 활용할 수 있습니다.

예비 교사 : 그런데, 공 넘기기, 공 받기, 전략 수립하기의 3가지 과제를 교사가 혼자 지도하다 보니 어려움이 있었어요.

멘토 교사 : 이런 경우에는 ㉢ 동료 교수(peer teaching) 전략을 활용하는 것이 좋습니다. 학생들이 공격과 수비 전략을 잘 사용하였나요?

예비 교사 : 학생들의 수행을 관찰해 보니, ㉣ 공을 받을 때 학생들이 서로 부딪치는 경우가 많이 발생했어요.

1) (가)의 ㉠과 관련하여, (나)의 ㉡에 해당하는 구체적인 방법을 2가지 쓰시오. [2점]

•

•

2) (나)의 ㉢을 실행하는 방법을 쓰시오. [1점]

•

3) (나)의 ㉣과 관련하여, 예비 교사가 지도할 수 있는 수비 전략을 1가지 쓰시오. [1점]

•

2023-02 초등

다음은 5~6학년군 도전 영역의 '제자리멀리뛰기' 수업 후 교사 협의회에서 나눈 대화의 일부이다. 물음에 답하시오. [4점]

(가)

이 교사 : 오늘 수업 활동은 모래장에서 하는 '제자리멀리뛰기'와 매트에서 하는 '이어 멀리뛰기 게임'으로 구성하였습니다.

최 교사 : 선생님, ㉠'제자리멀리뛰기'의 운동 원리와 방법에 관한 설명이 정확하게 제공되었어요.

김 교사 : 운동 기술 향상 측면의 정보를 제공하는 설명도 중요하지만, 해당 차시의 수업과 관련된 시간, 공간, 인원, 규칙, 용구, 역할, 안전 등에 관한 ㉡수업 관리 측면의 설명이 동시에 이루어져야 해요. 예를 들면, 한 학생이 3회씩 뛴 기록 중 가장 좋은 기록을 제출한다든지, 발 구르기 판정, 기록 측정, 기록관의 역할은 누가 한다든지 등이 있습니다.

정 교사 : ㉢학생들이 교사의 설명을 잘 이해하고 있는지를 즉시 확인하는 것도 중요합니다.

… (중략) …

[A]
최 교사 : 선생님, '이어 멀리뛰기 게임'을 할 때 모둠을 어떻게 편성하셨죠?

이 교사 : 출석번호를 기준으로 홀수와 짝수 두 모둠으로 나누었습니다.

최 교사 : 저는 모둠이 정해지자마자 모둠원들의 표정에서 이미 게임 결과를 예측했어요. 총 3번의 게임에서 홀수 모둠이 월등한 기록 차이로 짝수 모둠을 모두 이겼어요.

이 교사 : 게임 결과를 보니 ㉣모둠 편성에 문제가 있었던 것 같아요.

1) ① ㉠과 관련된 운동체력 요소 중 '순발력'에 해당하는 수행 동작을 1가지 쓰고, ② ㉡와 관련하여 '제자리멀리뛰기'에서 '안전'에 해당하는 설명을 1가지 쓰시오. [2점]

① ______________________

② ______________________

2) 다음은 ㉢과 관련된 이해 점검 방식의 일부를 나타낸 것이다. 수업 활동과 관련하여 ⓐ에 들어갈 예시 발문을 1가지 쓰시오. [1점]

방식	예시 발문
인지 점검	착지할 때 뒤로 넘어지지 않기 위한 방법을 아는 사람은 손을 들어 볼까요?
수행 점검	(ⓐ)

• ______________________

3) [A] 상황과 관련하여 ㉣을 해결하기 위한 방안을 1가지 쓰시오. [1점]

• ______________________

2023 초등 특수

(나)는 체육 전담교사와 특수교사가 나눈 대화의 일부이다. 물음에 답하시오. [1점]

(나) 대화 내용

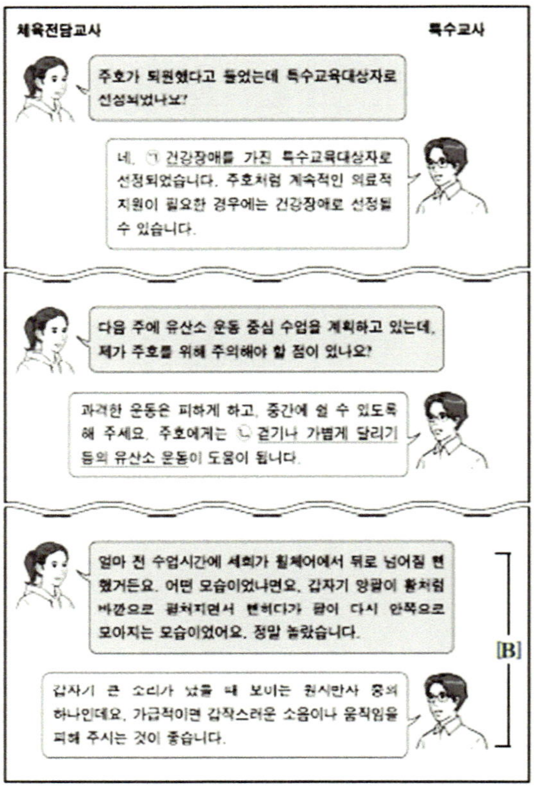

1) ① (나)의 ㉡을 통해 주호에게 중점적으로 향상시키고자 하는 건강 체력 요소 1가지를 쓰시오. [1점]

•

2022-01 초등

다음은 5~6학년군 도전 영역의 플라잉 디스크 수업 후 초임 교사와 수석 교사가 나눈 대화 내용이다. 물음에 답하시오. [4점]

(가)

초임 교사 : 오늘 수업에 대해 조언을 부탁드립니다.
수석 교사 : 선생님, 다른 수업과 마찬가지로 플라잉 디스크 수업에서도 규칙과 (㉠)을/를 개발하여 활용하셨으면 좋았을 것입니다.
초임 교사 : 수업에서 규칙을 개발하여 활용한다는 것은 알겠는데, (㉠)은/는 잘 모르겠습니다. 자세한 설명을 부탁드립니다.
수석 교사 : 저는 ㉡수업 시작, 주의 집중, 모둠 편성, 장소 지정, 수업 종료 등에서 그것을 활용하고 있습니다. 학생들이 어디에 어떻게 모이는지, 준비 운동과 정리 운동의 장소는 어디인지, 연습 장소에서 어떻게 연습하는지, 수업 종료는 어떻게 하는지 등 수업에서 반복적으로 일어나는 행동에 대해 사전에 학생들과 약속하고 있습니다.
초임 교사 : 이제 이해가 되었습니다. 저도 그것을 수업에서 개발하여 활용해 보겠습니다.
수석 교사 : 한 가지 더 말씀드리면 학생들이 기본 운동 기능을 잘 수행할 수 있도록 학습 과제를 단계화하여 제시하였으면 좋았을 것입니다.
초임 교사 : 선생님, 그게 무슨 뜻이죠?
수석 교사 : 그것은 학생들이 신체활동의 기본 운동 기능을 숙달할 수 있도록 다음과 같은 과제를 순차적으로 제시할 수 있다는 의미입니다. 먼저, 시작(전달)과제는 학생들에게 제시하는 가장 기초적인 과제이고, [과제 Ⅰ]은 학습 경험을 간단한 과제에서 복잡한 과제로 또는 쉬운 과제에서 어려운 과제로 발전시키는 것입니다. [과제 Ⅱ]는 운동 기능과 수행의 질적 향상 측면에 초점을 맞춘 과제입니다. 특히, [과제 Ⅲ]은 실제 상황에 기능과 전략을 활용하도록 만든 과제입니다.
초임 교사 : 선생님, 그럼 실제 수업 운영에서 학습 과제를 어떻게 단계별로 제시하는지도 알려주시면 감사하겠습니다.
수석 교사 : 먼저, 학습 과제를 전달하는 방법을 한 가지 말씀드리겠습니다. 예를 들어, 교사가 학생들에게 시작 과제로 ㉢'플라잉 디스크를 목표물에 던져넣기'라고 제시한다면 [과제 Ⅲ]은 '3m 거리의 플라잉 디스크 퍼팅 게임에서 5회 도전하여 넣은 개수를 기록하기' 등으로 만들 수 있습니다.

1) ㉡이 수업 운영 측면에서 효과적일 수 있는 이유를 ㉠에 들어갈 용어를 포함하여 쓰시오. [1점]

·

2) ㉢을 시작 과제로 활용하여 ① '목표물'을 중심으로 [과제 Ⅰ]을 쓰고, ② '손동작'을 중심으로 [과제 Ⅱ]를 쓰시오. [2점]

· ① :

· ② :

3) 다음은 플라잉 디스크를 목표물을 향해 던지는 방법이다. ⓐ와 ⓑ에 들어갈 명칭을 각각 쓰시오. [1점]

오른손잡이인 학생이 정면을 바라본 상황에서 앞쪽 장애물을 피해 의도적으로 플라잉 디스크를 휘어지게 던지려고 한다. 이때, 어깨를 기준으로 팔이 몸통 바깥쪽에서 안쪽(오른쪽에서 왼쪽)으로 향하게 던지는 방법은 (ⓐ)이고, 반대로 어깨를 기준으로 팔이 몸통 안쪽에서 바깥쪽(왼쪽에서 오른쪽)으로 멀어지게 던지는 방법은 (ⓑ)이다.

· ⓐ :

· ⓑ :

2022-02 초등

(가)는 책임감 수준을 높이기 위한 축구형 게임 교수 · 학습 과정안이고, (나)는 교사가 수업에서 관찰한 책임감 수준을 정리한 자료이다. 물음에 답하시오. [4점]

(가)

단계	학습흐름	교수 · 학습활동	자료(•) 유의점(※)
인식	학습목표	▶ 축구형 게임을 통한 책임감 기르기	
	책임감 수준 안내	▶ 책임감 수준 안내하기	
	준비 운동	▶ 준비 운동하기	
활동	게임 규칙 인지	▶ 게임 규칙 알아보기 –득점 인정 규칙 알아보기 –게임 진행 방법 알아보기 [A]	• 규칙 안내서 • 게임 작전판
	게임하기	▶ 게임하기 – 팀 내 역할을 정하고 전략 수립하기 – 정해진 규칙과 방법에 따라 게임하기 – 팀 간 합의를 통해 게임 규칙 수정하기 [A]	㉠ <u>※ 학생들을 3개 팀으로 나누되, 모든 팀이 수업에 참여하도록 한다.</u>
모임	정리 운동	▶ 정리 운동하기	• 책임감 수준 평가지 1
	대화하기	▶ 수업 내용 및 팀원 간 책임감 수준 상호평가하기	
반성	반성 · 평가하기	▶ 자신의 책임감 수준 평가하기 ▶ 차시 예고 및 사용 기구 정리하기	• 책임감 수준 평가지 2

(나)

다음은 지도 교사가 축구형 게임 수업에서 나타난 학생들의 모습을 헬리슨(D. Hellison)의 '책임감 수준 틀'에 따라 정리한 것이다.

책임감 수준	관찰 내용
수준 0 (무책임)	• 수업에 참여하지 않으며 친구들이 실수할 때 야유를 보냄
수준 1 (타인 권리 · 감정 존중)	• 게임에 소극적으로 참여하지만 게임 중 실수를 한 친구에게 화를 내거나 비난하지 않음
수준 2 (참여와 노력)	• 게임에 열심히 참여하고 전략 회의에서 적극적으로 의견을 제시함
수준 3 (자기 책임)	• 게임 중 자신에게 부족한 운동 기능을 파악하고 스스로 연습하는 모습을 보임
수준 4 (㉡)	• 운동 기능이 부족한 친구가 게임에서 자신감을 갖도록 격려하고 도와줌
수준 5 (수업 밖으로 전이)	– 추후 기록 예정 –

1) (가)의 ㉠을 참고하여 수업 중에 두 팀이 게임을 할 때, 나머지 한 팀이 게임 규칙과 진행 방법을 체득할 수 있는 직접 체험 활동을 1가지 쓰시오. [1점]

•

2) (가)의 [A]와 관련된 것으로 다음 ( )에 들어갈 2015 개정 체육과 교육과정의 교과 역량을 쓰시오. [1점]

'( ) 능력'은 게임, 스포츠 등 유희적 본능을 바탕으로 이루어지는 경쟁 상황에서 적합한 전략과 기능을 발휘하여 개인 혹은 공동의 목표 달성을 위해 상호작용을 할 수 있는 능력이다. 이 능력에는 신체 움직임 능력, 문제 해결력, 상황 판단력이 포함된다.

•

3) (나)에서 ① ㉡에 들어갈 용어를 쓰고, ② '책임감 수준 0'에 해당하는 학생들을 '책임감 수준 1'로 향상시킬 수 있는 효과적인 지도 방법 1가지를 쓰시오. [2점]

· ① : ______________________

· ② : ______________________

2021-01 초등

(가)는 예비 교사의 3~4학년군 경쟁 영역 '축구형 게임' 수업을 지도 교사가 관찰한 내용의 일부이고, (나)는 예비 교사와 지도 교사가 수업 후 나눈 대화의 일부이다. 물음에 답하시오. [4점]

(가)

㉠ 햇빛이 밝게 비치는 오후다. 예비 교사는 학생들의 건강 상태를 확인하고 준비 운동을 실시한 후, 학습 과제를 설명과 ㉡ 시범으로 제시했다.

첫 번째 과제는 학생들이 짝과 함께 공을 차며 주고받는 활동이고, 두 번째 과제는 학생들이 모둠별로 간이 골대에 공을 차서 골을 넣는 활동이다.

민지는 뒤에서 달려와 공을 찼으나 헛발질을 했다. 예비 교사는 당황하는 민지를 다독이며 격려를 했으나 민지는 두 번 더 헛발질을 했다. [A]

동호는 왼발을 강하게 디디며 오른 발로 공을 찼는데 골대 왼쪽으로 나갔다. 예비 교사가 힘을 빼고 차라는 조언을 했으나 동호가 찬 나머지 두 번도 공이 골대를 빗나갔고 동호의 표정은 굳어졌다. [B]

세 번째 과제는 골대 앞에 놓인 공을 두 팀이 번갈아 가며 차는 활동이었는데 예비 교사는 사고 방지를 위해 학생들이 지나치게 승부에 집착하지 않도록 강조했다. [C]

(나)

지도 교사: 민지와 동호는 오늘 두 번째와 세 번째 과제 활동 모두에게 한 골도 넣지 못했죠?

예비 교사: 네, 민지가 자신감을 잃은 것 같아 걱정입니다. 그리고 동호는 운동 기능이 나쁘지 않은데 오늘 골을 넣지 못한 것은 의외였습니다.

지도 교사: 학생들의 상황과 특성을 꼼꼼하게 잘 파악하셨네요. 제가 관찰한 바로는 ㉢ 두 학생 모두 디딤발이 적절하지 않았습니다. 그런데 세부 원인은 다르니 구분해서 지도해야 합니다.

예비 교사: 네, 고맙습니다. 그러면 교수·학습 활동을 계획할 때 고려해야 할 점은 무엇이 있을까요?

지도 교사: 우선, 수업 규칙을 잘 마련해야 하고, 학생들의 부상 방지를 위한 노력도 중요합니다.

예비 교사: 그러니까 학기 초에 수업 규칙을 만들어 안내하고, 수업 교구 및 시설에 대한 점검도 철저히 해야겠군요. [D]

지도 교사: 그래서 ㉣ 2015 개정 체육과 교육과정 '교수·학습 활동 계획'에서 네 가지 항목 중 하나로 그 부분을 강조하고 있습니다.

1) (가)의 ㉠을 고려하여 ㉡을 운동장에서 수행할 때 교사가 지켜야 할 점을 1가지 쓰시오. [1점]

·

2) (가)의 [A], [B]와 (나)의 ㉢을 참고하여 민지와 동호의 문제점 및 지도를 위한 구체적 피드백을 각각 쓰시오. [2점]

① 민지 :

② 동호 :

3) (가)의 [C]와 (나)의 [D]를 토대로 ㉣에 해당하는 것을 쓰시오. [1점]

·

2021-02 초등

(가)는 3~4학년군 도전 영역 '매트 위에서 앞구르기'에 관한 교수 · 학습 과정안이고, (나)는 수석 교사와 초임 교사의 대화 내용이다. 물음에 답하시오. [4점]

(가)

학습 단계	교수 · 학습 활동	자료 및 유의점
도입	• 동기 유발 • 활동과 관련 있는 관절과 근육을 풀어 준다.	• 교과서
전시 학습	• 매트 위에서 구르기 연습	• 매트
과제 제시	• 학습 목표 제시 – 앞구르기 순서와 방법을 알고, 구를 수 있다. • 설명 및 시범 – 앞구르기에 대한 교사의 설명과 시범	• 주의할 점 안내
초기 과제	• 흔들의자 놀이 • 앞 구르기 연습	
피드백 및 교정	• 과제 확인 및 피드백 제공 – 앞구르기를 할 때 몸을 끝까지 둥글게 유지하도록 해야 한다. • 앞구르기 개인별/모둠별 연습 – 운동 수행 변화 과정을 ㉠ 휴대 전화로 촬영하여 반성할 수 있는 기회를 제공한다.	• 휴대 전화
독자 연습	• 앞구르기 복습	
정리	• 정리 운동 – 본 차시에서 사용한 주요 관절 풀기 • 학습 내용 정리 – 앞구르기를 잘 할 수 있는 방법에 대해 발표하기 • 평가하기	• 자기 평가서

(나)

수석 교사: 동작 도전인 '매트 위에서 앞구르기' 활동을 준비하셨군요.
초임 교사: 네, 그렇습니다. 학생들이 매트 위에서 앞구르기 활동을 통해 자신의 동작에 대해 도전해 보는 내용입니다.
수석 교사: 그래서 ㉡ (가)에 적용된 수업모형을 활용하셨군요.
초임 교사: 네, 맞습니다.

… (중략) …

초임 교사: 그런데 이 수업을 하려면 앞구르기를 잘해야 하는데 어떻게 해야 하나요?
수석 교사: 네, 제가 시범을 보여 드릴게요. 먼저, 양손→뒷머리→어깨→등→허리→엉덩이→발 순서로 매트에 닿아야 합니다.
초임 교사: 앞구르기를 하면서 몸을 둥글게 하려면 어떻게 해야 하나요? 저는 몸이 둥글게 유지되지 않아서 일어나기가 아주 힘이 들어요.
수석 교사: 그렇군요. ㉢ 앞구르기를 하면서 몸을 끝까지 둥글게 유지해야 하는데, 신체 부위에 특히 신경을 써야 합니다.
초임 교사: 그렇군요.

1) 2015 개정 체육과 교육과정 내용 체계에 제시된 관련 기능 중에서 (가)의 ㉠에 해당하는 기능을 쓰시오. [1점]

•

2) (가)의 교수 · 학습 과정안과 (나)의 ㉡에 해당하는 수업모형의 특징 중 학생 측면에서의 장점을 쓰시오. [1점]

•

3) (나)의 ㉢에서 앞구르기를 할 때 몸을 둥글게 유지하도록 하기 위해 교사가 해야 할 설명을 구체적으로 쓰시오. [2점]

•

2020-01 초등

(가)는 2015 개정 체육과 교육과정에 기초하여 6학년 담임인 박 교사가 작성한 수업 지도 계획서의 일부이고, (나)는 해당 수업을 마친 후, 박 교사와 수석 교사가 체육 수업 모형 및 동기 유발 기법에 대해 나눈 대화이다. 물음에 답하시오. [4점]

(가)

○ 영역명 : 도전(표적/투기 도전)
○ 학습 목표 : 씨름의 기본 기술을 익혀 경기 상황에 적용할 수 있다.
○ 학습 과제 : 팀별로 손 기술, 다리 기술, 허리 기술 익히기
○ 수업 모형 : 협동 학습 모형 중 (㉠) 교수 전략

※ 교수 전략의 학습 단계 및 활동 내용

학습 단계	활동 내용
팀 편성	학습 성공에 대한 동등한 기회가 보장되도록 이질적인 능력을 가진 학생들로 팀 편성
수행 기준 및 과제 제시	씨름 기본 기술과 관련된 수행 기준과 팀별 학습 과제 목록의 제시
팀별 과제 수행	학생들은 혼자 또는 같은 팀원들의 도움을 받으면서 각자의 수준에 맞는 과제 연습
과제 완수 점검 및 다음 과제 수행	학생들이 과제를 완수하면 같은 팀원이 과제 수행 여부를 점검한 후, 수행 기준을 충족하면 다음 과제로 이동
평가	팀별로 수행한 과제의 수를 점수로 환산하여 팀 점수 계산

[A]

…(하략)…

(나)

박 교사 : 선생님, 오늘은 제가 협동 학습 모형 중에서 개별화 수업의 장점을 결합 시킨 교수 전략을 활용하여 씨름 수업을 해보았는데 준비해야 할 것들도 많고, 학생들의 반응도 신통치 않아 너무 힘들었어요. 이유가 뭘까요?

수석 교사: 선생님이 활용한 교수 전략은 협동 학습에 학생들이 개인의 능력에 따라 학습 과제를 수준별로 수행해 나가는 개별화 학습의 장점을 결합시켜 학습 효과를 높이려는 의도에서 개발되었죠. 하지만 교사가 학생들의 흥미나 능력을 고려하지 않고 획일적이고 단순한 학습 과제를 제시하면 학생들은 금방 흥미를 잃고 지루해 하죠. 그 대안으로 TGT 교수 전략을 한번 활용해 보는 것도 좋을 것 같네요.

박 교사 : TGT 교수 전략은 어떤 장점이 있죠?

수석 교사: 각 팀별로 할당된 과제를 연습하고 기능 평가를 통해 팀원들의 순위를 정한 후, 각 팀의 같은 등수의 팀원들끼리 (㉡)을/를 통해 얻은 승점(상점)을 합산하여 전체 팀 순위를 결정하기 때문에 운동 기능 수준에 상관없이 모든 학생들이 자기 팀의 성공에 기여할 수 있다는 장점을 가진 교수 전략이죠.

[B]

박 교사 : 학생들 입장에서 흥미로울 수 있겠네요. 한 번 사용해 봐야겠어요. 한 가지만 더요! 그렇다면 이렇게 씨름의 기본 기술을 익히는 활동처럼 개인차가 드러나는 학습 과제에 학생들을 참여시킬 때, 참여율을 높일 수 있는 동기 유발 기법에는 어떤 것들이 있을까요?

수석 교사: 가장 대표적인 기법으로는 '선택권을 주며 가르치기(teaching by invitation)'와 '과제 내 변형(intratask variation)'이 있어요. 이런 기법들을 체육 수업에 사용하게 되면 학생들의 기능 수준별로 과제를 조정할 수 있고, 모든 학생들이 똑같은 과제를 수행하지 않아도 되므로 과제 연습에 대한 지루함을 최소화시킬 수 있어요.

박 교사 : 아! 그런 장점을 공통적으로 가지고 있군요. 그렇다면, 이 두 기법의 차이점은 뭐죠?

수석 교사: 수업 중 ㉢ <u>학습 과제의 선택 혹은 결정 방법에 차이가 있죠.</u>

[C]

1) (가)의 [A]와 (나)의 [B]를 참고하여 ㉠과 ㉡에 들어갈 내용을 쓰시오. [2점]

• ㉠ : ______________________

• ㉡ : ______________________

2) (나)의 [C]를 참고하여 ㉢의 내용을 과제 선택(혹은 결정) 권한의 주체를 중심으로 쓰시오. [2점]

• ______________________

2020-02 초등

(가)는 2015 개정 체육과 교육과정 5~6학년군 경쟁 영역 '배구형 게임'에 관한 교수 · 학습 과정안이고, (나)는 해당 수업을 실시한 김 교사의 수업 성찰 일지이다. 물음에 답하시오. [4점]

(가)

수업 단계	교수 · 학습 활동	지도상 유의점
도입	• 학습 목표 : ㉠ 배구형 게임의 기본 운동 기능의 원리를 알고, 친구들과 협력하면서 익힐 수 있다. • ㉡ 준비운동 : 운동장 2바퀴 돌기	학습자의 건강 상태를 확인하고 조치한다.
전개	• 기본 운동 기능 연습 [활동 1] 공 받고 이어주기 : 원리 및 기능 학습 [활동 2] 공 넘기기 : 원리 및 기능 학습	기본 운동 기능 연습 시 친구들과 협력하면서 할 수 있도록 지도한다
정리	• 정리운동 : 스트레칭 • 학습 내용 정리 • 평가	

(나)

오늘 배구형 게임 수업에서 준비운동으로 운동장 돌기를 하였다. ㉢ 매번 똑같은 준비운동이라서 그런지 흥미를 잃고, 형식적으로 참여하는 아이들이 많았다.

또한 수업 참여에 소극적이었던 학생들을 제대로 도와주지 못했던 것 같다. 앞으로는 이러한 학생들이 적극적으로 수업에 참여할 수 있도록 ㉣ 기본 운동 기능을 수준별로 제시하고, 배구 관련 영화 감상, 배구 관련 글 읽고 쓰기, 배구의 역사 조사하기 등과 같은 활동을 통해 흥미를 갖고 수업에 참여할 수 있도록 해야겠다.

1) (가)의 ㉠과 (나)의 ㉣과 관련 있는 2015 개정 체육과 교육과정의 '교수 · 학습의 방향'을 다음과 같이 제시할 때, ( ) 안에 들어갈 내용을 각각 쓰시오. [1점]

전인적 성장 · 발달 도모

↑

( ), ( ), 정의적 역량의 균형 있는 체험

↑

직접 체험과 간접 체험 교수 · 학습 활동 제공

•

2) (가)의 ㉡과 (나)의 ㉢을 참고하여 김 교사가 시행해 온 준비 운동의 문제점을 해결할 수 있는 방법을 다음과 같이 정리할 때, ( ) 안에 공통으로 들어갈 내용을 쓰시오. [1점]

준비 운동은 ( )을/를 원활하게 수행하기 위해 이루어지는 것으로서 ( )와/과 관련된 흥미로운 내용으로 실시해야 한다.

•

3) (가)의 교수 학습 과정안이 구현된 수업에서 평가는 어떻게 이루어져야 하는지 2015 개정 체육과 교육과정의 '평가의 방향' 중 '교육과정과의 연계성'에 근거하여 쓰시오. [2점]

•

2019-01 초등

(가)는 2015 개정 체육과 교육과정 5~6학년군 건강 영역의 수업 장면이고, (나)는 해당 수업을 바탕으로 학생들이 수립한 운동 계획의 일부이다. 물음에 답하시오. [4점]

(가)

최 교사 : 지난주에 학생건강체력평가(PAPS)를 실시했습니다. 오늘은 실시 결과에 따라 건강 체력 향상을 위한 운동 계획을 세워 보겠습니다. 먼저 자신의 결과표를 보면서 가장 낮은 등급의 종목을 찾아볼까요?

남학생 A : 선생님, 저는 (㉠) 결과가 '낮음(4등급)'입니다.

남학생 B : 저는 윗몸 말아 올리기 기록이 16회밖에 안 됩니다.

최 교사 : 친구들마다 낮은 등급을 받은 종목이 각각 다르죠? 운동 계획을 세울 때는 자신에게 부족한 점을 향상할 수 있는 체력 운동을 선택하는 것이 중요합니다.

여학생 C : 저도 윗몸 말아 올리기 기록이 '낮음(4등급)'이니까 남학생 B와 똑같은 운동 계획을 세우면 되는 건가요?

최 교사 : 꼭 그런 건 아니에요. 친구와 동일한 체력 운동이 필요하다고 해도 ㉡ <u>자신의 건강 상태 및 체력 수준 등을 고려하여 운동 계획을 세우고 실천하는 것</u>이 중요합니다. 이것을 체력 운동의 원리 중 (㉢)(이)라고 합니다.

여학생 D : 그런데 선생님, 비만에 체질량 지수(BMI)가 나와 있는데 이것은 무엇을 의미하는 건가요?

최 교사 : 체질량 지수는 키와 몸무게의 관계를 나타내는 수치인데, 이를 활용하면 자신의 키에 비해 몸무게가 적당한지를 알 수 있어요.

여학생 D : 선생님, 그러면 체질량 지수는 측정 기계가 있어야만 알 수 있나요?

최 교사 : 아니에요. 체질량 지수는 키와 몸무게를 알면 여학생 D가 직접 계산해 볼 수도 있어요.

(나)

○ 남학생 A 운동 계획

- 필요한 체력 운동 : 심폐 지구력 향상 운동
- 운동 종목 : 자전거 타기, 줄넘기
- 운동 빈도 및 시간 : 월, 수, 금요일에는 자전거 타기 30분, 화, 목, 토요일에는 줄넘기 20분
- 운동 강도 : 땀이 나고 약간 숨이 찰 정도로

…(하략)…

○ 남학생 B 운동 계획

- 필요한 체력 운동 : 근력 및 근지구력 향상 운동
- 운동 종목 : 팔 굽혀 펴기, 윗몸 일으키기
- 운동 방법
  (1) 처음에는 각 종목을 10회씩 3번(세트) 반복한다.
  (2) 차츰 적응하여 익숙해지면 실행 횟수를 늘려 나간다.
  (3) 4개월 이상 주당 4회 규칙적으로 실시한다.

…(하략)…

○ 여학생 C 운동 계획

- 필요한 체력 운동 : 근력 및 근지구력 향상 운동
- 운동 종목 : 무릎 대고 팔 굽혀 펴기, 윗몸 일으키기
- 운동 방법
  (1) 처음에는 각 종목을 5회씩 4번(세트) 반복한다.
  (2) 차츰 적응하여 익숙해지면 방법을 바꾸거나 실행 횟수를 늘려 나간다.
  (3) 3개월 이상 매일 규칙적으로 실시한다.

…(하략)…

1) (가)의 ㉠에 들어갈 측정 종목을 (나)의 '남학생 A 운동 계획'을 고려하여 1가지만 쓰시오. (단, 학생건강체력평가(PAPS)에 제시된 정확한 종목 명을 쓰시오.) [1점]

·

2) (가)의 ㉡ 및 (나)의 '남학생 B와 여학생 C 운동 계획의 차이점'을 고려하여, (가)의 ㉢에 들어갈 알맞은 말을 쓰시오. [1점]

·

3) ① (가)의 여학생 D 몸무게가 45kg이고 키는 150cm일 때 체질량 지수(BMI)는 얼마인지 그 수치를 구하고, ② 다음 평가 기준표를 참고하여 비만도 판정 결과를 쓰시오. [2점]

학년(성별)	마름	정상	과체중	경도비만	고도비만
초5(여자)	14.2이하	14.3~20.6	20.7~23.0	23.1~29.9	30.0 이상

· ① :

· ② :

2019-02 초등

(가)는 2015 개정 체육과 교육과정 5~6학년군 안전 영역과 관련된 수석 교사와 초임 교사의 대화 내용이고, (나)는 (가)의 대화 내용을 참고하여 초임 교사가 작성한 교수 · 학습 계획이다. 물음에 답하시오. [4점]

(가)

초임 교사: 선생님, 이번 학기부터 5~6학년 체육 전담 교사를 맡았는데요, 신설된 안전 영역을 지도할 때는 무엇에 중점을 두어야 할까요?

수석 교사: 안전은 건강한 생활을 위한 출발점이죠. 따라서 실생활에서 자주 발생할 수 있는 안전사고에 대처하는 내용을 중심으로 지도하는 것이 필요합니다.

초임 교사: 아, 그렇다면 방법적인 면에서는 '체험 중심의 활동'을 선정하는 것이 좋겠네요!

수석 교사: 네, 맞아요! 위급한 상황에서 실제로 대체할 수 있는 능력이 중요하니까요. 더 나아가 이러한 응급 대처 방법을 지속적으로 반복 연습하는 것도 중요하지요.

초임 교사: 그렇다면 안전 영역은 안전한 삶과 생활을 영위하기 위해 필요한 지식을 습득하여 (㉠)을/를 목적으로 해야겠네요.

수석 교사: 그렇습니다. 말씀하신 내용은 2015 개정 체육과 교육과정 성취기준 내에 제시된 안전 영역의 목적에도 분명하게 제시되어 있어요. 또한 ㉡ 안전 영역의 신체활동을 선택할 때는 교육과정에 제시된 '신체활동 예시'를 잘 살펴보고 참고하면 좋아요.

(나)

[학습 주제] 응급 상황 발생 시 대처 방법 알기
[학습 목표] 응급 상황(염좌 및 타박상 등) 발생 시 올바른 방법으로 대처한다.
[학습 내용]
○ 염좌 및 타박상 발생 시 올바른 대처 방법
• RICE 요법에 따라 처치한다.

절차	처치 방법
(1) Rest (휴식)	환부를 움직이지 않게 하고 환자를 편한 자세로 안정시킨다.
(2) Icing (얼음찜질)	출혈과 부종을 방지하기 위해 얼음찜질을 한다.
(3) Compression (압박)	압박 붕대로 감아 환부를 보호한다.
(4) Elevation (환부 올리기)	부종을 감소시키고 원활한 혈액 순환을 위해 환부를 (㉢)보다 높게 한다.

1) (가)의 대화 내용을 참고하여 ㉠에 들어갈 내용을 쓰시오. [2점]

•

2) (나)의 ㉢에 들어갈 알맞은 말을 쓰시오. [1점]

•

3) 다음은 (가)의 ㉡과 관련된 2015 개정 초등학교 체육과 교육과정 신체활동 예시에 제시된 신체활동 선택 방법에 관한 설명이다. ⓐ~ⓓ 중 잘못된 내용 1가지를 찾아 기호를 쓰고, 바르게 고쳐 쓰시오. [1점]

신체활동은 ⓐ 교육과정의 목적에 근거하여 선택한다. 또한 학교의 교육 여건을 고려하여 ⓑ 다른 영역의 신체활동 예시도 선택할 수 있으나, ⓒ 새로운 신체활동 선택은 지양한다. 신체활동의 선택과 관련된 사항은 ⓓ 단위 학교의 학년 협의회를 통해 결정한다.

•

2019 초특

다음은 통합학급 교사가 작성한 2015 개정 체육과 교육과정 5~6학년 건강 영역 교수 · 학습 과정안의 일부이다. 물음에 답하시오. [3점]

단계	교수 · 학습 활동	유의 사항
도입	○ 평형성이 요구되는 다양한 스포츠 장면을 보여 준다. ○ 평형성이 향상되었을 때 나타나는 장점을 알려 준다. ○ ㉡ 준비운동을 한다.	
전개	〈활동 1〉 평형성 향상 운동하기 ○ 다양한 방법으로 신체 균형 잡기 – 한 발로 균형 잡기 – 발끝으로 서기 ○ 짐볼 위에서 균형 잡기 – 짐볼에 앉아 보기 – 짐볼에 엎드리기 ○ 평균대 위에서 균형 잡기 – 평균대 위로 오르기 – 평균대 위에서 걷기 – 평균대 위에서 균형 잡기 – 평균대에서 내리기	○ 교구 설치 시 유의점 – 평균대 높이를 다양하게 해 준다. – 안전을 위하여 평균대 아래에 (㉢). ○ 지도 시 유의점 – 평균대 위에서 균형을 잘 잡기 위해 양팔을 넓게 벌리도록 지도한다. – 평균대 위에서 균형을 잘 잡을 수 있도록 시선은 (㉣)을/를 향하게 한다

1) 다음 그림은 (나)의 ㉡에 해당하는 동작의 일부이다. 그림에서 나타내고 있는 주된 건강 체력의 종류를 쓰시오. [1점]

• ______________________________

2) ㉢과 ㉣에 들어갈 내용을 각각 쓰시오. [2점]

• ㉢ : ______________________________

• ㉣ : ______________________________

2018-01 초등

다음은 2015 개정 체육과 교육과정에 대한 수석 교사와 초임 교사의 대화 내용이다. 물음에 답하시오. [4점]

수석 교사: 선생님, 다음 주 수업 주제는 무엇인가요?
초임 교사: 다음 주 주제는 '건강한 여가 생활'인데, 어떤 신체활동을 선정하는 것이 좋을지 모르겠어요.
수석 교사: 먼저 학생들의 일상생활 속 실천 경험들을 조사해 본 후 그것들을 체육 수업의 소재로 삼는 것이 좋을 것 같아요. 그리고 체육 수업 시간이 끝난 후에는 자신이 배운 신체활동을 일상생활 속에서 실천해 볼 수 있도록 안내해 주는 것도 중요하고요.
초임 교사: 아! 그것이 체육과 교육과정의 '교수·학습의 방향'에 제시된 '(㉠)'이군요.
수석 교사: 맞아요. 체육 수업 시간에 배운 내용을 기반으로 생활 속에서 지속적으로 신체활동에 참여하며 체육과 역량을 발휘할 수 있도록 자율성과 실천력을 학생들에게 길러 줄 필요가 있죠.
초임 교사: 또 한 가지 궁금한 점은 ㉡3~4학년군 신체활동 예시를 보면 건강 영역의 '전력달리기'와 도전 영역의 '단거리달리기'는 같은 활동 같은데 아닌가요?
수석 교사: 그 문제는 체육과 교육과정의 교수·학습의 계획 중 '교수·학습 운영 계획'에 잘 제시되어 있어요. ㉢동일한 달리기를 할지라도 수업의 의도에 따라 다른 결과가 나타날 수 있기 때문에 교사는 교수·학습 계획 수립 시 영역의 특성과 학습 주제를 명확히 인식해야 해요.
초임 교사: 그러면 선생님, 제가 초등학교 3~4학년군 건강 영역을 지도할 때에는 어떤 점들을 유의해야 할까요?
수석 교사: 체육과 교육과정의 성취기준 내에 제시된 '교수·학습 방법 및 유의 사항'을 근거로 4가지 정도를 말씀드릴 수 있을 것 같아요.
첫째, 건강한 생활 습관을 지도하기 위한 ㉣소재는 생활 전반에서 보편적이고 지속적으로 요구되는 기본 생활 습관을 중심으로 선정해야 하죠.
둘째, 학생들의 연령별 특성, 흥미 등을 고려하여 ㉤놀이, 게임보다는 스포츠를 중심으로 구성하고요.
셋째, 여가에 대한 특정한 실천 방법을 강조하기보다는 ㉥다양한 여가 활동을 통해 신체적, 정신적, 정서적으로 건강해짐을 학생들이 인식할 수 있도록 지도해야 하죠.
마지막으로, 자신의 수준에 적합한 운동 수준을 지도할 때에는 ㉦학생들의 수준에서 적용 가능한 방법을 쉽게 이해할 수 있는 표현을 사용해야 하겠죠.
초임 교사: 여러 가지 조언을 주셔서 감사합니다.

1) ㉠에 들어갈 내용을 쓰시오. [1점]

•

2) 밑줄 친 ㉡, ㉢을 참고하여, 다음 ⓐ, ⓑ에 들어갈 내용을 쓰시오. [2점]

영역		신체활동 예시	수업의 목적
건강	여가와 운동 방법	전력달리기	(ⓐ)
도전	(ⓑ)	단거리달리기	기록의 단축

• ⓐ :

• ⓑ :

3) 밑줄 친 ㉣~㉦ 중 잘못된 내용 1가지를 찾아 기호를 쓰고, 바르게 고쳐 쓰시오. [1점]

•

2018-02 초등

(가)는 예비 교사가 작성한 교수·학습 과정안의 일부이고, (나)는 이 교수·학습 과정안에 대해 지도 교수와 예비 교사가 나눈 대화의 일부이다. 물음에 답하시오. [4점]

(가)

영역	경쟁 활동 (필드형 경쟁)	신체 활동	발야구형 게임	수업 모형	동료 교수 모형
학습 주제	공 던지고 받기	차시	3/8	대상	5학년
학습 목표	여러 가지 방법으로 공을 던지고 받을 수 있다.				
준비물	발야구 공				

학습 단계	학습 과정	교수·학습 활동	시간 (분)	자료(▪) 및 유의점(※)
도입	준비 운동 및 학습 문제 확인	○ 준비 운동 하기 ○ 동기 유발 ○ 학습 문제 확인하기	8	※ 학생들의 건강 상태를 확인한다.
전개	기본 기능 이해하기	○ 공 던지고 받기 알아보기 - 교사는 기본 자세와 방법을 시범 보이며 설명한다.	4	▪ 발야구 공
	짝 정하기 및 역할 배정하기	○ 짝 정하기 및 역할 배정하기 - 신체 조건이 비슷한 친구끼리 짝을 짓는다. - '동료 교사' 역할과 '학습자' 역할을 정한다.	2	※ '동료 교사' 역할 학생에게 피드백 목록을 제공한다.
	과제 제시 및 동료 교수· 학습	○ 공 던지기 익히기 - '동료 교사' 역할 학생은 '학습자' 역할 학생에게 여러 가지 공 던지기 방법을 가르친다.  ○ 공 받기 익히기 - '동료 교사' 역할 학생은 '학습자' 역할 학생에게 여러 가지 공 받기 방법을 가르친다. 	20	▪ 발야구 공 ※ ㉠'동료 교사' 역할 학생은 교사가 제시한 내용을 토대로 '학습자' 역할 학생에게 적절한 피드백을 준다.
정리	정리 운동	○ 정리 운동 하기	3	

(나)

지도 교수: 이 교수·학습 과정안은 동료 교수 모형이 적용됐군요. 수업 모형을 적용할 경우에는 그 모형의 특징을 한 마디로 표현한다면 뭐라고 할 수 있을까요?
예비 교사: '나는 너를 가르치고 너는 나를 가르친다'입니다.
지도 교수: 그렇지요! 그런데 이 교수·학습 과정안을 보면 처음 정했던 역할대로만 '동료 교사' 역할 학생이 '학습자' 역할 학생을 가르치게 되어 있네요. 뭔가 더 추가해야 하지 않을까요?
예비 교사: 아! 그렇네요. 전개 단계에서 '과제 제시 및 동료 교수 학습' 다음에 '학습 과정'과 ㉡그것에 해당하는 '교수·학습 활동'을 추가해야겠어요.
지도 교수: 맞습니다. 그래야 동료 교수 모형의 적용이 완성됩니다.
[A]

…(중략)…

지도 교수: 그런데 이런 필드형 게임은 꼭 5~6학년군에서만 지도되어야 할까요?
예비 교사: 필드형 게임은 당연히 5~6학년군에서 지도하는 게 맞지 않나요?
지도 교수: 2015 개정 체육과 교육과정을 보면 반드시 그래야 하는 건 아닙니다. 필드형 게임을 3~4학년군에서도 지도할 수 있어요.
예비 교사: 그래요? 3~4학년군에서는 피하기형 경쟁과 영역형 경쟁을 지도해야 하는 거 아닌가요?
지도 교수: 새로 개정된 교육과정을 보면 다양한 유형의 기본 게임, 즉 기초적인 수준의 영역형/필드형/네트형 게임 등을 지도할 수 있도록 '(㉢)'이/가 새롭게 제시되었답니다.

…(하략)…

1) 다음은 (가)의 밑줄 친 ㉠과 관련하여 '동료 교사' 역할 학생이 '학습자' 역할 학생에게 제공하려는 피드백의 내용이다. ⓐ, ⓑ에 들어갈 내용을 쓰시오. [2점]

> • 먼 거리로 공을 빠르게 던질 때에는 어깨 위에서 던지고, 가까운 거리로 공을 안전하고 정확하게 던질 때에는 (　　ⓐ　　) 던진다.
> • 뜬공을 안전하게 받을 때는 공을 향해 두 팔을 뻗었다가 (　　ⓑ　　) 받는다.

• ⓐ : ____________________

• ⓑ : ____________________

2) (나)의 [A]를 근거로 밑줄 친 ㉡의 구체적인 내용을 쓰시오. [1점]

• ____________________

3) (나)의 ㉢에 들어갈 내용을 쓰시오. [1점]

• ____________________

2017-01 초등 · 초특 공통

다음은 김 교사와 박 교사의 필드형 경쟁 활동 수업에 대한 협의 내용이다. 물음에 답하시오. [4점]

박 교사: 우리 반은 오늘 티볼 마지막 시간이었는데 학생들이 재미있는지 계속하자고 하네요. 김 선생님 반은 무엇을 했나요?
김 교사: 우리 반은 진도가 좀 늦어서 주먹 야구를 하고 있습니다. 다음 주부터 티볼을 할 수 있을 것 같은데 수업을 할 때 어떤 점에 유의해야 할까요?
박 교사: 티볼이 지금까지 했던 주먹 야구와 유사해서 지루해 할 학생들도 있고, 또 반대로 어렵다고 느끼는 학생들도 있을 수 있어요. 그렇게 되면 학생들이 과제에서 이탈하거나 과제와 관련 없는 행동을 하게 됩니다.
김 교사: 그럴 경우에는 어떻게 하죠?
박 교사: 학생들의 능력과 흥미에 맞게 과제를 단계화하는 방법이 있습니다. 일반적으로 시작형 과제는 가장 기초적인 단계에서 학생들이 학습할 수 있는 과제이고, 확장형 과제는 난도와 복잡성을 높은 과제입니다. 그리고 세련형 과제는 기능의 질적 측면에 초점이 맞추어진 과제이며, 적용형 과제는 실제 상황에 활용되도록 만든 과제를 의미합니다. [A]
김 교사: 그럼 학습 과제를 단계화하고 그에 따라 지도하면 문제가 해결되겠군요.
박 교사: 그리고, 한 가지 더, 이미 티볼 경험이 있거나 잘하는 학생이 있을 수 있기 때문에 모든 학생들에게 동일한 과제를 고집해서는 안 됩니다. [B]
김 교사: 그런 학생이 있을 때는 수업을 어떻게 운영해야 할까요?
박 교사: (㉠)
김 교사: 그러면 더 많은 학생들이 적극적으로 참여하고 만족하는 수업이 될 수 있겠네요. 고맙습니다.

1) 다음은 김 교사가 학생들에게 티볼의 치기 기능을 지도하기 위해 학습 과제를 단계화한 것이다. [A]를 참고하여 ⓐ에 들어갈 '학습 과제 내용'을 쓰시오. [1점]

·

2) 2009 개정 체육과 교육과정의 '교수 · 학습의 방향' 중 [B]와 관련성이 가장 높은 1가지가 드러나도록 ㉠에 들어갈 내용을 쓰시오. [1점]

·

유2) 2015 개정 체육과 교육과정의 '교수 · 학습의 방향' 중 [B]와 관련성이 가장 높은 1가지가 드러나도록 ㉠에 들어갈 내용을 쓰시오. [1점]

·

3) 다음은 티볼 경기장의 모습이다. 안전의 관점에서 ⓐ, ⓑ의 설치 목적을 각각 쓰시오. [2점]

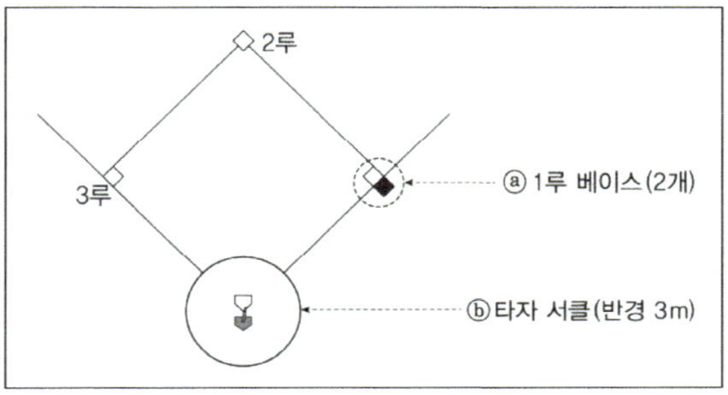

· ⓐ :

· ⓑ :

2017-02 초등

(가)는 최 교사의 5~6학년군 '표현 활동' 영역 수업 계획의 일부이고, (나)는 민속 무용의 기본 동작을 설명한 내용의 일부이다. 물음에 답하시오. [4점]

(가)

우리나라 민속 무용으로는 '소고춤'을, 외국의 민속 무용으로는 '페티케이크 폴카'를 지도하고자 한다. 그 이유는 2009 개정 체육과 교육과정의 학습 내용 성취기준에서 '민속 표현 활동에 담긴 여러 민족의 문화적 특성을 인식하는 (㉠)의 개념을 이해하고 이를 적용한다.'라고 제시하고 있기 때문이다.

한편, 3~4학년군 표현 활동 영역에서 다룬 '표현 요소'인 신체 인식, 공간 인식, 노력, 관계와 '움직임 언어'인 이동 움직임, 비이동 움직임, (㉡)을/를 활용하여 여러 가지 민속 무용의 공통점과 차이점을 파악해 보고자 한다.

(나)

민속 무용	기본 동작
소고춤	◦소고를 치며 앞으로 천천히 걷는다.
	◦오른발을 왼쪽으로 디디며 ㉢ 소고를 친다.
패티 케이크 폴카	◦각자 두 손으로 자신의 ㉣ 무릎을 가볍게 친다.
	◦짝과 오른팔을 끼고 스키핑을 하며 (㉤)

1) (가)의 ㉠, ㉡에 들어갈 내용을 쓰시오. [2점]

· ㉠ :

· ㉡ :

2) (가)의 '표현 요소'를 활용하여 ① (나)의 ㉢, ㉣의 차이점을 쓰고, ② 외국의 민속 무용에서 움직임 방향 용어인 CW의 의미가 드러나도록 ㉤에 들어갈 내용을 쓰시오. [2점]

· ① :

· ② :

2017-02 초등 유사

(가)는 최 교사의 5~6학년군 '표현 활동' 영역 수업 계획의 일부이고, (나)는 민속 무용의 기본 동작을 설명한 내용의 일부이다. 물음에 답하시오. [4점]

(가)

우리나라 민속 무용으로는 '소고춤'을, 외국의 민속 무용으로는 '페티케이크 폴카'를 지도하고자 한다. 그 이유는 2015 개정 체육과 교육과정의 학습 내용 성취기준에서 '세계 여러 민족의 문화적 특성을 이해하고 존중하는 (㉠)인 마음으로 참여한다.'라고 제시하고 있기 때문이다.

한편, 3~4학년군 표현 활동 영역에서 다룬 '표현 요소'인 신체 인식, 공간 인식, 노력, 관계와 '움직임 언어'인 이동 움직임, 비이동 움직임, (㉡)을/를 활용하여 여러 가지 민속 무용의 공통점과 차이점을 파악해 보고자 한다.

(나)

민속 무용	기본 동작
소고춤	○ 소고를 치며 앞으로 천천히 걷는다.
	○ 오른발을 왼쪽으로 디디며 ㉢ 소고를 친다.
페티 케이크 폴카	○ 각자 두 손으로 자신의 ㉣ 무릎을 가볍게 친다.
	○ 짝과 오른팔을 끼고 스키핑을 하며 (㉤)

1) (가)의 ㉠, ㉡에 들어갈 내용을 쓰시오. [2점]

· ㉠ : ____________________

· ㉡ : ____________________

2) (가)의 '표현 요소'를 활용하여 ① (나)의 ㉢, ㉣의 차이점을 쓰고, ② 외국의 민속 무용에서 움직임 방향 용어인 CW의 의미가 드러나도록 ㉤에 들어갈 내용을 쓰시오. [2점]

· ① : ____________________

· ② : ____________________

2016-01 초등 · 초특 공통

(가)는 예비교사의 5~6학년군 '도전 활동' 영역 중 높이뛰기 교수 · 학습 계획이고, (나)는 지도교사가 관찰한 예비교사의 수업 장면 중 일부이다. 물음에 답하시오. [4점]

(가)

수업 배경

높이뛰기 수업에서 학생들의 성취감과 도전의식을 키워 줄 생각이다. 그래서 ㉠ '포괄형 교수 스타일'을 적용하고자 한다.

수업 주제

가위뛰기의 기본 동작을 익히고 목표 기록에 도전한다.

교수 · 학습 활동 흐름

- 학습 활동 안내 : 학습 활동 안내 및 학습 과제 제시하기
- 준비 운동 : 본시 학습과 관련 있는 관절 운동과 스트레칭하기
- 학습 활동1 : 가위뛰기 연습하기
- 학습 활동2 : 자신의 기록에 도전하기
- ㉡평가하기 : 가위뛰기 기록 측정하기
- 정리 운동 : 많이 사용한 신체 부위를 중심으로 스트레칭하기
- 학습 활동 정리 : 활동 내용 및 결과를 공책에 정리하기

(나)

- 가위뛰기 방법에 대한 시범은 ㉢ 시청각 자료를 활용하였다.
- 준비 운동은 스트레칭 중심으로 이루어졌다.
- 다음과 같이 용 · 기구 설치와 모둠 구성을 하였다.

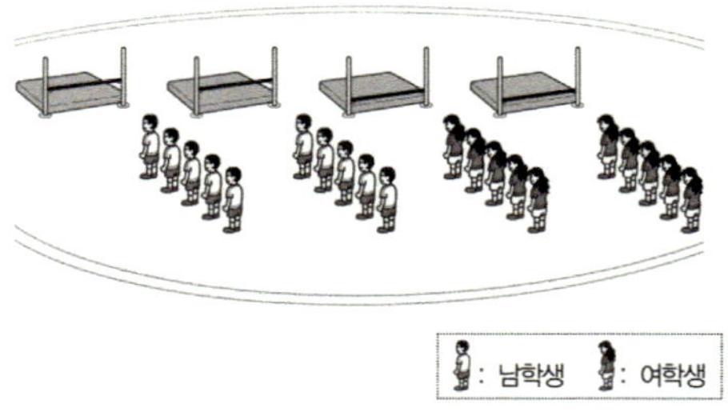

1) (가)의 ㉠의 관점으로 볼 때, (나)의 용 · 기구 설치와 모둠 구성에 나타나는 문제점을 찾아 개선 방안을 각각 1가지씩 쓰시오. [2점]

- ① 용 · 기구 설치 : ______________________
- ② 모둠 구성 : ______________________

2) 다음은 (가)의 ㉡에 대해 수업 계획 과정에서 지도교사와 예비교사가 주고받은 대화의 일부이다. ( )에 들어갈 말을 쓰시오. [1점]

예비교사 : 이 수업에서는 학생들이 가위뛰기를 연습하여 목표한 기록에 도달하는 것이 중요하다고 생각합니다. 그래서 저는 수업의 마무리 단계에서 학생 개인의 기록을 정확하게 측정하려고 합니다.

지도교사 : 선생님의 생각도 좋습니다만, 이런 방법은 어떨까요? 연습 시작 단계에서 학생들의 동작을 촬영해 줍니다. 학생들은 영상을 보며 자신의 모습을 관찰하고 기록을 확인한 다음, 교사의 피드백을 바탕으로 연습을 합니다. 그리고 수업의 마무리 단계에서 교사는 학생의 동작을 다시 촬영한 후 이전의 영상과 비교하며 평가합니다. 이렇게 평가하면 학생의 (   )을/를 확인할 수 있는 이점이 있습니다.

- ______________________

3) (나)의 ㉢ 이외의 시범 보이는 방법을 2가지 쓰시오. [1점]

- ① : ______________________
- ② : ______________________

2016-02 초등

(가)는 3~4학년군 '경쟁 활동' 영역 중 하키형 게임 수업 장면의 일부이고, (나)는 수업 후 김 교사가 자신의 수업을 반성하며 쓴 글이다. 물음에 답하시오. [4점]

(가)

김 교사: 오늘 하키형 게임 수업은 모둠원들과 함께 협동하면서 게임하는 거예요. 상대방의 잘못을 탓하지 말고 서로를 격려하면서 수업에 참여하도록 해요.
나 영: 예, 알겠습니다.
김 교사: 몇 가지 연습을 하고 나서 게임을 하도록 할게요. 누가 먼저 기본자세를 취해 볼까요?
민 지: 선생님, 다리를 이렇게 하고 하키채를 잡으면 되나요?
김 교사: ㉠그게 아니지. 다음 사람 해 볼까?
나 영: 선생님, 하키채로 공을 패스하는 기본자세가 어떤지 봐 주세요. (나영이가 기본자세를 취한다.) 이렇게 해도 되나요?
김 교사: ㉡좋았어.

(나)

오늘 하키형 게임 수업에서는 교육과정에서 추구하는 목표를 충실히 구현하지 못하였다. 학생들은 패스와 드리블 등의 기본 기능을 익히는 데 열심히 참여하였지만, 모둠원들과 패스를 통한 공간 이동, 팀플레이, 득점에 효과적인 협력 공격, 협력 수비 등 (㉢)의 이해와 창의적 적용 그리고 협동심이 부족하였다. 다음 수업에서는 이러한 부분들을 고려하여 (㉢)와/과 협동의 중요성을 알고 게임에 참여하도록 해야겠다. 한편 체육 시간에는 오늘처럼 안전사고가 발생할 수 있으므로 학생들이 응급 상황에 잘 대처할 수 있도록 지도해야겠다.

1) (가)의 ㉠, ㉡의 피드백에서 공통적으로 보완해야 할 점을 쓰시오. [1점]

·

2) (나)의 ㉢에 들어갈 말을 쓰시오. [1점]

·

3) 다음은 하키형 게임 수업을 하고 나서 나영이가 쓴 체육 수업 일기이다. ⓐ, ⓑ, ⓒ에 들어갈 말을 쓰시오. [2점]

오늘 정윤이가 하키형 게임 수업에서 공격을 하다가 상대 수비수의 몸에 부딪쳐 넘어졌다. 정윤이는 잠시 의식을 잃었으나 곧바로 회복하여 다행히 큰 문제는 발생하지 않았다. 선생님께서는 수업 내용을 정리하시면서 안전사고가 발생했을 때 어떻게 해야 하는지를 말씀해 주셨다. 그리고 사람이 의식을 잃고 심장이 멈추었을 때, (ⓐ)(이)라는 응급 처치를 해야 한다고 설명해 주셨다. 나는 이 방법을 좀 더 자세히 알아보고 싶어서 자료를 찾아 내용을 정리해 보았다.

(ⓐ) 과정

- 환자의 의식을 확인한다.
- 주위에 있는 사람에게 119에 연락할 것을 부탁한다.
- (ⓑ)을/를 30회 실시한다.
- 환자의 머리를 뒤로 젖히고, 턱을 들어 기도를 확보한다.
- (ⓒ)을/를 2회 실시한다.
- 119 구조대가 도착할 때까지 (ⓑ)와/과 (ⓒ)을/를 반복하여 실시한다.

· ⓐ :

· ⓑ :

· ⓒ :

2015-01 초등

다음은 3~4학년군의 '경쟁 활동' 영역에서 '축구형 게임의 기본 기능' 익히기 활동을 지도한 초임 교사와 멘토 교사의 대화 내용이다. 물음에 답하시오. [4점]

멘토 교사: 선생님, 오늘 '축구형 게임' 수업은 어떻게 하셨어요?

초임 교사: 학생들에게 축구 패스 방법을 가르치고 짝과 함께 가까운 거리에서 공을 패스하는 연습을 하게 했어요. 그런데 한 학생이 발끝으로만 공을 차고 정확하게 패스하지 못하더라고요. 이 학생이 발의 정확한 부위를 사용하여 공을 패스하도록 하려면 어떻게 지도해야 할까요? [A]

멘토 교사: 간이 배구 수업에서 제가 썼던 방법을 말씀드릴게요. 오버 토스 동작을 배우는 한 학생이 공을 받을 때마다 언더 토스로 받았어요. 그래서 높은 공을 받을 때 '머리 위'라고 말해주었어요. 그랬더니 오버 토스를 정확하게 하더라고요. [B]

초임 교사: 아, 그렇게도 할 수 있군요. 저도 선생님의 방법을 사용해 볼게요.

멘토 교사: 제가 흥미로운 지도 방법을 한 가지 더 소개해 드릴게요. 축구 슈팅 기능을 배우는 시간에 1점부터 6점까지 점수를 부여한 여러 개의 목표물을 골대에 매달아 놓았어요. 그리고 학생들이 슈팅을 5분 정도 연습한 후, 모둠별로 게임을 해서 각 모둠의 1등은 1등끼리, 2등은 2등끼리, …등수가 낮은 학생은 등수가 낮은 학생들끼리 점수를 비교했어요. 이렇게 비교하여 해당 등수에서 높은 점수를 받은 학생이 자신의 모둠에 기여하도록 했어요. [C]

초임 교사: 정말 좋은 방법이네요. 한 가지 더 궁금한 것이 있는데요. 기본 운동 기능은 갖추고 있으나 게임 전략 등을 적절하게 사용하지 못하는 학생들이 의외로 많았어요. 이러한 학생들을 위해 어떻게 수업을 운영하면 될까요?

멘토 교사: 그러면 이 방법을 한번 고려해 보세요. 간이 축구형 게임 수업이라면 ㉠ <u>모둠별로 학생들이 패스 연습을 하고, 축구 관련 서적을 읽으며 축구에 관한 지식을 얻도록 해 보세요. 또 경기장에서 축구 경기를 관람하거나, 동영상을 보면서 규칙과 방법을 공부하게 할 수도 있어요. 게임 상황에서 득점을 잘 하기 위해 친구들과 전략을 토론하는 방법도 사용해 보세요.</u>

초임 교사: 여러 가지 조언을 주셔서 감사합니다.

1) [A]의 상황에서 [B]의 지도 방안을 참고하여, 가까운 거리의 패스를 정확하게 하도록 지도하기 위한 언어적 교수 단서를 발의 부위를 포함하여 쓰시오. [1점]

• ______

2) [C]의 내용에 해당하는 수업 모형에 속하는 ⓐ <u>과제 구조의 명칭</u>을 쓰고, ⓑ <u>그 과제 구조의 장점</u>을 멘토 교사의 조언에 근거하여 서술하시오. [2점]

• ⓐ : ______

• ⓑ : ______

3) 2009 개정 체육과 교육과정의 '교수 · 학습 운영 방향'에 제시된 ㉠과 같은 교수 · 학습 운영 방식이 무엇인지 쓰시오. [1점]

• ______

유3) 2015 개정 체육과 교육과정의 '교수 · 학습의 방향'에 제시된 ㉠과 같은 교수 · 학습의 방향이 무엇인지 쓰시오. [1점]

• ______

2015-02 초등

(가)는 2009 개정 체육과 교육과정의 여가 활동 내용 체계이고, (나)는 교수 · 학습 과정안이다. 물음에 답하시오. [4점]

(가)

영역	3~4학년군
여가활동	○가족과 여가 – 의미와 특성 – 여가 활동의 창의적 계획 – 나와 가족의 여가 활동 체험 – (㉠)

(나)

학습 목표	○자전거 타기의 기본 기능을 익히고 안전 수칙을 이해할 수 있다. ○(㉡)
단계	교수 · 학습 활동
도입	○동기 유발 ○준비운동
전개	○활동 1 : 자전거 타기의 기본 기능 및 안전 수칙 익히기 [A] – 내리막길에서는 브레이크를 급하게 잡지 않는다. – 오르막길에서 상체를 숙이고 무게 중심을 앞으로 둔다. – 주행 중 균형을 잃었을 때 핸들을 넘어지는 반대쪽으로 돌린다. – 야간에는 반드시 점등을 하고 복장, 페달 등에 발광체를 부착하여 쉽게 눈에 띄도록 한다. – 방향을 전환하거나 정지할 때 수신호를 사용한다. ○활동 2 : 자전거 타기 – 운동장에 표시된 선을 따라서 자전거 타기 ○활동 3 : 가족과 함께 자전거 여행 계획 세우기 – 여행지에서 할 수 있는 가족 게임 구상하기
정리	○정리하기 및 차시 안내 ○수행 평가 및 과제물 안내 – 가족 여가 활동 체험 학습 보고서 발표하기

1) (가)에 제시된 ㉠의 내용 요소를 포함하여 (나)의 ㉡에 해당하는 학습 목표를 제시하시오. [1점]

·

2) (나)의 교수 · 학습 과정안에 있는 [A]의 내용 중 적절하지 <u>않은</u> 1가지를 찾아 바르게 고쳐 쓰시오. [1점]

·

3) 다음은 성수가 작성한 가족 여가 활동 체험 학습 보고서이다. ㉢에 알맞은 ⓐ <u>건강 체력의 요소</u>를 쓰고, ㉣과 같은 준비한 자료들을 활용하여 평가하는 ⓑ <u>수행 평가 방식</u>을 쓰시오. [2점]

체험 학습 보고서			
			3학년 1반 김성수
날짜	2014년 11월 ○○일	체험 장소	경춘 자전거 전용 도로
		함께 한 사람	엄마, 아빠, 동생, 나
○ 활동 주제 : 가족과 함께 자전거 여행 ○ 활동 목적 : 자전거 여행을 통해 가족 유대감 쌓기			
학교에서 자전거 수업을 듣고, 엄마, 아빠, 동생과 자전거로 가족 여행을 하기로 했다. 어제 우리 가족은 서울에서 자전거 전용 도로를 따라 양평까지 갔다. 나는 자전거 여행을 위해 주말마다 가족들과 한강에서 자전거 타기 연습을 했다. 처음 몇 주는 자전거를 조금만 타도 숨이 차고 다리가 아팠다. 그때마다 선생님께서 말씀하셨던 체력의 중요성이 떠올랐다. 그래서 나는 자전거 타기 연습을 계속 했고, 이제는 오랫동안 자전거를 타도 숨이 차지 않고 다리도 아프지 않다. 지난주에 학교에서 체력 측정을 했는데 자전거 타기를 처음 배울 때보다 (㉢)이/가 많이 향상되었고 나의 근력과 근지구력도 좋아졌다고 선생님께서 칭찬해 주셨다. (중략) 선생님께서 얼마 후에 수행 평가가 있다고 하셨다. 그래서 ㉣ <u>이번에 찍은 우리 가족 자전거 여행 사진을 자료철에 모아 여행에 대한 추억을 정리하였다. 또한 얼마 전부터 모으기 시작한 자전거 여행에 관한 신문 기사를 분류하여 추가하였다. 그리고 지난 주말에 엄마와 동생이랑 함께 본 '자전거로 세계 여행'이라는 영화에 대한 소감문도 작성하였다.</u> 이번 자전거 가족 여행은 힘들기는 했지만, 가족들과 함께 해서 정말 즐거웠다.			

· ⓐ :

· ⓑ :

2015-02 초등 유사

(가)는 2015 개정 체육과 교육과정의 건강 영역 내용 체계의 일부이고, (나)는 교수 · 학습 과정안이다. 물음에 답하시오. [4점]

(가)

영역	내용 요소	기능
	3~4학년	
건강	▷건강한 생활습관 ▷운동과 체력 ▷자기 인식 ▷(㉠) ▷체력 운동 방법 ▷실천 의지	▷평가하기 ▷계획하기 ▷관리하기 ▷(㉢)하기

(나)

학습 목표	○자전거 타기의 기본 기능을 익히고 안전 수칙을 이해할 수 있다. ○(㉡)
단계	교수 · 학습 활동
도입	○동기 유발 ○준비운동
전개	○ 활동 1: 자전거 타기의 기본 기능 및 안전 수칙 익히기 [A] – 내리막길에서는 브레이크를 급하게 잡지 않는다. – 오르막길에서 상체를 숙이고 무게 중심을 앞으로 둔다. – 주행 중 균형을 잃었을 때 핸들을 넘어지는 반대쪽으로 돌린다. – 야간에는 반드시 점등을 하고 복장, 페달 등에 발광체를 부착하여 쉽게 눈에 띄도록 한다. – 방향을 전환하거나 정지할 때 수신호를 사용한다. ○활동 2: 자전거 타기 – 운동장에 표시된 선을 따라서 자전거 타기 ○활동 3: 가족과 함께 자전거 여행 계획 세우기 – 여행지에서 할 수 있는 가족 게임 구상하기
정리	○정리하기 및 차시 안내 ○수행 평가 및 과제물 안내 – 가족 여가 활동 체험 학습 보고서 발표하기

1) (가)에 제시된 ㉠의 내용 요소와 ㉢의 기능를 포함하여 (나)의 ㉡에 해당하는 학습 목표를 제시하시오. [1점]

• ______________________

2) (나)의 교수 · 학습 과정안에 있는 [A]의 내용 중 적절하지 않은 1가지를 찾아 바르게 고쳐 쓰시오. [1점]

• ______________________

3) 다음은 성수가 작성한 가족 여가 활동 체험 학습 보고서이다. ㉢에 알맞은 ⓐ 건강 체력의 요소를 쓰고, ㉣과 같은 준비한 자료들을 활용하여 평가하는 ⓑ 수행 평가 방식을 쓰시오. [2점]

체험 학습 보고서

3학년 1반 김성수

날짜	2014년 11월 ○○일	체험 장소	경춘 자전거 전용 도로
		함께 한 사람	엄마, 아빠, 동생, 나

○ 활동 주제 : 가족과 함께 자전거 여행
○ 활동 목적 : 자전거 여행을 통해 가족 유대감 쌓기

학교에서 자전거 수업을 듣고, 엄마, 아빠, 동생과 자전거로 가족 여행을 하기로 했다. 어제 우리 가족은 서울에서 자전거 전용 도로를 따라 양평까지 갔다. 나는 자전거 여행을 위해 주말마다 가족들과 한강에서 자전거 타기 연습을 했다. 처음 몇 주는 자전거를 조금만 타도 숨이 차고 다리가 아팠다. 그때마다 선생님께서 말씀하셨던 체력의 중요성이 떠올랐다. 그래서 나는 자전거 타기 연습을 계속 했고, 이제는 오랫동안 자전거를 타도 숨이 차지 않고 다리도 아프지 않다. 지난주에 학교에서 체력 측정을 했는데 자전거 타기를 처음 배울 때보다 (㉢)이/가 많이 향상되었고 나의 근력과 근지구력도 좋아졌다고 선생님께서 칭찬해 주셨다.

(중략)

선생님께서 얼마 후에 수행 평가가 있다고 하셨다. 그래서 ㉣이번에 찍은 우리 가족 자전거 여행 사진을 자료철에 모아 여행에 대한 추억을 정리하였다. 또한 얼마 전부터 모으기 시작한 자전거 여행에 관한 신문 기사를 분류하여 추가하였다. 그리고 지난 주말에 엄마와 동생이랑 함께 본 '자전거로 세계 여행'이라는 영화에 대한 소감문도 작성하였다. 이번 자전거 가족 여행은 힘들기는 했지만, 가족들과 함께 해서 정말 즐거웠다.

• ⓐ : ______________________

• ⓑ : ______________________

2014-01 초등

다음은 4학년 농구형 게임 수업에서 김 교사가 관찰한 내용과 게임 변형 과정을 기록한 내용의 일부이다. 물음에 답하시오. [4점]

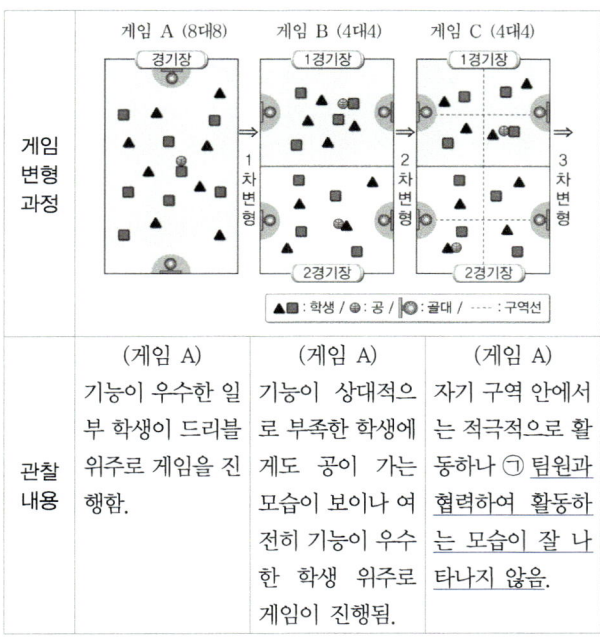

게임 변형 과정	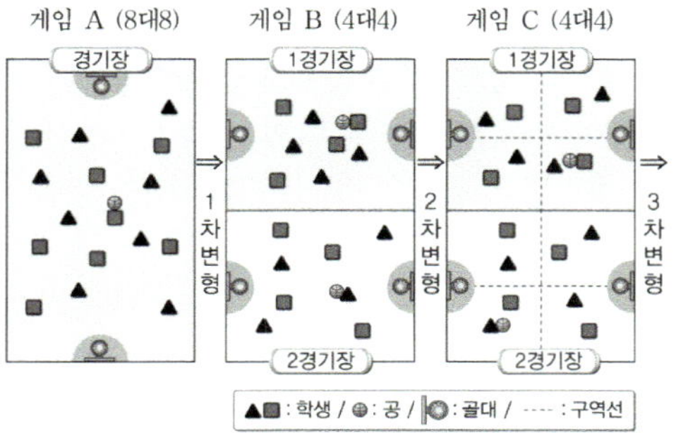		
관찰 내용	(게임 A) 기능이 우수한 일부 학생이 드리블 위주로 게임을 진행함.	(게임 A) 기능이 상대적으로 부족한 학생에게도 공이 가는 모습이 보이나 여전히 기능이 우수한 학생 위주로 게임이 진행됨.	(게임 A) 자기 구역 안에서는 적극적으로 활동하나 ㉠ 팀원과 협력하여 활동하는 모습이 잘 나타나지 않음.

1) 김 교사가 게임을 변형한 주된 이유를 간략하게 쓰시오. [1점]

·

2) 1차 변형과 2차 변형에 나타난 게임 변형 내용을 1가지씩 서술하시오. (단, 경기장의 크기와 관련된 변형 내용은 제외할 것) [2점]

· 1차 :

· 2차 :

3) ㉠의 문제를 해결하기 위하여 김 교사는 3차 게임 변형을 시도하고자 한다. 시도할 수 있는 변형 내용을 1가지 서술하시오. (단, 농구형 게임의 기본 기능을 하나 이상 포함할 것) [1점]

·

2014-02 초등

(가)는 박 교사가 계획한 6학년 도전 활동 영역의 수업 개요이고, (나)는 박 교사의 수업 장면의 일부이다. 물음에 답하시오. [4점]

(가)

제재	다리 모아 앞구르기
학습 목표	다리 모아 앞구르기 동작의 방법을 알고, 자신감을 가지고 매트 위에서 정확한 동작으로 다리 모아 앞구르기를 할 수 있다.
교수 · 학습 활동	○다리 모아 앞구르기 동작의 방법 알아보기 - 다리 모아 앞구르기 방법을 설명하고 시범을 보인다. ○다리 모아 앞구르기 동작 연습하기 - 모둠별로 다리 모아 앞구르기를 연습한다. ○보조 · 보강 운동 - 정확한 동작 수행을 위한 보조 · 보강 운동으로 체력 운동을 실시한다.

(나)

(학생들은 4개의 모둠으로 나뉘어 매트 위에서 다리 모아 앞구르기를 연습하고 있다.)

교사: '나는 잘 안 돼요.' 하는 친구 손 들어볼까요?

학생: (절반가량의 학생들이 손을 든다.)

교사: 그럼 손을 든 친구들이 어떤 어려움이 있어서 그런지 살펴볼 테니까 앞으로 나와서 앞구르기를 해 볼까요?

학생: (손을 들었던 학생들이 나와서 한 사람씩 앞구르기를 한다.)

교사: 아! 왜 그런지 알겠네요. 일단, 수준별로 모둠을 새로 구성해 볼게요. (학생들을 수준에 따라 세 모둠으로 만들고 모둠별로 수행할 과제를 간략히 안내한다.) 앞구르기가 잘 되는 경윤이네 모둠은 저쪽으로 이동해서 한 단계 수준을 높여 '연속하여 앞구르기'를 연습하세요. 효근이네 모둠은 ㉠'손수건을 턱에 끼우고 앞구르기'를 연습하고, 유경이네 모둠은 ㉡'경사진 매트에서 앞구르기'를 해 보세요.

학생: (모둠별로 이동해서 연습을 시작한다.)

(중략)

교사: (매트 위를 구르고 있는 현일이를 보며) 현일아! ㉢무릎! (매트에서 일어서는 현일이를 보며) 선생님이 아까 뭐라고 했지, 잘 구르려면? (현일이의 대답을 듣고) 그래 좋았어!

1) 다음은 박 교사가 (가)의 수업을 위하여 교재 내용을 분석한 것의 일부이다. ( )에 들어갈 말을 쓰시오. [1점]

> 앞구르기는 손 → 뒷머리 → 어깨 → 등 → 엉덩이 → 발 순으로 매트에 몸이 닿게 하여 몸을 앞으로 구르도록 해야 한다. 그런데 앞구르기를 잘하려면 체력이 뒷받침되어야 한다. 예컨대, 앞구르기 동작을 할 때에는 머리, 손, 발 등 몸의 모든 부위를 조화롭게 움직일 수 있는 능력이 필요한데, 이것은 운동 체력 요소 중 (　　)(이)라고 부른다.

• ______________________

2) 앞구르기를 잘하도록 하기 위해 박 교사가 ㉠과 ㉡을 시키는 의도를 앞구르기의 세부 동작과 관련하여 쓰시오. [2점]

• ㉠ : ______________________

• ㉡ : ______________________

3) 경구 ㉢을 사용하여 박 교사가 제공하려는 구체적인 정보를 1가지 쓰시오. [1점]

• ______________________

2014-02 초등 유사

(가)는 박 교사가 계획한 4학년 도전 활동 영역의 수업 개요이고, (나)는 박 교사의 수업 장면의 일부이다. 물음에 답하시오. [4점]

(가)

제재	다리 모아 앞구르기
학습 목표	다리 모아 앞구르기 동작의 방법을 알고, 자신감을 가지고 매트 위에서 정확한 동작으로 다리 모아 앞구르기를 할 수 있다.
교수·학습 활동	○ 다리 모아 앞구르기 동작의 방법 알아보기 – 다리 모아 앞구르기 방법을 설명하고 시범을 보인다. ○ 다리 모아 앞구르기 동작 연습하기 – 모둠별로 다리 모아 앞구르기를 연습한다. ○ 보조 · 보강 운동 – 정확한 동작 수행을 위한 보조 · 보강 운동으로 체력 운동을 실시한다.

(나)

(학생들은 4개의 모둠으로 나뉘어 매트 위에서 다리 모아 앞구르기를 연습하고 있다.)

교사 : '나는 잘 안 돼요.' 하는 친구 손 들어볼까요?

학생 : (절반가량의 학생들이 손을 든다.)

교사 : 그럼 손을 든 친구들이 어떤 어려움이 있어서 그런지 살펴볼 테니까 앞으로 나와서 앞구르기를 해 볼까요?

학생 : (손을 들었던 학생들이 나와서 한 사람씩 앞구르기를 한다.)

교사 : 아! 왜 그런지 알겠네요. 일단, 수준별로 모둠을 새로 구성해 볼게요. (학생들을 수준에 따라 세 모둠으로 만들고 모둠별로 수행할 과제를 간략히 안내한다.) 앞구르기가 잘 되는 경윤이네 모둠은 저쪽으로 이동해서 한 단계 수준을 높여 '연속하여 앞구르기'를 연습하세요. 효근이네 모둠은 ㉠'<u>손수건을 턱에 끼우고 앞구르기</u>'를 연습하고, 유경이네 모둠은 ㉡'<u>경사진 매트에서 앞구르기</u>'를 해 보세요.

학생 : (모둠별로 이동해서 연습을 시작한다.)

(중략)

교사 : (매트 위를 구르고 있는 현일이를 보며) 현일아! ㉢<u>무릎!</u> (매트에서 일어서는 현일이를 보며) 선생님이 아까 뭐라고 했지, 잘 구르려면? (현일이의 대답을 듣고) 그래 좋았어!

1) 다음은 박 교사가 (가)의 수업을 위하여 교재 내용을 분석한 것의 일부이다. ( )에 들어갈 말을 쓰시오. [1점]

> 앞구르기는 손→뒷머리→어깨→등→엉덩이→발 순으로 매트에 몸이 닿게 하여 몸을 앞으로 구르도록 해야 한다. 그런데 앞구르기를 잘하려면 체력이 뒷받침되어야 한다. 예컨대, 앞구르기 동작을 할 때에는 머리, 손, 발 등 몸의 모든 부위를 조화롭게 움직일 수 있는 능력이 필요한데, 이것은 운동 체력 요소 중 (   )(이)라고 부른다.

• ______________________

2) 앞구르기를 잘하도록 하기 위해 박 교사가 ㉠과 ㉡을 시키는 의도를 앞구르기의 세부 동작과 관련하여 쓰시오. [2점]

• ㉠ : ______________________

• ㉡ : ______________________

3) 경구 ㉢을 사용하여 박 교사가 제공하려는 구체적인 정보를 1가지 쓰시오. [1점]

• ______________________

2013-01 초등

다음은 4학년 '투기 도전 활동 수업'을 위한 단원 전개 계획의 일부이다. 물음에 답하시오. [4점]

차시	학습 주제	학습 내용 및 활동	지도상의 유의점
1	투기 도전 활동의 이해	○ 도전 활동 역사 이해하기 ○ 투기 도전 활동의 주요 활동 파악하기 ○ 투기 도전 활동 특성 이해하기	㉠ 투기 도전 활동은 우리 고유의 무예로, 신체문화유산으로 강조되어 온 영역임을 이해시킨다.
2-3	태권도의 기본 기능	○ 공격 기술 익히기 ○ 방어 기술 익히기 ○ 품새 익히기	㉡ 품새는 공격과 방어의 연결 동작으로 혼자서 익힐 수 없기 때문에 짝을 이루어 익히게 한다.
4-5	간이 태권도 교본 만들기	○ 모둠별로 협동하여 계획 세우기 ○ 모둠별 협동학습으로 간이 교본 만들기 ○ 모둠별로 교본 발표하기	㉢ 교본을 작성할 때 각자의 능력에 맞는 과제와 역할을 수행하도록 한다.
6-7	태권도 대회 개최	○ 경기 방법 및 규칙 이해하기 ○ 학급 태권도 왕 선발 대회 ○ 겨루기를 통해 예절 익히기	㉣ 남녀별, 체격별, 기능 수준별 특성을 고려하여 경기를 진행하고, 예절을 강조한다.
8-9	씨름의 기본 기능	○ 샅바 고리를 만들고 상대방의 샅바 잡아 보기 ○ 발 기술 익히기 ○ 공격과 방어 역할 바꾸어 연습하기	㉤ 샅바 매는 방법을 가르칠 때에는 샅바 대신 리본이나 신발끈 등으로 대체할 수 있다.

1) (가)는 2007 개정 체육과 교육과정에 제시된 내용 체계의 구성 방향이고, (나)는 4학년 '도전 활동' 내용 체계표이다. 위의 단원 전개 계획을 참고하여 A, B에 들어갈 알맞은 말을 쓰시오. [2점]

(가)

○ 학습량의 적정화 ○ 교육 내용의 균형과 조화 ○ (　　A　　)

⇒

(나)

영역	표적/투기 도전
도전 활동	○ 표적/투기 도전 • 의미와 특성 • 기본 기능 • (　　B　　)

· A : ______________________

· B : ______________________

2) 다음은 8-9차시 씨름 수업을 한 후 교사와 학생이 나눈 대화이다. C에 들어갈 발 기술을 쓰시오. [1점]

학생 : 선생님, 아까 민수와의 시합에서 제가 넘어간 이유를 잘 모르겠어요. 제가 어떤 기술에 넘어갔나요?
교사 : 너의 오른쪽 다리가 민수의 몸 가까이에 갔을 때 민수가 (C) 기술을 시도했단다. 이 기술은 오른쪽 다리로 상대의 오른쪽 무릎을 감고, 오른팔로 상대의 몸을 뒤로 젖혀 주면서 중심을 무너뜨리는 기술이지.

· C : ______________________

3) 지도상의 유의점 ㉠~㉤ 중 적절하지 않은 것을 골라 바르게 수정하시오. [1점]

· ______________________

2013-01 초등 유사

다음은 6학년 '투기 도전 활동 수업'을 위한 단원 전개 계획의 일부이다. 물음에 답하시오. [4점]

차시	학습 주제	학습 내용 및 활동	지도상의 유의점
1	투기 도전 활동의 이해	◦도전 활동의 역사 이해하기 ◦투기 도전 활동의 주요 활동 파악하기 ◦투기 도전 활동 특성 이해하기	㉠투기 도전 활동은 우리 고유의 무예로, 신체문화유산으로 강조되어 온 영역임을 이해시킨다.
2–3	태권도의 기본 기능	◦공격 기술 익히기 ◦방어 기술 익히기 ◦품새 익히기	㉡품새는 공격과 방어의 연결 동작으로 혼자서 익힐 수 없기 때문에 짝을 이루어 익히게 한다.
4–5	간이 태권도 교본 만들기	◦모둠별로 협동하여 계획 세우기 ◦모둠별 협동 학습으로 간이 교본 만들기 ◦모둠별로 교본 발표하기	㉢교본을 작성할 때 각자의 능력에 맞는 과제와 역할을 수행하도록 한다.
6–7	태권도 대회 개최	◦경기 방법 및 규칙 이해하기 ◦학급 태권도 왕 선발 대회 ◦겨루기를 통해 예절 익히기	㉣남녀별, 체격별, 기능 수준별 특성을 고려하여 경기를 진행하고, 예절을 강조한다.
8–9	씨름의 기본 기능	◦샅바 고리를 만들고 상대방의 샅바 잡아보기 ◦발 기술 익히기 ◦공격과 방어 역할 바꾸어 연습하기	㉤샅바 매는 방법을 가르칠 때에는 샅바 대신 리본이나 신발끈 등으로 대체할 수 있다.
…			

1) (가)는 2015 개정 체육과 교육과정에 제시된 '도전' 영역의 내용 체계표이다. 위의 단원 전개 계획을 참고하여 A, B에 들어갈 알맞은 말을 쓰시오. [2점]

핵심 개념	내용 요소
	5–6학년
▷도전 의미 ▷목표 설정 ▷(A) ▷도전 정신	▷표적/투기 도전의 의미 ▷표적/투기 도전 활동의 기본 기능 ▷표적/투기 도전 활동의 방법 ▷(B)

• A : __________

• B : __________

2) 다음은 8–9차시 씨름 수업을 한 후 교사와 학생이 나눈 대화이다. C에 들어갈 발기술을 쓰시오. [1점]

> 학생 : 선생님, 아까 민수와의 시합에서 제가 넘어간 이유를 잘 모르겠어요. 제가 어떤 기술에 넘어갔나요?
> 교사 : 너의 오른쪽 다리가 민수의 몸 가까이에 갔을 때 민수가 (C) 기술을 시도했단다. 이 기술은 오른쪽 다리로 상대의 오른쪽 무릎을 감고, 오른팔로 상대의 몸을 뒤로 젖혀 주면서 중심을 무너뜨리는 기술이지.

• C : __________

3) 지도상의 유의점 ㉠~㉤ 중 적절하지 <u>않은</u> 것을 골라 바르게 수정하시오. [1점]

• __________

2013-02 초등

(가)는 6학년 체육과 연간 지도 계획서의 일부이고, (나)는 박 교사가 작성한 수업 일지이다. 물음에 답하시오. [4점]

(가)

대영역	소영역	신체 활동	지도 내용 요소
여가 활동	㉠ 여가와 자연환경	○ 캠핑, 래프팅 ○ 스키	○ 여가의 가치와 유형 ○ 자연 체험형 여가 활동 ○ 자연 사랑
경쟁 활동	네트형 경쟁	○ 배구형 게임 ○ 족구형 게임 ○ ㉡ 배드민턴형 게임	○ 의미와 특성 ○ 기본 기능 ○ 운동 예절

(나)

배드민턴 게임 수업을 하였다. 먼저 PPT와 동영상으로 반 전체 학생들에게 게임 규칙과 전략 등을 설명하였다. 그리고 ㉢ 학생들의 운동 능력 수준을 고려하여 총 12팀(2명 1팀)을 구성하였다. 예선은 4개 조로 나누어 리그전을 하고, 본선은 토너먼트 방식으로 게임을 진행하였다. 게임 전에 게임을 하지 않는 학생들에게 교대로 심판, 기록자, 보조자 등의 역할을 주어 상규적 활동으로 인한 수업 시간의 낭비를 줄였다. 수업 중에 학생들의 문제 해결 능력과 상황 판단 능력을 보기 위하여 게임 수행 능력을 평가하였다. 수업에서 무엇보다 주의를 기울인 것은 ㉣ 학기 초에 마련한 수업 규칙과 안전 수칙을 지키도록 하는 것이었다. 특히 라켓을 함부로 휘두르거나 라켓으로 장난치는 행동이 위험하다는 것을 강조하였다. 오늘 수업에서 학생들이 경쟁의 참다운 의미를 이해하고 또 그 속에서 운동 예절의 가치를 배웠으면 좋겠다.

1) ㉠ 영역에 대한 설명으로 옳지 않은 것을 1개 찾아 바르게 수정하시오. [1점]

○ 래프팅 중 배가 뒤집혔을 경우 배를 잡고 구조를 기다린다.
○ 배낭을 꾸릴 때는 침낭 등 부피가 크고 가벼운 것부터 넣는다.
○ 텐트를 칠 경우 바람이 센 곳이나 계곡은 피하고, 큰 나무 밑에 텐트를 치지 않는다.
○ 스키를 신고 앞으로 오르기(V자 형태)는 경사도가 낮고 거리가 짧은 경우에 사용한다.

• ______________________

2) 다음은 ㉡ 활동에서 발생한 경기 상황의 일부를 순서대로 제시한 것이다. ①~④에 들어갈 내용을 쓰시오. [1점]

• ① : ______________________

• ② : ______________________

• ③ : ______________________

• ④ : ______________________

3) 2007 개정 체육과 교육과정에 근거하여 ㉢과 ㉣에 적용된 '교수 · 학습 활동 계획'의 요소를 각각 쓰시오. [2점]

• ㉢에 적용된 요소 : ______________________

• ㉣에 적용된 요소 : ______________________

2013-02 초등 유사

(가)는 6학년 체육과 연간 지도 계획서의 일부이고, (나)는 박 교사가 작성한 수업 일지이다. 물음에 답하시오. [4점]

(가)

영역		신체활동 예시
건강	㉠여가와 운동 체력	▷자연 및 운동 시설에서 즐길 수 있는 여가 활동 (스키, 캠핑, 등산, 래프팅 등)
경쟁	네트형 경쟁	▷배구형 게임, ㉡배드민턴형 게임, 족구형 게임 등

(나)

배드민턴 게임 수업을 하였다. 먼저 PPT와 동영상으로 반 전체 학생들에게 게임 규칙과 전략 등을 설명하였다. 그리고 ㉢성별, 체력 및 운동 기능의 차이에 따라 다양한 수준의 게임 방법을 제공하여 학생들이 배드민턴 게임 수업에 참여하도록 하였다. 이를 통해 학생들이 다양한 과제에 참여하여 수업에 소외되는 학생이 없도록 하였다. 수업 중에 학생들의 문제 해결 능력과 상황 판단 능력을 보기 위하여 게임 수행 능력을 평가하였다. 수업에서 무엇보다 주의를 기울인 것은 ㉣학기 초에 마련한 수업 규칙과 안전 수칙을 지키도록 하는 것이었다. 특히 라켓을 함부로 휘두르거나 라켓으로 장난치는 행동이 위험하다는 것을 강조하였다. 오늘 수업에서 학생들이 경쟁의 참다운 의미를 이해하고 또 그 속에서 운동 예절의 가치를 배웠으면 좋겠다.

1) ㉠ 영역에 대한 설명으로 옳지 않은 것을 1개 찾아 바르게 수정하시오. [1점]

- ○래프팅 중 배가 뒤집혔을 경우 배를 잡고 구조를 기다린다.
- ○배낭을 꾸릴 때는 침낭 등 부피가 크고 가벼운 것부터 넣는다.
- ○텐트를 칠 경우 바람이 센 곳이나 계곡은 피하고, 큰 나무 밑에 텐트를 치지 않는다.
- ○스키를 신고 앞으로 오르기(V자 형태)는 경사도가 낮고 거리가 짧은 경우에 사용한다.

• ______________________________

2) 다음은 ㉡ 활동에서 발생한 경기 상황의 일부를 순서대로 제시한 것이다. ①~④에 들어갈 내용을 쓰시오. [1점]

〈경기 방식: 랠리포인트제 복식 경기〉
첫째, 처음 경기를 시작할 때 선수의 위치는 오른쪽 그림과 같다.

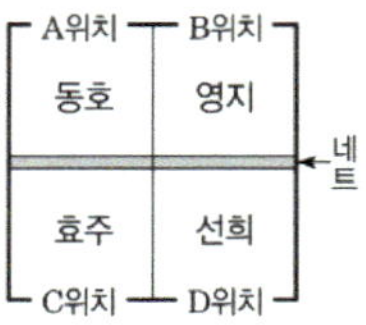

둘째, 선희의 서비스로 경기가 시작되었다.
셋째, 효주·선희 팀이 점수를 획득하여 1 : 0이 되었다.
넷째, 효주·선희 팀이 점수를 실점하여 1 : 1 동점이 되었다.
다섯째, 다음 순서로 (①)가 (②)위치에서 서비스를 하고, (③)가 (④)위치에서 리시브를 하였다.

• ① : ______________________________

• ② : ______________________________

• ③ : ______________________________

• ④ : ______________________________

3) 2015 개정 체육과 교육과정에 근거하여 ㉢과 ㉣에 적용된 '교수 · 학습 활동 계획'의 요소를 각각 쓰시오. [2점]

• ㉢에 적용된 요소 : ______________________________

• ㉣에 적용된 요소 : ______________________________

백문이 불여일견 **설**명이 친절한 **기**출

초등임용 기출문제집

정답 및 해설

빠른 < 수학 > 정답표

백문이 불여일견 설명이 친절한 기출

2023학년도 기출	
1-1	① $\frac{3}{5} \div 2 = \frac{6}{10} \div 2 = \frac{6 \div 2}{10} = \frac{3}{10}$ ② 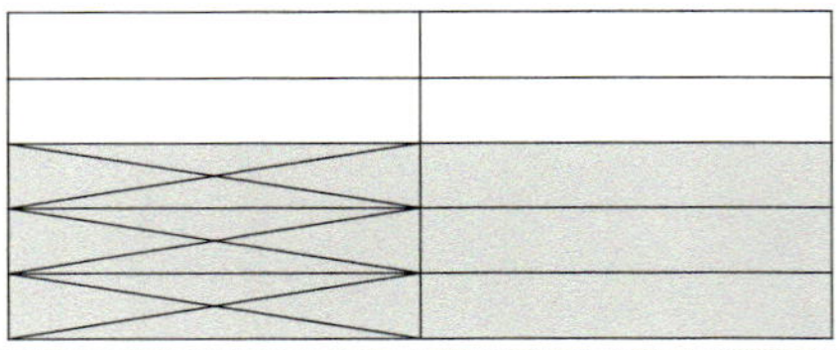
1-2	① $\frac{1}{2}$ ② $\frac{3}{5} \div 2$는 $\frac{3}{5}$을 2로 나눈 것 중에 하나이다. 이는 곧 $\frac{3}{5}$의 $\frac{1}{2}$이라고 표현할 수 있다. $\frac{3}{5}$의 $\frac{1}{2}$은 곱셈으로 나타낼 수 있고, 그 식은 $\frac{3}{5} \times \frac{1}{2}$이라고 할 수 있다.
2-1	① 반성 ② 문제 해결 과정을 검토하고 다른 해결 방법을 탐색하거나 더 나은 문제 해결 방법을 탐색한다.
2-2	9
3-1	창의·융합
유1	연결
3-2	분명한 분류 기준으로 분류를 하면 여러 사람이 분류한 결과도 항상 결과가 같다는 것
3-3	① 그리고 분류 기준은 직각의 수를 생각하고 있습니다. ② 직각은 1~2학년군에서 배우는 것이 아니라, 3~4학년군에서 배우는 학습 요소이기 때문이다.

2022학년도 기출	
1-1	어림
1-2	① 11.2㎝를 0.8㎝씩 자를 때, ㎝를 ㎜로 단위 변환해보면 112㎜를 8㎜씩 자르는 것과 같다. 단위 변환한 결과 11.2÷0.8과 112÷8의 몫이 같다는 것을 알 수 있다. ② 11.2÷0.8을 분수로 나타내면 $\frac{112}{10} \div \frac{8}{10}$이다. 분수의 나눗셈의 원리에 따라 이 식은 112÷8과 같다.
1-3	몫이 나타내는 값이 '상자의 개수'이므로, 단위를 붙여 몫을 나타내면 4.5상자가 된다. 여기서 0.5상자는 상자 0.5개, 즉 상자의 반을 뜻한다. 따라서 0.5상자만큼을 묶는 데 필요한 리본의 양이 되므로 3의 0.5인 1.5m가 남는 리본의 양이 된다.
2-1	마름모는 네 변의 길이가 모두 같다는 성질을 가지고 있으므로, 한 변의 길이에 4를 곱한다.
2-2	40
2-3	① ㉢ ⓒ, ㉣ 다 ② ⓒ의 넓이는 15㎠이고 다의 넓이는 14㎠이다. 그리고 ⓒ의 둘레의 길이는 16㎝이고 다의 둘레는 18㎝이다. ⓒ의 넓이가 다의 넓이보다 넓지만 둘레의 길이는 더 짧기 때문이다.
3-1	㉠ 다음 수는 직전의 수를 2로 나눈 수이다. ㉡ 다음 수는 직전 수에 3을 곱하고 1을 더한 수이다.
3-2	3은 4, 5보다 작지만 우박수는 더 길기
3-3	20, 21, 128

2022학년도 초특 기출	
1-1	지각적 다양성의 원리

2021학년도 기출	
1-1	자연수의 혼합계산의 내용 체계가 5~6학년군으로 이동했기
1-2	㉡ 앞에서부터 차례대로 더하여 계산한다는 것 ㉢ (a+b)+c = a+(b+c)
1-3	2,024mL
2-1	(다양한 사각형 그림 두 가지 이상 제시) 그림과 같은 모양을 가진 도형을 사각형이라고 한다.
2-2	이웃한 각이 서로 같을 때
2-3	㉣ 7, 8, 9, 10, 12 ㉤ 4
3-1	자료의 값이 큰 것이 아니
3-2	72, 54

2020학년도 기출	
1-1	㉠ 분해 ㉡ 합성
1-2	① (26+4)+30+3=(30+30)+3=60+3=63에서 30+4+3=30+7=37과 같은 과정을 통해 63-26을 계산한 것 ② 덧셈과 뺄셈의 역연산의 원리에 대한 이해를 바탕으로 15-8=7이 7+8=15로 바뀔 수 있는 것
1-3	영상적 표현
2-1	합동인 도형의 변의 길이를 각각 재어 대응변의 길이를 비교하는 활동 (또는 합동인 도형의 각의 크기를 각각 재어 대응각의 길이를 비교하는 활동)
2-2	밑면이 아닌 나머지 면들과 모두 수직으로 만난다는 것
2-3	60, 180
2-4	㉤ 변의 길이를 기준으로 삼각형 분류하기 ㉥ 각의 크기를 기준으로 삼각형 분류하기
3-1	귀납적 추론
3-2	풀이: 한 변의 길이가 1인 경우 정사각형의 개수는 1+2+3+4+5+6으로 21개, 한 변의 길이가 2인 경우 정사각형의 개수는 1+2+3+4로 10개, 한 변의 길이가 3인 경우 정사각형의 개수는 1+2로 3개, 모두 더하면 34개이다. 답: 34개
3-3	41

2020학년도 초특 기출	
1-1	개념학습모형

2019학년도 기출

1-1	십 모형 10개를 백 모형 1개로 바꾼다.
1-2	계통성
1-3	① : 6×7에 6을 더해도 됩니다. (간단하게) / 3×8은 24지. 그리고 4×8은 32야. 그러면 5×8은 40이 되겠구나. 즉, 8씩 더해지는 성질이 있구나. 그러면 40에다가 8을 더해보면 어떨까? (풀어서) ② : 35
2-1	① : 귤과 바나나의 무게를 윗접시저울을 사용하여 바둑돌과 공깃돌로 재어 비교하기 ② : 같은 물건이라도 사용하는 단위에 따라 단위의 수가 달라진다.
2-2	무게 단위 사이의 관계에 대해 평가할 때 1g과 1t 사이의 단위 환산은 다루지 않는다.
2-3	15(kg)
3-1	학생들이 조사한 결과를 표로 정리하고 꺾은선 그래프로 나타내는 활동
3-2	3월과 5월 사이의 꺾은선그래프의 기울기(기울어진 정도)가 가장 크다.
3-3	[그림 1]은 세로 눈금 한 칸의 간격이 일정하지만, [그림 2]는 세로 눈금 한 칸의 간격이 일정하지 않기 때문이다.

2019학년도 초특 기출

1-1	① 원리 탐구 학습 모형 ② 위치적 기수법 (또는 자릿값)
1-2	문제 해결
2-1	㉠ 변의 길이 ㉡ 각의 크기(각도)
2-2	네 각이 모두 직각이 아니기 때문이다.
2-3	정육각형은 한 각이 120°이고, 120°의 각이 3개 모여 360°가 되기 때문이다.

2018학년도 기출

1-1	기준에 따라 분류하기 / 기준에 따라 분류하고 각각의 수를 세어 본 후 분류 결과 말하기
1-2	의사소통
1-3	㉤, 누가 어떤 간식을 좋아하는지가 아닌 간식의 종류별 학생 수를 알 수 있다.
2-1	㉠ : 보라, ㉡ : 연우
2-2	작은 쪽이 경제적인 자동차이다.
2-3	① : 76, 77, 78, 79 ② : 구하고자 하는 주행거리는 연비×연료로 12.5×6(자동차 X의 주행거리) 〈 자동차 Z의 주행 거리 〈 13.33×6(자동차 Y의 주행거리)이다. 따라서 76, 77, 78, 79가 정답이다.
3-1	① : [그림 2]의 선분 ㅁㅇ과 ㅁㅂ은 각각 [그림 1]의 한 선분의 길이와 같으므로 각 10cm이다. 따라서 삼각형 ㅁㅂㅇ은 이등변삼각형이다. 그런데 양변의 사이각인 각 ㅇㅁㅂ이 60°라서 나머지 두 각은 이등변삼각형의 성질에 의해 같은 각으로 60°가 되므로 세 각이 60°인 정삼각형이 된다. ② : 5
3-2	㉢ : 등적 ㉣ : $\frac{1}{2}$

2018학년도 초특 기출

1-1	분모가 같은
1-2	㉢ ㉣ 
1-3	풀이: $\frac{5}{9}-\frac{1}{6}=\frac{5\times6}{9\times6}-\frac{1\times9}{6\times9}=\frac{30}{54}-\frac{9}{54}=\frac{21}{54}$ 정답: $\frac{21}{54}$
2-1	① ⓐ: 하나의 단위만으로 표시된 명수 / ⓑ: 단위 몇 개를 조합하여 표시된 명수 ② 길이의 단위를 지도할 때 단위 사이의 관계를 이해하는 데 중점을 두고, 지나친 단위 환산은 다루지 않는다.

2017학년도 기출

1-1	곱셈과 나눗셈의 관계
유1-1	ⓐ 역연산 관계 ⓑ 한 가지 상황을 곱셈식과 나눗셈식으로 나타내는 활동을 통하여 곱셈과 나눗셈의 관계를 이해하게 한다.
1-2	㉡ : 분배법칙 ㉢ : 236×(7+20)=(236×7)+(236×20)
1-3	37, 38, 39
2-1	직관적
2-2	① : 1:2 ② : 육각형이다. 그 이유는 선분으로만 둘러싸인 다각형이면서 변이 6개이기 때문이다.
2-3	$2-\frac{5}{3}=\frac{1}{3}$
3-1	86
3-2	① : ⓐ, ○가 1개만 있는 수는 모두 4개이기 때문이다. ② : ⓓ, ○가 4개만 있는 수 중에서 가장 작은 수는 110이기 때문이다.

2016학년도 기출

1-1	ⓐ : 자릿값 ⓑ : 위치적 기수법
1-2	A를 1로 하면, B는 0.1이고 C는 0.01이므로 2.07은 2A+7C이고, 2.7은 2A+7B이므로 2.7이 2.07보다 더 크다.
1-3	(소수)×(자연수)의 계산 원리는 동수누가의 개념을 도입하여 지도하고, (소수)×(소수)의 계산 원리는 소수를 분수로 고쳐서 분수의 곱셈 계산 원리를 적용해 지도한다.
2-1	실용적 가치
2-2	㉠ : 60:21 ㉡ : 응모자의 80%가 60명이므로 전체 응모자는 75명이고 정답자 60명의 10%에 해당하는 6명에게 선물을 증정하므로, 응모자에 대한 당첨자의 비율은 $\frac{6}{75}$(=$\frac{2}{25}$)이다.
2-3	㉢ : 막대그래프 ㉣ : 꺾은선그래프
3-1	㉠: (모양이 다르지만) 밑변과 높이가 같은 여러 삼각형의 넓이 비교하기

3-2	ⓐ: $\frac{x}{2}\times\frac{y}{2}\times 2$
3-3	6

2015학년도 기출

1-1	도구적 이해
1-2	㉡: 영역 모델 ㉢: 전체-부분의 의미(양, 등분할)
1-3	여우가 처음에 가지고 있던 떡을 단위(기준량) 4cm로 본다면 여우가 먹은 떡의 양은 단위(기준량)의 $\frac{1}{2}$ 인 2cm가 되고, 남은 떡은 2cm가 된다. 나머지 동물이 먹은 떡의 양은 남은 $\frac{1}{2}$ 개의 떡 2cm를 단위(기준량)로 보았을 때 그 중 $\frac{1}{3}$ 이므로 $\frac{1}{6}$ 이 된다. 따라서 같은 양이 아닌 서로 다른 양을 먹었다.
2-1	여러 가지 각도를 어림하고 직접 재어 보는 활동을 통해 각도에 대한 양감을 기른다.
2-2	㉡: 추상화(추상성), ㉢: 이상화(이상성)
2-3	한 꼭짓점에서 출발한 연필이 다른 꼭짓점을 지나 마지막 꼭짓점에 이르기까지 삼각형의 세 각의 크기만큼 회전하였고, 연필의 방향이 정반대가 되므로 180°만큼 돌았다.
유 2-1	양감
유 2-2	메타-인지 이동
유 2-3	사각형은 삼각형 2개로 이루어져 있으므로, 사각형 모형을 삼각형 2개로 나눕니다. 이때 사각형을 이루는 삼각형 2개의 내각의 크기의 합은 사각형의 내각의 크기의 합과 같습니다. 따라서 180°+180°=360°와 같은 방법으로 사각형의 내각의 크기의 합을 구할 수 있습니다.
3-1	ⓐ: 5 (가지) ⓑ: $x+y=10$
3-2	확산적 사고
유 3-2	창의 · 융합 능력
3-3	75 (개)

2014학년도 기출

1-1	길이가 얼마나 차이가 나는지 정확히 알 수 없다. / 옮길 수 없는 물건은 비교하기 힘들다. (중 택 1)
1-2	임금님이 벗어놓은 옷의 소매
2-1	앞, 옆, 위에서 본 모양의 넓이를 더해서 2를 곱해요.
2-2	{(1+3+⋯+17+19)+(1+3+⋯+17+19) +(19+19−1)}×2=(100+100+37)×2=474
2-3	㉣의 식: (7×6)÷2 ㉤의 답: 11명
2-4	① 유의점: 수학적 창의력의 신장이 이루어지도록 수학적 문제 해결력, 추론 능력, 의사소통 능력을 강조한다. 구현 사례: 가장 좋은 문제 해결 방법이라고 생각하는 방법으로 풀어보게 함. / 해결 방법을 추론하게 한 후 그것을 강조함. ② 유의점: 하나의 수학 문제를 여러 가지 방법으로 해결한 후 그 해결 방법을 비교해 보고, 더 높은 차원으로 확장해서 사고할 수 있게 한다. 구현 사례: 학생들이 같은 문제를 여러 가지 방법으로 풀어 본 후 자신의 풀이를 발표하여 비교하게 함.
유 2-4	① 하나의 문제를 여러 가지 방법으로 해결하게 하고, 해결 방법을 비교하여 더 효율적인 방법을 찾거나 정교화하게 한다. ② 학생들이 같은 문제를 여러 가지 방법으로 풀어 본 후 자신의 풀이를 발표하여 비교하게 한다.
3-1	나눗셈과 곱셈은 서로 역연산 관계이므로, $\square\times\frac{4}{5}=\frac{3}{7}$ 이고 $\square=\frac{3}{7}\times\frac{5}{4}$ 와 같아.
3-2	㉢의 이유: 나누는 수가 분수이기 때문에 분수로 똑같이 나눈다는 개념으로 생각할 수 없다. ㉣의 이유: 제수가 피제수보다 더 크기 때문에 동수누감의 원리를 적용할 수 없다.

2013학년도 기출

1-1	귀납적 추론을 통해 추측한 공통 규칙과 성질을 수학적 식 또는 간결한 용어로 표현한다. / 학생 스스로 사선 그림에서 교차점의 수와 곱의 관계를 유추, 귀납 등을 통해 추측하게 하고, 수학적 식으로 표현하게 한다.
1-2	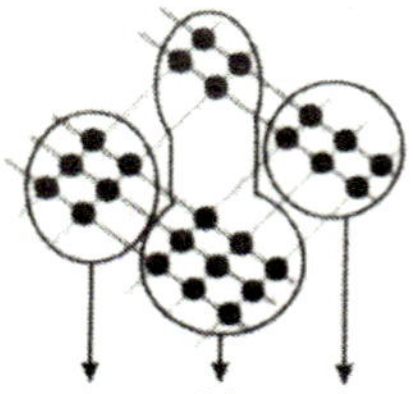 6 13 6 ➡ 736
2-1	㉠ 수준: 분석 이유: 관찰과 실험을 통하여 주어진 도형의 구성 요소나 성질을 분석할 수 있기 때문이다. ㉡ 수준: 관계 이유: 한 도형 또는 다른 도형 사이에 존재하는 성질들의 논리적인 관계를 파악할 수 있기 때문이다.
2-2	<table><tr><th>도형</th><th>둘레의 길이</th></tr><tr><td>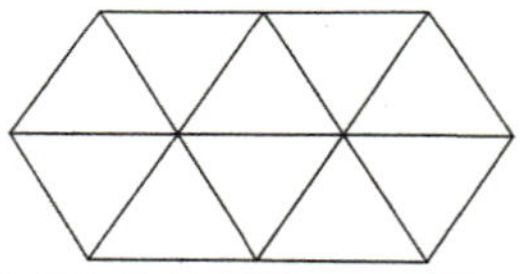</td><td>8</td></tr></table>
3-1	㉠은 뺄셈 방식을 사용한 절대적 비교(두 수의 양을 단순히 비교)이고, ㉡은 나눗셈 방식을 사용한 상대적 비교(두 양이 비율에 따라 함께 변하는 관계를 나타내는 방법)이다.
3-2	㉢: 비의 전항과 후항에 0이 아닌 같은 수를 곱하거나 0이 아닌 같은 수로 나누어도 비의 값(비율)은 같다. ㉣: 비례식의 성질

2023-01 초등

정답과 해설

1) 정답

① $\frac{3}{5} \div 2 = \frac{6}{10} \div 2 = \frac{6 \div 2}{10} = \frac{3}{10}$

②

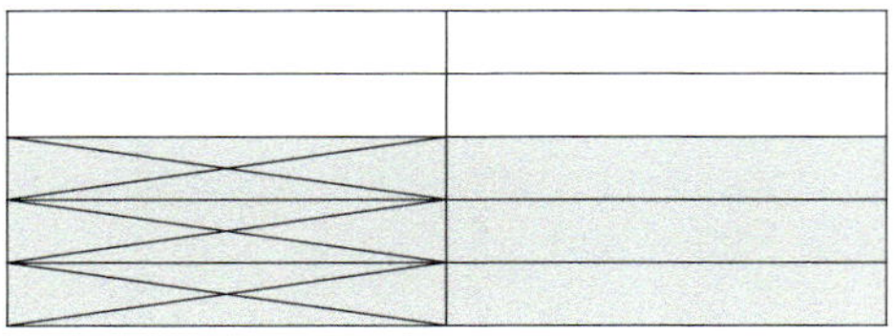

해설①

㉠, ㉡을 모두 고려하라 하였으므로 (분수)÷(자연수) 중 나누어지는 수를 동치분수, 즉 분수의 성질을 이용하여 만든 크기가 같은 분수를 이용하는 과정이 드러나야 합니다. $\frac{3}{5} \div 2$에서 나누어지는 수 $\frac{3}{5}$의 동치분수는 분수의 성질을 활용하여 만들 수 있습니다. 이때 사용되는 분수의 성질은 '분모와 분자에 0이 아닌 같은 수를 곱하거나 나누어도 분수는 같다.'입니다. 이때, 나누는 수 2로 분자가 나누어떨어지도록 분수를 바꿔야 합니다. 따라서 분모 5와 분자 3에 각각 2를 곱한 $\frac{6}{10}$으로 바꾸면 됩니다. 이 과정이 드러나도록 식을 정리하면 $\frac{3}{5} \div 2 = \frac{6}{10} \div 2 = \frac{6 \div 2}{10} = \frac{3}{10}$와 같이 나타낼 수 있습니다.

해설②

$\frac{3}{5}$을 둘로 나눈 것 중에 한 묶음이라는 표현이 그림 안에 들어가도록 표현하면 아래 그림과 같습니다.

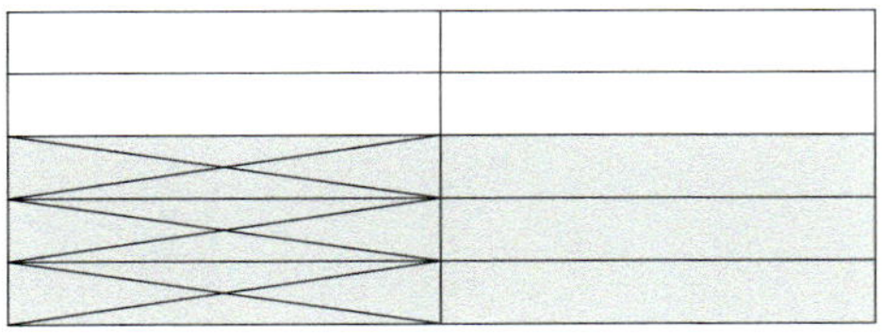

2) 정답

① $\frac{1}{2}$

② **$\frac{3}{5} \div 2$는 $\frac{3}{5}$을 2로 나눈 것 중에 하나이다. 이는 곧 $\frac{3}{5}$의 $\frac{1}{2}$이라고 표현할 수 있다. $\frac{3}{5}$의 $\frac{1}{2}$은 곱셈으로 나타낼 수 있고, 그 식은 $\frac{3}{5} \times \frac{1}{2}$이라고 할 수 있다.**

해설

$\frac{3}{5}$을 2등분한 것 중의 하나는 $\frac{3}{5}$의 $\frac{1}{2}$이라고 할 수 있습니다. 분수에서 '~의 $\frac{1}{(자연수)}$'은 '$\times \frac{1}{(자연수)}$'로 나타낼 수 있으므로 이 과정을 포함하여 답안을 쓰면 됩니다.

2023-02 초등

정답과 해설

1) 정답

① **반성**

② **문제 해결 과정을 검토하고 다른 해결 방법을 탐색하거나 더 나은 문제 해결 방법을 탐색한다.**

해설

문제해결학습모형	
문제의 이해	- 문제에서 구하려고 하는 것, 주어진 것, 조건 확인하기
해결 계획의 수립	- 문제 해결 전략 생각하기 - 전에 풀어 본 경험이 있는 문제인지 생각하기 - 문제 해결의 결과 예상하기
해결 계획의 실행	- 해결 계획에 따라 문제 해결하기
반성	- 문제 해결 과정 검토하기 - 다른 해결 방법 탐색하기 - 더 나은 문제 해결 방법 탐색하기 - 문제 해결 방법 일반화하기 - 조건을 변경하여 새로운 문제 만들기

해설①

㉠에서 학생은 구슬을 2, 2, 3개로 나눈 것 외에도 3, 3, 1로 나눈 방법을 찾아 해결하는 과정을 보여주고 있습니다. 이는 문제 해결 학습 무형에서 다른 해결 방법을 탐색하는 '반성' 단계에 해당합니다.

해설②

반성 단계에서는 문제 해결 과정을 검토하고, 다른 방법을 탐색하며 더 나은 문제 해결 방법을 탐색합니다.

2) 정답

9

2023-03 초등

정답과 해설

1) 정답

창의·융합

해설

2015 개정 수학과 교육과정에서는 문제해결, 추론, 창의·융합, 의사소통, 정보 처리, 태도 및 실천의 6가지 수학 교과 역량을 기르는 것을 목표로 하고 있습니다.

㉠의 활동에서는 학생들의 '다양한' 기준을 존중하는 것이 핵심입니다. ㉡에서는 미처 생각하지 못한 기준을 '발산적 사고'를 통해 생각해 내는 것이 핵심입니다. 두 활동을 종합해 볼 때 가장 가까운 역량은 '창의·융합' 역량입니다.

유1) 정답

연결

해설

2022 개정 수학과 교육과정의 역량은 다음과 같습니다.

수학과 교육과정

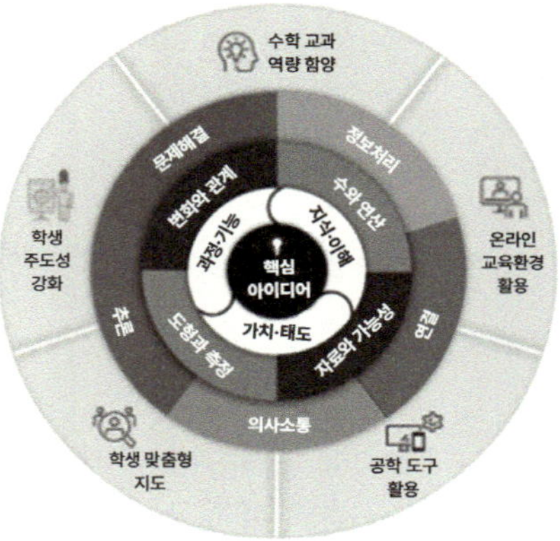

[수학과 교육과정 설계의 개요]

문제해결, 정보처리, 연결, 의사소통, 추론 역량 가운데 ㉥, ㉡ 활동이 기르고자 하는 역량은 '연결' 역량입니다.

교수·학습 방법
다음과 같은 교수·학습 방법을 통해 연결 역량을 함양하게 한다. ㉠ 영역이나 학년(군) 내용 간에 관련된 수학의 개념, 원리, 법칙 등을 유기적으로 연계하여 새로운 지식을 생성하면서 창의성을 기르게 한다.

2) 정답

분명한 분류 기준으로 분류를 하면 여러 사람이 분류한 결과도 항상 결과가 같다는 것

3) 정답

① 그리고 분류 기준은 직각의 수를 생각하고 있습니다.

② 직각은 1~2학년군에서 배우는 것이 아니라, 3~4학년군에서 배우는 학습 요소이기 때문이다.

해설

2015 개정 교육과정 도형과 측정 영역 성취기준은 다음과 같습니다.

3~4학년군 도형 영역 성취기준
[4수02-02] 각과 직각을 이해하고, 직각과 비교하는 활동을 통하여 예각과 둔각을 구별할 수 있다.

성취기준에서도 직각의 개념을 3~4학년군에서 학습하도록 제시하고 있습니다. 이를 활용하여 정답을 적으면 됩니다. 이때, '다른 학년군'이라는 조건이 포함되었으므로 학년군을 정확하게 적어주어야 합니다.

더불어 2022 개정 교육과정에서도 다음과 같이 제시하고 있습니다.

3~4학년군 도형과 측정 영역 성취기준
[4수03-02] 각과 직각을 이해하고, 직각과 비교하는 활동을 통하여 예각과 둔각을 구별할 수 있다.

2022-01 초등

정답과 해설

1) 정답

어림

해설

5~6학년군 수와 연산 성취기준
6 소수의 곱셈과 나눗셈 [6수01-14] '(자연수)÷(자연수)', '(소수)÷(자연수)'에서 나눗셈의 몫을 소수로 나타낼 수 있다. [6수01-14] 나누는 수가 소수인 나눗셈의 계산 원리를 이해한다. [6수01-16] 소수의 곱셈과 나눗셈의 계산 결과를 어림할 수 있다.

수와 연산 영역에서는 학생들의 수 감각을 길러주기 위한 방법으로 '어림'을 합니다.

단원 지도 유의사항
실제 계산 이전에 다양한 어림 활동을 통해 어림 감각을 익힐 수 있도록 지도한다.

[수학 6-2 지도서 2. 소수의 나눗셈]

단원 유의 사항에도 나와있듯이, 수 감각을 기르기 위해 어림을 강조하는 것을 알 수 있습니다.

2) 정답

① 11.2㎝를 0.8㎝씩 자를 때, ㎝를 ㎜로 단위 변환해보면 112㎜를 8㎜씩 자르는 것과 같다. 단위 변환한 결과 11.2÷0.8과 112÷8의 몫이 같다는 것을 알 수 있다.

② 11.2÷0.8을 분수로 나타내면 $\frac{112}{10} \div \frac{8}{10}$이다. 분수의 나눗셈의 원리에 따라 이 식은 112÷8과 같다.

해설

우선, ㉣에 들어가야 할 내용이 '나누어지는 수와 나누는 수에 같은 수를 곱해도 몫은 같다'는 사실을 이해시킬 수 있는 지도방안이어야 한다는 것을 기억하며 문제를 풀어야 합니다. 즉 11.2÷0.8의 몫이 112÷8의 몫과 같다는 것의 지도 방법을 답으로 써야 합니다.

해설①

① '단위변환'은 측정 영역에서 나오는 것으로, 측정 단위를 변환하는 것을 말합니다.

12.5÷0.5를 단위 변환하여 125÷5를 이용하여 계산하기
• 12.5㎝를 0.5씩 자르는 것은 어떤 상황과 같나요? 125㎜를 5㎜씩 자르는 것과 같습니다.

[수학 6-2 지도서 2. 소수의 나눗셈]

나누는 수가 소수인 경우를 처음 접하는 것이기 때문에 기존에 알고 있는 나누는 수가 자연수인 경우를 만들어주는 과정입니다. ㎝를 ㎜로 변환하면 같은 길이이지만 식 안의 숫자를 자연수로 만들 수 있습니다. 식에 사용되는 숫자의 의미는 같으면서, 그 모습이 나누는 수와 나누어지는 수에 각각 10을 동일하게 곱한 것이라는 것을 자연스럽게 이해하게 됩니다.

해설②

② 소수의 나눗셈을 지도하는 또 다른 방법은 기존에 배운 분수의 나눗셈으로 고쳐서 계산하는 것입니다.

4.8÷0.3의 계산 방법 알아보기
• 4.8÷0.3을 분수의 나눗셈으로 어떻게 표현할 수 있나요? $\frac{48}{10} \div \frac{3}{10}$으로 표현할 수 있습니다.

[수학 6-2 지도서 2. 소수의 나눗셈]

학생들은 이미 기존에 분수의 나눗셈에서 분모가 같을 경우 분모는 그대로 두고 분자끼리만 계산한다는 것을 배웠기 때문에, 자연스럽게 4.8÷0.3이 48÷3이 된다는 것을 알 수 있습니다. 이 지도 방법을 11.2÷0.8에 그대로 적용하여, 정답을 쓰면 됩니다.

3) 정답

몫이 나타내는 값이 '상자의 개수'이므로, 단위를 붙여 몫을 나타내면 4.5상자가 된다. 여기서 0.5상자는 상자 0.5개, 즉 상자의 반을 뜻한다. 따라서 0.5상자만큼을 묶는 데 필요한 리본의 양이 되므로 3의 0.5인 1.5m가 남는 리본의 양이 된다.

해설

소수의 나눗셈에서의 몫과 나머지
구체적인 문제 상황에서는 몫을 필요한 만큼 구한 후 남는 양을 파악해야 하는 경우가 있다. 예를 들어, 음료수 4.2L를 2L씩 나누어 주고 나면 음료수가 얼마만큼 남는지와 같은 문제를 다루어야 할 경우가 있다. 이 경우는 4.2÷2를 계산하여 몫을 자연수 범위에서 구한 후 남는 양 0.2를 구할 수 있다. 앞서 언급한 바와 같이 이와 같은 경우에는 남는 양을 일상적인 의미에서의 '나머지'라고 생각할 수 있으나 이는 정확한 수학 용어가 아니므로 나머지라고 표현하기보다는 문제 상황과 관련하여 '남는 양'으로 일관성 있게 사용하도록 한다.

[수학 6-2 지도서 2. 소수의 나눗셈]

소수의 나눗셈, 분수의 나눗셈에서 학생들이 가장 많이 하는 실수가 '몫'과 '나머지'의 의미를 정확히 이해하지 못하는 것입니다. 위 문제에서도 몫이 나타내는 의미는 '상자 수'이기 때문에 자연수로 나와야 하고, 자연수까지의 몫을 구했을 때 나오는 나머지가 '남는 리본의 길이'를 나타냅니다. 즉 단위를 붙여 몫을 나타내면 13.5÷3의 몫인 4.5는 실제로 4.5상자를 나타냅니다. 일상적인 상황에서 상자의 개수는 자연수로 나타내기 때문에, 4상자를 묶을 수 있다고 표현할 수 있습니다. 여기서 남는 0.5를 나머지가 아닌 '남는 양'으로 표현할 수 있습니다. 0.5상자만큼이 남는 것이죠. 그래서 1상자를 묶을 수 있는 리본의 절반인 1.5m가 남는 리본의 길이라는 것을 자연스럽게 이해할 수 있습니다.

한줄 조언

5~6학년군 2학기 지도서가 개정된 후 유력한 후보로 거론되던 주제가 소수의 나눗셈이었습니다. 2009 개정 교육과정에서 지도 방법에 많은 변화가 있었고, 특히 학생들이 제대로 개념을 이해하지 못하고 헷갈려하는 내용들이 많기 때문입니다. 의미만 헷갈리지 않는다면 쉽게 해결할 수 있는 문제였습니다.

특히 소문항 2번의 경우, 지도 방안의 설명 방법이 사람마다 다르기 때문에 '키워드'를 집어넣는 것이 중요합니다. 여기서 키워드는 ⓒ, ⓒ에 사용된 두 가지 방법인 단위변환과 소수를 분수로 바꾸기, 그리고 이를 통해 나누어지는 수와 나누는 수에 동일한 수를 곱해도 식의 의미와 몫은 같다는 것을 지도하는 내용입니다. 이 내용들이 꼭 들어가야 채점이 된다는 것을 주의해주세요.

2022-02 초등

정답과 해설

1) 정답

마름모는 네 변의 길이가 모두 같다는 성질을 가지고 있으므로, 한 변의 길이에 4를 곱한다.

해설

마름모의 둘레 구하는 방법 알아보기
• 네 변의 길이를 더하지 않고 좀 더 쉽게 구하는 방법은 무엇일까요? 마름모는 네 변의 길이가 같기 때문에 한 변의 길이를 4배 하면 됩니다.

[수학 6-2 지도서 6. 다각형의 둘레와 넓이]

마름모는 네 변의 길이가 모두 같다는 성질을 가진 다각형입니다. 따라서 둘레의 길이는 한 변의 길이에 4를 곱해서 구할 수 있습니다.

2) 정답

40

해설

사각형 '나'는 평행사변형입니다. 평행사변형은 마주보는 두 변의 길이가 같다는 성질을 가지고 있습니다.

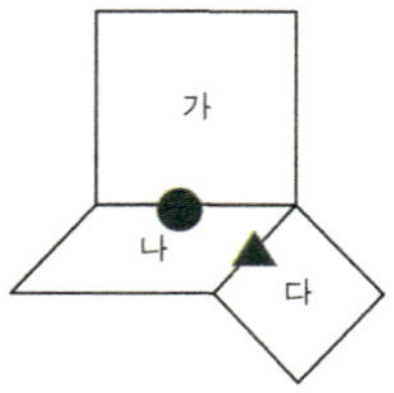

평행사변형의 성질에 의해 위 그림에서 ●+▲=10이라는 것을 알 수 있습니다. 이때 ▲는 마름모의 한 변이고, ●는 정사각형의 한 변입니다. (가의 둘레)+(다의 둘레)=(●×4)+(▲×4)와 같습니다. 식을 바꾸면 (●+▲)×4의 값과 같음을 알 수 있고 이것을 계산하면 40이 됩니다.

3) 정답

① ㉢ ⓒ, ㉣ 다

② **ⓒ의 넓이는 15㎠이고 다의 넓이는 14㎠이다. 그리고 ⓒ의 둘레의 길이는 16㎝이고 다의 둘레는 18㎝이다. ⓒ의 넓이가 다의 넓이보다 넓지만 둘레의 길이는 더 짧기 때문이다.**

해설

도형의 둘레와 넓이를 구하는 과정에서 학생들이 가장 흔하게 가지는 오개념입니다. [그림 2]와 [그림 3]을 각각 살펴보면, 사각형 다의 넓이는 14㎠이고 둘레의 길이는 18㎝, 사각형 ⓒ의 넓이는 15㎠이고 둘레의 길이는 16㎝임을 알 수 있습니다. 넓이는 크지만 둘레는 더 작은 경우입니다. 각 기호에 알맞게 정답을 써주고, 문제에 나온 조건을 적용하여 ㉢, ㉣에 들어갈 기호를 사용해 ② 답을 써주면 됩니다.

2022-03 초등 정답과 해설

1) 정답

㉠ 다음 수는 직전의 수를 2로 나눈 수이다.
㉡ 다음 수는 직전 수에 3을 곱하고 1을 더한 수이다.

해설

우박수를 살펴보면 짝수가 나올 경우 해당 수를 2로 나눈 수가 다음 수가 됩니다. 홀수가 나올 경우에는 해당 수에 3을 곱하고 그 값에 1을 더한 수가 다음 수가 됩니다.

2) 정답

3은 4, 5보다 작지만 우박수는 더 길기

해설

4가 3보다 더 큰 수이지만 우박수는 3이 더 긴 것을 알 수 있습니다. 마찬가지로 5도 3보다 크지만 우박수는 3이 더 깁니다. [그림 1]에서 근거를 찾아야 하므로, [그림 1]에 나와있는 숫자들로만 설명을 해야 합니다.

3) 정답

<table>
<tr><td>3</td><td rowspan="2">10</td><td rowspan="2">5</td><td rowspan="4">16</td><td rowspan="4">8</td><td rowspan="4">4</td><td rowspan="4">2</td><td rowspan="4">1</td></tr>
<tr><td>20</td></tr>
<tr><td>21</td><td rowspan="2">64</td><td rowspan="2">32</td></tr>
<tr><td>128</td></tr>
</table>

1에서부터 시작하여 우박수 규칙을 적용하여 거꾸로 거슬러 올라가면 위 표와 같이 나옵니다. 8번째 숫자는 총 4개로, 문제에서 3을 제외한 나머지 3개의 숫자를 쓰라 하였으므로 정답은 20, 21, 128이 됩니다.

한줄 조언

규칙성 영역 문제는 항상 수능형 문제로 출제됩니다. 특히 우박수 개념은 수능형 출제 주제 중에 자주 거론되는 것이었어요. 침착하게 문제를 읽으면 힌트를 많이 얻을 수 있는 문제였습니다. 이런 수능형 문제들은 지문 속에 힌트가 숨어있습니다. 그러니 지문을 꼼꼼하게 읽으며 힌트를 꼭 얻으셔서 문제 풀이에 도움을 얻으시길 바라요!

2022 초특 정답과 해설

1) 정답

지각적 다양성의 원리

해설

지각적 다양성의 원리
이 원리는 수학적 개념을 형성시킬 때 그 개념을 가능한 한 다양한 구체물을 제시하라는 것이다. 그렇게 하는 것은 첫째, 개인차에 응하기 위해서이고, 또 다른 이유는 추상화의 과정을 학생들로 하여금 차근차근 경험시켜 보는 것이 유익하다고 생각되기 때문인 것이다.

[김정하(2000), Dienes의 수학학습 원리의 구체화 방안 연구]

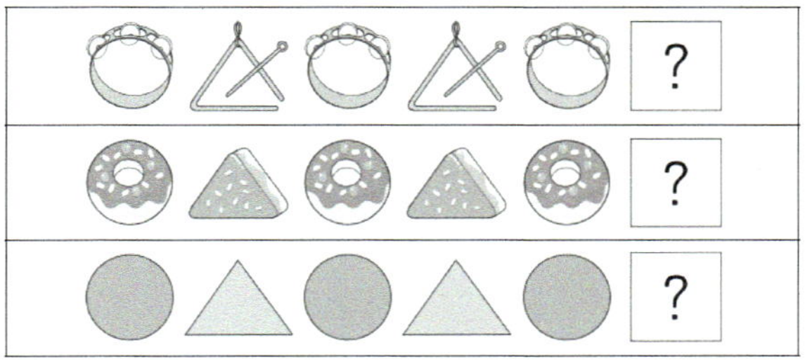

그림을 보면 수학적으로는 원, 삼각형인 개념을 규칙성 있게 놓으면서 구체물은 악기, 도넛 등 다양한 종류를 제시하고 있습니다. 이는 디에네스의 '지각적 다양성의 원리'를 적용시킨 방법입니다.

2021-01 초등

정답과 해설

1) 정답

자연수의 혼합계산의 내용체계가 5~6학년군으로 이동했기

해설

◉ 내용 체계

학교급 / 학년군 / 영역	초등학교		
	1~2학년군	3~4학년군	5~6학년군
수와 연산	• 네 자리 이하의 수 • 두 자리 수의 덧셈과 뺄셈 • 곱셈	• 다섯 자리 이상의 수 • 세 자리 수의 덧셈과 뺄셈 • 곱셈 • 나눗셈 • 자연수의 혼합 계산 • 분수 • 소수 • 분수와 소수의 덧셈과 뺄셈	• 약수와 배수 • 분수의 덧셈과 뺄셈 • 분수의 곱셈과 나눗셈 • 소수의 곱셈과 나눗셈 • 분수와 소수

[2009 개정 수학과 교육과정 내용 체계]

◉ 내용 체계

영역	핵심 개념	일반화된 지식	학년(군)별 내용 요소			기능
			1~2 학년군	3~4 학년군	5~6 학년군	
수와 연산	수의 체계	수는 사물의 개수와 양을 나타내기 위해 발생했으며, 자연수, 분수, 소수가 사용된다.	• 네 자리 이하의 수	• 다섯 자리 이상의 수 • 분수 • 소수	• 약수와 배수 • 약분과 통분 • 분수와 소수의 관계	(수) 세기 (수) 읽기 (수) 쓰기 이해하기 비교하기 계산하기 어림하기 설명하기 표현하기 추론하기 토론하기 문제 해결하기 문제 만들기
	수의 연산	자연수에 대한 사칙계산이 정의되고, 이는 분수와 소수의 사칙계산으로 확장된다.	• 두 자리 수 범위의 덧셈과 뺄셈 • 곱셈	• 세 자리 수의 덧셈과 뺄셈 • 자연수의 곱셈과 나눗셈 • 분모가 같은 분수의 덧셈과 뺄셈 • 소수의 덧셈과 뺄셈	• 자연수의 혼합 계산 • 분모가 다른 분수의 덧셈과 뺄셈 • 분수의 곱셈과 나눗셈 • 소수의 곱셈과 나눗셈	

[2015 개정 수학과 교육과정 내용 체계]

2009 개정 수학과 교육과정과 2015 개정 수학과 교육과정의 내용 체계를 각각 살펴보면, '수와 연산' 영역의 내용 요소 중 '자연수의 혼합 계산'이 3~4학년군에서 5~6학년군으로 이동했음을 알 수 있습니다. 나눗셈의 검산식은 곱셈과 덧셈이 혼합된 혼합 계산인데, 이는 3~4학년군에서 아직 배우지 않은 내용에 해당합니다. 따라서 현재 교육과정에서는 나눗셈의 검산을 지도할 때 곱셈식과 나눗셈식을 각각 나누어 계산하도록 지도하고 있습니다.

> 한편 2015 개정 교육과정에서는 혼합계산이 5~6학년 군으로 이동되었기 때문에 '5×3+1'과 같은 식을 사용할 수 없다는 점에서 유의할 필요가 있다.
>
> [수학 3-2 지도서 2. 나눗셈]

지도서에서도 학년군 내용 변화에 따라 혼합계산을 필요로 하는 검산식을 지도할 수 없다는 점을 명시하고 있습니다.

2) 정답

㉡ 앞에서부터 차례대로 더하여 계산한다는 것
㉢ (a+b)+c = a+(b+c)

해설㉡

세 수의 덧셈과 뺄셈
수학의 모든 연산은 이항연산에서 출발한다. 즉, 두 개의 수 또는 식을 대상으로 하여 연산이 이루어진다. 따라서 세 개 이상의 수에 대한 연산은 앞에서부터 차례로 이항연산을 연속적으로 행하는 과정이다.

[수학 1-2 지도서 4. 덧셈과 뺄셈(2)]

㉡과 관련하여 1학년 각론의 내용을 살펴보면, 세 수의 덧셈을 학습할 때 앞에서부터 차례대로 더한다고 학습하는 것을 알 수 있습니다. 이는 두 수의 덧셈이라는 이전의 학습 경험에 비추어 학생들이 세 수의 덧셈도 같은 방법으로 할 수 있음을 자연스럽게 학습하는 것입니다.

해설㉢

	수학적 표현	아동의 언어	도움 사례
덧셈에 대한 교환법칙	$a+b=b+a$	$3+5=8$이면 $5+3$도 8이어야 한다.	외워야 하는 한 자리 수의 덧셈의 수를 거의 반으로 줄여 준다.
덧셈에 대한 결합법칙	$(a+b)+c=a+(b+c)$	세 수를 더할 때 앞의 두 수를 먼저 더하거나 뒤의 두 수를 먼저 더해도 상관없다.	세 수를 더할 때 쉬운 것 또는 효과적인 것부터 선택하여 더할 수 있다.

[수학 1-2 지도서 4. 덧셈과 뺄셈(2)]

㉢에 해당하는 덧셈의 성질은 '덧셈에 대한 결합법칙'입니다. 결합법칙은 세 수의 덧셈에서 앞의 두 수를 더하는 순서와 뒤의 두 수를 더하는 순서는 결괏값에 영향을 주지 않는 덧셈의 성질입니다. 결합법칙을 나타내는 수학적 식은 위의 표와 같습니다. 이때 a+b+c = a+(b+c)와 같이 표현하게 되면 결합법칙에서 중요한 요소인 '계산 순서'가 드러나지 않으므로 오답이 됩니다. 앞의 두 수를 먼저 더하는 경우와 뒤의 두 수를 먼저 더하는 경우 모두 값이 동일함을 식으로 표현하려면 괄호를 표기해야 합니다.

3) 정답

2.024mL

해설

백신 실험을 위해 필요한 항생 물질의 총량은 26.3mL입니다. 이를 13일에 걸쳐서 추출하였을 때, 추출된 양은 총량과 같거나 총량보다 많아야 합니다. 매일 똑같은 양을 추출하므로 하루에 추출되는 양을 구하는 식은 26.3÷13입니다.

26.3÷13 = 2.02309···

이때 ㉣에서는 실생활 맥락에서 상황에 맞게 올림과 버림을 적절하게 이용해야 한다고 설명하고 있습니다. 2.02309···에서 소수 셋째 자리까지 반올림을 하려면 넷째 자리부터 버리는 것이 맞습니다. 하지만 백신 실험을 위해 26.3mL와 같거나 더 많은 양이 필요한 상황에서 하루 추출되는 양을 버림을 한다면 최종적으로 얻는 양이 필요한 양보다 적어집니다. 따라서 이 상황에서는 올림을 하는 것이 바람직합니다. 2.02309···에서 소수 셋째 자리까지 올림을 하면 2.024가 됩니다.

한줄 조언

소문항 1번의 경우, 수학과에서 갑자기 내용체계와 관련한 문제가 나와 당황하셨을 것 같네요. 하지만 문제를 곰곰이 생각해보면, 내용체계표와 관련한 문제가 아니라 수와 연산의 지도 계열에 관한 문제임을 알 수 있습니다. '내용체계'라는 단어 때문에 어렵게 느껴질 뿐이지, 그 속을 들여다보면 전혀 어려운 문제가 아닌 것이죠! 각론을 열심히 공부했다면 수와 연산에서 계열성이 얼마나 중요한지를 알 것입니다. 지도서에서도 혼합계산은 나눗셈의 검산식을 배운 그 이후의 내용이기 때문에, 검산식을 지도할 때 유의해야 함을 계속해서 명시하고 있습니다. 지도 계열을 꼼꼼하게 봤다면 충분히 풀 수 있는 문제였어요. 이처럼 문제를 풀 때 생소한 단어나 내용이 나와 당황스럽다면, 이 문제에서 묻고자 하는 것이 무엇인지를 생각해보세요. 그럼 생각보다 쉽게 답이 나온답니다!

2021-02 초등

정답과 해설

1) 정답

(다양한 사각형 그림 두 가지 이상 제시) 그림과 같은 모양을 가진 도형을 사각형이라고 한다.

해설

㉠ 학생에게 예를 그림으로 제시하여 시각적, 구체적으로 이해 가능하도록 정의하는 방법은 도형의 정의 방법 중 '예시적 정의' 방법에 해당합니다.

도형의 예시적 정의와 명명적 정의
개념을 처음 도입하거나 학습 수준이 매우 낮은 입문기 학생들에게는 학습자에게 익숙한 예를 제시하여 시각적, 직관적으로 이해가 가능하도록 설명하는 방법인 예시적 정의가 사용된다.

[수학 3-1 지도서 2. 평면도형]

이때 예시는 주로 그림을 제시하고, '그림과 같은 도형을 무엇이라고 한다.'로 도형을 지도합니다.

수학적 다양성의 원리
수학적 다양성의 원리는 수학의 일반화가 잘 되기 위해 해당 수학의 내용과 관련된 변수를 고정시키고, 관련 없는 변수는 다양하게 변화시키는 경험이 제공되어야 한다는 원리이다.

[정정성,박종률,and 임재훈(2001), 'Dienes의 수학 학습 원리의 이해와 적용']

'수학적 다양성의 원리'는 디에네스의 수학 개념 학습 4가지 원리 중 하나입니다. 예를 들어 '사각형'의 개념을 배울 때 사각형과 관련된 수학적 내용인 '네 개의 변', '네 개의 각'은 고정 시키고 관련이 없는 변수인 '변의 길이', '각의 크기' 등을 다양하게 변화시키며 제공하는 것입니다. 이를 통해 학생들은 수학적 개념을 보다 폭넓게 이해할 수 있습니다. ㉡을 고려하여 사각형을 정의하려면 다양한 길이의 변과 크기의 각을 가진 사각형을 제시하며 정의해야 합니다. 이때 정의 방법을 예시적 정의로 해야하므로, 사각형을 여러 개 그림으로 그린 후 '그림과 같은 모양의 도형을 사각형이라고 한다.' 라고 정의하면 됩니다. 이미 사각형 모양의 도형을 그림으로써 네 개의 변, 네 개의 각이 고정되었으므로 다양한 모양의 사각형을 그리면 ㉡을 고려하는 조건이 만족된 것입니다.

2) 정답

서로 이웃한 각이 서로 같을 때

해설

직각
정의: 한 직선이 다른 직선과 만날 때 이루어지는 서로 이웃한 각이 서로 같을 때 같게 되는 이 각을 각각 직각이라고 한다.

[수학 3-1 지도서 2. 평면도형]

직각을 내포적 방법으로 정의한 것은 위와 같습니다.

3) 정답

㉣ 7, 8, 9, 10, 12
㉤ 4

해설

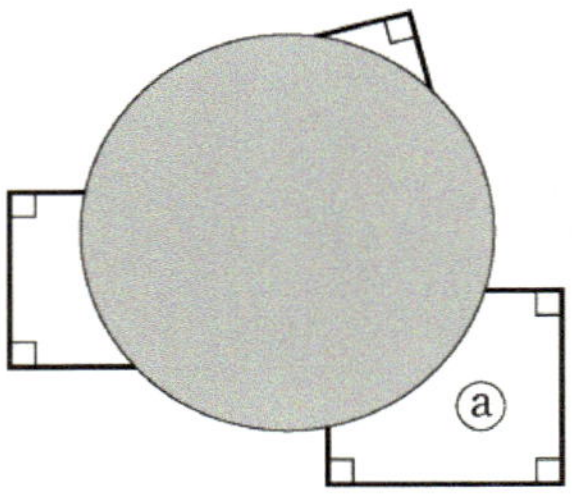

3개의 사각형이 겹치지 않으므로 각은 12개까지 나올 수 있고, 직각 6개는 이미 고정되어 있습니다. 먼저 사각형ⓐ는 세 각이 이미 모두 직각이므로, 원판에 가려진 각도 무조건 직각이 됩니다. 나머지 두 개의 사각형에서 직각이 두 개 있는 사각형에서는 두 가지 경우가 있을 수 있습니다.

① 남은 두 각이 모두 직각인 경우(직각 4개)
② 남은 두 각이 모두 직각이 아닌 경우(직각 2개)

한 각만 직각일 수가 없는 이유는 두 각의 합이 180도가 되어야 하는데, 한 각이 직각이면 다른 한 각도 자동적으로 직각이 되기 때문입니다. 따라서 직각이 두 개인 사각형에서는 위 2가지 경우가 나옵니다.

마지막으로 직각이 하나만 있는 사각형에서는 세 가지 경우가 있습니다.

① 남은 세 각이 모두 직각이 아닌 경우(직각 1개)
② 남은 각 중 한 각이 직각인 경우(직각 2개)
③ 남은 세 각이 모두 직각인 경우(직각 4개)

이를 조합하여 나올 수 있는 직각의 개수를 구하면 7, 8, 9, 10, 12가 됩니다. 이때 경우의 수는 6가지이지만, 직각 10개에 해당하는 경우가 2가지로 중복되어 총 5개의 숫자가 나오게 됩니다.

한줄 조언

도형 영역은 무조건적으로 도형의 정의를 정확하게 외우는 것이 중요합니다. 이번 문제도 직각의 정확한 정의를 외우고 있지 않으면 적을 수 없는 문제가 나왔습니다. 또한 도형은 다양한 수학자들의 수학 학습 원리를 적용시킬 수 있기 때문에, 각론을 공부하며 기본이론과 끊임없이 적용시켜보는 연습도 필요합니다.

2021-03 초등

정답과 해설

1) 정답

자료의 값이 큰 것이 아니

해설

그림그래프 알아보기
그림그래프의 길이가 길다고 학생 수가 많은 것이 아니라는 것을 알게 한다.

[수학 3-2 지도서 6. 자료의 정리]

그림그래프는 자료의 수치를 정하고, 그 수치에 따라서 자료의 값을 나타냅니다. 1~2학년군에서는 ○, ×표시의 개수로 수치를 나타낸다면 3~4학년군에서는 자료에 어울리는 단위를 정해서 사용하게 됩니다. 이때 학생들은 단순히 자료의 개수나 길이만 보고 자료의 값을 비교하는 오류를 범할 수 있습니다. 따라서 그림그래프의 길이가 길다고 해서 자료의 값이 큰 것은 아님을 지도해야 합니다.

2) 정답

72, 54

해설

	과학	문학	수학	역사	언어	기타	합계
권수	90			90	18	36	360
백분율	25			25	5	10	100

문학과 수학의 권수의 합은 126권이 되어야 하고, 백분율의 합은 35가 되어야 합니다. 문학책의 권 수를 a, 수학책의 권수를 b라고 하면

$$a+b=126$$

백분율이 모두 자연수가 되려면 권수가 18의 배수가 되어야 합니다. 그리고 다른 종류와 백분율이 같지 않아야 하기 때문에 권수도 달라야 합니다. 18, 36은 언어, 기타에 각각 해당하고, 126보다는 작아야 하므로 b가 될 수 있는 숫자는 54, 72, 108중에 하나입니다. 이때 b가 108이 되면 a가 18이 되어 언어와 권수가 같아지므로 b는 108이 될 수 없습니다. 따라서 남는 수 54, 72가 답이 됩니다.

2020-01 초등

정답과 해설

1) 정답

㉠ **분해**
㉡ **합성**

해설

1~2학년군 수와 연산 성취기준
① 네 자리 이하의 수
[2수01-01] 0과 100까지의 (   )하고, 수를 세고 읽고 쓸 수 있다.
[2수01-02] 일, 십, 백, 천의 (   ) 하고, 네 자리 이하의 수를 읽고 쓸 수 있다.
[2수01-03] 네 자리 이하의 수의 범위에서 (   )하고, 수의 크기를 비교할 수 있다.
[2수01-04] 하나의 수를 두 수로 분해하고 두 수를 하나의 수로 합성하는 활동을 통하여 수 감각을 기른다.

★빈칸은 스스로 채워봅시다.

2015 개정 수학과 교육과정 1~2학년군 수와 연산에서는 하나의 수를 분해하거나 두 수를 합성하는 과정을 통하여 연산의 기초를 기릅니다.

2) 정답

① **(26+4)+30+3=30+30+3=60+3=63의 과정에서 4+30+3만큼을 더한 것을 통해 63−26=37인 것을 알 수 있다.**
② **덧셈과 뺄셈의 역연산의 원리에 대한 이해를 바탕으로 15−8=7이 7+8=15로 바뀔 수 있는 것**

해설①

지도서에서는 여러 가지 뺄셈 방법을 소개하고 있습니다. 그 방법은 다음과 같습니다.

이해를 통한 뺄셈 알고리즘 지도
① 피감수 가까이까지 몇십을 더하고 일의 자리를 더한다. 46과 20을 더하면 66이다. / 그런 다음 4을 더하면 70이고 여기에 3을 더하면 73이 된다. / 모두 27을 더했으므로 답은 27이다.
② 피감수보다 많게 몇십을 더하고 많이 더한 만큼을 뺀다. 46에 30을 더하면 76이다. / 이것은 3 더 많기 때문에 답은 27이 된다.
③ 감수의 일의 자리가 10이 되도록 더한 다음 십의 자리 수, 일의 자리 수를 더한다. 46에 4를 더하면 50이다. / 50에 20을 더하면 70이다. 그리고 3이 더 있으면 73이다. / 4와 3이 7이 되고 이것을 20과 더하면 27이 된다.
④ 십의 자리에서 몇십을 뺀 다음 일의 자리 수를 뺀다. 70 빼기 40은 30이다. / 6을 제거하면 24이다. / 이제 3을 더하면 27이 된다.
⑤ 십의 자리 수를 소거한 다음 일의 자리 수를 소거한다. 73빼기 40은 33이다. / 그런 다음 6을 소거한다(3을 빼면 30이고, 3을 더 빼면 27이 된다).

[수학 2-1 지도서 3. 덧셈과 뺄셈]

지도서에서 제시된 다양한 뺄셈 알고리즘을 참고하면, [그림 1]의 방법은 ⑤의 방법을 활용한 것입니다. 피감수인 63에서 감수의 십의 자리인 20을 먼저 빼고, 일의 자리인 3을 두 번 더 빼서 37이라는 답을 찾아냈습니다. 위와 같은 방법으로 [그림 2]의 방법을 찾으면 지도서에서 제시한 방법 중 ③의 방법이라는 것을 알 수 있습니다. 그림에서 감수인 26의 일의자리가 10이 되도록 4를 먼저 더해줍니다. 그리고 30을 더해 60을 만들고 다시 3을 더해 피감수인 63을 만듭니다. 총 4+30+3만큼을 더했으므로 37이 답인 것을 알 수 있습니다. 이를 식으로 쓰면 다음과 같습니다.

(26+4)+30+3=30+30+3=60+3=63

문제에서 '계산 방법을 덧셈식과 뺄셈식을 모두 포함하도록' 쓰라고 했으므로 위의 덧셈식과 원래의 뺄셈식 63−27을 조합해서 답을 적으면 됩니다.

해설②

가역적 사고
가역적 사고는 어떠한 변화가 일어난 상태에서 그 변화를 역으로 돌려 원래의 상태로 되돌릴 수 있는 사고 능력을 말한다.

[수학 지도서 총론 3-2. 수학적 지식의 특성 및 수학적 사고의 방법]

지도서 총론은 가역적 사고를 '어떤 변화가 일어난 상태에서 그 변화를 역으로 돌려 원래의 상태로 되돌릴 수 있는 사고 능력'으로 정의하고 있습니다. 이 말을 문제에 적용시켜보면 15−8=7이라는 답을 얻어 변화가 일어났을 때, 변화의 결과는 8입니다. 이 변화가 일어난 상태를 역으로 돌려 원래의 상태인 15로 되돌리는 것을 설명하면 됩니다. 여기서 가장 중요한 것은 덧셈과 뺄셈의 '역연산 관계'입니다. 두 연산은 서로 역연산의 관계에 있기 때문에 가역적 사고를 할 경우 자연스럽게 연결되게 됩니다. 따라서 15−8=7이 7+8=15가 됨을 역연산 관계의 이해를 통해서 설명할 수 있습니다. 이때 주의할 점은 '가역적 사고'를 식을 활용하여 '설명'하라고 하였으므로 학생에게 어떻게 지도할지에 대해서 서술하면 오답이 된다는 것입니다.

3) 정답

영상적 표현

해설

브루너의 E.I.S
브루너의 교수법은 E.I.S 이론을 통해, 수학적 지식을 포함한 어떤 영역의 지식도 세 가지 방법으로 표상해 낼 수 있다고 하였다. 첫째, 동작적 표상 양식은 실물이나 구체물 등의 행동화, 조작화를 통해 지식을 이해하는 방식이며, 둘째로 영상적 표상 양식은 그림이나 도식 등의 영상을 통해 지식을 이해하는 방법, 셋째로 상징적 표상 양식은 기호, 수식, 문자 등의 상징적 체계를 통해 지식을 이해하는 방법이다.

[이정아(2016), '브루너의 교육적 인식론에 대한 이해와 비판적 고찰']

브루너는 아동의 인식 능력과 사고 방법이 발달하는 순서를 E.I.S 이론으로 정리하였습니다. 즉, 아동이 사물을 인식하거나 사고의 대상이 되는 것들이 활동적 표상→영상적 표상→기호적 표상의 순으로 발달한다는 것입니다. 활동적 표상은 직접적인 활동이나 행동을 말합니다. 영상적 표상은 구체물로 나타낼 수 없거나 조작할 수 없는 것을 그림, 모형, 사진 등으로 나타내는 것입니다. 마지막으로 기호적 표상은 사칙연산 기호 등 수학적으로 약속한 기호 등으로 나타내는 것입니다. 현재 제시문에 나온 것은 수직선 모델로, 학생들이 추상적인 개념을 쉽게 이해할 수 있도록 그림으로 나타낸 것으로, 영상적 표상에 해당합니다.

한줄 조언

저는 2020학년도 시험을 보았는데요. 실제 시험장에서 소문항 2번을 접했을 때 '도대체 무엇을 적는 것인가?'라는 생각으로 머리가 꽉 찼습니다. 어떤 답을 요구하는 것인지 잘 파악이 되지 않았거든요. 결국에는 마지막까지 해결하지 못하고 빈칸으로 남기고 나왔는데요, 나중에 답을 확인하고 보니 그나마 머릿속에 '설마 이것이 답일까?'라고 맴돌던 것이 답이더라구요. 이렇게 정말로 감이 오지 않는 문제도 생각을 하다 보면 '설마?'라는 생각이 들게 됩니다. 그럴 땐 일단 답을 적으세요!!! 나의 답이 무조건 정답이라는 자신감을 가지고 시험에 임하시면 됩니다. 그리고 정말 모르겠다 하더라도 상관없습니다. 임용고사는 내가 모르는 문제는 남도 모른다고 생각하면 된답니다~!

2020-02 초등

정답과 해설

1) 정답

합동인 도형의 변의 길이를 각각 재어 대응변의 길이를 비교하는 활동
(또는 합동인 도형의 각의 크기를 각각 재어 대응각의 길이를 비교하는 활동)

해설

반 힐레(van Hieles) 이론의 기하학 사고 수준
제 2수준 : 기술적 분석적 수준 관찰과 실험을 통하여 주어진 도형의 구성 요소들 사이의 관계를 분별하기 시작한다. 또 이러한 성질을 통하여 도형을 분류하게 된다. 도형의 성질들이 경험에 의하여 파악되기는 하지만 형식적으로 정의되지 않으며 이러한 성질들은 다른 도형의 성질에 대한 인식으로부터 얻어지게 된다. 그러나 정확한 정의를 이해하지 못하기 때문에 다른 도형과의 연관성을 갖지 못한다.

[강신표, 양규모(2002), 'van Hieles 이론에 근거한 도형학습 수준 분석과 자료 개발에 관한 연구']

3 합동인 두 도형의 성질 알아보기 (과정 중심 평가)

- 두 사각형은 서로 합동인가요?
  - 모양과 크기가 같으므로 서로 합동입니다.
- 두 사각형에서 대응변을 찾아 각각의 길이를 재어 보세요.
  - (대응변의 길이를 잰다.)
- 두 사각형의 대응변의 길이를 비교한 결과를 말해 보세요.
  - 각각의 대응변의 길이가 서로 같습니다.
- 두 사각형에서 대응각을 찾아 각각의 크기를 재어 보세요.
  - (대응각의 크기를 잰다.)
- 두 사각형의 대응각의 크기를 비교한 결과를 말해 보세요.
  - 각각의 대응각의 크기가 서로 같습니다.

도형을 직접 포개어 보지 않고도 합동인 도형의 성질을 알게 하기 위해 대응변의 길이와 대응각의 크기를 재어 비교해 보는 활동을 한다.

[수학 5-2 지도서 3. 합동과 대칭]

반 힐레의 기하학습 수준 이론에 따르면 분석적 사고 수준의 학생들은 관찰, 실험을 통해 주어진 도형의 구성 요소나 성질을 분석할 수 있습니다. 그러므로 정답이 될 활동은 학생들이 구체적 조작물을 실험하고, 관찰, 측정하는 활동이 되어야 합니다. 이때 문제의 조건에서 '도형을 직접 포개어 보는 것 외에'라고 명시하였으므로 합동인 두 도형을 겹치는 행위는 답이 될 수 없습니다. 그러므로, 교육과정에 명시된 데칼코마니, 종이 접쳐 오리기 등의 활동은 정답으로 인정될 수 없습니다. 포개어 보는 것 이외에 합동인 도형의 성질을 알아보는 활동에는 대응변의 길이를 각각 재어 비교하거나, 대응각의 크기를 각각 재어 비교하는 방법이 있습니다. 이때 당연히 합동인 도형의 성질인 '두 대응각의 크기는 같다', '두 대응변의 길이는 같다' 등을 알 수 있는 활동이어야 정답으로 인정됩니다.

2) 정답

밑면이 아닌 나머지 면들과 모두 수직으로 만난다는 것

해설

- 이와 같이 각기둥에서 서로 평행하고 합동인 두 면을 무엇이라고 부르면 좋을까요?
  - 마주 보는 두 면(서로 평행하고 합동인 면, 위아랫면, 밑면 등)이라고 부르면 좋을 것 같습니다.
- 각기둥에서 면 ㄱㄴㄷ과 면 ㄹㅁㅂ과 같이 서로 평행하고 합동인 두 면을 '밑면'이라고 합니다. 이때 두 밑면은 나머지 면들과 모두 수직으로 만납니다.

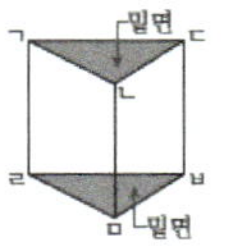

[수학 6-1 지도서 2. 각기둥과 각뿔]

초등 수학에서는 학생들이 헷갈리기 쉬운 각기둥에서의 '밑면'의 정의를 명확히 하고 있습니다. 밑면을 서로 평행하고 합동인 두 면인 것으로만 인식한다면 제시문과 같은 정육각기둥의 경우 옆면 세 쌍도 서로 평행하고 합동이기 때문에 밑면으로 생각할 수 있습니다. 그래서 밑면에 대한 정의를 할 때에는 '나머지 다른 면들에 수직인 면'이라는 조건을 더해주어야 합니다. 엄연히 말하면 나머지 면과 수직이라는 점은 직각 기둥을 제외한 나머지 각기둥에는 해당되지 않지만, 초등에서 학습하는 각기둥은 직각 기둥에 한하기 때문에 밑면을 처음 학습할 때에는 위 조건을 함께 지도하는 것이 필요합니다. 이때 '나머지 면'이라고 하는 것은 모든 면이 아닐 수 있다고 가정이 될 수 있으므로 반드시 '나머지 면들'이라고 해주어야 정답 인정이 됩니다.

3) 정답

60, 180

해설

- 문제를 해결할 수 있는 계획을 세워 말해 보세요.
  - 움직인 조각을 바탕으로 움직였던 방법과 순서를 거꾸로 하여 처음으로 돌아가면 됩니다.
  - 조각을 시계 방향으로 90°만큼 4번 돌리면 제자리로 돌아오게 되므로 5번 돌리는 것은 1번 돌린 것과 같습니다.
  - 왼쪽으로 2번 뒤집기를 하면 원래 모습으로 돌아오기 때문에 3번 뒤집는 것은 1번 뒤집은 것과 같습니다.

주어진 조건을 최대한 고려하여 거꾸로 풀기와 단순화하기 전략으로 문제를 해결할 수 있다는 내용과 연관된 맥락으로 문제 해결 계획을 수립하였는지 확인한다.

[수학 4-1 지도서 4. 평면도형의 이동]

초등에서 학습하는 변환은 기본적으로 '합동 변환'입니다. 여기에는 대칭변환, 회전변환 등이 있는데 뒤집는 것은 대칭변환에 해당하고 회전시키는 것은 회전 변환에 해당합니다. 대칭변환의 특징은 두 번 뒤집으면 원래대로 돌아온다는 점입니다. 회전 변환은 360도 회전하면 원래대로 돌아옵니다. 따라서 대칭변환은 짝수번 뒤집을 때에는 원래대로 돌아오고, 홀수번 뒤집을 때에는 한 번 뒤집은 것과 모양이 같습니다. 회전변환도 360도의 배수에 해당하는 각도만큼 돌릴 경우 원래 모양과 같게 나옵니다. ㉣ 모양은 ㉤ 모양을 오른쪽(혹은 왼쪽)으로 1회 뒤집고 오른쪽(혹은 왼쪽)으로 180도 회전시키면 나옵니다.

4) 정답

㉤ 변의 길이를 기준으로 삼각형 분류하기
㉥ 각의 크기를 기준으로 삼각형 분류하기

해설

두 가지 기준으로 삼각형 분류하기

앞의 활동이 하나의 삼각형에 대해 두 가지 분류 기준을 적용할 수 있다는 것을 알게 했다면 이 활동은 여러 가지 삼각형을 대상으로 하여 두 기준을 적용하여 분류를 시도하는 것이다.
질문의 순서는 변의 길이에 따른 분류를 먼저 하고, 각의 크기에 따른 분류를 다음에 하고 있지만 각에 따른 분류를 먼저 하고 변의 길이에 따라 분류를 하는 것도 가능하다.

- 삼각형을 변의 길이에 따라 분류해 보세요. 이등변삼각형은 어느 것인가요?
  - 삼각형 가, 다, 라, 사입니다.
- 세 변의 길이가 모두 다른 삼각형은 어느 것인가요?
  - 삼각형 나, 마, 바, 아입니다.
- 삼각형을 각의 크기에 따라 분류해 보세요. 예각삼각형은 어느 것인가요?
  - 삼각형 가, 마, 사, 아입니다.

[수학 4-2 지도서 2. 삼각형]

제시문 속 교수·학습 내용을 살펴보면 삼각형 분류 결과 예각삼각형, 둔각삼각형, 직각삼각형과 이등변삼각형, 세 변의 길이가 모두 다른 삼각형 등으로 분류한 것을 볼 수 있습니다. 예각, 둔각, 직각삼각형은 각의 크기에 따라 삼각형을 분류한 결과이고, 이등변삼각형과 세 변의 길이가 모두 다른 삼각형은 변의 길이에 따라 삼각형을 분류한 결과입니다. 초등 수학에서는 삼각형 학습에서 변의 길이와 각의 크기 두 가지를 분류 기준으로 활용합니다.

2020-03 초등

정답과 해설

1) 정답

귀납적 추론

해설

귀납적 사고
귀납적 사고는 개개의 구체적이거나 특수한 사실에서 공통 요소를 찾아내어 일반적인 원리나 법칙을 이끌어내는 사고 방법이다. 즉, 개개의 특수 사례에서 전체에 대한 지식이나 공통적이고 보편적인 성질을 이끌어내는 방법이다.

[수학 지도서 총론 3-2. 수학적 지식의 특성 및 수학적 사고의 방법]

수학과에서는 수학 활동의 과정인 수학적 사고, 즉 추론의 과정을 여러 가지로 정의하고 있습니다. 그 중 '귀납적 추론'은 초등학생들이 가장 많이 하게 되는 사고로, 수학에서 매우 중요합니다. ㉠에서 학생은 여러 가지 사례를 통해 계단 모양의 규칙을 찾아내는 것을 볼 수 있습니다. 이와 같이 개개의 구체적이거나 특수한 사실에서 공통 요소를 찾아내어 일반적 원리, 법칙을 이끌어내는 것을 귀납적 사고, 귀납적 추론이라고 합니다.

2) 정답

풀이: 한 변의 길이가 1인 경우 정사각형의 개수는 1+2+3+4+5+6으로 21개, 한 변의 길이가 2인 경우 정사각형의 개수는 1+2+3+4로 10개, 한 변의 길이가 3인 경우 정사각형의 개수는 1+2로 3개, 모두 더하면 34개이다.

답: 34개

해설

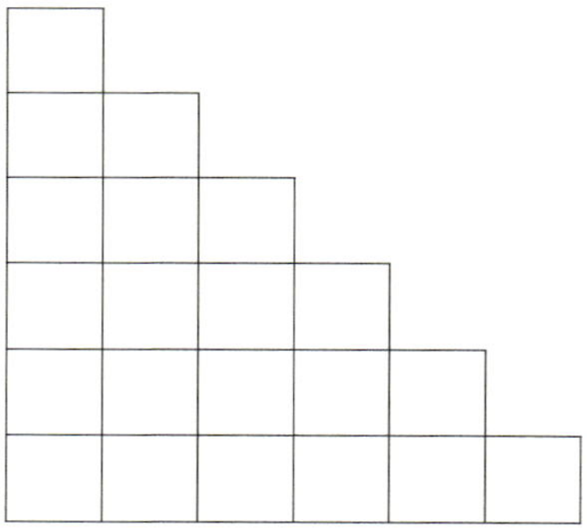

1층부터 6층까지의 계단을 그려보면 위 그림과 같습니다. 제시문에 나온 풀이 방법을 활용하여 한 변의 길이가 1인 정사각형, 2인 정사각형, 3인 정사각형의 개수를 차례대로 나누어서 찾아 모두 더하면 됩니다.

한 변의 길이가 1 : 1+2+3+4+5=21

한 변의 길이가 2 : 1+2+3+4=10

한 변의 길이가 3 : 1+2=3

모두 더하면 34개가 됩니다. 이 방법 외에도 수학적으로 적절한 방법으로 해결하면 정답으로 인정됩니다.

3) 정답

41

해설

[A]와 같은 방법으로 한 변의 길이가 2인 정사각형, 3인 정사각형, 4인 정사각형의 왼쪽 위의 꼭짓점을 찍으면 다음과 같습니다.

〈한 변의 길이가 2인 경우〉

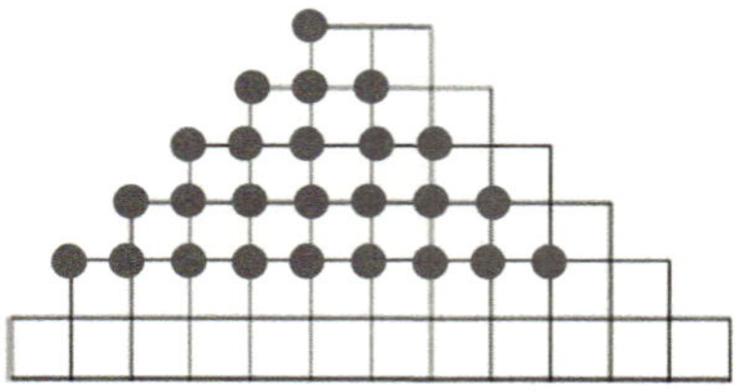

[그림 2]

1+3+5+7+9 = 25

〈한 변의 길이가 3인 경우〉

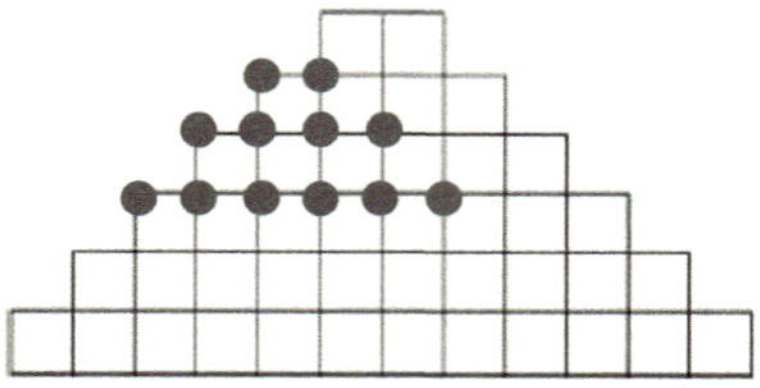

[그림 2]

2+4+6 = 12

〈한 변의 길이가 4인 경우〉

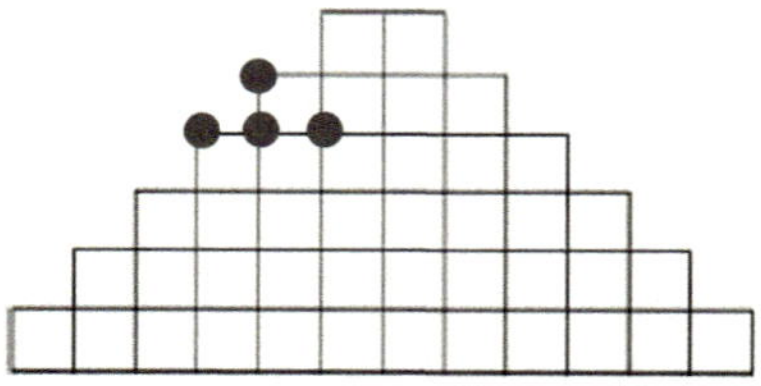

[그림 2]

1+3 = 4

25+12+4=41(개)입니다.

2020 초특

정답과 해설

1) 정답

① 개념학습모형

해설

◉〈개념 학습 모형〉

범례 제시 및 범례 분류하기	- 개념의 정의에 필요한 범례(정례와 비례) 제시하기 - 조작, 관찰 등으로 범례를 여러 가지 속성에 따라 분류하기 - 분류한 예들의 공통 성질을 암묵적으로 생각하기
공통의 성질 추상화하기	- 분류한 정례의 공통 성질을 명료하게 설명하기 - 분류한 정례의 공통 성질을 추상화하기
개념 정의하기	- 수학적인 용어와 기호로 개념을 정의하기
개념 익히기	- 개념을 익히고 개념을 적용하기

[수학 지도서 총론 4-1. 초등학교 수학 수업 모형]

해당 수업에서는 짝수와 홀수의 개념을 익히기 위해 다양한 범례를 제시하고, 이를 분류하여 공통점을 추상화하는 과정을 거치고 있습니다. 이는 수학 교수·학습 모형 중 '개념학습모형'에 해당합니다.

2019-01 초등

정답과 해설

1) 정답

십 모형 10개를 백 모형 1개로 바꾼다.

해설

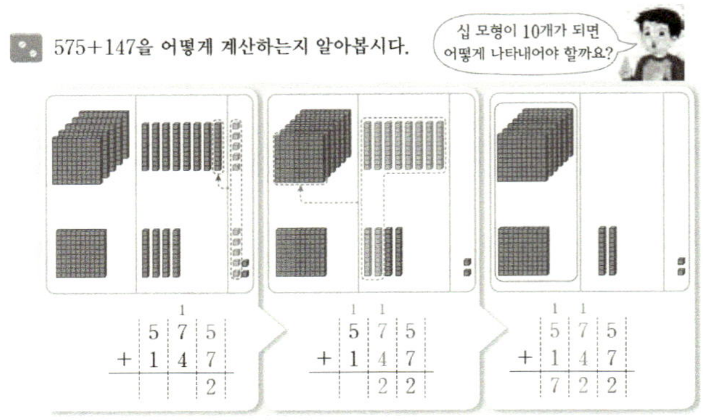

[수학 3-1 지도서 1. 덧셈과 뺄셈]

받아 올림이 있는 덧셈의 계산 원리를 이해할 때에는 수 모형을 활용한 조작활동을 활용해야 합니다. 초등학교 수학과 교사용 지도서에서는 '십 모형이 10개가 되면 백 모형 1개로 바꿉니다.'와 같은 발문을 통해 학생들이 받아 올림의 원리를 이해하도록 지도하고 있습니다.

2) 정답

계통성

해설

계통성
계통성은 수학 내용의 위계적이고 누적적인 구성의 특징을 말한다.

[수학 지도서 총론 3-2. 수학적 지식의 특성 및 수학적 사고의 방법]

수학적 지식은 그 지식이 정리될 때 논리적인 순서에 따라 정리되는 특성 즉, '계통성'을 가지고 있습니다. ㉡의 말을 살펴보면 덧셈을 하지 못할 경우 곱셈도 이해하지 못한다고 설명하고 있습니다. 곱셈은 동수누가를 기초로 하는 연산으로, 덧셈에 대한 이해가 없으면 여러 번 더한다는 곱셈의 개념을 이해할 수 없습니다. 이처럼 수학적 지식은 서로 유기적으로 연결되어 있습니다.

3) 정답

①: 6×7에 6을 더해도 됩니다. (간단하게) / 3×8은 24지. 그리고 4×8은 32야. 그러면 5×8은 40이 되겠구나. 즉, 8씩 더해지는 성질이 있구나. 그러면 40에다가 8을 더해보면 어떨까? (풀어서)

②: 35

해설①

3×3과 3×4의 차이점이 3을 한 번 더 더한 것이라는 것을 곱셈표에서 알 수 있습니다. 이러한 발문과 주어진 곱셈표를 활용하여 학생에게 지도할 발문을 쓰면 됩니다. 6단과 8단 모두 활용해도 상관없습니다.

해설②

×	1	2	3	4	5	6	7	8	9
1	1	2	3	4	5	6	7	8	9
2	2	4	6	8	10	12	14	16	18
3	3	6	9	12	15	18	21	24	27
4	4	8	12	16	20	24	28	32	36
5	5	10	15	20	25	30	35	40	45
6	6	12	18	24	30	36	42	48	54
7	7	14	21	28	35	42	49	56	63
8	8	16	24	32	40	ⓑ			
9									

네 칸을 더해 나오는 숫자가 작은 것을 순서대로 나열하면 다음과 같습니다.

1+2+2+4 = 9
2+3+4+6 = 15
3+4+6+8 = 21
4+6+6+9 = 25
4+5+8+10 = 27
5+10+6+12 = 33
6+9+8+12 = 35
8+12+10+15 = 45

일곱 번째 수는 35가 됩니다.

2019-02 초등

정답과 해설

1) 정답

①: 귤과 바나나의 무게를 윗접시저울을 사용하여 바둑돌과 공깃돌로 재어 비교하기

②: 같은 물건이라도 사용하는 단위에 따라 단위의 수가 달라진다.

해설

저울을 사용하여 과일의 무게를 여러 가지 단위로 비교해 봅시다.

단위	내가 가져온 과일	짝꿍이 가져온 과일
예 바둑돌	14개	20개

- 무게를 비교할 때 사용하는 단위가 다르면 어떤 점이 불편한지 이야기해 보세요.
  - 같은 물건이라도 사용하는 단위에 따라 단위의 수가 달라집니다.
  - 사용한 단위의 수로는 두 물건의 무게가 얼마나 차이 나는지 비교하기 어렵습니다.

[수학 3-2 지도서 5. 들이와 무게]

측정의 지도 계열에는 '직접 비교', '간접 비교', '직접 측정', '간접 측정'이 있습니다. 직접 비교는 비교하는 대상을 직접 맞대어서 비교하는 방법입니다. 간접 비교는 비교 또는 측정하는 속성을 지닌 제3의 물체를 활용하여 비교하는 방법입니다. 직접 측정은 임의 단위 혹은 표준 단위 등 물건을 활용하여 측정하는 것이고, 간접 측정은 수학적 공식을 이용하여 측정하는 것을 말합니다. 이때 '직접 측정을 통한 간접 비교'는 어떤 물체를 사용하여 직접 측정을 하고 이 결과를 매개물로 하여 비교하는 것이라고 볼 수 있습니다. 제시문에 나온 활동을 보면 직접 측정과 간접 비교가 모두 들어간 활동은 매개물인 바둑돌과 공깃돌을 활용하여 귤과 바나나의 무게를 잰 후, 이를 비교하는 활동입니다.

활동을 자세히 살펴보면 현재 학생들이 사용하는 간접 비교의 매개물이 표준 단위가 아닌 임의 단위임을 알 수 있습니다. 현재 임의 단위를 두 가지를 사용하고 있기 때문에 같은 물체라도 측정값이 달라지게 됩니다. 이러한 임의 단위의 특징을 답으로 적으면 됩니다.

2) 정답

무게 단위 사이의 관계에 대해 평가할 때 1g과 1t 사이의 단위 환산은 다루지 않는다.

해설

3~4학년군 측정 평가 방법 및 유의사항
• 무게 단위 사이의 관계에 대해 평가할 때 1g과 1t 사이의 단위 환산은 다루지 않는다.

3) 정답

15(kg)

해설

[문제] 상자 ⓑ의 무게를 구하시오. (단, 양팔저울은 어느 쪽으로도 기울어지지 않았다.)

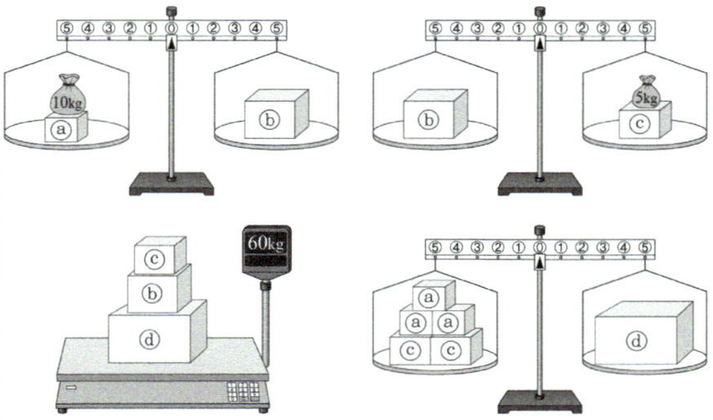

[답] ________ kg

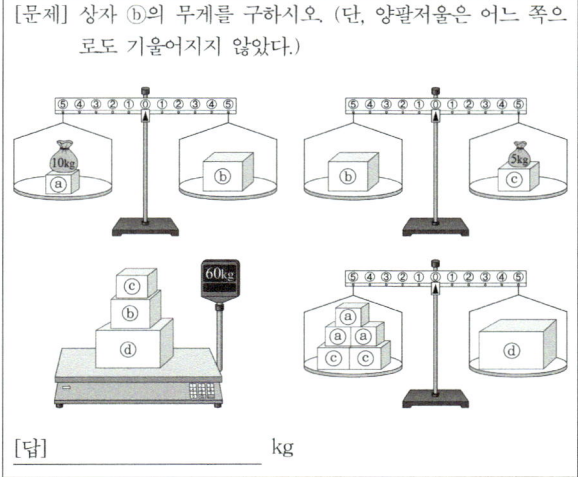

그림에서 알아낼 수 있는 식 4가지는 다음과 같습니다.

ⓐ+10=ⓑ

ⓑ=ⓒ+5

ⓒ+ⓑ+ⓓ=60

3ⓐ+2ⓒ=ⓓ

여기서 ⓐ+10=ⓒ+5 식을 얻을 수 있습니다. ⓑ, ⓓ를 각각 ⓐ와 ⓒ로 이루어진 식으로 바꿔서 미지수 ⓐ와 ⓒ로 이루어진 식을 하나 더 얻을 수 있습니다.

ⓒ+(ⓐ+10)+(3ⓐ+2ⓒ)=60

4ⓐ+3ⓒ=55

두 식을 이용하여 방정식을 풀면

4(ⓐ−ⓒ)=(−5)×4=4ⓐ−4ⓒ=(−20)

4ⓐ+3ⓒ=55

7ⓒ=35

2019-03 초등

정답과 해설

1) 정답

학생들이 조사한 결과를 표로 정리하고 꺾은선 그래프로 나타내는 활동

해설

◉ **통계의 과정**

통계의 과정은 일반적으로 (1) 목적 확인, (2) 자료 수집, (3) 분류 및 정리, (4) 해석, (5) 판단의 단계로 수행된다(김수환 외, 2009).

(1) 목적 확인 → (2) 자료 수집 → (3) 분류 및 정리 → (4) 해석 → (5) 판단

(3) 분류 및 정리: 어느 집단의 성격을 같은 관점에 의해 분할하는 것을 분류라 하고 분류된 자료를 표나 그래프로 나타내거나 평균 등을 산출하여 보다 알기 쉽게 만드는 것을 정리라 한다. 분류와 정리를 할 때는 중복되거나 누락이 발생하지 않도록 세심하게 유의하며 집계할 때에도 0이 된 항목도 유의미한 항목으로 처리하여야 한다. 분류에는 직업, 성별, 각종 현상 등과 같은 질적인 것과 연령, 키, 몸무게 등과 같은 양적인 것이 있다.

[수학 2-1 지도서 5. 분류하기]

통계의 과정은 총 5단계로, '목적확인→자료수집→분류 및 정리→해석→판단'으로 이루어집니다. 이중 ㉠에 해당하는 정리는 '분류된 자료를 표나 그래프로 나타내는 것', 혹은 '평균 등을 산출하여 보다 알기 쉽게 만드는 것'을 말합니다. (나)의 내용을 살펴보면 학생들이 분류한 자료를 표와 꺾은선 그래프로 나타내는 정리 활동을 한 것을 볼 수 있습니다. 따라서 이 두 활동을 적어주면 됩니다.

2) 정답

3월과 5월 사이의 꺾은선그래프의 기울기(기울어진 정도)가 가장 크다.

해설

- 전년도에 비해 눈이 온 날수가 가장 많이 줄어든 때는 몇 년인가요?
  - 2015년입니다.
- 변화가 심할 때와 선의 기울어진 정도는 어떤 관계가 있나요?
  - 변화가 가장 심한 2014년과 2015년 사이에 선이 가장 많이 기울어졌습니다.
- 그 외에 그래프를 보고 알 수 있는 내용은 무엇인가요?
  - 눈이 온 날수가 2016년에 늘었다가 2017년에 다시 줄었으므로 2018년에는 다시 늘어서 5일 정도 올 것 같습니다.

[수학 4-2 지도서 5. 꺾은선 그래프]

꺾은선 그래프의 특징은 자료의 수치가 변화 정도를 한눈에 파악하기 쉽다는 것입니다. 이는 꺾은선 그래프가 점과 점을 이어 만든 선으로 이루어진 그래프이기 때문에 생기는 특징인데, 이 때문에 기울기가 생깁니다. 기울어진 정도가 크면 변화의 정도가 크고, 기울어진 정도가 작으면 변화의 정도가 작다는 것을 한눈에 알 수 있습니다.

3) 정답

[그림 1]은 세로 눈금 한 칸의 간격이 일정하지만, [그림 2]는 세로 눈금 한 칸의 간격이 일정하지 않기 때문이다.

해설

◉ **꺾은선그래프로 나타내는 방법**

① 가로와 세로 중 어느 쪽에 조사한 수를 나타낼 것인가를 정한다.
② 눈금 한 칸의 크기를 정하고, 조사한 수 중에서 가장 큰 수를 나타낼 수 있도록 눈금의 수를 정한다.
③ 가로 눈금과 세로 눈금이 만나는 자리에 점을 찍는다.
④ 점들을 선분으로 잇는다.
⑤ 꺾은선그래프에 알맞은 제목을 붙인다.

[수학 4-2 지도서 5. 꺾은선그래프]

꺾은선그래프를 비롯하여 그래프를 그릴 때 중요한 점은 눈금 한 칸의 크기를 일정하게 하여야 한다는 것입니다. [그림 2]에서 36초~37초 구간에 해당하는 눈금 한 칸은 0.2초인데 37초~37.5 구간에 해당하는 눈금 한 칸은 0.1초인 것을 볼 수 있습니다. 이 때문에 원래는 다른 모습이어야 할 그래프가 같은 모습으로 나온 것이라고 볼 수 있습니다.

2019-01 초특

정답과 해설

1) 정답

① 원리 탐구 학습 모형
② 위치적 기수법 (또는 자릿값)

해설①

◉ 원리 탐구 학습 모형

새로운 문제 상황 제시	- 새로운 문제 상황을 제시하여 학생들의 인지적 갈등 유도하기
수학적 원리의 필요성 인식	- 이전에 습득한 지식을 활용하여 문제 해결 방법을 탐색함으로써 일반적인 수학적 원리의 필요성 인식하기
수학적 원리가 내재된 조작 활동	- 학습해야 할 수학적 원리가 내재되어 있는 조작 활동 하기
수학적 원리의 형식화	- 수학적 원리를 형식화하기
수학적 원리 익히기 및 적용하기	- 형식화한 수학적 원리를 익히고 적용하기

[수학 지도서 총론 4-1. 초등학교 수학 수업 모형]

(나)의 교수학습 과정안의 단계를 살펴보면 '수학적 원리가 내재된 조작활동', '수학적 원리의 형식화' 등의 단계를 볼 수 있습니다. 이는 수학 수업 모형 중 원리 탐구 학습 모형의 단계에 해당합니다.

해설②

◉ 위치적 기수법

위치적 기수법은 각 숫자를 쓰는 자리에 자릿값을 미리 정하여 그 자리에 쓰이는 숫자와 그 자리에 정해진 자릿값을 곱한 다음 이들의 값을 더하여 전체 수의 값을 나타내는 방법이다. 즉, 단위를 쓰지 않고 수가 놓인 자리로 단위를 나타내는 방법으로 해당하는 단위의 수가 없을 때에는 그 자리에 0을 써서 나타낸다. 위치적 기수법의 대표적인 예는 오늘날 우리들이 사용하는 기수법으로서 인도·아라비아 기수법이라고도 부른다.

자릿값	천	백	십	일
자리의 숫자	5	8	5	8
수의 값	5000	800	50	8

[수학 1-2 지도서 1. 100까지의 수]

우리가 사용하는 아라비아 숫자는 위치적 기수법을 사용하여 숫자를 씁니다. 이 방법은 각 숫자의 위치에 정해진 자릿값이 있다고 정해놓고 수를 쓰는 방법입니다. 학생들은 숫자를 쓸 때 단순히 그 숫자뿐만 아니라 해당 숫자가 위치한 자리의 값도 이해해야 합니다.

2) 정답

문제 해결

해설

문제 해결
문제 해결 능력은 '해결 방법을 모르는 문제 상황에서 수학적 지식과 기능을 활용하여 해결 전략을 탐색하고 최적의 해결방안을 선택하여 주어진 문제를 해결하는 능력'을 의미한다.

[수학 지도서 총론 1-2. 수학 교과 역량]

[A]의 내용은 덧셈의 계산 원리를 적용하여 다양한 문제를 풀어 보는 것입니다. 문제의 조건을 바꾸어 새로운 문제를 만드는 등의 활동을 통해 이 역량이 6가지 수학과 역량 중 '문제 해결' 역량을 기르기 위한 활동임을 알 수 있습니다.

2019-02 초특

정답과 해설

1) 정답

㉠ 변의 길이
㉡ 각의 크기(각도)

해설

두 가지 기준으로 삼각형 분류하기

- 앞의 활동이 하나의 삼각형에 대해 두 가지 분류 기준을 적용할 수 있다는 것을 알게 했다면 이 활동은 여러 가지 삼각형을 대상으로 하여 두 기준을 적용하여 분류를 시도하는 것이다.
- 질문의 순서는 변의 길이에 따른 분류를 먼저 하고, 각의 크기에 따른 분류를 다음에 하고 있지만 각에 따른 분류를 먼저 하고 변의 길이에 따라 분류를 하는 것도 가능하다.

• 삼각형을 변의 길이에 따라 분류해 보세요. 이등변삼각형은 어느 것인가요?
— 삼각형 가, 다, 라, 사입니다.
• 세 변의 길이가 모두 다른 삼각형은 어느 것인가요?
— 삼각형 나, 마, 바, 아입니다.
• 삼각형을 각의 크기에 따라 분류해 보세요. 예각삼각형은 어느 것인가요?
— 삼각형 가, 마, 사, 아입니다.

[수학 4-2 지도서 2. 삼각형]

[4수02-08] 성취기준은 이등변삼각형과 정삼각형을, [4수02-09] 성취기준은 예각삼각형, 둔각삼각형, 직각삼각형에 대한 성취기준입니다. 초등 수학에서는 각각의 삼각형을 학습하기 위해 여러 가지 삼각형을 변의 길이와 각의 크기를 기준으로 하여 분류하는 활동을 제시하고 있습니다.

2) 정답

네 각이 모두 직각이 아니기 때문이다.

해설

• 정사각형의 각의 크기와 변의 길이를 재어 보고 성질을 이야기해 보세요.
— 정사각형은 네 변의 길이가 모두 같습니다.
— 정사각형은 네 각이 모두 직각입니다.
• 정사각형은 네 각이 모두 직각이고 네 변의 길이가 모두 같다고 했는데 그러면 마주 보는 두 변의 길이도 같나요?
— 네 변의 길이가 모두 같으므로 마주 보는 두 변의 길이도 같습니다.
• 정사각형의 성질을 가지는 사각형은 모두 직사각형의 성질을 가진다고 할 수 있는지 친구들과 서로 이야기해 보세요.
— 네 각이 모두 직각이고 네 변의 길이가 모두 같으면 마주 보는 두 변의 길이도 모두 같으니까 정사각형의 성질을 가지는 사각형은 모두 직사각형의 성질을 가집니다.

[수학 4-2 지도서 4. 사각형]

정사각형의 정의는 '네 변의 길이가 모두 같고, 네 각의 크기가 모두 직각인 사각형'입니다. 마름모는 '네 변의 길이가 모두 같은 사각형'으로, 네 각의 크기가 모두 직각이 아닌 마름모도 있습니다. 따라서 마름모는 정사각형이라고 할 수 없습니다.

3) 정답

정육각형은 한 각이 120°이고, 120°의 각이 3개 모여 360°가 되기 때문이다.

해설

• 위 그림처럼 정사각형을 겹치지 않게 놓아 보고, 평면을 빈틈없이 채울 수 있는 이유를 모둠별로 토의하여 써 보세요.

예

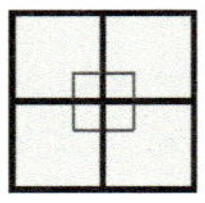

90°의 각이 4개 모여 90°×4=360°가 되므로 평면을 빈틈없이 채울 수 있습니다.

한 꼭짓점을 중심으로 모이는 여러 가지 각의 크기를 살펴보세요.

[수학 4-2 지도서 6. 다각형]

다각형으로 평면을 빈틈없이 채우기 위해서는 다각형을 모았을 때 생기는 각도의 합이 360°가 되어야 합니다. 360°를 넘거나 부족하면 빈틈이 생기기 때문입니다.

2018-01 초등

정답과 해설

1) 정답

기준에 따라 분류하기 / 기준에 따라 분류하고 각각의 수를 세어 본 후 분류 결과 말하기

해설

1~2학년군 자료와 가능성 성취기준
1 분류하기 [2수05-01] 교실 및 생활 주변에 있는 사물들을 정해진 기준 또는 자신이 정한 기준으로 분류하여 개수를 세어보고, 기준에 따른 결과를 말할 수 있다. 2 표 만들기 [2수05-02] 분류한 자료를 표로 나타내고, (　　　　　　　　)을 말할 수 있다. 3 그래프 그리기 [2수05-03] (　　　　　　　　)로 나타내고, 그래프로 나타내면 편리한 점을 말할 수 있다.

★빈칸은 스스로 채워봅시다.

ⓐ, ⓑ에 들어갈 말은 각각 '기준', '분류'입니다. 성취기준에 따르면 표와 그래프로 나타내기 전에 대상을 기준에 따라 분류하고, 이를 세어보는 활동을 합니다. 따라서 분류하는 활동, 또는 분류하고 개수를 세어보는 활동을 답으로 적으면 됩니다.

2) 정답

의사소통

해설

교수・학습 방법
(마) 의사소통 능력을 함양하기 위한 교수・학습에서는 다음 사항을 강조한다. ① 수학 용어, 기호, 표, 그래프 등의 수학적 표현을 이해하고 정확하게 사용하며, 수학적 표현을 만들거나 변환하는 활동을 하게 한다. ② 수학적 아이디어 또는 수학 학습 과정과 결과를 말, 글, 그림, 기호, 표, 그래프 등을 사용하여 다른 사람과 효율적으로 의사소통할 수 있게 한다. ③ 다양한 관점을 존중하면서 다른 사람의 생각을 이해하고 수학적 아이디어를 표현하며 토론하게 한다.

3) 정답

㉤, 누가 어떤 간식을 좋아하는지가 아닌 간식의 종류별 학생 수를 알 수 있다.

해설

> **표와 그래프의 편리한 점을 찾아 쓰기**
>
> • 표로 나타내면 편리한 점은 무엇인가요?
> — 조사한 자료의 전체 수를 알아보기 편리합니다.
> — 조사한 자료별 수를 알기 쉽습니다.
>
> • 그래프로 나타내면 편리한 점은 무엇인가요?
> — 조사하고자 하는 내용을 한눈에 알아보기 편리합니다.
> — 가장 많은 것, 가장 적은 것을 한눈에 알아보기 편리합니다.
>
> [수학 2-2 지도서 5. 표와 그래프]

그래프로 나타낸 자료의 특징은 가장 수가 많은 항목, 가장 적은 항목을 알 수 있다는 것, 항목별 수가 얼마인지를 알 수 있다는 것입니다. 특정 친구, 예를 들면 효주가 어떤 간식을 좋아하는지는 그래프만으로는 알 수 없습니다.

한줄 조언

1번 소문항 같은 문제는 실수하기가 아주 쉬운데요, ⓐ, ⓑ에 해당하는 '기준', '분류'만 적고 넘어가는 경우가 많습니다. 아는 문제인데도 실수로 인하여 틀리게 되는 대표적인 경우죠! 따라서 문제를 꼼꼼하게 읽는 것이 중요합니다. '기준'과 '분류'는 꼭 들어가야 하는 단어일 뿐이고, 이를 활용하여 답을 만들어 적어야 합니다.

2018-01 초등 유사

정답과 해설

1) 정답

기준에 따라 분류하기 / 기준에 따라 분류하고 각각의 수를 세어 본 후 분류 결과 말하기

해설

1~2학년군 자료와 가능성 성취기준
1 자료의 정리 [2수04-01] 여러 가지 사물을 정해진 기준 또는 자신이 정한 기준으로 분류하여 개수를 세어 보고, 기준에 따른 결과를 말할 수 있다.

ⓐ, ⓑ에 들어갈 말은 각각 '기준', '분류'입니다. 성취기준에 따르면 표와 그래프로 나타내기 전에 대상을 기준에 따라 분류하고, 이를 세어보는 활동을 합니다. 따라서 분류하는 활동, 또는 분류하고 개수를 세어보는 활동을 답으로 적으면 됩니다.

2) 정답

의사소통

해설

교수·학습 방법
③ 다음과 같은 교수·학습 방법을 통해 의사소통 역량을 함양하게 한다. ㉠ 수학 용어, 기호, 표 그래프 등의 수학적 표현을 정확하게 사용하고 표현끼리 변환하게 한다. ㉡ 학생이 자신의 사고와 전략을 수학적 표현으로 나타내고 설명하면서 수학적 표현의 편리함을 인식하게 한다. ㉢ 학생 간 상호 작용과 질문이 활발한 교실 문화를 조성하고 수학적으로 의미 있는 의사소통이 이루어지도록 적절한 과제를 제시하고 안내한다. ㉣ 수학적 아이디어에 대해 상호 작용하는 과정에서 타인을 배려하고 의견을 존중하는 태도를 기르게 한다.

3) 정답

㉤, 누가 어떤 간식을 좋아하는지가 아닌 간식의 종류별 학생 수를 알 수 있다.

해설

표와 그래프의 편리한 점을 찾아 쓰기

- 표로 나타내면 편리한 점은 무엇인가요?
  - 조사한 자료의 전체 수를 알아보기 편리합니다.
  - 조사한 자료별 수를 알기 쉽습니다.
- 그래프로 나타내면 편리한 점은 무엇인가요?
  - 조사하고자 하는 내용을 한눈에 알아보기 편리합니다.
  - 가장 많은 것, 가장 적은 것을 한눈에 알아보기 편리합니다.

[수학 2-2 지도서 5. 표와 그래프]

그래프로 나타낸 자료의 특징은 가장 수가 많은 항목, 가장 적은 항목을 알 수 있다는 것, 항목별 수가 얼마인지를 알 수 있다는 것입니다. 특정 친구, 예를 들면 효주가 어떤 간식을 좋아하는지는 그래프만으로는 알 수 없습니다.

2018-02 초등

정답과 해설

1) 정답

㉠ : 보라, ㉡ : 연우

해설

연비를 비교할 때에는 두 가지 방법으로 비교할 수 있습니다. 첫 번째 방법은 '연료가 같은 양일 때 얼마나 더 멀리 가는가?'입니다. 두 번째 방법은 '같은 거리를 갈 때 사용되는 연료는 얼마만큼인가?'입니다. 제시문 (가)에서 민희는 거리를 연료의 양만큼으로 나누었으므로 연료 1L당 갈 수 있는 거리를 비교한 것입니다. 즉 연료의 양을 같게 해주어 비교하였습니다. 보라 역시 연료의 양을 36L로 같게 해주어 거리를 비교하였습니다. 따라서 민희와 같은 방법으로 구한 학생은 보라입니다.

연우는 거리를 같게 해주었을 때 연료가 얼마만큼 필요한지를 비교하였으므로 ㉡에 들어갈 학생은 연우입니다.

2) 정답

작은 쪽이 경제적인 자동차이다.

해설

연비는 연료 1L당 갈 수 있는 거리를 계산한 것으로, 주로 자동차의 효율을 알아볼 때 사용됩니다. 같은 거리를 갈 때 연료가 더 적게 사용되는 자동차가 효율적인 자동차라는 것을 알 수 있습니다.

3) 정답

① : 76, 77, 78, 79

② : 구하고자 하는 주행거리는 연비×연료로 12.5×6(자동차 X의 주행거리) 〈 자동차 Z의 주행 거리 〈 13.33×6(자동차 Y의 주행거리)이다. 따라서 76, 77, 78, 79가 정답이다.

해설

구분	자동차 X	자동차 Y	자동차 Z
연료(L)	12	9	6
주행 거리(km)	150	120	75 〈 x 〈 79.98
연비(km/L)	12.5	13.33	12.5 〈 연비 〈 13.33

한줄 조언

최근에는 위와 같이 수능형 문제에서 답뿐만 아니라 풀이를 요구하는 문제가 늘어나고 있는 추세입니다. 풀이는 본인이 푼 방식을 채점관이 이해하기 쉽게만 적으면 무엇이든 답이 될 수 있습니다. 대신 답을 찍거나, 풀이 과정이 논리적이지 않으면 답으로 인정될 수 없겠죠?

2018-03 초등

정답과 해설

1) 정답

①: [그림 2]의 선분 ㅁㅇ과 ㅁㅂ은 각각 [그림 1]의 한 선분의 길이와 같으므로 각 10cm이다. 따라서 삼각형 ㅁㅂㅇ은 이등변삼각형이다. 그런데 양변의 사이각인 각 ㅇㅁㅂ이 60°라서 나머지 두 각은 이등변삼각형의 성질에 의해 같은 각으로 60°가 되므로 세 각이 60°인 정삼각형이 된다.

②: 5

해설

①에서 삼각형 ㅁㅂㅇ이 정삼각형임을 알았으므로 선분 ㅇㅂ은 10cm인 것을 알 수 있습니다. 삼각형 ㅁㅇㅅ과 삼각형 ㅁㅅㅂ는 서로 합동이므로 변 ㅁㅅ은 변ㅇㅂ을 이등분합니다. 따라서 평행사변형의 높이는 10cm의 절반인 5cm가 됩니다.

2) 정답

㉢: 등적

㉣: $\frac{1}{2}$

해설

◉ 등적 변형 하기

등적 변형은 주어진 어떠한 영역을 잘라서 모양을 다르게 재배열해도 전체적인 크기는 변화하지 않는다는 보존 개념을 바탕으로 한다. 등적 변형에는 ① 도형의 분해와 합성을 하여 넓이가 같고 모양이 다른 도형을 구성하여 만드는 방법과 ② 높이가 같은 두 평면도형을 밑면에 평행한 직선으로 자른 횡단선의 길이가 같으면 두 도형의 넓이가 같다는 카발리에리(Cavalieri)의 원리를 이용한 방법이 있다.

① 도형의 분해와 합성

② 카발리에리의 원리

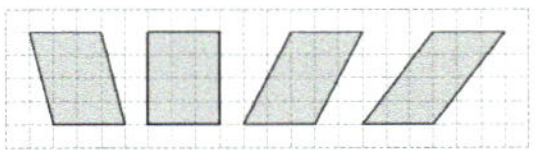

[수학 5-1 지도서 6. 다각형의 둘레와 넓이]

학생은 도형을 잘라 붙여서 변형시켜도 그 넓이는 같다는 '등적 변형'을 이해하고 있습니다.

[그림 2]의 사각형에서 대각선은 선분ㅁㅂ과 선분ㅇㅅ입니다. 이 두 선분은 서로 수직으로 만나고 있습니다.

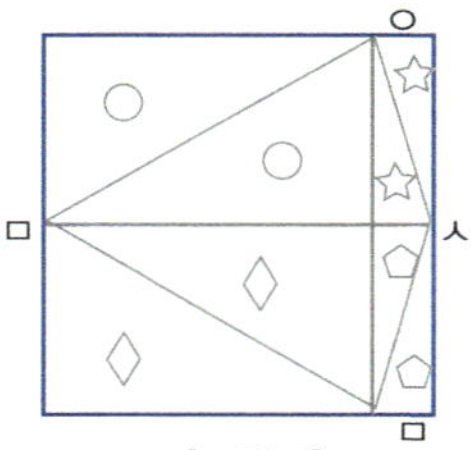

[그림 2]

[그림 2]를 둘러싸는 직사각형을 그리면 다음과 같고, 같은 표시가 그려진 삼각형은 서로 합동입니다. 따라서 [그림 2] 사각형의 두 대각선을 가로, 세로로 하는 직사각형의 넓이는 [그림 2]의 넓이의 2배가 되는 것을 알 수 있습니다.

2018-01 초특

정답과 해설

1) 정답

분모가 같은

해설

3~4학년군 수와 연산 성취기준
[2] 분수와 소수의 덧셈과 뺄셈 [4수01-16] 분모가 같은 분수의 덧셈과 뺄셈의 계산 원리를 이해하고 그 계산을 할 수 있다. [4수01-17] 소수 두 자리 수의 범위에서 ( ) 그 계산을 할 수 있다.

★빈칸은 스스로 채워봅시다.

2) 정답

㉢ ㉣

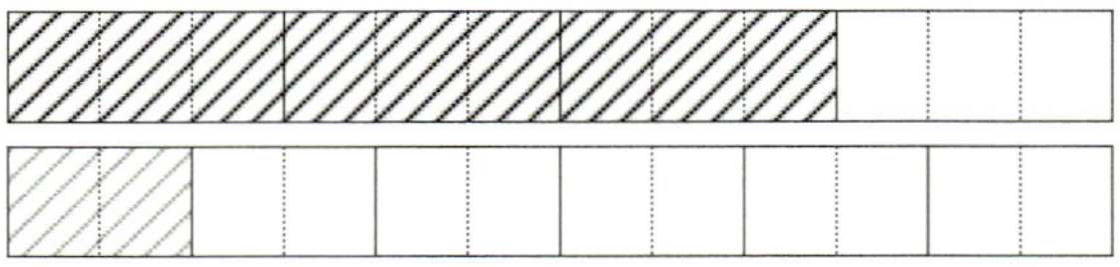

해설

분모가 4, 분모가 6인 상황에서 나누어진 칸의 개수를 같게 해주어야 합니다. 첫 번째 그림은 한 칸을 각각 다시 3등분, 두 번째 그림은 각각 2등분을 해주어 통분한 것을 표시하면 됩니다. 통분을 지도할 때에는 재귀적 분할을 사용하는데, 부분의 크기를 전체를 기준으로 해석하기 위해 각 부분을 다시 부분으로 분할하는 과정을 말합니다. 즉 단위를 같게 해주기 위해 단위를 중심으로 모델을 분할해 주는 과정입니다.

[수학 5-1 지도서 4. 약분과 통분]

3) 정답

풀이: $\frac{5}{9}-\frac{1}{6}=\frac{5\times6}{9\times6}-\frac{1\times9}{6\times9}=\frac{30}{54}-\frac{9}{54}=\frac{21}{54}$

정답: $\frac{21}{54}$

해설

4 $\frac{1}{6}+\frac{3}{8}$을 계산하는 서로 다른 방법 알아보기

- 방법 1 은 어떤 방법으로 계산했는지 설명해 보세요.
  - 두 분모의 곱을 공통분모로 하여 통분한 후 계산했습니다.
- 방법 2 는 어떤 방법으로 계산했는지 설명해 보세요.
  - 두 분모의 최소공배수를 공통분모로 하여 통분한 후 계산했습니다.

[수학 5-1 지도서 5. 분수의 덧셈과 뺄셈]

이분모 분수의 덧셈과 뺄셈에서는 분모를 통분하는 방법을 학생들이 이해해야 합니다. 이 과정에서 다양한 통분 방법이 나올 수 있는데, 지도서에서는 최소공배수 이외에 대표적으로 두 분모의 곱을 공통분모로 사용하는 방법을 소개하고 있습니다. 이 방법 외에도 최소공배수를 활용하지 않은 방법이면 모두 정답으로 인정될 수 있습니다.

한줄 조언

2번 소문항처럼 초등 수학에서 분수 연산 부분은 학생들이 어려워하기 때문에 구체적 조작 활동을 잘 활용해야 합니다. 따라서 여러 가지 모델을 사용해 지도하는 방법을 숙지하세요!

2018-02 초특

정답과 해설

1) 정답

① ⓐ : 하나의 단위만으로 표시된 명수
ⓑ : 단위 몇 개를 조합하여 표시된 명수
② 길이의 단위를 지도할 때 단위 사이의 관계를 이해하는 데 중점을 두고, 지나친 단위 환산은 다루지 않는다.

해설 ①

◉ 단명수와 복명수
양을 표현할 때 하나의 단위만으로 표시된 명수를 단명수라 하고, 단위 몇 개를 조합하여 표시된 명수를 복명수라고 한다. 예를 들어 30분, 10cm, 50원 등은 단명수이고, 1시간 10분 15초, 1m 13cm 등은 복명수이다. 길이에서는 12mm, 204cm, 3m, 78km 등이 단명수의 예이고, 3cm 2mm, 4m 51cm, 8km 234m 등이 복명수의 예이다. 이 단원에서는 100cm가 넘는 길이를 '몇 m 몇 cm'로 바꾸거나 반대로 '몇 m 몇 cm'를 단위로 바꾸는 활동을 하게 되므로 단명수와 복명수를 모두 다루게 되는 셈이다.

[수학 2-2 지도서 3. 길이 재기]

단명수는 120mm, 120cm와 같이 하나의 단위로 나타내는 것을 말합니다. 반대로 복명수는 1cm 20mm처럼, 두 가지 이상의 단위를 조합하여 나타내는 것을 말합니다.

해설 ②

3~4학년군 측정 교수·학습 방법 및 유의사항
• 시각과 시간의 의미는 (   ) 정도로 이해하게 한다. • (   )을 통하여 시간, 길이, 들이, 무게 각도에 대한 양감을 기르게 한다. • 시간, 길이, 들이, 무게의 단위를 지도할 때 단위 사이의 관계를 이해하는 데 중점을 두고, 지나친 단위 환산은 다루지 않는다. • 길이, 들이, 무게, 각도를 측정할 때 측정도구의 눈금에 일치하지 않는 측정값을 (   ).

★빈칸은 스스로 채워봅시다.

2017-01 초등

정답과 해설

1) 정답

곱셈과 나눗셈의 관계

해설

3~4학년군 수와 연산 성취기준
④ 나눗셈 [4수01-05] 나눗셈이 이루어지는 실생활 상황을 통하여 나눗셈의 의미를 알고, 곱셈과 나눗셈의 관계를 이해한다. [4수01-08] 나누는 수가 한 자리 수인 나눗셈의 계산 원리를 이해하고 그 계산을 할 수 있으며, (　　　　　). [4수01-09] 나누는 수가 두 자리 수인 나눗셈의 계산 원리를 이해하고 그 계산을 할 수 있다.

★빈칸은 스스로 채워봅시다.

유1) 정답

ⓐ **역연산 관계**
ⓑ **한 가지 상황을 곱셈식과 나눗셈식으로 나타내는 활동을 통하여 곱셈과 나눗셈의 관계를 이해하게 한다.**

해설

곱셈과 나눗셈의 관계
곱셈과 나눗셈은 역연산 관계이다. 곱셈식 a×b=c는 두 개의 나눗셈식 c÷a=b, c÷b=a로 나타낼 수 있다. 곱셈과 나눗셈의 개념과 절차를 관련지어서 두 연산의 관계를 가르치는 것은 매우 중요한 활용이다.

[수학 3-1 지도서 3. 나눗셈]

㉠은 곱셈과 나눗셈의 관계를 나타내고 있습니다. 그리고 이를 토대로 김 교사의 말에 비추어보면, ⓐ안에 들어갈 말은 곱셈과 나눗셈의 관계가 무엇인지를 답하면 되는 것을 알 수 있습니다.

3~4학년군 수와 연산 교수·학습 방법 및 유의사항
한 가지 상황을 곱셈식과 나눗셈식으로 나타내는 활동을 통하여 곱셈과 나눗셈의 관계를 이해하게 한다.

다음으로 3~4학년군 수와 연산의 교수·학습 방법 및 유의사항에서는 곱셈과 나눗셈의 관계를 이해할 수 있도록 학생들에게 같은 상황을 곱셈식과 나눗셈식으로 각각 나타내는 활동을 활용하도록 안내하고 있습니다.

2) 정답

㉡ : **분배법칙**
㉢ : **236×(7+20)=(236×7)+(236×20)**

해설

승수가 두 자리 수인 경우, 승수를 십의 자리와 일의 자리로 분해하고 분배 법칙을 적용하여 원리를 이해하도록 지도합니다. 제시문의 식에서도 27을 20과 7로 나누어 각각의 곱을 구해 더한 것을 통해 분배 법칙을 적용했음을 알 수 있습니다. 이것을 가로식으로 나타내면 ㉢이 됩니다.

[수학 3-2 지도서 1. 곱셈]

3) 정답

37, 38, 39

해설

트럭 1대에 36상자까지 실을 수 있을 때 316상자를 신기 위해 필요한 트럭의 수를 구하면 다음과 같이 구할 수 있습니다. 316÷36=8…28, 8대에 꽉 채운 후 나머지 28상자를 실을 1대가 더 필요하므로 모두 9대의 트럭이 필요합니다. 이를 통해 나누는 수인 제수가 피제수 안에 8번이 들어가고, 나머지가 제수보다 크면 안 된다는 것을 알 수 있습니다. (혹은 몫이 9로 딱 떨어지는 경우) 35의 경우에는 35×8=280이고, 나머지가 36이므로 몫이 9이면서 나머지가 1상자가 되어 10트럭이 필요하게 됩니다. 따라서 36보다 큰 수 중에서 8을 곱했을 때 316보다 작거나 큰 수를 찾으면 됩니다. 이를 차례대로 구해보면 37, 38, 39가 조건을 충족하는 것을 알 수 있습니다.

2017-02 초등

정답과 해설

1) 정답

직관적

해설

3~4학년군 도형 성취기준
[2] 평면도형과 그 구성 요소
[2수02-03] 교실 및 생활 주변에서 (   ) 삼각형, 사각형, 원의 모양을 찾고, 그것들을 이용하여 여러 가지 모양을 꾸밀 수 있다.
[2수02-04] 삼각형, 사각형, 원을 직관적으로 이해하고, 그 모양을 그릴 수 있다.

★빈칸은 스스로 채워봅시다.

유1) 정답

직관적

해설

'도형과 측정' 영역 성취기준
[2] 평면도형과 그 구성 요소
[2수03-03] 교실 및 생활 주변에서 여러 가지 물건을 관찰하여 삼각형, 사각형, 원의 모양을 찾고, 그것들을 이용하여 여러 가지 모양을 꾸밀 수 있다.
[2수03-04] 삼각형, 사각형, 원을 직관적(으)로 이해하고, 그 모양을 그릴 수 있다.

2) 정답

① : 1:2

② : 육각형이다. 그 이유는 선분으로만 둘러싸인 다각형이면서 변이 6개이기 때문이다.

해설①

[그림1]과 [그림2]는 서로 합동입니다. 두 도형을 이루고 있는 정사각형과 사다리꼴 도형도 서로 합동인 것을 알 수 있습니다. [그림1]과 [그림2]의 넓이는 같습니다. [그림1]의 넓이는 (사다리꼴의 넓이)+(정사각형의 넓이)×2입니다. [그림2]의 넓이는 (사다리꼴의 넓이)+(정사각형의 넓이)+(마름모의 넓이)×2입니다. 여기에서 (정사각형의 넓이)=(마름모의 넓이)×2 라는 것을 알 수 있습니다. 이를 조건에 맞는 비로 나타내어 보면 (마름모의 넓이) : (정사각형의 넓이) = 1 : 2인 것을 알 수 있습니다.

해설②

> 선분으로만 둘러싸인 도형을 다각형이라고 합니다.
> [수학 4-2 지도서 6. 다각형]

다각형의 정의는 '선분으로만 둘러싸인 도형'입니다. 그리고 [그림3]은 선분으로만 둘러싸인 도형입니다. 또한 변의 개수가 6개이므로 육각형이라고 할 수 있습니다.

3) 정답

$2-\frac{5}{3}=\frac{1}{3}$

해설

평행사변형 1개의 크기를 $\frac{2}{3}$라고 하면, 평행사변형을 반으로 나누었을 때 생기는 정삼각형의 크기는 $\frac{1}{3}$입니다. 왼쪽 모양은 평행사변형 3개, 즉 정삼각형 6개로 이루어져 있으므로 2라고 할 수 있습니다. 오른쪽 모양은 왼쪽 모양에서 $\frac{1}{3}$에 해당하는 정삼각형 하나가 없는 것이므로 $\frac{5}{3}$라고 할 수 있습니다. 따라서 식으로 나타내면 $2-\frac{5}{3}=\frac{1}{3}$이라고 할 수 있습니다.

한줄 조언

2번 소문항 같은 문제에서는 도형은 각 도형의 정의와 특성을 정확하게 외우는 것이 필요합니다. 도형에서는 수능형 제외 거의 90%의 문제가 도형의 정의를 사용한 문제를 제출하기 때문이죠!

2017-03 초등

정답과 해설

1) 정답

86

해설

규칙을 찾아보면, 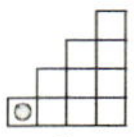 1 을 시작으로 가장 아래층부터 차례대로 채워가는 것을 알 수 있습니다. 이때 해당 숫자는 각 줄이 의미하는 숫자를 모두 더한 숫자가 됩니다. 예를 들면 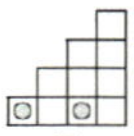 7 그림이 7인 이유는 첫 번째 동그라미가 나타내는 1과 세 번째 동그라미가 나타내는 6이 합쳐져서 7이 되는 것입니다. 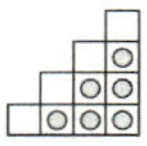 그림을 살펴보면 왼쪽에서 두 번째 줄에 하나만 있는 경우는 2, 세 번째 줄에 두 개가 쌓여있는 경우 6+6=12, 세 번째 줄에 세 개가 쌓여있는 경우 24+24+24=72입니다. 세 수를 모두 더하면 72+12+2=86입니다.

2) 정답

①:ⓐ, ○가 1개만 있는 수는 모두 4개이기 때문이다.

②:ⓓ, ○가 4개만 있는 수 중에서 가장 작은 수는 11이기 때문이다.

해설①

○가 1개만 있는 경우는 가장 아래줄에 있는 경우를 말합니다. 제시문에서 '세로줄은 ○를 맨 아래 칸부터 차례로 넣습니다.'라고 말한 것에서 힌트를 얻을 수 있습니다. 맨 아래줄에는 칸이 4개이므로 ○가 1개만 있는 수는 4개입니다.

해설②

○가 4개 있는 경우 중 가장 작은 수는 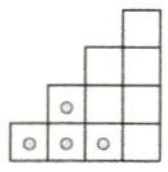 왼쪽 그림의 수가 됩니다. 이 수는 1+2+2+6=11입니다.

2016-01 초등

정답과 해설

1) 정답

ⓐ : **자릿값**
ⓑ : **위치적 기수법**

해설

1~2학년군 수와 연산 성취기준
① 네 자리 이하의 수
[2수01-01] 0과 100까지의 (　　　　)하고, 수를 세고 읽고 쓸 수 있다.
[2수01-02] 일, 십, 백, 천의 자릿값과 위치적 기수법을 이해하고, 네 자리 이하의 수를 읽고 쓸 수 있다.
[2수01-03] 네 자리 이하의 수의 범위에서 (　　　　　　　　　　　　　).
[2수01-04] 하나의 수를 두 수로 분해하고 두 수를 하나의 수로 합성하는 활동을 통하여 수 감각을 기른다.

★빈칸은 스스로 채워봅시다.

2) 정답

A를 1로 하면, B는 0.1이고 C는 0.01이므로 2.07은 2A+7C이고, 2.7은 2A+7B이므로 2.7이 2.07보다 더 크다.

해설

소수의 덧셈과 뺄셈

범자연수를 학습할 때 이용했던 수 모형은 소수, 소수의 표기법 등을 학습할 때 유용하게 이용될 수 있다. 다만 범자연수를 학습할 때 수 모형을 이용했던 방법과 달라서 학생들이 어려워할 수도 있다. 즉, 범자연수를 학습할 때에는 단위 정육면체가 1, 막대가 10, 정사각형 판이 100, 큰 정육면체가 1000을 나타내었지만 소수를 학습할 때에는 기준에 따라 나타내는 값이 다르기 때문에 학생들이 어려워할 수도 있다. 큰 정육면체를 1이라고 하면 단위 정육면체는 0.001이지만 정사각형 판을 1이라고 하면 단위 정육면체는 0.01이다.

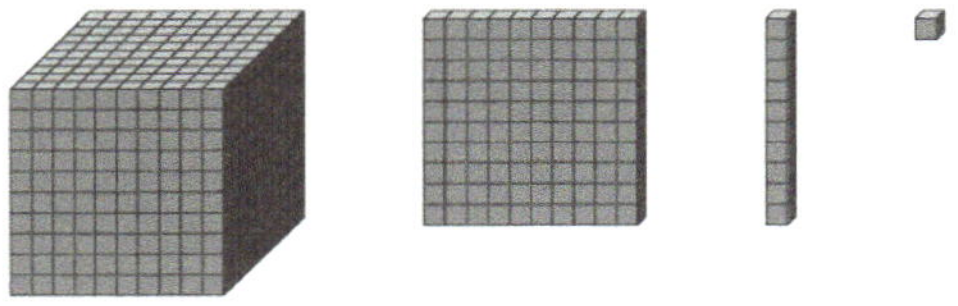

[수학 4-2 지도서 3. 소수의 덧셈과 뺄셈]

소수에서는 학생들이 자릿수 개념을 알지 못하면 자연수와 혼동하여 크기 비교, 연산 등에서 오개념이 발생할 수 있습니다. 이때 자연수의 자릿값을 지도할 때 사용했던 모델을 이용하면 자릿값을 지도할 수 있습니다. 모형 A는 정사각형 1000개, 모형 B는 100개, 모형C는 10개가 모여있는 것입니다. 즉 모형 A를 1로 보았을 때 B는 이것의 $\frac{1}{10}$ 만큼, C는 B의 $\frac{1}{10}$ 임을 알 수 있습니다. 따라서 B는 0.1, C는 0.01임을 알 수 있습니다. 2.07은 B가 0개, C는 7개이고 2.7은 B가 7개, C는 0개이므로 2.7이 더 크다는 것을 설명할 수 있습니다.

3) 정답

(소수)×(자연수)의 계산 원리는 동수누가의 개념을 도입하여 지도하고, (소수)×(소수)의 계산 원리는 소수를 분수로 고쳐서 분수의 곱셈 계산 원리를 적용해 지도한다.

해설

소수의 곱셈에서는 승수가 무엇인가에 따라서 원리를 지도하는 방법이 달라집니다. 승수가 자연수인 경우, 소수를 여러 번 더한다는 동수누가를 통해 지도하는 것이 학생들에게 직관적으로 지도하기 쉽습니다. 하지만 승수가 소수인 경우 '소수 개'는 불가능하기 때문에, 그림이나 모델을 이용하거나 소수를 분수로 고쳐서 원리를 지도해야 합니다. 특히 소수의 곱셈의 경우 학생들이 소수점을 찍는 것을 어려워하는데, 이는 분수로 고쳐서 계산한 후, 그 분수를 다시 소수로 고치는 과정에서 원리를 지도할 수 있어 분수로 고쳐서 계산하여 가르치는 것이 학생들에게 더 직관적이라고 볼 수 있겠습니다.

[수학 5-2 지도서 4. 소수의 곱셈]

한 줄 조언

'수와 연산' 영역의 경우 각 연산의 계산 원리를 지도하는 방법을 잘 숙지해야 합니다. 수험생들이 많이 헷갈려 하고 어려워하는 부분이니 자연수, 분수, 소수로 카테고리를 나누고 다시 그 안에서 덧셈, 뺄셈, 곱셈, 나눗셈 등으로 유목화해가면서 지도 방법을 공부하세요!

2016-02 초등 · 초특 공통

정답과 해설

1) 정답

실용적 가치

해설

실용적 가치
초등학교에서 접하는 셈하기, 덧셈과 뺄셈, 곱셈과 나눗셈, 측정과 가능성은 일상생활에서 수학이 널리 활용되는 영역이다. …(중략)… 수학은 자연과학, 공학, 사회 과학과 인문 과학에서 학문적 연구뿐만 아니라 실용적 측면에서도 수학적 지식과 수학적으로 사고하는 방식이 유용하게 사용되고 있다.

[수학 지도서 총론 3-1. 수학 교육의 필요성]

수학 지도서 총론에서는 수학의 가치, 즉 수학 교육의 필요성을 총 4가지로 정의하고 있습니다. 이중 해당 문제에 나온 '수학은 경제, 경영, 행정 등 여러 분야에서 쓰이고, 과학과 기술의 발달로 그 가치가 더욱 증대되고 있다.'라는 말에 가장 적합한 가치는 '실용적 가치'임을 알 수 있습니다.

2) 정답

㉠ : 60:21

㉡ : 응모자의 80%가 60명이므로 전체 응모자는 75명이고 정답자 60명의 10%에 해당하는 6명에게 선물을 증정하므로, 응모자에 대한 당첨자의 비율은 $\frac{6}{75}\left(=\frac{2}{25}\right)$이다.

해설

비율을 통해서 학생 수를 먼저 구한 후, 비를 구하는 문제입니다.

3월에 '매우 좋아한다'라고 답한 학생은 3월 총 대답한 학생 수인 210명 중 10%이므로 21명입니다. 9월에 '매우 좋아한다'라고 답한 학생은 총학생 200명 중 30%이므로 60명입니다. 3월 학생 수에 대한 9월의 학생 수이므로 60:21이 답이 됩니다.

응모자의 80%가 60명이라는 것을 통해 총 응모자의 수를 알 수 있습니다. $60 \times \frac{10}{8} = 75$(명)가 총 응모자입니다. 이때 정답자의 $\frac{1}{10}$에게 선물을 주었으므로 선물을 받은 사람은 6명입니다. 응모자는 75명, 당첨자는 6명으로 하여 비율을 구하면 됩니다.

3) 정답

㉢ : 막대그래프

㉣ : 꺾은선그래프

해설

초등학교급 '자료와 가능성' 영역에서 배우는 그래프는 그림그래프, 막대그래프, 꺾은선그래프, 원그래프, 띠그래프로 모두 5가지입니다. 이중 원그래프와 띠그래프는 비율 그래프에 해당합니다. 대화를 살펴보면 '우리 학교 학생들이 좋아하는 운동, 연예인, 간식 등을 조사하여 비교'한다고 하였습니다. 어떤 수량을 비교할 때 사용하기 편리한 그래프는 '막대그래프'이고, 환경의 변화 추이를 살펴보는 것에서 수량의 변화 정도를 나타내는 것이 용이한 그래프는 '꺾은선그래프'입니다.

[수학 4-1 지도서 5. 막대그래프 / 수학 4-2 지도서 5. 꺾은선그래프]

2016-03 초등

정답과 해설

1) 정답

㉠ : (모양이 다르지만) 밑변과 높이가 같은 여러 삼각형의 넓이 비교하기

해설

5 밑변의 길이와 높이가 각각 같은 삼각형의 넓이를 비교해 봅시다.

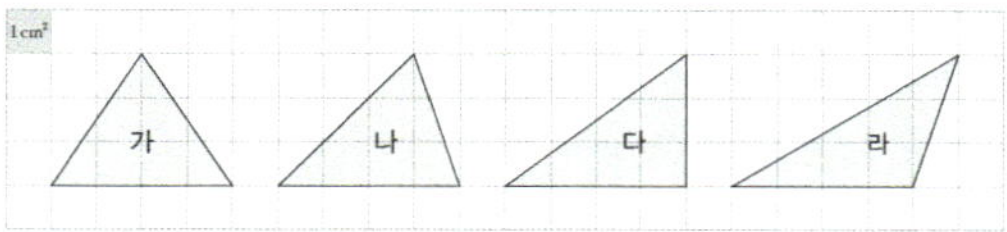

• 삼각형의 넓이를 구해 보세요.

삼각형	가	나	다	라
넓이(cm²)	6	6	6	6

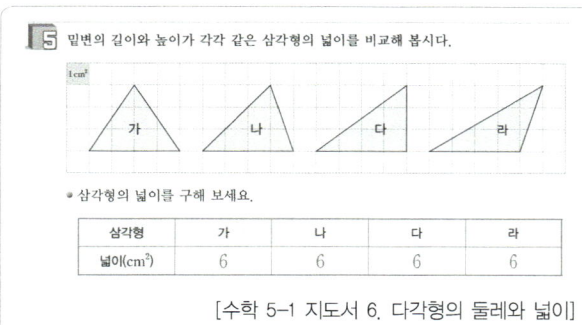

[수학 5-1 지도서 6. 다각형의 둘레와 넓이]

(나)의 수업 장면을 보면, ㉮, ㉯, ㉰ 삼각형 모두 밑변과 높이의 길이가 같은 것을 알 수 있습니다. 학생이 말한 '똑같은 수'는 세 삼각형의 넓이라는 것을 이를 통해 유추할 수 있습니다. 삼각형의 넓이는 (밑변)×(높이)라는 것을 학습한 후, 이 활동을 통하여 삼각형의 넓이 구하는 공식에 대한 이해를 더욱 심화할 수 있습니다.

2) 정답

ⓐ : $\frac{x}{2}\times\frac{y}{2}\times 2$

해설

x의 길이는 마름모의 두 대각선 중 가로의 길이, y는 세로의 길이를 나타냅니다. ⓐ의 식에 해당하는 마름모의 조작 활동을 살펴보면, 마름모의 네 귀퉁이를 접어 직사각형을 만듭니다. 이 직사각형의 넓이는 마름모 넓이의 절반과 같습니다. 따라서 마름모의 넓이는 (직사각형의 넓이)×2 라는 것을 알 수 있습니다. 이때 직사각형의 가로는 x의 길이의 절반, 세로의 길이는 y길이의 절반이 됩니다. 따라서 식을 세우면 $\frac{x}{2}\times\frac{y}{2}\times 2$가 됩니다.

3) 정답

6

해설

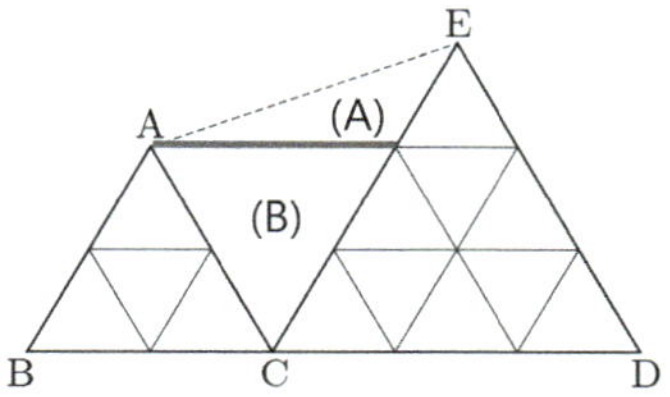

그림에 위와 같이 보조선을 그려주어 생긴 두 개의 삼각형을 (A)와 (B)라고 하면 쉽게 구할 수 있습니다. (B)의 크기는 삼각형 ABC와 같습니다. 따라서 (B)의 넓이는 $4cm^2$입니다. 삼각형 (A)의 넓이를 구하기 위해 추가적으로 보조선을 다음과 같이 그려줍니다.

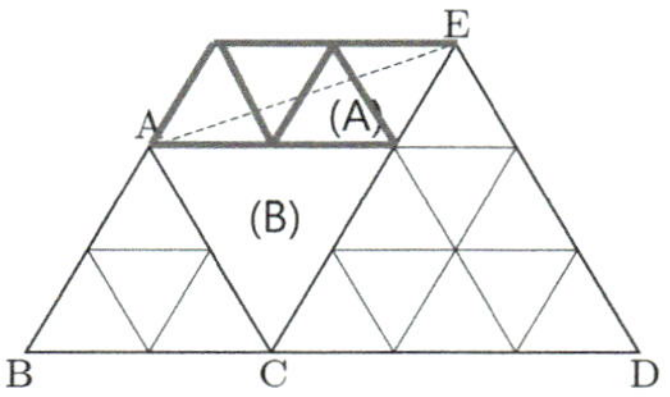

이때 (A)는 $1cm^2$ 삼각형 4개가 합쳐 만들어진 평행사변형의 절반입니다. 따라서 넓이는 $2cm^2$입니다. (A)+(B) = $4cm^2+2cm^2=6cm^2$입니다.

한줄 조언

지도서에 이 내용이 들어있다고 해서 그 많은 지도서를 하나하나 들여다보고 외우는 공부를 할 필요는 없습니다. 수학은 전체적인 흐름, 기본적인 원리 등 큰 범주에서 문제가 나오기 때문에 지문에 나온 내용만으로도 충분히 해결할 수 있습니다.

2015-01 초등

정답과 해설

1) 정답

도구적 이해

해설

도구적 이해
도구적 이해란 적당히 규칙을 기억하고 있으면서 그 규칙이 왜 그렇게 되느냐를 알지 못한 채 기억된 능력을 문제 해결에 적용하는 능력을 말한다.

[고상숙, 고호경, 강현희(2003), '실생활문제에서 분수의 개념적 이해']

㉠을 살펴보면 현재 학생은 '분모는 분모끼리, 분자는 분자끼리 곱하는 이유를 잘 모르겠다.'라고 수학 일기에 적었습니다. 이는 공식은 알고 있지만, 그 공식이 어떻게 만들어졌는지, 왜 그렇게 해야 하는지를 이해하지 못한 것입니다. 스켐프에 따르면 아동의 이해 상태는 크게 관계적 이해와 도구적 이해 두 가지로 나뉩니다. 관계적 이해는 공식이 어떻게 만들어졌는지 그 이유, 적용 방법까지 이해하는 것입니다. 반대로 도구적 이해는 공식, 규칙 등이 생성된 이유를 알지 못한 채 기계적으로 외운 것에 해당합니다. 이 중 학생 B의 상태는 도구적 이해의 상태라고 할 수 있습니다.

2) 정답

㉡: 영역 모델
㉢: 전체-부분의 의미(양, 등분할)

해설㉡

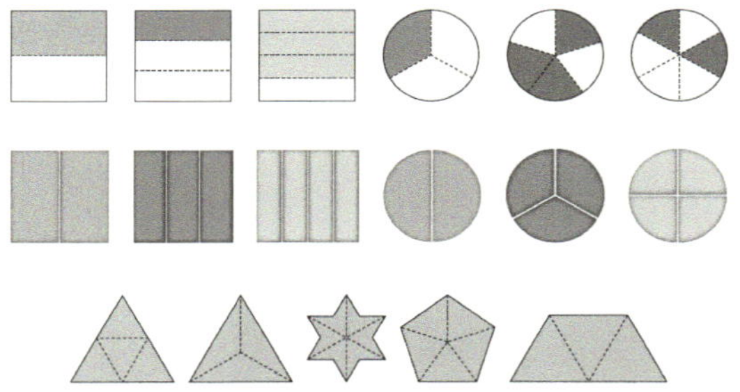

◉ 분수 지도 모델

분수 지도 모델은 영역 모델, 길이 모델, 집합 모델 등이 있는데 여기서는 이 단원에서 다루는 연속량과 관련된 영역 모델과 길이 모델에 대해 살펴본다.

| 영역 모델 |

영역 모델은 영역이 전체이고 부분은 크기와 모양이 동일한 것으로 이루어진 모델이다. 영역은 원, 직사각형, 정사각형, 삼각형 등 다양한 형태가 가능하다. 영역 모델을 다양하게 사용함으로써 학생들이 분수가 항상 특정한 모양의 부분이라고 생각하지 않도록 하는 것이 필요하다.

[수학 3-1 지도서 6. 분수와 소수]

교사 D는 '정사각형을 여러 부분으로 나누고'라고 하며 모델에 대한 설명을 하고 있습니다. 분수 지도 모델에는 영역 모델, 길이 모델, 집합 모델 총 3가지가 있으며, 그 중 교사 D가 설명하는 모델과 가장 유사한 것은 '영역 모델'입니다.

해설㉢

◉ 분수의 의미

분수 개념은 발생하는 상황에 따라 여러 가지 의미를 가지는데 여기서는 전체-부분, 연산자, 측정, 몫, 비로 구분하여 살펴본다. 또한 분수의 가장 핵심적인 특징이 비의 동치 관계라 할 때, 분수의 의미가 드러나는 각각의 상황에서 비의 동치 관계를 고려할 수 있도록 하는 것이 필요하다.

| 전체-부분의 의미 |

전체를 똑같이 나눈 것 중 일부분의 크기를 나타내는 것으로, 연속량의 경우 피자 한 판을 5등분했을 때 그중 하나를 $\frac{1}{5}$로 나타내거나 이산량의 경우 구슬 4개를 구슬 20개의 $\frac{1}{5}$로 나타내는 것이 이에 해당한다.

[수학 3-1 지도서 6. 분수와 소수]

다음으로 ㉢에 들어갈 분수의 의미를 살펴보면, 분수의 의미에는 총 5가지가 있습니다. 전체-부분, 연산자, 측정, 몫, 비의 의미가 그것입니다. 현재 학생 A는 여우가 나누어준 떡을 분수로 표현할 때, 처음 있었던 떡과 여우가 먹고 남은 떡을 각각 같은 전체라고 파악하고 있습니다. 즉 전체에 대한 개념을 잘 이해하지 못한 것으로, 이 때문에 동물들이 먹은 떡의 양이 $\frac{1}{4}$개라고 생각하는 것입니다. 이는 분수의 의미 중 전체-부분으로서의 분수를 이해하지 못해 전체의 개념을 헷갈리고 있는 것이라고 볼 수 있습니다. 따라서 정답은 전체-부분, 또는 등분할로서의 분수라고 할 수 있습니다.

3) 정답

여우가 처음에 가지고 있던 떡을 단위(기준량) 4cm로 본다면 여우가 먹은 떡의 양은 단위(기준량)의 $\frac{1}{2}$인 2cm가 되고, 남은 떡은 2cm가 된다. 나머지 동물이 먹은 떡의 양은 남은 $\frac{1}{2}$개의 떡 2cm를 단위(기준량)로 보았을 때 그중 $\frac{1}{3}$이므로 $\frac{1}{6}$이 된다. 따라서 같은 양이 아닌 서로 다른 양을 먹었다.

해설

'퀴즈네어 막대'와 '여우가 먹은 떡의 양'을 사용하여 여우와 다른 동물들이 먹은 떡의 양이 다른 이유를 설명하는 문제입니다. 단위(기준량)를 해당 문제에 제시된 4cm로 설정하여 여우가 먹은 떡의 양과 다른 동물들이 먹은 떡의 양을 분수로 표현하여 다르다는 것을 설명하면 됩니다.

2015-02 초등

정답과 해설

1) 정답

여러 가지 각도를 어림하고 직접 재어 보는 활동을 통해 각도에 대한 양감을 기른다.

해설

2009 개정 교육과정 내용으로 해설이 없습니다.

2) 정답

㉡ : 추상화 ㉢ : 이상화

해설

추상화
추상화는 수학적 지식의 특성 중 가장 대표적인 것으로 수학적 지식의 형성 과정에서 어떤 구체물들의 집합에서 이질적인 요소들은 제거하고 동질적인 요소만을 추출하는 과정을 말한다.

이상화
이상화는 어떤 사물이나 현상에서 그 사물 자체가 지닌 현실적인 제약을 무시하고 사고하려는 개념에 맞추어 사물의 속성을 규정하는 과정을 말한다.

[수학 지도서 총론 3-2. 수학적 지식의 특성 및 수학적 사고의 방법]

㉡의 '공통적인 속성을 뽑아'라는 말은 이질적인 요소를 제거하고 동질적인 요소를 추출하여 개념을 형성하는 추상화를 의미합니다. ㉢ '완전한 삼각형은 눈으로 보거나 만질 수 있는 것이 아니라 관념의 세계에서만 존재'라는 말에서 현실적인 제약을 무시하는 이상화를 설명함을 알 수 있습니다.

3) 정답

한 꼭짓점에서 출발한 연필이 다른 꼭짓점을 지나 마지막 꼭짓점에 이르기까지 삼각형의 세 각의 크기만큼 회전하였고, 연필의 방향이 정반대가 되므로 180°만큼 돌았다.

해설

삼각형의 세 각의 크기의 합을 구하는 것은 다양한 방법으로 지도할 수 있습니다.

[수학 4-1 지도서 2. 각도]

그림과 같이 한 꼭짓점에서 출발한 연필이 다른 꼭짓점을 거쳐 마지막 꼭짓점에 이르기까지 삼각형의 세 각의 크기만큼 회전하였고, 연필의 방향이 정반대가 되므로(즉, 180° 회전하였음) 삼각형의 세 각의 크기의 합이 180°임을 확인할 수 있습니다.

한줄 조언

2번 소문항처럼 수학은 지도서 총론에 나와 있는 내용도 자주 출제가 됩니다. 따라서 총론에 있는 내용도 꼼꼼히 숙지해주세요!

2015-02 초등 유사

정답과 해설

1) 정답

양감

해설

3~4학년군 측정 교수 · 학습 방법 및 유의 사항
• 실제로 재거나 어림하는 측정 활동을 통하여 시간, 길이, 들이 무게, 각도에 대한 양감을 기르게 한다.

측정 영역에서는 무게, 각도 등의 성질을 단위와 함께 나타내었을 때 그것이 어느 정도인지를 학생들이 가늠할 수 있도록 하는 것이 필요합니다. 즉, '양감'을 기르는 것입니다.

2) 정답

메타 인지 이동

해설

◉ **메타 인지 이동**

진정한 수학적 지식을 가르치기 어려운 경우에 교수학적 고안물이나 발견적 수단 자체를 지도의 목적으로 삼기 쉽다. 곧 학생들을 위한 지식을 지도하기 위한 수단이 지도목적이 되는 것이다. 그 결과 교사의 교수학적인 노력의 초점이 수학적 지식 그 자체로부터 그가 고안한 교수학적 수단으로 이동된다.

[박지용(2002), '수학 수업에서 교사에 의한 교수학적 변환 연구']

수학에는 여러 가지 지식이 있으며, 그 지식들은 수학자들에 의해서 연구되고 탄생됩니다. 하지만 이 지식들을 학생들이 학습하는 것은 발달 수준에 맞지 않는 경우가 대부분이기 때문에, 학생들의 수준에 맞게 재탄생되어야 합니다. 브루소는 이것을 '교수학적 변환'이라고 하였습니다. 이런 변화 과정에서 변환이 너무 극단적으로 치우치게 되는 경우를 극단적 교수학습 변환이라고 하며, 4가지의 유형이 있습니다. 제시문에서는 학생들이 지식을 습득하기 위해 교수학적 고안물인 '부채 갓대'를 이용하고 있습니다. 하지만 지식에는 관심을 가지지 않고 이 지식을 변환하는 수단인 갓대, 즉 교수학적 수단에만 집중하는 것을 볼 수 있습니다. 이는 4가지 유형 중 '메타 인지 이동'에 해당합니다.

3) 정답

사각형은 삼각형 2개로 이루어져 있으므로, 사각형 모형을 삼각형 2개로 나눕니다. 이때 사각형을 이루는 삼각형 2개의 내각의 크기의 합은 사각형의 내각의 크기의 합과 같습니다. 따라서 $180^\circ + 180^\circ = 360^\circ$와 같은 방법으로 사각형의 내각의 크기의 합을 구할 수 있습니다.

해설

사각형을 삼각형 2개로 나누어 사각형의 네 각의 크기의 합 구하기

• 사각형을 삼각형 2개로 나누어 보세요.
  – (2가지 방법으로 사각형을 삼각형 2개로 나눌 수 있다.)
• 삼각형의 세 각의 크기의 합을 이용하여 사각형의 네 각의 크기의 합을 구해 보세요.
  – 사각형은 삼각형 2개로 나눌 수 있으므로 네 각의 크기의 합은 $180^\circ \times 2 = 360^\circ$입니다.
• 이 활동을 통해 알게 된 것을 설명해 보세요.
  – 모든 사각형의 네 각의 크기의 합은 360°입니다.

[수학 4-1 지도서 2. 각도]

사각형을 나누면 삼각형 2개로 나눌 수 있습니다. 앞서 삼각형의 내각의 크기의 합을 학습하였기 때문에 이를 활용하여 사각형의 내각의 크기의 합을 구할 수 있습니다. 삼각형 4개로 나누어서 내각의 크기를 구하는 방법도 논리적으로 설명한다면 정답이 될 수 있습니다.

2015-03 초등

정답과 해설

1) 정답

ⓐ : 5 (가지)
ⓑ : $x+y=10$

해설

ⓐ에서는 1에서부터 9까지의 숫자의 배수를 차례대로 나열하여 규칙을 찾아야 합니다.

▶ 1의 배수

1	2	3	4	5	6	7	8	9	10

▶2의 배수

2	4	6	8	10	12	14	16	18	20

▶3의 배수

3	6	9	12	15	18	21	24	27	30

▶4의 배수

4	8	12	16	20	24	28	32	36	40

▶5의 배수

5	10	15	20	25	30	35	40	45	50

▶6의 배수

6	12	18	24	30	36	42	48	54	60

▶7의 배수

7	14	21	28	35	42	49	56	63	70

▶8의 배수

8	16	24	32	40	48	56	64	72	80

▶9의 배수

9	18	27	36	45	54	63	72	81	90

각각 나온 배수에서 일의 자리 숫자를 정리하면 다음과 같습니다.

▶1: 1, 2, 3, 4, 5, 6, 7, 8, 9, 0
▶2: 2, 4, 6, 8, 0
▶3: 3, 6, 9, 2, 5, 8, 1, 4, 7, 0
▶4: 4, 8, 2, 6, 0
▶5: 5, 0
▶6: 6, 2, 8, 4, 0
▶7: 7, 4, 1, 8, 5, 2, 9, 6, 3, 0
▶8: 8, 6, 4, 2, 0
▶9: 9, 8, 7, 6, 5, 4, 3, 2, 1, 0

이때 일의 자리 숫자가 같고, 그 순서도 같으면 나오게 되는 그림도 같아집니다. 즉 1의 배수와 9의 배수의 그림이 같고, 2의 배수와 8의 배수의 그림이 같습니다. 이렇게 짝을 지으면 같은 그림은 총 5개가 됩니다.

이때 모양이 같은 그림을 살펴보면 1의 배수와 9의 배수, 2의 배수와 8의 배수, 3의 배수와 7의 배수 등으로 나오고, 이 식을 x, y로 나타내었을 때 $x+y=10$ 임을 알 수 있습니다.

2) 정답

확산적 사고

해설

2009 개정 교육과정으로 해설이 없습니다.

유2) 정답

연결 역량

해설

2022 개정 수학과 교육과정 교수·학습 방법
④ 다음과 같은 교수·학습 방법을 통해 연결 역량을 함양하게 한다. ㉠ 영역이나 학년(군) 내용 간에 관련된 수학의 개념, 원리, 법칙 등을 유기적으로 연계하여 새로운 지식을 생성하면서 창의성을 기르게 한다. ㉡ 수학과 실생활, 사회 및 자연 현상, 타 교과의 내용을 연계하는 과제를 활용하여 수학의 유용성을 인식하게 한다.

3) 정답

75 (개)

해설

2	2	4	8	16	32	64	
일의 자리 숫자	2	4	8	6	2	4	…

3	3	9	27	81	243	
일의 자리 숫자	3	9	7	1	3	…

4	4	16	64	256	
일의 자리 숫자	4	6	4	6	…

위의 일의 자리 숫자의 조합에서 다 더하였을 때 일의 자리가 0이 되는 숫자는 다음과 같습니다.

1+2+3+4 = 10 (n=1)
1+4+9+6 = 20 (n=2)
1+8+7+4 = 20 (n=3)

n이 4가 될 때마다 일의 자리 숫자가 반복되므로 조건을 충족하는 n의 값은 1~100의 수 중에서 4의 배수를 제외한 수와 같습니다. 따라서 4의 배수를 제외하면 75개가 됩니다.

2014-01 초등

정답과 해설

1) 정답

길이가 얼마나 차이가 나는지 정확히 알 수 없다. / 옮길 수 없는 물건은 비교하기 힘들다. (중 택 1)

해설

• 높이를 어떻게 비교하였나요?
 – 눈높이를 탑에 맞추어 비교했습니다.
 – 눈으로 대략 둘러보면 알 수 있습니다.
• 비교하기 어려운 경우는 어떤 경우인가요?
 – 멀리 떨어져 있는 경우입니다.
 – 차이가 적게 나는 경우입니다.

[수학 1–1 지도서 4. 비교하기]

직접 비교는 두 물건을 맞대어 비교하는 것이기 때문에 옮길 수 있어야 합니다. 또한 길고 짧음을 비교할 수는 있지만 얼마나 더 길고 짧은지는 알 수 없습니다.

2) 정답

임금님이 벗어놓은 옷의 소매

해설

◉ **직관적 비교, 직접 비교, 간접 비교**

연필과 크레파스 중 어느 것이 더 긴지를 판단할 때 관찰하는 것만으로도 시각적으로 길이를 비교할 수 있는 경우는 직관적 비교에 해당한다. 그러나 길이가 엇비슷하거나 확실한 판단이 필요할 때 두 대상을 맞대어 보면 어느 것의 길이가 더 긴지 쉽게 알 수 있고, 이렇게 직접 맞대어 보고 대소 관계를 정하는 것은 직접 비교에 해당한다. 한편 멀리 떨어져 있어 직접 비교가 불가능한 경우에는 매개적 역할의 사물, 즉 끈이나 막대와 같은 것을 이용하여 길이를 비교할 수 있고, 이를 간접 비교라 한다.

[수학 1–1 지도서 3. 비교하기]

현재 재단사가 자신이 만든 옷의 소매와 비교하려는 대상은 '임금님의 팔'입니다. 하지만 임금님의 팔에 직접 대어볼 수 없으므로 '임금님이 벗어놓은 옷의 소매'를 이용하여 자신이 만든 소매의 길이가 적절한지 간접적으로 비교할 수 있습니다. 따라서 매개물은 '임금님이 벗어 놓은 옷의 소매'입니다.

한줄 조언

1번 소문항은 '직접 비교'의 뜻을 알면 쉽게 그 답을 찾을 수 있습니다. 지도서에 직접적으로 답이 나와 있는 것은 아니지만, 직접 비교가 서로 맞대어 비교한다는 것을 생각하여 답을 적으면 됩니다.
2번 소문항에서 간접 비교에서 가장 중요한 것은 '매개물'입니다. 매개물은 비교하는 두 대상에서 기준이 되는 물건을 말해요! 이런 문제는 함정에 빠지지 않는 것이 중요해요. 자칫 잘못하면 '임금님의 팔'을 매개물로 생각할 수 있기 때문이죠!

2014-02 초등

정답과 해설

1) 정답

앞, 옆, 위에서 본 모양의 넓이를 더해서 2를 곱해요.

해설

베르트하이머(Wertheimer, M.)에 따르면 '통찰'이란 생산적 사고에 의해 직관적으로 문제 해결 방법을 발견하는 것을 말합니다. ㉠에서는 학생이 쌓기나무의 위, 앞, 옆에서 본 모습을 그려서 구할 수 있음을 직관적으로 파악하여 생산적 사고를 하였습니다. 쌓기나무에서 위, 앞, 옆에서 본 모습은 같은 모습이 각각 2개씩 나오므로, 이를 바탕으로 ㉡의 답을 추론할 수 있습니다.

2) 정답

$\{(1+3+\cdots+17+19)+(1+3+\cdots+17+19)$
$+(19+19-1)\}\times2=(100+100+37)\times2=474$

해설

학생의 대답을 토대로 식을 세우면 됩니다. 앞면의 넓이에 해당하는 식은 1부터 19까지 홀수의 합이고, 옆면 또한 마찬가지인 것을 알 수 있습니다. 윗면의 넓이에 해당하는 식은 19개의 쌓기나무가 두 줄 있고, 정중앙의 쌓기나무가 겹치므로 1을 빼줍니다. 마지막으로 위, 앞, 옆면이 각각 2개씩 있으므로 2를 곱해주면 총 겉넓이를 알 수 있습니다.

3) 정답

㉣의 식: $(7\times6)\div2$
㉤의 답: 11명

해설

㉣은 모든 반이 자기 반을 제외한 다른 반과 한 번씩 경기를 해야 하므로 한 반은 6번의 경기를 하게 됩니다. 총 7반이므로 7×6번의 경기를 해야 합니다. 이때 각각의 반의 경기 수가 한 번씩 겹치므로 2로 나눠줘야 합니다. 따라서 식은 $(7\times6)\div2$이 됩니다.

㉤은 위에서 세운 식을 사용하여 구하면 쉽게 답을 구할 수 있습니다. 참석한 사람의 수를 미지수 χ라 하면 $\chi\times(\chi-1)\div2=55$라는 식을 세울 수 있습니다. 이를 바탕으로 미지수 χ의 값을 구하면 11명이라는 것을 알 수 있습니다.

4) 정답

① 유의점 : 수학적 창의력의 신장이 이루어지도록 수학적 문제 해결력, 추론 능력, 의사소통 능력을 강조한다.
구현 사례 : 가장 좋은 문제 해결 방법이라고 생각하는 방법으로 풀어보게 함. / 해결 방법을 추론하게 한 후 그것을 강조함.
② 유의점 : 하나의 수학 문제를 여러 가지 방법으로 해결한 후 그 해결 방법을 비교해 보고, 더 높은 차원으로 확장해서 사고할 수 있게 한다.
구현 사례 : 학생들이 같은 문제를 여러 가지 방법으로 풀어 본 후 자신의 풀이를 발표하여 비교하게 함.

유4) 정답

영역이나 학년(군) 내용 간에 관련된 수학의 개념, 원리, 법칙 등을 유기적으로 연계하여 새로운 지식을 생성하면서 창의성을 기르게 한다.

해설

2022 개정 수학과 교육과정 교수·학습 방법
④ 다음과 같은 교수·학습 방법을 통해 연결 역량을 함양하게 한다. ㉠ 영역이나 학년(군) 내용 간에 관련된 수학의 개념, 원리, 법칙 등을 유기적으로 연계하여 새로운 지식을 생성하면서 창의성을 기르게 한다. ㉡ 수학과 실생활, 사회 및 자연 현상, 타 교과의 내용을 연계하는 과제를 활용하여 수학의 유용성을 인식하게 한다.

한 줄 조언

교과교육론의 내용은 대부분 단독으로 나오지 않고, 이렇게 각론 내용과 접목되어 응용 문제로 나옵니다. 때문에 교과교육론은 단순 암기가 아닌, 깊은 이해가 필요합니다. 생산적 사고는 '구조'를 파악한 것이라고 볼 수 있고 이를 바탕으로 학생의 말을 추론하면 됩니다.

수능형 문제는 위와 같이 단순 계산형 문제가 나오기도 합니다. 만약 규칙을 찾지 못하겠으면 과감하게 넘기고 다른 문제를 해결한 후 시도해보세요! 의외로 머리를 비운 후 다시 접근하면 쉽게 해결할 수 있답니다.

소문항 4번의 경우 최근 임용고사 경향에서는 이렇게 교수 · 학습 방법을 통으로 암기하는 문제는 잘 나오지 않습니다. 하지만 과거에 이와 같은 문제가 나왔다는 것은 언제든지 비슷한 문제가 다시 나올 수 있다는 것이기 때문에, 수학에서 교수 · 학습 방법은 빈칸을 뚫어 꼼꼼히 암기하시는 것을 추천합니다.

2014-03 초등

정답과 해설

1) 정답

나눗셈과 곱셈은 서로 역연산 관계이므로 $\square\times\frac{4}{5}=\frac{3}{7}$이고 $\square=\frac{3}{7}\times\frac{5}{4}$와 같아.

해설

- 곱셈과 나눗셈의 관계를 말해 보세요.
  - 곱셈과 나눗셈은 서로 반대입니다.
- 귤이 몇 개인가요? 귤의 수를 곱셈식으로 나타내고, 곱셈식을 나눗셈식으로 나타낼 때 □ 안에 알맞은 수를 써넣으세요.
  - 귤의 수는 20개입니다. 곱셈식으로 나타내면 5×4=20(또는 4×5=20)입니다. 이것을 나눗셈식으로 20÷5=4, 20÷4=5와 같이 나타낼 수 있습니다.
- 곱셈과 나눗셈의 관계를 말해 보세요.
  - 곱셈과 나눗셈은 서로 반대입니다.

[수학 3-1 지도서 3. 나눗셈]

□는 몫에 해당합니다. 곱셈과 나눗셈의 관계는 역연산 관계로, 나눗셈식에서 제수에 해당하는 $\frac{4}{5}$는 곱셈식에서 승수로 나타낼 수 있습니다. 그리고 양변을 $\frac{4}{5}$로 나누어주면 $\square=\frac{3}{7}\times\frac{5}{4}$의 식이 나옵니다.

2) 정답

㉢의 이유 : 나누는 수가 분수이기 때문에 분수로 똑같이 나눈다는 개념으로 생각할 수 없다.

㉣의 이유 : 제수가 피제수보다 더 크기 때문에 동수누감의 원리를 적용할 수 없다.

해설

등분제는 몇 개로 똑같이 나누는 경우가 자연스럽습니다. 분수 개만큼을 똑같이 나누는 것은 자연스럽지 않으므로 제수가 분수인 경우에는 등분제가 적합하지 않습니다.

[수학 6-2 지도서 1. 분수의 나눗셈]

포함제 상황을 동수누감으로 연결짓는 활동은 나눗셈의 개념과 절차를 동시에 고려한다는 측면에서 매우 중요하다. 예를 들어 26÷3=□는 다음과 같이 세로 계산으로 해결할 수 있는데 이 식에서 26에서 24를 빼야 하는 이유는 동수누감 절차로 설명할 수 있다.

```
      8
3 ) 2 6
    2 4
      2 ← (26−24)
```

이 단원에서는 동수누감의 의미와 중요성을 부각하려고 포함제 상황을 동수누감의 의미로 접근하여 나눗셈의 개념을 이해하도록 구성하였다.

등분제와 마찬가지로 주어진 상황에서 피제수, 제수를 구별하는 것과 몫이 무엇을 의미하는지를 인식하도록 한다. 이를 위해 (과자 8개)÷(한 명당 2개)=(4명) ⇨ 8÷2=4와 같이 수와 양의 단위를 함께 쓰는 비형식적 나눗셈식에서 수로만 쓰는 형식적 나눗셈으로 표현하도록 지도할 필요가 있다.

[수학 3-1 지도서 3. 나눗셈]

포함제는 '동수누감'의 의미로, 일정한 크기만큼 빼는 것을 뜻합니다. 즉 피제수의 크기가 제수의 크기보다 커야 합니다.

한줄 조언

나눗셈은 수와 연산 영역에서 학생들이 이해하기 어려워하는 경향이 많습니다. 따라서 단순히 암기뿐만 아니라 꼼꼼히 이해하는 것이 중요합니다.

2013-01 초등

정답과 해설

1) 정답

귀납적 추론을 통해 추측한 공통 규칙과 성질을 수학적 식 또는 간결한 용어로 표현한다. / 학생 스스로 사선 그림에서 교차점의 수와 곱의 관계를 유추, 귀납 등을 통해 추측하게 하고, 수학적 식으로 표현하게 한다.

해설

◉ 귀납 추론 학습 모형

단계	활동
사례 수집 및 관찰 · 실험	- 문제의 조건에 맞는 사례 수집하기 - 수집한 사례를 관찰하고 실험하고 조직적으로 다루기
추측하기	- 사례의 공통 규칙과 성질을 발견하고 추측하기 - 추측한 공통 규칙과 성질을 수학적 식이나 간결한 용어로 표현하기
추측의 검증	- 다른 사례로 추측을 확인하고 검증하기 - 추측에 맞지 않을 것 같은 반례 찾아보기 - 반례를 찾았을 경우, 추측을 수정하거나 관찰 · 실험 단계로 돌아가기
일반화 및 정당화	- 반례가 없을 경우, 추측을 일반화하여 수학적 성질이나 공식으로 형식화하기 - 추측이 옳음을 언어적으로 정당화하기(초등학교 수준에서는 언어적 정당화가 가능하지 않으므로 생략 가능)

[수학 지도서 총론 4-1. 초등학교 수학 수업 모형]

초등학교 수학 교육과정 교수 · 학습 방법에 명시된 추론 능력은 귀납 추론, 유비 추론이 있습니다. 문제에서 말하는 교수 학습방법에 제시된 추론 능력은 제시문의 내용을 읽어보면 '귀납 추론' 능력임을 알 수 있습니다. 초등학교 수학 수업 모형 중 해당 추론과 관련된 모형은 '귀납 추론 학습 모형이고, 따라서 해당 모형의 학습 활동에 해당하는 내용이 정답이 됩니다. '추측하기' 단계에서는 사례의 공통 규칙과 성질을 발견하고 추측하기와 추측한 공통 규칙과 성질을 수학적 식, 간결한 용어로 표현하는 활동을 합니다. 여기에 수업 내용과 관련된 내용을 적용하여 적어도 정답이 될 수 있습니다.

2) 정답

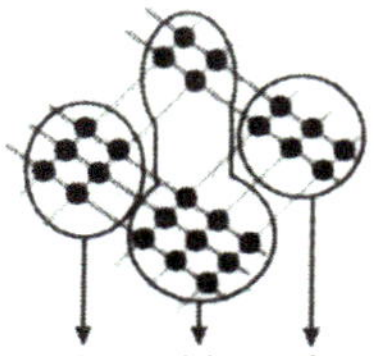

해설

본 문제는 다양한 곱셈 기법 중 하나인 '선긋기 곱셈법'을 사용하여 곱셈을 해결하는 문제입니다. 본문에 나와 있는 방법을 토대로 해결하면 다음과 같습니다. 왼쪽 아래에서부터 3개의 선과 2개의 선으로 32를 나타내고, 왼쪽 위에서부터 2개의 선과 3개의 선으로 23을 나타냅니다. 겹쳐진 부분은 최종값의 자릿값의 수를 나타냅니다. 이를 토대로 답을 도출하면 '736'이 됩니다.

한줄 조언

1번 소문항은 언뜻 보기에는 2007 개정 교육과정과 관련된 문제 같지만, 2015 개정 교육과정에서 강조하고 있는 추론 능력 또한 귀납, 유추이기 때문에 충분히 해결할 수 있습니다. '교수 · 학습 방법에 제시된 추론 능력과 관련지어'라고 명시되어 있기 때문에 반드시 해당 추론 능력이 들어가야 답으로 인정될 수 있을 것입니다. 이 키워드를 바탕으로 문제에서 제시된 '귀납 추론 학습 모형'을 활용하여 문제를 해결하면 됩니다.

최근 임용시험의 수학 문제는 50% 이상이 수능형으로 출제됩니다. 수능형 문제는 지도서나 교재를 공부한다고 해결되는 게 아니에요! 수능형 문제는 대부분 '규칙성' 영역에서 출제되기 때문에 규칙을 찾는 것이 중요합니다. 그리고 그 규칙은 지문 안에 힌트가 숨어 있답니다. 위와 같은 문제도 선 긋기 곱셈법을 어떻게 하는지에 대한 내용이 지문 안에 숨어 있죠! 지문을 꼼꼼히 살피면 간단하게 문제를 해결할 수 있답니다!

2013-02 초등

정답과 해설

1) 정답

㉠ 수준: 분석
이유: 관찰과 실험을 통하여 주어진 도형의 구성 요소나 성질을 분석할 수 있기 때문이다.

㉡ 수준: 관계
이유: 한 도형 또는 다른 도형 사이에 존재하는 성질들의 논리적인 관계를 파악할 수 있기 때문이다.

해설

반 힐레(van Hieles) 이론의 기하학 사고 수준
제 2수준 : 기술적 분석적 수준 관찰과 실험을 통하여 주어진 도형의 구성 요소들 사이의 관계를 분별하기 시작한다. 또 이러한 성질을 통하여 도형을 분류하게 된다. 도형의 성질들이 경험에 의하여 파악되기는 하지만 형식적으로 정의되지 않으며 이러한 성질들은 다른 도형의 성질에 대한 인식으로부터 얻어지게 된다. 그러나 정확한 정의를 이해하지 못하기 때문에 다른 도형과의 연관성을 갖지 못한다. 제 3수준 : 추상적 관계적 수준 비형식적 추론 수준에 있는 학생들은 도형에서 존재하는 성질들과 그들과의 관계와 도형들 사이의 관계를 알게 된다. 즉, 학생들은 도형의 성질에 의하여 조형을 분류하는 논리적 배열을 할 수 있게 된다. 이때 도형의 포함 관계와 수학적 정의가 이해 될 수 있으며 간단한 형식적 증명이 가능하고 다른 사람의 증명 과정을 이해할 수 있다.

[강신포, 양규모(2002), 'van Hieles 이론에 근거한 도형학습 수준 분석과 자료 개발에 관한 연구']

㉠의 아동은 도형을 만들어 보며 여러 가지 사례를 접합니다. 그리고 귀납적 추론을 통해 도형의 성질을 발견합니다. 이는 반 힐에 따르면 제 1수준인 분석적 수준입니다. ㉡의 아동은 도형에 존재하는 성질을 논리적으로 추론하여 규칙을 발견해내고 있습니다. 이는 반 힐에 따르면 제2수준, 관계적 수준입니다.

2) 정답

도형	둘레의 길이
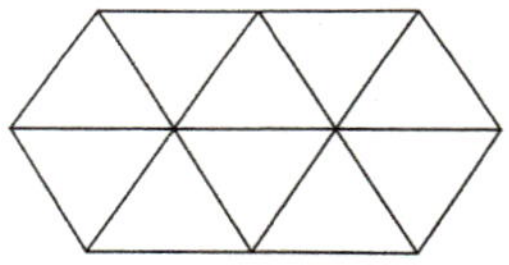	8

해설

둘레의 길이가 최소가 되기 위해서는 각각의 삼각형의 변이 최대한 겹쳐져 개수가 최소가 되도록 하면 됩니다. 이러한 방식으로 삼각형 10개를 붙이면 위에 5개, 아래 5개의 삼각형이 있는 육각형의 도형이 완성되고, 이 도형의 변의 길이는 8인 것을 알 수 있습니다.

한줄 조언

'반 힐'의 기하학적 사고 수준 이론은 임용고사 수학에서 단골로 출제되는 주제입니다. 특히 초등학생 수준에 해당하는 분석적 수준과 비형식적 연역 수준은 각 수준의 특징을 잘 알아놓으셔야 해요! 각 특징에 해당하는 예시를 고민해서 알아두시는 것도 좋을 것 같습니다.

2013-03 초등

정답과 해설

1) 정답

㉠은 뺄셈 방식을 사용한 절대적 비교(두 수의 양을 단순히 비교)이고, ㉡은 나눗셈 방식을 사용한 상대적 비교(두 양이 비율에 따라 함께 변하는 관계를 나타내는 방법)이다.

해설

- 상대적 비교와 절대적 비교 사이의 차이점을 명확하게 이해하도록 지도한다.
- 일상생활에서 상대적 비교를 하는 경우와 절대적 비교를 하는 경우를 예를 들어 제시함으로써 두 비교 방법의 차이에 대한 학생의 이해를 도울 수 있다.
  예 두 사람의 나이 차이를 비교하는 경우(절대적 비교), 1000원짜리 물건은 500원짜리 물건에 비해 가격이 몇 배인지 비교하는 경우(상대적 비교)

[수학 6-1 지도서 4. 비와 비율]

두 양의 크기를 비교하는 방법에는 뺄셈을 이용하는 절대적 비교와 나눗셈을 이용하는 상대적 비교의 두 가지 방법이 있습니다. 민지는 뺄셈을 통해 절대적 비교를 하고 있고, 영수는 나눗셈을 통해 상대적 비교를 하고 있습니다.

2) 정답

㉢ : 비의 전항과 후항에 0이 아닌 같은 수를 곱하거나 0이 아닌 같은 수로 나누어도 비의 값(비율)은 같다.
㉣ : 비례식의 성질

해설

비의 전항과 후항을 0이 아닌 같은 수로 나누어도 비율은 같습니다.

비례식에서 외항의 곱과 내항의 곱은 같습니다.

$$\overbrace{2 : \underbrace{5 = 8}_{5\times8} : 20}^{2\times20}$$

[수학 6-2 지도서 4. 비례식과 비례배분]

㉢은 비의 성질을 진술하면 됩니다. ㉣은 비례식의 성질에 대한 설명이므로, 정답은 '비례식의 성질'이 됩니다

한줄 조언

'비와 비율' 단원에서 가장 기본이 되는 비교 방식입니다. 기본적인 내용이기 때문에 이런 종류의 문제는 맞히셔야 어려운 문제가 나왔을 때도 타격이 없어요! 특히 이 문제의 경우 '뺄셈', '절대적 비교', '나눗셈', '상대적 비교'가 모두 키워드가 되기 때문에 되도록 이런 키워드를 빠뜨리지 않고 적어주는 것이 중요합니다. 2번 소문항의 내용도 마찬가지로 비와 비례식을 공부했다면 기본적으로 알게 되는 내용입니다. 교과서에 나와 있는 내용을 정확하게 적어주면 좋겠죠?

빠른 < 미술 > 정답표

백문이 불여일견 설명이 친절한 기출

2023학년도 기출	
1	다양한 감각
2	① 규칙 찾아보기 ② 보는 방향에 따라 형태가 달라진다.
3	① 비례 ② 사물을 낯선 장소에 배치함으로써 충격적인 효과를 주어 시각적 사고를 창의적으로 만들어준다.

2022학년도 기출	
1	① 색상 대비 ② 두 보라색 새 중 파란색 배경에 그려진 보라색 새가 더 붉게 보입니다.
2	① 명도와 채도가 높고, 난색일수록 주목성이 높다. ② 명도 차, 색상 차, 채도 차가 클수록 명시성이 높아진다.
3	귀납적 사고법

2021학년도 기출	
1	힘을 가하여 원하는 형태를 만들 수 있음, 힘을 가하지 않아도 만들어진 형태를 유지함.
2	감상 태도
3	㉣: 신체의 세부 부분을 만들고 접합하여 전체를 만든다. (종합적 방법) ㉤: 전체 형태를 만든 뒤 세부 모양을 만든다. (분석적 방법)

2020학년도 기출	
1	미디어 파사드
2	구륵법은 윤곽선을 그리지만, 몰골법은 윤곽선을 그리지 않는다.
3	다른 교과
4	연구 보고서법

2019학년도 기출	
1	㉠: 이미지와 의미, ㉢: 포트폴리오(법)
2	ⓑ 문자를 단독으로 사용하여 제작할 수 있다. ⓓ 정보를 전달하는 것을 주된 목적으로 제작된다.
3	다양한 아이디어를 시각화하여 최선의 아이디어를 선택하고 수정 보완한다.

2019학년도 초특	
1	미적 감수성

2018학년도 기출	
1	㉠: 시각적 특징, ㉡: 학습 태도
유1	㉠: 시각적 특징, ㉡: 학습 태도
2	①: ⓐ 채도는 색채의 선명도(맑고 탁한 정도)를 말한다. ②: ⓒ 순색에 가까울수록 채도가 높다.
3	같은 대상이라도 빛의 변화에 따라 색이 달라지는 과정을 보여주므로 도식적 색 사용을 벗어나게 하는 데 도움이 된다.

2017학년도 기출	
1	ⓑ, 아크릴 물감은 빠르게 건조하므로 미리 짜면 굳어서 안 되고, 필요할 때마다 조금씩 덜어 쓰도록 지도한다.
2	①: 캐리커처 ②: 비례
3	주변 대상이나 현상, 자신의 특징을 발견하고 다양한 방법으로 나타낸다.
유3	자신의 특징을 다양한 방법으로 탐색할 수 있다.
4	자기 표현 (self-expression)

2017학년도 초특	
1	누구나 쉽게 알아볼 수 있어야 한다.
2	픽토그램을 만들 계획 세우기/ 픽토그램을 다양하게 표현해 보기 등

2016학년도 기출	
1	①: 직접 교수법 ②: 표현 방법
유1	①: 직접 교수법 ②: 제작
2	①: 양각 ② - ⓐ: ㉢ ② - ⓑ: 실크스크린은 공판화의 일종으로 판과 찍힌 그림의 좌우가 같기 때문이다.
3	스텐실 기법을 사용하여 오려 낼 것을 생각하여 너무 복잡하지 않은 무늬로 구상한 후, OHP 필름에 꾸밀 무늬를 그려 오려 내고, 오려낸 부분에 물감이나 크레파스를 이용하여 방향, 색, 크기에 변화를 주어 색칠하여 찍어낸다.

2015학년도 기출	
1	미술의 기본적인 용어를 이해할 수 있다.
유1	표현 방법과 과정에 관심을 가지고 계획할 수 있다.
2	ⓐ: 초현실주의 ⓑ: 일상에서 흔히 볼 수 있는 사물들을 본래 위치에서 벗어나 다른 상황 속에 배치함으로써 생소한 풍경이나 상황을 만들어 충격적인 효과를 낸다.
3	ⓐ: 개념 발견 ⓑ: 학습된 개념인 초현실주의의 표현 방법(데페이즈망)을 각자의 표현 활동에 적용하여 작품을 만들어 본다.

2014학년도 기출	
1	분청사기
2	모빌은 조각 작품이지만 공중에 매달려 있어서 고정되어 있지 않고 움직임이 있다. (kinetic art)
3	조형 요소와 원리
유3	다양한 표현 방법의 특징과 과정을 탐색하여 활용할 수 있다.
4	로웬펠드 : 아동의 표현 과정에 간섭하지 말고 촉매자나 분위기 조성자의 역할에 한정하여 학생들이 자유로운 자기표현을 통해 창의성을 형성하도록 한다. 아이스너 : 교사의 역할과 교육과정을 강조하고 미술에 대한 전반적인 지식을 이해시키기 위해 미술 이해와 감상을 지도하며 이를 통해 여러 가지 표현 방법을 익히게 한 후 표현하도록 지도한다.

2014학년도 초특	
1	반응 중심 학습법

2013학년도 기출	
1	자작나무 껍질(장니)
2	(가) 단계의 명칭 : 아이디어 탐색 필수 학습 요소(중영역)명 : 주제 표현
유2	· (가) 단계의 명칭 : 아이디어 탐색 · 핵심 개념 : 발상
3	㉡, 여러 아이디어 중 적절한 아이디어를 선택하고 재검토, 보완한다.
4	㉣ : 재료 바꾸어 보기 ㉤ : 빼 보기

2023 초등

정답과 해설

1) 정답

다양한 감각

해설

㉠은 3~4학년군 성취기준 내용입니다. 해당하는 성취기준은 '[4미01-01] 자연물과 인공물을 탐색하는 데 다양한 감각을 활용할 수 있다.'이므로 ㉠은 '다양한 감각'이 됩니다.

2) 정답

① 규칙 찾아보기
② 보는 방향에 따라 형태가 달라진다.

해설

① ㉡에 해당하는 관찰 방법을 찾기 위해 제시된 활동 예시를 살펴보아야 합니다.

[자료 1] (㉡)

지도 내용
'줄기로부터 잎자루가 어긋나게 반복해서 붙어 있다'는 것을 발견하도록 지도한다.

그림에서는 줄기와 잎자루의 그림이라는 것을 알 수 있고, 지도 내용에서 '줄기로부터 잎자루가 어긋나게 반복해서 붙어 있다'는 것을 발견하도록 지도한다고 제시되어 있습니다. 즉 이는 줄기로부터 잎자루가 붙어 있는 '규칙'을 찾아낸 것이기 때문에 ㉡에 해당하는 관찰 방법은 규칙 찾아보기가 됩니다.

다음은 지도서에서 찾을 수 있는 다양한 관찰 방법들입니다.

❷ 대상을 관찰하는 방법 알기

⊙ 어떤 방법들로 관찰할 수 있는지 알아볼까요?
- 오감을 이용하는 방법이 있어요.
- 돋보기나 확대경으로 크게 해서 보는 방법이 있어요.
- 여러 방향에서 살펴보아야 해요.

⊙ 대상을 정해 관찰해 볼까요?

오감을 이용하여 관찰하고, 돋보기나 확대경을 이용한다.

[동아 3-4학년 미술 지도서 3학년 7. 관찰하는 즐거움]

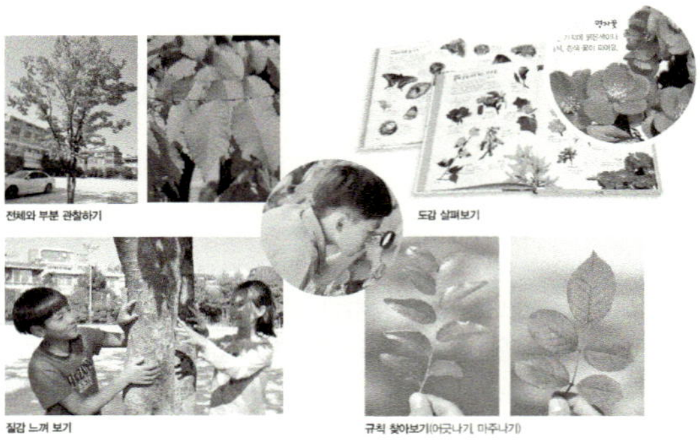

[지학사 3-4학년 미술 지도서 4학년 1. 자연에서 미술을 느껴요.]

② ㉢에 들어갈 적절한 내용을 알기 위해서 먼저 [자료 2]를 자세히 보아야 합니다.

[자료 2] 여러 방향에서 보기

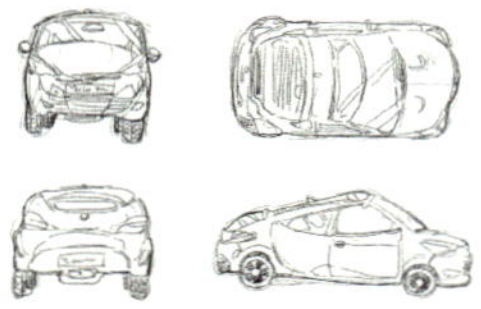

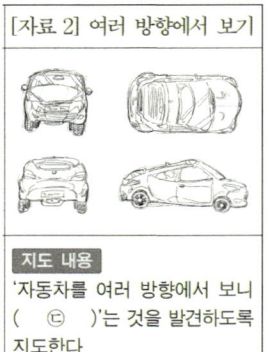

지도 내용
'자동차를 여러 방향에서 보니 (㉢)'는 것을 발견하도록 지도한다.

지도 내용에서 알 수 있듯 ㉢은 자동차를 여러 방향에서 보았을 때 알 수 있는 것입니다. 관련된 조형 요소를 포함해서 써야하기 때문에 먼저 조형 요소에는 어떤 것이 있는지 생각해봅시다.

조형 요소는 점, 선, 면, 형/형태, 색, 질감, 양감 등이 있습니다. 이 중에서 ㉢과 가장 관련이 깊은 조형 요소는 형태입니다. 즉 ㉢은 '보는 방향에 따라 형태가 달라진다.'가 될 수 있습니다.

다음은 조형 요소에 대한 지도서 참고자료입니다.

'조형 요소'란 무엇인가

조형 요소에는 점, 선, 형, 색, 질감, 양감 등이 있다. 점이 연결되어 선이 되고, 수많은 선이 교차하면서 면과 형이 된다. 점에서 선으로, 선에서 면과 형으로의 변형은 미술 작품의 특징을 결정짓는다. 같은 대상을 선으로만, 점으로만, 면으로만 표현했을 때 각각 다른 느낌을 준다. 점의 크기와 배치, 선의 종류와 굵기, 형의 종류와 크기에 따라 그 효과가 다르다. 많은 미술 작품이 서로 다르게 보이도록 하는 것은 점, 선, 형의 활용과 색, 질감, 양감 등이 다르기 때문이다. 다음 두 미술 작품은 선과 형의 활용에 따라 서로 다른 표현 효과를 보여 주는 작품이다.

정광호(한국 | 1957~) **항아리**(구리선 용접 | 240×240×244 cm | 2004년 작) 구리선을 연결해서 항아리 형태를 입체로 만든 작품이다.

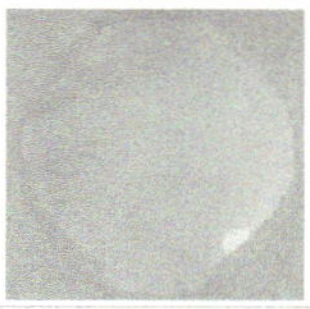

강익중(한국 | 1960~) **달항아리**(부분 | 나무 위에 템페라 | 177×177 cm | 2008년 작) 달항아리의 형태를 면으로 표현하여 은은한 달빛과 전통 백자의 단아함이 느껴지는 작품이다.

[동아출판 3-4학년 미술 지도서 4학년 2. 점, 선, 형의 만남]

조형 요소

- **점**: 모든 형태의 근원이자 출발점으로 면적이 없이 위치만을 표현하는 것이라 할 수 있다.
- **선**: 점이 연결되어 만들어진 선은 폭이 없이 길이만 있는 것으로, 형태를 표현하는 필수적 요소이다.
- **면**: 점이나 선이 아닌 모든 평면으로 형태의 외곽을 나타낸다.
- **형**: 형은 평면이나 입체적인 모양을 말하며, 구상형, 추상형, 반추상형으로 구분할 수 있다.
- **색**: 형과 함께 시각 예술의 표현에 가장 중요한 요소로, 형에 비하여 표현적인 힘이 강하다.
- **양감**: 덩어리에서 느낄 수 있는 크기나 부피, 무게 등이 감각적으로 느껴지는 양을 말한다.
- **질감**: 물체의 표면에서 느껴지는 촉각적인 느낌이다.

– 출처: 윤민희, 『새로운 조형 예술의 이해』

[비상교육 5–6학년 미술 지도서 5학년 3. 조형 원리와 놀기]

3) 정답

① **비례**

② **사물을 낯선 장소에 배치함으로써 충격적인 효과를 주어 시각적 사고를 창의적으로 만들어준다.**

해설

① ㉤은 방 안의 몇몇 사물들은 통상적인 크기로 그리고, 다른 사물들은 그것보다 확연히 크게 그리는 방식인데, 이와 관련이 있는 조형원리는 '비례'입니다. 일반적인 미술 작품들은 대상의 크기를 비례해서 그리기 때문에 ㉤과 같은 방식은 비례를 일부러 왜곡했다고 할 수 있습니다.

다음은 미술 지도서에 제시된 조형 원리에 대한 설명입니다.

조형 원리

- **통일**: 형, 색 등이 반복되어 일관성이 나타나는 것으로 화면에 안정감을 준다. 통일감이 지나치면 단조로워 지루한 느낌을 주므로 통일 속에 적절한 변화가 필요하다.
- **강조**: 색, 크기, 모양 등에 변화를 주어 두드러져 보이는 것으로 시선을 끌게 한다.
- **율동**: 선이나 형이 일정한 간격을 두고 규칙적으로 반복되어 리듬감이 생기는 것으로 움직임이 느껴진다.
- **점증**: 크기나 형태, 색이 일정한 단계로 변화할 때 나타나는 것으로 리듬감을 느낄 수 있다.
- **점이**: 커지거나 작아지거나, 밝아지거나 어두워지는 등 출발점에서 점점 퍼지는 효과를 말한다.
- **변화**: 형과 색이 다를 때 느껴지는 다양함을 말하며, 움직임과 흥미를 느끼게 하나 지나치게 강조하면 무질서해진다.
- **비례**: 어느 한 부분과 전체와의 수량적인 비율을 말한다.
- **대비**: 서로 상반되는 요소를 대립시켜서 얻는 효과이다.
- **대칭**: 축을 중심으로 접었을 때 같은 모양이 되는 것을 말하며
- **조화**: 시각적 구성에서 가장 중요하며, 다양한 조형 원리들이 긴밀한 유대 관계를 유지하면서 어울리는 관계를 말한다. 조화가 부족하면 통일감이 없어 산만하다. 두 개 이상의 요소가 모였을 때 통일되어 감각적 효과를 발휘할 때 일어나는 현상으로, 통일, 대비, 변화 등으로 나타낼 수 있다.
- **균형**: 한쪽으로 기울지 않고 안정된 상태이다. 좌우의 형과 색이 똑같은 대칭 균형과, 똑같지는 않지만 안정되어 보이는 비대칭 균형이 있다.
- **동세**: 그림이나 조각에서 나타나는 운동감을 말한다.

– 출처: 윤민희, 『새로운 조형 예술의 이해』

[비상교육 5–6학년 미술 지도서 5학년 3. 조형 원리와 놀기]

② ㉤방 안의 몇몇 사물들은 통상적인 크기로 그리고, 다른 사물들은 그것보다 확연히 크게 그리는 방식과 ㉥데페이즈망(d paysement) 기법은 사물을 일부러 낯설게 만들어 충격을 주는 방식입니다. 이러한 방식을 통해 미술 감상자의 시각적 사고가 조금 더 창의적으로 바뀔 수 있습니다.

❸ 데페이즈망(전위법)

데페이즈망은 초현실주의에서 쓰이는 말로 '낯설게 하기'라는 뜻이며, 사물을 원래 크기와 다르게 그리거나 어울리지 않는 물건들을 같이 놓는 기법이다. 대표적인 작가는 마그리트(벨기에, 1898~1967)이다. 마그리트는 '개인적 가치' 작품에서 상식과 다른 크기로 사물을 표현하였다.

[천재교육(류) 4 지도서 2. 꿈의 나래를 펴면서]

한줄 조언

성취기준이나 조형 요소, 조형 원리 등의 내용은 크게 새로운 내용이 아니었기에 문제가 어렵지는 않았습니다. 하지만 2015년에 등장했던 데페이즈망 기법이 다시금 등장하며 수험생들의 허를 찔렀을 수 있을 것 같습니다. 특히 관찰 방법에 대한 문제는 물론 제시문의 내용만으로도 유추할 수는 있는 답안이지만, 시간도 촉박하고 마음도 떨리는 시험장에서는 생각해내기 어려운 문제일 수 있을 것 같습니다. 이러한 관찰 방법들은 구체적인 설명이 없는 지도서들도 있었습니다. 그러므로 지도서에서 정리되어 제시된 개념이 아니더라도, 스스로 파악해서 정리할 필요가 있다고 생각합니다.

2022 초등

정답과 해설

1) 정답

① 색상 대비
② 두 보라색 새 중 파란색 배경에 그려진 보라색 새가 더 붉게 보입니다.

해설

① [A]에서는 배경 색에 따라 색이 다르게 보이는 현상을 말하고 있습니다. 이와 관련하여 지도서는 다음과 같이 설명하고 있습니다.

⊕ 색의 대비

어떠한 색을 일정 시간 동안 보면 그 색이 기억된다. 그 상태에서 시선을 다른 색상으로 이동하면 기억된 색의 영향을 받아 그 뒤에 바라보는 색이 다르게 보이는 현상을 '색의 대비'라 한다. 색의 대비 현상은 우리 눈의 망막에서 일어나는 생리적 현상과 뇌에 전달되는 신경 과정에서 기인된다.

❶ 색상 대비: 조합된 색에 의해 시각적으로 다르게 나타나는 것을 말한다. 색상환에서 서로 멀리 떨어진 색끼리의 조합일수록 색상 대비가 강해지며, 보색끼리 조합했을 때 색상 대비가 가장 크다. 빨간 배경 안의 주황색은 청록의 방향으로 치우쳐 보이고 주황색은 약간 노란색의 기미가 보인다.

❷ 명도 대비: 명도가 서로 다른 색을 조합했을 때 명도가 높은 색은 보다 높게 느껴지고 명도가 낮은 색은 보다 낮게 느껴지는 효과이다. 즉 주위의 밝고 어두움에 따라 어두워 보이거나 밝게 보인다. 중앙의 회색은 같은 명도를 가지고 있지만, 흰색 배경 위에 있는 회색은 조금 어둡게 보여 후퇴되어 보이고, 검은 배경 위의 회색은 더 밝고 진출되어 보인다.

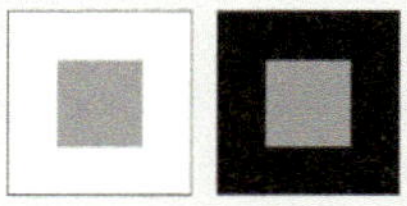

❸ 채도 대비: 다른 배경에 의해 채도가 달라 보이는 현상을 말한다. 어떤 색의 주위에 보다 선명한 색이 있으면 그 색의 채도가 실제보다 낮게 보인다. 채도의 차이가 클수록 색상 대비의 효과도 커진다. 채도가 높은 배경색 가운데의 자주색은 본래보다 채도가 낮게 보이고, 채도가 높은 배경색 가운데의 자주색은 본래의 색보다 채도가 높게 보인다.

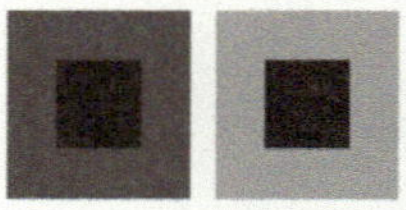

박명환, "COLOR DESIGN BOOK"

[천재(류) 5–6학년 미술 지도서 6학년 1–1. 색으로 가득한 세상]

색의 특성

① 색상 대비

색상 대비는 색상이 다른 두 색을 동시에 이웃하여 놓았을 때 두 색이 서로의 영향으로 색상 차가 나는 현상을 말한다. 예를 들어 주황색 배경에 놓인 노란색은 연두색 배경에 놓였을 때보다 더욱 노란 기를 띠게 되며, 연두색 배경 위에 놓인 노란색은 좀 더 붉은 기를 띠게 된다.

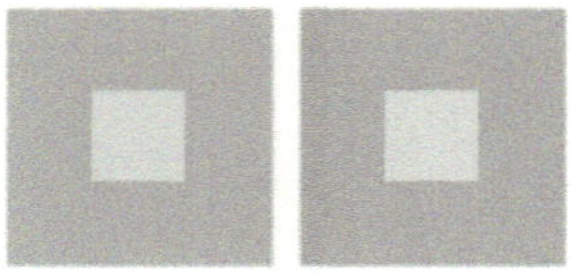

② 명도 대비

명도가 다른 두 색을 이웃하거나 배색하였을 때, 밝은색은 더욱 밝게, 어두운색은 더욱 어둡게 보이는 현상을 말한다. 검은색 바탕 위에 놓인 중간 명도의 회색은 흰색 바탕 위에 놓였을 때보다 더 밝아 보이고, 반대로 흰색 바탕 위에 놓인 중간 명도의 회색은 더 어둡게 보인다.

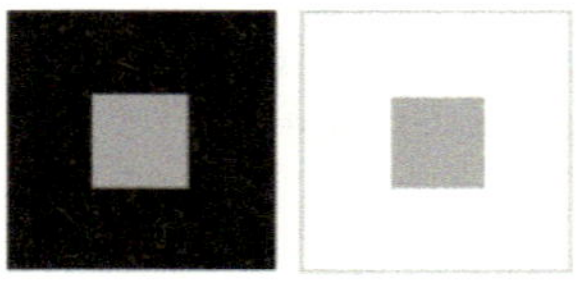

③ 채도 대비

채도가 다른 두 색을 인접시켰을 때 서로의 영향을 받아 채도가 높은 색은 더욱 높아 보이고 채도가 낮은 색은 더욱 낮아 보이는 현상을 말한다. 무채색 위에 둔 유채색은 훨씬 맑은 색으로 채도가 높아져 보인다.

[동아 5–6학년 미술 지도서 5학년 2. 우리를 둘러싼 색]

명도 대비는 부엉이의 예시로 설명하고 있기 때문에 제외하고, 색상 대비와 채도 대비 중에서 [A]의 설명에 가장 부합하는 것을 찾으면 됩니다. 빨간 색 배경의 보라색 새, 파란 색 배경의 보라색 새 중 더 '붉게' 보이는 새가 있기 때문에, 이는 채도가 아닌 색상이 다르게 보인다는 것을 알 수 있습니다.

② 색상 대비는 서로 다른 색끼리 배색되었을 때, 서로 색상환 둘레에서 반대 방향으로 기울어져 보이는 현상입니다. 그러므로 빨간색 배경에 그려진 보라색 새는 조금 더 파랗게 보이고, 파란색 배경에 그려진 보라색 새가 붉게 보이는 것입니다.

2) 정답

① 명도와 채도가 높고, 난색일수록 주목성이 높다.
② 명도 차, 색상 차, 채도 차가 클수록 명시성이 높아진다.

해설

① 주목성이 높은 색의 특징은 지도서에 다음과 같이 제시되어 있습니다.

용어 해설

⊕ 색의 주목성과 명시성

주목성은 자극이 강해 눈에 잘 띄는 성질을 말한다. 일반적으로 채도가 높고 난색인 경우가 저채도의 한색보다 주목성이 높다. 명시성은 주변색과 차이가 뚜렷해서 멀리서도 잘 보이는 성질을 말한다. 명시성은 색 고유의 특성보다는 배경과의 관계에 의해서 결정된다. 명도 차와 채도 차가 클수록 명시성이 높다.

[천재(류) 5-6학년 미술 지도서 6학년 1-1. 색으로 가득한 세상]

어떤 색이 주위 색의 영향을 받아 색상, 명도, 채도가 다르게 보이는 현상

더하기 자료 색의 대비

- **주목성**: 색의 자극성이 강하여 한눈에 뜨이는 성질로, 따뜻한 색이나 명도와 채도가 높은 색일수록 주목성이 높다.
- **명시성**: 두 가지 이상의 색을 대비했을 때 멀리서도 한눈에 보이는 성질로, 명도와 색상 차가 클수록 명시성이 높아진다.
- **주목성과 명시성의 구분**: 주목성은 색의 자극에 의해 시선을 끄는 것으로, 두 가지 이상의 색을 멀리서 보았을 때 명확하게 잘 보이는 명시성과는 구분된다. 예를 들어, 하얀 배경 위에 빨강과 초록이 있을 때 가장 먼저 눈에 띄는 색은 빨강이지만 색의 번짐이나 자극 없이 또렷이 잘 보이는 색은 초록이다. 즉, 주목성이 높은 색이 꼭 명시성이 높은 것은 아니다.

[동아 5-6학년 미술 지도서 5학년 2. 우리를 둘러싼 색]

두 가지의 설명을 종합하면 채도와 명도가 높을수록, 난색일수록 주목성이 높다는 것을 알 수 있습니다.

② '명시성이 높도록 색을 배색'하는 방법은 지도서에 위와 같이 제시되어 있습니다. 두 지도서의 설명을 종합하면 명도 차와 채도 차, 색상 차가 클수록 명시성이 높아진다는 것을 알 수 있습니다.

3) 정답

귀납적 사고법

해설

(나)의 ㉣을 보면 문제 인식, 탐색, 개념 발견, 개념 적용 및 정리의 순서로 교수·학습이 이루어지고 있음을 알 수 있습니다. 이와 흐름이 같은 미술과 교수·학습 모형은 귀납적 사고법입니다.

◉ 귀납적 사고법

귀납적 사고법은 객관적인 사실이나 원리가 있음을 전제로 이를 추론해 가는 과정을 통해 미적 인식 능력을 향상하는 데 활용할 수 있다. 이는 지식 전달이 아니라 사고력 계발에 초점을 맞추어 주변의 자연환경과 시각 문화 환경, 미술 작품에서 미적 사고를 형성하고 미적 원리나 특징을 추론하는 방법이다.

1	문제 인식	학습 자료를 통하여 학습 문제를 파악하고 다음 단계의 활동을 위한 동기 유발 단계이다. 교사는 학생들이 학습 문제에 관심을 두게 하고, 학생들의 기존 사고 체계를 변화시킬 적절한 학습 자료를 준비해야 한다.
2	관계 탐색	문제와 관련하여 제시된 자료를 탐색하는 단계이다. 다양한 관찰과 탐색의 기회를 제공하는 것이 중요하다. 학습 주제를 명확하게 알게 하며, 자신의 의미와 언어를 다른 학생의 것과 비교하며 정교하게 한다.
3	개념 발견	관찰에서 얻은 자료를 수집하고, 상호 관계를 찾아 규칙성을 발견하며 탐색한 사실을 근거로 개념을 발견하는 단계이다. 개념은 언어를 통하여 형성되므로 용어의 정의를 통하여 추상 개념을 언어화 할 수 있도록 한다.
4	개념 적용	발견한 개념을 다양한 상황에 적용, 확장, 응용하는 단계이다. 학습자가 발견한 개념을 실생활이나 표현 활동에 적용하도록 유도한다.
5	정리 및 발전	학습자가 어떠한 변화를 느꼈는지 비교하며 학습 과정을 반성하는 단계이다. 학습한 개념의 이해력을 높이고, 학습자의 삶에 의미 있게 응용하도록 이끈다.

[천재교육(류) 지도서 총론 3.교수·학습 방법]

직접교수법이라고 하기엔 시범보이는 과정이 없고 창의적 문제해결법이라고 하기엔 문제 해결에 대한 아이디어를 낸다고 하기 어렵습니다. 또한 문제 기반 학습이라고 하기엔 자료 수집의 단계가 없고 학생의 반응이 나타나지 않으므로 반응 중심 학습법도 답이 될 수 없습니다. 마지막으로 수업에서 프로젝트가 등장하지 않기 때문에 프로젝트 기반 학습도 답이 아닙니다. 귀납적 사고법을 정확히 안다면 쉽게 풀 수 있지만, 헷갈린다면 제가 한 방법처럼 하나씩 소거해나가며 답을 찾아갈 수도 있습니다.

한 줄 조언

색의 대비는 지엽적인 개념은 아니기에 문제의 난도가 높다고는 할 수 없습니다. 하지만 색상의 대비가 구체적으로 어떻게 되는지 알지 못하면 헷갈릴 수도 있는 문제였습니다. 지도서에서는 서로 다른 색끼리 배색되었을 때, 서로 각 색상환 둘레에서 반대 방향으로 기울어져 보인다는 구체적인 설명이 없는 경우도 있었습니다. 그러므로 지도서에 제시되지 않은 내용이더라도, 제시된 개념에 대한 구체적인 설명을 알아둘 필요가 있다고 생각합니다.

2021 초등

정답과 해설

1) 정답

힘을 가하여 원하는 형태를 만들 수 있음, 힘을 가하지 않아도 만들어진 형태를 유지함.

해설

찰흙의 여러 가지 특성 중 하나인 '가소성'에 대해 묻고 있는 문제입니다. 가소성의 특징인 1) 힘을 가하여 원하는 형태로 만들 수 있음, 2) 가하던 힘이 사라져도 만들어진 형태를 유지함 등을 정리하여 적으면 됩니다.

◉ **찰흙의 성질**

① 가소성: 물기를 가지고 있는 찰흙은 힘을 주었을 때 부서지지 않고 여러 가지 모양으로 변한다. 바깥에서 힘을 가하면 모양이 쉽게 변하고 힘이 제거되어도 모양이 그대로 유지된다.

[천재(류) 3-4학년 미술 지도서 1-2. 체험학습을 떠나요]

2) 정답

감상 태도

해설

㉢은 박물관에서 작품을 감상하는 태도에 대해 설명하고 있으므로 이와 어울리는 내용 요소는 '**감상 태도**'입니다.

영역	핵심 개념	3-4학년 내용요소
체험	지각	자신의 감각 대상의 탐색
	소통	
	연결	미술과 생활
표현	발상	다양한 주제 상상과 관찰
	제작	표현 계획 조형 요소 표현 재료와 용구
감상	이해	작품과 미술가
	비평	작품에 대한 느낌과 생각 감상 태도

★빈칸은 스스로 채워봅시다.

3) 정답

㉣ : 신체의 세부 부분을 만들고 접합하여 전체를 만든다. (종합적 방법)

㉤ : 전체 형태를 만든 뒤 세부 모양을 만든다. (분석적 방법)

해설

아동기의 입체 표현 방법은 크게 종합적 방법과 분석적 방법으로 나눌 수 있습니다. 종합적 방법은 세부 부분을 먼저 만든 뒤 이를 접합하여 전체를 구성하는 방법이고 분석적 방법은 전체 덩어리에서 시작해 세부 모양을 만드는 방법입니다. 이를 문제에 제시된 '동물 토우의 신체를 만드는 상황'에 어울리도록 적으면 됩니다.

[김수진(2002), '아동 미술의 입체표현방법에 관한 연구']

한줄 조언

2021학년도에 출제된 미술 문항들은 대체로 평이한 문제로 대부분의 수험생들이 쉽게 해결할 수 있었던 문제라고 생각합니다. 이런 문제는 꼭 놓치지 않고 맞혀야겠죠. 쉬운 문제일수록 실수하지 않도록 꼼꼼하게 문제를 읽고 무엇을 묻는지 정확히 적도록 해야 해요. 문제에서 묻는 것이 핵심 개념인지, 내용 요소인지 잘 확인하고 답을 적어야 해요. 알고 있는 내용을 틀리는 것만큼 속상한 일은 없으니 늘 문제의 발문을 잘 확인하세요.

2020 초등

정답과 해설

1) 정답

미디어 파사드

해설

수궁 석조전 : 문화 기술과 전통 콘텐츠의 결합을 토대로 미디어 파사드와 음향 기술을 결합하였다.

[천재교육(안) 3~4학년 지도서 2.알콩달콩 미술과 대화하기]

미디어 파사드 : 건물 외벽에 조명을 비춰 디지털 모니터로 활용한 것

[지학사 3~4학년 지도서. 생활 속에서 미술을 만나요]

문제에서는 건물 외벽에 조명을 비추어 작품을 표현한 것이기 때문에 미디어 파사드가 정답입니다.

2) 정답

구륵법은 윤곽선을 그리지만 몰골법은 윤곽선을 그리지 않는다.

해설

수묵 채색화의 표현 방법
• 몰골법 – 윤곽선을 써서 형태를 선명하게 그리지 않고 바로 먹이나 채색만을 사용하여 농담으로 사물을 그리는 기법이다. 윤곽선이 없기 때문에 몰골, 즉 뼈 없는 그림이라 부르는 것으로 주로 꽃 그림에 많이 사용되었다.
• 구륵법 – '구륵 전채법'의 준말로 형태의 윤곽을 먹선으로 먼저 그리고 그 안쪽을 채색하는 기법이다. 줄여서 '구륵'이라고도 한다. 중국 당나라 시대 이후 윤곽선을 나타내지 않는 몰골이 등장하자 이와 구분하기 위해 이전까지 사용했던 방법을 구륵이라 부르게 되었다. 단번에 써 내는 것을 '구'라 하고, 겹쳐서 그리는 것을 '륵'이라 한다. 일반적으로 정밀하고 세밀한 화조화에 사용된다.

[천재교육(류) 5~6학년 2-3.우리 옛 그림을 찾아서]

3) 정답

다른 교과

해설

5~6학년군 '체험' 영역 '교수 · 학습 방법 및 유의사항'
⑤ 미술 수업 내용과 관련된 다른 교과의 내용과 방법을 수업 전에 미리 찾아보도록 지도한다.

따라서 정답은 '다른 교과'임을 알 수 있습니다.

4) 정답

연구 보고서법

해설

◉ **연구 보고서법**

연구 보고서법은 학생의 능력이나 흥미에 적합한 주제를 선택하여 관련된 자료를 수집, 분석하고 그 결과를 보고서로 작성하고 제출하도록 하여 평가하는 것이다. 미술 교과에서 연구 보고서법은 단원별, 교과별 통합 주제의 프로젝트 학습이나 미술 이해에 활용할 수 있고, 주로 체험과 감상 영역에 적합한 평가 도구이다.

◉ **연구 보고서법의 예**

평가 관점	평가 내용	평가 수준		
		상	중	하
연구 보고서 작성	• 주제에 관련한 자료를 수집하였는가?			
	• 내용 구성이 체계적으로 되었는가?			
연구 보고서 발표	• 내용이 잘 전달되었는가?			
	• 발표하는 태도와 경청 태도가 성실한가?			
종합 의견				

[천재교육(류) 지도서 총론 7. 미술과의 평가 방법]

문제의 [A]와 연구 보고서법의 설명이 일치합니다. 따라서 정답은 연구 보고서법입니다.

한줄 조언

꽤 까다로운 문제네요. 미술과에서 한 번씩 정말 지엽적인 내용이 나올 때가 있는데, 사실 이런 문제는 내가 틀려도 남들이 같이 틀리기 때문에 혹시라도 이 문제가 어려웠다고 해도 너무 상심하지 마시기 바랍니다.

한국화의 경우 그 종류가 매우 다양하고, 특징도 뚜렷하기 때문에 구분해서 정확하게 외워두어야 합니다. 몰골법과 구륵법도 한국화를 그리는 가장 대표적인 방법들입니다. 개념을 적는 것 외에도 세부적인 그리는 방법, 방법이 주는 효과 등도 정확히 외워두세요!

2019 초등

정답과 해설

1) 정답

㉠: 이미지와 의미, ㉢: 포트폴리오(법)

해설㉠

아래 내용요소의 빈칸을 채워보세요. :-)

내용 요소	
3~4학년	5~6학년
자신의 감각	자신과 대상
대상의 탐색	
	이미지와 의미
( )	( )

해설㉢

포트폴리오법은 자신이 만든 작품을 지속적으로 모아 둔 작품집을 활용하여 평가하는 방식이다. 포트폴리오를 통해 학습자는 자신의 변화 과정을 알 수 있고 자신의 장점이나 약점, 성실성, 가능성 등을 스스로 인식할 수 있으며, 교사는 학습자의 과거와 현재 상태를 파악하여 앞으로의 발전 방향에 관한 조언을 할 수 있다.

[천재교육(류) 미술 지도서 총론 7-2.평가 도구
서울교대미술교육연구회(2012),'미술교육학')]

나. 평가방향
평가 목표, 평가 내용, 평가 상황 등을 고려하여 서술형 및 논술형 검사법, 관찰법, 발표 및 토론법, 자기 평가 및 동료 평가 보고서법, 연구보고서법, 감상문, 포트폴리오법 등의 평가 방법을 적절하게 활용한다.

2) 정답

ⓑ 문자를 단독으로 사용하여 제작할 수 있다.
ⓓ 정보를 전달하는 것을 주된 목적으로 제작된다.

해설

(가)의 ㉡은 픽토그램입니다. 이는 미술과 교육과정 5~6학년군 체험 영역에도 등장합니다.

(나) 교수·학습 방법 및 유의 사항
③ 마크, 표지판, 픽토그램, 포스터, 광고 등의 시각 이미지를 생활 속에서 찾아보고 관찰하도록 지도한다.

픽토그램은 환경을 꾸미는 것이 아닌, 정보를 전달하는 것을 주된 목적으로 하는 이미지입니다. 또한 문자를 단독으로 사용하는 등 다양한 방법을 활용하여 제작할 수 있습니다.

> ⊙ **픽토그램(pictogram)**
> 픽토그램은 '그림'을 의미하는 '픽토'와 '전보'를 뜻하는 '텔레그램'의 합성어로 시설, 정보, 개념 등의 의미를 단순하고 상징화된 그림으로 나타낸 그림 문자이다. 국제 행사나 도로, 공항 등의 공공장소에서 불특정 다수에게 정보나 의미를 전달할 목적으로 사용되는데, 안내 및 정보 제공, 안전을 위한 경고나 지시 등의 의미를 전달한다. 픽토그램은 공공성과 일반성이 있어야 하므로 의미가 정확해야 하고, 교육 수준이나 언어의 제약이 없이 누구나 한눈에 쉽고 빠르게 의미를 알아볼 수 있어야 한다.
> [동아출판 5 미술 5. 그림 기호로 소통해요]

3) 정답

다양한 아이디어를 시각화하여 최선의 아이디어를 선택하고 수정 보완한다.

해설

창의적 문제 해결법 수업 모형을 고려할 때, (나)의 ㉣에서는 다양한 아이디어를 시각화하여, 최선의 것을 선택하고 수정 및 보완하는 것이 가장 적절합니다.

1	문제 인식	제시된 문제를 인식하고 그 해결에 필요한 단서를 파악하기 위해 다양한 자료나 정보를 모아 문제나 주제를 검토·해체·분류하는 과정이다.
2	아이디어 탐색	브레인스토밍 등을 통해 문제 해결을 위한 아이디어를 구상하는 과정이다.
3	아이디어 정교화	탐색한 아이디어를 분석하고 정교화하며, 아이디어의 시각화를 위해 스케치하거나 여러 가지 아이디어를 대상으로 최선의 선택을 하고 재검토, 보완하는 과정이다.
4	아이디어 적용	정교화된 아이디어를 표현 활동에 적용하는 과정으로, 독창적인 아이디어가 명확한 형태로 나타난다.
5	종합 및 재검토	아이디어가 작품에 잘 반영되었는지 감상·분석하는 과정으로, 새로운 선택의 가능성도 생각한다.

[천재교육 미술 지도서 총론 6-2. 교수·학습 모형
(박소영(2002),'초등학교 미술과 교수·학습 방법 연구')]

한줄 조언

> 미술 교과는 교과교육론, 지총, 교육과정, 각론이 고루고루 나오는 과목입니다. "다 나와?" 하고 스트레스 받을 수도 있지만, 어떻게 생각해보면 매우 고난이도의 문제가 나오진 않는다고 생각하셔도 좋습니다. 하지만 교육과정이 짧은 만큼 숙지가 되어있어야 하고, 모형도 단순히 단계명보다는 학습활동이나 교사 발문이 어떻게 나올까? 생각하시며 복습하는 것이 효율이 훨씬 좋을 것입니다. 수험생 여러분 모두 파이팅!

2019 초특

정답과 해설

1) 정답

미적 감수성

해설

'미적 감수성'은 다양한 대상 및 현상에 대한 지각을 통해 자신의 느낌과 생각을 이해하고 표현하며 미적 경험에 반응하면서 미적 가치를 느끼고 내면화할 수 있는 미술과 교과 역량입니다.

2018 초등

정답과 해설

1) 정답

㉠ : 시각적 특징, ㉡ : 학습 태도

해설

◉ 2009 개정 교육과정 〈 체험 〉

① 지각

주변 대상이나 현상, 자신의 특징을 발견하고 다양한 방법으로 나타낸다.

㉮ 대상이나 현상에서 **시각적 특징**을 발견하기

• 대상이나 현상에 관심을 가지고 다양한 활동을 통해 시각적 특징을 발견한다.

나. 평가 방법

(1) 지속적인 관찰을 통하여 **학습 태도**, 과정 및 결과를 균형 있게 평가한다.

(2) 평가 방법은 평가 목적과 평가 내용에 적합한 것을 선정하며, 타당도, 신뢰도, 객관도가 높은 평가 방법과 도구를 개발하여 활용한다.

(3) 지필 평가, 관찰법, 감상문, 토론법, 연구 보고서법, 자기 평가 및 동료 평가, 실기 평가, 포트폴리오 등 다양한 평가 방법을 활용한다.

(4) 수행 평가는 학교 여건 등을 고려하여 계획하고 실시한다.

(5) 실기 평가의 내용, 과제, 매체 등은 학생과 학교의 상황을 고려하여 다양하게 제시하고 되도록 선택의 기회를 부여할 수 있도록 한다.

유1) 정답

㉠ : 시각적 특징, ㉡ : 학습자의 태도

해설㉠

◉ 2015개정 교육과정 〈체험〉

초등학교 5~6학년 – '체험' 영역 성취기준

[6미01-02]	대상이나 현상에서 **시각적 특징**을 발견할 수 있다.

해설㉡

교수·학습 및 평가의 방향

나. 평가방향
(4) **학습자의 태도**, 학습 과정, 학습 결과가 고루 평가되며, 인지적, 심동적, 정의적 요소가 균형 있게 평가되도록 계획하고 실행한다.

2) 정답

① : ⓐ 채도는 색채의 선명도(맑고 탁한 정도)를 말한다.
② : ⓒ 순색에 가까울수록 채도가 높다.

해설

색의 3속성 중 하나인 채도는 색의 맑고 탁함을 나타내는 것입니다. 가장 색이 맑은 '순색'에 가까울수록 채도가 높고, 가장 탁한 색인 '탁색'에 가까울수록 채도가 낮습니다.

채도
색의 맑고 탁한 정도로, 유채색에서만 있고, 색의 강약을 나타낼 수 있다.

[동아출판 5 미술 2. 우리를 둘러싼 색]

3) 정답

같은 대상이라도 빛의 변화에 따라 색이 달라지는 과정을 보여주므로 도식적 색 사용을 벗어나게 하는 데 도움이 된다.

해설

밑줄 친 ㉣인 [작품 3]은 모네의 루앙 성당 연작입니다. 모네는 인상주의 화가로서, 빛에 따라 달라지는 대상의 색에 주목하여, 같은 대상을 반복적으로 그렸습니다. 따라서 이 같은 작품을 보는 것은 도식적인(일정한 규칙에 따른 기계적인 색의 사용에서 벗어나게 할 수 있습니다.

2017 초등
정답과 해설

1) 정답

ⓑ : **아크릴 물감은 빠르게 건조하므로 미리 짜면 굳어서 안 되고, 필요할 때마다 조금씩 덜어 쓰도록 지도한다.**

해설

아크릴 물감의 특징에 대해서는 지도서에 다음과 같이 제시되어 있습니다.

◉ **아크릴화 그리기**

1. 아크릴 물감 사용법

아크릴 물감은 물을 보조제로 사용하므로 유화 물감과 비교하면 사용이 간편하고 내구성이 강하며 빨리 말라 여러 번 겹쳐서 그릴 수도 있다. 수채화 물감보다도 빨리 마르므로 단기간에 제작할 수 있지만 일단 마르면 완전히 고착되므로 수정하기가 어려워 숙련된 솜씨가 요구된다. 접착성이 강하며 캔버스 · 종이 · 천 · 나무판 · 가죽 · 투명 필름 · 필름 · 석고 · 벽면 등 약간의 흡수성만 있는 곳이면 어디든지 사용할 수 있다. 때로는 톱밥을 섞어 질감의 변화를 주기도 하며 콜라주 할 때 접착제로 쓰기도 한다.

아크릴 물감은 금방 굳어 버리는 성질이 있으므로 그림을 그리다가 잠시 쉴 때도 팔레트에 물을 뿌리고 셀로판이나 폴리에틸렌 천을 씌워 건조되는 것을 막아야 한다. 투명성도 높아 엷게 칠하면 수채화 물감의 효과도 낼 수 있다.

[천재교육 5학년 지도서 1. 나를 소개해요]

◉ **아크릴 물감의 특징**

아크릴 물감	아크릴 물감은 수채 물감과 비슷해서 물에 개어 사용할 수 있으며, 색상이 선명하고 접착력도 강하면서 유화 물감보다 빨리 마른다는 장점이 있다.

[천재교육 3학년 지도서 6. 관찰하고 표현해요]

◉ **아크릴 물감과 수채물감의 공통점과 차이점**

공통점	물에 녹는다. 물과 하양 물감을 섞는 비율에 따라 투명하거나 불투명하게 표현할 수 있다.
차이점	수채 물감보다 아크릴 물감이 빨리 마른다.
	아크릴 물감은 건조 후 고무처럼 굳어서 재사용할 수 없다. 따라서 팔레트에 쓸 만큼의 물감만 짜서 사용한다.
	아크릴 물감은 접착력이 강하여 종이뿐만 아니라 유리, 돌 등에도 채색할 수 있다.

[천재교육 6학년 지도서 8. 재미있게 그리는 세상]

이처럼 공통적으로 아크릴 물감은 빨리 마른다는 특징을 가지고 있다는 것을 알 수 있습니다. 그러므로 아크릴 물감은 미리 짜면 굳어서 안 되고, 필요할 때마다 조금씩 덜어 쓰도록 지도해야 합니다.

2) 정답

① : **캐리커처**
② : **비례**

해설①

캐리커처는 2009 개정 교과서에서는 비상, 금성 교과서에서 다루었습니다. 하지만 현재 많은 검정교과서에서 사라지고 있습니다. 2009 개정 교과서에는 다음과 같이 제시되어 있습니다.

캐리커처: 인물 또는 의인화된 동식물을 제재로 하여 익살, 유머, 풍자 등의 효과를 노려서 그린 그림을 말한다. 펜이나 화필로 그리는 약화나 판화, 일러스트레이션 등의 형식을 취하여 외관상의 특징을 과장하거나 왜곡하여 그리며, 짧은 설명이 덧붙여지기도 한다. 회화, 풍자화, 만화 등과 실제로는 중복이 되어 구분하기 어렵다. 이탈리아 어로 '무거운 짐을 지다' 또는 '과장하다'의 뜻을 지닌 카리카레(caricare)에서 유래된 말이다.

[2009 교육과정 금성 6학년 지도서 1. 새롭게 보는 나]

해설②

얼굴 전체와 눈, 코, 입 부분 간의 길이와 크기를 고려했다는 말을 보았을 때 인물과 관련된 조형원리 중 비례에 해당한다는 것을 알 수 있습니다. 또한 (나)에서 이미 제시된 조화와 균형, 대칭은 제외해야 하기 때문에 답은 비례임을 확신할 수 있습니다.

◉ **조형원리**

조형 원리란 조형의 요소들이 특정한 통일과 질서 효과를 얻기 위하여 어떠한 방법으로 결합해야 하는가를 결정하는 하나의 심미적인 연관 법칙이나 구성 계획이라 할 수 있다. 이것은 점, 선, 면, 형, 방향, 색채, 질감, 양감, 크기 등 서로 다른 요소들이 표현될 때 일어나는 현상을 아름답고 조화롭게 만들어 내는 미의 규칙이다. 조형 원리는 전체와 부분의 상호 작용으로 율동(리듬), 동세, 비례, 균형, 대비(대조), 대칭, 강조, 반복, 통일, 변화 등을 포함한다.

① 통일	통일은 하나의 규칙으로 요소들 속에 조화나 일치를 이루고 있으며 그 요소들은 서로 연관성을 가지고 있다. 여러 요소와 소재 또는 조건을 선택하고 정리하여 하나의 완성체로 종합하는 것을 통일이라 한다.
② 변화	변화는 반복된 형태에 이질적인 새로운 느낌이 들어와 지루하고 따분한 것에 생동감과 활력을 준다.
③ 비례	비례는 부분과 전체 간, 혹은 부분과 부분들 간 크기의 상호 관계를 말한다.
④ 균형	균형은 한 구조물에서 모든 힘이 평형이나 균형 상태에 이르도록 하는 힘의 분산이다.
⑤ 대비	대비는 성질 또는 분량을 전혀 달리하는 둘 이상의 것이 공간적으로 또는 시각적으로 접근하여 나타날 때 일어나는 현상이다. 상대편의 반대 성질에 의하여 자기가 가진 특성을 명확하게 강조하기 때문에 강한 자극이 나타난다.
⑥ 대칭	대칭은 같은 형이 마주 보게 위치한 것으로서 대응하고 있는 모든 점이 서로 같은 거리로 유지되는 질서에 의해 배치된 것을 말한다.
⑦ 율동	율동은 통일성을 전제로 한 동적 변화의 원리이며 형, 색, 선, 방향 등이 같거나 비슷한 요소가 반복될 때 율동감이 느껴진다. 유사한 패턴의 반복이나 색의 반복, 혹은 눈에 강하게 들어오는 형의 반복도 율동이다.

⑧ 강조	색, 형태, 방향 등의 대비 또는 여러 요소 사이에 어떤 하나의 요소를 돋보이도록 하여 주의를 끌고 주목하도록 한다.
⑨ 동세	동세는 정지된 화면에 묘사된 운동감과 실제의 움직임에 의한 운동을 의미한다.
⑩ 반복	반복은 어떤 형태와 형태 사이, 공간과 공간 사이에 일어나는 같은 패턴의 연속이며 율동적인 회전을 뜻한다. 같은 형식의 구성이 반복되면 시선이 이동하여 상대적으로 동적인 감을 주게 되어 리듬이 생기며 시각적으로는 힘의 강약 효과를 준다.

[천재교육 5학년 지도서 3. 조형 원리의 세계]

◉ **인물 표현에서의 조형 원리**

① 균형: 상하, 전후, 좌우의 부분과 전체 형태의 안정된 결합 관계를 말한다. 비대칭적 균형은 형태상으로는 불균형이지만 보는 사람에게 변화 있는 형태로서 안정감을 주며 개성을 느끼게 한다.

② 비례: 전체와 부분 혹은 부분과 부분들 간의 '크기'의 상호 관계를 말하는데 '상대적 크기' 또는 '기준과 대비되는 크기'라고 말할 수 있다. 비례는 구상 표현에서 중요한 문제이며 균형과 밀접한 관계를 맺고 있다. 왜곡된 크기는 강조를 나타내거나 주의를 끄는 데 사용될 수 있다.

③ 동세: 공간의 형태나 중량감 및 색채에 의해서도 운동이 표현될 수 있다. 그리고 동세에는 반드시 그에 상응하는 견제의 힘이 있어야 하는데, 비례와 균형이 그것이다. 비례와 균형은 작품의 동세와 적절히 부합되어 불안하지도, 단조롭지도 않은 형태의 조화로운 미를 만들어 낸다.

[두산동아 5 지도서 4. 개성과 특징을 담아요.]

◉ **교수 · 학습 과정**

- 인물을 표현할 때 얼굴의 비례는 대략 머리끝에서 이마, 이마에서 눈썹, 눈썹에서 코끝, 코끝에서 턱 끝까지가 1/4의 비례임을 알려 준다.

[두산동아 5학년 지도서 4. 개성과 특징을 담아요.]

3) 정답

주변 대상이나 현상, 자신의 특징을 발견하고 다양한 방법으로 나타낸다.

유3) 정답

자신의 특징을 다양한 방법으로 탐색할 수 있다.

해설

5-6학년군 체험 영역의 성취기준은 다음과 같습니다.

[6미01-01] 자신의 특징을 다양한 방법으로 탐색할 수 있다.
[6미01-02] 대상이나 형상에서 시각적 특징을 발견할 수 있다.
[6미01-03] 이미지가 나타내는 의미를 찾을 수 있다.
[6미01-04] 이미지를 활용하여 자신의 느낌과 생각을 전달할 수 있다.
[6미01-05] 미술 활동에 타 교과의 내용, 방법 등을 활용할 수 있다.

이 중 '자신의 특징 표현하기' 수업과 관련된 체험 영역의 성취기준은 '자신의 특징을 다양한 방법으로 탐색할 수 있다.'입니다. 또한 이 성취기준에 해당하는 교수 · 학습 방법 및 유의사항은 '자신의 외적 특징뿐만 아니라 성격, 취향, 관심 등의 내적 특징을 마인드맵, 브레인스토밍 등을 활용하여 찾아보도록 지도한다.'입니다. 그러므로 학생들이 자신의 특징을 더욱 창의적으로 탐색할 수 있는 수업이 필요합니다.

4) 정답

자기 표현(self-expression)

해설

◉ **로웬펠드의 미술교육사상**

(자유로운 자기표현을 통한 창의성 계발)

- 첫째, 어린이는 모두 창의적 잠재력을 가진 존재이다. 이는 진보주의와 심리학의 영향을 받아 어린이의 자발적이고 자유로운 자기표현을 중시하는 것이다. 어린이의 발달을 통합적인 것으로 보고 지적, 정서적, 신체적, 지각적, 사회적, 미적 발달이 유기적으로 연계되어 있다고 본다.
- 둘째, 어린이는 순차적인 발달단계를 거쳐 성장한다. 따라서 미술교육자는 어린이의 발달단계에 맞는 동기부여, 주제, 재료 등 교육 방법을 적용해야 한다.
- 셋째, 그는 베끼기나 본뜨기 등의 모방적 방법은 어린이의 창의성 교육에 해가 된다고 본다. 미술시간에 다른 어린이나 성인의 작품을 보여주는 것을 금지한다.
- 넷째, 작품의 결과보다는 제작 과정을 중시하여 어린이가 자발적으로 자아를 표현하고 정서를 표출하는 것이 중요하다고 생각한다. 마지막으로 교사의 역할은 촉진자로서, 적극적 개입보다는 학생의 동기부여를 하고 격려해주는 존재여야 한다. 교사는 창의성과 감수성을 갖고 어린이의 정서와 감정을 이해하고 공감할 수 있어야 한다. 또한 학생의 발달단계를 이해하고 이에 부합하는 적절한 지도를 하는 것이 필요하다.

[비상 미술 지도서 총론 4.미술 교육 동향]

한줄 조언

이 문제는 비교적 교육과정과 교육론의 비중이 높은 문제입니다. 하지만 최근 기출문제의 추이를 보았을 때 그저 빈칸 채우기 식의 문제는 앞으로 나오지 않을 가능성이 높습니다. 이 문제처럼 교육과정이나 교육론 문제들 또한 독립적으로 출제되는 것이 아니라, 수업 또는 학생 지도방안과 연계되어 출제될 것입니다. 물론 내용체계표와 성취기준은 암기해야 하지만, 각론의 내용들과 연계하며 외워야 한다는 뜻입니다. 오히려 이렇게 관계를 만들어나가며 공부를 하면 더 기억이 오래 가기도 하기 때문에 가지치기를 하듯 공부하는 것을 추천 드립니다.

2017 초특

정답과 해설

1) 정답

누구나 쉽게 알아볼 수 있어야 한다.

해설

픽토그램에 대한 설명은 교사용 지도서에 다음과 같이 제시되어 있습니다.

> 픽토그램: 글을 몰라도 누구나 쉽고 정확하게 정보나 규칙 등을 알 수 있도록 단순하고 상징적인 그림으로 나타낸 그림 문자이다.
> 예) 화장실, 소화기, 올림픽 경기 종목 등 생활 속에서 약속처럼 많이 쓰임.
> [두산동아 5학년 지도서 5. 그림 기호로 소통해요]

> ◉ **픽토그램(pictogram)**
> 픽토그램은 '그림'을 의미하는 '픽토(picto)'와 '전보'를 뜻하는 '텔레그램(telegram)'의 합성어로 시설, 정보, 개념 등의 의미를 단순하고 상징화된 그림으로 나타낸 그림 문자(pictograph)이다. 국제 행사나 도로, 공항 등의 공공장소에서 불특정 다수에게 정보나 의미를 전달할 목적으로 사용되는데, 안내 및 정보 제공, 안전을 위한 경고나 지시등의 의미를 전달한다. 픽토그램은 공공성과 일반성이 있어야 하므로 의미가 정확해야 하고, 교육 수준이나 언어의 제약이 없이 누구나 한눈에 쉽고 빠르게 의미를 알아볼 수 있어야 한다.
> [두산동아 5학년 지도서 5. 그림 기호로 소통해요]

> 픽토그램: 누구나 빠르고 쉽게 알아볼 수 있도록 만든 그림 문제예요.
> [천재교육 5학년 지도서 1. 그림으로 말해요]

이처럼 여러 지도서에서 공통으로 언급이 되어 있듯이 픽토그램은 '의미를 정확히 전달'할 수 있어야 하고 '누구나 한눈에 쉽게 알아볼 수 있어야' 한다는 것을 알 수 있습니다.

다음 설명은 픽토그램을 공부하실 때 함께 알아두시면 좋을 것 같아 추가했습니다.

> ◉ **픽토그램과 마크의 차이점**
> 픽토그램은 공공성과 일반성을 갖지만, 마크는 기업, 단체, 상표 등 특정 대상을 상징화하여 시각적인 홍보에 중점을 둔다. 픽토그램은 시각적인 오해 없이 즉시 읽혀 정보의 핵심을 전달해야 하므로 엄격한 형식과 제약이 있지만, 마크는 다양한 메시지를 전할 수 있어 표현이 자유롭다.
> [천재교육 5학년 지도서 1. 그림으로 말해요]

2) 정답

픽토그램을 만들 계획 세우기/ 픽토그램을 다양하게 표현해보기 등

해설

미술과 3개 영역은 '체험', '표현', '감상'입니다. 미술 지도서 총론에는 다음과 같은 내용이 제시되어 있습니다.

체험 영역	• 몸 전체의 감각을 활용하여 직접적으로 체험하는 활동에 적극적으로 참여하도록 유도한다. • 체험 활동 후 자신의 느낌이나 생각을 글, 이미지, 소리, 영상, 사진, 행위 등을 통해 자유롭게 나타내도록 허용적인 수업 분위기를 조성한다. • 현장 학습을 통한 직접적인 체험이나 사진, 영상, 멀티미디어 자료 등을 활용한 간접적인 체험 등을 통해 지도한다. • 주변의 생활용품, 생활 공간, 영상물 등에서 미술과 관련된 것들을 조사·수집·분류하고, 의견을 나누는 과정을 통해 미술이 우리 삶과 밀접하게 관련되어 있음을 이해하도록 지도한다.
표현 영역	• 학생 작품이나 작가 작품 등을 활용하여 다양한 주제를 찾아보도록 지도한다. • 학습자의 삶에서 친근하고 흥미로운 것으로부터 주제를 자유롭게 떠올리도록 지도한다. • 연상과 상상의 방법으로 유연하게 사고하거나 관찰의 방법으로 세심하게 대상을 탐색하도록 지도한다. • 표현 방법과 과정에 관한 계획이 필요하다는 것을 알고 계획하도록 지도한다. • 조형 요소는 체험, 감상 활동과 연계하여 자연스럽게 이해하고 적용하도록 지도한다. • 직접 교수법을 활용하여 기본적인 재료와 용구의 사용법을 구조화된 연습과 독립적인 연습을 통해 익히고, 안전하게 사용하도록 지도한다.
감상 영역	• 미술 작품과 관련된 정보나 이야기, 미술가와 관련된 일화 등을 통해 미술 작품을 친근하게 느끼고 작품 감상에 흥미와 관심을 가지도록 지도한다. • 다양한 분야의 미술 작품에 대한 감상 경험을 바탕으로 관심 있는 미술 작품과 미술가를 선택하여 설명하도록 지도한다. • 작품에 대한 문장 만들기, 작품을 소개하는 편지 쓰기, 작품 카드 찾기, 작품 속 장면을 연극으로 표현하기 등 놀이와 활동을 중심으로 자신의 느낌과 생각을 발표하도록 지도한다. • 주변의 미술관·박물관 견학을 통해 미술 작품을 감상하는 태도를 익히도록 지도한다.

미술 지도서 총론 미술 교과의 교수학습 방법]

위 표를 참고하면 활동 1에서 '여러 가지 픽토그램 살펴보기' 활동은 체험 영역에 해당한다고 할 수 있습니다. 또한 활동 3에서 '여러 가지 픽토그램을 보고 느낀 소감 말하기'는 '감상'영역에 해당한다고 할 수 있습니다. 그러므로 ㉡에 들어갈 활동은 표현 영역에 해당하는 활동이어야 합니다. 픽토그램을 제작하거나 표현하는 활동이면 모두 정답처리가 되었을 것으로 보입니다.

한 줄 조언

픽토그램 문제는 2019년, 즉 제가 시험을 본 해에 나왔습니다. 당시에 많은 수험생들을 당황시킨 문제 중 하나였는데요. 명칭만 익혀두면 될 것 같았던 픽토그램의 특징을 물어보았기 때문입니다. 심지어 틀린 부분을 바르게 고쳐 쓰라는 고난이도의 문제였어요. 저도 그 문제를 틀렸었답니다. 그런데 이렇게 픽토그램에 관련된 문제가 초등 특수에는 먼저 출제가 되었어요. 이는 문제를 출제하는 분들이 어떤 것을 중요하게 생각하는지를 초등 특수에서도 알 수 있다는 것을 시사하죠. 한 번이라도 나온 개념은 한 번 더 깊게 판다는 마음으로 기출분석을 하시면 효과적일 거예요. 화이팅입니다!

2016 초등

정답과 해설

1) 정답

① : 직접 교수법
② : 표현 방법

유1) 정답

① : 직접 교수법
② : 제작

해설 ①

◉ **직접 교수법**

- 직접 교수법은 과제 수행 방법을 설명하거나 시범을 보이면서 지도하는 교수·학습 방법이다. 처음 접해 보는 재료나 용구의 사용 방법이나 사용할 때의 주의할 점, 표현 기법 등을 지도하는 데 적합하다.
- 직접 교수법은 '문제 인식, 설명 및 시범, 질의응답, 연습 활동, 작품 제작, 정리 및 발전' 단계로 이루어진다.

〈수업 절차〉

1 문제 인식		2 설명 및 시범		3 질의응답	
학습 목표, 제재, 성취 수준 등을 알려 주고, 동기 유발을 하는 단계	⇒	교사가 학습 과제 수행 방법을 설명하거나 시범을 보이는 단계	⇒	학생이 과제 수행 방법을 이해하고 있는지 질문을 통해 확인하는 단계	⇒
4 연습 활동		**5 작품 제작**		**6 정리 및 발전**	
난이도가 낮은 활동에서 높은 활동으로 전개되도록 하는 단계	⇒	학습된 내용을 바탕으로 학생이 독립적으로 작품을 제작하는 단계	⇒	감상 작품 등을 통해 피드백이 이루어지도록 하는 단계	

※ 4. '연습 활동', 5. '작품 제작', 6. '정리 및 발전' 단계중 학생이 과제 수행에 어려움을 느낄 때는 2. '설명 및 시범' 단계로 되돌아가는 것도 가능하다.

활용 시 유의 사항

- 수업을 진행하는 교사의 재량과 운영 방법, 학생의 준비 정도, 여건 등에 따라 각 단계가 반복되기도 하고, 직접 교수법 이외에 그 수업의 흐름에 가장 적절하다고 판단되는 다양한 교수·학습 방법이 삽입될 수도 있다.
- 교사가 직접 설명하고 시범을 보이는 것이 중요하다. 따라서 교사는 과제 해결의 구체적 전략을 가지고 시범을 보일 수 있어야 한다. 교사의 시범 능력이 부족할 때에는 ICT 자료 등을 활용한다.

[미술 지도서 총론 교수·학습 모형]

해설 ②

영역	핵심 개념	내용 요소	
		3~4학년	5~6학년
표현	발상	▹다양한 주제 ▹상상과 관찰	▹소재와 주제 ▹발상 방법
	제작	▹표현 계획 ▹조형 요소 ▹표현 재료와 용구	▹조형 원리 ▹표현 방법 ▹제작 발표

2) 정답

① : 양각
② – ⓐ : ㉢
② – ⓑ : 실크스크린은 공판화의 일종으로 판과 찍힌 그림의 좌우가 같기 때문이다.

해설 ①

◉ **볼록 판화의 표현 방법**

① 음각: 표현 대상의 윤곽선을 파내고 여백 부분을 남기므로 어두운 느낌이 난다.
② 양각: 표현 대상의 윤곽선을 남기고 여백 부분을 파내어 밝은 느낌이 난다.

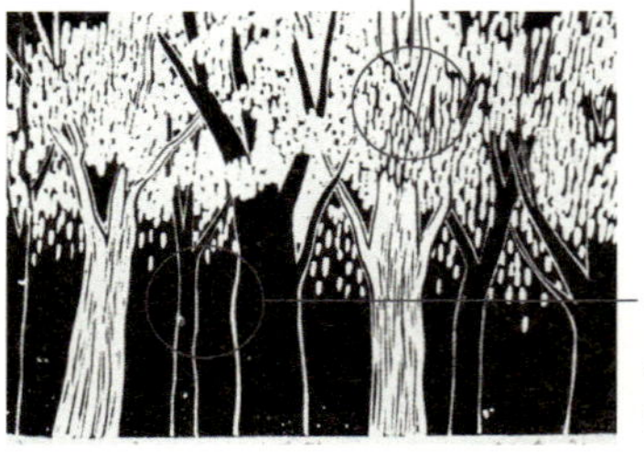

강민지(학생 작품)
숲(고무 판화 | 29×21㎝)

[두산동아 6학년 지도서 3. 판화와 놀아요]

해설 ②

키스 해링의 「무제」에 사용된 판의 형식은 실크스크린, 즉 공판화입니다.

공판화에는 '스텐실과 실크 스크린'이 있다.
[천재교육 6학년 지도서 2. 판화로 표현해요]

◉ **실크 스크린**

종이와 판면이 서로 맞붙어 이미지가 찍히는 방식과 달리 스크린 망이라는 중간 면을 거치는 것이 기본 원리이다. 스크린 망을 막아 주는 액체 용액, 종이 또는 스텐실 필름 같은 재료를 사용하여 망의 일정 부분을 막은 뒤 찍어 낸다.
[천재교육 6학년 지도서 2. 판화로 표현해요]

공판화를 포함한 판화의 종류에 대한 설명은 지도서에 다음과 같이 제시되어 있습니다.

◉ 판화의 종류와 특징 알기

구분	뜻	특징
볼록 판화	판의 볼록한 면에 잉크를 묻혀 찍어내는 판화	• 파내지 않은 곳이 찍힘. • 칼자국 효과 나타남. • 단순하고 선명한 그림이 어울림.
평판화	평평한 판면에 그림을 그린 후에 찍어 내는 판화	• 같은 작품을 여러 장 찍을 수 없음. • 회화(그림)적인 표현이 가능함.
공판화	종이나 헝겊의 뚫린 구멍을 통하여 잉크를 통과시켜 찍는 판화	• 좌우가 바뀌지 않음. • 상업적으로 많이 사용함.
오목 판화	판의 오목한 부분에 잉크를 채워넣고 찍어 내는 판화	• 날카롭고 세밀한 표현이 가능함.

[두산동아 6학년 지도서 3. 판화와 놀아요]

- ㉠ 판을 이용한 간접 표현이다.
- ㉡ 한 판으로 여러 장을 찍을 수 있다.
- ㉢ 판과 찍힌 그림의 좌우가 바뀐다.
- ㉣ 판재와 기법에 따라 다른 느낌이 표현된다.
- 의도하지 않은 우연의 효과가 있다.
- 구상에서 완성까지 치밀한 계획성이 요구된다.

이를 바탕으로 공판화에 대한 설명이 옳지 않은 것은 ㉢이며, 그 이유는 실크스크린 공판화의 일종으로 좌우가 바뀌지 않기 때문입니다.

3) 정답

스텐실 기법을 사용하여 오려 낼 것을 생각하여 너무 복잡하지 않은 무늬로 구상한 후, OHP 필름에 꾸밀 무늬를 그려 오려 내고, 오려낸 부분에 물감이나 크레파스를 이용하여 방향, 색, 크기에 변화를 주어 색칠하여 찍어낸다.

해설

공판화의 제작 순서는 다음과 같습니다.

◉ 공판화(스텐실) 찍기

• 공판화(스텐실) 작품을 제작한다.
① 밑그림에 투명 필름을 올려놓고 찍어 낼 판에 옮겨 그린다.
② 투명 필름에 표시한 부분을 오려 낸다.
③ 종이 위에 투명 필름을 얹고, 오려 낸 부분에 물감을 묻힌다.

[천재교육 6학년 지도서 2. 판화로 표현해요]

문제에 왼쪽 그림은 수채 물감, 오른쪽 그림은 크레파스를 사용했기 때문에 재료까지 확실히 적어주시길 바랍니다.

한줄 조언

교육과정, 교육론(모형), 각론이 적절히 분배되어 출제된 문제입니다. 특히 판화를 중심으로 모든 문제가 연결되어 있습니다. 그 중에서도 각론의 비중이 가장 크기 때문에 미술을 공부하실 때는 각론을 중심으로 잡고, 그 중심에서 가지를 치듯이 교육과정과 교육론을 연결시켜가며 공부하는 것이 좋습니다. 특히 미술 각론은 달달 외운다고 생각하지 말고, 실제로 실기를 한다고 생각하면서 공부하면 조금은 재미있을 거예요! 외우기만 하는 공부에 정적인 생활을 버티려면 그 속에서 재미를 찾아야하기 때문에, 이런 예체능 과목에서 즐거움을 찾으시길 바랍니다. 재미없는 건 당연하지만 재미있다고 스스로를 속이셔야 해요!

2015 초등

정답과 해설

1) 정답

미술의 기본적인 용어를 이해할 수 있다.

해설

2009 개정 교육과정으로 해설이 없습니다.

유1) 정답

표현 방법과 과정에 관심을 가지고 계획할 수 있다.

해설

3~4학년군 표현 영역 성취기준
[4미02-01] 미술의 ( )에 관심을 가질 수 있다.
[4미02-02] 주제를 자유롭게 떠올릴 수 있다.
[4미02-03] ( )하거나 대상을 ( )하여 주제를 탐색할 수 있다.
[4미02-04] 표현 방법과 과정에 관심을 가지고 계획할 수 있다.
[4미02-05] 조형요소(점, 선, 면, 형·형태, 색, 질감, 양감 등)의 특징을 탐색하고, 표현 의도에 적합하게 적용할 수 있다.
[4미02-06] ( )을 익혀 안전하게 사용할 수 있다.

★ 빈칸은 스스로 채워봅시다.

2) 정답

ⓐ : **초현실주의**

ⓑ : **일상에서 흔히 볼 수 있는 사물들을 본래 위치에서 벗어나 다른 상황 속에 배치함으로써 생소한 풍경이나 상황을 만들어 충격적인 효과를 낸다.**

해설

◉ **데페이즈망(전위법)**

데페이즈망은 초현실주의에서 쓰이는 말로 '낯설게 하기'라는 뜻이며, 사물을 원래 크기와 다르게 그리거나 어울리지 않는 물건들을 같이 놓는 기법이다. 대표적인 작가는 마그리트(벨기에, 1898~1967)이다. 마그리트는 '개인적 가치' 작품에서 상식과 다른 크기로 사물을 표현하였다.

[천재교육(류) 4 지도서 2. 꿈의 나래를 펴면서]

'전위법'이라고도 불리는 데페이즈망 기법은 초현실주의에서 쓰이는 말로 '낯설게 하기'라는 뜻입니다. 사물을 원래 크기와 다르게 그리거나, 어울리지 않는 물건들을 같이 놓아 충격적인 느낌을 주는 기법인데, 대표적인 작가로 벨기에의 작가 '르네 마그리트'가 있습니다. 마그리트는 '개인적 가치'라는 작품에서 상식과 다른 크기로 사물을 표현하였습니다.

ㅁ~ㅂ **마그리트**(Magritte, René/벨기에/1898~1967)

벨기에 출신의 초현실주의 화가로, 기괴하거나 모호한 형태의 작품들이 주를 이루던 시기에 자신만의 개성이 뚜렷한 작품을 제작하였다. 전혀 다른 요소들을 작품 안에 배치하는 방식인 데페이즈망(dépaysement) 기법을 즐겨 사용함에 따라 마그리트의 작품에서는 신비한 분위기, 고정 관념을 깨는 소재와 구조, 발상의 전환 등의 특징이 나타난다. 마그리트는 초현실 세계를 표현하기 위해 데페이즈망 외에도 물체의 모양과 성질, 크기를 변화시키거나 중력을 없애는 등 다양한 방법을 사용하였다. 대표적인 작품으로 〈피레네의 성〉, 〈심금〉, 〈이미지의 반역〉 등이 있다.

관련 쪽수 5학년 30쪽

작가 누리집 www.renemagritte.org

[천재교육(안) 5~6 지도서 교과서 속 미술 작가 알아보기]

3) 정답

ⓐ : **개념 발견**

ⓑ : **학습된 개념인 초현실주의의 표현 방법(데페이즈망)을 각자의 표현 활동에 적용하여 작품을 만들어 본다.**

해설

귀납적 사고법	
문제 인식	학습 자료를 통해 학습 문제를 파악하고 탐구하는 과정. 교사는 학습 문제에 관한 관심을 고조시키고, 학생들의 기존 사고 체계를 변화시킬 학습 자료 준비
관계 탐색	인식된 문제와 관련하여 제시된 자료를 탐색하는 과정. 다양한 관찰, 탐색의 기회를 제공하여 학습 주제에 관한 생각을 명확하게 하며, 자신의 생각과 언어를 다른 학생과 대비시켜 정교화 함.
개념 발견	탐색한 사실을 근거로 상호 관계를 찾아 규칙성을 발견하는 과정. 개념은 언어를 통해 형성되므로 용어의 정의를 통해 추상 개념을 언어화할 수 있도록 함.
개념 적용	형성된 개념을 다양한 상황에 적용, 확장, 응용하는 과정. 실생활이나 표현 활동에 적용하도록 유도.
정리 및 발전	학습 과정을 반성하는 과정. 학습한 개념에 대해 학습자의 이해력을 높이고, 학습자의 삶에 의미 있게 응용 하도록 함.

[천재교육(류) 지도서 총론 6-2. 교수·학습 모형]

지문 속 주요 교수·학습 방법을 살펴보면 다양한 작품을 탐색한 후, 규칙성을 발견하게 됩니다. 이를 통해 개념을 학습하는 과정을 거치며 미술적 표현, 개념을 익히게 됩니다. 이러한 교수·학습 과정은 미술과의 교수·학습 방법 중 '귀납적 사고법'에 해당합니다. 다양한 작품을 자유롭게 탐색하면서 그 안에서 규칙성을 찾고, 이러한 경험을 통해 미적 사고와 원리를 학습하는 모형입니다.

4단계인 '개념 적용' 단계에서는 발견된 개념을 응용하면서 학습된 개념을 검토하고 확장하는 단계입니다. 따라서 학습한 기법인 데페이즈망 기법을 활용하여 작품을 완성하는 것이 주 활동이 될 수 있습니다. 이때 주의할 점은 단순히 지도서 총론에 제시된 4단계의 활동 내용을 적으면 오답이 된다는 점입니다. 제시문을 고려하여 4단계의 활동 내용을 적어야 하므로, 본 제시문의 학습 내용인 '데페이즈망 기법'을 적용하여 활동 내용을 구성해야 합니다.

2014 초등

정답과 해설

1) 정답

분청사기

해설

(가)의 도자기는 '분청사기 조화·박지 모란무늬 장군'입니다. 분청사기는 유약을 바르기 전에 하얀 흙물을 덧발라 만든 도자기입니다. 시험지의 그림은 흑백으로 제시되기 때문에, 제시된 그림을 보고 판단하기 보다는 ㉠에 제시된 설명을 보고 문제를 푸는 것이 바람직합니다.

분청사기 조화·박지 모란무늬 장군 | 보물 제1070호로 지정되어 있다. 장군은 조선 시대에 백자와 분청사기로 많이 제작되었으며 술병으로 활용되었다. 원통 모양의 몸체를 기본으로 중앙에는 모란을 유려한 선으로 대담하게 그려 흰 흙을 긁어내어 회색이 드러나게 구워 내는 조화·박지 기법으로 입체감을 살렸다. 양옆의 한 부분에는 국화를 대담하게 표현하였으며 다른 한쪽은 굽처럼 평평하게 하여 유약을 바르지 않고 모래를 깔아 구웠다. 교과서 60쪽 관련

출처 _ 리움 누리집 http://leeum.samsungfoundation.org

③ 분청사기

조선 시대 초기에는 유약을 바르기 전에 하얀 흙물을 덧발라 제작하는 분청사기가 만들어졌다. 분청사기는 실용적이고 기능적인 형태와 은은한 색상, 투박한 질감, 대담한 무늬 등에서 소박하고 회화적이며 해학적인 한국인의 미적 심상을 느낄 수 있다.

분청사기 음각 물고기무늬 편병(흙 | 22.6×8.7(밑지름)cm | 국보 제178호 | 조선 시대)

④ 백자

조선 시대에 이르러 전성기를 맞은 백자는 순백색 도자기로, 푸른색 안료(청화)나 붉은색 산화철 안료(철화) 등으로 무늬를 그려 넣기도 한다.

백자 달항아리(흙 | 41×16(밑지름)cm | 보물 제1437호 | 조선 시대)

[두산동아 5-6학년 미술 지도서 11. 아름다움을 담은 도자기]

2) 정답

모빌은 조각 작품이지만 공중에 매달려 있어서 고정되어 있지 않고 움직임이 있다.

해설

콜더가 고안한 모빌은 이전의 조각과 달리 움직임이 있다는 것이 가장 큰 특징입니다.

◉ 모빌

움직이는 조각이라는 뜻으로, 추상 조각이 공기의 흐름에 따라 움직이는 설치 작품이다. 철사나 가벼운 금속 조각 등이 역학적으로 균형을 잡으며 실 등에 의해 공간에 매달려 있는 상태를 말한다.

이렇게 움직임을 가진 예술작품을 키네틱 아트(Kinetic art)라고 합니다.

[천재교육 5-6학년 미술 지도서 2. 빛의 세상]

3) 정답

조형 요소와 원리

해설

2007개정 교육과정에 따른 올바른 답은 '조형 요소와 원리'입니다. '조형 요소와 원리'와 관련된 개념은 2015 개정 교육과정의 내용 체계에도 제시되어 있습니다.

유3) 정답

다양한 표현 방법의 특징과 과정을 탐색하여 활용할 수 있다.

해설

이 수업의 학습 목표는 '전통과 현대 미술 작품에 나타난 표현 방법을 활용하여 조형 작품을 창의적으로 만들 수 있다.'입니다. 이와 가장 어울리는 5-6학년군 미술 성취기준은 '다양한 표현 방법의 특징과 과정을 탐색하여 활용할 수 있다.'입니다.

5-6학년군 미술 성취기준	
[6미02-01]	표현 주제를 잘 나타낼 수 있는 다양한 소재를 탐색할 수 있다.
[6미02-02]	다양한 발상 방법으로 아이디어를 발전시킬 수 있다.
[6미02-03]	다양한 자료를 활용하여 아이디어와 관련된 표현 내용을 구체화할 수 있다.
[6미02-04]	조형 원리(비례, 율동, 강조, 반복, 통일, 균형, 대비, 대칭, 점증, 점이, 조화, 변화, 동세 등)의 특징을 탐색하고, 표현 의도에 적합하게 활용할 수 있다
[6미02-05]	다양한 표현 방법의 특징과 과정을 탐색하여 활용할 수 있다.
[6미02-06]	작품 제작의 전체 과정에서 느낀 점, 알게 된 점 등을 서로 이야기할 수 있다.

4) 정답

로웬펠드 : 아동의 표현 과정에 간섭하지 말고 촉매자나 분위기 조성자의 역할에 한정하여 학생들이 자유로운 자기표현을 통해 창의성을 형성하도록 한다.

아이스너 : 교사의 역할과 교육과정을 강조하고 미술에 대한 전반적인 지식을 이해시키기 위해 미술 이해와 감상을 지도하며 이를 통해 여러 가지 표현 방법을 익히게 한 후 표현하도록 지도한다.

해설

㉣에 나타난 문제는 학생들의 표현이 예시 작품을 모방하는 데 그쳤다는 것입니다. 그러므로 로웬펠드와 아이스너의 관점에서 학생들이 보다 적극적으로 자기표현을 할 수 있는 지도 방법을 제시해야 합니다.

로웬펠드는 '창의성 중심 미술 교육'의 대표 학자입니다. 창의성 중심 미술 교육은 아동의 자유로운 자기표현과 잠재적인 창의성을 기르는 것을 목적으로 합니다. 이때 교사는 아동이 자유롭게 표현할 수 있는 분위기를 조성하고, 창의성을 자극하는 역할을 해야 합니다.

반면 아이스너는 '학문 중심 미술 교육'의 대표 학자입니다. 학문 중심 미술 교육은 학생의 개성과 창의적 표현을 위해서는 발상 방법, 표현 재료와 용구에 대한 이해가 바탕이 되어야 한다고 주장하며, 다양한 표현 방법과 미술 비평, 미술사 등의 지식을 습득해야 함을 강조했습니다. 또한, 교사의 적극적 지도와 교육 과정을 강조하였습니다.

[천재교육 5–6학년 미술 지도서 총론 9. 미술 교육의 동향]

한줄 조언

미술 지도서에 보면 미술 교육 사조가 어떻게 변화해왔는지 정리된 파트가 있어요. 보통 이전 교육 사조의 단점을 보완하는 방식으로 새로운 교육 사조가 등장하죠. 이렇게 각 교육 사조의 변천 과정을 따라가며 특징, 시사점, 한계점 등을 잘 알아두어야 각 학자를 비교하는 문제가 나왔을 때 쉽게 해결할 수 있어요.

2014 초특

정답과 해설

1) 정답

반응 중심 학습법

해설

위 수업은 작품을 감상하고 자신의 경험과 연결해 본 뒤, 다른 사람들과 이를 나누고 관련 작품으로 감상을 확대한 후, 이를 표현 활동에 활용하는 단계로 수업이 구성되어 있습니다. 이는 반응 중심 학습법에 따른 수업 구성입니다.

◉ 반응 중심 학습법

반응 중심 학습법은 체험이나 감상 영역의 능력을 기르고자 할 때 활용하는 방법으로 대상과 현상에 대한 자신의 반응을 명료화하고, 자신의 반응에 따른 행동에 의미와 가치를 부여하도록 하는 방법입니다.

반응 중심 학습법		
1	반응 형성	시각적 대상이나 현상을 탐색하면서 학습자 개인의 경험이나 기억과 관련짓고 자극하여 반응 형성을 적극적으로 유도한다.
2	반응 명료화	교사와 학생, 학생과 학생 간의 질문, 토의, 반성 등의 상호 작용을 통하여 형성된 반응을 명료화한다.
3	반응 심화	관련 작품을 탐색하거나 새로운 시각으로 대상이나 현상을 다시 파악하는 과정이다. 명료화된 반응을 다른 작품의 감상이나 표현을 통해 확장하거나 표현 활동과 연계하여 반응을 심화한다.
4	정리 및 발전	반응의 내면화 과정이며, 학습자의 미술적 반응에 의미와 가치를 부여하는 단계로, 미적 체험의 확대와 심화와 관련된 긍정적 태도를 형성한다.

[천재(류) 3-4학년 미술 지도서 총론 6. 미술과의 교수·학습 방법]

2013 초특 · 초특 공통

정답과 해설

1) 정답

자작나무 껍질(장니)

해설

경주 천마총 〈장니 천마도〉는 말의 안장 양쪽에 달아 늘어뜨리는 장니에 그려진 말(천마)그림이다. 천마도가 그려져 있는 채화판은 자작나무껍질을 여러 겹 겹치고 맨 위에 고운 껍질로 누빈 후, 가장자리에 가죽을 대어 만든 것이다.

[국가문화유산포털]

2) 정답

- **(가) 단계의 명칭 : 아이디어 탐색**
- **필수 학습 요소(중영역)명 : 주제 표현**

해설

이 수업에 적용된 수업 모형은 '창의적 문제해결법'입니다. 창의적 문제해결법의 두 번째 단계는 '아이디어 탐색'입니다.

창의적 문제 해결법	
문제 인식	제시된 문제를 인식하고, 해결에 필요한 단서를 파악하기 위해 다양한 자료나 정보를 모아 문제나 주제를 검토, 해체, 분류.
아이디어 탐색	학습자는 브레인스토밍 등을 통해 문제 해결을 위한 아이디어를 구상.
아이디어 정교화	탐색한 아이디어를 분석, 정교화하며 아이디어의 시각화를 위해 스케치하거나 여러 가지 아이디어를 대상으로 최선의 선택을 하고 재검토, 보완하는 단계.
아이디어 적용	정교화된 아이디어를 표현 활동에 적용하는 단계. 독창적인 아이디어를 명확한 형태로 나타냄.
종합 및 재검토	아이디어가 작품에 잘 반영됐는지 감상, 분석하며, 새로운 선택의 가능성도 생각할 수 있음.

[천재(류) 3-4학년 미술 지도서 총론 6. 미술과의 교수 · 학습 방법]

2007 개정 교육과정에 따른 중영역명은 주제 표현입니다. 2015 개정 교육과정에서는 중영역이라는 명칭이 사라지고, 다른 교과와 동일하게 '핵심개념'으로 제시하였습니다.

유2) 정답

- **(가) 단계의 명칭 : 아이디어 탐색**
- **핵심 개념 : 발상**

해설

이 수업에 적용된 수업 모형은 '창의적 문제해결법'입니다. 창의적 문제해결법의 두 번째 단계는 '아이디어 탐색'입니다.

창의적 문제 해결법	
문제 인식	제시된 문제를 인식하고, 해결에 필요한 단서를 파악하기 위해 다양한 자료나 정보를 모아 문제나 주제를 검토, 해체, 분류.
아이디어 탐색	학습자는 브레인스토밍 등을 통해 문제 해결을 위한 아이디어를 구상.
아이디어 정교화	탐색한 아이디어를 분석, 정교화하며 아이디어의 시각화를 위해 스케치하거나 여러 가지 아이디어를 대상으로 최선의 선택을 하고 재검토, 보완하는 단계.
아이디어 적용	정교화된 아이디어를 표현 활동에 적용하는 단계. 독창적인 아이디어를 명확한 형태로 나타냄.
종합 및 재검토	아이디어가 작품에 잘 반영됐는지 감상, 분석하며, 새로운 선택의 가능성도 생각할 수 있음.

[천재(류) 3-4학년 미술 지도서 총론 6. 미술과의 교수 · 학습 방법]

2015 개정 교육과정에 따른 미술과 내용체계표는 다음과 같습니다.

3-4학년군 미술 내용체계표		
영역	핵심 개념	내용 요소
체험	지각	자신의 감각 대상의 탐색
	소통	
	연결	미술과 생활
표현	발상	다양한 주제 상상과 관찰
	제작	표현 계획 조형 요소 표현 재료와 용구
감상	이해	작품과 미술가
	비평	작품에 대한 느낌과 생각 감상 태도

아이디어를 구상하는 (가) 단계에 어울리는 핵심개념은 표현 영역의 '**발상**'입니다.

3) 정답

㉡, 여러 아이디어 중 적절한 아이디어를 선택하고 재검토, 보완한다.

해설

아이디어 정교화 단계에서는 탐색한 아이디어를 분석, 정교화하며 아이디어의 시각화를 위해 스케치하거나 여러 가지 아이디어를 대상으로 최선의 선택을 하고 재검토 보완하는 활동을 합니다. ㉡의 활동은 아이디어 탐색 단계에 어울리는 활동입니다.

[천재(류) 3-4학년 미술 지도서 총론 6. 미술과의 교수 · 학습 방법]

4) 정답

㉣ : 재료 바꾸어 보기, ㉤ : 빼 보기

해설

창의적 사고 기법의 예시를 보기를 통해 제시해 주었기 때문에 쉽게 해결할 수 있는 문제였습니다.

빠른 〈즐거운 생활〉 정답표

백문이 불여일견 설명이 친절한 기출

2023학년도 기출	
1	단풍잎, 은행잎
2	표현 대상을 확인하고, 표현 방법을 살피기 위해서이다.

2022학년도 기출	
1	우리 반 학생들이 할 수 있는 것인가?
2	찰흙을 가늘고 길게 늘린 다음, 동그랗게 만들고 그 위에 계속 찰흙을 동그랗게 쌓아 올리며 화분의 벽을 만드는

2021학년도 기출	
1	탐색하기
2	강강술래의 방법 및 절차를 정한다.

2020학년도 기출	
1	㉠ 통합/연계 ㉡ 의사소통

2020학년도 유사	
1	㉠ 통합 ㉡ 협력적 소통

2019학년도 기출	
1	말 리듬(말붙임새)
2	동형(또는 순차), 4박

2018학년도 기출	
1	①: ㉠–표현 놀이를 해 보는 것 자체가 학습 목적이다. ②: ㉣–표현 놀이는 자연적인 상황뿐만 아니라 설정된 상황에서도 일어날 수 있다.

2018학년도 유사	
1	①: ㉠–즐거운 생활과의 놀이는 학생이 일상생활 속에서 경험할 수 있는 구체적인 놀이뿐만 아니라 학생이 관심과 흥미를 갖고 스스로 몰입하여 즐길 수 있는 모든 경험을 포괄한다. ②: ㉣–학생들이 마음껏 움직일 수 있는 실내외 공간에서 신체 활동을 충분히 경험할 수 있도록 돕는다.

2017학년도 기출	
1	㉠: 감각 ㉡: 영역(대주제)

2017학년도 유사	
1	㉠: 신체 활동 ㉡: 핵심아이디어

2016학년도 기출	
1	㉠: 탐색하기 ㉡: 느낌 나누기
2	나타내기

2016학년도 유사	
1	표현하기
2	놀이 자체

2015학년도 기출	
1	㉠: 조화 ㉡: 조형

2015학년도 유사	
1	㉠: 이미지 ㉡: 움직임

2014학년도 기출	
1	탐색하기
2	'잠자리 꽁꽁'은 자진모리장단의 4박 리듬(2박 계열)인데 제시된 리듬 악보는 3박 리듬(3박 계열)이기 때문이다.

2013학년도 기출	
1	이웃 나라
2	A는 '모방하기'로 이웃 나라의 민속놀이 모방하기 활동이 가능하다.

2013학년도 유사	
1	우리는 어디서 살아갈까
2	다문화교육

2023 초등

정답과 해설

1) 정답

단풍잎, 은행잎

해설

㉠소리와 ㉡이미지에 대한 심미적 감지가 동시에 발현되는 노랫말은 가을바람 악보에서 알 수 있듯, 음표를 각각 단풍잎, 은행잎 모양으로 나타낸 '단풍잎, 은행잎' 부분이라고 할 수 있습니다.

2) 정답

표현 대상을 확인하고, 표현 방법을 살피기 위해서이다.

해설

준비하기 단계에서는 표현 대상 확인하기, 표현 자료 준비하기, 방법 및 절차 살피기 활동을 합니다. 그러므로 ㉢가을바람을 맞아 본 경험을 이야기하는 활동을 준비하기 단계에서 설정한 이유는 표현의 대상인 가을 바람을 확인하고, 적합한 표현 방법을 살피기 위해서라고 할 수 있습니다.

한 줄 조언

통합교과에서 나름대로 고난이도를 담당하고 있던 즐거운 생활과에서 무난한 난이도의 문제가 나왔습니다. 각론 부분 또한 제시문에서 충분히 답을 유추할 수 있는 수능형 문제였습니다. 또한 표현 놀이 중심 교수•학습 모형에 대한 문제가 한 번 더 출제되면서 그 중요성을 다시금 드러냈습니다.

2022 초등

정답과 해설

1) 정답

우리 반 학생들이 할 수 있는 것인가?

해설

구성 차시에 대한 설명은 지도서 총론에도 제시되어 있지만, 문제에서 요구하는 '구성 차시 판단 준거'는 지도서에 다음과 같이 제시되어 있습니다. 또한 지도 교사의 말 중 '1학년 때 학생들이 배운 2가지 방법'을 사용한다는 것이 힌트가 될 수 있습니다. 학생들이 이미 배운 방법을 사용하는 이유는 학생들이 활동을 할 수 있어야 하기 때문입니다.

> **[구성 차시 판단 준거]**
> - 우리 반 학생들이 하고 싶어 하는 것인가?
> - 우리 반 학생들이 할 수 있는 것인가?
> - 이 단원의 성취기준, 기능, 역량과 관련이 있는가?
>
> [봄 2-1 2. 봄이 오면]

구성 차시 판단 준거와 함께 '구성 차시 만드는 방법' 또한 지도서에 다음과 같이 제시되어 있습니다. 참고용으로 삽입합니다.

구성 차시 만드는 방법

① 학생이 하고 싶어 하는 것 또는 교사가 필요하다고 여기는 것을 준비한다.

② 성취기준에 적절한지 판단한다.

- [2즐02-02] 봄을 맞이하여 집을 아름답게 꾸민다.

③ 지도서의 예시(안)를 참고한다.

- 순서: 31~38차시를 하는 동안 어느 곳에 배치해도 괜찮다.
- 시량: 40~120분 정도로 만들 수 있다.

④ 구성 차시의 순서와 시량을 정한다.

[봄 2. 봄이 오면]

2) 정답

찰흙을 가늘고 길게 늘인 다음, 동그랗게 만들고 그 위에 계속 찰흙을 동그랗게 쌓아 올리며 화분의 벽을 만드는

해설

㉡이 찰흙을 이용하여 화분을 만드는 방법을 풀어 설명한 내용이기 때문에, ㉢ 또한 그림을 보고 자세히 풀어 설명하면 됩니다.

한줄 조언

통합교과에서 구성 차시를 매우 중요하게 생각한다는 것은 알고 있었지만, 지도서 총론에 제시되어 있지 않은 개념을 문제로 낼 줄은 몰랐습니다. 다시 한번 통합교과에서 구성 차시의 중요성을 깨달았고, 통합교과 지도서에서도 공부할 만한 내용들은 정리할 필요가 있다는 것 또한 깨달았습니다. 하지만 통합교과에 시간을 많이 쏟을 수 없으니 인강 강사님들의 정리 자료만 보셔도 충분하리라 생각합니다.

2021 초등 정답과 해설

1) 정답

탐색하기

해설

◉ **표현 놀이 중심 교수 · 학습 모형**

표현 놀이 중심의 즐거운 생활과 수업은 일반적으로 '준비하기', '탐색하기', '표현 놀이하기', '느낌 나누기' 단계로 진행한다.

준비하기	탐색하기	표현 놀이하기	느낌 나누기
- 표현 대상 확인하기 - 표현자료 준비하기 - 방법 및 절차 살피기	- 표현 방식 살피기 - 표현요소 관찰하기 - 방법 및 절차 정하기	- 표현하기 - 관련 기능 사용하기 - 과정 즐기기	- 활동 결과 감상하기 - 활동 후 느낌 나누기 - 활동 후 정리하기

[통합교과 지도서총론 즐거운 생활과 교수·학습 지도]

2) 정답

강강술래의 방법 및 절차를 정한다.

해설

[준비하기]
해당 활동에 필요한 사항을 이해하고, 활동에 대한 동기를 갖게 하는 단계이다. 교사는 학생들이 활동 과제를 인식하고, 관련 재료 및 도구를 준비하며, 방법과 절차를 살펴볼 수 있도록 지도한다.

[탐색하기]
활동에 필요한 기초적인 것, 알아야 할 내용, 익혀야 할 기능, 아이디어를 구체적으로 구상하는 단계이다. 교사는 학생들이 활동과 관련하여 익혀야 할 기능, 요소를 파악하도록 지도하고, 활동에 적절한 방법과 절차를 숙고와 협의를 통해서 탐색하도록 지도한다.

[표현 놀이하기]
실제로 표현 놀이를 하는 단계이다. 교수 · 학습 과정에서 가장 핵심이 되는 단계로 일반적으로 가장 많은 시간을 할애한다. 교사는 학생의 활동이 원활하도록 여건을 조성하고, 자율적, 참여적, 허용적인 학습 분위기를 만든다.

[느낌 나누기]
표현 놀이를 통해 익힌 것을 다른 활동에 적용하여 일반화하는 단계이다. 교사는 학생들이 활동과정에서 느낀 점을 서로 나누게 하여 활동과 활동 관련 요소들을 내면화하고, 나아가서는 다른 활동에 대한 동기를 유발할 수 있도록 지도한다.

[통합교과 지도서총론 즐거운 생활과 교수·학습 지도]

한줄 조언

즐거운 생활과의 빈출 문제 중 하나인 표현 놀이 중심 교수 · 학습 모형과 관련된 문제입니다. 특히 이 문제는 단계명에서 그치지 않고 각 단계에서 이루어지는 활동을 구체적으로 서술하게 한 고난이도의 문제입니다. 이제 통합교과도 교수·학습 모형을 공부할 때에는 각 단계별로 할 수 있는 활동들을 예시로 들어가며 공부해야 할 것 같아요. 즐거운 생활과 뿐 아니라 다른 통합교과도 모형의 활동을 구체적으로 떠올려보는 연습을 해 봅시다!

2020 초등

정답과 해설

1) 정답

㉠ 통합/연계

㉡ 의사소통

해설 ㉠

가. 교수 · 학습 방향

- '즐거운 생활'과는 '바른 생활'과, '슬기로운 생활'과와 영역(대주제)별로 **통합**하여 지도하며 국어과 또는 수학과와도 **연계**하여 학습의 효율성을 극대화할 수 있다.
- '바른생활'과의 교과 역량인 **공동체 역량, 자기 관리 역량, 의사소통 역량**을 향상시킬 수 있도록 공감 및 배려, 규범과 규칙 준수, 자기 생활 관리, 자기 학습 관리, 상황 파악 능력, 조사 및 발표 능력에 교수 · 학습 활동의 초점을 두어 지도한다.
- '슬기로운 생활'과의 교과 역량인 **창의적 사고 역량, 지식정보처리 역량, 의사소통 역량**을 향상시킬 수 있도록 창의적 사고력, 통합적 사고력, 탐구 능력, 문제해결능력, 자료이해능력, 도구활용능력, 상황파악능력, 조사 및 발표 능력에 교수 · 학습 활동의 초점을 두어 지도한다.
- '즐거운 생활'과의 교수 · 학습에서는 학생들이 궁극적으로 **심미적 감성 역량, 창의적 사고 역량, 의사소통 역량** 등의 교과 역량을 함양할 수 있도록 지도한다.

한줄 조언

통합교과가 지향하는 바를 가장 잘 드러낸 문제입니다. 통합교과는 교과별로 나누지 않고 대주제별로 통합하고 연계하여 유의미한 학습을 도모하는 교과예요. 그럼에도 불구하고 기출 경향을 보았을 때에는 바른 생활, 슬기로운 생활, 즐거운 생활과에 해당하는 독립된 문제들을 많이 출제했죠. 하지만 이 문제는 세 교과를 하나로 연결해야 풀 수 있는 문제로, 즐거운 생활과라기 보다는 통합교과의 성격이 강합니다. 그러므로 세 교과의 공통점에도 유의해서 볼 필요가 있을 것 같습니다.

2020 초등 유사

정답과 해설

1) 정답

㉠ **통합**
㉡ **협력적 소통**

해설㉠

다음은 즐거운 생활과의 교수·학습의 방향 가항의 내용입니다.

(가) 즐거운 생활과는 영역 및 핵심아이디어를 중심으로 바른 생활과와 슬기로운 생활과를 **통합**하여 교수·학습할 수 있다. 아울러 학생의 관심사를 반영한 주제를 중심으로 다른 교과, 창의적 체험활동을 통합할 수 있다.

해설㉡

다음은 바른 생활, 슬기로운 생활, 즐거운 생활과 각각의 교수·학습의 방향에서 역량과 관련된 부분들입니다.

(마) **바른 생활**과의 교수·학습 과정에서 문제를 다루는 실천 경험은 특히 **자기 관리 역량, 협력적 소통 역량, 공동체 역량** 등과 밀접한 관련이 있다.

(마) **슬기로운 생활**과의 교수·학습 과정에서 주변을 탐구하는 경험은 특히 **지식정보처리 역량, 창의적 사고 역량, 협력적 소통 역량** 등과 밀접한 관련이 있다.

(마) **즐거운 생활**과의 교수·학습 과정에서 놀이에 몰입하는 경험은 특히 **협력적 소통 역량, 공동체 역량, 심미적 감성 역량** 등과 밀접한 관련이 있다.

그러므로 공통된 역량은 '협력적 소통 역량'입니다.

2019 초등

정답과 해설

1) 정답

말 리듬(말붙임새)

해설

㉠노랫말을 읽으며 리듬 익히기와 ㉣음의 길이에 맞추어 노랫말을 읽으면 돼요.를 참고하고 ㉢에 무엇이 들어가는지 맞히는 문제입니다. '음의 길이에 맞추어', '리듬 익히기'에서 힌트를 얻을 수 있습니다.

◉ **말붙임새의 뜻을 알아본다.**

– 말붙임새는 노랫말이 장단에 붙여진 모양새를 말한다.

[천재교육 3학년 지도서, 2. 음악으로 알아 가는 너]

◉ **붙임새(말붙임새)란?**

노랫말(사설)이나 악기의 음(音)을 각 층 위의 박에 붙여 놓은 모양새, 보통 한 장단을 단위로 그 안에 노랫말이나 악기의 음을 놓아 가는데, 주로 짧은 형태가 서로 조합되는 모양이 많이 나타나며, 장단에 따라 특징적인 형태를 지닌다. 특히, 한 장단 안에서 노랫말이 붙여져서 만들어지는 모양새를 사설붙임새, 가사붙임새 또는 말붙임새라고 한다.

[금성 5학년 지도서, 1. 만남으로 열리는 마음]

◉ **말 리듬 오스티나토 반주**

키트만(Keetman)은 "리듬에 따라 말하기는 음악 수업에 있어서 중요한 몫을 차지하며, 학생들은 스스로 말하고 노래하는 과정의 중요성을 배움으로써 다양한 표현 형식을 터득할 수 있다."라고 하였다. 전래 동시나 즉석에서 지은 동시, 속담, 격언 등은 오르프 접근법에서 중요한 수업 자료이다. 다양한 리듬 꼴에 붙인 말 리듬 오스티나토를 다양한 빠르기와 셈여림으로 표현하면서 말하기, 신체로 나타내기 등의 기회는 학생들에게 좋은 학습의 기회를 제공한다. 켈러(Keller)가 말하는 말 리듬 학습의 단계는 다음과 같다.

1. 학습 자료를 분석하여 리듬을 넣어 읽기
2. 단계별로 따라 읽기, 처음부터 기억하여 따라 읽기
3. 실수는 곧바로 교정해 주기, 따라 읽기가 불가능하거나 벅찰 경우 친구들이 돕도록 유도하기
4. 역동적인 변화를 통해 읽기 연습(크게, 작게, 매우 작게, 크레셴도, 데크레셴도 등), 발성 연습(목으로, 머리로, 가성으로), 박자에 맞춰 읽기 연습(보통, 느리게, 매우 느리게, 빠르게, 매우 빠르게, 점점 빠르게)
5. 카논으로 말하기, 다양한 형식(보충, 후렴, 간격 또는 다양한 목소리 등)을 더하여 변화를 주며 말하기
6. 특별한 음절(모음, 울림음, 복모음)을 고려하여 리듬 읽기, 어린이들의 경우 동물 소리(소, 개구리 등)로 번역하는 작업도 유용하다.
7. 리듬을 손뼉 치기, 무릎 치기, 발 구르기, 손가락 튕기기로 연주하기
8. 듣기에 좋은 낱말의 반주 형식을 만들기, 어린이들이 각자가 구상한 것을 말하고 발표하기

[금성 5학년 지도서, 2. 함께하며 즐거운 마음]

2) 정답

동형(또는 순차), 4박

해설㉤

그림 악보 '한 계단 오르면', '두 계단 오르면' 부분에서는 음이 순차적으로 올라가고 있다는 것을 알 수 있습니다. 또한 계단을 오른다는 노랫말의 의미를 고려하면 이는 차례가기, 즉 동형(순차) 진행을 뜻하고 있다는 것을 알 수 있습니다.

◉ **차례가기 알아보기**

'차례가기'란 두 개 이상의 음이 인접한 음으로 차례차례 순차적으로 올라가거나 내려가는 가락을 말한다.

◉ **뛰어가기 알아보기**

차례가기와 대조되는 '뛰어가기'는 단계적으로 오르내리지 않고 건너뛰어 가는 가락을 말한다.

[금성 5학년 지도서, 1. 만남으로 열리는 마음]

해설㉥

위에 제시된 악곡에서 '한 계단 오르면'부분을 함께 봅시다. 그림 악보에 해당 부분의 박자를 가사로 읽어보면 '한 계 단안 오르며언'이 됩니다. '**한** 계**다**안 **오**르**며**언'에서 밑줄 친 부분을 박수치면서 읽으면 제시된 악곡의 기본박이 4박이라는 것을 알 수 있습니다.

한줄 조언

19년도 문제 중에 저에게 가장 큰 절망을 안겨 준 문제였습니다. 통합교과는 점수를 얻고 가는 과목이라고 생각했는데 제가 가장 자신이 없는 음악 관련 문제가 나와서 시험장에서 멘탈이 남아나지를 않았습니다. 하지만 말 리듬이나 말붙임새같은 경우는 즐거운 생활 강의에서 언급한 적이 없었기 때문에, 나 말고도 다들 당황하겠거니 생각했어요. 그리고 설명을 보면서 내가 아는 것 중에 가장 답에 가까운 게 무엇일까 생각했습니다. 그래서 저는 답에 확신을 갖지는 못했지만 말붙임새라고 답을 썼어요. 순차 진행도 마찬가지로 확신 없이 답을 썼습니다. 특히 마지막 문제는 기본박이 4박인 걸 물어보는 문제라는 건 생각도 못했어요. 그래서 마디의 첫 글자라고 답을 적었던 기억입니다. 하지만 시간을 돌린다고 해도 이 문제를 위해 즐거운 생활 각론을 따로 공부하지는 않았을 것 같아요. 위에 해설을 보면 알 수 있듯이 결국 음악교과 각론과 관련된 내용이었기 때문에, 음악 공부를 열심히 했다면 풀 수 있는 문제였어요.

이 문제를 보고 '이제 통합도 각론을 철저히 대비해야겠다!'라고 생각하지는 마시고, 중요하거나 어려워보이는 개념 정도만 정리하시는 게 가장 경제적일 것 같습니다.

또 저는 모의고사나 시험 당일에 문제 순서대로 풀지 않고 즐거운 생활부터 풀었는데요. 처음 시험지를 받고 이 문제를 확인했을 때의 충격은 아직도 생생하네요. 하지만 정신을 잘 부여잡고 내가 쓸 수 있는 건 최선을 다해 채우고, 다른 문제에 집중하려고 노력했어요. 당황스러운 상황에서도 최상의 컨디션을 유지하는 능력, 내가 아는 것 중 답과 가장 가까운 것을 적을 수 있는 센스가 임고에서는 아주 중요한 것 같아요. 이 능력을 키우려면 모의고사를 많이 푸세요! 특히 실제와 비슷한 환경에서요. 저는 여름방학부터 같은 학교 친구들과 시간과 장소를 정해 실제 모의고사처럼 시험을 봤어요. 대신 정말 철저히 규칙을 정해서 지각도 안 되고 시간을 더 늘리는 것도 안 되게 하셔야 해요. 이렇게 실전 감각을 키우시면 시험에서 당황스러운 문제가 나오더라도 실력을 충분히 발휘하실 수 있으실 거예요!

2018 초등

정답과 해설

1) 정답

①: ㉠=표현 놀이를 해 보는 것 자체가 학습 목적이다.
②: ㉣=표현 놀이는 자연적인 상황뿐만 아니라 설정된 상황에서도 일어날 수 있다.

해설

◉ 표현 놀이 중심 교수 · 학습 모형

• 표현 놀이 중심의 즐거운 생활과 수업은 일반적으로 '준비하기', '탐색하기', '표현 놀이하기', '느낌 나누기' 단계로 진행한다.

준비하기	탐색하기	표현 놀이하기	느낌 나누기
- 표현 대상 확인하기 - 표현자료 준비하기 - 방법 및 절차 살피기	- 표현 방식 살피기 - 표현요소 관찰하기 - 방법 및 절차 정하기	- 표현하기 - 관련 기능 사용하기 - 과정 즐기기	- 활동 결과 감상하기 - 활동 후 느낌 나누기 - 활동 후 정리하기

표현 놀이 중심의 즐거운 생활 교과의 교수 · 학습 지도는 특히 다음과 같은 점에 유의한다.

• **표현 놀이를 해 보는 것 자체가 학습 목적이다.** 활동이 학습의 목표 달성을 위한 주요 수단이 되는 경우도 많지만, 초등학교 1, 2학년 학생에게는 무언가를 위한 학습일 뿐만 아니라 활동 자체만으로도 유용하고 의미 있는 학습 경험이다.
• **표현 놀이를 위한 다양하고 풍부한, 그리고 창의적인 방식을 최대한 허용**한다. 이러한 허용은 학생들이 표현 놀이 자체를 즐길 수 있도록 한다.
• **표현 놀이의 의미를 강화하기 위해서 활동 후 활동을 준비한다.** 활동 과정에서 학생들은 의도하지 않았던 여러 가지 잠재적 학습 결과를 낸다. 활동 후 활동을 통해서 이런 학습 결과에 대한 의미를 공유한다.
• **표현 놀이는 자연적인 상황뿐만 아니라 설정된 상황에서도 일어날 수 있다.**

[통합교과 지도서 총론 즐거운 생활과 교수·학습 지도]

한줄 조언

교사가 지도서에서 가장 눈여겨보아야 하는 부분을 하나만 꼽아야 한다면, 저는 이러한 지도상의 유의점이라고 생각합니다. 이 부분은 이미 출제가 되었지만 조금 변형해서 충분히 또 나올 수 있다고 생각해요. 이런 부분을 중점적으로 공부하세요.

2018 초등 유사

정답과 해설

1) 정답

①:㉠-즐거운 생활과의 놀이는 학생이 일상생활 속에서 경험할 수 있는 구체적인 놀이뿐만 아니라 학생이 관심과 흥미를 갖고 스스로 몰입하여 즐길 수 있는 모든 경험을 포괄한다.
②:㉣-학생들이 마음껏 움직일 수 있는 실내외 공간에서 신체 활동을 충분히 경험할 수 있도록 돕는다.

해설

다음은 2022 개정 즐거운 생활과 교육과정의 교수·학습의 방향 나항과 다항입니다.

(나) 즐거운 생활과의 놀이는 학생이 일상생활 속에서 경험할 수 있는 **구체적인 놀이**뿐만 아니라 학생이 관심과 흥미를 갖고 스스로 몰입하여 즐길 수 있는 **모든 경험**을 포괄한다. 따라서 즐거운 생활과의 교수·학습은 학생이 **놀이 자체**를 즐기고 놀이 과정에서 다양한 정서와 감정을 발산할 수 있도록 한다.
(다) 즐거운 생활과의 교수·학습은 다양한 놀이를 즐기는 경험을 대상으로 한다. 학생이 일상생활에서 이미 접한 놀이나 새롭게 고안한 놀이와 함께 학생의 희망에 따라 **교사가 적절한 놀이를 제안하거나 안내**해 줄 수도 있다. 특히 이 과정에서 학생들이 마음껏 움직일 수 있는 **실내외 공간**에서 신체 활동을 충분히 경험할 수 있도록 돕는다.

2017 초등

정답과 해설

1) 정답

㉠ : 감각
㉡ : 영역(대주제)

해설 ㉠

◉ **성격**

- 심미적 감성 역량은 일상생활에서 아름다움과 즐거움을 느끼고, 여러 가지 자료와 매체, 도구 등을 사용하여 소리와 이미지, 움직임 등에 대해 다양한 **감각**을 발달시키는 능력이다.

◉ **목표**

- 건강한 몸과 창의적 표현 능력을 길러 일상생활을 즐겁게 영위하고 문화적 소양을 함양한다.

> 가. 여러 가지 놀이와 표현 활동을 통해 감각을 발달시키고 건강한 신체를 기른다.
> 나. 활동에 참여하는 과정에서 기초적인 표현 기능을 익힌다.
> 다. 소리, 이미지, 움직임 등에 대한 심미적 감성 능력을 기르고 창의융합적으로 표현하면서 서로 소통하는 능력을 기른다.

해설 ㉡

◉ **교수 · 학습 방향**

- '즐거운 생활'과는 '바른 생활'과 '슬기로운 생활'과와 영역(**대주제**)별로 통합하여 지도하며 국어과 또는 수학과와도 연계하여 학습의 효율성을 극대화할 수 있다.

한 줄 조언

즐거운 생활에서 '감각'은 가장 중요한 단어지요. 이처럼 통합교과는 세부적인 부분에서는 잘 출제되지 않고, 만약 나온다고 해도 다 같이 틀릴 거예요. 그렇기 때문에 통합교과에서는 중요한 것만 공부하시고 그렇게 아낀 체력과 시간을 이용해서 주요과목, 특히 배점이 크고 각론 비중이 높은 과목에 투자하시는 걸 추천 드립니다!

2017 초등 유사

정답과 해설

1) 정답

㉠ : **신체 활동**
㉡ : **핵심아이디어**

해설 ㉠

다음은 2022 개정 즐거운 생활과 교육과정의 성격 중 일부입니다.

초등학교 통합교과로서 즐거운 생활과는 학생이 놀이를 통해 '지금-여기-우리 삶'의 즐거움을 누리는 '놀이 경험 중심 교과'이다. 즐거운 생활과의 놀이는 학생이 자발적으로 참여하고 몰입함으로써 자유로움과 즐거움을 느낄 수 있는 모든 활동을 의미한다. 학생은 즐거운 생활과를 통해 **신체 활동**과 문화 예술 활동을 경험하며 건강하고 안전하게 생활하는 가운데 놀이에 몰입하여 즐긴다. 이 과정에서 학생은 공동체와 소통하고 감정과 정서를 창의적으로 표현하며 아름다움을 음미하고 삶을 향유한다.

다음은 2022 개정 즐거운 생활과 교육과정의 목표입니다.

놀이를 하면서 '지금-여기-우리 삶'을 즐긴다.
첫째, 문화 예술 활동과 **신체 활동**을 통해 지금을 즐긴다.
둘째, 자신이 속한 장소에서 놀이를 즐기며 감정과 정서를 표현한다.
셋째, 공동체와 더불어 생각이나 느낌을 나누며 창작하고 표현하는 활동에 참여한다.

해설 ㉡

다음은 2022 개정 즐거운 생활과 교육과정의 교수·학습의 방향 가항입니다.

(가) 즐거운 생활과는 영역 및 핵심아이디어를 중심으로 바른 생활과와 슬기로운 생활과를 통합하여 교수·학습할 수 있다. 아울러 학생의 관심사를 반영한 주제를 중심으로 다른 교과, 창의적 체험활동을 통합할 수 있다.

한줄 조언

즐거운 생활에서 '감각'은 가장 중요한 단어지요. 이처럼 통합교과는 세부적인 부분에서는 잘 출제되지 않고, 만약 나온다고 해도 다 같이 틀릴 거예요. 그렇기 때문에 통합교과에서는 중요한 것만 공부하시고 그렇게 아낀 체력과 시간을 이용해서 주요과목, 특히 배점이 크고 각론 비중이 높은 과목에 투자하시는 걸 추천 드립니다!

2016 초등

정답과 해설

1) 정답

㉠ : 탐색하기
㉡ : 느낌 나누기

2) 정답

나타내기

2016 초등 유사 정답과 해설

1) 정답

표현하기

해설

영역	핵심아이디어	범주	내용요소 즐거운 생활
우리는 누구로 살아 갈까	・우리는 내가 누구인지 생각하며 생활한다. ・우리는 서로 관계를 맺으며 생활한다.	지식・이해	・건강과 안전 ・신체 인식과 감각 ・자연의 아름다운 장면
		과정・기능	・놀이하기 ・소통하기 ・감상하기
		가치・태도	・어울림 ・건강한 생활 ・안전한 생활
우리는 어디서 살아 갈까	・우리는 여러 공동체 속에서 생활한다. ・우리는 삶의 공간을 넓히며 생활한다.	지식・이해	・우리나라의 문화 예술 ・다른 나라의 문화 예술
		과정・기능	・문화 예술 활동하기 ・표현하기 ・상상하기
		가치・태도	・문화 예술 향유
우리는 지금 어떻게 살아 갈까	・우리는 여러 유형의 주기로 생활한다. ・우리는 과거, 현재, 미래를 생각하며 생활한다.	지식・이해	・자연의 변화 ・전통문화 ・아동권리
		과정・기능	・자연에서 놀이하기 ・창의적으로 표현하기 ・권리 누리기
		가치・태도	・활기찬 생활 ・전통의 소중함 ・안전과 안녕
우리는 무엇을 하며 살아 갈까	・우리는 경험 하고 상상하고 만들며 생활한다. ・우리는 느끼고 생각하고 표현하며 생활한다.	지식・이해	・생각과 느낌
		과정・기능	・고치기와 만들기 ・놀이하기 ・전시하기 ・공연하기 ・경험 떠올리기
		가치・태도	・자유로운 상상 ・의미 부여

2) 정답

놀이 자체

해설

다음은 즐거운 생활과의 교수・학습의 방향 나항의 내용입니다.

(나) 즐거운 생활과의 놀이는 학생이 일상생활 속에서 경험할 수 있는 구체적인 놀이뿐만 아니라 학생이 관심과 흥미를 갖고 스스로 몰입하여 즐길 수 있는 모든 경험을 포괄한다. 따라서 즐거운 생활과의 교수・학습은 학생이 놀이 자체를 즐기고 놀이 과정에서 다양한 정서와 감정을 발산할 수 있도록 한다.

한줄 조언

교수・학습 지도 부분은 아무리 통합교과라고 해도 유의해서 볼 부분이에요. 특히 이런 '활동 후 활동'같은 경우는 실제 수업에서 어떤 활동을 적용할 수 있을지도 생각해보면, 관련 문제가 나올 때 훨씬 더 쉽게 풀 수 있을 거예요.

2015 초등

정답과 해설

1) 정답

㉠ : 조화

㉡ : 조형

2015 초등 유사

정답과 해설

1) 정답

㉠ : 이미지
㉡ : 움직임

해설

다음은 즐거운 생활과 교수·학습 방향 라항입니다.

(라) 즐거운 생활과 교수·학습 과정에서는 학생이 **움직임**, 소리, **이미지**와 관련한 놀이에 몰입하여 즐기는 가운데 내용 체계에 제시한 준비하기(도구 준비, 자료 준비하기 등), 질문하기(예상하기, 문제 진술하기 등), 계획하기(절차 정하기, 순서 정하기, 방법 정하기 등), 조사하기(자료 찾기, 매체 찾기 등), 관련짓기(그림으로 관련짓기 등), 의논하기(나누기, 공감하기 등), 나타내기(몸, 소리, 색, 물질, 도구, 매체를 사용하여 표현하기 등), 평가하기(감상하기, 체크하기 등) 등을 과정·기능으로 다룰 수 있다.

한줄 조언

이런 식으로 반복되어서 나오거나 공통되어서 나오는 용어들은 반드시 기억해주세요. 소리, 이미지, 움직임이라는 용어는 목표에서도 한 번 더 반복됩니다. 또 이러한 요소들이 실제 수업에서는 어떻게 반영될지 생각해보는 것도 필요합니다.

2014 초등

정답과 해설

1) 정답

탐색하기

해설

교수·학습 모형을 기계적으로만 외웠다면 헷갈릴 수도 있는 문제입니다. 특히 잠자리 꽁꽁 노래 부분은 '준비하기' 단계로 헷갈리기 쉬워요, 하지만 우선 20차시 중 14차시에 해당하는 활동이기 때문에 준비하기 단계라고 보기에 어렵습니다. 그리고 나머지 두 활동이 '탐색하기' 단계에 딱 맞는 활동이라 더 적합한 답을 쓰시면 맞힐 수 있는 문제입니다.

◉ **즐거운 생활과 교수·학습 지도**

- 즐거운 생활 교과는 '표현 놀이' 중심 교과이다. 즐거운 생활 교과 수업은 생활 중에 직면하는 상황을 다양하게 느끼고, 느낀 것을 여러 가지 방식으로 표현하는 기회를 제공하며, 표현 놀이 중심의 다양한 수업 모형이나 방법을 적용하여 가르칠 수 있다.

(1) 표현 놀이 중심 교수·학습 모형

- 표현 놀이 중심의 즐거운 생활과 수업은 일반적으로 '준비하기', '탐색하기', '표현 놀이하기', '느낌 나누기' 단계로 진행한다.

준비하기	탐색하기	표현 놀이하기	느낌 나누기
- 표현 대상 확인하기 - 표현자료 준비하기 - 방법 및 절차 살피기	- 표현 방식 살피기 - 표현요소 관찰하기 - 방법 및 절차 정하기	- 표현하기 - 관련 기능 사용하기 - 과정 즐기기	- 활동 결과 감상하기 - 활동 후 느낌 나누기 - 활동 후 정리하기

표현 놀이 중심 교수·학습 모형에서 ㉠, ㉡, ㉢ 활동이 공통적으로 해당하는 단계를 찾으면,

㉠노래를 듣고 난 느낌 이야기하기 → 명시적으로 연결되는 활동은 없지만 노래가 잠자리에 대한 노래이기 때문에, 표현 요소 관찰로 볼 수 있다.

㉡잠자리의 생김새 살펴보기 → 표현요소 관찰하기

㉢잠자리의 움직임 떠올리기 → 표현요소 관찰하기

임을 알 수 있습니다.

[통합교과 지도서 총론 즐거운 생활과 교수·학습 지도]

2) 정답

'잠자리 꽁꽁'은 자진모리장단의 4박 리듬(2박 계열)인데 제시된 리듬 악보는 3박 리듬(3박 계열)이기 때문이다.

해설

제시된 리듬 악보를 보면 4분의 3박자 악보입니다. 발 구르기 한 번, 박수 두 번을 치는 것을 보아서 3박 계열임을 알 수 있지요. 잠자리 꽁꽁은 박자가 정확하게 나오지는 않지만, 노랫말에 맞춰 박수를 쳐보면 2박 계열이라는 것을 알 수 있어요.

한 줄 조언

즐거운 생활에서 나온 각론 문제입니다. 이런 문제는 음악적인 배경지식이 없으면 풀기 어려운 문제예요. 그렇다고 이 한 문제를 위해 음악 지식을 공부할 필요는 없어요! 저도 음악이 약점 교과였지만 즐거운 생활 각론은 공부하지 않았답니다. 오히려 제 주력 과목에 집중했어요. 선생님들도 효율을 따지면서 선택과 집중을 하시면 좋겠습니다.

2013 초등

정답과 해설

1) 정답

이웃 나라

2) 정답

A는 '모방하기'로 이웃 나라의 민속놀이 모방하기 활동이 가능하다.

2013 초등 유사

정답과 해설

1) 정답

우리는 어디서 살아갈까

해설

영역	핵심아이디어	범주	내용요소 즐거운 생활
우리는 어디서 살아갈까	· 우리는 여러 공동체 속에서 생활한다. · 우리는 삶의 공간을 넓히며 생활한다.	지식 · 이해	· 우리나라의 문화 예술 · 다른 나라의 문화 예술
		과정 · 기능	· 문화 예술 활동하기 · 표현하기 · 상상하기
		가치 · 태도	· 문화 예술 향유

2) 정답

다문화 교육

해설

다음은 즐거운 생활과 '우리는 어디서 살아갈까' 영역의 성취기준 적용 시 고려 사항입니다.

> [2즐02-03] 여러 나라의 놀이, 노래, 축제 등을 접하는 과정에서 **다문화 교육**과 연계할 수 있다.

빠른 총창안 정답표

백문이 불여일견 설명이 친절한 기출

2023학년도 기출

1	㉡, 학생들이 자신의 선경험과 선개념을 바탕으로 지식을 스스로 구성할 수 있도록 학생 맞춤형 수업을 활용해야 한다. ㉤, 교과 진도와 관련된 심화 보충형 학습이 되지 않도록 한다.
2	집중제

2023학년도 초특 기출

1	체육, 예술(음악/미술)
2	학교의 특성, 학생·교사·학부모의 요구 및 필요 등

2022학년도 기출

1	①: 학년 간 상호 연계와 협력을 통해 학교 교육과정을 유연하게 편성·운영할 수 있기 때문이다. ②: 학년별로 교과 집중 이수를 실시할 수 있다.
2	자율활동

2021학년도 기출

1	㉠: 학년군별 총 수업 시간 수는 최소 수업 시수를 나타내기 때문에 감축하여 운영할 수 없습니다.
2	㉣: 동아리 활동은 학생의 흥미와 적성에 맞는 취미 생활이나 특기를 기를 수 있는 체험 중심으로 운영해야 하므로

2020학년도 기출

1	㉠: 학습의 결과만이 아니라 결과에 이르기까지의 학습 과정을 확인하고 환류한다. ㉡: 창의적 체험활동은 내용과 특성을 고려하여 평가의 주안점을 학교에서 결정하여 평가한다.
2	진로탐색활동

2020학년도 초특 기출

1	한국어 교육과정
2	교과와 창의적 체험활동 등 교육 활동 전반에 걸쳐 통합적으로 다루도록 하고, 지역사회 및 가정과 연계하여 지도한다.

2019학년도 기출

1	㉠: '고등교육법'이 아니라 '초·중등교육법'이다.
2	자율·자치활동

2019학년도 초특 기출

1	학년(군)별로 선택적으로
2	영어

2018학년도 기출

1	㉠: 수리 능력 ㉡: 예술(음악/미술)
2	자치활동

2018학년도 초특 기출

1	의사소통 역량
2	체육, 체육 교과는 기준 수업 시수를 감축해서 운영할 수 없다.

2017학년도 기출

1	①: ㉡, 자기관리 역량 ②: ㉢, 연간 34주
2	동아리 활동

2017학년도 초특 기출

1	교육 내용의 학년별 순서를 조정하거나 공통 주제를 중심으로 교재를 재구성하여 활용한다.
2	학교장의 교육과정 운영 및 의사 결정에 관한 자문의 역할을 담당한다.

2016학년도 기출

1	㉠: 기준 수업 시수 ㉡: 최소 수업 시수
2	진로

2016학년도 초특 기출

1	①: 국어 사용 능력 ②: 수리 능력
2	우수한 지역 자원

2015학년도 기출

1	㉠: 다양성 ㉡: 실천
2	동아리 활동

2014학년도 기출

㉠: 동아리활동
㉡: 자치활동
㉢: 자문

2013학년도 초등·초특 기출

1	㉠, 학교는 교과용 도서 이외에 교육청이나 학교에서 개발한 다양한 교수·학습 자료를 ~~(교육부의 심의를 거쳐)~~ 활용할 수 있다.

2013학년도 초특 기출	
1	학년 간 상호 연계와 협력을 통해 학교 교육과정을 유연하게 편성 · 운영할 수 있도록 학년군을 설정한다.
2	㉠ : 기본 습관 및 기초 능력 ㉡ : 바른 인성
3	㉡, 최소 수업 시수 → 기준 수업 시수 ㉣, 3~6학년 → 5~6학년
4	전입 학생이 특정 교과를 이수하지 못할 경우 학습 결손이 발생하지 않기 위해서

2023 초등

정답과 해설

1) 정답

㉡, 학생들이 자신의 선경험과 선개념을 바탕으로 지식을 스스로 구성할 수 있도록 학생 맞춤형 수업을 활용해야 한다.
㉣, 교과 진도와 관련된 심화 보충형 학습이 되지 않도록 한다.

해설

2. 교수 · 학습
다. 교과의 특성과 학생의 능력, 적성, 진로를 고려하여 학습 활동과 방법을 다양화하고, 학교의 여건과 학생의 특성에 따라 다양한 학습 집단을 구성하여 **학생 맞춤형 수업**을 활성화한다. 1) 학생의 **선행 경험, 선행 지식, 오개념** 등 학습의 출발점을 파악하고 학생의 특성을 고려하여 학습 소재, 자료, 활동을 다양화한다.

[Ⅱ. 학교 교육과정 설계와 운영]

3. 설계 · 운영 관련 자율성 확보
교육적 필요에 따라 교과와의 연계 및 통합이 원활하게 이루어지도록 설계하되 교과 진도와 관련된 심화 보충형 학습이 되지 않도록 한다.

[Ⅲ. 설계와 운영]

㉠의 경우 2022 개정 교육과정 총론에서 폭넓은 어휘로 나와있는 말이기 때문에 정답 인정 범위가 넓을 것으로 생각됩니다. 반면, ㉣은 교육과정 원문에 정확하게 나와있는 문장이기 때문에 그대로 적는 것이 안전하게 채점됩니다.

2) 정답

집중제

해설

초등학교 1학년 4월 이후에는 주당 평균 2시간, 초등학교 2~6학년 주당 평균 3시간과 같이 매주 평균적인 시간을 배당하거나 특정일을 선택하여 블록 타임 운영 및 온종일 활동을 포함한 집중 운영 등 다양하고 탄력적인 방식으로 시간을 운영할 수 있다.

[Ⅲ. 설계와 운영-2. 시수 편성 기준]

2023 초특

정답과 해설

1) 정답

체육, 예술(음악/미술)

해설

나. 교육과정 편성 · 운영 기준
4) 학교는 학교의 특성, 학생, 교사, 학부모의 요구 및 필요에 따라 교과(군)별(창체는 감축 안됨) ㉣**20% 범위 내에서 시수를 증감**하여 편성·운영할 수 있다. 단, 체육, 예술(음악/미술) 교과는 기준 수업 시수를 감축하여 편성·운영할 수 없다.

2) 정답

학교의 특성, 학생·교사·학부모의 요구 및 필요 등

해설

나. 교육과정 편성 · 운영 기준
4) 학교는 학교의 특성, 학생, 교사, 학부모의 요구 및 필요에 따라 교과(군)별(창체는 감축 안됨) ㉣**20% 범위 내에서 시수를 증감**하여 편성·운영할 수 있다. 단, 체육, 예술(음악/미술) 교과는 기준 수업 시수를 감축하여 편성·운영할 수 없다.

2022 초등

정답과 해설

1) 정답

①: **학년 간 상호 연계와 협력을 통해 학교 교육과정을 유연하게 편성·운영할 수 있기 때문이다.**
②: **학년별로 교과 집중 이수를 실시할 수 있다.**

해설

1. 기본 사항

가. 초등학교 1학년부터 중학교 3학년까지의 **공통 교육과정**과 고등학교 1학년부터 3학년까지의 선택 중심 교육과정으로 편성·운영한다.
다. 학년 간 상호 연계와 협력을 통해 학교 교육과정을 유연하게 편성·운영할 수 있도록 학년군을 설정한다.
사. 학습 부담을 적정화하고 의미 있는 학습 활동이 이루어질 수 있도록 학기당 이수 교과목 수를 조정하여 **집중이수**를 실시할 수 있다.
자. 범교과 학습 주제는 교과와 창의적 체험활동 등 교육 활동 전반에 걸쳐 통합적으로 다루도록 하고, 지역사회 및 가정과 연계하여 지도한다.

▶ **안전·건강 교육**, 인성 교육, 진로 교육, 민주 시민 교육, 인권 교육, 다문화 교육, 통일 교육, 독도 교육, 경제·금융 교육, **환경·지속가능발전 교육**

[Ⅲ. 학교 급별 교육과정 편성·운영의 기준]

나. 교육과정 편성·운영 기준

1-라) **학교는 교육의 효과를 높이기 위하여 필요한 경우 학년별, 학기별로 교과 집중 이수를 실시할 수 있다.**

[Ⅲ. 학교 급별 교육과정 편성·운영의 기준
-나. 교육과정 편성·운영 기준]

①의 경우에는 문제에서 교육과정에 근거하라는 말이 명확하게 나와있기 때문에, 교육과정 원문 그대로 적어야 정답 처리됩니다.
반면, ②는 교육과정에 근거하라는 말은 나와있지 않고 'ⓒ에 한정하여'라고 제시했기 때문에, 1~2학년군에서 적용할 수 있는 국어의 활동을 제시해도 폭넓게 정답 처리됩니다.

2) 정답

자율활동

해설

활동	활동 목표	활동 내용(예시)
자율 활동	학생이 주제를 스스로 선택하여 활동함으로써, 신체적·정신적·환경적 변화에 적응하고 자신의 삶을 개척해 나가는 자기주도성을 함양한다.	• 주제 탐구 활동: 개인 연구, 소집단 공동 연구, 프로젝트 등 • 적응 및 개척 활동: 입학 초기 적응, 학교 이해, 정서 지원, 관계 형성 등 • 프로젝트형 봉사활동: 개인 프로젝트형 봉사활동, 공동 프로젝트형 봉사활동 등

[자율·자치 활동 영역의 활동별 목표와 내용]

2021 초등

정답과 해설

1) 정답

㉠ : **학년군별 총 수업 시간 수는 최소 수업 시수를 나타내기 때문에 감축하여 운영할 수 없습니다.**

해설

◉ **가. 편제와 배당 기준**

구 분		1~2학년	3~4학년	5~6학년
교과(군)	국어	국어 482	408	408
	사회/도덕		272	272
	수학	수학 256	272	272
	과학/실과	바른 생활 144	204	340
	체육		204	204
	예술(음악/미술)	슬기로운 생활 224	272	272
	영어	즐거운 생활 400	136	204
	소계	1,506	1,768	1,972
창의적 체험활동		238	204	204
학년군별 총 수업 시간 수		1,744	1,972	2,176

③ 학년군별 총 수업 시간 수는 최소 수업 시수를 나타낸 것이다.

[Ⅲ. 학교 급별 교육과정 편성·운영의 기준]

학년군별 총 수업 시간 수는 각 학년군에서 이수해야 하는 최소 수업 시수를 의미하며 각 단위 학교에서는 정해진 수업 시수를 지켜서 수업해야 하며, 감축이 불가능합니다.

2) 정답

㉣ : **동아리 활동은 학생의 흥미와 적성에 맞는 취미 생활이나 특기를 기를 수 있는 체험 중심으로 운영해야 하므로**

해설

동아리 활동의 목표
동아리 활동은 학생의 진로, 흥미와 적성에 부합하도록 동아리를 구성하거나 가입하여 다양한 체험을 하도록 한다.
동아리 활동 편성 · 운영 지침
학생의 흥미와 적성에 맞는 취미 생활이나 특기를 기를 수 있도록 체험 중심으로 운영하되, 학생의 개별적 활동보다는 친구와 협력하여 공동으로 문제를 해결하는 경험을 제공한다.

동아리 활동의 목표는 교사의 주도가 아닌 학생 자발적으로 참여하는 것입니다. 이를 위해서 2022 개정 교육과정에서는 영역별 지침에서 학생의 흥미, 특기, 적성 등을 고려한 동아리 부서 개설을 강조하고 있습니다. 따라서 ㉣은 정답과 같이 고쳐주어야 합니다.

한줄 조언

여러분들은 총론, 창의적 체험활동 공부할 때 어떻게 하시나요? 대부분은 통째로 암기하기보다는 키워드 위주로 공부하고 있을 것이라고 생각합니다. 저는 반면에 총론, 창의적 체험활동은 처음부터 끝까지 통암기를 했었어요. 사람마다 공부 스타일이 다르지만 점점 총론 문제가 어려워지는 추세인 듯 보이니 중요한 내용은 통암기하는 것도 추천합니다.

2020 초등

정답과 해설

1) 정답

㉠ : 학습의 결과만이 아니라 결과에 이르기까지의 학습 과정을 확인하고 환류한다.

㉡ : 창의적 체험활동은 내용과 특성을 고려하여 평가의 주안점을 학교에서 결정하여 평가한다.

해설

◉ Ⅳ. 학교 교육과정 편성 · 운영 – 3. 평가

1) ㉠ 학습의 결과만이 아니라 결과에 이르기까지의 학습 과정을 확인하고 환류하여, 학습자의 성공적인 학습과 사고 능력을 함양한다. 2) 학교는 학생의 인지적 능력과 정의적 능력에 대한 평가가 균형 있게 이루어질 수 있도록 한다.
5) ㉡ 창의적 체험활동은 내용과 특성을 고려하여 평가의 주안점을 **학교에서 결정**하여 평가한다.

㉠에서는 평가의 결과만을 중시한다고 나와 있기 때문에, 정답과 같이 고쳐주어야 합니다.

㉡ 창의적 체험활동 평가의 결정권은 담임 교사가 아니라 학교에 있습니다.

2) 정답

진로탐색활동

해설

◉ 진로 활동의 활동 목표와 예시 활동

영역	활동	활동 목표	예시 활동
진로 활동	진로 탐색 활동	긍정적인 자아 개념을 형성하고 진로 및 직업 세계의 특성과 변화를 이해하여 자신의 진로와 관련된 건강한 직업 가치관을 확립한다.	– 자아탐색 활동 – 진로이해 활동 – 직업이해 활동 – 정보탐색 활동
	진로 설계 및 실천 활동	자신의 진로에 대한 이해를 바탕으로 희망하는 진로와 직업의 경로를 설계하고 실천한다.	– 진로 준비 활동 – 진로계획 활동 – 진로체험 활동

(나)를 참고하였을 때 진로 활동 영역의 두 개의 활동 중 지문에서 빈칸에 나오는 활동은 '진로탐색활동'입니다.

2020 초특

정답과 해설

1) 정답

한국어 교육과정

해설

4. 모든 학생을 위한 교육기회의 제공
가. 교육 활동 전반을 통하여 남녀의 역할, 학력과 직업, 장애, 종교, 이전 거주지, 인종, 민족, 언어 등에 관한 고정 관념이나 편견을 가지지 않도록 지도한다. 나. 학습자의 개인적 특성이나 사회·문화적 배경에 의해 교육의 기회와 학습 경험에서 부당한 차별을 받거나 소외되지 않도록 한다. 다. 학습 부진 학생, 특정 분야에서 탁월한 재능을 보이는 학생, 특수교육 대상 학생, 귀국 학생, 다문화 가정 학생 등이 학교에서 충실한 학습 경험을 누릴 수 있도록 필요한 지원을 한다. 라. 특수교육 대상 학생을 위해 특수학급을 설치·운영하는 경우, 학생의 장애 특성 및 정도를 고려하여, 이 교육과정을 조정하여 운영하거나 특수교육 교과용 도서 및 통합교육용 교수·학습 자료를 활용할 수 있다. 마. 다문화 가정 학생을 위한 특별 학급을 설치·운영하는 경우, 다문화 가정 학생의 한국어 능력을 고려하여 이 교육과정을 조정하여 운영하거나, **한국어 교육과정** 및 교수·학습 자료를 활용할 수 있다. **한국어 교육과정**은 학교의 특성, 학생·교사·학부모의 요구와 필요에 따라 주당 10시간 내외에서 운영할 수 있다. 바. 학교가 종교 과목을 개설할 때는 종교 이외의 과목과 함께 복수로 과목을 편성하여 학생에게 선택의 기회를 주어야 한다. 다만, 학생의 학교 선택권이 허용되는 종립 학교의 경우 학생·학부모의 동의를 얻어 단수로 개설할 수 있다.

[Ⅳ. 학교 교육과정 편성·운영]

2) 정답

교과와 창의적 체험활동 등 교육 활동 전반에 걸쳐 통합적으로 다루도록 하고, 지역사회 및 가정과 연계하여 지도한다.

해설

1. 기본 사항
자. 범교과 학습 주제는 교과와 창의적 체험활동 등 교육 활동 전반에 걸쳐 통합적으로 다루도록 하고, 지역사회 및 가정과 연계하여 지도한다. ▹ 안전·건강 교육, 인성 교육, 진로 교육, 민주 시민 교육, 인권 교육, 다문화 교육, 통일 교육, 독도 교육, 경제·금융 교육, 환경·지속가능발전 교육

[Ⅲ. 학교 급별 교육과정 편성·운영의 기준]

2019 초등

정답과 해설

1) 정답

㉠ : '고등교육법'이 아니라 '초·중등교육법'이다.

해설

Ⅰ. 교육과정의 성격
◦ 이 교육과정은 ㉠초·중등교육법 제23조 제2항에 의거하여 고시한 것으로, 초·중등학교의 교육 목적과 교육 목표를 달성하기 위한 국가 수준의 교육과정이며, 초·중등학교에서 편성·운영하여야 할 학교 교육과정의 ㉡공통적이고 일반적인 기준을 제시한 것이다.
2) 시간 배당 기준
학년군별 ㉢총 수업 시간 수는 최소 수업 시수를 나타낸 것이다.
나. 교육과정 편성·운영 기준
4) 학교는 학교의 특성, 학생, 교사, 학부모의 요구 및 필요에 따라 교과(군)별(창체는 감축 안됨) ㉣20% 범위 내에서 시수를 증감하여 편성·운영할 수 있다. 단, 체육, 예술(음악/미술) 교과는 기준 수업 시수를 감축하여 편성·운영할 수 없다.

[Ⅲ. 학교 급별 교육과정 편성·운영의 기준]

㉠은 위의 표에서 확인할 수 있습니다. 고등교육법이 아닌 초·중등교육법입니다.

2) 정답

자율·자치활동

해설

◉ **창의적 체험활동의 영역별 운영 중점**

영역	운영 중점
자율·자치활동	• 생활 속 여러 문제를 해결하는 능력 함양 • 정서적·심리적 안정과 입학 초기 및 사춘기 적응 • 즐거운 학교생활 및 다양한 주제 활동 경험 • 학생 자치 회의, 학급회의 등 공동체를 통한 의사소통 경험 • 민주적 의사 결정의 기본 원리 이해와 실천

창의적 체험활동의 영역별 운영 중점을 봤을 때 빈칸에 들어갈 알맞은 영역의 이름은 '자율·자치 활동'입니다.

2019 초특

정답과 해설

1) 정답

학년(군)별로 선택적으로

해설

나. 교육과정 편성 · 운영 기준
학교는 창의적 체험활동의 영역을 학생들의 발달 수준, 학교의 여건 등을 고려하여 <u>학년(군)별로 선택적으로 편성·운영</u>할 수 있다.

Ⅲ. 학교 급별 교육과정 편성·운영의 기준 – 2. 기본사항

2) 정답

영어

해설

2. 초등학교

◉ 가. 편제와 시간 배당 기준

구 분		1~2학년	3~4학년	5~6학년
교과(군)	국어	국어 482	408	408
	사회/도덕		272	272
	수학	수학 256	272	272
	과학/실과	바른 생활 144	204	340
	체육		204	204
	예술(음악/미술)	슬기로운 생활 224	272	272
	영어	즐거운 생활 400	136	204
	소계	1,506	1,768	1,972
창의적 체험활동		238	204	204
학년군별 총 수업 시간 수		1,744	1,972	2,176
③ 학년군별 총 수업 시간 수는 최소 수업 시수를 나타낸 것이다.				

[Ⅲ. 학교 급별 교육과정 편성·운영의 기준]

이 표를 살펴보면 공통 교육과정의 교과목 중 문제에 나와 있지 않은 교과목은 '영어' 한 개입니다. 따라서 정답은 영어입니다.

2018 초등 정답과 해설

1) 정답

㉠ : 수리 능력, ㉡ : 예술(음악/미술)

해설

나. 교육과정 편성 · 운영 기준
1) 학교는 모든 교육 활동을 통해 학생의 기본 생활 습관, 기초 학습 능력, 바른 인성을 함양할 수 있도록 교육과정을 편성·운영한다. 2) 학교는 학년군별로 이수해야 할 교과를 학년별, 학기별로 편성하여 학생과 학부모에게 안내한다. 3) 학교는 각 교과의 기초적, 기본적 요소들이 체계적으로 학습되도록 교육과정을 편성·운영한다. 특히 국어 사용 능력과 ㉠수리 능력의 기초가 부족한 학생들을 대상으로 기초 학습 능력 향상을 위한 별도의 프로그램을 편성·운영할 수 있다. 4) 학교는 학교의 특성, 학생·교사·학부모의 요구 및 필요에 따라 교과(군)별(창체는 감축 안됨) 20% 범위 내에서 시수를 증감하여 편성·운영할 수 있다. 단, 체육, ㉡예술(음악/미술) 교과는 기준 수업 시수를 감축하여 편성·운영할 수 없다. 5) 학교는 교육의 효과를 높이기 위하여 필요한 경우 학년별, 학기별로 교과 집중 이수를 실시할 수 있다.

[Ⅲ. 학교 급별 교육과정 편성·운영의 기준–2. 기본사항–나. 교육과정 편성·운영 기준]

2) 정답

자치활동

해설

활동	활동 목표	예시 활동
자율 활동	학생이 주제를 스스로 선택하여 활동함으로써, 신체적 · 정신적 · 환경적 변화에 적응하고 자신의 삶을 개척해 나가는 자기 주도성을 함양한다.	• 주제 탐구 활동: 개인 연구, 소집단 공동 연구, 프로젝트 등 • 적응 및 개척 활동: 입학 초기 적응, 학교 이해, 정서 지원, 관계 형성 등 • 프로젝트형 봉사활동: 개인 프로젝트형 봉사활동, 공동 프로젝트형 봉사활동 등
자치 활동	성숙한 민주시민으로서 타인과 원활하게 소통하고 공동체의 문제를 상호 연대하여 해결할 수 있는 역량을 함양한다.	• 기본생활습관 형성 활동: 자기 관리 활동, 환경 · 생태의식 함양 활동, 생명존중 의식 함양 활동, 민주시민 의식 함양 활동 등 • 관계 형성 및 소통 활동: 사제동행, 토의 · 토론, 협력적 놀이 등 • 공동체 자치활동: 학급 · 학년 · 학교 등 공동체 중심의 자치활동, 지역 사회 연계 자치활동 등

자율·자치활동의 두 개의 활동 중 설명과 부합하는 활동은 자치활동입니다.

2018 초특

정답과 해설

1) 정답

의사소통 역량

해설

2022 개정 교육과정 핵심 역량	
바른 생활	공동체 역량, 자기관리 역량, 의사소통 역량
슬기로운 생활	창의적 사고 역량, 지식정보처리 역량, 의사소통 역량
즐거운 생활	심미적 감성 역량, 창의적 사고 역량, 의사소통 역량

2022 개정 교육과정 총론에서 제시하는 역량은 자기관리 역량, 지식정보처리역량, 창의적 사고 역량, 심미적 감성 역량, 의사소통 역량, 공동체 역량으로 총 여섯 가지입니다. 이 중, 바른 생활, 슬기로운 생활, 즐거운 생활에서 공통된 핵심 역량은 의사소통 역량입니다.

2) 정답

체육, 체육 교과는 기준 수업 시수를 감축해서 운영할 수 없다.

해설

나. 교육과정 편성 · 운영 기준
가) 학교는 학생이 학년(군)별로 이수해야 할 교과를 학년별, 학기별로 편성하여 학생과 학부모에게 안내한다. 나) 학교는 모든 교육 활동을 통해 학생이 기본 생활 습관, 기초 학습 능력, 바른 인성을 함양할 수 있도록 교육과정을 편성·운영한다. 다) 학교는 학교의 특성, 학생·교사·학부모의 요구 및 필요에 따라 자율적으로 교과(군)별 및 창의적 체험활동의 20% 범위 내에서 시수를 증감하여 편성·운영할 수 있다. 단, **체육, 예술(음악/미술) 교과는 기준 수업 시수를 감축하여 편성·운영할 수 없다.** 라) 학교는 교육의 효과를 높이기 위하여 필요한 경우 학년별, 학기별로 교과 집중이수를 실시할 수 있다.

[Ⅲ. 교육과정 편성·운영의 기준]

다)번 항목을 보면 교과군별 20% 범위 내에서 시수를 증감할 수 있다고 합니다. 하지만, 이는 체육, 예술(음악/미술) 과목에는 적용되지 않습니다. 예체능 교과는 기준 수업 시수를 감축하여 편성·운영할 수 없습니다.

한 줄 조언

체육, 예술 과목 시수 증감에 대한 문제가 심심치 않게 나옵니다. 다른 과목보다 예체능 과목에 대한 관심이 높아지고 있으므로, 감축할 수 없다는 것 알아두면 좋겠습니다.

2017 초등

정답과 해설

1) 정답

①: ㉡, **자기관리 역량**
②: ㉢, **연간 34주**

해설

2022 개정 교육과정 핵심 역량
가. 자아정체성과 자신감을 가지고 자신의 삶과 진로를 스스로 설계하며 이에 필요한 기초 능력과 자질을 갖추어 자기주도적으로 살아갈 수 있는 자기관리 역량
나. 문제를 합리적으로 해결하기 위하여 다양한 영역의 지식과 정보를 깊이 있게 이해하고 비판적으로 탐구하며 활용할 수 있는 지식정보처리 역량
다. 폭넓은 기초 지식을 바탕으로 다양한 전문 분야의 지식, 기술, 경험을 융합적으로 활용하여 새로운 것을 창출하는 창의적 사고 역량
라. 인간에 대한 공감적 이해와 문화적 감수성을 바탕으로 삶의 의미와 가치를 성찰하고 향유하는 심미적 감성 역량
마. 다른 사람의 관점을 존중하고 경청하는 가운데 자신의 생각과 감정을 효과적으로 표현하며 상호협력적인 관계에서 공동의 목적을 구현하는 협력적 소통 역량
바. 지역·국가·세계 공동체의 구성원에게 요구되는 개방적·포용적 가치와 태도를 가지고 지속 가능한 인류 공동체 발전에 적극적이고 책임감 있게 참여하는 공동체 역량

㉠: 2022 개정 교육과정 총론에서 제시하는 역량은 자기관리 역량, 지식정보처리역량, 창의적 사고 역량, 심미적 감성 역량, 협력적 소통 역량, 공동체 역량으로 총 여섯 가지가 맞습니다.

㉡: 자아정체성과 자신감을 가지고 자신의 삶과 진로에 필요한 기초 능력과 자질을 갖추어 자기주도적으로 살아갈 수 있는 역량은 자기관리 역량이므로 틀린 기호입니다.

㉢, ㉣ 밑의 설명을 참조하세요.

다) 학교자율시간은 학교 여건에 따라 연간 34주를 기준으로 한 교과별 및 창의적 체험활동 수업 시간의 학기별 1주의 수업 시간을 확보하여 운영한다.

[2022 개정 교육과정 총론- 나. 교육과정 편성·운영 기준]

2) 정답

동아리 활동

해설

초등학교의 창의적 체험활동은 학생들의 발달 수준, 학교의 여건 등을 종합적으로 고려하여 영역을 선택적으로 편성·운영할 수 있다. 예컨대, 1~2학년군에서는 학생들의 발달 수준을 고려하여 자율·자치, 그 밖의 학년군은 자율·자치 및 동아리 활동에 중점을 두어 운영할 수 있다.

[2015 개정 교육과정 창의적 체험활동 – 3. 설계와 운영 – 나. 운영]

따라서 정답은 동아리 활동입니다.

2017 초특

정답과 해설

1) 정답

교육 내용의 학년별 순서를 조정하거나 공통 주제를 중심으로 교재를 재구성하여 활용한다.

해설

나. 교육과정 편성 · 운영 기준
다) 학년을 달리하는 학생을 대상으로 복식 학급을 편성·운영하는 경우에는 교육 내용의 학년별 순서를 조정하거나 공통 주제를 중심으로 교재를 재구성하여 활용할 수 있다.

[Ⅲ. 학교 급별 교육과정 편성·운영의 기준 – 2. 초등학교]

2) 정답

학교장의 교육과정 운영 및 의사 결정에 관한 자문의 역할을 담당한다.

해설

나–1)
교육과정의 합리적 편성과 효율적 운영을 위해 교원, 교육 전문가, 학부모 등이 참여하는 학교 교육과정 위원회를 구성·운영하며, 이 위원회는 학교장의 교육과정 운영 및 의사 결정에 관한 자문의 역할을 담당한다.

[Ⅱ. 학교 교육과정 설계와 운영–1. 설계의 원칙]

2016 초등

정답과 해설

1) 정답

㉠ : **기준 수업 시수**
㉡ : **최소 수업 시수**

해설

<table>
<tr><th colspan="5">2. 초등학교</th></tr>
<tr><td colspan="5">가. 편제와 시간 배당 기준</td></tr>
<tr><th colspan="2">구 분</th><th>1~2학년</th><th>3~4학년</th><th>5~6학년</th></tr>
<tr><td rowspan="8">교
과
(군)</td><td>국어</td><td rowspan="2">국어 482</td><td>408</td><td>408</td></tr>
<tr><td>사회/도덕</td><td>272</td><td>272</td></tr>
<tr><td>수학</td><td>수학 256</td><td>272</td><td>272</td></tr>
<tr><td>과학/실과</td><td rowspan="2">바른 생활 144</td><td>204</td><td>340</td></tr>
<tr><td>체육</td><td>204</td><td>204</td></tr>
<tr><td>예술
(음악/미술)</td><td>슬기로운 생활 224</td><td>272</td><td>272</td></tr>
<tr><td>영어</td><td>즐거운 생활 400</td><td>136</td><td>204</td></tr>
<tr><td>소계</td><td>1,506</td><td>1,768</td><td>1,972</td></tr>
<tr><td colspan="2">창의적 체험활동</td><td>238</td><td>204</td><td>204</td></tr>
<tr><td colspan="2">학년군별
총 수업 시간 수</td><td>1,744</td><td>1,972</td><td>2,176</td></tr>
<tr><td colspan="5">② 학년군의 교과(군)별 및 창의적 체험활동 시간 배당은 연간 34주를 기준으로 2년간의 기준 수업 시수를 나타낸 것이다.
③ 학년군별 총 수업 시간 수는 최소 수업 시수를 나타낸 것이다.</td></tr>
</table>

[Ⅲ. 학교 급별 교육과정 편성·운영의 기준-가. 편제와 시간 배당 기준]

2) 정답

진로

해설

진로 활동
진로 활동은 학생이 긍정적 자아 개념을 형성하고 자신의 흥미와 적성에 따른 진로를 탐색 및 설계하도록 하기 위한 영역으로, 학생 자신과 직업 세계에 대한 이해를 바탕으로 적성에 맞는 진로를 탐색, 설계, 경험하기 위한 진로 탐색 활동, 진로 설계 및 실천 활동 등으로 구성된다.

설명을 참고한다면 문제에서 진로 활동에 대해서 이야기하고 있다는 것을 알 수 있습니다.

2016 초특

정답과 해설

1) 정답

①: 국어 사용 능력
②: 수리 능력

해설

나. 교육과정 편성 · 운영 기준
1) 학교는 모든 교육 활동을 통해 학생의 기본 생활 습관, 기초 학습 능력, 바른 인성을 함양할 수 있도록 교육과정을 편성·운영한다. 2) 학교는 학년군별로 이수해야 할 교과를 학년별, 학기별로 편성하여 학생과 학부모에게 안내한다. 3) 학교는 각 교과의 기초적, 기본적 요소들이 체계적으로 학습되도록 교육과정을 편성·운영한다. 특히 국어 사용 능력과 ㉠수리 능력의 기초가 부족한 학생들을 대상으로 기초 학습 능력 향상을 위한 별도의 프로그램을 편성·운영할 수 있다. 4) 학교는 학교의 특성, 학생·교사·학부모의 요구 및 필요에 따라 교과(군)별(창체는 감축 안됨) 20% 범위 내에서 시수를 증감하여 편성·운영할 수 있다. 단, 체육, ㉡예술(음악/미술) 교과는 기준 수업 시수를 감축하여 편성·운영할 수 없다. 5) 학교는 교육의 효과를 높이기 위하여 필요한 경우 학년별, 학기별로 교과 집중 이수를 실시할 수 있다.

[Ⅲ. 학교 급별 교육과정 편성·운영의 기준 – 2. 기본사항 – 나. 교육과정 편성·운영 기준]

3) 정답

우수한 지역 자원

해설

2. 교육청 수준의 지원
4. 학교가 지역사회의 관계 기관과 적극적으로 연계·협력해서 교과, 창의적 체험활동, 학교스포츠클럽활동, 자유학기 등을 내실 있게 운영할 수 있도록 지원하며, 관내 학교가 활용할 수 있는 우수한 지역 자원을 발굴하여 안내한다.

[Ⅴ. 학교 교육과정 지원 – 2. 교육청 수준의 지원]

한줄 조언

사실 초등에서 '지원'까지 보기는 쉽지 않아요. 이 부분은 외우기 보다 시간 날 때 그냥 쑥 읽어보는 것을 추천드립니다.

2015 초등

정답과 해설

1) 정답

㉠ : 다양성
㉡ : 실천

해설 ㉠

1. 교육과정의 성격
가. 국가 수준의 공통성을 바탕으로 지역, 학교, 개인 수준의 다양성을 추구할 수 있도록 학교 교육과정의 기준과 내용에 관한 기본사항을 제시한다. 나. 학교 교육과정이 학생을 중심에 두고 주도성과 자율성, 창의성의 신장 등 학습자 성장을 지원할 수 있도록 교육과정의 기준과 내용을 제시한다. 다. 학교의 전반적인 교육 체제를 교육과정 중심으로 운영할 수 있도록 교육과정의 기준과 내용을 제시한다. 라. 학교 교육과정이 추구하는 교육 목적의 실현을 위해 학교와 시·도 교육청, 지역사회, 학생·학부모·교원이 함께 협력적으로 참여하는 데 필요한 사항을 제시한다. 마. 학교 교육의 질적 수준을 국가와 시·도 교육청, 학교 수준에서 관리하고 개선하기 위해 기반으로 삼아야 할 교육과정의 기준과 내용을 제시한다.

가. 항목에서 공통성과 다양성을 이야기하고 있습니다. 따라서 정답은 다양성입니다.

해설 ㉡

창의적 체험활동 교육과정 설계의 개요
창의적 체험활동은 학생들이 건전하고 다양한 활동에 자발적으로 참여하여, 나눔과 배려를 실천하고 개인의 소질과 잠재력을 계발하며, 창의적인 삶의 태도와 공동체 의식을 함양하는 교육과정이다.

창의적 체험활동의 설계의 개요를 보면 빈칸에 들어갈 말이 '실천'이라는 것을 알 수 있습니다.

2) 정답

동아리 활동

해설

〈동아리 활동의 활동 목표와 예시 활동〉

활동	활동 목표
학술·문화 및 여가 활동	동아리 활동을 통해 다양한 학술 분야와 문화에 대해 관심을 가지고 탐구력과 심미적 감성을 함양한다.
봉사활동	학교 안팎에서 나눔과 봉사를 실천함으로써 포용성과 시민성을 함양한다.

창의적 체험활동의 목표 중 문제의 지문에서 말하는 것과 일치하는 활동은 동아리 활동입니다.

한 줄 조언

창의적 체험활동의 영역 이름을 적는 문제는 자주 출제되는 문제이면서, 너무나도 쉬운 문제이기 때문에 틀려서는 안 되는 문제입니다. 그만큼 쉽기 때문에 챙겨주는 점수 1점. 나 혼자서 놓치지 않도록 실수하지 맙시다.

2014 초등

정답과 해설

1) 정답

㉠ : 동아리활동
㉡ : 자치활동
㉢ : 자문

해설

영역	활동	예시 활동
자율·자치 활동	자율활동	• 주제 탐구 활동: 개인 연구, 소집단 공동 연구, 프로젝트 등 • 적응 및 개척 활동: 입학 초기 적응, 학교 이해, 정서 지원, 관계 형성 등 • 프로젝트형 봉사활동: 개인 프로젝트형 봉사활동, 공동 프로젝트형 봉사활동 등
	자치활동	• 기본생활습관 형성 활동: 자기 관리 활동, 환경·생태의식 함양 활동, 생명존중 의식 함양 활동, 민주시민 의식 함양 활동 등 • 관계 형성 및 소통 활동: 사제동행, 토의·토론, 협력적 놀이 등 • 공동체 자치활동: 학급·학년·학교 등 공동체 중심의 자치활동, 지역 사회 연계 자치활동 등
동아리 활동	학술·문화 및 여가 활동	• 학술 동아리: 교과목 연계 및 학술 탐구 활동 등 • 예술 동아리: 음악 관련 활동, 미술 관련 활동, 공연 및 전시 활동 등 • 스포츠 동아리: 구기 운동, 도구 운동, 계절 운동, 무술, 무용 등 • 놀이 동아리: 개인 놀이, 단체 놀이 등
	봉사활동	• 교내 봉사활동: 또래 상담, 지속가능한 환경 보호 등 • 지역 사회 봉사활동: 지역 사회참여, 캠페인, 재능 기부 등 • 청소년 단체 활동: 각종 청소년 단체 활동 등
진로 활동	진로 탐색 활동	• 자아탐색 활동: 자기이해, 생애 탐색, 가치관 확립 등 • 진로 이해 활동: 직업 흥미 및 적성 탐색, 진로 검사, 진로 성숙도 탐색 등 • 직업 이해 활동: 직업관 확립, 일과 직업의 역할 이해, 직업 세계의 변화 탐구 등 • 정보 탐색 활동: 학업 및 진학 정보 탐색, 직업 정보 및 자격(면허) 제도 탐색, 진로진학 및 취업 유관기관 탐방 등
	진로 설계 및 실천 활동	• 진로 준비 활동: 진로 목표 설정, 진로 실천 계획 수립 등 • 진로계획 활동: 진로 상담, 진로 의사 결정, 진로 설계 등 • 진로체험 활동: 지역 사회·대학·산업체 연계 체험활동 등

㉠ 창의적 체험활동은 자율·자치활동, 동아리활동, 진로활동의 세 영역으로 이루어져 있으므로 빈칸에는 동아리활동이 들어가야 합니다.
㉡ 입학 초기 적응 활동은 기본생활습관형성활동과 관계가 있으므로 자율·자치활동 중 자치활동의 일부에 포함됩니다.
㉢ 설명을 참조하세요.

나-1)
교육과정의 합리적 편성과 효율적 운영을 위해 교원, 교육 전문가, 학부모 등이 참여하는 학교 교육과정 위원회를 구성·운영하며, 이 위원회는 학교장의 교육과정 운영 및 의사 결정에 관한 자문의 역할을 담당한다.

[Ⅱ. 학교 교육과정 설계와 운영-1.설계의 원칙]

2013 초등 · 초특 공통

정답과 해설

1) 정답

㉠, 학교는 교과용 도서 이외에 교육청이나 학교에서 개발한 다양한 교수·학습 자료를 ~~(교육부의 심의를 거쳐)~~ 활용할 수 있다.

해설

㉠
라-2) <u>학교는 교과용 도서 이외에 교육청이나 학교에서 개발한 다양한 교수·학습 자료를 활용할 수 있다.</u>
㉠의 '교육부의 심의를 거쳐'는 포함하지 않으므로 정답과 같이 고쳐야 합니다.

[Ⅱ.학교 교육과정 설계와 운영-2. 교수·학습]

㉡
아. 학교는 학생의 요구, 학교의 실정 및 특색 등을 종합적으로 고려하여 창의적 체험 활동의 영역, 활동, 시간 등을 자율적으로 편성·운영할 수 있다.

㉢
나. 교육과정의 합리적 편성과 효율적 운영을 위해 교원, 교육 전문가, 학부모 등의 참여하는 학교 교육과정 위원회를 구성하여 운영하며, 이 위원회는 학교장의 교육과정 운영 및 의사결정에 관한 자문의 역할을 담당한다.

㉣
4. 모든 학생을 위한 교육 기회의 제공 마. 다문화 가정 학생을 위한 특별 학급을 설치·운영하는 경우, 다문화 가정 학생의 한국어 능력을 고려하여 이 교육과정을 조정하여 운영하거나, 한국어 교육과정 및 교수·학습 자료를 활용할 수 있다. 한국어 교육과정은 학교의 특성, 학생·교사·학부모의 요구 및 필요에 따라 주당 10시간 내외에서 운영할 수 있다.

2013 초특

정답과 해설

1) 정답

학년 간 상호 연계와 협력을 통해 학교 교육과정을 유연하게 편성·운영할 수 있도록 학년군을 설정한다.

해설

1. 기본 사항
다. 학년 간 상호 연계와 협력을 통해 학교 교육과정을 유연하게 편성·운영할 수 있도록 학년군을 설정한다.

[Ⅲ. 학교 급별 교육과정 편성·운영의 기준]

2) 정답

㉠ : 기본 습관 및 기초 능력
㉡ : 바른 인성

해설

◉ Ⅱ. 교육과정 구성의 방향 – 3. 학교 급별 교육 목표

가. 초등학교 교육 목표

초등학교 교육은 학생의 일상생활과 학습에 필요한 ㉠기본 습관 및 기초 능력을 기르고 ㉡바른 인성을 함양하는 데에 중점을 둔다.

1) 자신의 소중함을 알고 건강한 생활 습관을 기르며, 풍부한 학습 경험을 통해 자신의 꿈을 키운다.
2) 학습과 생활에서 문제를 발견하고 해결하는 기초 능력을 기르고, 이를 새롭게 경험할 수 있는 상상력을 키운다.
3) 다양한 문화 활동을 즐기고 자연과 생활 속에서 아름다움과 행복을 느낄 수 있는 심성을 기른다.
4) 일상생활과 학습에 필요한 규칙과 질서를 지키고 서로 돕고 배려하는 태도를 기른다.

[Ⅰ. 교육과정 구성의 방향 – 3. 학교 급별 교육 목표]

3) 정답

㉡, 최소 수업 시수 → 기준 수업 시수
㉣, 3~6학년 → 5~6학년

해설

가. 편제와 시간 배당 기준

① 이 표에서 1시간 수업은 40분을 원칙으로 하되, 기후 및 계절, 학생의 발달 정도, 학습 내용의 성격, 학교 실정 등을 고려하여 탄력적으로 편성·운영할 수 있다. ⇒㉠
② 학년군 및 교과(군)별 시간 배당은 연간 34주를 기준으로 한 2년간의 기준 수업 시수를 나타낸 것이다. ⇒㉡
③ 학년군별 총 수업 시간 수는 최소 수업 시수를 나타낸 것이다. ⇒㉢
④ 실과의 수업 시간은 5~6학년 과학/실과의 수업 시수에만 포함된 것이다. ⇒㉣

4) 정답

전입 학생이 특정 교과를 이수하지 못할 경우 학습 결손이 발생하지 않기 위해서

해설

나. 교육과정 편성·운영 기준
전입 학생이 특정 교과를 이수하지 못할 경우, 교육청과 학교에서는 보충 학습 과정 등을 통해 학습 결손이 발생하지 않도록 한다.

[Ⅲ. 학교 급별 교육과정 편성·운영의 기준 – 2. 기본사항 – 나. 교육과정 편성· 운영 기준]

빠른 〈과학〉 정답표

백문이 불여일견 설명이 친절한 기출

2023학년도 기출	
1-1	① 빛의 굴절 ② 추리
1-2	투명한 물체에 빛을 비췄을 때 그림자가 생길지에 대해 예상한 것과 그 이유를 쓴다.
1-3	① 원의 크기가 작을수록 온도는 높아지고, 원의 크기가 클수록 온도는 낮아진다. ② 빛이 평면 유리를 통과하면서 일부는 반사되고 일부는 굴절된다. 그래서 영역 B에 도달하는 빛의 양이 줄어들게 되기 때문이다.

2022학년도 기출	
1-1	① ㄴ, ㄷ ② 가설 설정
1-2	적외선 온도계는 물질에서 방출된 적외선 에너지를 센서가 감지해서 전기적 신호로 바꾼 뒤, 숫자로 표현한다.
1-3	① 물질의 온도가 높아질 때 물질(알코올)의 부피가 팽창하는 성질을 이용하였다. ② 비커에 담긴 더운 물의 열 에너지가 빨대 속 액체로 이동하여 열 평형을 이루고 빨대 속 물의 높이가 가장 높아졌을 때까지 기다려야 정확한 온도를 측정할 수 있기 때문이다.
2-1	지구 내부의 힘
2-2	① 현무암 ② 암석의 색은 암석을 구성하는 광물의 종류에 따라 달라지는데, 화강암에는 현무암보다 밝은 색의 광물이 많이 포함되어 있기 때문이다.
2-3	화산 활동과 지진은 실제 관찰이 어렵기 때문에 모형실험을 실시한다.

2022학년도 초특 기출	
1	① 관찰 ② 북소리는 북을 세게 칠수록 큰 소리가 난다.

2021학년도 기출	
1-1	① 비유 ② 물의 세 가지 상태는 온도의 영향을 받는 데 반해 학교에서 학생들의 움직임은 학생들의 의지와 정해진 시간의 영향을 받는다는 차이점이 있다.
1-2	① 적응은 능동적으로 이루어지는 것이 아닌 어떤 환경에서 생존에 유리한 형질을 가진 개체가 자연선택에 의해 살아남아 그 형질이 자손에게 전달되어 이루어지는 것임을 지도해야 한다. ② 관찰은 이론 의존적이다.
1-3	무극성
2-1	기온이 낮은 계절이 될수록 태양의 남중고도가 낮아질 것이다.
2-2	① 천구의 적도 ② 북위 33.5° 또는 33.5°N
2-3	비슷한 위도에 위치한 다른 나라들의 계절별 태양의 남중고도 변화를 살펴본다. (혹은 우리나라의 다른 지역)

2020학년도 기출	
1-1	① 탄성계수 ② 용수철은 당기는 힘에 비례하여 늘어나는 성질, 즉 탄성력이 있는데 A가 B보다 탄성계수가 크기 때문이다.
1-2	① 비열 ② ㉠에서는 모래와 물의 온도 모두 점점 떨어지지만, 모래보다 물의 비열이 크기 때문에 온도의 변화폭은 모래가 훨씬 클 것이다.
2-1	① 고배율의 대물렌즈와 재물대가 부딪히지 않도록 조동나사를 돌려 재물대를 아래로 내려둔다. ② 아라비아 고무액 또는 녹말 물을 사용하여 짚신벌레의 움직임을 둔하게 만든다.
2-2	① ㉢: 엽록체 ② ㉢의 역할: 해캄은 독립영양생물이고, ㉢은 세포내 소기관으로서 빛을 이용하여 영양분을 합성하는 역할을 한다.
2-3	학생들에게 탐색 단계에서 발견한 것을 자신의 언어로 표현하게 하고 교사는 해캄과 짚신벌레가 같은 무리에 속하며, '원생생물'이라는 과학적 개념을 도입한다.

2019학년도 기출	
1-1	햇빛, 물
1-2	햇빛이 없고 물을 준
1-3	①: 버섯, 생태 피라미드 ②: 씨앗에 햇빛을 연결하지 않고 대신 온도에 연결한다. 햇빛은 싹 트는데 필요하지 않다. 씨가 싹 트는 데는 물과 적당한 온도가 필요하다.
2-1	퓨즈를 콘센트에 직렬로 연결한 후 전구 A와 전구 B를 병렬로 연결한다.
2-2	[회로 2]는 직렬로 연결한 전구의 개수가 증가하여 전체 합성 저항이 커지고 따라서 회로에 흐르는 전류는 감소한다. 그러므로 전구의 밝기는 줄거나 불이 켜지지 않을 수 있고 퓨즈는 그대로 영향을 받지 않는다.

2019학년도 초특 기출	
1	㉠: 종속변인 ㉡: 실을 당기는 정도
2	조작적 정의
3	실전화기에서는 실의 떨림이 소리를 전달하는데 실의 중간 부분을 손으로 잡으면 실의 진동이 잘 전달되지 않기 때문이지.

2018학년도 기출

1-1	① B-백반 알갱이의 크기가 작을수록 백반이 더 빨리 녹을 뿐 녹는 양은 일정하다. ② D-빨리 저을수록 백반이 더 빨리 녹을 뿐 녹는 양은 일정하다.
1-2	백반은 물의 온도에 따라 용해도 변화가 크지만, 소금은 물의 온도가 변해도 용해도가 거의 일정하므로 물의 온도에 따른 녹는 양의 차이를 실험하기에 적합하지 않다.
1-3	정직성
2-1	①: 빛의 굴절이 일어나도록 물을 넣는다. ②: 물속의 동전에서 반사된 빛은 공기와 닿은 면에서 (굴절각이 입사각보다 크게) 굴절하는데, 관찰자는 이러한 사실은 인지하지 못하고 실제 꺾인 빛이 직진해서 온다고 생각하여 실제 있는 위치보다 물의 깊이가 낮은 곳에서 있는 것처럼 보인다.
2-2	①: ㉣, 열은 온도가 높은 물질에서 낮은 물질로 이동한다. ②: ㉤, 북반구에서 바람은 저기압 중심에서 반시계 방향으로 회전하며 불어 들어간다.
2-3	기초 탐구 과정 (기초 과학 탐구 기능)

2017학년도 기출

1-1	①: 물은 공기에 비해 밀도가 크므로 같은 부피에서 보다 많은 입자가 빽빽하게 들어 있다. ②: 공기는 압축성이 큰 유체이고, 물은 공기에 비해 압축성이 작은 비압축성 유체이다.
1-2	①: 공기 펌프를 누르는 횟수 ②: 물 로켓을 쏘는 각도
1-3	①: 물을 많이 넣을수록 물 로켓은 멀리 날아간다. ②: 물을 가득 채울 때 물 로켓이 가장 멀리 날아가야 하는데, 실제로는 날아가지 못했다.
2-1	①: 물의 온도 ②: 밀가루 덩어리의 높이(밀가루 반죽의 부푼 정도)
2-2	이산화탄소
2-3	①: ㉢, 효모는 생물이며 균류의 한 종류이다. ②: ㉥, '탐구 학습 모형'을 적용한 수업을 계획했습니다.

2016학년도 기출

1-1	ⓐ: 추리 ⓑ: 온도는 물질 입자의 평균 운동 에너지 정도이고, 열은 온도가 높은 곳에서 낮은 곳으로 이동하는 에너지로, 학생이 직접 관찰한 물의 온도 변화를 논리적으로 해석하여 직접 관찰할 수 없는 열에너지의 이동과 연관시켜 설명해야 하기 때문이다.
1-2	㉢, 중간 온도인 25℃보다 온도가 높다. ㉥, 뜨거운 물질의 열이 찬 물질로 이동하기 때문이다.
2-1	㉠: 아가미로 물을 걸러 마신다고 한 부분은 과학적 오류이다. 아가미는 허파와 같은 역할을 하며 가스 교환이 이루어지는 기관이다. ㉡: 바다에서 증발한 수증기가 기온이 높아지면 위로 올라간다. 위로 올라가면서 부피가 팽창하고 공기의 온도가 이슬점 이하로 낮아지면 수증기가 응결되어 구름이 된다.
2-2	ⓐ: 엽록체 ⓑ: 잎에서 수증기가 빠져나가면서 기화열에 의하여 공기 중의 온도가 낮아지기 때문이다.
2-3	교사 중심의 확인 실험은 학생 중심의 탐구(탐색) 실험에 비해 학생 스스로의 참여 정도가 낮기 때문이다.

2015학년도 기출

1-1	㉠: 2개 ㉡: 4cm
1-2	예상
1-3	ⓐ 지우개의 경우: 알 수 있다. ⓑ 가위의 경우: 알 수 없다. 용수철의 한계로 80g이상의 무게는 용수철의 길이 변화를 측정할 수 없기 때문이다.
2-1	㉠, 염산 용액이 손에 묻었을 때는 즉시 흐르는 물로 씻어 내야 한다. ㉣, 입으로 촛불을 불면 불꽃이 꺼지는 현상은 탈 물질(기체 파라핀)이 제거되기 때문이다.
2-2	학생들이 현재 자신의 개념에 불만족을 느껴야 한다.
2-3	실험실기

2014학년도 기출	
1-1	㉠ 단계 설정 이유 학생들이 규칙성을 발견하여 과학 개념을 형성하거나 일반화하는 것을 더욱 강화시켜 주기 위해서이다. ㉡에 적합한 실험활동 묽은 염산 용액이 들어 있는 삼각플라스크에 페놀프탈레인 용액을 몇 방울 넣은 후, 묽은 수산화나트륨을 한 방울씩 넣으면서 색깔 변화 관찰하기
1-2	• ㉢에 해당하는 내용: 산성 용액에 염기성 용액을 넣으면 산성이 약해지고, 그 반대의 경우에는 염기성이 약해진다. • 페놀프탈레인 용액 사용이 효과적이지 않은 이유: 페놀프탈레인의 변색 범위는 pH 8~10에서 붉은 색이고 8 이하와 12 이상에서는 무색으로, 염기성과 산성에서의 색이 같은 경우가 있기 때문이다. • ㉣이 형성평가 문항으로 적합하지 않은 이유: 해당 문항은 염산과 황산의 몰농도 차이의 이해를 묻고 있어서 6학년 범위와 수준에 벗어난다.
유 1-2	• ㉢에 해당하는 내용: 산성 용액에 염기성 용액을 넣으면 산성이 약해지고, 그 반대의 경우에는 염기성이 약해진다. • 페놀프탈레인 용액 사용이 효과적이지 않은 이유: 페놀프탈레인의 변색 범위는 pH 8~10에서 붉은 색이고 8 이하와 12 이상에서는 무색으로, 염기성과 산성에서의 색이 같은 경우가 있기 때문이다. • ㉣이 형성평가 문항으로 적합하지 않은 이유: 해당 문항은 염산과 황산의 몰농도 차이의 이해를 묻고 있어서 5학년 범위와 수준에 벗어난다.

2-1

구 분	도로변에 서 있는 경찰(A)을 기준으로 한 속력	달리는 경찰차 안의 경찰(B)을 기준으로 한 속력
승용차의 속력	26m/s	12m/s
화물차의 속력	16m/s	2m/s

영수의 오개념: 운동의 상대성을 이해하지 못하여, 물체의 속력은 관찰자에 관계없이 같다는 오개념을 갖고 있다.

2-2

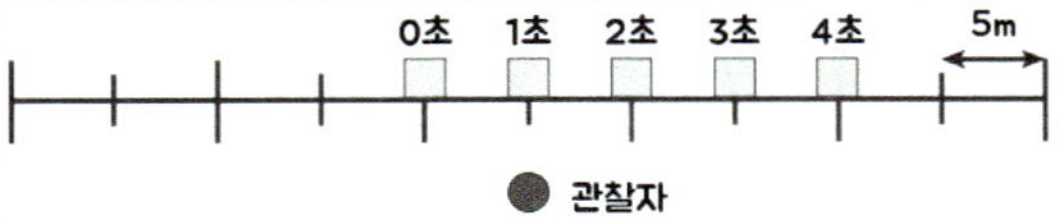

2-3

지구 관찰자 시점에서 지구가 태양을 공전하는 데 걸리는 시간보다 달이 지구 주위를 공전하는 데 걸리는 시간이 더 짧기 때문이다. (지구의 공전 속력은 달의 공전 속력보다 빠르지만, 달은 태양보다 지구에 가깝기 때문에 천구 상에서 크게 움직이는 것처럼(상대 속력이 빠른 것처럼) 보인다.

2013학년도 기출	
1-1	경험 학습 모형 이유: 여러 가지 작은 생물을 직접 관찰하는 기초 탐구 과정을 강조하고 학생들의 구체적이고 조작적인 감각 경험을 강조하는 수업이기 때문이다.
1-2	관찰의 이론 의존성으로 인해 객관적인 관찰을 하지 못한다.
1-3	㉡, 거미는 머리·가슴, 배의 두 부분으로 되어 있다.
1-4	A:관찰, B: 추리
2-1	• 기호와 이유: ㉢, ㉣은 단위 시간당 녹는 양을 실험하는 것으로 녹는 양에 대한 실험이 아니라 녹는 빠르기에 대한 실험이므로, 탐색 단계의 실험과 연관성이 적어 적절하지 않다. • 대체 활동: 탐색 단계의 백반 실험과 동일한 방법으로 물의 온도에 따른 붕산의 녹는 양에 대해서 실험하고 관찰한다.
2-2	관찰 (Observation)
2-3	· B: 예상이나 그 근거는 가능한 한 글로 표현하도록 하는 것이 좋다. · C: 확인 실험은 단지 추상적 지식에 대한 구체적인 경험을 갖게 하는 것으로 학생의 능동적인 의미 구성을 유도하기에 적합하지 않다.

2013학년도 초특 기출	
1	수업모형: 발견 학습 모형 ㉣: 규칙성 발견 및 개념 정리

2022-01 초등 · 초특 공통 정답과 해설

1) 정답

① 빛의 굴절

② 추리

해설①

간이 사진기는 렌즈를 활용한 도구입니다. 렌즈는 빛의 다양한 성질 중 '굴절'을 활용한 광학 도구입니다.

볼록 렌즈로 본 물체의 모습
볼록 렌즈는 빛을 굴절시키기 때문에 볼록 렌즈로 물체를 보면 실제 모습과 다르게 보인다. 볼록 렌즈의 초점 거리보다 안쪽에 있는 물체는 크게 확대되어서 보이고, 볼록 렌즈의 초점 거리보다 바깥쪽에 있는 물체는 상하좌우가 뒤집혀서 보이게 된다.
[금성출판사 6 과학 3. 빛과 렌즈]

따라서 ㉠활동에 활용된 빛의 성질은 '빛의 굴절'입니다.

간이 사진기의 원리

간이 사진기는 눈이나 사진기의 원리를 간단하게 살펴볼 수 있는 교구이다. 볼록 렌즈를 지난 물체의 상을 스크린(기름 종이)에 맺히게 하기 위해서는 속 상자의 위치가 볼록렌즈의 초점 거리보다 먼 곳에 있어야 한다. 또한 관찰하는 물체의 위치에 따라서 속 상자의 위치를 조절하게 되는데, 물체가 멀리 있을수록 속 상자는 볼록 렌즈에 가까워진다.

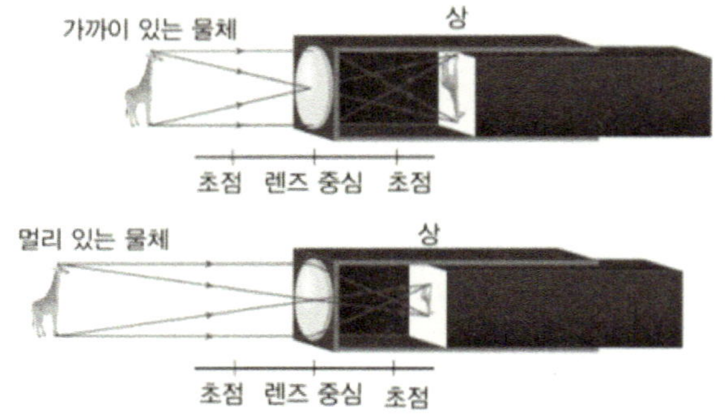

▲ 물체가 가까이 있을 때와 멀리 있을 때의 상의 모양과 위치

[금성출판사 6 과학 3. 빛과 렌즈]

해설②

과학적 탐구 기능 중 기초 탐구 기능에는 총 6가지의 능력이 있습니다. 이중 '관찰한 것을 자신의 지식과 경험을 바탕으로 논리적으로 해석하고 설명하기'와 관련된 탐구 기능은 '추리'입니다.

기초 탐구 기능

관찰	- 탐구 대상의 특징을 살펴보는 것 - 눈, 코, 입, 귀, 피부 등 여러 가지 감각 기관을 활용 - 감각 기관으로 관찰이 어려울 때에는 돋보기, 현미경, 청진기 등의 도구를 활용
측정	- 탐구 대상의 길이, 무게, 시간, 온도 등을 재는 것 - 자, 저울, 초시계, 온도계 등을 활용
분류	- 탐구 대상을 어떠한 특징이나 조건에 따라 무리 짓는 것
예상	- 앞으로 일어날 수 있는 일을 생각해 내는 것 - 이미 관찰하거나 경험하여 알고 있는 것에서 규칙을 찾아내는 것
추리	관찰 결과, 경험, 이미 알고 있는 것 등을 바탕으로 탐구 대상의 보이지 않는 현재 상태를 생각해 보는 것
의사소통	다른 사람과 생각이나 정보를 주고받는 것

[천재교과서(이) 5-1 과학 지도서 총론]

2) 정답

투명한 물체에 빛을 비췄을 때 그림자가 생길지에 대해 예상한 것과 그 이유를 쓴다.

해설

POE 모형

(1) 특징

POE 모형은 관찰한 현상의 결과를 먼저 근거를 바탕으로 생각해 보는 '예상', 실제로 관찰한 사실이나 실험을 통하여 얻은 결과를 서술하는 '관찰', 예상과 관찰 사이의 불일치를 해결하는 '설명'의 3단계로 구성된다.

예상	- 학생들은 현상의 결과를 예상하고 자신의 예상을 정당화할 수 있는 이유를 제시한다.
관찰	- 자신의 관찰 결과를 기록한다.
설명	- 관찰한 것과 예상한 것 사이의 모순을 해결하는 데 교사는 학생들이 가능한 한 모든 가능성을 고려하도록 한다.

[천재교과서(이) 6-1 과학 지도서 총론]

POE 모형의 예상 단계에서는 결과 예상 및 예상한 이유를 적도록 하는 것이 주요 활동입니다. 따라서 ㉢의 오개념과 관련하여 학생들이 예상할 결과와 그 이유를 적는 활동을 정답으로 적어주면 됩니다.

3) 정답

① 원의 크기가 작을수록 온도는 높아지고, 원의 크기가 클수록 온도는 낮아진다.

② 빛이 평면 유리를 통과하면서 일부는 반사되고 일부는 굴절된다. 그래서 영역 B에 도달하는 빛의 양이 줄어들게 되기 때문이다.

해설①

원의 크기가 작을수록 좁은 범위에 빛이 모이기 때문에 온도가 높아집니다. 반대로 원의 크기가 클수록 넓은 범위에 빛이 닿기 때문에 온도가 낮아집니다.

해설②

빛의 성질

(1) 빛의 굴절

한 물질에서 진행하던 빛이 다른 물질을 만나면 일부는 물질의 표면에서 반사하고, 일부는 진행 방향이 꺾여 다른 물질 속으로 들어간다. 이처럼 빛이 다른 물질을 만나 빛의 진행 방향이 바뀌는 현상을 빛의 굴절이라고 한다.

(2) 빛의 분산

무지개가 만들어질 때와 같이 백색광이 여러 가지 색의 빛으로 나누어지는 현상을 빛의 분산이라고 한다. 빛은 색에 따라 파장이 달라 물질 속에서 진행하는 빛의 속력이 다르다.

(3) 빛의 전반사
빛이 유리나 물과 같은 굴절률이 큰 매질에서 공기와 같은 굴절률이 작은 매질로 들어갈 때 어떤 특정한 크기 이상의 각도(임계각)로 들어가면 빛이 굴절하지 않고 굴절률이 큰 매질쪽으로 반사하는 현상이 일어나는데, 이를 빛의 전반사라고 한다.
[비상교육(이) 6-1 과학 지도서 5. 빛과 렌즈]

(4) 빛의 반사
빛이 전파되다가 다른 매질을 만나면 그 경계면에서 일부가 되돌아오게 되는데, 이러한 현상을 빛의 반사라고 한다.
[비상교육(이) 4-2 과학 지도서 3. 그림자와 거울]

빛의 여러 가지 성질 중 반사의 성질에 따르면 빛은 물체에 부딪치면 일부가 반사됩니다. 이는 투명한 물체도 마찬가지입니다. 투명한 물체는 빛이 일부는 통과하고 일부는 반사되면서 투명하게 보여지는 것입니다. 따라서 평면 유리를 통과한 빛도 일부는 반사(혹은 굴절)되고 일부는 통과하게 되므로 지니고 있는 에너지의 양도 줄어들게 됩니다. 이에 영역 B의 온도가 낮아지는 것입니다.

2022-01 초등 · 초특 공통 정답과 해설

1) 정답

① ㉡, ㉢
② 가설설정

해설①

이 문제는 알코올 온도계를 사용하는 경우를 쓰는 문제였습니다. 알코올 온도계의 경우 주로 액체나 기체의 온도를 측정(예: 비커에 담긴 물의 온도를 잴 때)할 때 사용되고, 적외선 온도계의 경우 주로 고체의 온도를 측정(예: 물체의 표면 온도를 잴 때)할 때 사용됩니다. 적외선 온도계는 원리상 물질의 표면 온도를 측정하기 때문에 액체 물질의 온도를 측정할 경우 정확도가 떨어질 수 있습니다. 온도계의 종류에 따른 쓰임새를 잘 알고 있다면 쉽게 풀 수 있었던 문제입니다.

[2015 개정 과학 5-1 2. 온도와 열]

해설②

2015 개정 과학과 교육과정에 제시된 '통합 탐구 과정 기능' 중 ㉤에 들어갈 용어를 제시하는 문제입니다. ㉤ 활동에 대한 지문의 설명을 읽어보면 '실험 전에 학생들이 실험 결과를 예상하고, 왜 그렇게 될지 자신의 생각을 쓰도록 했다.'는 부분이 나옵니다. 여기에서 ㉤ 활동에 들어갈 적합한 용어는 탐구할 문제를 정하고 탐구의 결과를 예상하는 '가설 설정'임을 알 수 있습니다. 혹시나 기초 탐구 과정 기능인 '예상'을 쓰신 분이 계신가요? '예상'은 관찰이나 측정 결과에 기초하여 규칙성을 파악하고, 이를 토대로 앞으로 관찰될 현상이 어떠할지 미리 판단하는 것으로 지문의 활동과는 연관되지만 문제에서 요구하는 것은 '통합 탐구 과정 기능'이므로 확실한 오답입니다.

[과학 지도서 총론 3장 2.2 과학 탐구 과정 기능]

2) 정답

적외선 온도계는 물질에서 방출된 적외선 에너지를 센서가 감지해서 전기적 신호로 바꾼 뒤, 숫자로 표현한다.

해설

적외선 온도계에서 나온 빨간 레이저(빨간 점)은 측정하려는 곳을 표시해주기 위한 용도일 뿐이고 온도 감지 센서는 따로 있습니다. 이 센서가 현재 온도에 비례해 물체가 방출하는 적외선을 측정하고 이를 온도로 환산하여 적외선 온도계의 화면에 숫자로 표현합니다. [2015 개정 과학 5-2 2.온도와 열 배경지식] 이때 문제에서 '적외선 방출'과 관련하여 적외선 온도계의 원리를 쓰라고 했으므로 답안에는 반드시 '적외선 방출'이라는 단어가 들어가게 답안을 작성하여야 합니다. 적외선 온도계에 대해서는 지도서의 '배경지식-여러가지 온도계'에 설명되어 있습니다. 지도서를 잘 읽지 않으셨다면 정확하게 서술하기 어려웠을 수도 있는 문제였습니다.

3) 정답

① 물질의 온도가 높아질 때 물질(알코올)의 부피가 팽창하는 성질을 이용하였다.
② 비커에 담긴 더운 물의 열 에너지가 빨대 속 액체로 이동하여 열 평형을 이루고 빨대 속 물의 높이가 가장 높아졌을 때까지 기다려야 정확한 온도를 측정할 수 있기 때문이다.

해설①

(나)의 탐구 활동은 알코올 온도계의 원리를 알아보기 위한 탐구 활동이었습니다. 이 탐구활동에서 더운 물을 채운 비커에 작은 음료수 병을 넣자 작은 음료수 병 속의 빨간 액체가 높이 올라오는 것(부피가 팽창한 것)을 관찰할 수 있었습니다. 이를 통해 알코올 온도계가 온도의 변화에 따라 물질(알코올)의 부피가 팽창하는 성질을 이용하여 온도를 측정도록 만들어졌음을 알 수 있습니다.

[2015 개정 과학 5-1 2.온도와 열]

해설②

1) 열 평형을 이루어 더 이상의 온도 변화가 없을 때까지 기다려 정확하게 온도를 측정하기 위함이라는 내용 또는 2) 빨대 속 액체의 높이가 가장 높아질 때까지 기다려야 정확하게 온도를 측정할 수 있다는 내용이 담기게 서술되는 경우 정답으로 처리될 수 있습니다.

한줄 조언

다른 문제들에 비해서 각론 내용이 많이 필요하여 어렵게 느껴질 수 있었던 문제입니다. 다만, 고전적으로(?) 수험생들이 어려워하는 전기 단원 문제가 아니어서 지도서를 꼼꼼히 보신 분이라면 쉽게 답안을 적어나가셨을 것입니다. 지도서만 해도 양이 꽤 되는지라 모든 지엽적인 지식까지 꼼꼼히 살피기는 어렵지만, 이처럼 지도서에 나와 있는 핵심 지도내용과 관련된 지도상의 유의점, 배경 지식 등은 꼼꼼히 몇 번이고 읽어보시길 추천 드립니다. 실제 교과서 장면에서도 적외선 온도계와 알코올 온도계를 사용하여 여러 가지 물체/장소의 온도를 측정하는 활동이 등장하기 때문에 각 온도계의 원리, 차이점 등은 충분히 예상할 수 있었던 문제였습니다.

2022-02 초등 정답과 해설

1) 정답

지구 내부의 힘 (지구 내부에서 작용하는 힘)

해설

우드록은 짧은 시간 동안 가해진 힘에 의해 끊어지지만 실제 지진은 오랜 시간 동안 지구 내부의 힘이 축적되어 지각이 끊어지며 발생합니다. 따라서 양손으로 미는 힘은 실제 자연현상에서 지구 내부의 힘이라고 볼 수 있습니다.

[2015 개정 4-2 과학 4.화산과 지진]

2) 정답

① 현무암

② 암석의 색은 암석을 구성하는 광물의 종류에 따라 달라지는데, 화강암에는 현무암보다 밝은 색의 광물이 많이 포함되어 있기 때문이다.

해설①

이 실험은 녹인 양초를 은박 접시에 찬물과 따뜻한 물을 담고 녹인 양초를 같은 양으로 부은 뒤 양초가 다 굳으면 단면을 쪼개어 관찰하는 모형실험입니다. 이때, ㉣찬물에서 굳은 양초는 빠르게 식어서 굳어졌으며 알갱이의 크기가 작습니다. 현무암과 화강암 중 1) 형성 과정에서 빠르게 식고, 2) 알갱이의 크기가 작은 것은 현무암에 해당합니다. 이에 반해 화강암은 따뜻한 물에서 천천히 식은 알갱이가 큰 양초에 비교할 수 있습니다.

[2015 개정 4-2 과학 4.화산과 지진 | 화성암 생성 모형실험 하기]

해설②

화강암에는 장석이나 석영 등 밝은 색을 띠는 광물이 많이 포함되어 있습니다. 이에 반해 철 성분이 많이 포함된 현무암의 경우 어두운 녹색에서 검은 색을 띱니다.

3) 정답

화산 활동과 지진은 실제 관찰이 어렵기 때문에 모형실험을 실시한다.

해설

실험은 과학의 고유한 탐구 방법으로 수업에서 큰 부분을 차지하고 학생들의 이해를 도울 수 있는 효과적인 활동입니다. 다만, 본 문제에 제시된 '4. 화산과 지진' 단원의 경우에는 실제 자연 현상을 관찰하거나 자연 환경과 똑같이 실험하는 것이 불가능하기 때문에 이를 모형으로 대체하는 모형 실험을 실시합니다.

한줄 조언

이번 세트 문제는 같은 해에 출제된 문제보다 각론이 깊게 요구되지 않아서 비교적 더 수월하게 풀 수 있었던 문제였습니다. 과학 교과는 다른 교과에 비해서 깊고 넓은 각론 지식을 요구하기는 합니다. 이를 대비하여 시험에 앞서 각 단원의 내용을 꼼꼼히 숙지하시고 지도서에서 지도상의 유의점과 참고자료를 거듭해서 읽어보세요. 특히 과학 문제는 항상 세트로 나오기 때문에 지엽적인 지식 하나하나에 집착하며 외우시기 보다는 엮어서 나올 수 있는 문제가 무엇일지 생각하고 공부하시는 편이 효율적입니다. 이 문제에 나온 단원을 예로 들어볼까요? '4.화산과 지진' 단원에는 이 문제에 출제된 내용 외에도 화산 활동 모형실험도 단원의 중심 내용과 관련되기에 꽤 중요하죠. 이때 만약 출제된다면 화산 활동 모형실험 수험을 계획하는 장면/ 혹은 그 실험 수업을 끝낸 뒤 협의회가 지문에 제시될 것입니다. 그리고 문제로는 실험 방법과 지도상의 유의점, 그리고 화산 활동 모형실험에서 각각의 요소가 실제 자연환경(화산)에서 의미하는 것이 무엇인지 묻는 것들이 나오겠지요. 이런 식으로 문제가 어떻게 나올지를 생각하면서 공부하다보면 공부 부담도 적고 훨씬 효율적으로 공부하실 수 있으리라 생각합니다!

2022 초특

정답과 해설

1) 정답

① 관찰

② 북소리는 북을 세게 칠수록 큰 소리가 난다.

해설①

[A]에서 '소리의 크기에 따른 콩의 떨림 살펴보기' 활동을 했으므로 이는 사람의 오감이나 감각을 확장하는 도구를 사용하여 사물과 현상에 대한 정보와 자료를 얻는 '관찰'에 해당합니다.

[2015 개정 과학 지도서 총론 3장 2.과학 탐구 과정]

해설②

소리의 높낮이는 1초당 진동 횟수와 관련이 있습니다. 따라서 북소리는 북을 세게 칠수록 높은 소리가 난다는 학생의 오개념을 정답과 같이 고쳐주어야 합니다. 콩이 많이 떨리는 것은 진동의 크기가 크다는 것이며 이것이 소리가 크다는 것과 같다는 것을 설명해야 합니다.

2021-01 초등 · 초특 공통

정답과 해설

1) 정답

① **비유**
② **물의 세 가지 상태는 온도의 영향을 받는데 반해 학교에서 학생들의 움직임은 학생들의 의지와 정해진 시간의 영향을 받는다는 차이점이 있다.**

해설①

(가)의 ㉠에서는 물의 세 가지 상태를 학생들의 움직임에 빗대어 설명하였고 (나)의 ㉢에서는 사람들이 물놀이를 하면서 튜브를 사용하는 모습을 보여주어 부레옥잠이 물에 떠 있을 수 있는 이유를 설명하였습니다. 이와 같이 비슷한 특징을 바탕으로 설명하고자 하는 대상을 다른 대상에 빗대어 나타내는 것은 연관적 사고 중 비유라고 할 수 있습니다.

> 연관적 사고란 처음에는 별개로 보이던 두 개의 사건을 서로 연관하여 기존의 사건에서 알려진 법칙과 설명, 특징을 새로운 사건에 도입하는 것으로 이에 해당하는 사고 기능으로는 비유, 은유, 귀추가 있습니다.
> [과학 지도서 총론 3장 5.5 창의적 사고 촉진 기법]

해설②

학교 상황에서 학생들의 움직임으로 물의 세 가지 상태를 설명할 때 이 둘의 차이점(비공유 속성)을 쓰라고 했습니다. 여러분이 가장 쉽게 떠올릴 수 있는 차이점은 무엇일까요? 물 분자들은 서로 모양과 크기가 같지만 학생들은 서로 각각 모양과 크기가 다르다는 것일 것입니다. 하지만 '이때 학생과 물 분자 사이의 모양, 크기 등과 같은 특징의 차이를 무시하고'라는 것을 고려할 때 움직임에 관련된 차이점을 언급해주면 됩니다. 따라서 물의 세 가지 상태는 온도의 영향을 받지만 학생들의 움직임은 온도에 영향을 받지 않는다는 점을 적어주면 됩니다.

2) 정답

① **적응은 능동적으로 이루어지는 것이 아닌 어떤 환경에서 생존에 유리한 형질을 가진 개체가 자연 선택에 의해 살아남아 그 형질이 자손에게 전달되어 이루어지는 것임을 지도해야 한다.**
② **관찰은 이론 의존적이다.**

해설①

㉣의 오개념은 부레옥잠이 "(능동적으로) 물에 잘 떠 있기 위해 공기 주머니를 (스스로) 만들었다."고 생각하는 것입니다. 따라서 이러한 오개념을 갖지 않게 하기 위해서는 적응이 어떻게 이루어지는지 교사가 적응의 과학적 개념(**특정한 서식지에서 오랜 기간에 걸쳐 살아남기에 유리한 특징이 자손에게 전달되는 것,** [과학 5-2 2. 생물과 환경])을 확실하게 언급하여 지도해야 합니다.

해설②

관찰의 결과는 각자 지니고 있는 배경 지식(=기존 이론)에 의해서 다르게 받아들여집니다. 따라서 학생들이 저마다 다른 이야기를 하는 것은 '관찰은 이론 의존적'이라는 인식론적 한계 때문입니다.

[과학 지도서 총론 3장 1.1 과학의 본성]

3) 정답

무극성

해설

지도교사의 "이산화 탄소는 산소와 마찬가지로 (㉥) 분자이므로 물에 잘 녹지 않습니다."라는 말에서 (㉥)이 물에 잘 녹지 않는 성질을 의미한다는 것을 유추할 수 있습니다. 물 분자는 극성입니다. (산소는 (−)전하를 띠고, 수소 쪽은 (+)전하를 띠고 있습니다.) 간단하게 말하면 극성은 극성끼리, 무극성은 무극성끼리 용해가 잘 되는데 산소 분자는 무극성이라서 극성 용매인 물에 잘 녹지 않습니다. 그런데 지도 교사가 "이산화 탄소도 산소와 마찬가지로 (㉥)분자 이기 때문에 물에 잘 녹지 않는다."라고 하였으므로 (㉥)에 들어갈 단어는 무극성입니다.

한줄 조언

소문항 1번 문제는 실제 시험장에서 마주쳤다면 조금 당황스러웠을 문제 같습니다. 당연히 문제를 읽어보면 '비유'를 떠올릴 수 있지만 개인적인 의견으로는 과학 교육과정 공부를 하면서 수업 전략을 특별히 공부해본 적은 없는 것 같아요. 하지만 그렇다고 해서 이 문제의 난도가 절대적으로 높았다는 뜻은 아닙니다. 다만 비중 있게 다뤄지는 영역이 아니라고 생각했는데 출제되어서 뜻밖이었어요. 수험생 여러분들도 여름이 오기 전까지는 폭 넓게 '이런 내용도 있구나~' 하고 깊게 다루지 않은 영역도 둘러보는 시간을 가지시는 게 좋겠다란 생각이 드는 문제였습니다. (이런 부분에 지나치게 많은 시간을 할애하시는 것에는 반대합니다.)

소문항 3번 문제 같은 경우에는 지도서를 꼼꼼히 보셨어야 해결할 수 있는 문제 같습니다. 꼼꼼히 보셨다면 문제를 보자마자 푸셨겠지만 그렇지 않았다면 조금 헤매셨을 수도 있는 문제 같습니다. 해설에는 문제를 풀기 위한 간단한 수준의 설명만을 실어두었는데요, 너무 깊게 공부하시다보면 너무 공부양이 많아지거나 심한 경우 그 과정에서 오개념이 발생하거나 무조건적인 암기로 흐르기도 합니다. 그러니 각론을 공부하실 때 지도서에 나와 있는 설명 수준을 넘어서는 난이도의 공부를 하시지는 않기를 조심스레 권합니다.

2021-02 초등

정답과 해설

1) 정답

기온이 낮은 계절이 될수록 태양의 남중고도가 낮아질 것이다.

해설

이 문제는 월별 태양의 남중고도 그래프에서 경향성을 파악하여 태양의 남중고도 변화에 대해 학생들이 만들었을 잠정적인 답을 적어야 하는 문제였습니다. 우리나라가 12~1월에는 겨울(기온이 가장 낮은 계절)이고 6~8월에는 여름(기온이 가장 높은 계절)이므로 학생들이 정답과 같은 내용을 떠올릴 수 있도록 교사가 수업을 의도했겠지요?

2) 정답

① 천구의 적도
② 북위 33.5° 또는 33.5°N

해설①

천구의 적도를 지구의 적도를 연장하였을 때, 천구에 생기는 적도를 말합니다. 천구란, 지구 관측자의 시점에서 보이는 하늘을 나타내기 위한 반지름이 무한대인 가상의 구를 말합니다.

[두산백과 - 천구의 적도]

해설②

그래프에 제시된 남중고도 값과 [그림]을 보면 C지역의 위도 값을 구할 수 있습니다. [남중고도 = 90°-그 지방의 위도+적위]이기 때문에 동짓날 태양의 남중고도가 29°인 A 지역의 위도가 37.5°라면 동짓날 태양의 남중고도가 33°인 C 지역의 위도는 33.5°입니다. 이때 위도를 나타낼 때에는 남위/ 북위를 구분해주어야 하기 때문에 북위 33.5° 또는 33.5°N이 정답이 됩니다.

3) 정답

비슷한 위도에 위치한 다른 나라들의 계절별 태양의 남중고도 변화를 살펴본다. (혹은 우리나라의 다른 지역)

해설

단계(개념 적용)에 적합한 교수·학습 활동(㉡)을 구체적인 상황을 묻는 문제였습니다. 도입된 개념을 탐색하기 위해 우리나라의 계절에 따른 남중고도 변화를 알아보았습니다. 이렇게 도입된 개념을 습득하기 위해서는 교수·학습 활동(㉡)에서 비슷한 사례를 통해 학습하는 것이 필요하겠죠? 따라서 우리나라와 비슷한 위도에 위치한 나라의 계절별 태양의 남중고도 변화를 알아본다고 써준다면 적절한 답이 될 것입니다. 자료에 등장하지 않은 다른 지역의 계절별 태양의 남중고도 변화를 살피는 것도 가능합니다.

한줄 조언

초등 임용고시를 준비하시는 분의 대다수는 과학 영역에 대해서 자신감이 없으신 경우가 많습니다. 그래서 이해보다는 암기 위주로 공부하게 되죠. 하지만 공부할 때 왜 그렇게 되는 건지 생각하시면서 공부하다보면 생각보다 외울 것이 많지 않다고 느껴지는 순간이 올 거예요. (외울 것이 절대적으로 적다는 것은 아닙니다.) 과학 문제를 풀 때는 문제에서 무엇을 요구하는지 다시 한 번 돌이켜 보시고, 빼먹은 것(단위나 숫자를 바르게 썼는지 등등)은 없는지 확인하신다면 분명 좋은 결과 있을 거라 믿습니다. 예를 들어 3번 소문항에서도 북위(또는 N)을 써주지 않았다면 오답으로 처리될 가능성이 높았을 것입니다.

2020-01 초등

정답과 해설

1) 정답

① 탄성계수

② 용수철은 당기는 힘에 비례하여 늘어나는 성질, 즉 탄성력이 있는데 A가 B보다 탄성계수가 크기 때문이다.

해설 ①

그래프에서의 기울기는 탄성 계수를 의미합니다. 같은 무게의 추를 걸어도 늘어난 길이가 다르다는 것은 두 용수철의 탄성계수 차이 때문입니다.

해설 ②

용수철은 당기는 힘에 비례하여 늘어나는 성질, 즉 탄성력이 있습니다. 그러나 두 용수철의 탄성 계수 차이 때문에, 같은 정도로 늘어나려면 B에 비해서 A에 더 큰 힘을 가해야만 하고 이는 기울기의 차이로 나타납니다.

2) 정답

① 비열

② ㉠에서는 모래와 물의 온도 모두 점점 떨어지지만, 모래보다 물의 비열이 크기 때문에 온도의 변화폭은 모래가 훨씬 클 것이다.

해설 ①

(나)의 그래프를 보면 '전등을 켜고 10분 동안의 모래와 물의 온도 변화 차이'를 나타내고 있습니다. 전등의 열로 인해서 모래와 물의 온도변화를 알아보는 실험인데, 이를 통해서 모래의 온도 변화가 물보다 빠름을 알 수 있습니다. 이는 비열을 설명할 수 있는 실험이며 비열은 '어떤 물질 1g의 온도를 1℃만큼 올리는 데 필요한 열량'입니다. 즉, 모래보다 비열이 큰 물은 모래보다 천천히 뜨거워지고 천천히 식습니다.

해설 ②

전등을 껐으므로 열원이 사라졌다고 볼 수 있습니다. 2분 간격으로 10분 동안 온도를 측정 했을 때, 열원이 없으므로 두 물질 모두 온도가 떨어질 것입니다. 하지만 비열이 큰 물 쪽이 그 변화폭이 더 작을 것입니다.

2020-02 초등

정답과 해설

1) 정답

① 고배율의 대물렌즈와 재물대가 부딪히지 않도록 조동 나사를 돌려 재물대를 아래로 내려둔다.

② 아라비아 고무액 또는 녹말 물을 사용하여 짚신벌레의 움직임을 둔하게 만든다.

해설①

문제에서 "저배율에서 고배율로 배율을 높여 관찰하려면 가장 먼저 (㉠)해야 한다."고 했습니다. 광학현미경에서 고배율의 대물렌즈는 저배율의 대물렌즈보다 그 길이가 깁니다. 그래서 무작정 회전판을 돌리기보다 조동 나사로 재물대의 높이를 낮춰놓는 것이 현미경의 손상을 방지할 수 있습니다.

해설②

짚신벌레의 현미경 표본을 만들 때 움직임을 제한하려면 짚신벌레가 든 물에 아라비아 고무, 메틸셀룰로스, 녹말 등을 섞어 주면 용액의 점성이 높아져 짚신벌레의 움직임이 느려지므로 관찰하는 데 도움을 줍니다. 탈지면을 이용하여 짚신벌레의 표본을 만드는 방법도 지도서에 소개되어 있습니다만, 이때 당시 탈지면을 이용했다고 쓴 답안은 오답처리 되었다는 의견이 있어 정답으로는 소개하지 않고 해설에서만 다룹니다.

[과학 6-1, 5.다양한 생물과 우리 생활]

2) 정답

㉢: 엽록체

㉢의 역할: 해캄은 독립영양생물이고, ㉢은 세포내 소기관으로서 빛을 이용하여 영양분을 합성하는 역할을 한다.

해설

해캄을 현미경으로 관찰했을 때 보이는 '초록색을 띈 알갱이'에서 엽록체임을 알 수 있습니다. 엽록체의 역할은 세포내 소기관으로서 광합성으로 녹말을 만듭니다.

[과학 6-1, 4. 식물의 구조와 기능]

따라서 엽록체가 있는 해캄은 빛 에너지를 이용하여 스스로 영양분을 만드는 독립영양생물임을 알 수 있습니다.

3) 정답

학생들에게 탐색 단계에서 발견한 것을 자신의 언어로 표현하게 하고 교사는 해캄과 짚신벌레가 같은 무리에 속하며, '원생생물'이라는 과학적 개념을 도입한다.

해설

수업 순서를 고려하였을 때 '탐색–개념도입–개념적용'으로 이어지는 순환학습 모형임을 알 수 있습니다. 개념 도입 단계에서는 개념 도입에 앞서 탐색 단계에서 관찰한 것을 학생 자신의 언어로 표현하게 합니다. 그러나 과학의 모든 복잡한 규칙을 학생 스스로 찾아내는 것을 기대하기는 어렵습니다. 규칙성을 표현하는 새로운 과학적 용어나 개념을 도입하고, 용어나 개념은 교사, 교과서, 시청각 매체 등을 통해서 도입할 수 있습니다. 용어나 개념은 탐색 활동에서 발견한 규칙성과 직접 관련지어야 합니다. 이 단계에서 도입된 과학적 용어나 개념을 통해서 학생들이 인지적 갈등이나 비평형 상태에서 벗어날 수 있어야 합니다.

[과학 지도서 총론 3장 4.5 순환학습 모형]

한줄 조언

현미경의 배율을 높이는 것에만 관심이 치우치다보면 "회전판을 돌려 고배율의 대물렌즈가 중앙에 오도록 한다."로 답안을 작성할 수 있을 것 같습니다. 이런 문제는 현미경을 자료로 제시해줬기 때문에 자신의 답안이 맞는지 머릿속으로 재생(?)해보세요. 그리고 짚신벌레의 움직임을 둔하게 하는 방법으로는 다양한 방법을 각론 공부할 때 배웠을 것입니다. 여러 개의 방법을 제시하라는 조건이 있지 않은 이상 '지도서에 나와 있는' 한 가지의 방법을 쓰는 것이 가장 안전합니다. (이를 위해서는 지도서를 미리 미리 읽어두는 것이 필요하겠죠?)

2019-01 초등

정답과 해설

1) 정답

햇빛, 물

해설

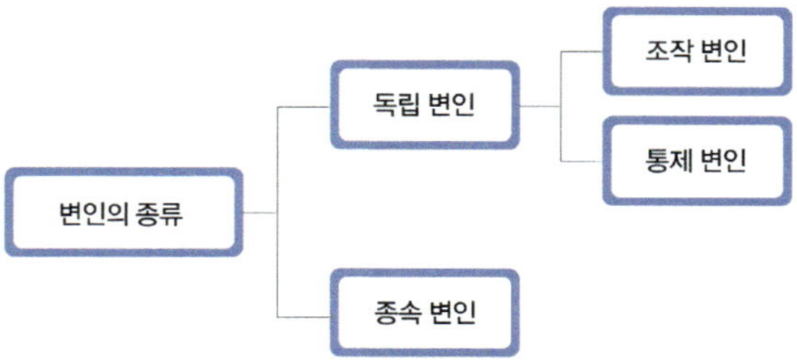

실험이나 조사 과정에서 의도적으로 변화시키는 변인을 조작 변인이라고 하며, 조작 변인이 바뀜에 따라 변화가 일어나는 변인을 종속 변인이라고 한다. 또 조작 변인과 종속 변인의 관계에 영향을 줄 수 있는 나머지 요인들은 일정하게 유지해야 하는데, 이것을 통제 변인이라고 한다. 여기서 조작변인과 통제변인은 종속 변인에 영향을 줄 수 있는 변인이라는 의미로 독립 변인이라고 한다.

[과학 지도서 총론 3장 2.2 과학 탐구 과정 기능]

(가) 실험의 여러 변인 중 서로 달리하는 것을 찾아 쓰면 됩니다. 실험이나 조사 과정에서 의도적으로 변화시키는 요인(조작 변인)과 조작 변인과 종속 변인의 관계에 영향을 줄 수 있는 나머지 요인(통제 변인)이 독립 변인에 속합니다. 이 실험에서는 확실하게 햇빛의 유무(어둠상자 이용)와 물의 유무에 따라서 관찰을 하고 있으므로, 햇빛과 물을 써주면 됩니다. 조작변인이 아닌 통제변인을 쓸 경우 경우의 수가 많기 때문에 조작변인 두 가지를 쓰는 편이 안전하게 채점될 것 같습니다.

2) 정답

햇빛이 없고 물을 준

해설

2009 교육과정 6-1 지도서 中 "우리가 먹는 콩나물은 떡잎이 노란색이며 떡잎 아래 몸통이 곧고 길쭉한 것으로 보아 햇빛이 없고 물을 준 조건에서 키운 것임을 유추할 수 있다."라는 부분이 있습니다. 여기에서 햇빛이 없고 물을 준 조건임을 알 수 있습니다. 15 개정에서는 5학년 2학기 2. 생물과 환경 단원에 해당하는 내용입니다.

3) 정답

①: 버섯, 생태 피라미드

②: 씨앗에 햇빛을 연결하지 않고 대신 온도에 연결한다. 햇빛은 싹 트는데 필요하지 않다. 씨가 싹 트는 데는 물과 적당한 온도가 필요하다.

해설

개념도는 가장 큰 개념을 제시한 뒤에 세부적인 가지로 이어집니다. 따라서 ~과 –에 들어갈 말이 무엇인지 찬찬히 읽어보면 답을 알 수 있습니다. "생산자에는 식물, 버섯 등이 속합니다."라는 개념에는 무슨 오류가 있을까요? 그렇습니다. 버섯은 균류로 분해자에 속합니다. "생태계는 비생물적 환경요인과 생태피라미드로 이루어집니다."에서는 어떤 오류가 있을까요? 그렇습니다. 비생물적 환경요인에 대응하면서도 생산자–소비자–분해자를 아우르는 개념은 생물적 환경요인입니다. 음영으로 연결된 ⓐ에서 적당한 햇빛과 물이 필요하다고 연결되어 있습니다. 하지만 많은 씨앗이 흙 속에서 싹이 트기 시작한다는 점을 생각해보면, 햇빛은 씨앗이 싹트는 데 필수적인 조건이 아님을 알 수 있습니다. 추가적으로, 씨가 싹트는 데에 햇빛이 필요하다는 오개념을 지도하려면 광발아 혹은 암발아 씨앗은 제외하는 것이 좋습니다.

한 줄 조언

소문항 1번은 사실 풀 때는 쉽게 풀었지만, 해설을 쓰려고 보니 당황하시는 분들이 많을 수 있겠다 싶었어요. 딱 드러나는 조작변인 두 가지가 있는데, 문제는 독립 변인을 두 가지를 쓰라고 하니 통제변인도 써도 되는 건가 싶고... 이럴 때에는 확실한 것으로 써주시는 편이 좋습니다. 확률적으로 그쪽이 더 안전해요. 소문항 3번은 갑자기 개념도가 나와서 당황하신 분들도 있을 것 같습니다. 차분히 풀면 해결할 수 있는 문제입니다. 실제로 과학 한 단원이 끝나면 실험 관찰에서 단원 정리를 개념도 형태로 하고 있기 때문에 참고가 되지 않았나 싶기도 합니다. 모르는 곳에서 출제된 문제는 많지 않을 것입니다. 언제나 문제 풀이의 기본은 정신력입니다.

2019-02 초등

정답과 해설

1) 정답

퓨즈를 콘센트에 직렬로 연결한 후 전구 A와 전구 B를 병렬로 연결한다.

해설

먼저, (1)에서 전구 A와 B의 규격은 서로 같습니다. (2)에서는 전구 1개를 빼도 나머지 전구의 밝기에는 변화가 없다는 것을 보아 전구는 병렬연결 되어 있음을 알 수 있습니다. 직렬연결 되어 있었다면 전구 하나를 빼는 순간 저항값이 작아져 밝기가 밝아졌을 것입니다.(전구도 하나의 저항이기 때문입니다.)

퓨즈는 과전류가 흐르는 것을 방지하는 역할을 합니다. 전류가 강하게 흐를 시에 녹아서 전기의 흐름을 차단시키는 안전장치입니다. 따라서 퓨즈의 역할을 충실히 수행하기 위해서는 전구가 병렬연결된 부분에 퓨즈가 연결되어 있는 것이 아니라 콘센트와 직렬연결 되어있어야 할 것입니다.

2) 정답

[회로 2]는 직렬로 연결한 전구의 개수가 증가하여 전체 합성 저항이 커지고 따라서 회로에 흐르는 전류는 감소한다. 그러므로 전구의 밝기는 줄거나 불이 켜지지 않을 수 있고 퓨즈는 그대로 영향을 받지 않는다.

해설

[회로 1]과 [회로 2]의 차이는 무엇일까요? 바로 전구(저항)의 개수입니다. 똑같은 규격의 전구와 퓨즈를 사용하였고, 차이점은 전구의 개수뿐이에요. 전구도 일종의 저항이므로, 직렬 연결한 전구의 개수가 늘어난다는 것은 전체 저항이 커진다는 뜻입니다. 전기에서 가장 유명한 V=IR알고 있죠? 전압이 일정(콘센트에서 220V 공급이 되고 있겠죠?)할 때에 R이 커지면 당연히 전류가 약해지겠죠. 전류가 약하다면 전구는 켜지지 않거나 밝기가 줄 수 있을 것입니다. 퓨즈는 어떻게 될까요? 퓨즈는 과전류를 방지하는 장치이기 때문에, 상대적으로 매우 약한 전류가 흐르고 있는 [회로 2]에서는 멀쩡할 것입니다.

한줄 조언

전기 문제는 언제나 대부분의 수험생에게 어렵다고 느껴지죠? 과학에 자신 있었던 저도 수험장에서는 긴장이 되더라고요. 순간 잠깐 멈칫 하다가 정신을 차리고 반신반의로 풀었습니다. 많은 동기들이 이 문제는 포기했다며 욕했어요. 그러니 어려운 게 정상이라고 보시면 되어요. 그렇게 느껴지는 문제는 '같이 손잡고 틀리는 문제다!'라는 생각을 갖고 다음 문제를 잘 푸시면 됩니다.

2019 초특 정답과 해설

1) 정답

㉠ : 종속 변인
㉡ : 실을 당기는 정도

해설

실험이나 조사 과정에서 의도적으로 변화시키는 변인을 조작 변인이라고 하며, 조작 변인이 바뀜에 따라 변화가 일어나는 변인을 종속 변인이라고 한다. 또 조작 변인과 종속 변인의 관계에 영향을 줄 수 있는 나머지 요인들은 일정하게 유지해야 하는데, 이것을 통제 변인이라고 한다. 여기서 조작변인과 통제변인은 종속 변인에 영향을 줄 수 있는 변인이라는 의미로 독립 변인이라고 한다.

[과학 지도서 총론 3장 2.2 과학 탐구 과정 기능]

(㉠) 아래의 독립 변인, 통제 변인이라고 쓰여 있는 점, 변인이 '소리의 전달'이라는 독립 변인에 따라서 달라지는 변인이므로 ㉠이 종속 변인임을 알 수 있습니다. ㉡은 실험 과정을 살펴보았을 때 실을 소리의 전달이라는 종속 변인에 영향을 줄 수 있는 변인은 실을 당기는 정도임을 알 수 있습니다.

2) 정답

조작적 정의

해설

조작적 정의란 어떤 개념을 과학적으로 정의하는 방식이다. 물리학자 P. W. Bridgman이 1927년에 『현대물리학의 논리』에서 처음으로 사용하였다. 과학적 지식은 관찰할 수 있는 반복적 조작에 의해 객관화되며, 의미도 구체적 사태의 조작에 의해 드러난다고 본다. 그리하여 조작적 정의는 관찰할 수 없는 것을 관찰 가능하도록 한 개념이 관찰되는 사태를 정의의 한 부분으로 포함시키는 정의이다.

[유재봉, 교육평가 용어사전]

3) 정답

실전화기에서는 실의 떨림이 소리를 전달하는데 실의 중간 부분을 손으로 잡으면 실의 진동이 잘 전달되지 않기 때문이지.

해설

실 전화기를 사용하면 공기 중에서 소리를 전달하는 것보다 더 잘 들립니다. 그 이유는 실 전화기에서 소리를 전달하는 역할은 공기가 아닌 실이기 때문입니다. 소리를 내는 모든 물체는 진동이 발생합니다. 따라서 실의 중간 부분을 손으로 잡으면 실의 떨림, 즉 진동이 방해되기 때문에 소리도 잘 들리지 않습니다.

한줄 조언

소문항 2번의 내용은 왠지 사회 · 문화에 나와도 될 것 같은 내용인걸요...? 초등 특수 문제이기는 하지만 가끔 1점짜리로 '헉!'하는 문제가 간혹 나오기도 한답니다. 그런 문제는 상식(?)으로 풀 수 있는 경우도 있으나 정 안되면 다 같이 손잡고 틀리면 되니 부담 갖지 마세요!

2018-01 초등

정답과 해설

1) 정답

①: B-백반 알갱이의 크기가 작을수록 백반이 더 빨리 녹을 뿐 녹는 양은 일정하다.

②: D-빨리 저을수록 백반이 더 빨리 녹을 뿐 녹는 양은 일정하다.

해설

백반이 녹는 양에 영향을 미치지 않는 변인을 설정한 두 모둠을 찾으면 되는 문제입니다. 알갱이의 크기와 젓는 빠르기는 녹는 양이 아닌 녹는 빠르기에 영향을 주는 요인입니다.

2) 정답

백반은 물의 온도에 따라 용해도 변화가 크지만, 소금은 물의 온도가 변해도 용해도가 거의 일정하므로 물의 온도에 따른 녹는 양의 차이를 실험하기에 적합하지 않다.

해설

용해도는 '어떤 온도에서 용매 100g에 최대로 녹을 수 있는 용질의 양(g)'을 나타냅니다. 아래 도표를 참고해보면 백반이나 붕산은 물의 온도에 따라 용해도 변화가 크지만 소금은 물의 온도 변화에 따른 용해도 변화가 거의 없음을 알 수 있습니다. 따라서 소금은 온도에 따른 녹는 양의 차이를 실험하기 위한 용질로 적절하지 않습니다.

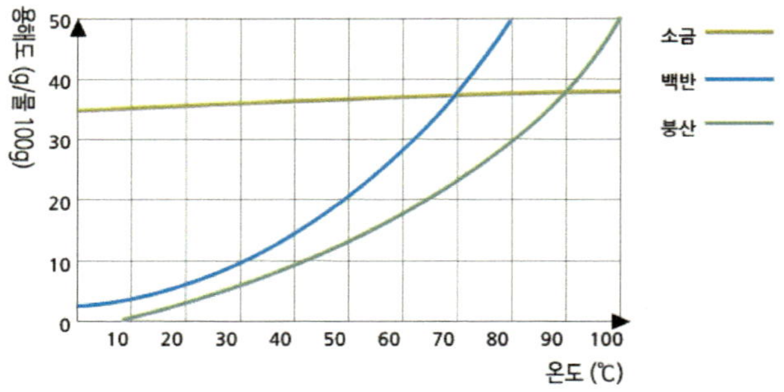

[가루 물질의 용해도 (출처: 에듀넷)]

3) 정답

정직성

해설

㉢ 실험 결과를 나온 대로 쓰지 않고 자신이 원하는 결과로 바꿔 쓰는 경우를 참고해보면 이와 가장 관련이 깊은 과학적 태도의 하위 요소는 '정직성'입니다.

◉ **정직성**
- 자신이 얻은 자료를 조작하거나 수정하지 않는다.
- 자신의 가설에 반대되는 것을 관찰하였을 때에도 관찰한 것을 그대로 보고한다.
- 다른 사람이 관찰하거나 제기한 것을 있는 그대로 인정한다.
- 일반화를 하거나 결론을 내릴 때 자료를 모두 고려한다.

과학적 태도	1	호기심
	2	합리성
	3	객관성
	4	판단유보
	5	비판적인 마음
	6	개방성
	7	정직성
	8	겸손과 회의
	9	증거의 존중
	10	협동심
	11	실패의 긍정적 수용

[과학 지도서 총론 3장 1.1 과학의 본성]

2018-02 초등

정답과 해설

1) 정답

①: 빛의 굴절이 일어나도록 물을 넣는다.

②: 물속의 동전에서 반사된 빛은 공기와 닿은 면에서 (굴절각이 입사각보다 크게) 굴절하는데, 관찰자는 이러한 사실은 인지하지 못하고 실제 꺾인 빛이 직진해서 온다고 생각하여 실제 있는 위치보다 물의 깊이가 낮은 곳에서 있는 것처럼 보인다.

해설

㉠에서 공통적으로 나타나는 빛의 성질은 굴절입니다. 한 물질에서 진행하던 빛이 다른 물질을 만나면 일부는 물질의 표면에서 반사하고, 일부는 진행하는 방향이 꺾이며 다른 물질 속으로 들어갑니다.[과학 6-1, 5.빛과 렌즈] 우리가 물체를 보기 위해서는 반사된 빛이 우리 눈에 들어와야 하는데, 기존 관찰자의 위치에서는 동전이 보이지 않으므로 굴절이 일어나야만 동전을 볼 수 있을 것입니다. 굴절이 일어나도록 하기 위해서는 공기 이외에 다른 물질을 넣어 주어야 하므로 물을 부어주면 됩니다.

2) 정답

①: ㉣, 열은 온도가 높은 물질에서 낮은 물질로 이동한다.

②: ㉤, 북반구에서 바람은 저기압 중심에서 반시계 방향으로 회전하며 불어 들어간다.

해설

㉢은 물 속의 빨대가 구부러져 보이거나 개울 속 물고기가 더 가까워 보이는 것, 즉 빛의 굴절에 대해서 옳게 진술한 내용입니다.

㉣ 열은 열 자체가 입자가 아니기 때문에 열이 많은 곳에서 적은 곳으로 이동하는 것이 아닌 온도가 높은 곳(분자들의 운동이 활발한 곳)에서 온도가 낮은 곳(분자들의 운동이 비교적 활발하지 않은 곳)으로 이동하는 것으로 보는 것이 옳습니다.

㉤ 북반구에서의 바람은 저기압 중심에서 반시계 방향으로 회전하여 불어 들어가고 고기압에서는 시계 방향으로 불어나갑니다.

㉥ 습구 온도계의 온도가 낮다는 것은 증발 현상이 원활하다, 즉 습도가 낮다는 것입니다. 따라서 건구 온도계의 온도가 일정할 때, 습구 온도계의 온도가 낮을수록 습도는 낮은 것이 맞습니다.

3) 정답

기초 탐구 과정 (기초 과학 탐구 기능)

해설

"2009 개정 과학과 교육과정에서 크게 둘로 나눈 탐구 과정 중 관찰, 분류와 같은 (㉦)에 주안점을 두거든요."에서 밑줄 그은 부분에서 기초 과학 탐구 기능과 통합 과학 탐구 기능을 이르는 것을 알 수 있습니다. 2009개정 교육과정에서는 기초 탐구 과정/ 통합 탐구 과정으로 구분하였으나, 2015개정 교육과정 기반의 지도서에서는 기초 과학 탐구 기능/ 통합 과학 탐구 기능으로 제시되어 있습니다. 이 두 가지 중에서 관찰, 분류가 속하는 것은 기초 탐구 과정(기초 과학 탐구 기능)입니다.

[과학 지도서 총론 3장 2.2 과학 탐구 과정 기능]

한 줄 조언

많은 양의 각론 내용을 기억해야 하는 과학, 쉽지는 않죠? 하지만 그런 특성 덕에 한번 공부해두면 꽤나 명확하게 풀 수 있는 문제가 많답니다. 처음 공부하실 때 개념을 확실히 이해하고 가시면 시험을 앞둔 9월, 10월, 11월에 복습하시면서 훨씬 수월하실 거에요. 임시방편으로 무조건적으로 외우는 방법은 후에 엄청난 오개념을 낳을 수 있습니다.

2017-01 초등

정답과 해설

1) 정답

①: 물은 공기에 비해 밀도가 크므로 같은 부피에서 보다 많은 입자가 빽빽하게 들어 있다.

②: 공기는 압축성이 큰 유체이고, 물은 공기에 비해 압축성이 작은 비압축성 유체이다.

해설

액체와 기체는 모두 유체입니다. 액체는 기체에 비해 상대적으로 밀도가 크고(같은 부피 내에 많은 입자가 빽빽함) 압축성이 작습니다. 기체 입자들의 거리는 액체나 고체에 비해 멀기 때문에 기체에 압력을 가하면 기체 입자들 사이의 간격이 줄어들면서 부피가 작아지고, 반대로 가했던 압력을 제거하면 다시 기체의 부피는 원래대로 되돌아갑니다.

[과학 6-1, 3. 여러 가지 기체]

2) 정답

①: 공기 펌프를 누르는 횟수

②: 물 로켓을 쏘는 각도

해설

(나)의 ㉡과 같은 역할을 하는 변인은 과학 혁명 단계에서 등장합니다. 영우의 기존의 정상과학(물 로켓도 물을 많이 넣을수록 더 멀리 날아갈 것이다)이 은정이의 경험에 의해 반박(위기 단계)당하자 자신의 이론을 보호하면서도 반박의 증거를 수용하기 위해 일부 실험 방법을 변경합니다. 영우의 "물을 더 넣을 때마다 공기 펌프를 더 많이 누르고, 쏘는 각도도 다르게 하는 거야"에서 2가지를 찾을 수 있습니다.

> 과학은 점진적이거나 지식의 축적에 따라 발전하는 것이 아니라, 새로운 패러다임에 따라 혁명적인 발전을 한다는 것이다. 즉 과학의 발전은 〈정상과학$_1$→위기 → 과학혁명 → 정상과학$_2$〉의 과정으로 나아간다는 것이다. 정상과학은 새로움을 쉽게 받아들이려 하지 않는다. 새로움을 받아들이지 않으려는 가장 중요한 이유는 정상 과학에 손상을 일으키기 때문이다.

[박은진(2004), 쿤『과학혁명의 구조』]

3) 정답

①: 물을 많이 넣을수록 물 로켓은 멀리 날아간다.

②: 물을 가득 채울 때 물 로켓이 가장 멀리 날아가야 하는데, 실제로는 날아가지 못했다.

해설

(가)에서 찾을 수 있는 ①이론의 핵심은 영우의 이론의 핵심입니다. 따라서 "물을 많이 넣을수록 물 로켓은 멀리 날아간다."입니다. 이를 ②결정적으로 반박할 실험 증거는 은정이의 경험적 증거인 "물을 가득 채울 때 물 로켓이 가장 멀리 날아가야 하는데, 실제로 해보니까 아예 날지도 못했어."에서 찾을 수 있습니다.

한줄 조언

쿤의 '과학혁명'에 대해서 대략적인 개념을 알고 있었다면 풀 수 있었을 문제입니다. 하지만 역시 조금은 당황스러웠죠? 여러분이 열심히 해오셨다면 여러분이 틀린 문제는 다른 사람들에게도 어려운 문제였을 것입니다. 연습에서 틀린 것은 오히려 배울 수 있는 기회가 되니까 좌절하지 말고 파이팅!

2017-02 초등 · 초특 공통

정답과 해설

1) 정답

①: 물의 온도
②: 밀가루 덩어리의 높이(밀가루 반죽의 부푼 정도)

해설

가설은 실험 결과에 대한 잠정적인 설명(결론)입니다. 따라서 가설은 "(조작변인)에 따라서 (종속변인)이 ~될/할 것이다."의 형태로 작성되어야 합니다. 실험 과정을 보면 물의 온도(5℃, 20℃, 40℃)에 따른 밀가루 덩어리의 높이를 측정합니다. 따라서 "물의 온도(독립변인)에 따라 밀가루 덩어리의 높이(종속변인)이 달라질 것이다."와 같이 가설을 세울 수 있습니다. 가설에는 종속 변인에 영향을 줄 수 있는 독립 변인과 조작 변인이 바뀜에 따라 변화가 일어나는 종속 변인이 있습니다. 이때, 조작 변인과 종속 변인의 관계에 영향을 줄 수 있는 나머지 요인(=통제 변인)들은 일정하게 유지되어야 합니다.

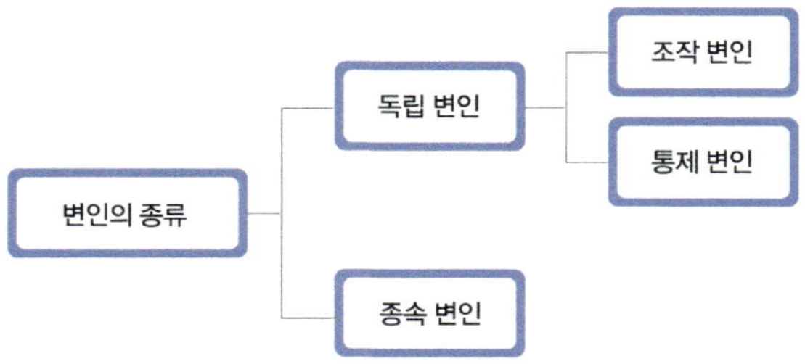

[과학 지도서 총론 3장 2.2 과학 탐구 과정 기능]

2) 정답

이산화탄소

해설

효모는 빵이나 술 등을 만드는 데 사용되는 미생물입니다. 효모는 당을 분해하여 에너지를 얻고 그 과정에서 이산화탄소를 발생시킵니다.

3) 정답

①: ㉢, 효모는 생물이며 균류의 한 종류이다.
②: ㉥, '탐구 학습 모형'을 적용한 수업을 계획했습니다.

해설

②: ㉥, '발견 학습 모형'은 주변의 구체적인 사례에서 일반적인 과학 개념이나 법칙을 이끌어내는 경우에 주로 사용됩니다.

[과학 지도서 총론 3장 4.3 발견학습모형]

2016-01 초등

정답과 해설

1) 정답

ⓐ : **추리**

ⓑ : **온도는 물질 입자의 평균 운동 에너지 정도이고, 열은 온도가 높은 곳에서 낮은 곳으로 이동하는 에너지로, 학생이 직접 관찰한 물의 온도 변화를 논리적으로 해석하여 직접 관찰할 수 없는 열에너지의 이동과 연관시켜 설명해야 하기 때문이다.**

해설

'㉠으로부터 결론 ㉡을 이끌어내기 위하여'라는 데에서 ⓐ는 추리임을 알 수 있습니다.

> 추리란 사물이나 사건, 현상을 관찰한 결과를 논리적으로 해석하고 설명하는 과정을 의미하며 반드시 관찰에 근거하기 때문입니다.
>
> [과학 지도서 총론 3장 2.2 과학 탐구 과정 기능]

ⓑ는 학생의 관찰 결과(물의 온도 변화)를 통해 열에너지의 이동이라는 내용(직접 지각하지 못한 현상)을 해석하고 설명해야 하기 때문입니다.

2) 정답

- **㉢, 중간 온도인 25℃보다 온도가 높다.**
- **㉥, 뜨거운 물질의 열이 찬 물질로 이동하기 때문이다.**

해설

㉢ 10℃ 물 100mL와 40℃ 물 200mL를 접촉시키면 중간 온도인 25℃보다 온도가 낮다가 잘못된 이유는 40℃ 물의 양이 두 배 더 많으므로 물의 온도는 25℃다 온도가 높을 것입니다.

㉣ 그렇게 하면 비커에 물을 붓는 동안 따뜻한 물의 온도가 금방 낮아질 수 있으므로는 옳은 진술입니다. 비어 있는 비커에 추가적으로 물을 붓게 되면 시간이 더 소요될뿐더러 따뜻한 물의 열에너지가 비어 있던 비커 등으로 전달되어 온도가 낮아질 수 있습니다.

㉤ 관찰 시간을 좀 더 늘려서 온도 변화를 알아보도록하면 결국 온도가 같아짐을 확인할 수 있기 때문에 맞습니다.

㉥ 찬 물질의 냉기가 따뜻한 물질로 이동하기 때문이라는 것은 '냉기'라는 오개념을 포함하고 있습니다. 뜨거운 물질의 열이 찬 물질로 이동하기 때문입니다.

2016-02 초등

정답과 해설

1) 정답

㉠ : 아가미로 물을 걸러 마신다고 한 부분은 과학적 오류이다. 아가미는 허파와 같은 역할을 하며 가스 교환이 이루어지는 기관이다.

㉡ : 바다에서 증발한 수증기가 기온이 높아지면 위로 올라간다. 위로 올라가면서 부피가 팽창하고 공기의 온도가 이슬점 이하로 낮아지면 수증기가 응결되어 구름이 된다.

해설㉠

학생의 과학적 글쓰기를 통해 오개념을 확인할 수 있습니다. 과학적 오류가 있는 부분은 아가미로 물을 걸러 마신다는 부분입니다. 아가미는 포유류의 허파와 같은 역할을 합니다.

해설㉡

바다 표면의 물이 증발하여 바다 표면의 수증기가 됩니다. 이 수증기(기체)가 햇빛으로 인해 온도가 높아지면 위로 올라가게 됩니다. 위로 올라감과 동시에 압력이 낮아지면서 부피가 팽창하고 공기의 온도가 이슬점 이하로 낮아지면 수증기가 응결되어 구름이 됩니다.

2) 정답

ⓐ : 엽록체

ⓑ : 잎에서 수증기가 빠져나가면서 기화열에 의하여 공기 중의 온도가 낮아지기 때문이다.

해설ⓐ

주위 표피 세포와 달리 공변세포에만 있는 세포 소기관은 엽록체입니다. 따라서 공변세포는 광합성이 가능합니다.

해설ⓑ

여름의 숲 속이 증산 작용에 의하여 시원하게 느껴지는 이유는 액체가 기체로 상태 변화할 때 주변의 열을 흡수하기 때문입니다. 잎에서 수증기가 빠져나가는 것, 즉 증산 작용으로 인해 기화열에 의하여 주변 공기(숲 속 공기)의 온도가 낮아지게 됩니다.

3) 정답

교사 중심의 확인 실험은 학생 중심의 탐구(탐색) 실험에 비해 학생 스스로의 참여 정도가 낮기 때문이다.

해설

교사 중심의 확인 실험은 학생 중심의 탐구 실험이 아니기 때문에 학생의 능동적인 과학 지식 구성에 적합하다고 보기 어렵습니다. 탐구 실험에 비해서 학생의 참여 정도가 낮지만 실험기구의 수량이 한정되어 있거나, 위험한 실험이거나, 실험 과정이 복잡할 때에 교사 중심의 확인 실험을 진행합니다.

[과학 지도서 총론 3장 5.1 실험수업]

2015-01 초등

정답과 해설

1) 정답

㉠ : 2개 ㉡ : 4cm

해설

용수철을 저울처럼 이용하기 위해서는 용수철의 길이가 일정하게 늘어나는 지점과 탄성한계점을 알아야 합니다. 추의 무게에 따라서 용수철의 길이가 일정하게 늘어나는 지점은 추가 40g일 때부터입니다. 따라서 필요한 추의 개수는 2개입니다.(20*2)

이때 2단계의 ㉡에 해당하는 값은 0점 조정이 된 상태에서 20g 추를 달았을 때 몇 cm늘어났는지 묻는 것입니다. (가)의 그래프를 참고할 때 매단 추가 40g일 때(0점 조절)와 60g일 때(0점 조절 +20g 추 추가)의 용수철 길이의 차이는 4cm이므로 ㉡은 4cm입니다.

2) 정답

예상

해설

예상은 관찰이나 측정 결과에 기초하여 규칙성이나 경향성을 파악하고 앞으로 어떤 일이 일어날지를 미리 판단하는 과정으로, 관찰, 분류, 추리와 밀접하게 연관되어 있습니다. 즉, 관찰과 이에 근거한 분류나 추리를 통하여 규칙성을 인지하고, 이에 따라 앞으로 어떤 일이 일어날지 예상하게 됩니다. 주어진 자료의 바깥 부분을 예상하는 것을 외삽이라고 하며, 주어진 자료의 빠진 부분을 예상하는 것을 내삽이라고 합니다. 또 적절한 근거를 가지고 어림하는 것도 예상의 한 가지 방법입니다.

[과학 지도서 총론 3장 2.2 과학 탐구 과정 기능]

3) 정답

- **ⓐ 지우개의 경우: 알 수 있다.**
- **ⓑ 가위의 경우: 알 수 없다. 용수철의 한계로 80g이상의 무게는 용수철의 길이 변화를 측정할 수 없기 때문이다.**

해설

(가)의 그래프를 참고하였을 때 용수철을 활용하여 측정할 수 있는 물건의 무게 값은 0g~80g입니다. 따라서 지우개는 무게를 알아낼 수 있으며, 가위는 알아낼 수 없습니다. 용수철의 한계로 80g 이상의 무게는 용수철의 길이 변화를 정확하게 측정할 수 없기 때문입니다.

2015-02 초등

정답과 해설

1) 정답

- **㉠, 염산 용액이 손에 묻었을 때는 즉시 흐르는 물로 씻어 내야 한다.**
- **㉣, 입으로 촛불을 불면 불꽃이 꺼지는 현상은 탈 물질(기체 파라핀)이 제거되기 때문이다.**

해설㉠

산성 액체가 피부에 묻었을 때에는 피부 표면에서 액체를 중화하는 것이 아니라 즉시 흐르는 물로 씻어내는 것이 좋습니다. 오히려 염기성 용액을 잘못 사용하면 피부 손상을 유발할 수 있습니다.

해설㉣

촛불은 기체가 된 파라핀이 심지를 타고 탈 물질이 되었기 때문에 타오릅니다. 따라서 입으로 촛불을 불면 기체 파라핀이 제거되기 때문에 탈 물질 제거로 인한 소화라고 볼 수 있습니다.

2) 정답

학생들이 현재 자신의 개념에 불만족을 느껴야 한다.

해설

학생들이 오개념을 바꾸려면 다음과 같은 특정한 조건을 충족해야 합니다. 이중 문제의 상황과 가장 근접한 것은 ①입니다.

① 자신의 생각이나 개념이 불충분함을 인식해야 한다. (dissatisfaction)
② 새로운 과학 개념은 학생이 이해할 만한 것이어야 한다. (intelligent)
③ 학생에게 새로운 개념이 타당해 보여야 한다. (plausible)
④ 새로운 개념은 활용 가능성이 많아야 한다. (fruitful)
[과학 지도서 총론 3장 4.6 개념 변화 학습 모형]

3) 정답

실험 실기

해설

수행평가 방법에는 크게 관찰, 면담, 실험 실기, 실험보고서, 포트폴리오 등이 있습니다. 이 중 실험 기구 조작 능력과 실험 수행 능력을 평가하기에 가장 적절한 것은 실험 실기입니다. 실험 실기는 실험 기구 이용 방법을 직접 평가하는 방법인데 반해 실험 보고서는 탐구 과정의 전반적인 사항을 보고서 형태로 작성한 것을 평가하는 방법이므로 실험 실기가 보다 적합합니다.

[과학 지도서 총론 3장 6.4 과학 학습 평가 방법]

한줄 조언

각론에만 치우쳐서 공부하기보다는 각론 내용이 어떻게 지총 또는 교과교육론과 엮여서 나올 수 있을까를 생각하시는 것이 좋습니다. 교육과정A/B 문제는 항상 4-5점의 세트 문항으로 출제되기 때문입니다

2014-01 초등

정답과 해설

1) 정답

- **㉠ 단계 설정 이유: 학생들이 규칙성을 발견하여 과학 개념을 형성하거나 일반화하는 것을 더욱 강화시켜 주기 위해서이다.**
- **㉡에 적합한 실험활동: 묽은 염산 용액이 들어 있는 삼각플라스크에 페놀프탈레인 용액을 몇 방울 넣은 후, 묽은 수산화나트륨을 한 방울씩 넣으면서 색깔 변화 관찰하기**

해설

이 문제 속 수업은 발견학습 수업모형에 따라 구성하였습니다. ㉠의 단계는 더 구체적인/상충되는 자료를 제시함으로써 학생들이 규칙성을 발견하여 과학 개념을 귀납적으로 형성하거나 일반화하는 것을 더욱 강화시켜주기 위함입니다. 따라서 '규칙성 발견'과 '개념 형성/일반화'라는 키워드가 들어가도록 답안을 작성해야 합니다.

㉡의 실험활동은 추가 자료 제시 및 관찰탐색에 적절한 활동이어야 합니다. 실험1은 묽은 수산화나트륨 용액(염기성)이 들어 있는 삼각플라스크에 페놀프탈레인 용액(지시약)을 몇 방울 넣은 후, 묽은 염산(산성)을 한 방울씩 넣으면서 색깔 변화를 관찰하는 실험을 통해 산과 염기를 섞을 때 용액의 성질 변화를 알아보았습니다. 따라서 활동 2에서는 묽은 염산 용액(산성)이 들어 있는 삼각플라스크에 페놀프탈레인 용액(지시약)을 몇 방울 넣은 후, 묽은 수산화나트륨(염기성)을 한 방울씩 넣으면서 색깔 변화를 관찰하여야 학생들의 개념 형성이 이루어질 것입니다.

[과학 지도서 총론 3장 4.3 발견 학습 모형]

2) 정답

- **㉢에 해당하는 내용: 산성 용액에 염기성 용액을 넣으면 산성이 약해지고, 그 반대의 경우에는 염기성이 약해진다.**
- **페놀프탈레인 용액 사용이 효과적이지 않은 이유: 페놀프탈레인의 변색 범위는 pH 8~10에서 붉은 색이고 8 이하와 12 이상에서는 무색으로, 염기성과 산성에서의 색이 같은 경우가 있기 때문이다.**
- **㉣이 형성평가 문항으로 적합하지 않은 이유: 해당 문항은 염산과 황산의 몰농도 차이의 이해를 묻고 있어서 6학년 범위와 수준에 벗어난다.**

해설

㉢에 해당하는 내용은 학습 목표와 그 방향이 같습니다. 학습 목표가 구체적으로 제시되어 있지 않지만 각 학습단계의 활동으로 미루어보자면 산과 염기를 섞을 때 용액의 성질 변화를 예상, 관찰하여 그 결과로 ㉢(개념)을 형성하는 것이므로 '산성 용액에 염기성 용액을 넣으면 산성이 약해지고, 그 반대의 경우에는 염기성이 약해진다.'와 같이 적으면 됩니다.

페놀프탈레인 용액 사용이 효과적이지 않은 이유는 페놀프탈레인의 변색범위 때문에 용액의 정확한 성질을 판단하는 데에 한계가 있기 때문입니다. 따라서 본 실험에서는 염기성일 때와 산성일 때 다른 색을 나타내는 지시약을 사용하는 편이 좋습니다.

㉣의 문항은 묽은 염산과 묽은 황산의 몰농도 차이의 이해를 묻고 있는 질문입니다. ㉣은 6학년 범위와 수준에 벗어납니다. 이는 당시 문제 출제의 기준이었던 2007교육과정뿐만 아니라 2015교육과정에서도 마찬가지입니다.

산과 염기 성취기준 [2015 개정 과학과 교육과정]	
[6과08-01]	우리 주변에서 볼 수 있는 여러 가지 용액을 다양한 기준으로 분류할 수 있다.
[6과08-02]	지시약을 이용하여 여러 가지 용액을 산성 용액과 염기성 용액으로 분류할 수 있다.
[6과08-03]	산성 용액과 염기성 용액의 여러 가지 성질을 비교하고, 산성 용액과 염기성 용액을 섞었을 때의 변화를 관찰할 수 있다.
[6과08-04]	우리 생활에서 산성 용액과 염기성 용액을 이용하는 예를 찾아 발표할 수 있다.

한 줄 조언

임용고시를 준비하다 보면 숲을 보지 못하고 나무만 보게 되는 경우도 왕왕 있습니다. 과학과는 교육과정이 크게 중요성을 갖지 않는 교과이긴 하지만 교육과정의 내용체계표와 성취기준을 참고하면 학생들이 어느 수준으로 성취하는 것을 목표로 하고 있는가를 쉽게 파악할 수 있습니다.

2014-02 초등

1) 정답

구 분	도로변에 서 있는 경찰(A)을 기준으로 한 속력	달리는 경찰차 안의 경찰(B)을 기준으로 한 속력
승용차의 속력	26m/s	12m/s
화물차의 속력	16m/s	2m/s

- **영수의 오개념: 운동의 상대성을 이해하지 못하여, 물체의 속력은 관찰자에 관계없이 같다는 생각을 가진 점이 오개념이다.**

해설

영수의 답안에서 잘못된 부분은 달리는 경찰차 안의 경찰(B)을 기준으로 한 속력입니다. 운동의 상대성을 이해하지 못하여 관찰자에 따라 물체의 속력이 다르다는 것을 고려하지 못하였습니다. (영수의 오개념) 문제에 제시된 그림을 참고할 때, 도로변에 서 있는 경찰(A)을 기준으로 계산했을 때는 이동한 거리(m)/시간(s)으로 속력을 구하면 되므로 승용차의 속력은 26m/s, 화물차의 속력은 16m/s입니다. 그러나 경찰차 안의 경찰(B)을 기준으로 5초 동안 승용차와의 거리는 60m가 멀어졌습니다. (0초:20m→5초: 80m) 따라서 상대적인 승용차의 속력은 60m/5s이므로 12m/s입니다. 또한 화물차의 경우에는 0초 일 때 거리가 30m였는데 5초일 때 20m차이로 가까워졌으므로 10m/5s 즉, 2m/s가 상대적인 속력임을 알 수 있습니다.

2) 정답

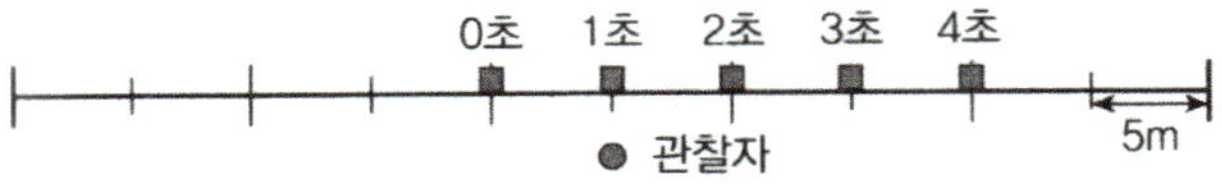

해설

관찰자를 기준으로 0초일 때 물체의 상대적인 위치는 서쪽방향으로 5m 떨어져 있습니다. 물체는 10m/s로 움직이고 관찰자는 같은 방향으로 5m/s로 움직이므로 관찰자를 기준으로 했을 때 물체의 상대적인 속력은 5m/s입니다. 따라서 1초가 지날 때마다 5m씩 동쪽 방향으로 이동(한 칸씩 이동)하게 그림을 그리면 됩니다.

3) 정답

지구 관찰자 시점에서 지구가 태양을 공전하는 데 걸리는 시간보다 달이 지구 주위를 공전하는 데 걸리는 시간이 더 짧기 때문이다. (지구의 공전 속력은 달의 공전 속력보다 빠르지만, 달은 태양보다 지구에 가깝기 때문에 천구 상에서 크게 움직이는 것처럼(상대 속력이 빠른 것처럼) 보인다.

해설

날마다 같은 시각, 같은 장소에서 관찰한 달과 태양의 위치가 바뀌는 까닭은 각각 달의 공전과 지구의 공전 때문입니다. 지구의 공전 속력 자체는 달의 공전 속력보다 빠르지만 달보다 지구의 공전궤도가 크고 그 주기 또한 길기 때문에 상대 속력이 빠른 것처럼 보입니다.

한줄 조언

이런 유형의 문제만 나오면 긴장되시는 분들 있겠죠? 마음을 차분히 먹고 시간을 넉넉히 두고 풀면 생각보다 쉽게 풀리는 경우가 많습니다. 저 같은 경우에는 수학, 과학에서 시간이 조금 걸릴 것 같거나 생각해야 하는 문제들은 바로 넘어가고 맨 나중에 풀었어요. 계산이 필요 없고 바로 머릿속에 답이 떠오르는 것은 바로 풀었지만요. 시험이 다가오면서 방금 제가 말씀드린 방법처럼 자신에게 맞는 자신만의 시간관리 방법을 만드는 것도 중요한 시험 전략 중 하나입니다.

2013-01 초등

정답과 해설

1) 정답

경험 학습 모형

이유: 여러 가지 작은 생물을 직접 관찰하는 기초 탐구 과정을 강조하고 학생들의 구체적이고 조작적인 감각 경험을 강조하는 수업이기 때문이다.

해설

학습활동과 학생들의 대화를 미루어 보았을 때, '자유 탐색–탐색 결과 발표–교사의 안내에 따른 탐색–탐색 결과 정리'라는 단계로 진행되는 경험 학습 모형입니다. 경험 학습 모형은 자연현상·사물과의 경험이 비교적 적은 구체적 조작 단계의 저학년 학생들에게 사물과 현상을 직접 경험할 수 있는 기회를 제공함으로써 탐구 과정의 기능의 바탕을 기를 수 있도록 합니다. 수업의 개요와 대화를 미루어 보았을 때, 작은 생물을 직접 관찰하는 기초탐구 과정을 강조하고 있으며, 눈과 감각확장 도구를 사용하여 구체적이고 조작적인 감각 '경험'을 강조하고 있음을 알 수 있습니다.

[과학 지도서 총론 3장 4.2 경험 학습 모형]

2) 정답

관찰의 이론 의존성으로 인해 객관적인 관찰을 하지 못한다.

해설

현대 과학철학의 인식론적 관점에서 설명하기 위해서는 과학의 본성에 대한 이해가 필요합니다. 은하와 민수의 관찰 결과는 서로 다른데 그 이유는 배경지식이 다르기 때문입니다. "아는 만큼 보인다."라는 말처럼 자신이 갖고 있는 배경 지식, 즉 자신의 이론에 따라서 관찰에 대한 결론을 내리기 때문에 있는 그대로(=객관적)의 관찰을 하지 못한 채 결론을 내렸기 때문이라고 할 수 있습니다.

[과학 지도서 총론 3장 1.1 과학의 본성]

3) 정답

㉡, 거미는 머리·가슴, 배의 두 부분으로 되어 있다.

해설

거미는 거미류로 '머리·가슴'과 '배'의 두 부분으로 이루어져 있습니다. 몸이 3부분으로 되어 있는 것은 곤충(류)입니다.

4) 정답

A:관찰, B: 추리

해설

과학수업에서 관찰 결과를 기록하는 과정인 ㉣에서 민수는 날개가 없으니까(관찰) 개미는 곤충이 아니라고 설명하였습니다. 문제에서 (B)은(는) (A)한 것을 해석하고 설명하는 과정이라고 하였습니다. 따라서 A에 들어갈 탐구능력(탐구기능)은 관찰이며, 관찰한 것을 해석하고 설명하는 과정인 B는 추리에 해당합니다.

[과학 지도서 총론 3장 2.2 과학 탐구 과정 기능]

한줄 조언

모형문제에서 제시된 활동이 단계명과 100% 일치하지는 않을 수도 있습니다. 하지만 지도서 총론에 제시된 모형 중에서 논란의 여지없이 고를 수 있게 출제되기 때문에 모형의 단계명, 그리고 각 단계의 활동 및 유의점은 꼭 알아두셔야 합니다. 특히나 과학은 이런 유형의 문제가 꾸준히 출제되고 있고 세부적인 것까지 알아두셔야 대비가 될 것입니다. 과학과는 지총 내용의 전체적인 이해가 중요합니다. 각론만 공부하시지 말고 지총부분도 충분히 숙지하시길 바랍니다.

2013-02 초등 정답과 해설

1) 정답

- **기호와 이유 : ㉣은 단위 시간당 녹는 양을 실험하는 것으로 녹는 양에 대한 실험이 아니라 녹는 빠르기에 대한 실험이므로, 탐색 단계의 실험과 연관성이 적어 적절하지 않다.**
- **대체 활동 : 탐색 단계의 백반 실험과 동일한 방법으로 물의 온도에 따른 붕산의 녹는 양에 대해서 실험하고 관찰한다.**

해설

정교화 단계에서는 **수업 결과를 유사하거나 새로운 상황에 적용**하거나 결론으로 학습 내용을 도출합니다. 그런데 ㉣은 단위 시간당 녹는 양, 즉 빠르기에 대한 실험이므로 탐색 단계의 실험(온도)과 연관성이 적어 부적절합니다. 대체 활동은 물의 온도에 따른 물질의 녹는 양을 관찰할 수 있는 다른 실험을 제시하면 되므로 동일한 방법으로 물의 온도에 따른 붕산의 녹는 양에 대해서 실험하면 됩니다. 5E 모형은 '**참여–탐색–설명–정교화–평가**'의 순서로 이루어집니다. 탐색에서는 문제를 설정 및 가설 제시와 자료 수집, 정리, 해석 등이 이루어집니다. 따라서 ㉠, ㉡은 특성에 부합합니다. 설명 단계에서는 문제에 대해 모둠의 해답, 가설 검증 등을 증거로 설명하는 단계이므로 ㉢이 적절합니다.

[과학 지도서 총론 3장 4.5 순환 학습 모형]

2) 정답

관찰(Observation)

해설

POE는 예상–관찰–설명의 단계입니다. 이때 ㉡은 실험을 통해 관찰하는 단계이므로 '관찰(Observation)'에 해당합니다.

[과학 지도서 총론 3장 4.5 순환 학습 모형 4.순환 학습 모형의 변형, 확장 형태]

3) 정답

- **B : 예상이나 그 근거는 가능한 한 글로 표현하도록 하는 것이 좋다.**
- **C : 확인 실험은 단지 추상적 지식에 대한 구체적인 경험을 갖게 하는 것으로 학생의 능동적인 의미 구성을 유도하기에 적합하지 않다.**

해설

(나)는 박 교사가 순환학습 모형의 대표적인 사례인 5E 모형과 POE 모형을 결합하여 구성한 수업을 참관한 동료 교사의 평가 내용을 담고 있습니다.

A는 POE 모형의 특성을 고려하여 타당하게 평가한 내용입니다. P에 해당하는 예상(Prediction) 단계에서 제대로 된 예상을 하기 위해서는 학생들이 상황의 성격을 정확히 이해해야 하므로 주어진 내용을 이해하는데 필요한 질문을 충분히 할 수 있어야하기 때문입니다. 따라서 A는 타당한 내용이라고 볼 수 있습니다.

B는 POE 모형의 특성을 고려할 때, 학생들이 부담을 느끼지 않도록 탐색 단계에서 예상한 결과와 그 근거에 대한 쓰기를 강제하지 않는 것이 좋다고 했습니다. 하지만 순환학습모형에서 학생들이 자신의 생각을 글로 쓰는 과정에서 학생들의 사고가 더 정교해진다고 보기 때문에 그 근거는 가능한 글로 표현할 수 있도록 합니다. 따라서 B는 타당하지 않으며 정답과 같이 고칠 수 있겠습니다.

C에서 언급한 확인 실험은 강의나 독서로 알게 된 추상적 지식에 대한 구체적인 경험을 갖게 하는 것으로 학생의 능동적인 의미 구성을 유도하기에 적합하지 않습니다. 학생의 능동적인 의미 구성을 위해서는 학생들이 개방적인 상황에서 학생 스스로 새로운 자료와 현상을 인식하고 흥미를 가질 수 있는 '탐색실험'이 이루어져야 합니다.

D에서는 구성주의적 교수·학습이 이루어질 수 있도록 설명 단계에서 전체 학급 토론을 바탕으로 실험 결과를 정리하는 것이 좋다고 적었는데 순환학습모형이 구성주의적 교수학습을 바탕으로 한 것이기 때문에 이 역시 타당한 평가 내용입니다.

실험 수업의 형태	실험 목적	교사의 역할
확인 실험	추상적 지식을 구체적으로 경험하게 한다.	강의나 독서로 알게 된 추상적 지식과 관련된 현상을 경험할 기회를 제공한다.
탐색 실험	새로운 자료와 현상을 인식하고 흥미를 가지게 한다.	학생들이 개방적 상황에서 새로운 자료와 현상을 탐색하고 조사하게 한다.
귀납적 실험	몇 가지의 과학적 사실을 유의미한 일반화로 조직하게 한다.	학생 스스로 주요한 개념이나 그들 간의 관계를 찾게 한다.
연역적 실험	주요한 개념이나 일반화로 주어진 현상을 설명하게 한다.	이미 학습된 포괄적 지식으로 새로운 현상을 설명, 예측, 서술하게 한다.
기능 개발 실험	실험 활동에 필요한 기능을 습득하게 한다.	학생들이 필요한 기능을 습득할 때까지 연습할 기회와 피드백 및 도움을 제공한다.
과정 개발 실험	과학의 문제 해결 능력을 기른다.	학생들이 문제를 해결하고 해답을 설정하는 방법에 관심을 가지도록 하며 실험 목적을 달성하는 것이 어려울 경우에만 직접적 도움을 준다.

[과학 지도서 총론 3장 5.과학 교수·학습방법]

한 줄 조언

과학과는 모형 몇 있습니다! 모형은 필수! 외워두기만 하면 아주 쉽게 점수를 얻는 문제들입니다. 최근에는 이 문제(2013 기출)처럼 단순하게 단계명을 정확히 외우는 것을 묻기보다는, 각 모형의 특징적인 단계에서 하는 교수·학습활동을 서술하라는 식의 문제가 많이 나오고 있습니다. 따라서 기계적인 암기보다는 모형이 어떤 흐름으로 흘러가는지 숙지하시는 것이 중요합니다.

2013 초등 특수

정답과 해설

1) 정답

- **수업모형: 발견 학습 모형**
- ㉣ : **규칙성 발견 및 개념 정리**

해설

발견 학습 모형	탐색 및 문제 파악
	자료 제시 및 관찰 탐색
	추가 자료 제시 및 관찰 탐색
	규칙성 발견 및 개념 정리
	적용 및 응용

[과학 지도서 총론 3장 4.3 발견 학습 모형]

빠른 < 슬기로운 생활 > 정답표

백문이 불여일견 설명이 친절한 기출

2023학년도 기출

부직포와 솜을 이용해서 '나만의 목도리 만들기' 활동을 한다.

2022학년도 기출

색깔이나 모양을 기준으로 낙엽을 무리 짓는 활동

2022학년도 유사

낙엽을 활용하여 사람들의 생활 모습을 나타내는 그림 완성하기 등

2021학년도 기출

뱀은 왜 땅속에서 겨울잠을 잘까?

2020학년도 기출

예상하기

2020학년도 유사

탐구하기

2019학년도 기출

㉠: 관찰하기
㉡: 조사하기

2019학년도 유사

㉠: 계절과 생활
㉡: 상상력

2018학년도 기출

지식 정보 처리 역량

2018학년도 유사

지식 정보 처리 역량

2017학년도 기출

새 그림을 여름에 볼 수 있는 새와 겨울에 볼 수 있는 새로 나누어본다. (무리 짓는다, 분류한다.)

2017학년도 유사

새 그림을 여름에 볼 수 있는 새와 겨울에 볼 수 있는 새로 나누어본다. (무리 짓는다, 분류한다.)

2016학년도 기출

관계

2016학년도 유사

주변

2015학년도 기출

주변의 변화

2015학년도 유사

주변의 모습

2014학년도 기출

먹이를 구하기 어렵기 때문이다.

2014학년도 유사

주변에서 쉽게 구할 수 있는 재료들로 만들었다.

2013학년도 기출

(다), 학생이 할 수 있어야 하는 것은 살펴보기, 무리짓기, 조사·발표하기, 모형 만들기, 흐름 만들기, 관계망 그리기이다. '재어보기'가 삭제되어야 한다.

2013학년도 유사

슬기로운 생활과의 교수·학습은 학생 내부에서 시작하는 흥미와 관심에 집중한다. 또한 학생이 배움의 즐거움을 잃지 않고 생생한 학습이 이루어질 수 있도록 학습 환경을 구성한다.

2023 초등

정답과 해설

정답

부직포와 솜을 이용해서 '나만의 목도리 만들기' 활동을 한다.

해설

[A]에서 '건조해요'는 휴지나 부직포를 이용해서 '나만의 가습기 만들기 활동'을 하기 때문에, '추워요' 에서는 휴지, 부직포, 종이, 신문지, 솜 등 주변에서 찾을 수 있는 재료를 이용하여 '나만의 목도리 만들기 활동'처럼 추운 환경을 개선할 수 있는 보온 도구를 만드는 활동을 적으면 정답 처리가 되었을 것입니다.

한줄 조언

이 문제는 제시문만 꼼꼼히 읽어도 풀 수 있는 문제였습니다. 2022 개정 교육과정이 곧 도입될 예정이라서인지 깊은 내용이 출제되지는 않았습니다.

2022 초등

정답과 해설

정답

색깔이나 모양을 기준으로 낙엽을 무리 짓는 활동

해설

이 문제는 제시문을 읽고 탐구 기능과 수업 내용을 연결짓는 문제입니다. 제시문을 통해 지도 교사는 예비교사에게 '무리 짓기' 탐구 기능을 길러주기 위한 활동을 요구했고, 예비 교사는 학생들에게 낙엽을 주워온 후 관찰하고 특징을 이야기하는 수업을 한다는 것을 알 수 있습니다. 그러므로 이를 종합하면 '어떠한 기준으로 모아온 낙엽을 무리짓는 활동'이 답이 될 수 있습니다. 그 기준이 낙엽의 모양이나 색깔이 아니더라도 답으로 인정되었을 것이라고 생각합니다.

• 슬기로운 생활과의 기능 지도

[무리 짓기]

무리 짓기는 주변의 사물과 현상에 대해 수집한 사실과 정보들을 여러 가지 기준으로 구분해 보는 일종의 분류하기, 범주화하기 활동이다. 모종의 방법이나 체계에 따라 대상을 나누고 배열하는 활동으로 사물이나 사건의 동질성, 유사성, 차이점, 상호 연관성 등을 보아야 한다. 예를 들어, 추석에 만나고 싶은 사람, 먹고 싶은 음식, 하고 싶은 놀이로 분류할 수 있다. 슬기로운 생활과에서는 교과 내용이나 개념에 따르기보다 학생들의 흥미와 관심의 양상에 따라 분류 기준을 정한다.

- 주어진 기준으로 구분하기
- 기준을 정해서 구분하기
- 기준을 달리해서 구분하기
  - 수집한 사실과 정보 나열하기
  - 주어진 기준 혹은 정한 기준에 맞춰서 적절하게 구분하기, 분류하기, 범주화하기

[통합교과 지도서 총론 기능 지도]

한줄 조언

통합교과가 좋아하는 기능 문제가 또 나오긴 했지만, 암기가 필요한 문제는 아니었습니다. 무리 짓기라는 기능이 문제에 제시가 되었기 때문에, 수업 내용을 무리 짓기와 연관짓기만 하면 정답으로 인정이 되었을 것입니다.

2022 초등 유사

정답과 해설

정답

낙엽을 활용하여 사람들의 생활 모습을 나타내는 그림 완성하기 등

해설

이 문제는 2022 개정 교육과정에서 등장한 '성취기준 적용 시 고려 사항'을 활용한 문제입니다. 자연의 시간과 더불어 사람들이 사는 사회적 시간을 연결해야 하기 때문에, 자연물을 이용해 사회적 모습을 그림으로 표현할 수 있는 활동을 할 수 있습니다.

2021 초등

정답과 해설

정답

뱀은 왜 땅속에서 겨울잠을 잘까?

해설

㉠에 들어갈 창의적 발문을 뱀의 겨울잠 장소를 포함하여 쓰는 문제입니다. 이미 문제에서 뱀의 겨울잠 장소를 포함해서 발문을 만들라고 요구하고 있기 때문에, '뱀은 왜 땅속에서 겨울잠을 잘까?', '뱀이 바위 밑에서 겨울잠을 자는 이유가 무엇일까?'와 같은 발문을 할 수 있습니다.

동물	겨울잠 장소
개구리	땅속
뱀	바위 밑, 얕은 땅속
곰	동굴

[겨울 2-2, 2.겨울 탐정대의 친구 찾기]

한줄 조언

통합교과는 각론이 나오지 않는다고 굳게 믿고 있었는데 이번에는 슬기로운 생활에서 각론 내용이 나왔습니다. 서울, 경기, 광역시 시험을 준비하고 계신다면, 이제 아예 각론을 배제해야 한다고는 말하기 어려울 것 같습니다. 물론 각론 공부를 본격적으로 하는 건 시간 낭비지만 우리가 상식만으로는 알기 어려운 부분들은 가볍게 정리하는 것이 필요하다고 생각합니다. 스터디원들과 나누어서 각론을 짧게 정리하는 시간을 가지는 것도 좋을 것 같습니다.

2020 초등

정답과 해설

정답

예상하기

해설

자료나 근거를 기초로 생각해 보는 탐구 기능이라는 말이 힌트가 됩니다. '가을이 오면 앞으로 날씨가 어떻게 달라질지', '가을이 오면 사람들은 무엇을 하게 될지'를 보면 앞으로 무슨 일이 일어날지 근거를 토대로 생각해보는 질문이기 때문에 '예상하기'가 답이 됩니다.

> • 슬기로운 생활과의 기능 지도
> [예상하기]
> 상상하기와는 달리 예상하기는 자료나 근거를 기초로 생각해 보는 기초 탐구 활동이다.
> – 예상하기 위해 제목, 그림, 현상 등 단서 찾기
> – 단서와 관련된 질문 해 보기
> – 생각한 것 말하기
>
> [통합교과 지도서 총론 기능 지도]

한줄 조언

시험 때에는 확실하게 맞힌 것 같은 문제, 쉬운 것 같은 문제도 확신이 없어서 두 번 세 번 들여다보게 됩니다. 저는 교육과정 A를 풀 때 시간이 부족했어서 여러분은 문제를 풀 때 답의 근거를 밑줄 치거나, 동그라미를 치면서 푸셨으면 해요. 그러면 다시 또 확인하는 시간이 줄어들거든요!

2020 초등 유사

정답과 해설

정답

탐구하기

해설

자료나 근거를 기초로 생각해 보는 과정·기능이라는 말이 힌트가 됩니다. 사실 과정·기능에 대한 설명이 교육과정 내에서 자세히 나와있지는 않지만, 2015개정 교육과정의 탐구 기능과 밀접한 관련이 있다고 생각하여 유사 문제를 출제했습니다.

2019 초등

정답과 해설

정답

㉠ : **관찰하기**
㉡ : **조사하기**

해설㉠

'봄이 와서 달라진 점을 살펴본다.'는 활동을 보면 탐구 기능 중 가장 적절한 것은 관찰하기에 해당합니다. 또한 유의점에서 '다양한 감각을 활용하여, 겨울과 비교'한다는 부분도 답의 근거가 됩니다. 그 이유는 기본 이론에 있는 기능 설명을 보면 알 수 있습니다.

해설㉡

방과후 과제로 봄 날씨의 특징에 대해 알아보도록 하는 활동은 '조사하기'와 가장 알맞습니다. 또한 관련 자료를 찾아보는 활동에서도 관련 기능은 조사하기라는 것을 알 수 있습니다.

• 슬기로운 생활과의 기능 지도

[관찰하기]

초등학교 1,2학년 학생들이 주변에 잇는 사물이나 주변에서 접하는 현상을 오감을 통해서 능동적으로 살펴보고, 그 특징들을 찾아내는 활동이다.

- 관찰 대상 인지하기
- 본 대로, 들은 대로, 느낀 그대로 사실과 정보 모으기
- 모든 사실 및 정보로 주변 더 자세히 보기

[무리 짓기]

무리 짓기는 주변의 사물과 현상에 대해 수집한 사실과 정보들을 여러 가지 기준으로 구분해 보는 일종의 분류하기, 범주화하기 활동이다. 모종의 방법이나 체계에 따라 대상을 나누고 배열하는 활동으로 사물이나 사건의 동질성, 유사성, 차이점, 상호 연관성 등을 보아야 한다. 예를 들어, 추석에 만나고 싶은 사람, 먹고 싶은 음식, 하고 싶은 놀이로 분류할 수 있다. 슬기로운 생활과에서는 교과 내용이나 개념에 따르기보다 학생들의 흥미와 관심의 양상에 따라 분류 기준을 정한다.

• 주어진 기준으로 구분하기
• 기준을 정해서 구분하기
• 기준을 달리해서 구분하기

- 수집한 사실과 정보 나열하기
- 주어진 기준 혹은 정한 기준에 맞춰서 적절하게 구분하기, 분류하기, 범주화하기
- 대상 및 현상의 특성 다시 보기 및 설명하기

[조사하기]

조사하기는 주어진 과제를 해결하기 위해 조사할 대상, 조사할 것, 조사하는 방법과 시간, 장소 등을 정해서 스스로 혹은 협동하여 과제를 해결하는 활동이다.

- 조사 과제 확인하기
- 과제에 맞는 조사 대상, 내용, 방법, 시간, 장소 정하기
- 조사하기
- 조사한 것 정리하기

[예상하기]

상상하기와는 달리 예상하기는 자료나 근거를 기초로 생각해 보는 기초 탐구 활동이다.

- 예상하기 위해 제목, 그림, 현상 등 단서 찾기
- 단서와 관련된 질문 해 보기
- 생각한 것 말하기

[관계망 그리기]

발상 모으기(브레인스토밍), 발상 써 보기(브레인 라이팅) 등의 기법을 사용하여 자유롭게 사고를 발산하고, 사고한 결과를 유의미하게 묶어 보는 활동이다.

- 가능한 관계 찾기(인과 관계, 전후 관계, 상하 관계, 시간별, 장소별 등)
- 선택한 관계의 의미가 드러나도록 연결하거나 범주화하기

[통합교과 지도서 총론 기능 지도]

한줄 조언

통합교과에서 기능이 얼마나 중요한지 기출을 통해 알 수 있겠죠? '설마 또 나오겠어?' 하지만 정말 또 나오더라고요. 방심하지 말고 확실하게 공부해주세요. 어떤 기능이 있는지 뿐 아니라, 그 설명과 적용할 수 있는 수업까지도 연계하면 더 좋을 것 같습니다.

2019 초등 유사

정답과 해설

정답

㉠ : **계절과 생활**
㉡ : **상상력**

해설 ㉠

'봄이 와서 달라진 점을 살펴본다.'는 활동을 보면 계절과 관련된 내용 요소라는 것을 알 수 있습니다. 2022 개정 교육과정에서 계절과 관련된 슬기로운 생활과의 내용 요소는 '계절과 생활'입니다.

해설 ㉡

20년 후 학교 정원의 모습을 상상해보는 활동이 있고, 계절을 다루는 영역에서 내용 요소 중 가치·태도에 해당하므로 정답은 '상상력'입니다.

<table>
<tr><th rowspan="2">영역</th><th rowspan="2">핵심아이디어</th><th rowspan="2">범주</th><th>내용요소</th></tr>
<tr><th>슬기로운 생활</th></tr>
<tr><td rowspan="3">우리는 지금 어떻게 살아 갈까</td><td rowspan="3">· 우리는 여러 유형의 주기로 생활한다.
· 우리는 과거, 현재, 미래를 생각하며 생활한다.</td><td>지식·이해</td><td>· 하루의 변화와 생활
· 계절과 생활
· 과거–현재–미래</td></tr>
<tr><td>과정·기능</td><td>· 탐색하기
· 탐구하기
· 살펴보기</td></tr>
<tr><td>가치·태도</td><td>· 상상력</td></tr>
</table>

2018 초등

정답과 해설

정답

지식 정보 처리 역량

해설

- '슬기로운 생활'과에서는 창의적 사고 역량, 지식정보처리 역량, 의사소통 역량을 교과의 중요한 역량으로 삼고 있다.
- 창의적 사고 역량은 주변에 관심을 갖고 다양한 현상과 관련지어 창의적으로 생각할 수 있는 능력이다.
- 지식정보처리 역량은 **주변에 관심을 갖고 여러 가지 자료를 수집, 분류, 이해할 수 있는 능력**이다.
- 의사소통 역량은 주변을 탐구하는 과정에서 다른 사람들과 의견을 나누고, 그 결과를 공유할 수 있는 능력이다.

한줄 조언

굳이 [A]를 참고하지 않아도 역량을 정확하게 알고 계신 분이라면, 밑줄 친 부분만 읽고 답을 적을 수 있는 문제입니다. 친절하게도 부연설명까지 해 준 문제죠. 이런 문제는 점수를 주기 위한 문제이기 때문에 절대 실수하면 안 됩니다. 쉽다고 방심하지 마시고 문제 옆에 슬기로운 생활과의 역량 3개를 적어두고, 그 중 가장 적절한 것을 답으로 적으면 더 확실히 답을 고를 수 있을 거예요.

2018 초등 유사

정답과 해설

정답

지식 정보 처리 역량

해설

슬기로운 생활과 교수·학습 방향에 다음과 같이 역량에 대한 언급이 있습니다.

> (마) 슬기로운 생활과의 교수·학습 과정에서 주변을 탐구하는 경험은 특히 지식정보처리 역량, 창의적 사고 역량, 협력적 소통 역량 등과 밀접한 관련이 있다.

그러므로 제시문에서 언급하는 역량은 2015 개정 교육과정에서와 다름 없이 지식정보처리역량이 됩니다.

2017 초등

정답과 해설

정답

새 그림을 여름에 볼 수 있는 새와 겨울에 볼 수 있는 새로 나누어 본다.(무리 짓는다, 분류한다.)

해설

탐구 대상이 '새'이기 때문에 새와 관련된 탐구 활동을 적으면 됩니다. 여기에 '무리 짓기'가 잘 드러나야 하기 때문에 하나의 기준을 정해 분류하는 활동이면 모두 정답으로 인정되었을 거예요.

• 탐구 활동 중심 교수·학습 모형

탐구 상황 확인하기	• 문제 정의하기, 찾기 • 탐구 동기 유발하기
탐색하기	• 배경지식 활성화 • 자료 및 사례 탐구하기 • 탐구 방안 및 절차 만들기
탐구 활동하기	• 문제 해결점 찾기 • 공통점 및 차이점 발견하기 • 지식 및 원리 찾기
탐구 결과 정리하기	• 탐구 결과 정리하기 • 유사한 상황 찾기 • 발견한 것 다시 사용하기

[무리 짓기]

무리 짓기는 주변의 사물과 현상에 대해 수집한 사실과 정보들을 여러 가지 기준으로 구분해 보는 일종의 분류하기, 범주화하기 활동이다. 모종의 방법이나 체계에 따라 대상을 나누고 배열하는 활동으로 사물이나 사건의 동질성, 유사성, 차이점, 상호 연관성 등을 보아야 한다. 예를 들어, 추석에 만나고 싶은 사람, 먹고 싶은 음식, 하고 싶은 놀이로 분류할 수 있다. 슬기로운 생활과에서는 교과 내용이나 개념에 따르기보다 학생들의 흥미와 관심의 양상에 따라 분류 기준을 정한다.

- 주어진 기준으로 구분하기
- 기준을 정해서 구분하기
- 기준을 달리해서 구분하기
  - 수집한 사실과 정보 나열하기
  - 주어진 기준 혹은 정한 기준에 맞춰서 적절하게 구분하기, 분류하기, 범주화하기
  - 대상 및 현상의 특성 다시 보기 및 설명하기

[통합교과 지도서 총론 기능 지도]

한줄 조언

'얼마나 잘 외웠니?'가 아니라 '얼마나 잘 이해하고 적용할 수 있니?'를 묻는 문제입니다. 무리 짓기가 무엇인지 외우는 것도 중요하지만, 이를 어떻게 수업에 적용할 수 있는지 아는 것도 중요해요. 특히 이제는 외워서 푸는 문제는 지양하는 추세이기 때문에 이런 문제들을 많이 풀어보시면 좋을 것 같습니다.

2017 초등

정답과 해설

정답

새 그림을 여름에 볼 수 있는 새와 겨울에 볼 수 있는 새로 나누어 본다.(무리 짓는다, 분류한다.)

해설

탐구 대상이 '새'이기 때문에 새와 관련된 탐구 활동을 적으면 됩니다. 여기에 '무리 짓기'가 잘 드러나야 하기 때문에 하나의 기준을 정해 분류하는 활동이면 모두 정답으로 인정되었을 거예요.

• 탐구 활동 중심 교수·학습 모형

탐구 상황 확인하기	• 문제 정의하기, 찾기 • 탐구 동기 유발하기
탐색하기	• 배경지식 활성화 • 자료 및 사례 탐구하기 • 탐구 방안 및 절차 만들기
탐구 활동하기	• 문제 해결점 찾기 • 공통점 및 차이점 발견하기 • 지식 및 원리 찾기
탐구 결과 정리하기	• 탐구 결과 정리하기 • 유사한 상황 찾기 • 발견한 것 다시 사용하기

[무리 짓기]

무리 짓기는 주변의 사물과 현상에 대해 수집한 사실과 정보들을 여러 가지 기준으로 구분해 보는 일종의 분류하기, 범주화하기 활동이다. 모종의 방법이나 체계에 따라 대상을 나누고 배열하는 활동으로 사물이나 사건의 동질성, 유사성, 차이점, 상호 연관성 등을 보아야 한다. 예를 들어, 추석에 만나고 싶은 사람, 먹고 싶은 음식, 하고 싶은 놀이로 분류할 수 있다. 슬기로운 생활과에서는 교과 내용이나 개념에 따르기보다 학생들의 흥미와 관심의 양상에 따라 분류 기준을 정한다.

- 주어진 기준으로 구분하기
- 기준을 정해서 구분하기
- 기준을 달리해서 구분하기
  - 수집한 사실과 정보 나열하기
  - 주어진 기준 혹은 정한 기준에 맞춰서 적절하게 구분하기, 분류하기, 범주화하기
  - 대상 및 현상의 특성 다시 보기 및 설명하기

[통합교과 지도서 총론 기능 지도]

한 줄 조언

'얼마나 잘 외웠니?'가 아니라 '얼마나 잘 이해하고 적용할 수 있니?'를 묻는 문제입니다. 무리 짓기가 무엇인지 외우는 것도 중요하지만, 이를 어떻게 수업에 적용할 수 있는지 아는 것도 중요해요. 특히 이제는 외워서 푸는 문제는 지양하는 추세이기 때문에 이런 문제들을 많이 풀어보시면 좋을 것 같습니다.

2017 초등 유사

정답과 해설

정답

새 그림을 여름에 볼 수 있는 새와 겨울에 볼 수 있는 새로 나누어 본다.(무리 짓는다, 분류한다.)

해설

슬기로운 생활과 교수·학습의 방향에 다음과 같은 서술이 있습니다.

> (라) 슬기로운 생활과의 교수·학습 과정에서 내용 체계표에 제시하는 준비하기(준비물 챙기기 등), 질문하기(문제 만들기, 예상하기 등), 계획하기(절차 만들기, 내용 및 방법 정하기 등), 조사하기(정보 수집하기 등), 관련짓기(무리짓기, 관계망 그리기 등), 의논하기(협의하기, 의사 결정하기 등), 나타내기(설명하기, 발표하기 등), 평가하기(확인하기, 진단하기 등) 등 과정·기능들을 다룰 수 있다.

내용체계표에 직접적으로 드러나있지는 않지만 '관련 짓기' 안에 '무리 짓기' 기능이 포함되어 있음을 알 수 있습니다.

2016 초등 정답과 해설

정답

관계

해설

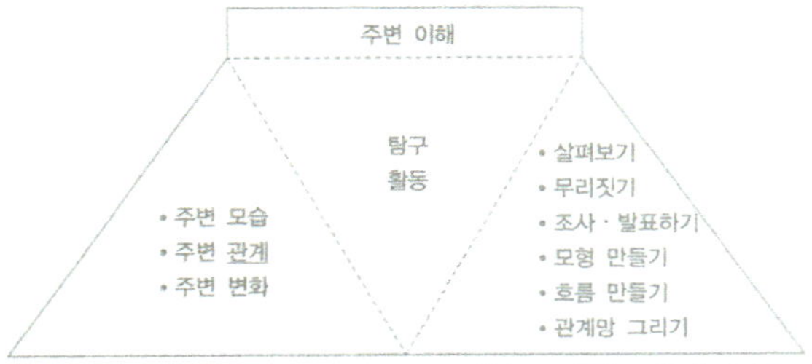

[2009 개정 교육과정] 목표

2016 초등 유사 정답과 해설

정답

주변

해설

슬기로운 생활과의 목표는 다음과 같습니다.

> 목표
> '지금-여기-우리 삶'에 지속적으로 관심을 갖고 탐구한다.
>
> 첫째, 자신과 주변에 관심을 가지고 질문을 제기하며 지속적으로 탐구한다.
> 둘째, 탐구 과정에서 필요한 지식이나 기능을 다루면서 주변을 탐구하는 태도를 기른다.
> 셋째, 탐구 과정에서 형성한 이해를 공동체와 공유하며 확장한다.

다음은 슬기로운 생활과 교수·학습의 방향 중 바항입니다.

> (바) 슬기로운 생활과는 학생에게 친숙한 '주변'이 탐구 주제이기 때문에 학생의 일상적 경험을 벗어나지 않도록 유의한다. 단 학생에게 물리적으로 친숙한 '주변' 이외에도 심리적으로 친숙한 '주변'도 다루도록 한다. 학생의 발달 단계에 부합하지 않더라도 교사는 학생이 관심을 갖는 대상에 주의를 기울여 이를 수업에 반영하도록 한다.

한줄 조언

슬기로운 생활이 궁극적으로 지향하는 것은 '주변에 대한 관심과 이해'라는 것을 잊지 말아주세요. 1-2학년군이기 때문에 추상적인 개념은 다루기 어려워, '주변'이라는 단어는 키워드가 될 수 있습니다.

2015 초등

정답과 해설

1) 정답

주변의 변화

해설

'슬기로운 생활'과는 초등학교 1,2학년 학생들의 일상생활 주변에 대한 이해를 도모하는 탐구 활동 중심의 교과이다. 이를 위해서 '슬기로운 생활'과 교육과정은 주변 이해에 필요한 지식, '주변의 모습', '주변의 변화', '주변의 관계'를 기초 탐구 활동을 통해서 습득하도록 개발하였다.

[2009 개정 교육과정] 목표 - 나. '슬기로운 생활'고의 성격

2015 초등 유사

정답과 해설

정답

주변의 모습

해설

다음은 슬기로운 생활과 교수·학습의 방향 중 다항입니다.

> (다) 슬기로운 생활과에서 탐구 주제는 학생이 생활하며 만나는 주변의 모습, 주변의 변화, 주변의 상호 관계에서 찾을 수 있다.

한줄 조언

이렇게 삼각형으로 구조화된 모양은 슬기로운 생활 뿐 아니라 모든 통합교과에서 매우 중요합니다. 백지에 삼각형 모양을 그려서 그 안에 알맞은 단어를 채워 넣을 수 있을 정도로 정확하게 외워주세요.

2014 초등

정답과 해설

정답

먹이를 구하기 어렵기 때문이다.

해설

동물이 겨울잠을 자는 까닭 알아보기
- 날씨가 춥기 때문이에요.
- 먹이를 구하기 어렵기 때문이에요.

[1-2 교사용지도서(2009 개정 교육과정)]

한줄 조언

통합교과에서는 각론 부분은 잘 출제되지 않는 편이고, 출제가 되어도 배경지식으로 풀 수 있는 문제인 경우가 많습니다. 그래서 통합교과는 지도서를 정독하기 보다는, 정리할 만한 부분만 뽑아서 보는 것이 더욱 효율적이에요.

2014 초등 유사

정답과 해설

정답

주변에서 쉽게 구할 수 있는 재료들로 만들었다.

해설

학생들의 대화는 조상들이 살던 집의 주재료에 대한 것입니다. 특히 경수의 말에서 힌트를 얻어 주변에서 쉽게 구할 수 있다는 것을 알 수 있습니다.

◉ 우리 조상들이 살던 집의 좋은 점
- 주변에서 쉽게 구할 수 있는 재료들로 만들었어요.
- 집에서 사는 것이 건강에 도움이 돼요.
- 마루는 여름철을 시원하게 지내게 해 줘요.
- 처마는 여름철 햇빛을 막아 시원하게 해 줘요.

[겨울 1-2, 1. 여기는 우리나라]

한줄 조언

솔직히 통합교과는 각론까지 보면 가성비가 떨어지는 과목이에요. 그러니 지도서나 교과서를 한 번 훑어보면서 내가 모르는 것이 있는지 한두 번 정도만 체크해도 각론 대비는 충분히 될 것 같습니다. 통합교과의 각론은 상식적인 것들이 많기 때문에 너무 걱정하지 않아도 돼요. 그리고 정말 어려운 문제가 나오면 다 같이 틀릴 거예요. 그 중에서도 맞는 선생님들은 상위 1퍼센트 신거죠. 우린 합격만 하면 되니까 작은 건 신경 쓰지 마세요!

2013 초등

정답과 해설

정답

(다), 학생이 할 수 있어야 하는 것은 살펴보기, 무리짓기, 조사·발표하기, 모형 만들기, 흐름 만들기, 관계망 그리기이다. '재어보기'가 삭제되어야 한다.

2013 초등 유사

정답과 해설

정답

(다) 슬기로운 생활과의 교수 · 학습은 학생 내부에서 시작하는 흥미와 관심에 집중한다. 또한 학생이 배움의 즐거움을 잃지 않고 생생한 학습이 이루어질 수 있도록 학습 환경을 구성한다.

해설

다음은 슬기로운 생활과 교수·학습의 방향 중 나항입니다.

> (나) 슬기로운 생활과의 교수·학습은 학생 내부에서 시작하는 흥미와 관심에 집중한다. 또한 학생이 배움의 즐거움을 잃지 않고 생생한 학습이 이루어질 수 있도록 학습 환경을 구성한다.

빠른 〈체육〉 정답표

백문이 불여일견 설명이 친절한 기출

2023학년도 기출	
1-1	네트의 높이 달리하여 연습하기, 공의 크기 다르게 하여 연습하기 등
1-2	'동료 교사' 역할 학생과 '학습자' 역할 학생의 역할을 교대하며 학습한다.
1-3	미리 역할과 수비 위치를 정해둔다. 공을 누가 받을지 약속하고 신호를 먼저 보낸 사람이 공을 받는다 등
2-1	① : 발구르기 ② : 모래밭에 위험한 물건이 있는지 확인한다, 발목과 허리가 다치지 않도록 준비운동을 한다. 등
2-2	착지할 때 뒤로 넘어지지 않으려면 무릎을 어떻게 해야 하는지 보여줄 사람? 착지할 때 뒤로 넘어지지 않으려면 허리를 어떻게 해야 하는지 보여줄 사람? 등
2-3	운동 기술 수준별로 모둠을 구성하여 모둠간 운동 수준이 비슷하도록 편성한다.

2023학년도 초특 기출	
1	심폐 지구력

2022학년도 기출	
1-1	상규적 활동을 통해 불필요한 활동 시간을 줄여 수업 관리를 효율적으로 하여 실제 학습 시간이 높다.
1-2	① 플라잉 디스크를 더 먼 목표물에 넣기, 플라잉 디스크를 더 좁은 목표물에 넣기 등 ② 손으로 플라잉 디스크를 어깨와 평행하게 잡고, 스냅을 사용하여 목표물에 넣기 등
1-3	ⓐ 포핸드 던지기 ⓑ 백핸드 던지기
2-1	게임 진행 시 심판으로 활동한다, 진행 도우미로 참여한다 등
2-2	경기 수행
2-3	① 배려 ② 학생 스스로 자기 자신을 통제하는 법 연습하기, 다른 친구에게 욕설, 훼방, 방해하지 않는 연습하기 등

2021학년도 기출	
1-1	학생들이 교사의 시범을 명확하게 보기 위해 교사는 햇빛을 마주 보고 학생들은 햇빛을 등지고 선다.
1-2	① : 디딤발과 공의 간격을 주먹 하나 정도로 하고 공의 중심과 디딤발의 중앙이 일직선이 되도록 하고 찬다. ② : 디딤발의 앞쪽을 공이 가야 하는 방향으로 놓고 찬다.
1-3	학습자 관리와 안전 고려
2-1	분석하기
2-2	교사의 적극적인 피드백과 많은 기능 연습으로 인해 학생이 학습 목표에 도달할 확률이 높다.
2-3	턱을 가슴 쪽으로 당겨 둥글게 굴러야 한다고 경구를 활용하여 설명한다.

2020학년도 기출	
1-1	㉠ 팀 협력 수업/팀 보조 수업 (TAI) ㉡ 점수 비교
1-2	'선택권 주며 가르치기'의 과제 선택 권한의 주체는 학생이고, '과제 내 변형'의 과제 선택 권한의 주체는 교사이다.
2-1	인지적, 심동적
2-2	주운동
2-3	평가와 수업 목표, 교수 · 학습 활동이 서로 다르지 않도록 일관성을 유지해야 한다.

2019학년도 기출	
1-1	왕복 오래달리기, 오래달리기-걷기, 스텝 검사
1-2	개별성의 원리
1-3	① : 20, ② : 정상
2-1	실생활에 적용하는 것
2-2	심장
2-3	ⓒ, 새로운 신체활동을 선택할 수 있다.

2019학년도 초특 기출	
1	유연성
2	㉢ : 매트를 설치한다 ㉣ : 정면, 앞, 평균대의 끝

2018학년도 기출	
1-1	정과 외 체육 활동과 연계한 교수 · 학습
1-2	ⓐ : 건강 유지(건강 관리, 체력 증진) ⓑ : 속도 도전
1-3	㉤, 스포츠보다는 놀이 · 게임 중심으로 구성한다.
2-1	ⓐ : 어깨 아래에서 위로 올리면서 ⓑ : 몸 쪽으로 끌어당기면서
2-2	'동료 교사' 역할 학생과 '학습자' 역할 학생의 역할을 교대한다.
2-3	경쟁의 기초

2017학년도 기출

1-1	실제 티볼 게임 상황에서 주자의 위치와 수비의 위치에 따라 원하는 방향으로 공을 치는 활동, 미니 티볼 게임을 진행하여 수비 위치에 따라 공을 치는 활동 등
1-2	개인차를 고려한 수준별 수업을 한다.
유 1-2	학습자 특성을 고려한 수준별 수업을 한다. 또는 학습자의 다양한 특성을 이해하고 활동 내용, 활동 과제, 활동 방법을 다양하게 구성한다.
1-3	ⓐ: 공을 친 타자와 1루 수비수간의 1루에서의 충돌을 방지하기 위해서 ⓑ: 타자가 휘두른 방망이에 주변 사람이 다치지 않도록 하기 위해서
2-1	다양성, 조작 움직임
2-2	2009 개정 교육과정에 해당하는 내용입니다.
2-3	①: ㉢은 도구 사용으로 '관계'와 관련되고, ㉣은 동작의 질적 수준으로 '노력'과 관련된다. ②: 시계 방향으로 돈다.
유 2-1	개방적, 조작 움직임
유 2-2	①: ㉢은 도구 사용으로 '관계'와 관련되고, ㉣은 동작의 질적 수준으로 '노력'과 관련된다. ②: 시계 방향으로 돈다.

2016학년도 기출

1-1	① 용 · 기구 설치: 다양한 개인차(운동 기능)를 고려하지 않고 용 · 기구를 단순하게 구분하여 설치한 것이 문제이다. 용 · 기구의 난이도를 개인차에 따라 다양하게 설치해야 한다. ② 모둠 구성: 남녀로 획일적으로 구분한 것이 문제이다. 성별이 아닌 학생의 운동 기능 수준에 따라 구성해야 한다.
1-2	수행 능력 및 변화 정도 (향상도)
1-3	①: 교사의 시범 ②: 우수 학생의 시범
2-1	무엇이 올바른 동작이고 그릇된 동작인지에 대해 구체적인 언급이 뒤따라야 한다.
2-2	게임 전략(기본 전략)
2-3	ⓐ: 심폐 소생술(CPR) ⓑ: 가슴 압박 ⓒ: 인공호흡

2015학년도 기출

1-1	모둠원에게 땅볼로 정확히 패스하기 위해 '발의 안쪽'이라고 이야기해 준다.
1-2	ⓐ: 팀 게임 토너먼트(TGT) ⓑ: 운동 기능이 낮은 학생들도 자기 팀의 성취를 위해 무엇인가를 공헌할 수 있다는 자신감을 갖는 것이다.
1-3	통합적 교수 · 학습 활동
유 1-3	전인적 발달을 위한 통합적 교수 · 학습
2-1	가족과 함께 자전거 여행을 해봄으로써 가족을 소중히 여기는 '가족 사랑'의 의미를 이해하고 실천할 수 있다.
2-2	주행 중 균형을 잃었을 경우 핸들을 넘어지려는 쪽으로 돌린다.
2-3	ⓐ: 심폐 지구력, ⓑ: 포트폴리오
유 2-1	가족과 함께 자전거 여행을 계획하여 실천해봄으로써 건강한 여가 생활을 경험할 수 있다.
유 2-2	주행 중 균형을 잃었을 경우 핸들을 넘어지려는 쪽으로 돌린다.
유 2-3	ⓐ: 심폐 지구력, ⓑ: 포트폴리오

2014학년도 기출

1-1	학생의 참여도를 높이기 위해서이다. (또는 평등한 학습 기회 제공을 위해서이다.)
1-2	1차: 참여 인원수를 1/2로 축소하였다. 2차: 경기장에 칸(활동 구역)을 설정하였다.
1-3	네 구역 모두 패스하여 득점하면 2점을 준다. (또는 모든 팀원이 한 번 이상 패스를 주고받고 난 후 슛을 쏠 수 있게 한다. 등)
2-1	협응성
2-2	㉠: 턱을 가슴 쪽으로 당겨 몸을 둥근 모양으로 유지하기 위해서이다. ㉡: 몸의 무게 중심을 이동 방향의 앞쪽을 두어 회전력을 증가시키기 위해서이다.
2-3	무릎을 굽혀 몸에 가깝게 붙인다.
유 2-1	협응성
유 2-2	㉠: 턱을 가슴 쪽으로 당겨 몸을 둥근 모양으로 유지하기 위해서이다. ㉡: 몸의 무게 중심을 이동 방향의 앞쪽을 두어 회전력을 증가시키기 위해서이다.
유 2-3	무릎을 굽혀 몸에 가깝게 붙인다.

2013학년도 기출	
1-1	A : 학습 내용 영역의 통합-인지적 · 심동적 · 정의적 영역의 통합 B : 자기 조절
1-2	발다리걸기
1-3	㉡, 태권도 품새는 공격과 방어의 연결 동작으로서, 혼자서도 태권도의 기본 동작을 수련할 수 있도록 만들어진 기술 체계이다.
유 1-1	A : 신체 · 정신 수련 B : 겸손
유 1-2	발다리걸기
유 1-3	㉡, 태권도 품새는 공격과 방어의 연결 동작으로서, 혼자서도 태권도의 기본 동작을 수련할 수 있도록 만들어진 기술 체계이다.
2-1	래프팅 중 배가 뒤집혀서 물에 빠진 경우 지도자가 구조를 위해 접근할 때까지 힘을 빼고 다리를 굽히며 고개를 들어 물 위에 떠 있도록 한다. (또는 배가 뒤집어졌을 경우 배 밑으로 들어갈 수 있으므로 배에서 멀리 떨어진다.)
2-2	① : 영지, ② : B, ③ : 선회, ④ : C
2-3	㉢에 적용된 요소 : 효율적인 학습 조직 및 수업 시간 운영 ㉣에 적용된 요소 : 학습자 관리와 안전 고려
유 2-1	래프팅 중 배가 뒤집혀서 물에 빠진 경우 지도자가 구조를 위해 접근할 때까지 힘을 빼고 다리를 굽히며 고개를 들어 물 위에 떠 있도록 한다. (또는 배가 뒤집어졌을 경우 배 밑으로 들어갈 수 있으므로 배에서 멀리 떨어진다.)
유 2-2	① : 영지, ② : B, ③ : 선회, ④ : C
유 2-3	㉢에 적용된 요소 : 평등한 학습 기회 제공 ㉣에 적용된 요소 : 학습자 관리와 안전 고려

2023-01 초등

정답과 해설

1) 정답

네트의 높이 달리하여 연습하기, 공의 크기 다르게 하여 연습하기 등

해설

과제 내 변형
교사는 특정한 반이나 특정한 수업에서 적절하게 과제 내 변형(Intratask Variation)을 적용할 수 있다. 학생의 능력과 흥미에 따라 과제를 더 쉽거나 어렵게 변형하는 결정을 교사가 내린다는 점에서 선택권을 주며 가르치기와는 다르다(Tjeerdsma, 1995). 과제 내 변형은 개별적 학생들을 위해 과제를 다른 종류의 크기의 공을 사용하게 하거나 기능이 낮은 학생을 위해 움직이는 공이 아니라 정지된 공을 차게 하는 것과 같이 과제를 더 쉽게 만들 수 있다. 기능이 높은 학생에게는 드리블을 하다가 차거나 패스한 공을 이동하는 팀원에게 패스하는 것처럼 과제를 더 어렵게 바꾸는 데에도 사용한다.

[금성출판 지도서 총론 Ⅲ-2. 좋은 체육 수업]

제시된 정답 외에도 학생들의 능력과 흥미에 따라 과제를 적절하게 변형하여 제시하였으면 정답 처리됩니다.

2) 정답

'동료 교사' 역할 학생과 '학습자' 역할 학생의 역할을 교대하며 학습한다.

해설

과제 내 변형
교사의 체계적인 계획과 지도 아래 학생이 짝을 지어 교수자의 역할과 학습자의 역할을 번갈아 맡아 협력함으로써 정해진 학습을 해 나가는 방식 - 나는 너를 가르치고, 너는 나를 가르친다. - 학생들보다 교사에게 주도권이 있다.

[지학사 지도서 총론 Ⅳ-1. 체육 수업 모형 이해하기]

3) 정답

미리 역할과 수비 위치를 정해둔다. 공을 누가 받을지 약속하고 신호를 먼저 보낸 사람이 공을 받는다 등

해설

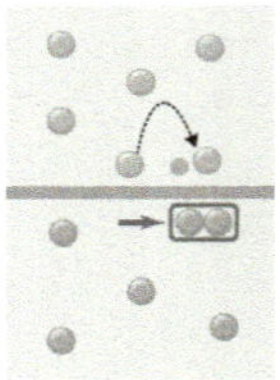

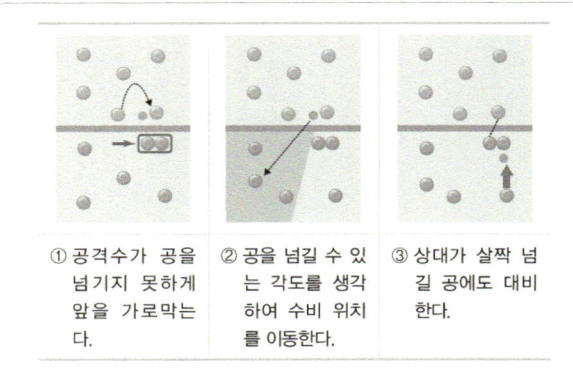

① 공격수가 공을 넘기지 못하게 앞을 가로막는다.

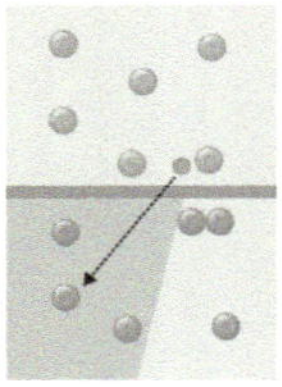

② 공을 넘길 수 있는 각도를 생각하여 수비 위치를 이동한다.

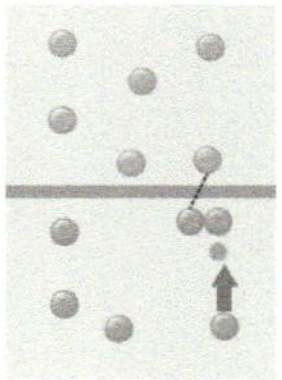

③ 상대가 살짝 넘길 공에도 대비한다.

- 기본 전략을 수행하기 위한 구체적인 방법 알아보기
  - 미리 수비할 위치와 역할 보조할 방법 등을 정해 둔다.
  - 항상 몸은 공 쪽을 향해 공 받을 준비를 한다.
  - 공을 누가 받을지 약속하고 신호를 먼저 보낸 사람이 공을 받는다.

[지학사 6학년 지도서 3. 경쟁]

이 문제는 배구형 경쟁에 대한 교과 지식을 바탕으로 풀어보는 수능형 문제입니다. 배구의 수비 전략(블로킹, 리시브 등)을 풀어서 설명하면 정답처리됩니다.

한줄 조언

1,2번은 기출이 되었던 문제에서 반복해서 기출이 된 문제입니다. 이렇듯 체육과에서는 나온 문제가 또 나오는 경향이 크기 때문에 기출 복습을 철저히 해야합니다. 또한 3번 문제 같은 경우에는 수능형 문제이지만, 각론 공부를 열심히 했다면 유추해서 풀 수 있었으리라 생각됩니다. 따라서 체육과 각론 공부할 때는 머리 속으로 내용을 그리고 영상도 많이 찾아보면서 공부하는 것이 효과적입니다.

2023-02 초등

정답과 해설

1) 정답

① : 발구르기

② : 모래밭에 위험한 물건이 있는지 확인한다, 발목과 허리가 다치지 않도록 준비운동을 한다. 등

해설

운동 체력의 종류	
순발력	순간적으로 강한 힘을 발휘할 수 있는 능력
민첩성	몸의 위치나 방향을 빠르게 바꿀 수 있는 능력
협응성	몸의 움직임을 조화롭게 하는 능력
평형성	신체를 안정되게 유지하는 능력

[지학사 6학년 지도서 1. 건강]

활동 1 제자리멀리뛰기 동작 알아보기

발구르기	무릎을 구부려 자세를 낮추고, 팔을 뒤로 젖힌다.
공중 동작	팔을 앞으로 들어 올리며 허리를 젖힌다.
착지	젖힌 허리의 반동을 이용하여 몸을 웅크리며 착지한다.

[지학사 5학년 지도서 2. 도전]

① : '발구르기–공중 동작–착지'의 과정에서 순간적으로 강하게 힘을 발휘하는 동작은 '발구르기'입니다.

② : '안전'과 관련하여 특정 단어를 포함하라는 조건이 없기 때문에 제자리멀리뛰기의 과정에서 생길 수 있는 안전 사고에 관한 요소를 제거하는 설명이면 폭넓게 정답 인정됩니다.

2) 정답

착지할 때 뒤로 넘어지지 않으려면 무릎을 어떻게 해야 하는지 보여줄 사람?
착지할 때 뒤로 넘어지지 않으려면 허리를 어떻게 해야 하는지 보여줄 사람? 등

해설

⑥ 이해 점검하기

설명과 시범의 정점에서 유능한 교사는 학생들이 설명과 시범을 제대로 이해했는지 점검하기 위해 즉시 평가를 한다. 특정한 이해 점검 기법을 채택하는 것은 발달 수준, 이용 가능한 시간, 가르친 내용에 따라 크게 달라진다. 이해 점검 기법 사례는 다음과 같다.

첫째, 동작에 대한 시범을 보이고 학생들에게 손을 들게 하거나, 엄지를 올리게 하는 등의 형태로 이해 정도를 표현하게 하여, 시범 동작이 정확한지 또는 부정확한지를 알 수 있는 인지 점검이 있다. 예를 들면, "공을 던지기 전에 팔꿈치를 어깨 높이로 했으면 엄지손가락을 올리고, 어깨 높이보다 낮으면 엄지손가락을 내려라."라고 하는 것이다.

둘째, 학생들에게 가르친 단어나 개념을 교사에게 말하도록 하는 구두 점검이 있다. 교사가 강조했던 개념을 학생들이 기억하고 있는지를 알아보는 것이다.

셋째, 학생들이 이해하게 된 것을 실행해 보도록 하는 수행 점검이 있다. "던지기를 할 때 반대 발을 어떻게 딛는지 해 봐."는 수행 점검 사례이다. 이 기법은 교사가 동작을 가르친 후에 개념을 동작으로 수행할 수 있는지 알 수 있게 한다.

[금성출판사 지도서 총론 – Ⅲ.체육 수업 잘하기]

3) 정답

운동 기술 수준별로 모둠을 구성하여 모둠간 운동 수준이 비슷하도록 편성한다.

해설

모둠 간 수준 차이가 많이 나는 상황이기 때문에, 모둠 간 차이에 대해 언급하면 정답 처리됩니다.

2023 초특 정답과 해설

1) 정답

심폐 지구력

해설

건강 체력의 종류
• 유연성: 우리 몸의 관절을 둘러싼 근육이 여러 방향으로 자유롭게 움직일 수 있는 능력 – 앉아 윗몸 앞으로 굽히기, 종합 유연성 검사 • 근력: 몸의 근육이 한 번에 큰 힘을 낼 수 있는 능력 • 근지구력: 근육이 오랫동안 힘을 지속할 수 있는 능력 – 팔굽혀펴기, 윗몸 말아올리기, 악력검사 • 심폐 지구력: 심장과 폐가 오랜 시간 지치지 않고 운동을 지속할 수 있는 능력 – 왕복 오래 달리기, 오래 달리기-걷기, 스텝 검사 • 신체 조성: 사람의 몸을 이루고 있는 지방, 뼈, 근육 등의 비율을 말한다. – 체질량지수

[교학사 5학년 지도서 1. 건강]

2022-01 초등 정답과 해설

1) 정답

상규적 활동을 통해 불필요한 활동 시간을 줄여 수업 관리를 효율적으로 하여 실제 학습 시간이 높다.

해설

직접 교수 모형을 이용한 체육 수업의 특징
교사는 한 단원의 수업을 위한 수업관리 계획, 수업규칙, 상규적 활동을 결정한다. 이러한 수업통제는 최대한 효율적으로 수업을 운영하기 위하여 수업을 하는 동안 계속 유지된다. 직접 교수 모형에 관한 연구를 보면 다른 어떤 교수·학습 방법의 모형보다 "실제 학습 시간"이 높은 경우에 학습 목표에 도달할 가능성이 매우 높게 나타났다. 따라서 좀 더 효율적으로 직접 교수 모형을 이용하기 위하여 실제 학습 시간을 높일 수 있도록 수업을 운영하는 것이 필요하다.

[체육과 교과교육론]

상규적 활동의 구성 목표는 '불필요한 행동의 최소화'와 '실제 학습 시간' 확보입니다. 이러한 단어가 들어가게 서술하면 정답입니다.

2) 정답

① 플라잉 디스크를 더 먼 목표물에 넣기, 플라잉 디스크를 더 좁은 목표물에 넣기 등
② 손으로 플라잉 디스크를 어깨와 평행하게 잡고, 스냅을 사용하여 목표물에 넣기 등

해설

- 시작형 과제: 학습 활동을 가장 기초적인 수준에서 학습하는 과제
  ex) 배구공 던지기, 언더토스 자세 배우기 등
- 확장형 과제: 간단한 과제에서 복잡한 과제로 발전시키는 과제/쉬운 과제에서 어려운 과제로 발전하는 과제
  ex) 전자: 배구에서 언어 토스를 가벼운 공으로 연습 -> 실제 배구공 사용하여 연습, 후자: 언더 토스를 연습 -> 오버 토스로 발전
- 세련형 과제: 운동 수행의 질을 높이는 과제. 즉, 교사의 피드백을 통해 지속적인 연습을 하여 기능의 질적 향상을 요함.
  ex) 배구에서 언더 토스를 할 때 '양손을 제대로 붙여!', '무릎을 사용해'와 같은 피드백 혹은 시범을 통해 기능 향상을 도모
- 적용형 과제: 학습한 기능을 실제로 활용하거나 응용하는 과제
  ex) 배구 수업 내 킨볼을 활용하여 수업 시간에 배운 기능을 활용하게 하는 과제

[Rink(2009), 'Teaching Physical Education for Learning']

Q 플라잉 디스크 멀리 던지기

던지는 각도가 지면과 평행하도록 어깨높이로 쭉 뻗어 던지도록 한다. 손목의 스냅을 순간적으로 이용해야 플라잉 디스크가 회전하면서 멀리 날아갈 수 있다.

[동아출판 5학년 지도서 2.도전]

▲ 플라잉 디스크 던지기
팔을 뒤에서 가슴 앞쪽으로 당겨오며 손목의 스냅을 사용하여 힘껏 앞으로 날립니다.

[금성출판 5학년 지도서 2.도전]

[과제 Ⅰ]은 확장형 과제, [과제 Ⅱ]는 세련형 과제입니다. 따라서 ①에서는 난도가 높은 과제이면 정답 처리되며, ②에서는 손동작을 포함하여 과제 수행의 질을 높일 수 있는 과제를 제시하면 정답 처리 됩니다.

3) 정답

ⓐ 포핸드 던지기
ⓑ 백핸드 던지기

해설

1. 플라잉 디스크 던지기(백핸드 던지기)

① 백핸드 그립

백핸드 던지기를 하기 위해 디스크를 잡는 방법을 백핸드 그립이라 한다. 백핸드 그립은 디스크의 아랫면을 잡는 방법에 따라 두 가지로 나뉜다.

▲ 컨트롤 그립: 디스크의 아랫면을 엄지손가락을 제외한 나머지 손가락으로 편하게 잡는다.

◀ 파워 그립: 디스크의 아랫면을 엄지손가락을 제외한 나머지 손가락으로 움켜잡는다.

② 백핸드 던지기

● 지도 POINT 팔을 쭉 펴면서 손끝이 목표 지점을 향해야 원반이 원하는 곳으로 정확히 날아감을 알게 한다.

- 양다리를 어깨너비 정도로 벌리고, 무릎을 가볍게 구부린다.
- 원반을 잡은 팔을 곧게 뒤로 뻗는다. 이때 팔꿈치는 구부리지 않고 무게 중심을 뒤쪽 다리에 둔다.
- 팔을 가슴 앞으로 당긴다. 원반을 최대한 몸쪽으로 붙여서 직선으로 이동시킨다.
- 무게 중심을 앞쪽 다리로 옮기면서 손목 스냅을 이용하여 던진다.

보강 활동 포핸드 던지기

● 지도 POINT 포핸드 던지기는 주로 원반을 멀리 던질 때 사용함을 안내한다.

■ **포핸드 그립**

포핸드 던지기를 하기 위해 원반을 잡는 방법을 포핸드 그립이라고 한다.

▲ 포핸드 그립: 원반의 윗면에 엄지손가락을, 아랫면에 집게손가락과 가운뎃손가락을 두면서 잡는다.

■ **포핸드 던지기**

- 양다리를 어깨너비 정도로 벌리고 무릎을 가볍게 굽히며, 왼쪽 어깨선이 표적과 일직선이 되도록 한다.
- 상체를 시계 방향으로 돌리고, 오른팔은 상체가 돌아가는 속도에 맞추어 어깨높이로 들어 올린다.
- 무게 중심을 앞쪽 다리로 옮기면서 오른팔은 자연스럽게 원을 따라간다. 이때 팔꿈치는 접히면서 상체에 붙어 같이 돌아간다.
- 굽혔던 팔꿈치를 펴고 손목에 강한 스냅을 주면서 원반을 던진다.

[비상교육 4학년 지도서 1. 건강]

한줄 조언

2017년에 기출로 나왔던 문제가 조금 변형되어 나왔습니다. 따라서 기출 분석이 꼼꼼하게 되어 있는 상태였다면 좀 더 쉽게 풀 수 있는 문제였습니다.

2022-02 초등

정답과 해설

1) 정답

게임 진행 시 심판으로 활동한다, 진행 도우미로 참여한다 등

해설

직접 체험 활동

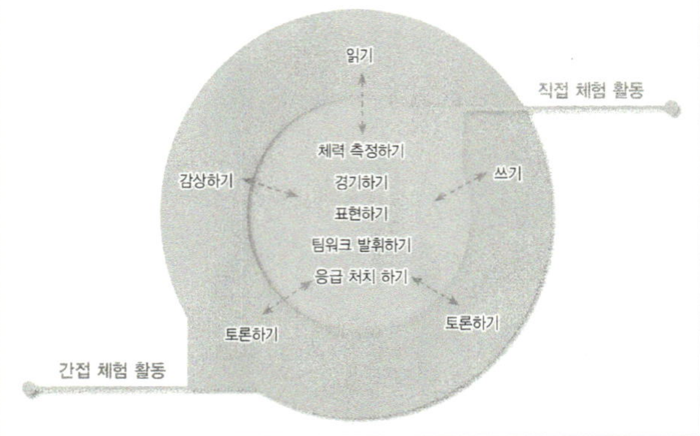

[2015 개정 체육과 교육과정]

학생들이 직접 신체활동을 체험하는 활동 중 게임 규칙과 경기 방법을 익힐 수 있는 활동은 모두 정답 처리됩니다.

2) 정답

교사의 적극적인 피드백과 많은 기능 연습으로 인해 학생이 학습 목표에 도달할 확률이 높다.

해설

교과 역량 요소	의미
건강 관리 능력	▹ 신체 건강과 체력 증진, 여가 선용 등의 건강한 생활 습관 형성을 도모하고, 건전한 사회와 안전한 환경을 구성, 유지할 수 있는 합리적 사고와 태도를 배양할 수 있는 능력
신체 수련 능력	▹ 자신의 신체적 수준을 이해하고 받아들이면서도 지속적이고 적극적인 신체 수련 노력을 통해 새로운 목표를 달성할 수 있는 능력
경기 수행 능력	▹ 게임, 스포츠 등 유희적 본능을 바탕으로 하는 경쟁 상황에서 적합한 전략과 기능을 발휘하여 개인 혹은 공동의 목표 달성을 위해 상호 작용할 수 있는 능력
신체 표현 능력	▹ 신체와 움직임을 매개로 하여 생각과 느낌을 표현하고 수용하는 능력

[2015 개정 체육과 교육과정 - 체육 교과 역량의 의미]

3) 정답

① 배려

② 학생 스스로 자기 자신을 통제하는 법 연습하기, 다른 친구에게 욕설, 훼방, 방해하지 않는 연습하기 등

해설

표 Ⅲ-15 책임감 수업 방법

단계 0: 무책임(irresponsibility)	• 수업에 관심이 없는(피해를 주는) 단계 • 다른 학생에게 욕설, 별명 부르기 • 큰 소리로 떠들고 장난치기 • 폭력을 사용하거나 신체적으로 위협 가하기 • 자신의 이익을 위하여 다른 아동을 이용하기 • 다른 아동을 방해하기
단계 1: 존중(respect)	• 자기가 스스로 통제하여 훼방 놓지 않기 • 다른 아동들의 학습 권리(교수 권리) 인정하기 • 다른 아동에게 욕설이나 놀리지 않기 • 폭력을 사용하거나 괴롭히지 않기 • 자기 이익을 위해 다른 아동을 이용하지 않기 • 다른 아동을 방해하지 않기
단계 2: 참여와 노력(paticipation)	• 신체 활동에 참여하고 노력하기 • 새로운 활동을 적극적으로 시작하기 • 개인적 성공을 경험하기 • 최선을 다해 노력하기 • 어려움을 참고 열심히 노력하기
단계 3: 자기 책임감 (self-responsibility)	• 즐거운 마음으로 스스로 운동에 참여하기 • 스스로 운동 계획을 세우기 • 선생님이 시키지 않아도 과제하기 • 자기 스스로 자기를 좋게 생각하기
단계 4: 배려(caring)	• 타인을 돕고 배려하기 • 칭찬이나 상표를 기대하지 않고 행동하기 • 원만한 인간관계를 위한 태도 갖기 • 사회에 기여하기 • 돕기, 관심, 협동, 봉사, 양보, 희생, 돌봄
단계 5: 체육관 밖 (outside the gym)	• 체육관, 운동장을 떠나 학교, 가정, 사회에서도 적용하기

개인적 • 사회적 안정(책임 있는 삶을 선택하여 정체성 확립)

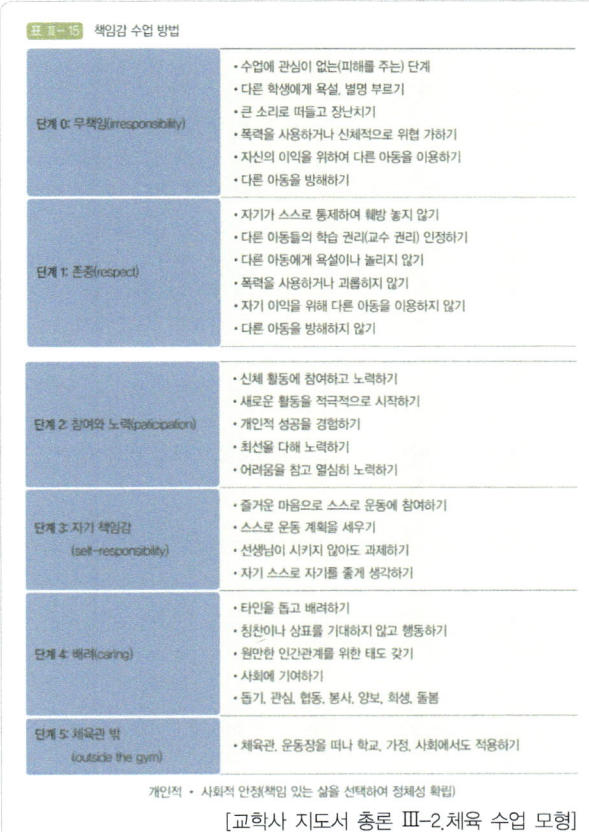

[교학사 지도서 총론 Ⅲ-2.체육 수업 모형]

책임감 모형의 1단계의 핵심은 학생 스스로 자신을 통제할 수 있는 데에 있습니다. 따라서 0단계에 있는 학생을 1단계로 끌어올리기 위해서는 이를 연습하는 것이 필요합니다.

한 줄 조언

소문항 1, 2번은 비교적 쉬운 문제였지만 3번이 쉽지 않았을 것 같습니다. 하지만 문제 내에 답을 유추할 수 있는 단서들이 있기 때문에, 시험장에서 이런 문제를 본다면 문제 내의 단서들을 활용하여 답변을 하는 능력이 필요합니다.

2021-01 초등

정답과 해설

1) 정답

학생들이 교사의 시범을 명확하게 보기 위해 교사는 햇빛을 마주 보고 학생들은 햇빛을 등지고 선다.

해설

◉ **성공적인 시범의 조건**

① 시범의 위치
교사는 시범을 보일 때 모든 학생이 쉽게 볼 수 있는 위치에 서야 한다. 만약 실외 수업이라면 햇볕이 학생들 눈을 부시게 하지 않도록 교사가 태양을 마주 보는 곳에 있어야 한다.

② 전체와 부분
처음 시범을 보일 때는 전체 동작을 시범 보이는 것이 좋다. 그다음에는 부분 동작에 초점을 맞추어 시범을 보인다.

③ 시범의 속도
아이들에게는 정상 속도의 시범을 보여 주어야 한다. 다만, 중요한 단서를 시범 보일 때는 천천히 하는 것이 도움이 된다. 그러나 운동 기능이 높은 아이들에게 복잡한 운동 기술을 숙련시키고자 할 때는 정상적인 속도로 시범을 보이는 것이 필요하다.

[천재교과서 지도서 총론 Ⅲ-1.체육 수업 지도 방법]

성공적인 시범을 위해서는 학생들이 교사의 시범을 잘 볼 수 있는 곳에서 교사가 시범을 보여야 합니다. 본문에서는 햇빛을 언급하고 있기 때문에 햇빛과 교사의 시범 위치를 생각하여 답을 적으면 정답입니다.

2) 정답

①: 디딤발과 공의 간격을 주먹 하나 정도로 하고 공의 중심과 디딤발의 중앙이 일직선이 되도록 하고 찬다.
②: 디딤발의 앞쪽을 공이 가야 하는 방향으로 놓고 찬다.

해설

◉ **공을 차는 디딤 발의 위치**

① 디딤 발의 방향은 공을 보내는 방향과 일치시킨다.
② 공의 중심과 디딤 발의 중앙이 일직선이 되도록 한다.
③ 디딤 발과 공의 간격은 주먹 하나 정도로 한다.

[천재교과서 4학년 지도서 3. 경쟁]

민지는 계속해서 헛발질을 하고 있으므로 공과 디딤발 사이 간격을 좁히고 정확하게 보내는 연습이 필요합니다.

동호는 자신이 보내려는 방향으로 공이 가고 있지 않으므로 디딤발의 방향을 자기가 보내고자 하는 공의 방향과 일치시켜야 합니다.

3) 정답

학습자 관리와 안전 고려

해설

◉ **교수 · 학습 활동 계획**

① 학습 활동의 재구성
② 평등한 학습 기회 제공
③ 통합적인 학습 활동 구성
④ 학습자 관리와 안전 고려

- 학년 또는 학기 초에 수업 규칙을 수립하고 일관성 있게 적용함으로써 학생들을 효율적으로 관리하고 학생들의 부적절한 행동을 예방하거나 최소화하도록 한다. 또한, 학생들의 안전사고를 예방하기 위해 안전 수칙과 절차를 마련하고 이를 학생들에게 공지하여 준다. 특히, 선택한 신체 활동의 특성을 고려한 준비 운동 및 정리 운동을 실시하여 활동 및 학습에서 안전한 조건을 갖추도록 지도하며, 수업 전 · 후 체육 시설 및 장비에 대한 점검을 통해 안전사고의 발생을 사전에 예방할 수 있도록 한다. 또한, 도전 또는 경기 상황 등에서 과도한 목표 성취 욕구와 지나친 경쟁심으로 운동 손상 사고가 발생할 수 있으므로 이에 대한 안내를 충분히 실시한다.

(가)의 [C]에서는 학생들의 지나친 경쟁심을 경계하고 있고, (나)의 [D]에서는 학습자의 부상 방지를 위한 수업 규칙과 안전 수칙 및 절차에 대해 이야기하고 있기 때문에 학습자 관리와 안전 고려가 정답입니다.

한줄 조언

체육교과에서 교사의 시범, 안전 사고와 관련한 문제는 꾸준히 출제되고 있습니다. 그만큼 체육 교과에서 중요하게 여기는 요소들이기 때문이에요. 체육뿐만 아니라 다른 과목에서 필수요소로 생각하는 것들이 있습니다. 이런 요소들은 내 '머릿속에 달달 외우고 있겠다.'라는 마음 가짐이 필요한 것 같습니다!

2021-02 초등 정답과 해설

1) 정답

분석하기

해설

내용 체계			
영역	핵심 개념	내용요소	기능
		3~4학년	
도전	• 도전 의미 • 목표 설정 • 신체 정신 수련 • 도전 정신	• 속도 도전의 의미 • 속도 도전 활동의 기본 기능 • 속도 도전 활동의 방법 • 끈기 • 동작 도전 활동의 기본 기능 • 동작 도전 활동의 방법 • 자신감	• 시도하기 • 분석하기 • 수련하기 • 극복하기

㉠에서는 휴대 전화를 자신의 동작을 찍고 반성하면서 자신의 동작을 정교하게 만들어가는 분석하기를 하고 있습니다.

2) 정답

교사의 적극적인 피드백과 많은 기능 연습으로 인해 학생이 학습 목표에 도달할 확률이 높다.

해설

◉ **직접 교수 모형**

직접 교수 모형의 교수 전략	
전시 과제 복습	일종의 수업 도입으로, 이전에 배웠던 내용 복습
새로운 과제 제시	학생들이 배우게 될 새로운 내용(개념, 지식, 기능) 제시
초기 과제 연습	학생들의 구조화된 연습(80% 성공률 목표)
피드백 및 교정	보강적·교정적 피드백을 통한 잘못된 동작 교정
독자적인 연습	교사의 학습 활동 설계와 학생들의 독자적인 연습
복습	학습한 내용의 복습

[천재교육 지도서 총론 Ⅲ-2. 체육 수업 모형]

이 모형의 핵심적 특징은 교사 중심의 의사 결정과 교사 주도적 참여 형태이다. 이 모형에서 교사는 내용 선정, 수업 운영, 과제 제시, 참여 형태, 상호 작용, 학습 진도, 과제 전개 등 수업의 모든 의사 결정을 주도한다. 직접 교수 모형에서의 교사는 학생들이 가능한 한 많은 기능 연습을 하도록 지도하고, 학생이 연습하는 것을 관찰하며, 학생에게 높은 비중의 긍정적·교정적 피드백을 즉각적·집적적으로 제공한다.

[천재교과서 지도서 총론 Ⅲ-2. 체육 수업 모형]

(가)의 학습 단계를 보면 교수·학습 과정안에 적용된 모형은 직접 교수 모형이라는 것을 알 수 있습니다. 직접 교수 모형에서 학생들은 교사 주도하에 많은 기능 연습과 교사의 즉각적이고 직접적인 교정적 피드백을 얻음으로써 학습 목표 도달 확률이 높습니다.

3) 정답

턱을 가슴 쪽으로 당겨 둥글게 굴러야 한다고 경구를 활용하여 설명한다.

해설

◉ **경구**

[금성출판 4 지도서 2. 도전]

◎ 경구 활용 : 경구는 활동할 때 중요한 동작의 원리 또는 개념을 기억하게 하는 '심상(mind picture)'을 제공하는 것으로 교사의 피드백을 용이하게 하는 특징이 있다.

[지학사 지도서 총론 Ⅳ-2. 체육 수업 전략]

앞구르기를 할 때 가장 중요한 점은 몸을 공처럼 둥글게 만 상태를 유지하며 구르는 것입니다. 이를 위해서 턱을 가슴에 붙이거나 콩 주머니를 턱과 가슴 사이에 넣고 유지한 채로 연습을 시킬 수 있습니다. 이때 학생들이 이해하기 편하도록 교수 전략 중 경구를 활용하는 것이 좋은 방법입니다.

한줄 조언

앞구르기 문제에서 턱을 가까이 붙인다는 내용은 2014년도에도 출제가 된 문제입니다. 기출 분석이 중요한 이유가 여기에 있어요. 예전에 나왔던 문제가 조금씩 변형되어 출제될 가능성이 높기 때문에 완벽한 기출 분석을 통해 미래를 대비하는 자세가 필요합니다.

2020-01 초등

정답과 해설

1) 정답

㉠ : 팀 협력 수업/팀 보조 수업 (TAI)
㉡ : 점수 비교

해설

◉ **협동 학습 모형에 적합한 수업 전략**

협동 학습 모형 중 '팀 게임 토너먼트' 교수 전략	
팀 편성	교사는 학습 성공에 대한 평등한 기회가 보장되도록 공평하게 팀 편성
학습 과제 제시 및 1차 연습	교사가 학습 과제를 제시한 후 1차 연습
1차 평가 및 같은 등위끼리 점수 비교	각 팀의 1등은 1등끼리, 2등은 2등끼리 점수를 비교하여 같은 등수에서 높은 점수를 얻은 학생에게 일정한 상점을 부여, 따라서 모든 학생은 자신의 득점 순위와 관계없이 팀 성공에 기여할 수 있음.
2차 연습	동일한 학습 과제나 새로운 과제에 대한 2차 연습
2차 평가 및 같은 등위끼리 점수 비교	1차 때와 마찬가지로 같은 등수끼리 점수를 다시 비교하여 높은 점수를 얻은 학생에게 일정한 상점을 부여
팀 성적 발표	게임이 끝난 후에 가장 높은 점수를 받은 팀이 승리

협동 학습 모형 중 '팀-보조 수업' 교수 전략	
팀 편성	교사는 학습 성공에 대한 평등한 기회가 보장되도록 공평하게 팀 편성
수행 기준 및 팀별 학습 과제 제시	교사는 학생들에게 수행 기준과 팀별 학습 과제 제시, 과제는 쉬운 것에서부터 어려운 단계로 나누어 제시
팀별 과제 수행	팀원들은 혼자 또는 다른 팀원들의 도움을 받으면서 과제 수행
과제 완수 체크 및 다음 과제로 이동	학생이 수행 기준에 따라 과제를 완수하면 다른 팀원이 과제 수행 여부를 체크한 후 다음 과제로 이동
평가	팀별 과제 수행 점수 또는 개인별 합산 점수로 평가

[천재교육 지도서 총론 Ⅲ-2. 체육 수업 모형]

㉠의 학습 단계를 보면 팀 협력 수업 혹은 팀 보조 수업 전략임을 알 수 있습니다.

㉡TGT는 같은 등수를 가진 사람들끼리 점수를 비교하여 운동 기능이 낮은 학생도 기여감을 느낀다는 것이 가장 큰 장점인 전략입니다. 따라서 빈칸에 들어갈 말은 점수 비교입니다.

2) 정답

'선택권 주며 가르치기'의 과제 선택 권한의 주체는 학생이고, '과제 내 변형'의 과제 선택 권한의 주체는 교사이다.

해설

◉ **학생들을 동기 유발하는 방법**

(가) 선택권을 주며 가르치기

– 개인차가 드러나는 활동이나 과제를 제시할 때 모두에게 효율적인 기법은 '선택권을 주며 가르치기(teaching by invitation)'이다. 이는 수준별 수업이라고도 볼 수 있는데, 교사가 두 가지 이상의 과제를 제시하고 학생들이 그들의 능력에 가장 적합한 과제를 선택하도록 한다.

(나) 과제 내 변형

– 교사는 특정한 반이나 특정한 수업에서 적절하게 과제 내 변형(Intratask Variation)을 적용할 수 있다. 학생의 능력과 흥미에 따라 과제를 더 쉽거나 어렵게 변형하는 결정을 교사가 내린다는 점에서 선택권을 주며 가르치기와는 다르다.

[금성출판 지도서 총론 Ⅲ-2. 좋은 체육 수업]

이 문제를 과제 선택(혹은 결정) 권한의 주체를 중심으로 살펴본다면 '선택권을 주며 가르치기'는 '학생'이 중심이 되어 결정을 하는 것이고 '과제 내 변형'은 '교사'가 중심이 되어 결정을 한다는 것을 알 수 있습니다.

한줄 조언

2번 문제에서 등장하는 '선택권을 주며 가르치기'와 '과제 내 변형'이라는 전략을 몰랐다면 풀기 까다로울 수 있는 문제입니다. 전략을 알고 있었다면 참 다행이지만, 몰랐다면 먼저 용어 분석을 합니다. 그런데 '선택권을 주며 가르치기' 용어에서 느낄 수 있는 점이 있지 않나요? 확실하게 알진 못하지만 왠지 '교사가 학생에게 선택권을 준다'는 느낌이 강하게 들어요. 그럼 나머지 하나는 반대겠죠. 다시 한 번 말하지만 '알고 있는게 베스트'입니다. 하지만 만에 하나라도 내가 모르고 있다면 이런 방법이라도 써봐야 하지 않겠습니까. 이가 없으면 잇몸으로!

2020-02 초등

정답과 해설

1) 정답

인지적, 심동적

해설

◉ **체육과 교수 · 학습의 방향**

(가) 체육과 역량 함양을 지향하는 교수·학습

(나) 학습자 특성을 고려한 수준별 수업

– 신체활동에 대한 흥미, 운동 기능, 체력, 성차, 학습 유형 고려

(다) 자기 주도적 교수·학습 환경 조성

– 스스로 학습 내용 파악, 과제 해결할 수 있는 환경 조성

(라) 전인적 발달을 위한 통합적 교수·학습

– 체육 교과의 학습은 학습자가 신체활동에 포함된 심동적, 정의적, 인지적 역량을 균형 있게 체험하여 전인적으로 성장·발달할 수 있도록 다양한 활동을 통합적으로 제공한다. 이를 위해 신체활동을 직접 체험하는 학습 활동뿐만 아니라 다양한 간접 체험 활동(예 : 읽기, 쓰기, 감상하기, 조사하기, 토론하기 등)을 포함하여 통합적으로 지도한다.

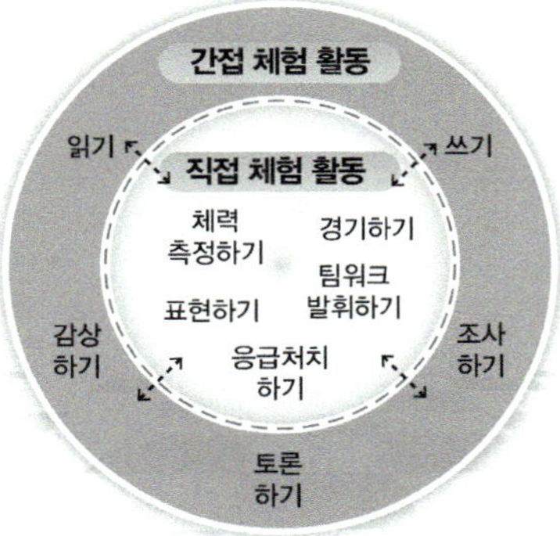

(마) 맞춤형 교수·학습 방법의 선정과 활용

– 학습의 효과 높일 수 있는 가장 적합한 수업 방법 찾는 것→체육 수업의 타당성 증가

(바) 정과 외 체육 활동과 연계한 교수·학습

– 생활 속에서 지속적으로 신체활동 참여하여 실천력 강화

문제에서 ㉠은 수업 시간 내에서 실제로 기능을 익히는 직접 체험 활동을 ㉣에서는 간접 체험 활동을 이야기하고 있습니다. 따라서 교수·학습 방향 중 문제와 관련된 항목은 '(라) 전인적 발달을 위한 통합적 교수·학습'이며 이 항목의 내용을 바탕으로 문제를 풀어보면 정답은 인지적, 심동적이라는 것을 알 수 있습니다.

2) 정답

주운동

해설

- 준비 운동 : 본래 하려는 운동(주운동)을 하기 전에 몸을 풀어 주는 운동을 말한다.
- 준비 운동을 하는 방법
  - 심장에서 먼 부위부터 한다.
  - 이마에 땀이 날 정도로 가볍게 뛰어 몸을 따뜻하게 한다.
  - 주운동에 사용할 신체 부위를 중심으로 스트레칭을 한다.
- 준비 운동의 효과
  - 근육과 관절의 부상을 줄여 준다.
  - 근육이 일을 더 잘하도록 해 준다.

[교학사 3 지도서 1. 건강]

3) 정답

평가와 수업 목표, 교수 · 학습 활동이 서로 다르지 않도록 일관성을 유지해야 한다.

해설

⊙ **평가의 방향 중 '교육과정과의 연계성'**

- 평가는 교육과정과 연계되어야 한다. 즉, 국가 및 지역 수준의 체육과 교육과정에서 추구하는 목적과 목표를 파악하고, 이를 근거로 단위 학교의 체육과 교육과정을 계획·실천하여 의도한 교육적 효과가 어느 정도 성취되었는지 평가하는 일련의 과정이 연계성 있게 진행되어야 한다.
- 평가는 수업 목표 및 교수·학습 활동과 일관되어야 한다. 즉, 수업 목표 달성을 위해 지도된 교수·학습 활동과 평가 내용이 서로 다르지 않도록 일관성을 유지하여야 한다.

위의 두 개 항목 중 '교수·학습'과 관련된 항목은 두 번째 항목입니다. 두 번째 항목에서는 수업 목표, 교수·학습 활동, 평가 내용의 일관성을 이야기하고 있기 때문에 정답은 위와 같습니다. 만약 수업 목표 대신 교수·학습 과정안에 나와 있는 학습 목표를 적어서 서술해도 정답 처리됩니다.

한줄 조언

체육과에서 정말 좋아하는 '교수·학습 방향'입니다. 단골 출제되는 문제이기 때문에, 틀려서는 안 되는 문제입니다. 상황에 따라 유사 정답도 있을 수 있지만 최대한 교육과정 원문 그대로 외워서 적도록 합니다.

2019-01 초등

정답과 해설

1) 정답

왕복 오래달리기, 오래달리기-걷기, 스텝 검사

해설

◉ **건강 체력의 종류와 PAPS 측정 종목**

- 유연성: 우리 몸의 관절을 둘러싼 근육이 여러 방향으로 자유롭게 움직일 수 있는 능력
  - 앉아 윗몸 앞으로 굽히기, 종합 유연성 검사
- 근력: 몸의 근육이 한 번에 큰 힘을 낼 수 있는 능력
- 근지구력: 근육이 오랫동안 힘을 지속할 수 있는 능력
  - 팔굽혀펴기, 윗몸 말아올리기, 악력검사
- 심폐 지구력: 심장과 폐가 오랜 시간 지치지 않고 운동을 지속할 수 있는 능력
  - 왕복 오래 달리기, 오래 달리기-걷기, 스텝 검사
- 신체 조성: 사람의 몸을 이루고 있는 지방, 뼈, 근육 등의 비율을 말한다.
  - 체질량지수

[교학사 5학년 지도서 1. 건강]

남학생 A는 '심폐 지구력'을 키우려고 하고 있으므로 PAPS에서 제시하고 있는 세 가지의 종목 중 하나를 쓰면 정답 처리됩니다.

2) 정답

개별성의 원리

해설

◉ **체력 운동의 원칙**

① 과부하의 원칙(강도를 높여라)
② 점진성의 원칙(가벼운 운동부터 해라)
③ 반복성의 원칙(규칙적인 반복 운동을 해라)
④ 개별성의 원칙(개인의 체력 수준 고려해라)
⑤ 특이성의 원칙(무엇을 개선할 것인가를 결정해라)

[교학사 5학년 지도서 1. 건강]

ⓒ에서는 개인의 건강 상태 및 운동 수준을 고려하여 다르게 하라고 나와 있습니다. 남학생 B와 여학생 C가 향상시키려는 건강 체력의 종류는 근력 및 근지구력으로 같으나 세부적인 운동 실시 방법이나 횟수가 다릅니다. 이는 체력 운동의 원칙 중 개별성의 원칙을 따른 것입니다.

3) 정답

①: 20, ②: 정상

해설①

- BMI(체질량지수) = 체중(kg)/신장(m)^2

①: $45/1.5^2 = 45/2.25 = 20$

해설②

표에서 보면 여학생 D의 체질량 지수는 20으로 정상에 속합니다.

한 줄 조언

5학년 체육 교과서에 보면 건강 체력과 그에 따른 운동이 많이 나와 있는데요, 그중에서는 PAPS 종목인 것도 있고 아닌 것도 있습니다. PAPS 종목에 해당하는 것은 필수로 외워서 활동 제시를 할 수 있도록 하고 나머지는 알고 넘어가는 정도로 공부하면 됩니다. 사실 PAPS는 학교 현장에서도 굉장히 강조가 많이 되는 부분이기 때문에 알아두는 게 좋을 것 같아요.

2019-02 초등

정답과 해설

1) 정답

실생활에 적용하는 것

해설

◉ 5-6학년군 '안전' 영역 목적

5~6학년군의 안전 영역은 안전한 삶과 생활을 영위하기 위해 필요한 지식을 습득하여 실생활에 적용하는 것을 목적으로 한다.

교육과정에 정확하게 제시되어 있는 어구이기 때문에 그대로 적어주어야 정답처리 됩니다.

2) 정답

심장

해설

◉ 보호→안정→냉찜질→압박→환부 높임→부목

Ⓟ	보호 (Protection)	환자 의식 확인 후 안전한 환경인지 주위를 살핌
Ⓡ	안정 (Rest)	상처 부위는 되도록 움직이지 않음(필요시 고정)
Ⓘ	냉찜질 (Ice)	다친 후 약 48시간까지는 상처 부위에 냉찜질을 함
Ⓒ	압박 (Compression)	상처 부위를 압박하여 붓는 것을 방지 함.(단, 너무 강하게 혹은 오랫동안 압박하지 않기)
Ⓔ	환부 높임 (Elevation)	상처 부위를 심장보다 높게 올려 과잉 출혈 및 부기를 감소함.
Ⓢ	부목 (Splint)	상처 부위가 움직이지 않도록 부목으로 고정함.

[지학사 5학년 지도서 5. 안전]

3) 정답

ⓒ, 새로운 신체활동을 선택할 수 있다.

해설

◉ 5-6학년군 '안전' 영역 신체활동 예시 붙임말

※ 신체활동은 ⓐ 교육과정의 목적에 근거하여 선택하되, 학교의 교육 여건을 고려하여 ⓑ 다른 영역의 신체활동 예시나 ⓒ 새로운 신체활동을 선택할 수 있다. 단, ⓓ 단위 학교의 학년 협의회를 통해 결정한다.

ⓐ, ⓑ, ⓓ는 모두 언급된 내용과 일치하지만, ⓒ만 반대로 이야기하고 있습니다. 따라서 정답은 'ⓒ, 새로운 신체활동을 선택할 수 있다'입니다.

한줄 조언

첫 번째 문제는 수험생 입장에서 생각해 보면 꽤 어려운 문제였을 것 같습니다. 보통 공부할 때 성취기준 위의 목적까지는 자세하게 안 보는 경우가 많아요. 하지만 신설된 항목, 예를 들어 '안전'이나 '경쟁의 기초' 등은 시험에 나오기 아주 좋은 것들이니 다른 것보다 조금 자세하게 보는 것을 추천합니다.

세 번째 문제는 내가 붙임말에 대해서 모르고 있었다 해도 눈치로 풀 수 있는 문제입니다. 저도 시험장에서 이런 문제 종종 풀었는데 '이게 맞나..?'하는 생각하면서 풀었던 것 같아요. '내가 모르면 남들도 모른다.' 생각을 가지고 너무 큰 고민 없이 쉽게 술술 써 내려가는 것을 추천드립니다. 사실 기출문제를 많이 풀다 보면 어느 정도 눈치가 생기고 감이 생깁니다. 자신의 감을 믿어보세요. 화이팅!

2019 초특

정답과 해설

1) 정답

유연성

해설

◉ **건강 체력의 종류**

① 유연성: 우리 몸의 관절을 둘러싼 근육이 여러 방향으로 자유롭게 움직일 수 있는 능력

② 근력: 몸의 근육이 한 번에 큰 힘을 낼 수 있는 능력

③ 근지구력: 근육이 오랫동안 힘을 지속할 수 있는 능력

④ 심폐 지구력: 심장과 폐가 오랜 시간 지치지 않고 운동을 지속할 수 있는 능력

⑤ 신체 조성: 사람의 몸을 이루고 있는 지방, 뼈, 근육 등의 비율을 말한다.

[교학사 5학년 지도서 1. 건강]

사진에서는 몸의 관절을 여러 군데로 쭉 늘리는 스트레칭을 하고 있습니다. 이는 다섯 가지 건강 체력 중 유연성에 해당합니다.

2) 정답

㉢ : 매트를 설치한다

㉣ : 정면, 앞, 평균대의 끝

해설

◉ **평균대 위에서 걷기**

① 평균대와 뜀틀을 사용하는 활동을 할 때는 안전을 위해 매트를 설치해야 합니다.

② 착지는 반드시 두 발로 해야 합니다.

③ 팔을 양옆으로 들고, 평균대 끝을 보며, 발끝을 곧게 펴고 평균대 옆면을 스치듯이 걷는다.

④ 아래를 보면 평균대의 높이 때문에 더 무섭게 느껴지므로 평균대 끝을 보며 걸어야 함을 설명한다.

[금성출판 4학년 지도서 2. 도전]

설명을 읽어보면 정답이 위와 같다는 것을 알 수 있습니다. 여기서 중요한 점은 ㉣에 '아래'라고 적으면 안 된다는 점입니다.

2018-01 초등

정답과 해설

1) 정답

정과 외 체육 활동과 연계한 교수·학습

해설

◉ 체육과 교수 · 학습의 방향
(가) 체육과 역량 함양을 지향하는 교수·학습
(나) 학습자 특성을 고려한 수준별 수업
– 신체활동에 대한 흥미, 운동 기능, 체력, 성차, 학습 유형 고려
(다) 자기 주도적 교수·학습 환경 조성
– 스스로 학습 내용 파악, 과제 해결할 수 있는 환경 조성
(라) 전인적 발달을 위한 통합적 교수·학습
– 심동적, 정의적, 인지적 역량 균형 있게 체험(직접 체험 활동 + 간접 체험 활동)
(마) 맞춤형 교수·학습 방법의 선정과 활용
– 학습의 효과 높일 수 있는 가장 적합한 수업 방법 찾는 것. 체육 수업의 타당성 증가
(바) 정과 외 체육 활동과 연계한 교수·학습
– 생활 속에서 지속적으로 신체활동 참여하여 실천력 강화

문제에서는 수업 시간에 배운 신체활동을 일상생활 속에서 실천하여 자율성과 실천력을 길러 주도록 하고 있으므로 답은 위와 같습니다.

2) 정답

ⓐ : 건강 유지(건강 관리, 체력 증진) **ⓑ : 속도 도전**

해설

◉초등학교 3–4학년 신체활동 예시

영역		신체활동 예시
건강	(가) ( )	▹일상생활에서 실천할 수 있는 체력 운동(맨손체조, 줄넘기 등), 기본 생활 습관 형성 활동(몸의 바른 자세, 손 씻기, 양치질, 올바른 식습관 등)
건강	(나) 여가와 운동 방법	▹일상생활에서 실천할 수 있는 여가 활동(걷기, 자전거타기, 플라잉디스크, 제기차기, 투호, 사방치기 등), 기초체력 측정 및 증진 활동(스트레칭, 팔굽혀펴기, 왕복달리기, 전력달리기 등)
도전	(가) 속도 도전	▹단거리달리기, 이어달리기, 오래달리기 및 걷기, 장애물달리기, 자유형, 평영, 배영 등
도전	(나) ( )	▹매트운동, 뜀틀운동, 평균대운동, 태권도 품새 등

★빈칸은 스스로 채워보세요

교수·학습 운영 계획

① 영역의 특성과 학습 주제 고려
– 동일한 신체활동을 수행할지라도 수업 의도에 따라 다른 결과가 나타날 수 있기 때문에 교수·학습 계획 수립 시 영역의 특성과 학습 주제를 명확히 인식해야 한다. …(중략)… 예를 들어, 신체 수련을 강조하는 도전 영역의 수업에서 이루어지는 달리기는 건강을 위한 달리기와는 달리 속도 기록을 단축시키기 위한 목적으로 다양한 연습과 시도를 하게 되므로 이에 도전을 위한 시도와 분석, 수련과 반성의 과정이 보다 강조되어야 한다.
② 학생의 사전 학습 경험 및 발달 특성 분석
– 학습자 중심 수업을 지향하는 방안 중 하나, 직간접적인 신체활동 경험 + 지적, 정서적 경험 전체
③ 시설 및 용·기구 확보
– 일정 수요 확보 못했을 경우, 동일한 교육적 가치와 효과 가져올 수 있는 것으로 대체 또는 보완. 교육적 효과와 안전을 고려하며 위험할 경우 다른 것으로 대체한다.

ⓐ : '건강' 영역의 '전력 달리기'는 건강 유지를 목적으로 하는 운동이기 때문에 건강 유지, 혹은 건강 영역의 핵심 개념인 건강 관리, 체력 증진 등을 쓰면 정답 처리됩니다.
ⓑ : '도전' 영역의 소영역인 '속도 도전'을 정확하게 써야 정답 처리됩니다.

3) 정답

ⓜ, 스포츠보다는 놀이 · 게임 중심으로 구성한다.

해설

초등학교 3~4학년 '건강' 영역

(가) 교수·학습 방법 및 유의 사항
- 건강한 생활 습관을 지도하기 위한 ⓔ소재는 생활 전반에서 보편적이고 지속적으로 요구되는 기본생활 습관을 중심으로 선정하며 각각의 소재는 수행 가능한 구체적인 활동으로 구성한다.
- 학생들의 연령별 특성, 흥미 등을 고려하여 건강을 유지 및 증진하기에 적합한 놀이, 게임 등을 중심으로 구성할 수 있다.
- 여가에 대한 특정한 실천 방법을 강조하기보다는 ⓗ다양한 여가 활동을 통해 신체적, 정신적, 정서적으로 건강해짐을 학생들이 인식할 수 있도록 지도한다.
- 자신의 수준에 적합한 운동 수준(운동 빈도, 운동 시간, 운동 강도 등)을 지도할 때에는 ⓢ학생들의 수준에서 적용 가능한 방법을 쉽게 이해할 수 있는 표현을 사용한다(예 : 옆 사람과 대화가 약간 힘든 정도로 30분간 뛰기 등).

교육과정을 보면 ⓜ을 제외한 다른 항목은 제대로 이야기하고 있지만, ⓜ은 교육과정에서 제시된 내용과 반대로 이야기하고 있기 때문에 고쳐주어야 합니다.

한줄 조언

교육과정 외우면서 가장 힘든 점이 외우면 까먹고 외우면 까먹고의 반복x100이었던 것 같아요. 선배들이 나중엔 입에서 자동으로 나온다고 아무리 해도 안 믿기고 괜히 내 머리를 탓해보고. 너무나도 자연스러운 과정입니다. 심지어 저는 지금 기출문제 해설을 하면서도 전혀 기억이 나지 않아요. 제가 고사장에서 푼 문제인데도요. 처음 보는 문제 같네요. 하지만 이런 저도 합격했으니 여러분들도 꼭 붙으실 거에요.

2018-02 초등

정답과 해설

1) 정답

ⓐ : 어깨 아래에서 위로 올리면서
ⓑ : 몸 쪽으로 끌어당기면서

해설

◉ **발야구형 게임의 기능 익히기**

① 공 던지기

▲ **먼 곳으로 공 던지기** 공을 어깨 위로 올려 힘 있게 던집니다.

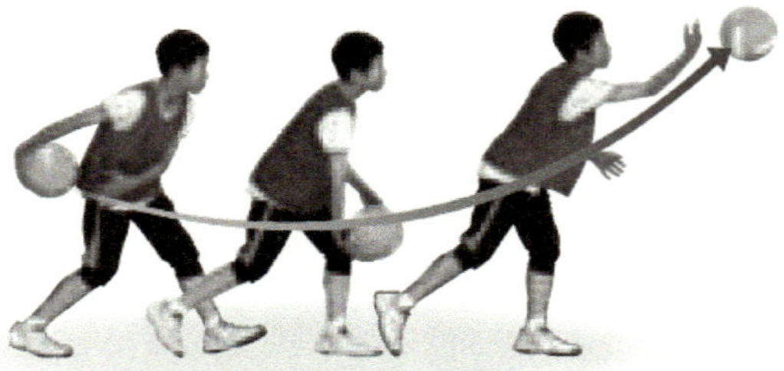

▲ **가까운 곳으로 공 던지기** 아래에서 위로 가볍게 던집니다.

② 공 받기

▲ **정확하게 공 받기** 가슴 높이에서 두 손으로 안전하게 공을 받습니다.

[지학사 5학년 지도서 3. 경쟁]

ⓐ에서는 가까운 거리에서 공을 던지는 방법을 이야기하고 있고, ⓑ에서는 정확하게 받는 법을 이야기하고 있습니다. 따라서 정답은 위와 같습니다.

2) 정답

'동료 교사' 역할 학생과 '학습자' 역할 학생의 역할을 교대한다.

해설

◉ **동료 교수 모형**

① 교사의 체계적인 계획과 지도 아래 학생이 짝을 지어 교수자의 역할과 학습자의 역할을 번갈아 맡아 협력함으로써 정해진 학습을 해 나가는 방식
② 나는 너를 가르치고, 너는 나를 가르친다.
③ 학생들보다 교사에게 주도권이 있다.

[지학사 지도서 총론 Ⅳ-1. 체육 수업 모형 이해하기]

[A]에서는 학생들이 서로를 가르치는 동료 교수 모형에 대해서 설명하고 있습니다. 동료 교수 모형에서는 한 명이 일방적으로 다른 한 명을 가르치는 것이 아니라 서로 번갈아 가르치는 모형이므로 역할을 교대한다는 내용이 들어가야 합니다.

3) 정답

경쟁의 기초

해설

◉ **'경쟁의 기초' 교수 · 학습 방법 및 유의 사항**

경쟁의 기초에서 다루는 신체활동은 게임 유형별(영역형, 필드형, 네트형) 기본 기능과 전략을 포함한 단순한 규칙의 게임을 중심으로 선정하되 가급적 학생들이 다양한 게임의 유형을 접할 수 있도록 활동을 편성한다.

'경쟁의 기초'가 신설된 이유는 3-4학년군에서 배우지 않는 유형들의 게임을 간단하게나마 학생들이 접할 수 있게 하기 위해서입니다. 따라서 정답은 '경쟁의 기초'가 됩니다.

한줄 조언

첫 번째 문제에서 이 기능은 체육 각론에서 많이 본 내용이라 풀기 쉬웠을 것이라고 생각합니다. 실제로 시험장에서 풀었을 때 쉽다고 생각하면서 푼 문제 중 하나이구요. 그런데 저는 이 문제 틀렸습니다. 하하. 지금 생각해보면 도대체 왜 틀렸는지 이해도 안 가는 어이가 없는 문제 중 하나입니다. 생각보다 시험장에 들어가면 생각보다 정신도 없고 실수를 많이 하게 되는데요, 여러분들이 지금부터 준비해야 할 것은 '하나쯤 틀려도 돼'라는 마인드입니다. 하지만 그렇다고 '이건 나오면 틀려야지~'하면서 대충 보는 것은 절대 안 됩니다. 저처럼 너무 쉽다고 흘려서 보면 시험장에서 틀리는 일이 발생합니다. 물론 문제 하나쯤이야 틀려도 되지만, 그런 문제는 대부분의 사람이 몰라서 맞추는 사람이 거의 없는 문제의 경우에만 그렇습니다. 그건 극소수로 나와야 하는 경우에요. 그때까지 머릿속에 입력, 또 입력합시다.

두 번째 문제에서 체육 모형은 무조건 그 모형을 대표할 수 있는 설명 한 줄을 외우고 있어야 합니다. 체육은 모형을 중요하게 생각하는 과목이기도 하고요. 체육에서 나오는 모형들 이름 옆에 모형에 대한 설명 한 줄로 적어놓고 달달 외우기!

2017-01 초등 · 초특 공통

정답과 해설

1) 정답

실제 티볼 게임 상황에서 주자의 위치와 수비의 위치에 따라 원하는 방향으로 공을 치는 활동, 미니 티볼 게임을 진행하여 수비 위치에 따라 공을 치는 활동 등

해설

- 시작형 과제: 학습 활동을 가장 기초적인 수준에서 학습하는 과제
  ex) 배구공 던지기, 언더토스 자세 배우기 등
- 확장형 과제: 간단한 과제에서 복잡한 과제로 발전시키는 과제/쉬운 과제에서 어려운 과제로 발전하는 과제
  ex) 전자: 배구에서 언어 토스를 가벼운 공으로 연습 -> 실제 배구공 사용하여 연습, 후자: 언더 토스를 연습 -> 오버 토스로 발전
- 세련형 과제: 운동 수행의 질을 높이는 과제. 즉, 교사의 피드백을 통해 지속적인 연습을 하여 기능의 질적 향상을 요함.
  ex) 배구에서 언더 토스를 할 때 '양손을 제대로 붙여!', '무릎을 사용해'와 같은 피드백 혹은 시범을 통해 기능 향상을 도모
- 적용형 과제: 학습한 기능을 실제로 활용하거나 응용하는 과제
  ex) 배구수업 내 킨볼을 활용하여 수업 시간에 배운 기능을 활용하게 하는 과제

[https://blog.naver.com/mjlo0799/222253606966참고]

2) 정답

개인차를 고려한 수준별 수업을 한다.

유2) 정답

학습자 특성을 고려한 수준별 수업을 한다. 또는 학습자의 다양한 특성을 이해하고 활동 내용, 활동 과제, 활동 방법을 다양하게 구성한다.

해설

◉ **체육과 교수 · 학습의 방향**

(가) 체육과 역량 함양을 지향하는 교수·학습
(나) 학습자 특성을 고려한 수준별 수업
 – 신체활동에 대한 흥미, 운동 기능, 체력, 성차, 학습 유형 고려
(다) 자기 주도적 교수·학습 환경 조성
 – 스스로 학습 내용 파악, 과제 해결할 수 있는 환경 조성
(라) 전인적 발달을 위한 통합적 교수·학습
 – 심동적, 정의적, 인지적 역량 균형 있게 체험(직접 체험 활동 + 간접 체험 활동)
(마) 맞춤형 교수·학습 방법의 선정과 활용
 – 학습의 효과 높일 수 있는 가장 적합한 수업 방법 찾는 것. 체육 수업의 타당성 증가
(바) 정과 외 체육 활동과 연계한 교수·학습
 – 생활 속에서 지속적으로 신체활동 참여하여 실천력 강화

문제에서는 학습자의 운동 경험과 기능 차이에 집중하여 수준별 과제를 제시할 것을 요구하고 있기 때문에 '교수·학습의 방향' 중 (나) 학습자 특성을 고려한 수준별 수업과 관련하여 답을 쓰면 정답 처리됩니다.

3) 정답

ⓐ : 공을 친 타자와 1루 수비수간의 1루에서의 충돌을 방지하기 위해서
ⓑ : 타자가 휘두른 방망이에 주변 사람이 다치지 않도록 하기 위해서

해설

◉ **티볼형 게임**

- 티 위에 공을 쳐서 빈 곳으로 공을 보내고 정해진 누를 돌아와 득점하는 게임
- 공을 정확하게 쳐서 원하는 곳으로 보내기, 누까지 진루하기, 공을 주고받기 등의 기본 기능을 익힐 수 있음

[금성출판 4학년 지도서 3. 경쟁]

ⓐ : 공을 친 타자는 1루까지 달려야 하는데, 주자가 1루로 진루할 때 1루를 지키고 있는 수비수와 부딪히지 않도록 수비 누와 주자 누를 각각 설치하는 것이 좋습니다.

ⓑ : 타석을 중심으로 반경 3m 지역은 안전 구역으로서, 타격 대기 또는 타격 시 타자 이외에는 그 누구도 안전 구역을 침범해서는 안 됩니다. 또한 타자는 공을 치고 배트를 던지는 것이 아니라 다른 학생들의 안전을 위해서 안전 구역에 배트를 내려놓고 달려갑니다.

한 줄 조언

첫 번째 문제를 여러분들이 만약 시험장에서 읽었는데, 지문에서 나온 과제들에 대해 모른다면 어떤 느낌이 들까요? 굉장히 당황스럽겠죠. 가장 좋은 것은 내가 지문에 나온 과제들에 대해 정확하게 알고 있는 것이지만 안타깝게도 모든 지문에 나와 있는 용어를 다 알고 있기는 하늘의 별따기라고 생각합니다. 물론, 그러기 위해 열심히 공부하지만요. 하지만 이런 문제는 정말 친절한 문제에요. 우리가 과제에 대해 몰라도 풀 수가 있으니까요. 본인이 과제에 대해 정확히 알지 못해도 문제 안에 다 설명이 들어 있으니까, 우리가 할 일은 그냥 문제를 차분히 읽고 티볼에 적용해서 답을 생각해내면 됩니다. 그러기 위해서는 기출을 많이 보고 모르는 것이 나와도 문제 안에서 보고 풀 수 있도록 연습을 하면 더 좋겠죠.

그리고 체육과 교육과정 진짜 장난 아니죠. 그런데 또 체육과에서 그만큼 좋아하는 게 교육과정입니다. 매일 외워도 헷갈렸던 것 같아요. 제가 공부할 때는 09, 15 두 개의 교육과정을 다 외워야 했어서 서로 간섭 현상이 장난 아니었던 기억이 납니다. 그래도 끝까지 하면 결국에는 외워지더라구요. 체육과 교육과정의 핵심 포인트는 이미지화 해서 외우는 것 같아요. 그림을 자주 그려보고 머릿속에서 붙잡아 두고 계세요!

2017-02 초등

정답과 해설

1) 정답

다양성, 조작 움직임

해설

2009 개정 교육과정에 해당하는 내용입니다.

2) 정답

①: ㉢은 도구 사용으로 '관계'와 관련되고, ㉣은 동작의 질적 수준으로 '노력'과 관련된다.

②: 시계 방향으로 돈다.

2017-02 초등 유사

정답과 해설

1) 정답

개방적, 조작 움직임

해설

5-6학년군 표현 영역 성취기준
[6체04-04] 세계 여러 민족의 문화적 특성을 이해하고 존중하는 ㉠개방적인 마음으로 참여한다.
3-4학년군 표현 영역 성취기준
[4체01-01] 움직임 언어(이동 움직임, 비이동 움직임, ㉡조작 움직임)과 표현 요소(신체, 공간, 노력, 관계)를 탐색한다.

2) 정답

①: ㉢은 도구 사용으로 '관계'와 관련되고, ㉣은 동작의 질적 수준으로 '노력'과 관련된다.
②: 시계 방향으로 돈다.

해설①

◉ **표현 요소**

① 신체: '무엇을 움직이는가'에 대한 인식
- 신체의 여러 부분을 사용하여 표현

② 공간: '어디로 움직이는가'에 대한 인식
- 높낮이, 방향, 넓이 등을 다르게 표현

③ 노력: '어떻게 움직이는가'에 대한 인식
- 힘, 시간, 흐름 등을 다르게 표현

④ 관계: '어떤 관계가 있는가'에 대한 인식
- 신체와 신체, 사람과 사람, 사람과 물체 등

[지학사 3학년 지도서 4. 표현]

해설②

◉ **외국 민속 무용의 기본 방향**

① LOD(Line of Dance, Line of Direction)
전체적인 춤의 진행 방향으로, 시곗바늘이 돌아가는 반대 방향으로 향하는 것을 의미한다.

② RLOD(Reverse Line of Dance)
LOD의 반대 방향으로, 시곗바늘이 돌아가는 방향으로 향하는 것을 의미한다.

③ CW(Clock Wise)
2명 이상이 시곗바늘 돌아가는 방향으로 도는 것을 의미한다.

④ CCW(Count Clock Wise)
2명 이상이 시곗바늘 돌아가는 반대 방향으로 도는 것을 의미한다.

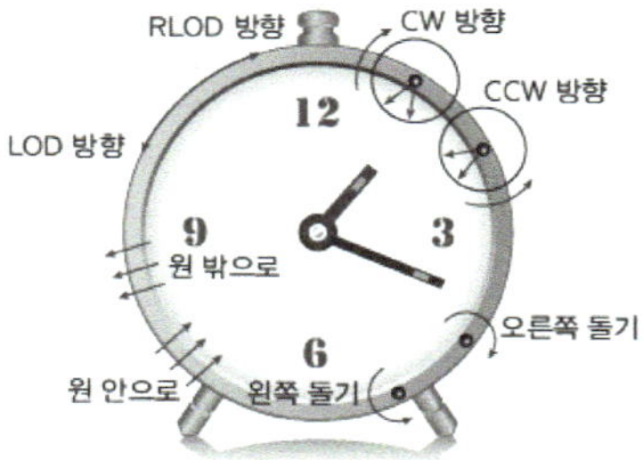

출처: 배수을(2011). "창작 무용과 민속 무용의 이론과 실제".
[천재교육 5학년 지도서 4. 표현]

①은 소고를 사용하였기 때문에 사람과 물체 간의 '관계'를 표현한 것이며, ②의 CW는 시계 방향으로 도는 것입니다.

한줄 조언

체육 성취기준은 너무 길고 많아서 다른 예체능 과목들처럼 달달 외우진 않았던 것 같아요. 하지만 성취기준이 기출이 됐던 만큼 키워드는 빈칸 뚫어서 꼭 외워줍시다.

2016-01 초등 · 초특 공통

정답과 해설

1) 정답

① 용 · 기구 설치 : 다양한 개인차(운동 기능)를 고려하지 않고 용 · 기구를 단순하게 구분하여 설치한 것이 문제이다. 용 · 기구의 난이도를 개인차에 따라 다양하게 설치해야 한다.

② 모둠 구성 : 남녀로 획일적으로 구분한 것이 문제이다. 성별이 아닌 학생의 운동 기능 수준에 따라 구성해야 한다.

해설

◉ **체육 교수 스타일**

포괄형 스타일

① 목적

▹ 다양한 기술 수준이 있는 학습자가 자신이 수행할 수 있는 난이도를 선택하여 동일한 과제에 참여할 필요가 있을 때

- 모든 학생들에게 성공적인 참여 기회를 제공할 필요가 있을 때
- 타인과의 경쟁이 아닌 자신과의 경쟁을 학습시킬 필요가 있을 때

예) 매트 운동에서 자신이 할 수 있는 동작 수행하기, 도전 높이를 달리하여 높이뛰기 등

② 특징

- 학습자가 자신의 수준에 맞게 난이도를 선택하여 과제를 수행한다.
- 교사는 난이도 조절을 통해 과제의 유형을 결정한다.

예) 10m 왕복 달리기의 횟수를 다르게 하거나, 멀리 던지기 물체의 크기나 무게를 다양하게 하여 도전해 보는 활동 등

- 학습자들이 서로 간의 차이를 이해하게 되고, 다양한 과제 및 평가의 중요성을 깨달음

[Mustka Moston(2003), '모스턴의 체육 교수 스타일']

① (나)에서 확인할 수 있는 것은 여학생 모두가 같은 높이에서 연습을 하고 남학생 모두가 같은 높이에서 연습을 하고 있다는 것입니다. 하지만, 포괄형 스타일에서는 난이도를 획일화하여 가르치는 것이 아니라 학생 스스로 자신의 능력에 따라 선택해서 연습하는 것을 강조합니다. 따라서 용 · 기구의 난이도를 다양하게 설치해야 합니다.

② (나)에서는 모두 같은 성별로만 모둠을 구성했습니다. 포괄형 스타일에서는 성별이 아닌 운동 기준의 차이에 따라 학습 집단을 구성할 것을 강조하고 있기 때문에, 정답은 위와 같습니다.

2) 정답

수행 능력 및 변화 정도 (향상도)

해설

◉ 2015 **개정 체육」과 교육과정 평가의 계획**

(나) 성취기준 및 성취수준의 선정

동일한 목표 성취 행동으로 된 성취기준 및 성취수준을 적용하기보다는 주어진 과제에 대한 수행 능력 및 변화 정도를 목표의 수준에 따라 서로 다르게 평가하여 이를 통해 차후 교수 · 학습 내용에 대한 참여 동기를 높이고, 개개인의 신체활동 실천에 도움을 줄 수 있도록 한다.

거리 도전은 목표한 거리 기록이나 대상에 따라 자신의 기록이나 기량 향상을 위해 심신을 수련하여 자신의 신체적 수월성을 함양하는데 목표가 있습니다. 따라서 정답은 위와 같습니다.

3) 정답

① : 교사의 시범, ② : 우수 학생의 시범

해설

◉ **시범**

시범은 말하기보다 행동으로 보여주는 설명의 한 부분이다. 시범은 특히 개념을 잘 이해하지 못하는 학생들에게 중요하다. 성공적인 시범에 필요한 몇 가지 요소는 다음과 같다.

◉ 성공적인 시범

▹ 모든 학생들이 쉽게 볼 수 있는 위치에서 실시한다.
▹ 전체 동작을 시범 보인 뒤에 부분 동작에 초점을 맞춘다.
▹ 정상 속도의 시범을 보여 주고, 중요한 단서를 가르칠 때는 느린 속도로 보여준다.
▹ 구두적인 초점을 제시한다.

[천재교과서 지도서 총론 Ⅲ-1. 체육 수업 지도 방법]

한줄 조언

체육 교수 스타일은 종류가 많고 헷갈리기 쉽기 때문에 한눈에 보기 좋게 한 줄 정도로 요약 후 표에 정리해서 헷갈릴 때마다 자주 들여다보는 것이 가장 도움이 됩니다.

그리고 시범 보이기는 체육 수업에서 가장 중요한 역할을 한다는 것은 다들 아시겠죠? 기출문제에서 이미 시범의 종류에 대해서 이야기했으니 시범 보이는 것의 가치, 어떤 효과가 있는지, 방법 정도는 알고 넘어갑시다.

2016-02 초등

정답과 해설

1) 정답

무엇이 올바른 동작이고 그릇된 동작인지에 대해 구체적인 언급이 뒤따라야 한다.

해설

- 일반적 피드백 : "좋아." "잘했어." 등이 가장 일반적인 피드백의 예시이다. 학생의 노력을 칭찬하고 긍정적인 수업 분위기를 만든다.
- 구체적 피드백 : "디딤발의 방향이 정확했어." 등이 구체적인 피드백의 예시이다. 제대로 수행한 부분에 대한 구체적이고 명확한 정보를 제공한다.

[박찬수, 오경록, 김상훈(2022), '체육교사의 피드백 유형이 고등학생의 체육학습태도 및 그릿에 미치는 영향']

2) 정답

게임 전략(기본 전략)

해설

2015 개정 체육과 교육과정 내용 체계			
영역	핵심 개념	내용 요소 3-4학년	기능
경쟁	▷ 경쟁 의미 ▷ (　　) ▷ 경쟁 · 협동 수행 ▷ 대인 관계	▹경쟁 활동의 의미 ▹경쟁 활동의 기초 기능 ▹경쟁 활동의 방법과 기본 전략 ▹규칙 준수 ▹영역형 경쟁의 의미 ▹영역형 게임의 기본 기능 ▹영역형 게임의 방법과 기본 전략 ▹협동심	▹분석하기 ▹협력하기 ▹의사소통하기 ▹(　　)

★빈칸은 스스로 채워보세요!

(나)에서는 교육과정의 목표와 내용 체계 안에 있는 기본 기능에 대해 물어보고 있기 때문에 기본 기능이 정답입니다.

3) 정답

ⓐ : 심폐 소생술(CPR), ⓑ : 가슴 압박, ⓒ : 인공호흡

해설

⊙ **심폐 소생술의 방법**

① 환자의 반응 확인하기
② 119에 신고하기
③ 호흡 확인하기
④ 가슴 압박하기
⑤ 인공호흡 하기
⑥ 30회의 가슴 압박과 2회의 인공호흡을 119 구급 대원이 올 때까지 반복하기

[교학사 5학년 지도서 5. 안전]

한줄 조언

기능과 전략은 항상 따라다니는 한 쌍이에요. 경기 수행 능력에 어떤 것이 있는지 기억하고 넘어갑시다. 심폐 소생술은 학교 현장에 나오면 1년에 의무로 이수해야 하는 항목입니다. 그만큼 학생 안전 관리에 있어서 교사가 필수로 알아야 하는 것이기 때문에, 알아두시기 바랍니다.

2015-01 초등

정답과 해설

1) 정답

모둠원에게 땅볼로 정확히 패스하기 위해 '발의 안쪽'이라고 이야기해 준다.

해설

◉ **경구(학습 단서)**

학습 단서는 운동 기능이나 과제의 중요한 특징을 단어나 구로 간략하게 전달하는 것을 말한다. 앞구르기에서 무릎을 굽히지 않고 앞구르기를 하는 학생이 있다면, 그 학생이 앞구르기를 할 때, "무릎"이라는 학습 단서를 제공한다.

[천재교육 지도서 총론 Ⅲ-2. 효율적인 체육 수업 운영]

◉ **다양하게 공 주고 받기 동작**

- 발등으로 공 차기 : 멀리 있는 모둠원에게 패스하거나 슛할 수 있게 빠르게 패스할 때 주로 사용한다.
- 발 안쪽으로 공 차기 : 짧은 거리에 있는 모둠원에게 땅볼로 정확히 패스를 할 때 주로 사용한다.

◉ **다양한 공 받기**

- 공이 날아오는 높낮이에 따라 몸의 다양한 부위를 사용하여 공을 받는다.

[지학사 4학년 지도서 3. 경쟁]

[B]에서는 교사가 언어적 교수 단서(경구)를 사용하여 학생에게 과제 수행에 있어서의 핵심 요소 및 기능을 강조하고 있습니다. 또한 [A]의 상황에서는 상대방에게 정확하게 패스할 것을 요구하고 있으므로, 인스텝 킥(발 안쪽으로 공 차기)에 대한 설명을 언어적 교수 단서로 이야기해야 합니다. 따라서 발의 안쪽이라는 교수 단서가 포함되도록 정답을 써야 합니다.

2) 정답

ⓐ : 팀 게임 토너먼트(TGT)
ⓑ : 운동 기능이 낮은 학생들도 자기 팀의 성취를 위해 무엇인가를 공헌할 수 있다는 자신감을 갖는 것이다.

해설

◉ **협동 학습 모형에 적합한 수업 전략**

협동 학습 모형 중 '팀 게임 토너먼트' 교수 전략	
팀 편성	교사는 학습 성공에 대한 평등한 기회가 보장되도록 공평하게 팀 편성
학습 과제 제시 및 1차 연습	교사가 학습 과제를 제시한 후 1차 연습
1차 평가 및 같은 등위끼리 점수 비교	각 팀의 1등은 1등끼리, 2등은 2등끼리 점수를 비교하여 같은 동수에서 높은 점수를 얻은 학생에게 일정한 상점을 부여, 따라서 모든 학생은 자신의 득점 순위와 관계없이 팀 성공에 기여할 수 있음.
2차 연습	동일한 학습 과제나 새로운 과제에 대한 2차 연습
2차 평가 및 같은 등위끼리 점수 비교	1차 때와 마찬가지로 같은 동수끼리 점수를 다시 비교하여 높은 점수를 얻은 학생에게 일정한 상점을 부여
팀 성적 발표	게임이 끝난 후에 가장 높은 점수를 받은 팀이 승리

협동 학습 모형 중 '팀 – 보조 수업' 교수 전략	
팀 편성	교사는 학습 성공에 대한 평등한 기회가 보장되도록 공평하게 팀 편성
수행 기준 및 팀별 학습 과제 제시	교사는 학생들에게 수행 기준과 팀별 학습 과제 제시, 과제는 쉬운 것에서부터 어려운 단계로 나누어 제시
팀별 과제 수행	팀원들은 혼자 또는 다른 팀원들의 도움을 받으면서 과제 수행
과제 완수 체크 및 다음 과제로 이동	학생이 수행 기준에 따라 과제를 완수하면 다른 팀원이 과제 수행 여부를 체크한 후 다음 과제로 이동
평가	팀별 과제 수행 점수 또는 개인별 합산 점수로 평가

[천재교육 지도서 총론 Ⅲ-2. 체육 수업 모형]

• TGT의 장점 : 운동 기능이 낮은 학생들도 자기 팀의 성취를 위해 무엇인가를 공헌할 수 있다는 자신감을 갖는 것이다.

3) 정답

통합적 교수 · 학습 활동

유3) 정답

전인적 발달을 위한 통합적 교수 · 학습

해설

◉ **전인적 발달을 위한 통합적 교수 · 학습**

체육 교과의 학습은 학습자가 신체활동에 포함된 심동적, 정의적, 인지적 역량을 균형 있게 체험하여 전인적으로 성장·발달할 수 있도록 다양한 활동을 통합적으로 제공한다. 이를 위해 신체활동을 직접 체험하는 학습 활동뿐만 아니라 다양한 간접 체험 활동(예 : 읽기, 쓰기, 감상하기, 조사하기, 토론하기 등)을 포함하여 통합적으로 지도한다.

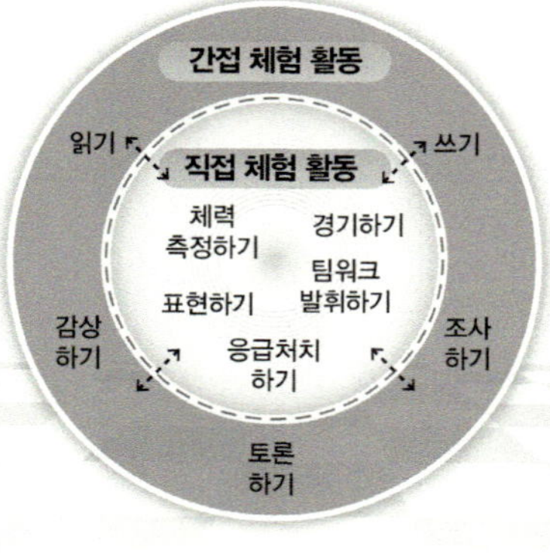

문제에서는 축구를 배우면서 직접적으로 해 보고 (직접 체험 활동), 서적을 조사하고 경기를 관람하고 전략을 토론하는 등(간접 체험 활동)을 통합적으로 가르치기를 이야기하고 있기 때문에 정답은 위와 같습니다.

한줄 조언

TGT가 기출 중 여러번이나 나왔던 걸 보면 다음 시험에서 협동학습 전략 중 나왔던 것이 또 나올 수도 있을 것 같아요. 협동 학습 전략, 한 번 더 짚고 넘어가보면 어떨까요?

2015-02 초등

정답과 해설

1) 정답

가족과 함께 자전거 여행을 해봄으로써 가족을 소중히 여기는 '가족 사랑'의 의미를 이해하고 실천할 수 있다.

해설

2009 개정 교육과정에 해당하는 내용입니다.

2) 정답

주행 중 균형을 잃었을 경우 핸들을 넘어지려는 쪽으로 돌린다.

3) 정답

ⓐ : **심폐 지구력,** ⓑ : **포트폴리오**

2015-02 초등 유사

정답과 해설

1) 정답

가족과 함께 자전거 여행을 계획하여 실천해봄으로써 건강한 여가 생활을 경험할 수 있다.

해설

영역	핵심 개념	내용 요소 초등학교 3-4학년	기능
건강	▹건강 관리 ▹체력 증진 ▹여가 선용 ▹자기 관리	▹건강한 생활습관 ▹운동과 체력 ▹자기 인식 ▹건강한 여가 생활 ▹체력 운동 방법 ▹실천 의지	▹평가하기 ▹계획하기 ▹관리하기 ▹실천하기

㉠ : 건강한 여가 생활

㉢ : 실천

따라서 건강한 여가 생활, 실천을 포함한 자전거 여행에 대한 내용이면 정답으로 인정됩니다.

2) 정답

주행 중 균형을 잃었을 경우 핸들을 넘어지려는 쪽으로 돌린다.

해설

◉ 자전거 탈 때 유의사항

- 자신의 몸에 맞는 자전거를 선택한다.
- 자전거 헬멧과 무릎 보호대를 반드시 착용한다.
- 방향을 바꾸거나 멈출 때에는 정확하게 수신호를 사용한다.
- 횡단보도를 건널 때에는 자전거에서 내려 걷도록 한다.
- 야간에 자전거를 탈 때에는 반드시 점등을 하며, 복장, 페달 등에 발광체를 부착하여 다른 사람이 쉽게 발견할 수 있도록 한다.
- 주행 중 중심을 잃었을 때 넘어지는 방향으로 핸들을 돌린다.

[윌리엄 닐리(2007), '혼자 배우는 산악 자전거']

3) 정답

ⓐ : **심폐 지구력**, ⓑ : **포트폴리오**

해설ⓐ

◉ 건강 체력의 종류

장점	건강 체력
힘이 세진다.	근력 및 근지구력
힘든 일이나 운동을 오랫동안 할 수 있다.	심폐 지구력
몸을 부드럽게 움직일 수 있다.	유연성
균형 잡힌 몸을 가질 수 있다.	신체 조성

[교학사 3학년 지도서 1. 건강]

문제에서는 숨이 차고 다리가 아팠던 것을 연습해서 오랫동안 자전거를 타도 숨이 차지 않고 다리도 아프지 않게 되었다고 이야기했으므로, 심폐 지구력이 답입니다.

해설ⓑ

◉ 체육 수행평가의 종류

- 실제 상황에서의 평가
- 실기 평가, 실습, 관찰
- 면접법, 구두 시험, 토론법
- 자기 평가, 동료 평가
- 포트폴리오
- 연구 보고서
- 논술형
- 서술형 등

[지학사 지도서 총론 Ⅳ-3. 체육 수업의 평가]

이 중 문제에 해당하는 수행 평가는 포트폴리오입니다.

2014-01 초등

정답과 해설

1) 정답

학생의 참여도를 높이기 위해서이다. (또는 평등한 학습 기회 제공을 위해서이다.)

해설

> ◉ **교수 · 학습 활동 계획**
> ○ 평등한 학습 기회 제공
> – (…생략…) 성별, 체력 및 운동 기능의 차이, 장애로 인해 불이익을 받거나 참여에 제한이 이루어지지 않도록 주의한다. 예를 들어, 규칙과 방법을 변형하여 다양한 체력 수준과 운동 기능을 가진 학생들이 평등하게 참여할 수 있는 활동을 구성한다. 특히, 다양한 과제 혹은 역할을 제시하여 활동에 적극적으로 참여할 수 있도록 유도함으로써 수업에 소외되는 학생이 없도록 해야 한다.

게임 A와 게임 B에서는 계속해서 운동 기능이 우수한 학생들 위주로 진행되었기 때문에 수업에 소외되는 학생이 없도록 평등한 학습 기회 제공을 위해서 교사가 게임을 변형한 것입니다.

2) 정답

1차 : 참여 인원수를 1/2로 축소하였다.
2차 : 경기장에 칸(활동 구역)을 설정하였다.

해설

> ◉ **교수 · 학습 활동 계획**
> ○ 학습 활동의 재구성
> – 성취기준에 보다 쉽게 도달할 수 있도록 영역의 특성과 학습 주제, 학생의 특성 및 가용 자원, 학습 환경을 고려하여 학습 활동을 재구성한다. 예를 들어, 경기장의 형태와 사용하는 도구, 신체활동에 참여하는 인구수와 조직의 형태, 실행 규칙 등을 변형하여 활동을 구성할 수 있다. 또한, 학습 활동의 재구성 시 학생들의 의견을 적극적으로 수렴하거나 재구성 과정 일부에 학생들을 참여시킴으로써 참여 동기를 높이고 학습 활동에 대한 이해도를 높일 수 있다. 단, 학습 활동의 재구성이 목표 도달에 갖는 효과성과 안전성을 충분히 고려해야 한다.

이를 참고하여 살펴보되 경기장의 크기와 관련된 내용을 제외하면 1차 변형에서는 이전에는 16명이 참여하던 게임을 8명으로 즉, 신체활동에 참여하는 인원수를 1/2로 축소하였습니다.

2차 변형에서는 경기장의 형태를 구역이 없는 형태에서 4개의 구역이 있는 형태로 변형하였습니다.

3) 정답

네 구역 모두 패스하여 득점하면 2점을 준다. (또는 모든 팀원이 한 번 이상 패스를 주고받고 난 후 슛을 쏠 수 있게 한다. 등)

해설

> ◉ **농구형 게임의 기본 기능**
> ① 패스 ② 드리블 ③ 슛
> [교학사 4학년 지도서 3. 경쟁]

㉠의 문제는 팀원들과 협력하지 않으며 활동을 합니다. 따라서 문제를 해결하기 위해서는 다른 영역에 있는 팀원들과 반드시 농구형 게임의 기본 기능을 사용하며 교류를 하게 하는 규칙이 필요합니다.

예를 들어, '네 구역 모두 패스하여 득점하면 2점을 준다', '모든 팀원이 한 번 이상 패스를 주고받고 난 후 슛을 쏠 수 있게 한다' 등의 기본 기능을 1가지 이상 사용하면서 다른 영역의 팀원과 협력할 수 있는 변형 내용을 서술하면 모두 정답으로 처리됩니다.

한 줄 조언

이미 여기까지 풀어보신 분들은 '체육과=교육과정'인 거 몸서리칠 정도로 느끼시지 않나요? 끝까지 붙잡고 있으면 안 외워질 것 같던 것도 외워집니다. 끝까지 화이팅!

2014-02 초등

정답과 해설

1) 정답

협응성

2) 정답

㉠ : 턱을 가슴 쪽으로 당겨 몸을 둥근 모양으로 유지하기 위해서이다.

㉡ : 몸의 무게 중심을 이동 방향의 앞쪽을 두어 회전력을 증가시키기 위해서이다.

3) 정답

무릎을 굽혀 몸에 가깝게 붙인다.

2014-02 초등 유사

정답과 해설

1) 정답

협응성

해설

운동 체력의 종류	
순발력	순간적으로 강한 힘을 발휘할 수 있는 능력
민첩성	몸의 위치나 방향을 빠르게 바꿀 수 있는 능력
협응성	몸의 움직임을 조화롭게 하는 능력
평형성	신체를 안정되게 유지하는 능력

[지학사 6학년 지도서 1. 건강]

문제에서는 몸의 모든 부위를 조화롭게 움직일 수 있는 능력에 대해서 말하고 있기 때문에 정답은 협응성입니다.

2) 정답

㉠ : 턱을 가슴 쪽으로 당겨 몸을 둥근 모양으로 유지하기 위해서이다.

㉡ : 몸의 무게 중심을 이동 방향의 앞쪽을 두어 회전력을 증가시키기 위해서이다.

해설

◉ **앞구르기 세부 동작**

① 양손으로 매트를 짚고 양발로 힘차게 매트를 밀어낸다.
② 양손, 뒷머리, 목, 등, 엉덩이, 발의 순서대로 매트에 닿도록 구른다.
③ 턱과 무릎은 가슴 쪽으로 끌어당기고 등을 둥글게 유지하여 구른다.
④ 발뒤꿈치를 엉덩이 쪽으로 당기고 무릎을 펴면서 일어선다.

[교학사 4학년 지도서 2. 도전]

앞구르기를 하려면 몸을 공처럼 둥그렇게 말아야 합니다. ㉠'손수건을 턱에 끼우고 앞구르기'를 통해 턱과 무릎을 가슴 쪽으로 끌어당길 수 있다는 것을 알 수 있습니다.

또한 몸의 무게 중심을 이동 방향의 앞으로 두어야 하는데 이때 가장 많이 이용하는 방법이 ㉡'경사진 매트에서 앞구르기'입니다.

따라서 정답은 위와 같습니다.

3) 정답

무릎을 굽혀 몸에 가깝게 붙인다.

해설

◉ **경구(학습 단서)**

학습 단서는 운동 기능이나 과제의 중요한 특징을 단어나 구로 간략하게 전달하는 것을 말한다. 앞구르기에서 무릎을 굽히지 않고 앞구르기를 하는 학생이 있다면, 그 학생이 앞구르기를 할 때, "무릎"이라는 학습 단서를 제공한다.

[천재교육 지도서 총론 Ⅲ-2. 효율적인 체육 수업 운영]

앞구르기에서 팔과 다리를 몸의 중심부로 최대한 가까이 위치하는 것이 매우 중요합니다. 따라서 교사는 경구 ㉢무릎!을 통해 이를 강조했다는 것을 알 수 있습니다.

2013-01 초등

정답과 해설

1) 정답

A : 학습 내용 영역의 통합–인지적·심동적·정의적 영역의 통합
B : 자기 조절

해설

2009 개정 체육과 교육과정과 관련된 내용입니다.

2) 정답

발다리걸기

3) 정답

㉡, 태권도 품새는 공격과 방어의 연결 동작으로서, 혼자서도 태권도의 기본 동작을 수련할 수 있도록 만들어진 기술 체계이다.

2013-01 초등 유사

정답과 해설

1) 정답

A : 신체·정신 수련
B : 겸손

해설

2015 개정 체육과 내용 체계표		
영역	핵심 개념	내용 요소
		5-6학년
도전	▷ 도전 의미 ▷ 목표 설정 ▷ 신체·정신 수련 ▷ 도전 정신	▷ 표적/투기 도전의 의미 ▷ 표적/투기 도전 활동의 기본 기능 ▷ 표적/투기 도전 활동의 방법 ▷ 겸손

이 내용을 바탕으로 빈칸을 살펴보면 '신체·정신 수련'과 '겸손'이 정답이라는 것을 알 수 있습니다.

2) 정답

밭다리걸기

해설

◉ **씨름의 다리 기술 익히기**

◦ 안다리 걸기
- 상대방의 오른쪽 다리가 앞으로 나와 있거나 무게 중심이 오른쪽에 있을 때 사용한다.
- 왼쪽 발을 상대방의 오른발 앞으로 이동한 후, 상대방의 허리샅바를 자기 몸 쪽으로 당겨 몸을 붙이면서 오른쪽 발로 상대방의 왼쪽 다리를 밖으로 감아 어깨로 밀면서 넘어뜨린다.

◦ 밭다리 걸기
- 상대의 오른쪽 다리가 자신의 몸 가까이에 왔을 때 사용한다.
- 다리 샅바와 허리 샅바를 이용하여 상대방을 끌어당기는 동시에 오른쪽 다리로 상대방의 오른쪽 다리를 걸어 넘어뜨린다.

[천재교과서 6학년 지도서 2. 도전]

따라서 씨름의 다리 기술 중 밭다리 걸기가 정답이 됩니다.

3) 정답

㉡, 태권도 품새는 공격과 방어의 연결 동작으로서, 혼자서도 태권도의 기본 동작을 수련할 수 있도록 만들어진 기술 체계이다.

해설

◉ **품새**
- 공격과 방어 기술을 수련자 스스로 연마할 수 있도록 일정한 틀로 구성한 기술 체계이다.
- 품새의 진행 선은 한민족 전통 사상을 토대로 하며, 각 품새의 외형적 모양은 품새가 의미하는 사상적 형상에 맞게 짜여 있다.

[천재교과서 6학년 지도서 2. 도전]

태권도 품새는 수련자 스스로 익혀서 수련하는 종목입니다. 따라서 태권도는 혼자서도 수련할 수 있기 때문에 ㉡을 정답과 같이 고쳐주면 됩니다.

2013-02 초등

정답과 해설

1) 정답

래프팅 중 배가 뒤집혀서 물에 빠진 경우 지도자가 구조를 위해 접근할 때까지 힘을 빼고 다리를 굽히며 고개를 들어 물 위에 떠 있도록 한다. (또는 배가 뒤집어졌을 경우 배 밑으로 들어갈 수 있으므로 배에서 멀리 떨어진다.)

2) 정답

①: 영지, ②: B, ③: 선희, ④: C

3) 정답

㉢에 적용된 요소: 효율적인 학습 조직 및 수업 시간 운영
㉣에 적용된 요소: 학습자 관리와 안전 고려

2013-02 초등 유사

1) 정답

래프팅 중 배가 뒤집혀서 물에 빠진 경우 지도자가 구조를 위해 접근할 때까지 힘을 빼고 다리를 굽히며 고개를 들어 물 위에 떠 있도록 한다. (또는 배가 뒤집어졌을 경우 배 밑으로 들어갈 수 있으므로 배에서 멀리 떨어진다.)

해설

◉ **래프팅의 안전 수칙**

① 래프팅 출발부터 도착까지 안전 보호 장구를 절대 벗지 않는다.

② 배가 뒤집어졌을 경우 배 밑으로 들어갈 수 있으므로 배에서 멀리 떨어진다.

③ 보트에 오르면 발걸이에 발을 걸어 고정하고, 항상 노를 잡고 있어야 한다.

④ 래프팅 도중 물에 빠진 경우, 하늘을 향해 누운 형태로 머리는 상류 쪽으로 다리는 하류 쪽으로 두고 몸에 힘을 뺀다. 또는 지도자가 끌어올릴 수 있도록 등을 보트 쪽으로 돌린다.

◉ **배낭 꾸리기**

① 침낭, 여벌 옷 등 가벼운 물건은 배낭 아래층에 넣고, 캠핑 장비처럼 무거운 물건은 배낭 중간층에 넣는다.

② 랜턴, 나침반, 물통, 지도 등 자주 사용하는 물품은 배낭 맨 위층에 넣는다.

[천재교과서 6학년 지도서 1. 건강]

◉ **캠핑 부적합 장소**

① 홍수 위험 지역

• 배수로, 범람원은 비가 조금만 내려도 위험하다.

② 산사태 위험 지역

• 비나 폭설이 내리면, 경사가 가파른 곳은 붕괴 사고 발생 가능성이 높다.

③ 나무 밑

• 건강해 보이는 나무도 어느 순간 뿌리째 뽑혀서 텐트를 덮칠 수 있다.

④ 절벽 아래

• 특히 주위에 떨어져 내린 지 얼마 안 된 돌들이 있으면 더욱 위험하다.

[천재교과서 6학년 지도서 1. 건강]

◉ **스키 신고 오르막길 오르기 방법**

① 옆으로 오르기

양쪽 스키를 11자로 하여 경사면과 직각이 되도록 한다. 먼저 산 쪽 스키를 위쪽으로 들어 옮긴 후 계곡 쪽 스키를 산 쪽 스키 옆으로 들어 올려서 붙인다.

② V자로 오르기

슬로프의 산 쪽을 향해 서서 스키 앞부분을 V자 형태로 넓힌다. 스키의 안쪽 에지에 체중을 싣고 한 발씩 산 정상을 향해 옮기면서 올라간다. 이때 뒤로 미끄러지지 않도록 주의한다.

[지학사 6학년 지도서 1. 건강]

래프팅을 할 때 배가 뒤집어졌을 경우, 배에서 멀리 떨어져야 하며 물에 빠졌을 때는 하늘을 향해 누운 형태로 머리는 상류 쪽으로 다리는 하류 쪽으로 뻗어야 합니다. 따라서 문제의 지문을 정답과 같이 바꿔주어야 합니다.

2) 정답

①: **영지**, ②: **B**, ③: **선희**, ④: **C**

해설

◉ **배드민턴 서비스 및 리시브 방식**

▷ 전제

○ 서비스 편의 점수 : 짝수

– 서비스 편 코트의 오른쪽에서 서비스를 넣는다.

○ 서비스 편의 점수 : 홀수

– 서비스 편 코트의 왼쪽에서 서비스를 넣는다.

○ 서브권이 넘어가기 전(상대편이 이기기 전) 까지는 같은 사람이 위치를 바꾸어 가며 서비스를 넣는다.

선수 동선	점수	서비스 코트위치	서브 위치	승, 패	
C D / B A	0–0	–우 서비스	–A가 C에게 서브	AB조 승	C D / B A (A→C)
C D / A B	1–0	–좌 서비스	–A가 D에게 서브	CD조 승	C D / A B (A→D)
C D / A B	1–1	–좌 서비스	–D가 A에게 서브	CD 승	C D / A B (D→A)
D C / A B	1–2	–우 서비스	–D가 B에게 서브	…	D C / A B (D→B)

3) 정답

㉢에 적용된 요소 : 평등한 학습 기회 제공
㉣에 적용된 요소 : 학습자 관리와 안전 고려

해설

◉ **교수 · 학습 활동 계획**

① 평등한 학습 기회 제공

- 평등한 학습 기회를 제공한다는 것이 모든 학습자가 동일한 내용과 방식으로 학습해야 한다는 것을 의미하는 것은 아니다. 학습자가 처해 있는 상황을 고려하여 체육 학습의 기회가 다양하고 합리적으로 제공되어야 한다는 것을 의미한다. 특히, 성별, 체력 및 운동 기능의 차이, 장애로 인해 불이익을 받거나 참여에 제한이 이루어지지 않도록 주의한다.
  예를 들어, 규칙과 방법을 변형하여 다양한 체력 수준과 운동 기능을 가진 학생들이 평등하게 참여할 수 있는 활동을 구성한다. 특히, 다양한 과제 혹은 역할을 제시하여 활동에 적극적으로 참여할 수 있도록 유도함으로써 수업에 소외되는 학생이 없도록 해야 한다.

② 학습자 관리와 안전 고려

- 학년 또는 학기 초에 수업 규칙을 수립하고 일관성 있게 적용함으로써 학생들을 효율적으로 관리하고 학생들의 부적절한 행동을 예방하거나 최소화하도록 한다. 또한, 학생들의 안전사고를 예방하기 위해 안전 수칙과 절차를 마련하고 이를 학생들에게 공지하여 준다. 특히, 선택한 신체활동의 특성을 고려한 준비 운동 및 정리 운동을 실시하여 활동 및 학습에서 안전한 조건을 갖추도록 지도하며, 수업 전·후 체육 시설 및 장비에 대한 점검을 통해 안전사고의 발생을 사전에 예방할 수 있도록 한다. 또한, 도전 또는 경기 상황 등에서 과도한 목표 성취 욕구와 지나친 경쟁심으로 운동 손상 사고가 발생할 수 있으므로 이에 대한 안내를 충분히 실시한다.